Elemente der Mathematik

EdM

Berlin/Brandenburg
8. Schuljahr

Herausgegeben von
Heinz Griesel
Helmut Postel
Friedrich Suhr
Werner Ladenthin
Matthias Lösche

Schroedel
westermann

Elemente der Mathematik

EdM

Berlin/Brandenburg 8

Herausgegeben von
Prof. Dr. Heinz Griesel, Prof. Helmut Postel, Friedrich Suhr, Werner Ladenthin, Matthias Lösche

Bearbeitet von
Lutz Breidert, Gabriele Dybowski, Dr. Beate Goetz, Reinhard Kind, Werner Ladenthin, Matthias Lösche, Kerstin Schäfer, Thomas Sperlich, Friedrich Suhr, Prof. Dr. Hans-Georg Weigand, Ulrike Willms

Für Berlin und Brandenburg bearbeitet von
Matthias Berndt, Robert Fröhlich, Carmen Kück, Werner Ladenthin, Matthias Lösche, Birgit Mielke, Friedrich Suhr, Daniel Winter

Der Schülerband ist auch als digitales Schulbuch erhältlich: Best.-Nr. 88315
Für dieses Unterrichtswerk sind umfangreiche Unterrichtsmaterialien entwickelt worden:
Lösungen: Best.-Nr. 88316
Arbeitsheft: Best.-Nr. 88317
BiBox: Best.-Nr. 88319

westermann GRUPPE

Druck A^2 / Jahr 2017
Alle Drucke der Serie A sind im Unterricht parallel verwendbar.

Redaktion: Lena Schenk, Claus Peter Witt
Umschlagentwurf: LIO Design GmbH, Braunschweig
Innenlayout: JANSSEN KAHLERT Design & Kommunikation GmbH, Hannover
Illustrationen: Dietmar Griese, Laatzen
Zeichnungen: Schlierf, Type & Design, Lachendorf; Langner & Partner, Hemmingen
Druck und Bindung: westermann druck GmbH, Braunschweig

ISBN 978-3-507-**88314**-7

Über dieses Buch ... 6

Bleib fit im Umgang mit den rationalen Zahlen ... 9
Bleib fit im Umgang mit Gleichungen ... 11

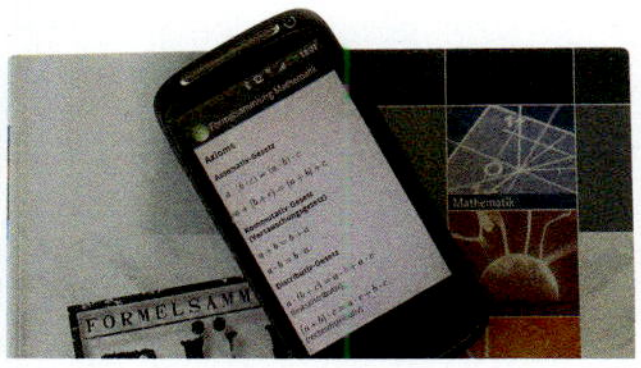

1. Terme mit mehreren Variablen ... 13

Lernfeld Klammern gewähren Vorrang ... 14
1.1 Aufstellen eines Terms mit Variablen ... 15
1.2 Aufbau eines Terms ... 22
Tabellenkalkulation und Terme ... 24
1.3 Addieren und Subtrahieren von Termen ... 26
Umgang mit Termen bei einem Computer-Algebra-System (CAS) ... 34
1.4 Multiplizieren und Dividieren von Termen ... 35
1.5 Auflösen einer Klammer ... 40
1.6 Minuszeichen vor einer Klammer – Subtrahieren einer Klammer ... 47
1.7 Ausklammern ... 49
1.8 Auflösen von zwei Klammern in einem Produkt ... 52
1.9 **Zum Selbstlernen** Binomische Formeln ... 55
1.10 Faktorisieren einer Summe ... 58
1.11 Formeln – Gleichungen mit Parametern ... 60
1.11.1 Umformen von Formeln ... 60
1.11.2 Lösen von Gleichungen mit Parametern ... 62
Trapez – Formeln erforschen ... 63
1.12 Gleichungen vom Typ $T_1 \cdot T_2 = 0$ ... 64
1.13 Verhältnisgleichungen ... 66
1.14 Aufgaben zur Vertiefung ... 68
Das Wichtigste auf einen Blick/Bist du fit? ... 69

2. Lineare Funktionen ... 71

Lernfeld Eindeutig gerade ... 72
2.1 Funktionen als eindeutige Zuordnungen ... 73
Graphen mit Computer oder GTR zeichnen ... 81
2.2 Lineare Funktionen mit der Funktionsgleichung $y = m \cdot x$ ... 83
2.2.1 Graph linearer Funktionen mit der Funktionsgleichung $y = m \cdot x$ ... 83
2.2.2 Steigung – Steigungsdreieck – Änderungsrate ... 89
2.3 Lineare Funktionen mit der Funktionsgleichung $y = m x + n$ ... 96
2.4 **Zum Selbstlernen** Nullstellen linearer Funktionen – Lösen linearer Gleichungen ... 103
2.5 Geraden durch Punkte – Aufstellen linearer Funktionsgleichungen ... 106
2.5.1 Geraden durch zwei Punkte ... 106
2.5.2 Näherungsgeraden ... 108
2.6 Vermischte Übungen ... 111
Energie sparen ... 113
2.7 Aufgaben zur Vertiefung ... 114
Das Wichtigste auf einen Blick/ Bist du fit? ... 115

Auf den Punkt gebracht   Im Blickpunkt

3. Zufall und Wahrscheinlichkeit 117

Lernfeld Alles Zufall! 118
3.1 Wahrscheinlichkeiten 119
3.2 Ereignisse und ihre Wahrscheinlichkeiten 126
3.3 Laplace-Experimente 128
3.4 Zurückführen eines Zufallsexperiments auf ein Laplace-Experiment 132
3.5 Bestimmen von Wahrscheinlichkeiten durch Simulation 134
Regenwahrscheinlichkeit 137
Das Wichtigste auf einen Blick/Bist du fit? 138

4. Wurzeln – Satz des Pythagoras 139

Lernfeld Seitenlängen gesucht 140
4.1 Quadrat- und Kubikwurzeln 141
4.2 Satz des Pythagoras 144
4.3 Berechnen von Streckenlängen 149
Modellieren mit geometrischen Figuren 158
4.4 Umkehrung des Satzes des Pythagoras 160
4.5 Aufgaben zur Vertiefung 162
Das Wichtigste auf einen Blick/ Bist du fit? 163

Bleib fit im Umgang mit Flächeninhalt und Volumen 165

5. Berechnungen an Kreisen und Zylindern 167

Lernfeld Mit Körpern und Figuren experimentieren 168
5.1 Umfang eines Kreises 169
5.2 Flächeninhalt eines Kreises 172
5.3 Kreisausschnitt und Kreisbogen 177
Die Zahl π in der Geschichte der Menschheit 180
5.4 Zylinder - Netz und Oberflächeninhalt 181
5.5 **Zum Selbstlernen** Schrägbild des Zylinders 183
5.6 Volumen des Zylinders 184
Modellieren mit Körpern 188
5.7 **Zum Selbstlernen** Berechnungen an zusammengesetzten Körpern 190
Das Wichtigste auf einen Blick/ Bist du fit? 193

6. Lineare Gleichungssysteme 195

Lernfeld Geraden mit System 196
6.1 Lineare Gleichungen der Form $ax + by = c$ 197
6.2 Systeme linearer Gleichungen – Grafisches Lösungsverfahren 203
6.3 Gleichsetzungsverfahren 208
6.4 **Zum Selbstlernen** Einsetzungsverfahren 210
6.5 Additionsverfahren 211
6.6 Sonderfälle beim rechnerischen Lösen 214
6.7 Vermischte Übungen 216
Lösen linearer Gleichungssysteme mithilfe des GTR 217
6.8 Modellieren mithilfe linearer Gleichungssysteme 219

Auf den Punkt gebracht   Im Blickpunkt

◎ Verschiedene Verfahren zum Lösen von Gleichungssystemen: Tabelle, Graph oder Gleichung? ... 225
6.9 Systeme von mehr als zwei linearen Gleichungen mit mehr als zwei Variablen ... 227
6.10 Aufgaben zur Vertiefung ... 230
Das Wichtigste auf einen Blick/ Bist du fit? ... 231

7. Ähnlichkeit ... 233

Lernfeld Gleiche Form – andere Größe ... 234
7.1 Ähnliche Vielecke ... 235
7.2 **Zum Selbstlernen** Flächeninhalt bei zueinander ähnlichen Vielecken ... 241
Volumen bei zueinander ähnlichen Quadern ... 243
◎ Arbeit im Team organisieren ... 244
7.3 Ähnlichkeitsabbildungen – Zentrische Streckung ... 246
7.4 Ähnlichkeit bei beliebigen Figuren ... 250
7.5 Ähnlichkeitssatz für Dreiecke ... 252
7.6 Beweisen mithilfe des Ähnlichkeitssatzes ... 254
7.7 Berechnen von Streckenlängen ... 256
Mess- und Zeichengeräte selbst gebaut ... 261
7.8 Aufgaben zur Vertiefung ... 262
Das Wichtigste auf einen Blick/ Bist du fit? ... 263

Anhang

Lösungen zu Bist du fit? ... 265
Verzeichnis mathematischer Symbole ... 270
Stichwortverzeichnis ... 271
Bildquellenverzeichnis ... 272

◎ Auf den Punkt gebracht   Im Blickpunkt

Über dieses Buch

Elemente der Mathematik ist auf der Basis des Rahmenlehrplans für die Jahrgangsstufen 1–10 für die Länder Berlin und Brandenburg konzipiert. Die zentralen Kompetenzen, die die Schülerinnen und Schüler erwerben sollen, werden deutlich herausgestellt, aber auch vielfältige Erweiterungsmöglichkeiten für thematische Profilbildungen angegeben.

Die über den Rahmenlehrplan hinausgehenden Anforderungen werden durch blaue Überschriften gekennzeichnet, die auch schon im Inhaltsverzeichnis erkennbar sind; dasselbe gilt auch für die dazugehörigen Aufgaben.

Bei der Darstellung der Lerninhalte werden im Rahmen der **inhaltsbezogenen Kompetenzen** alle Aspekte von Mathematik (als Anwendung, als Struktur sowie als kreatives und intellektuelles Handlungsfeld) ausgewogen berücksichtigt. Insbesondere wurden auch Ergebnisse und Schlussfolgerungen aus der TIMS- und der PISA-Studie angemessen eingearbeitet.

Zum Erwerb der **prozessbezogenen Kompetenzen** ermöglicht **Elemente der Mathematik** eine breite Palette unterschiedlichster schülerorientierter Unterrichtsformen: Beim gemeinsamen Entdecken, Erforschen, Beschreiben und Erklären erfahren die Schüler, dass nicht nur die Lösung eines Problems, sondern auch der Lösungsweg wichtig ist und dass dabei insbesondere die Analyse von Fehlern hilfreich ist. Argumentieren, Kommunizieren, Problemlösen und Modellieren gelangen so in den Vordergrund des unterrichtlichen Geschehens. Stets werden den Unterrichtenden konkrete Hilfen an die Hand gegeben, um solche problem- und handlungsorientierte Lernsituationen zu schaffen, in denen die Schülerinnen und Schüler altersangemessen ihr mathematisches Wissen möglichst eigenständig entwickeln und strukturieren können.

Zu den Lerninhalten

Kapitel 1 Terme mit mehreren Variablen – Themenbereich „Gleichungen und Funktionen“
Dieses Kapitel behandelt Terme mit mehreren Variablen und auch Klammern. Einen hohen Stellenwert nimmt das Aufstellen von Termen zur Beschreibung von Sachsituationen ein. Die erarbeiteten Termumformungsregeln werden stets auch geometrisch verdeutlicht.

Kapitel 2 Lineare Funktionen – Themenbereich „Gleichungen und Funktionen“
Beginnend mit einer allgemeinen Beschreibung funktionaler Abhängigkeiten durch Vorschriften, Gleichungen, Terme, Tabellen und Graphen werden lineare Funktionen systematisch behandelt.

Kapitel 3 Zufall und Wahrscheinlichkeit – Themenbereich „Daten und Zufall“
Es erfolgt eine Einführung in die Wahrscheinlichkeitsrechnung. Dabei wird der Begriff der Wahrscheinlichkeit zunächst an Nicht-Laplace-Versuchen eingeführt, aber sofort auf Laplace-Versuche spezialisiert.

Kapitel 4 Wurzeln - Satz des Pythagoras – Themenbereiche „Zahlen und Operationen“, „Größen und Messen“, „Raum und Form“
Das Kapitel beginnt mit der Einführung der Quadrat- und Kubikwurzel. Der Satz des Pythagoras wird aus einem Berechnungsproblem gewonnen und mithilfe eines Zerlegungsbeweises begründet. Vielfältige Anwendungsaufgaben in ebenen und räumlichen Figuren bilden das Kernstück des Kapitels.

Kapitel 5 Berechnungen an Kreisen und Zylindern- Themenbereiche „Größen und Messen“, „Raum und Form“
Ausgehend vom Problem des Umfangs eines Kreises werden dessen Formel und die Kreiszahl π eingeführt. Anschließend wird der Zusammenhang zum Flächeninhalt hergestellt und es werden Kreisteile berechnet. Zylinder werden als Netz und im Schrägbild dargestellt. Anwendungsorientiert erfolgt die Berechnung von Oberflächeninhalt und Volumen des Zylinders.

Kapitel 6 Lineare Gleichungssysteme – Themenbereich „Gleichungen und Funktionen“
Zunächst wird die Lösungsmenge linearer Gleichungen mit zwei Variablen als Gerade grafisch dargestellt. Systeme aus zwei linearen Gleichungen mit zwei Variablen werden dann zunächst grafisch und anschließend mit den verschiedenen rechnerischen Verfahren gelöst. Einen besonderen Schwerpunkt bildet das Modellieren. Ergänzt wird das Kapitel durch Systeme mit mehr als zwei Gleichungen und Variablen

Kapitel 7 Ähnlichkeit – Themenbereich „Raum und Form“
In diesem Kapitel wird ausgehend vom maßstäblichen Vergrößern und Verkleinern die Ähnlichkeit zunächst für Vielecke definiert, auf ihre Eigenschaften hin untersucht und anschließend mithilfe der zentrischen Streckung auf beliebige Figuren verallgemeinert. Der Ähnlichkeitssatz für Dreiecke wird beim Berechnen von Streckenlängen angewendet.

Zum methodischen Aufbau

1. Jedes Kapitel beginnt mit einer **Einstiegsseite**, die an die Erfahrungen der Schülerinnen und Schüler anknüpft und erste Aktivitäten zur Thematik ermöglicht. Diese Seite eignet sich für einen offenen Einstieg und gibt einen Ausblick auf das Thema des Kapitels.
An die Einstiegsseite schließt sich ein **fakultatives Lernfeld** mit verschiedenen offenen und reichhaltigen Lerngelegenheiten an: In unterschiedlichen Problemsituationen können die Schülerinnen und Schüler zentrale Inhalte und Verfahren auf eigenen Lernwegen durch Anknüpfen an Alltags- und Vorerfahrungen selbstständig und häufig handlungsorientiert entdecken. Der Aufbau eigener Vorstellungen und die Bearbeitung einer Vielfalt von Lösungsansätzen werden gefördert durch die Anregung, diese Lernfelder in der Regel in Partner- und Gruppenarbeit zu bearbeiten.

2. Die folgenden **Lerneinheiten** bieten eine Möglichkeit zur systematischen Behandlung der Kapitelinhalte – je nach Vorgehen in der Lerngruppe können Teile davon auch in die Bearbeitung der Lernfelder integriert werden. Jede Lerneinheit beginnt mit einem offenen Einstieg (ohne Lösung im Buch), der die Schüler(innen) zu einer eigenständigen Problembearbeitung und -lösung anregt. Es kann sich eine Aufgabe mit Lösung oder eine Einführung anschließen, die alternativ oder ergänzend die Thematik bearbeiten. Durch ihre sorgfältige, schülergerechte Darstellung eignen sie sich sowohl zum eigenständigen Erarbeiten als auch zum Herausstellen von Problemlösestrategien. Der übersichtlichen Darstellung wegen folgen hier schon weiterführende Aufgaben, die im Unterricht in aller Regel erst nach einer erfolgten Festigung der zuerst behandelten Inhalte an einigen Übungsaufgaben thematisiert werden sollten. Sie dienen der Abrundung und Weiterführung der Theorie. Ihr Thema wird den Unterrichtenden in einer Überschrift genannt. In aller Regel sollten weiterführende Aufgaben im Unterricht bearbeitet werden und nicht als Hausaufgaben gestellt werden.
Die im Lernprozess erarbeiteten Ergebnisse werden häufig in einer Information zusammengefasst. In ihr werden auch Begriffe eingeführt und Ausblicke gegeben. Wesentliche Inhalte werden dabei optisch deutlich in einem Kasten mit einem roten Rahmen hervorgehoben. Hier wird großer Wert auf prägnante, altersgemäße Formulierungen gelegt, die auch beispielgebunden sein können.

Die folgenden Übungsaufgaben sind unter besonderer Berücksichtigung des Erwerbs sowohl der inhaltsbezogenen als auch der prozessbezogenen Kompetenzen konzipiert worden. Sie dienen zur Festigung des Gelernten, der operativen Durcharbeitung und der Vernetzung der Lerninhalte mit denen früherer Themen; dabei sind überall offene Aufgaben integriert. Zur soliden Durcharbeitung wird konsequent das Analysieren typischer Schülerfehler und entsprechendes Argumentieren und Kommunizieren gefordert. Auch die Übungsaufgaben ermöglichen Unterricht in vielfältigen schülerbezogenen Aktivitäten, bis hin zu Partnerarbeit und Teamarbeit sowie Spielen.
Einige Aufgaben enthalten in einem blauen Fond Musterbeispiele für Schreibweisen und Lösungswege. Manche Aufgaben enthalten Selbstkontroll-Möglichkeiten für die Schüler(innen).
Aufgaben, die die Selbstständigkeit und Problemlösefähigkeit in besonderer Weise herausfordern, sind durch eine rote Aufgabennummer gekennzeichnet.

3. Abschnitte mit der Überschrift **Vermischte Übungen** finden sich an den Stellen eines Kapitels, an denen eine besonders starke Vermischung der bisher erworbenen Kompetenzen angebracht ist.

4. Eingestreut in die Übungsaufgaben finden sich in regelmäßigen Abständen Fragestellungen unter der Überschrift **Das kann ich noch!** zum Reaktivieren des bisher erworbenen Grundwissens.

5. Am Kapitelende folgt dann der fakultative Abschnitt **Aufgaben zur Vertiefung**, der neben einer Vernetzung auch eine Ergänzung des Lehrstoffes auf einem erhöhten Niveau zum Ziel hat.

6. Den Kapitelabschluss bilden die Abschnitte **Das Wichtigste auf einen Blick** und **Bist du fit?**, in denen in besonderer Weise die erworbenen Grundqualifikationen zusammengestellt und getestet werden. Die Lösungen dieser Aufgaben sind im Anhang des Buches angegeben, sodass sie von den Schülerinnen und Schülern gut zum eigenständigen Üben für eine Klassenarbeit verwendet werden können.

7. Unter der Überschrift **Im Blickpunkt** () werden innermathematische, aber insbesondere auch fachübergreifende, komplexere Themen, die von besonderem Interesse sind und in engem Zusammenhang mit dem Lerninhalt des Kapitels stehen, als Ganzes behandelt. Zur Förderung der fachlichen Kompetenz des Problemlösens sind einige dieser Abschnitte als Forschungsaufträge formuliert. Die Blickpunkte gehen über die obligatorischen Inhalte des Kerncurriculums hinaus; sie eignen sich auch zur Differenzierung und Förderung von eigenständigen Schüleraktivitäten.

8. Um Schüler und Schülerinnen im eigenständigen Erarbeiten mathematischer Themen zu schulen, enthält jedes Kapitel eine Lerneinheit **Zum Selbstlernen**, in der das Thema so aufbereitet ist, dass es von den Lernenden ganz selbstständig bearbeitet werden kann.

9. An geeigneten Stellen werden unter der Überschrift **Auf den Punkt gebracht** () die für diese Klassenstufe vorgesehenen allgemeinen Kompetenzen akzentuiert zusammengefasst.

Symbole

1. Dieser Arbeitsauftrag ist für die Bearbeitung in Partnerarbeit konzipiert.
2. Dieser Arbeitsauftrag ist für die Bearbeitung durch eine Gruppe aus mehreren Schülerinnen und Schülern konzipiert.
3. Rote Aufgabennummern kennzeichnen Aufgaben, die die Selbstständigkeit und Problemlösefähigkeit der Schülerinnen und Schüler in besonderer Weise herausfordern.
4. Blaue Aufgabennummern (und Überschriften) kennzeichnen Zusatzstoffe.

In den Einheiten zum Selbstlernen kennzeichnet dieses Symbol einen Auftrag.

Bleib fit im … Umgang mit den rationalen Zahlen

Zum Aufwärmen

1. *Peters Geldgeschichten*

a) (1) Peter führt den Hund von Frau Meier regelmäßig spazieren. Dafür bekommt er 20 € im Monat. Frau Meier hat für Juli bis Dezember im Voraus bezahlt:
(+20 €) + (+20 €) + (+20 €) + (+20 €) + (+20 €) + (+20 €).
Wie berechnet man diese Summe durch Multiplizieren?

(2) Am 30. September ist Frau Meier nach Mallorca geflogen, mit ihrem Hund!
Peter muss leider drei Bezahlungen rückgängig machen:
(+20 €) + (+20 €) + (+20 €) + (+20 €) + (+20 €) + (+20 €) – (+20 €) – (+20 €) – (+20 €).
Welches Produkt kann er anstelle der roten Änderung addieren?

b) (1) Für das Mittagessen in der Schule hat er fünfmal 3,50 € im Voraus ausgegeben:
(–3,50 €) + (–3,50 €) + (–3,50 €) + (–3,50 €) + (–3,50 €).
Wie addiert man negative rationale Zahlen?
Wie kann man diese Änderung durch Multiplizieren berechnen?

(2) Übersehen wurden am Donnerstag die Bundesjugendspiele und am Freitag ein Feiertag. Da kann er glücklicherweise zwei der Ausgaben für das Mittagessen in der Schule wieder rückgängig machen:
(–3,50 €) + (–3,50 €) + (–3,50 €) + (–3,50 €) + (–3,50 €) – (–3,50 €) – (–3,50 €).
Wie subtrahiert man negative rationale Zahlen?
Welches Produkt kann man anstelle der roten Änderung addieren?

c) Wie ändert sich sein Geldvorrat insgesamt? Erkläre mithilfe der obigen Aufgaben, wie man rationale Zahlen (mit positiven und negativen Vorzeichen) multipliziert.

Zum Erinnern

(1) Addieren rationaler Zahlen

Das Addieren rationaler Zahlen kann man als Zusammenfassen von Zustandsänderungen, die wir durch Pfeile darstellen, veranschaulichen.

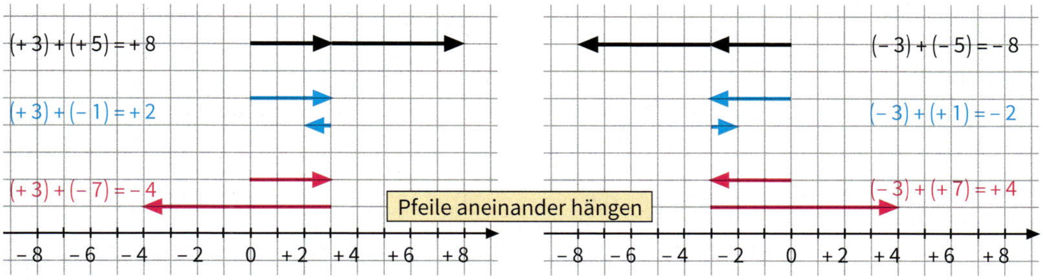

Betrag:
Abstand von 0
|–7| = 7
|+3| = 3
|0| = 0

- Zwei rationale Zahlen mit *gleichen Vorzeichen* werden addiert, indem man die Beträge addiert und das gemeinsame Vorzeichen übernimmt.
- Zwei rationale Zahlen mit *verschiedenen Vorzeichen* und *verschiedenen* Beträgen werden addiert, indem man den kleineren Betrag von dem größeren subtrahiert und das Vorzeichen beim größeren Betrag übernimmt. Bei *verschiedenen* Vorzeichen und *gleichen* Beträgen ist die Summe 0.

Die Gegenzahl erhält man durch Ändern des Vorzeichens:
–5 ist die Gegenzahl von +5.

(2) Subtrahieren rationaler Zahlen

Eine rationale Zahl wird subtrahiert, indem man ihre Gegenzahl addiert.
Beispiele: (+5) – (+6) = (+5) + (–6) = –1   (+5) – (–6) = (+5) + (+6) = +11

(3) Multiplizieren rationaler Zahlen

(a) Mit positiven Zahlen multiplizieren

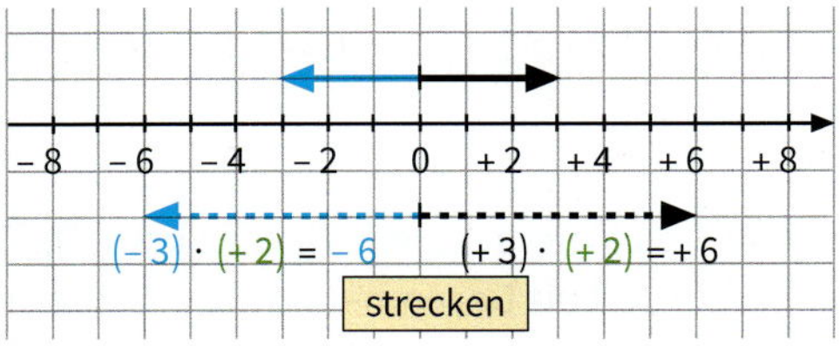

(b) Mit negativen Zahlen multiplizieren

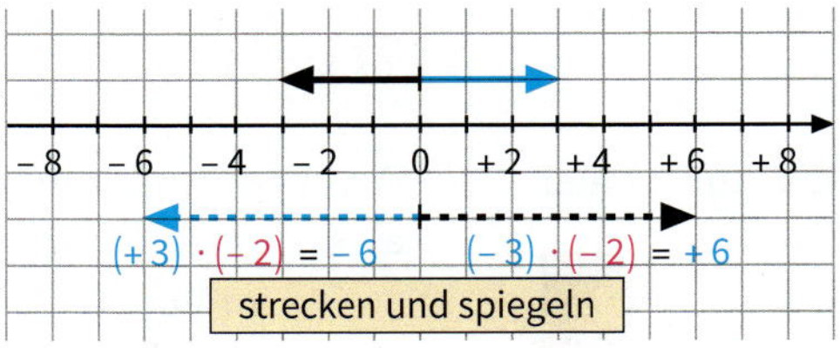

Zwei rationale Zahlen werden multipliziert, indem man ihre Beträge multipliziert und das Vorzeichen wie nebenstehend bestimmt. Außerdem gelten:

$a \cdot 0 = 0; \quad 0 \cdot a = 0.$

plus mal plus ergibt plus
plus mal minus ergibt minus
minus mal plus ergibt minus
minus mal minus ergibt plus

Den Kehrwert eines Bruches erhält man durch Vertauschen von Zähler und Nenner.

(4) Dividieren rationaler Zahlen

Durch eine rationale Zahl ungleich 0 wird dividiert, indem man mit dem Kehrwert multipliziert.

Beispiel: $(+6) : \left(-\frac{1}{3}\right) = (+6) \cdot \left(-\frac{3}{1}\right) = -18$

Zum Trainieren

2. **a)** Ordne nach der Größe: 25; −15; 5,5; $-\frac{25}{2}$; 12,1; −25,5; $-\frac{99}{4}$

b) Bilde die Beträge der Zahlen aus Teilaufgabe a) und ordne die Beträge.

3. **a)** Zeichne in ein Koordinatensystem die Punkte A(−4|−1); B(−1|−1); C(1|1); D(5|1); E(4|−3); F(−5|−3) und verbinde sie der Reihe nach zu einem Vieleck.

b) Addiere (−3) zu allen Koordinaten in Teilaufgabe a). Zeichne die entstehenden Punkte in ein neues Koordinatensystem. Wie entsteht das neue Vieleck aus dem vorherigen?

4.

a)	b)	c)	d)
(+12) + (−8)	(+15) − (−8)	(−5) · (+3)	(−30) : (+6)
(+24) + (+16)	(+17) − (+9)	(−4) · (−16)	(−21) : (−7)
(+8) + (−15)	(+22) − (+25)	(−5) · (+15)	(−24) : (+12)
(−21) + (+10)	(−19) − (+11)	(+9) · (−20)	(+39) : (+3)
(−17) + (+33)	(−13) − (−5)	(+11) · (−7)	(+48) : (−4)
(−12) + (−14)	(−24) − (−30)	(+12) · (+11)	0 : (8 + (−8))
(−117) + (+117)	(+63) − (+63)	0 · (−17)	0 : (−50)
(−27) + (−27)	(+25) − (−25)	(−8) · (+8)	(−12) : 0

5.

a) $(-100 + 8) \cdot 0{,}5$ **d)** $-25 - 30 - 5$ **g)** $(-2)^4 - 24$ **j)** $\left(-\frac{2}{5}\right) \cdot \left(-\frac{1}{3}\right)$

b) $-7{,}5 : (-5) - 3{,}5 : (-5)$ **e)** $(-5) \cdot (-6) \cdot (-2)$ **h)** $-6 + (-4)^3$ **k)** $\left(-\frac{2}{5}\right) + (-0{,}5)$

c) $-0{,}3 - 0{,}8 \cdot (-2)$ **f)** $100 : (-2) : (-2)$ **i)** $(5 - 10)^2$ **l)** $\left(-\frac{1}{4}\right) : \left(+\frac{1}{2}\right)$

6. Mit drei Zahlen aus dem Korb kann man Aufgaben bilden, bei denen das Ergebnis zwischen −20 und −10 liegt. Finde mehrere solche Aufgaben.

7. **a)** Gib einen einzigen Term an, mit dem man das Rückgeld berechnen kann.

b) Wie viel Geld sollte man bezahlen, damit man einen glatten Betrag zurück bekommt?

c) Wie ändert sich das Rückgeld, wenn man noch eine Schokolade für 1,50 € dazu kauft?

d) Wie ändert sich das Rückgeld, wenn man noch weitere Flaschen mit 2 € Pfand abgibt?

Bleib fit im ... Umgang mit Gleichungen

Zum Aufwärmen

1. Die Waage rechts veranschaulicht die Gleichung $3x + 2 = x + 8$.
Löse diese Gleichung und verdeutliche deine Überlegungen auch an der Waage.

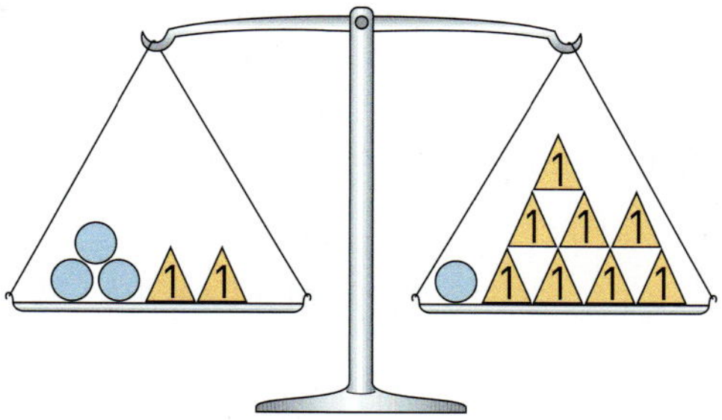

2. Löse das Zahlenrätsel:
   a) Addiert man zum Doppelten einer Zahl 6, so erhält man das Sechsfache der Zahl.
   b) Subtrahiert man vom Dreifachen einer Zahl 4, so erhält man das Fünffache der Zahl.
   c) Addiert man zum Vierfachen einer Zahl das Doppelte der Zahl und subtrahiert 4, so erhält man die Summe aus dem Fünffachen der Zahl und 5.

3. Bestimme die Lösungsmenge.
   a) $x - 2 = -24$
   b) $3x + 30 = -12$
   c) $6 = 23 - x$
   d) $y : 10 = 6$
   e) $\frac{2}{3}x + 10 = 4$
   f) $10x - 6x = 24$

Zum Erinnern

Q: Menge aller rationaler Zahlen

(1) Lösungsmenge

Eine Zahl heißt **Lösung** einer Gleichung, wenn beim Einsetzen der Zahl eine wahre Aussage entsteht. Alle Lösungen einer Gleichung ergeben die **Lösungsmenge** L.

$6x = 12$	hat	$L = \{2\}$,
$x \cdot x = 16$	hat	$L = \{-4; 4\}$,
$3x = 2x + x + 1$	hat	$L = \{\}$.

Hat eine Gleichung keine Lösung, so ist die Lösungsmenge leer.
Wird eine Gleichung von jeder Zahl der Grundmenge $\mathbb{Q}$ erfüllt, so ist die Lösungsmenge $\mathbb{Q}$.

(2) Äquivalenzumformungen

Gleichungen heißen **äquivalent** zueinander, wenn sie dieselbe Lösungsmenge besitzen.
Die Lösungsmenge ändert sich nicht, wenn man
- auf beiden Seiten der Gleichung dieselbe Zahl addiert oder subtrahiert
- auf beiden Seiten der Gleichung mit derselben Zahl (ungleich 0) multipliziert oder dividiert.

$$\begin{aligned} 3x - 5 &= 22 && \mid +5 \\ 3x &= 27 && \mid :3 \\ x &= 9 \\ L &= \{9\}. \end{aligned}$$

(3) Strategie zum Lösen einer Gleichung

- Fasse gleichartige Glieder auf beiden Seiten der Gleichung zusammen.
- Sortiere die Summanden: mit Variable auf eine Seite, ohne Variable auf die andere Seite.
- Isoliere die Variable: dividiere durch den Vorfaktor.

$$\begin{aligned} 8x + 37 - 5x &= 15 - x + 7x - 2 \\ 3x + 37 &= 6x + 13 && \mid -3x \\ 37 &= 3x + 13 && \mid -13 \\ 24 &= 3x && \mid :3 \\ 8 &= x \\ L &= \{8\} \end{aligned}$$

(4) Strategie zum Lösen einer Sachsituation
- Veranschauliche den Sachverhalt z. B. durch eine Skizze. Vereinbare Variablen für gesuchte Größen.
- Stelle eine Gleichung auf und löse diese.
- Kontrolliere, ob es einschränkende Bedingungen gibt.
- Führe eine Probe an der Sachsituation durch.
- Runde sinnvoll und formuliere einen Antwortsatz.

Tabea ist doppelt so alt wie Benny, Zusammen sind sie 27 Jahre alt.
x: Alter von Benny (in Jahren)
$2x + x = 27$
$3x = 27 \quad |:3$
$x = 9$
Benny ist 9 Jahre, Tabea 18 Jahre alt.

Zum Trainieren

4. Bestimme die Lösungsmenge.
a) $x + 2 = 20$
b) $-5x + 20 = -35$
c) $-16{,}2 = -13{,}3 - z$
d) $x : 5 = -3{,}2$
e) $\frac{1}{2}x - 4 = -7$
f) $3{,}5x - 4x = 4$

5. Samira und ihr dreimal so alter Bruder Ahmed werden in diesem Jahr zusammen 48 Jahre alt. Wie alt sind die Geschwister am Ende des Jahres?

6. Bestimme die Lösungsmenge. Führe die Probe durch, wenn möglich.
a) $-3 + 3x = 7x - 12$
b) $3x - 8 - 9x = -9 - 6x$
c) $3r - 18 + 3r = 6r - 18$
d) $8x - 5x + 37 = 13 - x + 7x$
e) $4{,}2x - 5 - 3{,}7x = 0{,}5 + x$
f) $2{,}1y + 3 = 2{,}4y + 2{,}4$

7. Wenn man zum Dreifachen einer Zahl 6 addiert, erhält man genauso viel, wie wenn man von 61 das Doppelte der Zahl subtrahiert. Wie heißt die Zahl?

8. Ergänze die Additionsmauern.

a)
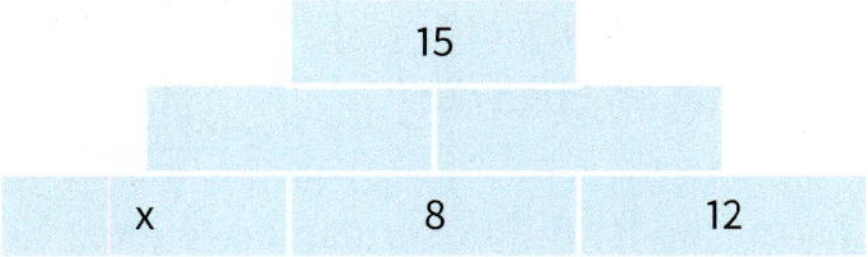

b)
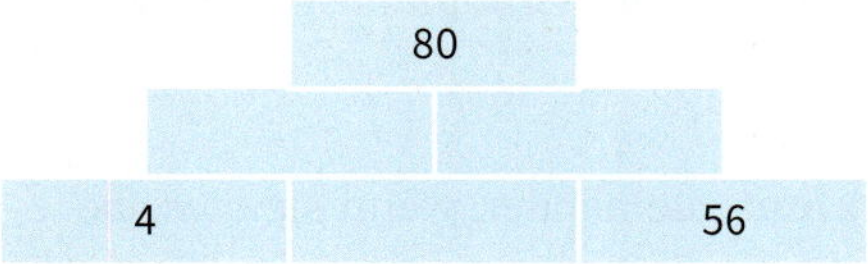

c)
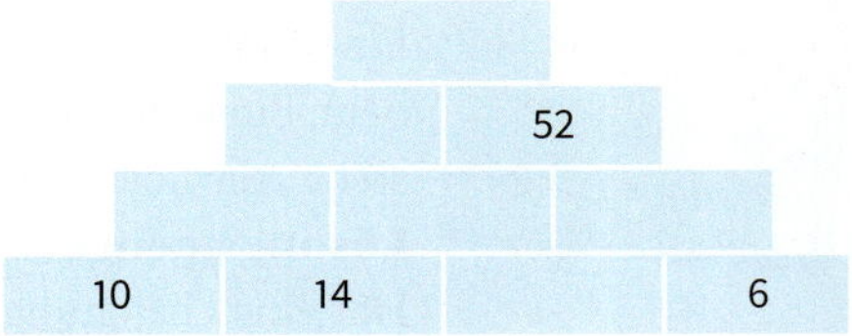

d)
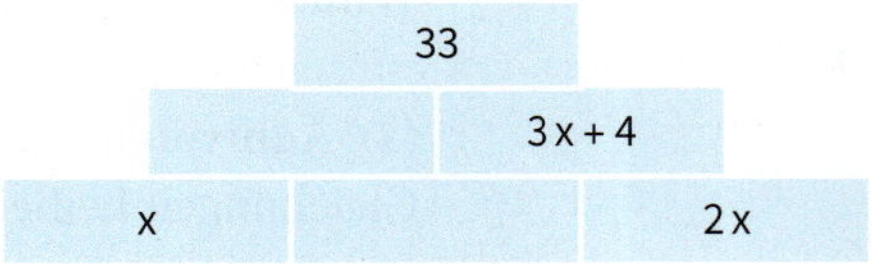

9. Mia hat 6 Äpfel zu je 0,45 € und Birnen zu je 0,60 € gekauft und 5,10 € bezahlt. Wie viele Birnen hat sie gekauft?

10. Bei einem Fisch macht der Kopf $\frac{1}{4}$ der Gesamtlänge aus, die Schwanzflosse die Hälfte des Kopfes. Ein Fisch ist 20 cm lang. Welche Länge hat der essbare Mittelteil?

11. Im Rahmen einer Neubebauung soll die Grenze zwischen den beiden Grundstücken begradigt werden, ohne deren Größe zu verändern. Wie weit muss die südlicher verlaufende Grenze nach Norden verschoben werden?

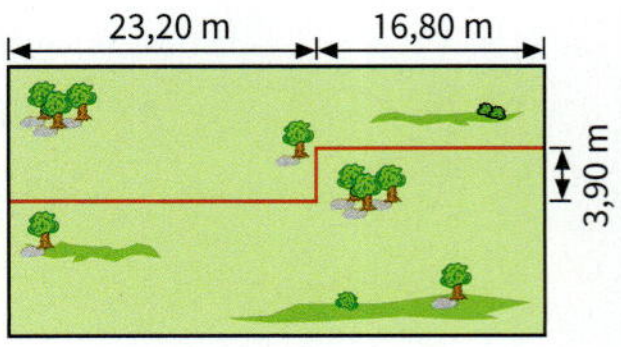

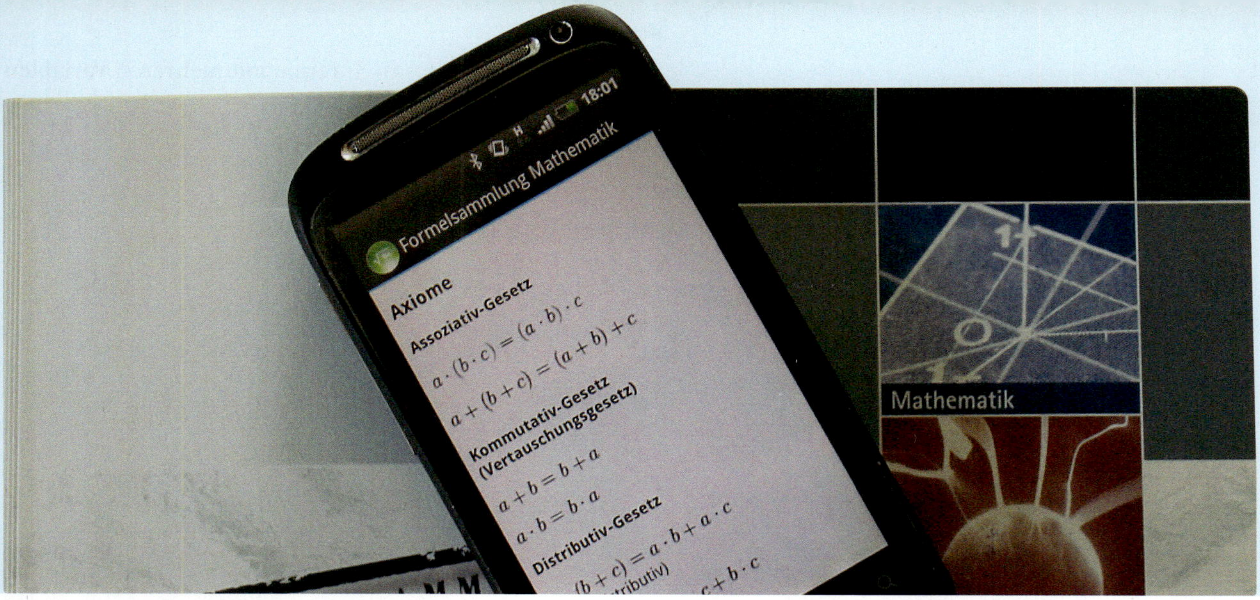

1. Terme mit mehreren Variablen

Formeln enthalten oftmals nicht nur eine Variable, sondern mehrere.

In Klasse 7 hast du schon Gleichungen gelöst. Dabei hast du auch Vielfache einer Variablen zusammengefasst.
Du kennst aber schon Formeln zur Berechnung von Größen aus der Geometrie, die von mehreren Variablen abhängen und auch Klammern enthalten können.

→ Erkläre die Bedeutung der Formeln und Variablen in den Formeln rechts.

→ Kannst du die Formeln für den Umfang und für den Oberflächeninhalt auch ohne Klammern angeben?

In diesem Kapitel ...
wirst du das Arbeiten mit Termen, die mehrere Variable und auch Klammern enthalten können, lernen.

Lernfeld: Klammern gewähren Vorrang

Eine Figur – viele Formeln

→ Begründet die angegebenen Terme für den Flächeninhalt der Figur jeweils anhand der Abbildung.

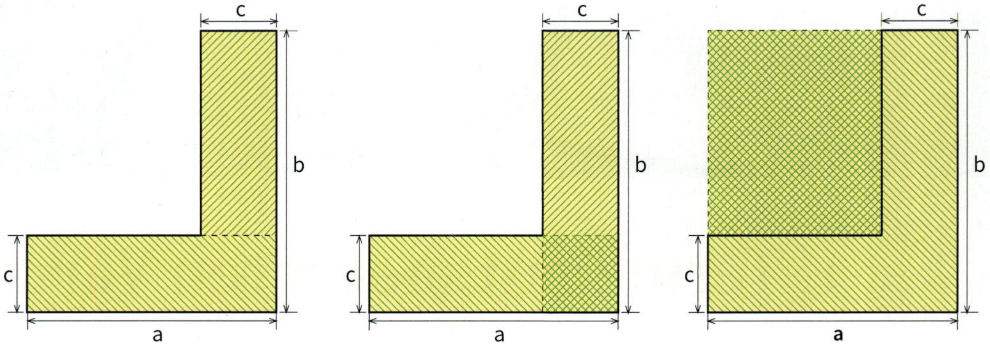

$A = a \cdot c + (b - c) \cdot c$ $A = a \cdot c + b \cdot c - c^2$ $A = a \cdot b - (a - c) \cdot (b - c)$

→ Findet für die nebenstehende Figur verschiedene Terme.
Messt die Strecken und prüft so, ob alle Terme denselben Flächeninhalt liefern.

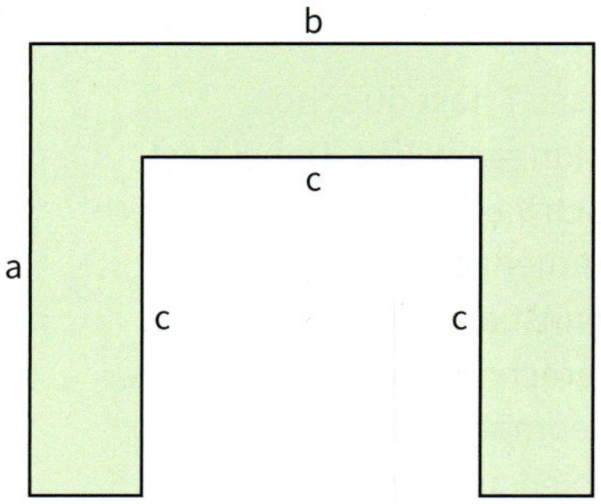

→ Denkt euch weitere zusammengesetzte Flächen aus. Findet jeweils verschiedene Terme für den Flächeninhalt und überprüft eure Angaben durch Ausmessen.

CAS mit Namen

CAS: Abkürzung für Computer-Algebra-System

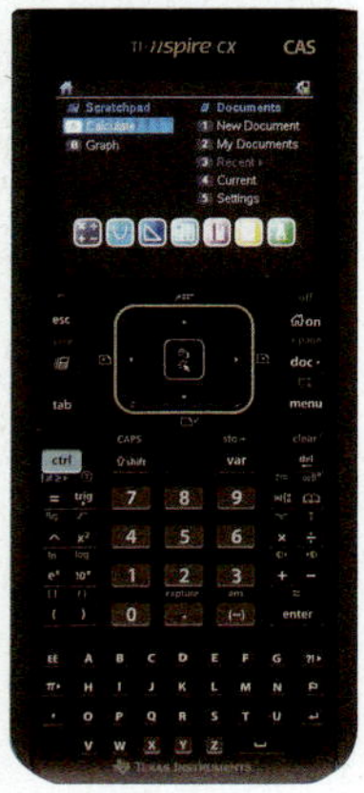

→ Philipp probiert sein neues CAS-Gerät aus. Er gibt seinen Namen ein und verbindet die Buchstaben durch Plus- und Malzeichen. Könnt ihr die Umformungen erklären?

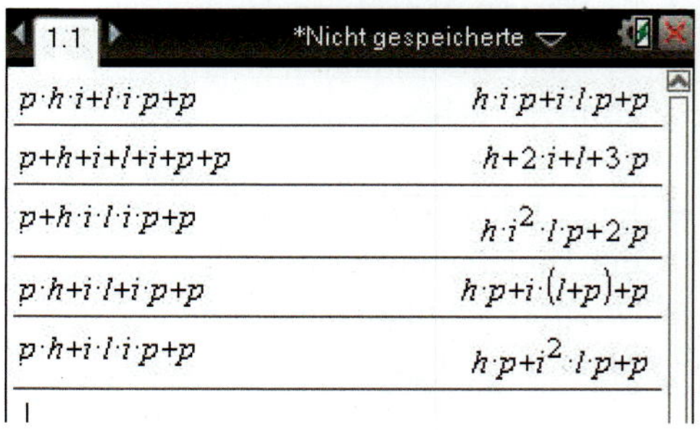

→ Hannah probiert es ebenfalls, jetzt auch mit anderen Rechenzeichen. Sie entdeckt, dass sie aus ihrem Namen eine Null erzeugen kann.
Findet ihr noch andere Möglichkeiten, aus ihrem Namen eine Null zu erzeugen?
Erzeugt mit einem CAS auch folgende Ausgabeterme aus Hannahs Namen.

a) 1 **d)** $a \cdot (h \cdot n - n) + h$
b) a^2 **e)** $a \cdot h \cdot (n + 1) - n$
c) $2 \cdot h$ **f)** $a \cdot (h + n) + h - n$

→ Findet Vornamen, aus denen der CAS-Rechner Klammerterme erzeugt. Legt diese Klammerterme eurem Nachbarn vor und lasst ihn einen passenden Eingabeterm finden.

1.1 Aufstellen eines Terms mit Variablen

Einstieg

In der „SPORTARENA“ kann man einen Hallenfußballplatz („Indoor-Soccer“) stundenweise mieten.

Erste Stunde 24,00 €
Jede weitere Stunde 14,00 €

Öffnungszeiten
Mo. – Fr.: 14:00 – 21:00 Uhr
Sa. & So.: 9:00 – 20:00 Uhr

Ferienöffnungszeiten
Täglich 9:00 – 20:00 Uhr

a) Jan überlegt sich, wie viel es kostet, wenn er den Platz an seinem Geburtstag für zwei, drei oder fünf Stunden mieten möchte. Berechnet die Kosten.

b) Der Freizeitclub „Zuckerhut Zauberer“ möchte an einem Samstag ein Turnier austragen. Wie viel kostet es den Club, einen Platz für den ganzen Tag zu mieten?

c) Verallgemeinert: Der Hallenfußballplatz soll für x Stunden gemietet werden. Stellt eine Rechenvorschrift (Formel) zur Berechnung der Platzmiete auf.
Überprüft eure Formel, indem ihr mit ihr die Platzmiete für 2, 3 und 5 Stunden berechnet und mit den Ergebnissen aus Teilaufgabe a) vergleicht.

Einführung

Die Länge eines Rechtecks muss nicht immer größer als die Breite sein.

Aufstellen eines Terms mit einer Variablen

Lisas Eltern haben den Garten neu angelegt. Dabei sind 7 m Palisadenzaun übrig geblieben, mit denen Lisa ein eigenes Beet in einer Ecke des Gartens eingrenzen darf. Zwei Seiten grenzen an Hauswände. Länge und Breite des Beetes müssen dann zusammen die Zaunlänge ergeben.
Wir wollen eine *Formel* aufstellen, mit der man aus der Länge des Beetes den Flächeninhalt des Beetes berechnen kann.

Mit den folgenden Fragen kann man die Formel leichter finden.

Flächeninhalt eines Rechtecks = Länge · Breite

(1) Wie sehen Beispiele für die Berechnung aus?
Möchte Lisa ein 4 m langes Beet anlegen, so ist es $7\,m - 4\,m$, also 3 m breit. Der Flächeninhalt ist $4\,m \cdot 3\,m = 12\,m^2$ groß. Beide Überlegungen kann man in einer einzigen Rechnung aufschreiben:
$4\,m \cdot (7\,m - 4\,m) = 4\,m \cdot 3\,m = 12\,m^2$
Soll das Beet 5 m lang sein, ist es $7\,m - 5\,m$, also 2 m breit. Der Flächeninhalt ist in diesem Fall:
$5\,m \cdot (7\,m - 5\,m) = 5\,m \cdot 2\,m = 10\,m^2$

(2) Was ändert sich, was nicht?
Es ändert sich jeweils die Länge des Beetes (4 m bzw. 5 m) als Ausgangsgröße, aus der sich der jeweilige Flächeninhalt ($12\,m^2$ bzw. $10\,m^2$) als zugeordnete Größe berechnen lässt. Die Gesamtlänge des Palisadenzauns von 7 m ändert sich dabei nicht.

(3) Wie kann man die Berechnung mit Variablen ausdrücken?
Wählt man für die Länge des Beetes (in m) als Ausgangsgröße die Variable x, so beträgt die Breite des Beetes (in m) genau $7 - x$. Man kann folglich den Flächeninhalt A des Beetes (in m^2) als Zielgröße mit der folgenden **Formel** berechnen:
$A = x \cdot (7 - x)$

In dieser Formel $A = x \cdot (7 - x)$ haben wir nur die Maßzahlen der Größen verwendet, damit sie übersichtlich bleibt. So vermeidet man auch mögliche Missverständnisse, ob m eine Variable oder eine Maßeinheit ist.
Auf diese Weise können wir schnell für andere mögliche Breiten die Größe des Beetes berechnen. Wählt Lisa z. B. 2,40 m für die Länge, so erhält sie für den Flächeninhalt (in m^2):
$A = 2{,}40 \cdot (7 - 2{,}40) = 11{,}04$.
Probiere mit dem Taschenrechner, ob es ein größeres Beet gibt als das, das 2,40 m breit ist.

Information

terminare (lat.) bestimmen, festsetzen

Terme mit einer Variablen

Die Formel für den Flächeninhalt von Lisas Beet enthält auf der rechten Seite die Rechenvorschrift $x \cdot (7 - x)$. In ihr kommt als Platzhalter für die veränderliche Länge die **Variable** x vor.
Setzt man in der Rechenvorschrift $x \cdot (7 - x)$ für die Variable x die Zahl 1 ein, so erhält man einen Term, den man berechnen kann.

$$x \cdot (7 - x)$$
$$1 \cdot (7 - 1)$$
$$= 1 \cdot 6$$
$$= 6$$

Setzt man für die Variable an einer Stelle eine Zahl ein, so muss man diese Zahl auch an jeder anderen Stelle einsetzen.

Bei der Berechnung eines Terms muss man die Vorrangregeln beachten.

Du weißt schon: Ein Term mit rationalen Zahlen enthält eine „Rechenvorschrift auf einen Blick“, die mithilfe der Vorrangregeln die Reihenfolge der Berechnungsschritte angibt.
Auch einen Ausdruck mit einer Variablen nennen wir **Term**:
Setzt man für die Variable eine Zahl ein, so erhält man eine rationale Zahl, den **Wert** dieses Terms bei dieser Einsetzung.

Beispiel: *Term:* $7 \cdot x^2 + 5 \cdot x$

−3 für x eingesetzt: $7 \cdot (-3)^2 + 5 \cdot (-3)$
$= 7 \cdot 9 + (-15)$
$= 63 + (-15)$
$= 48$

Zahlklammern nicht vergessen, damit nicht zwei Zeichen nacheinander stehen.

Folgendes Vorgehen zum Aufstellen von Termen ist günstig:

Schritte zum Aufstellen eines Terms
1. Schritt: Wie sehen Beispiele für die Berechnung aus?
2. Schritt: Was ändert sich, was nicht?
3. Schritt: Wie kann man die Berechnung mit Variablen ausdrücken?

Aufgabe 1

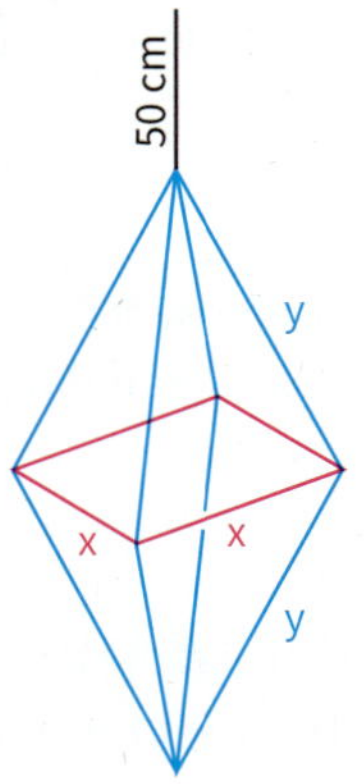

Aufstellen eines Terms mit mehreren Variablen

Die Teilnehmer einer Arbeitsgemeinschaft wollen den Körper links als Mobile aus Draht basteln. Die einzelnen Gruppen beschließen, unterschiedlich große Körper herzustellen.
Um einen Überblick zu bekommen, wollen sie zunächst den Drahtverbrauch für die Körper bei verschiedenen Kantenlängen berechnen. Stefan macht dazu den Vorschlag, Formeln aufzustellen, damit für jede Kantenlänge schnell der Drahtverbrauch berechnet werden kann.

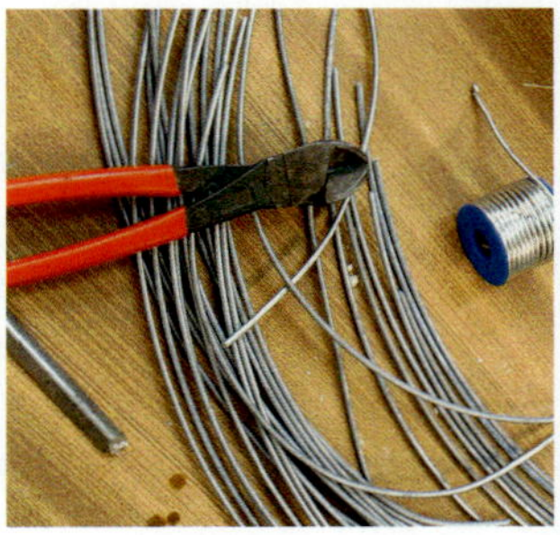

a) Führe das durch.

b) Berechne für die Körper mit den folgenden Kantenlängen die benötigte Drahtlänge (in cm).
(1) $x = 5;\ y = 7$ **(2)** $x = 10{,}4;\ y = 12{,}5$ **(3)** $x = 6;\ y = 6$

Lösung

a) Für den Drahtverbrauch s (in cm) kann man verschiedene Formeln aufstellen:
Drahtlänge für die quadratische Mittelfläche (in cm): $4 \cdot x$
Drahtlänge für *eine* Pyramide ohne Mittelfläche (in cm): $4 \cdot y$

- Der Körper besteht aus einer Pyramide, der Mittelfläche, einer weiteren Pyramide und dem Aufhänger: $s = 4 \cdot y + 4 \cdot x + 4 \cdot y + 50$
oder:
- Der Körper besteht aus der Mittelfläche, zwei Pyramiden und dem Aufhänger: $s = 4 \cdot x + 2 \cdot (4 \cdot y) + 50$
oder auch:
- Der Körper besteht aus vier Kanten der Länge x (in cm), acht Kanten der Länge y (in cm) und dem Aufhänger: $s = 4 \cdot x + 8 \cdot y + 50$

Es dürfen auch gleiche Zahlen eingesetzt werden.

b) Berechnen der Drahtlängen (mithilfe der dritten Formel):

(1) $x = 5$; $y = 7$
$s = 4 \cdot x + 8 \cdot y + 50$
$s = 4 \cdot 5 + 8 \cdot 7 + 50$
$= 20 + 56 + 50$
$= 126$

(2) $x = 10{,}4$; $y = 12{,}5$
$s = 4 \cdot x + 8 \cdot y + 50$
$s = 4 \cdot 10{,}4 + 8 \cdot 12{,}5 + 50$
$= 41{,}6 + 100 + 50$
$= 191{,}6$

(3) $x = 6$; $y = 6$
$s = 4 \cdot x + 8 \cdot y + 50$
$s = 4 \cdot 6 + 8 \cdot 6 + 50$
$= 24 + 48 + 50$
$= 122$

Information

(1) Berechnungsregeln für Terme
Ein Term kann auch mehrere Variablen enthalten. In den in Aufgabe 1 betrachteten Formeln kommen rechts vom Gleichheitszeichen folgende Terme vor:
$4 \cdot y + 4 \cdot x + 4 \cdot y + 50$; $4 \cdot x + 2 \cdot (4 \cdot y) + 50$; $4 \cdot x + 8 \cdot y + 50$
Sie enthalten die Variablen x und y. Setzt man anstelle der Variablen Zahlen ein, so kann man den Wert des Terms berechnen.

Vorrangregeln für die Berechnung von Termen
(1) Wenn nichts anderes geregelt ist, rechnet man von links nach rechts.
(2) Das Innere einer Klammer wird zuerst berechnet.
(3) Wo keine Klammer steht, geht Punktrechnung vor Strichrechnung und Potenzrechnung noch vor Punktrechnung und vor Strichrechnung.

Auch $3 \cdot 5 + 4$, $(7 + 2 \cdot 9)^2$, $(8 + 2 \cdot 4) \cdot 5$ sind Terme. Sie enthalten keine Variable.

(2) Einsetzungen bei mehrfach vorkommenden Variablen
In dem Term $4 \cdot y + 4 \cdot x + 4 \cdot y + 50$ kommt die Variable y an zwei verschiedenen Stellen vor. Dann muss für y jedes Mal dieselbe Zahl eingesetzt werden.

Kommt in einem Term eine Variable mehrmals vor, dann muss für diese Variable überall dieselbe Zahl eingesetzt werden.
Bei verschiedenen Variablen darf auch dieselbe Zahl eingesetzt werden.

$x - 7 + 2 \cdot y$
(−1)
erlaubt

$x - 7 + 2 \cdot x$
(−1) 3
verboten

Wiederholung

Weglassen von Malpunkten

Zur Vereinfachung vereinbaren wir:
Malpunkte dürfen weggelassen werden, wenn keine Missverständnisse möglich sind.
Ferner ist $1 \cdot x = x$.

Beispiele: $4ab$ statt $4 \cdot a \cdot b$;
$2(x+y)$ statt $2 \cdot (x+y)$;
aber nicht 45 statt $4 \cdot 5$;
nicht $2\frac{1}{2}$ statt $2 \cdot \frac{1}{2}$.

Übungsaufgaben

Tetraeder, **das (griech.)** Vierflächner, dreiseitige Pyramide

2. Eine Klasse stellt in einem Projekt mit dem Kunstlehrer und der Mathematiklehrerin ein Mobile mit Würfeln und Tetraedern aus Silberdraht her. Die Körper werden dafür in verschiedenen Größen benötigt.

a) Wie viel Silberdraht benötigt man für
(1) einen Würfel; (2) ein Tetraeder
mit der Kantenlänge 3 cm, 5 cm, 7 cm?

b) Erstelle eine Formel, mit der man aus der Kantenlänge den Drahtbedarf für
(1) einen Würfel; (2) ein Tetraeder berechnen kann.

kWh Abkürzung für die Einheit Kilowattstunde. Brennt z. B. eine 25-W-Lampe 40 Stunden, so wird dafür eine elektrische Energie von 1 kWh benötigt.

3. Frau Müller hat einen Vertrag für Strom nach dem Tarif ECO-CURRENT abgeschlossen.

a) Im Mai hat Frau Müller 200 kWh Strom benötigt, im Juni 230 kWh. Wie hoch ist ihre Stromrechnung in den beiden Monaten?

b) Erstelle eine Formel, mit der sie die monatlichen Stromkosten (in €) aus dem Verbrauch (in kWh) berechnen kann.

c) Berechne damit die Stromkosten für einen monatlichen Verbrauch von 67 kWh; 87 kWh; 139 kWh; 351 kWh.

4. Korrigiere die Fehler beim Einsetzen. Berechne dann auch jeweils den Wert des Terms.

Term: $3 \cdot x + 4$	Term: $b^2 - 3$	Term: $x^2 + 5 - 7 \cdot x$
-2 für x eingesetzt:	-4 für b eingesetzt:	-3 für x eingesetzt:
$3 \cdot -2 + 4$	$-4^2 - 3$	$(-3)^2 + 5 - 7 \cdot x$

5. Die Klasse 8 a möchte Kantenmodelle verschieden großer Quader aus Draht herstellen. Alle Quader sollen eine quadratische Grundfläche haben.

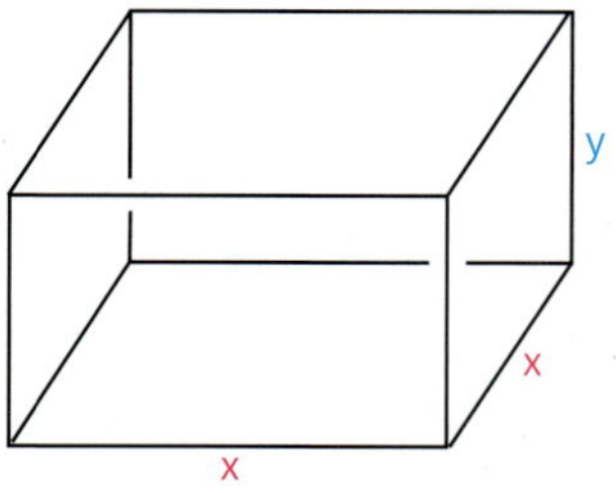

a) Erstelle zunächst eine Formel für die Drahtlänge (in cm), die für einen Quader benötigt wird.

b) Berechne dann mithilfe dieser Formel die benötigte Drahtlänge für die Quader mit folgenden Kantenlängen (in cm):
(1) $x = 5$; $y = 8$ (2) $x = 7$; $y = 7$ (3) $x = 10{,}7$; $y = 5{,}2$

c) Aus einem 60 cm langen Draht soll ein Quader von 7 cm Höhe hergestellt werden. Prüfe, ob dieses möglich ist.

6. Verschiedene quaderförmige Schachteln sollen mit buntem Papier als Geschenkpackungen beklebt werden.

a) Stelle eine Formel für die Größe A_O der Oberfläche des Quaders auf sowie eine Formel für die Länge s des Geschenkbandes. Rechne 20 cm für die Schleife.

b) Berechne mithilfe dieser Formel die Gesamtlänge s des Geschenkbandes und die Größe A_O der Oberfläche für:

(1) $a = 7;\ b = 4;\ c = 3$ (Maße in cm) (2) $a = 3{,}5;\ b = 7{,}5;\ c = 2{,}4$ (Maße in cm)

7. In der Figur rechts ist die Größe der Winkel α und β gegeben.

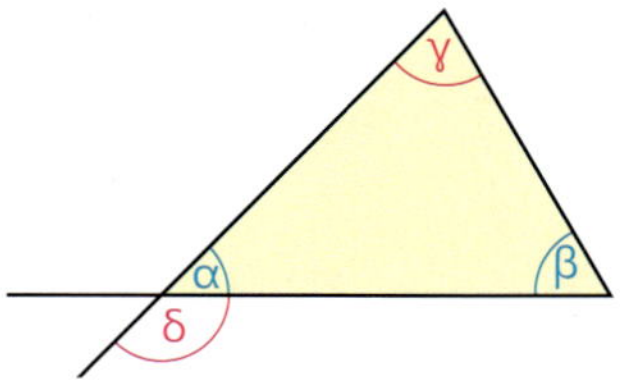

a) Erstelle je einen Term für die Größe der Winkel γ und δ.

b) Berechne die Größe dieser Winkel für:

(1) $\alpha = 40°$, $\beta = 50°$ (2) $\alpha = 40°$, $\beta = 40°$ (3) $\alpha = 63°$, $\beta = 102°$

8. Welche Malpunkte darfst du weglassen, ohne Fehler zu machen?

a) $3 \cdot a \cdot b$ c) $7 \cdot (a - 8 \cdot 6)$ e) $3 \cdot 5^2 - 1 \cdot x$ g) $5 \cdot x^2 \cdot 3 \cdot y$

b) $4 \cdot 5 \cdot x$ d) $2 \cdot \frac{1}{2} + \frac{3 \cdot x}{2}$ f) $(4 + x) \cdot (4 - x)$ h) $-2 \cdot p^3 - 3 \cdot (p - q)$

9. Anna, Bastian und Cem haben in den Term $7 - a\,b - c$ die Zahlen $a = 2;\ b = -3;\ c = -4$ eingesetzt und den Wert berechnet. Was meinst du dazu?

Anna:	*Bastian:*	*Cem:*
$7 - 2 - 3 - 4$	$7 - 2 \cdot -3 - 4$	$7 - 2 \cdot (-3) - (-4)$
$= -2$	$= 9$	$= 17$

10. Berechne den Wert des Terms $2 \cdot x - x \cdot y$ für

(1) $x = 2;\ y = 1$ (4) $x = 1;\ y = 0$ (7) $x = \frac{1}{2};\ y = -\frac{2}{3}$

(2) $x = 1;\ y = 2$ (5) $x = -1;\ y = 1$ (8) $x = 0{,}7;\ y = -1{,}1$

(3) $x = 0;\ y = 1$ (6) $x = 1;\ y = -1$ (9) $x = \frac{3}{4};\ y = -1{,}4$

Stelle deine Ergebnisse in einer Tabelle zusammen.
Ergänze diese um drei weitere Einsetzungen für x und y.

x	y	$2 \cdot x - x \cdot y$
2	1	
1	2	

11. Berechne die Werte der Terme

(1) $a - b \cdot c + d$ (2) $a - b \cdot (c + d)$ (3) $(a - b) \cdot c + d$ (4) $(a - b) \cdot (c + d)$

für die angegebene Einsetzung und vergleiche.

a) $a = 2;\ b = 4;\ c = 1;\ d = 3$ c) $a = \frac{1}{2};\ b = \frac{2}{3};\ c = \frac{1}{3};\ d = -\frac{3}{4}$

b) $a = 5;\ b = -1;\ c = 0;\ d = 0$ d) $a = 0{,}4;\ b = 0{,}4;\ c = -1;\ d = -12$

12. Was gehört zusammen?

a) $2x - 3$
b) $x^2 + 1$
c) $(x - 1)^2$
d) $-x^2 - 1$

(1)

x	?
−2	5
−1	2
0	1
1	2
2	5

(2)

x	?
1	−1
2	1
3	3
4	5
5	7

(3)

x	?
−2	9
−1	4
0	1
1	0
2	1

(4)

x	?
−4	−17
−3	−10
−2	−5
−1	−2
0	−1

13. a) Hier siehst du zwei Wertetabellen, die Marvin angelegt hat. Er hat die Terme nicht notiert. Wie könnten sie heißen?

x	?
−2	−3
−1	−1
0	1
1	3
2	5
3	7
4	9

x	?
−2	4
−1	1
0	0
1	1
2	4
3	9
4	16

b) Denke dir fünf verschiedene Terme aus und erstelle Wertetabellen dafür. Lege diese deinem Partner vor und lass ihn den zugehörigen Term bestimmen.

14. Finde einige Einsetzungen für x und y, sodass der Term $3 \cdot x - 4 \cdot x \cdot y$ einen Wert nahe bei

(1) 20; (2) −20,8; (3) −123,4 annimmt.

Teile deine Überlegungen deinem Partner mit. Vergleicht eure Vorgehensweise.

15. Für welche rationale Zahlen a wird der Term $-3 \cdot a$ negativ, für welche positiv?

16. Die Klasse 8 b stellt für einen Wohltätigkeitsbasar Bilderrahmen in unterschiedlichen Größen aus Holzleisten her. Wählt ein Leistenprofil und erstellt einen Term für den Leistenbedarf eines Bilderrahmens. Vergleicht euer Vorgehen und die Ergebnisse für die verschiedenen Leistenprofile.

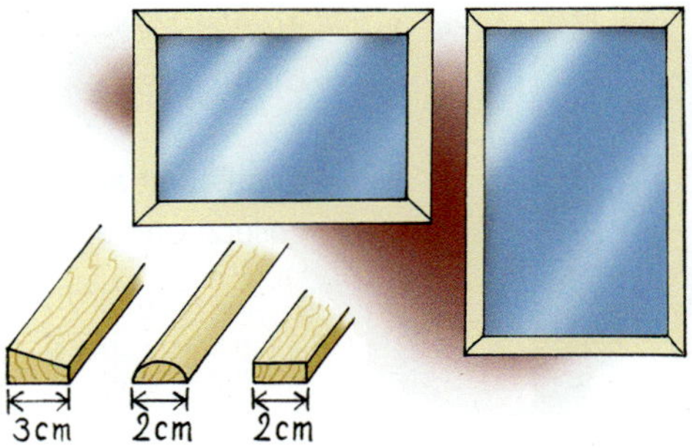

17. a) Stelle einen Term auf für
(1) den Flächeninhalt des orangen Rechtecks;
(2) den Umfang des orangen Rechtecks;
(3) den Flächeninhalt der grünen Fläche;
(4) den Umfang der grünen Fläche;
(5) den Flächeninhalt der gelben Fläche;
(6) den Umfang der gelben Fläche.

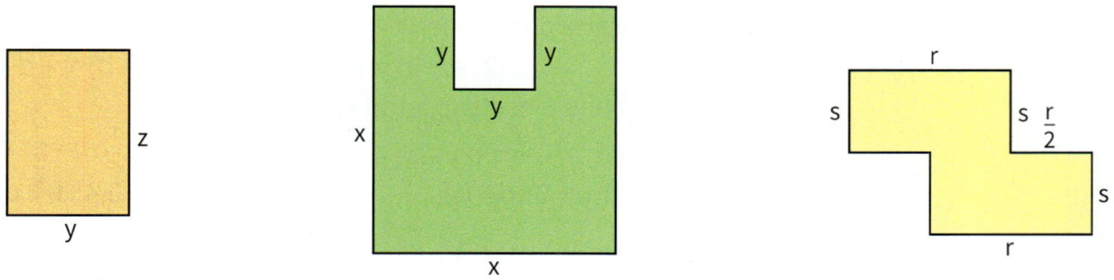

b) Entwerft selbst rechteckig begrenzte Figuren und stellt Terme für ihren Umfang und ihren Flächeninhalt auf. Bereitet eine Folie zur Ergebnispräsentation vor.

18. Zeichne verschiedene Figuren, die mit dem angegebenen Term beschrieben werden.

a) Umfang: $6x + 6y$

b) Flächeninhalt: $a^2 - b^2$

19. Frau Börges hat für ihr Handy den Tarifvertrag rechts abgeschlossen.

a) Erstelle einen Term für die monatlichen Kosten.

b) Stelle selbst geeignete Fragen und beantworte sie mithilfe des Terms.

Sorgenfrei der Tarif für Sie!
- nur 10 € monatliche Grundgebühr
- 6 ct pro SMS
- unschlagbare 3 ct pro Minute

20. Eine Kinovorstellung wird von x Erwachsenen und y Kindern besucht. Die Erwachsenen zahlen p Euro, die Kinder q Euro Eintritt.

a) Erkläre, was folgende Terme bedeuten können:

(1) $8x + 4{,}5y$ (2) $158p + 44q$ (3) $px + \frac{1}{2}py$

b) Der Preis für Erwachsene soll um 1 Euro erhöht werden. Beschreibe die neuen Eintrittskosten für x Erwachsene und y Kinder. Wie ändert sich dieser Term, wenn zugleich der Preis für Kinder um 50 Cent ermäßigt wird?

21. a) Erfinde zu den Termen Rechengeschichten.

(1) $x \cdot 1{,}50 + 0{,}55$
$x \cdot (1{,}50 + 0{,}55)$

(2) $1000 : x + 10$
$(1000 + 10) : x$

(3) $x \cdot 0{,}9 + y \cdot 0{,}9$
$(x + y) \cdot 0{,}9$

Terme: Ben: $x \cdot 9{,}90 + 3{,}90$ Nora: $x \cdot (9{,}90 + 3{,}90)$
Rechengeschichten:
Eine Pop-CD kostet 9,90 €. Für Versand- und Portokosten werden 3,90 € erhoben.
Ben führt für sich und seine Freunde eine Sammelbestellung durch.
Nora und ihre Freundinnen bestellen jeder einzeln.

b) Stellt selbst solche Terme auf und erfindet dazu eine Rechengeschichte. Lest dann eurem Nachbarn nur die Rechengeschichte vor und lasst ihn den Term aufstellen. Stimmt er mit dem eigenen Term überein? Wenn nicht, findet heraus, ob die Terme trotzdem richtig sind, oder wo der Fehler ist.

22. Betrachte die Folge von Figuren. Jede einzelne ist aus Punkten zusammengesetzt.
Erstelle zunächst eine Wertetabelle für die Anzahl der Punkte in den ersten fünf Figuren. Beschreibe dann die Anzahl der Punkte in der n-ten Figur durch einen Term.

Nummer der Figur	Anzahl der Punkte in der Figur
1	
2	
3	

a) 

b) 

c) 

d) 

1.2 Aufbau eines Terms

Einstieg

a) Erstellt mit den Kärtchen rechts Terme, in denen alle drei Zahlen 2, 4 und 5 vorkommen, sodass der letzte Schritt beim Berechnen eine Addition ist.

b) Erstellt entsprechende Terme, sodass im letzten Schritt subtrahiert, multipliziert, dividiert, potenziert wird.

c) Erstellt nun Terme mit Variablen, bei deren Berechnung im letzten Schritt addiert, subtrahiert, multipliziert, dividiert werden muss.

Aufgabe 1

Rechenbaum und Typ eines Terms

Stelle die Reihenfolge der Rechenschritte beim Term durch einen Rechenbaum dar.
Die Rechenart, die als letzte an die Reihe kommt, legt den Typ des Terms fest. Bestimme so den Typ des Terms.

a) $3 \cdot (x + 7)$
b) $3 \cdot x + 7$
c) $24 : (x - 2)$
d) $24 : x - 2$
e) $(5x + 4y)^2$
f) $5x + 4y^2$

Lösung

a) $3 \cdot (x + 7)$
Der Term ist ein *Produkt*, weil das Multiplizieren zuletzt an die Reihe kommt.

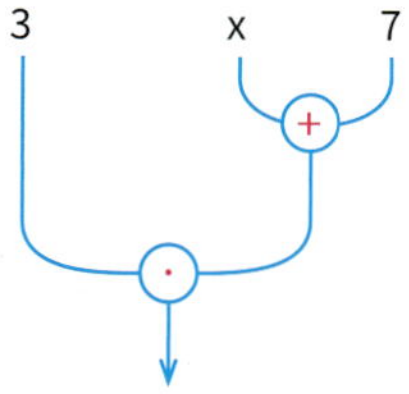

b) $3 \cdot x + 7$
Der Term ist eine *Summe*, weil das Addieren zuletzt an die Reihe kommt.

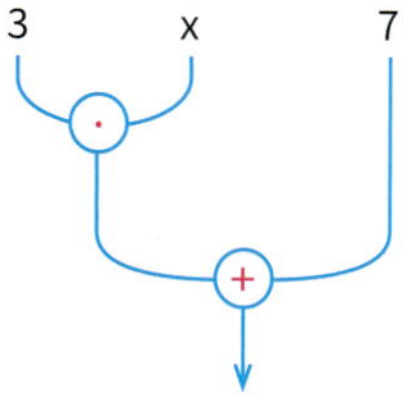

c) $24 : (x - 2)$
Der Term ist ein *Quotient*, weil das Dividieren zuletzt an die Reihe kommt.

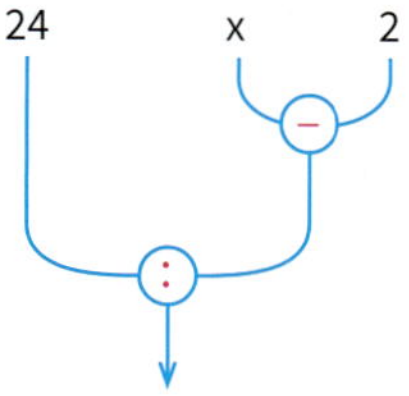

d) $24 : x - 2$
Der Term ist eine *Differenz*, weil das Subtrahieren zuletzt an die Reihe kommt.

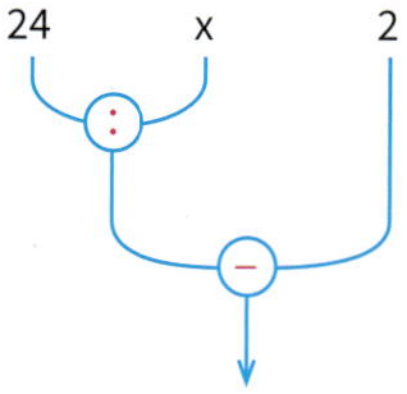

e) $(5x + 4y)^2$
Der Term ist eine *Potenz*, weil das Potenzieren zuletzt an die Reihe kommt.

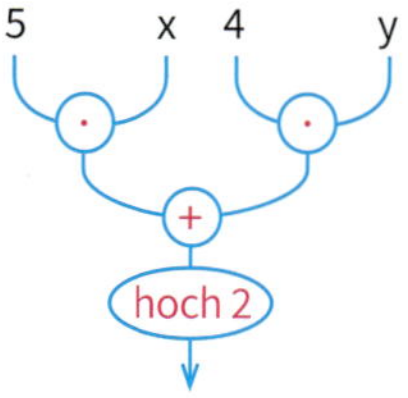

f) $5x + 4y^2$
Der Term ist eine *Summe*, weil das Addieren zuletzt an die Reihe kommt.

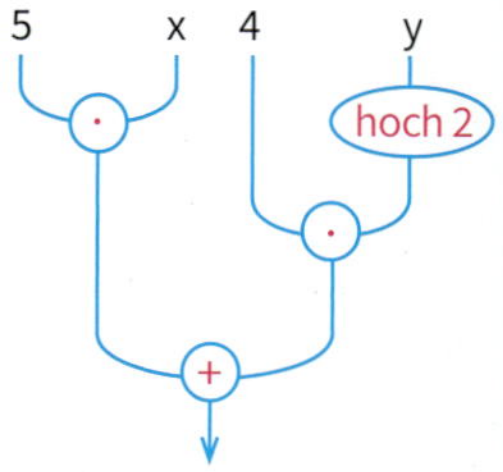

Weiterführende Aufgabe

Wortform von Termen mit Variablen

2. a) Multipliziere 87 mit der Summe der Zahlen 98 und x.
   Setze dann $x = 121$ und berechne den Wert des Terms.
   b) Dividiere 85 durch die Differenz von $2 \cdot x$ und x.
   Setze dann $x = 17$ und berechne den Wert des Terms.

> *Wortform:* Multipliziere x mit der Summe von 84 und x.
> *Term:* $x \cdot (84 + x)$

Übungsaufgaben

3. Zeichne den Rechenbaum zum Term und gib den Typ des Terms an.
   a) $(8 + x)^2 - 3$ b) $8 + (x^2 - 3)$ c) $(x - y) \cdot z^3$ d) $(x - y\,z)^3$ e) $a : (b - 4\,a)$

4. Stelle den Term auf; notiere auch den Typ des Terms.
   a) Addiere x zur Summe der Zahlen 25 und y.
   b) Multipliziere die Summe der Zahlen x und y mit deren Differenz.
   c) Subtrahiere von dem Produkt der Zahlen a und b den Quotienten dieser Zahlen.
   d) Dividiere die Summe aus x und 6 durch die dritte Potenz von 2.
   e) Subtrahiere das Quadrat der Zahl s von der Summe der Zahlen r, s und t.
   f) Addiere die Differenz aus m und n zur Summe der Zahlen 25 und m.
   g) Bilde die dritte Potenz der Summe von 4 und b.

5. Gib zu dem Rechenbaum den Term, dessen Typ und die Wortform an.

a)
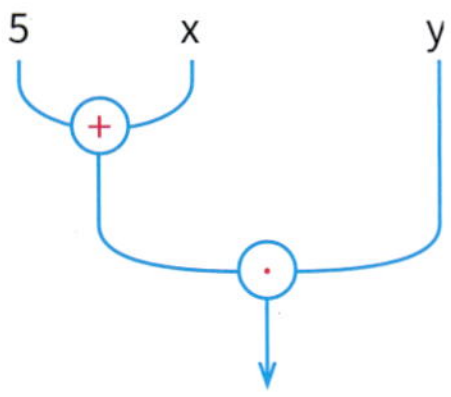

b)
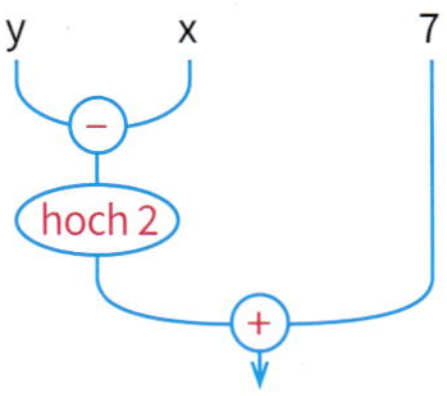

c)
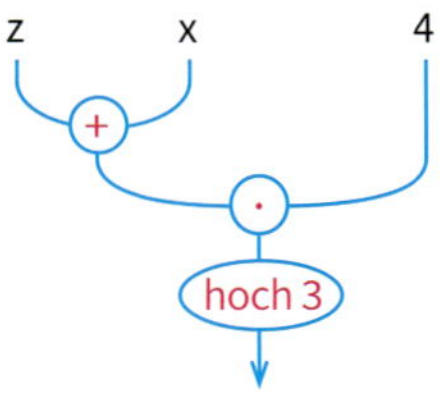

d)
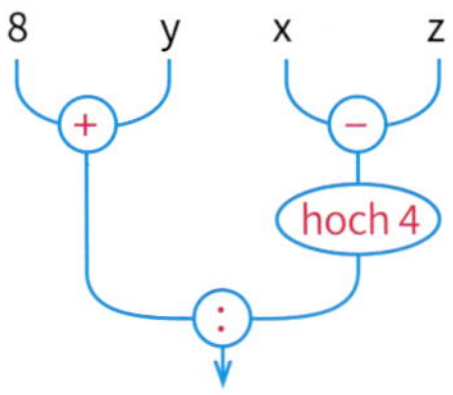

6. Gib den Term in Wortform an.
   a) $x + 2 \cdot 8$ b) $(x + 2) \cdot 8$ c) $5\,x - 14$ d) $(1 - x) : y$ e) $(x - 7)^2 \cdot z$

Das kann ich noch!

A) Welche der dargestellten Netze gehören zu Prismen? Begründe.

1)
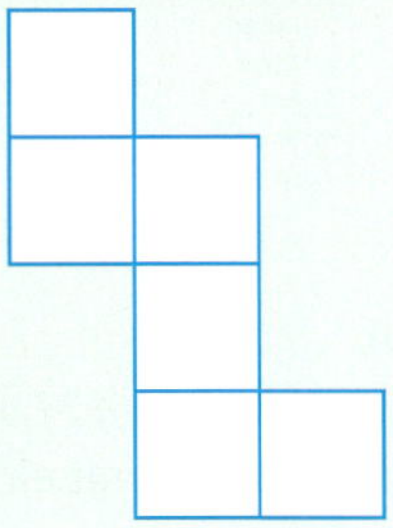

3)
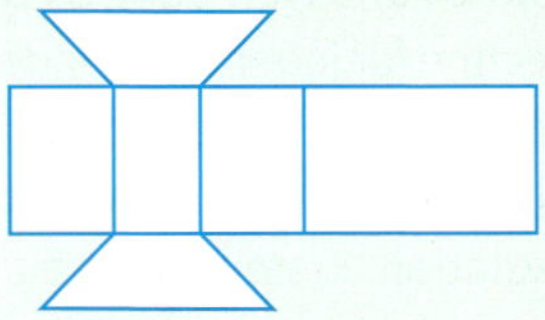

5)
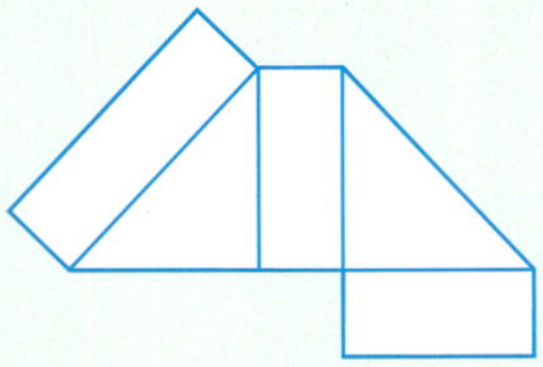

2)

4)
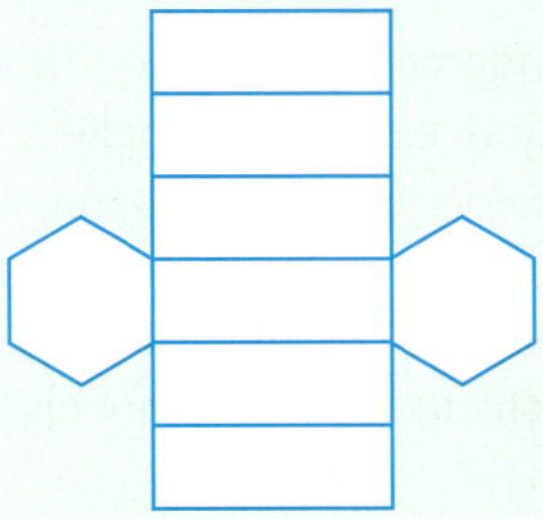

6)
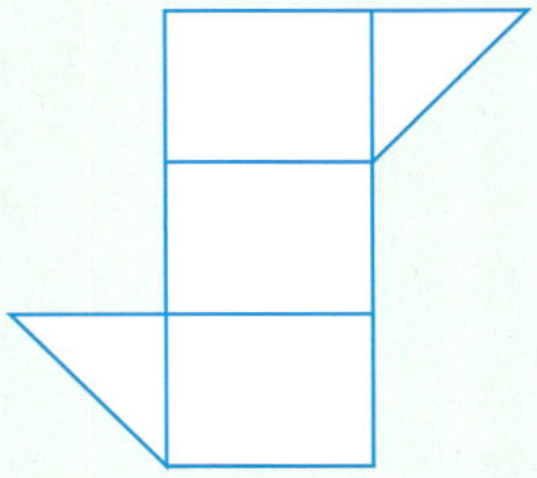

TAB Tabellenkalkulation und Terme

Zum Aufstellen der Wertetabelle eines Terms sind in jeder Zeile gleichartige Rechnungen durchzuführen. Diese kann man gut von einem Tabellenkalkulations-Programm erledigen lassen.

1. Rechts siehst du, wie man mithilfe einer Tabellenkalkulation eine Wertetabelle für den Term $3x^2$ erstellen kann.
In der Spalte A stehen unter der Überschrift x ab der 2. Zeile die Werte, die eingesetzt werden sollen.
In der Spalte B stehen die Ergebnisse. Sie wurden auf einen Schlag automatisch berechnet durch Eingabe des Terms für das Feld B2 in der Form 3 * A2^2.
Hierbei ist das Sternchen * das Multiplikationszeichen und das Dach ^ das Zeichen für das Potenzieren. Statt des Variablennamens x steht A2, da für die Berechnung des Tabellen-Feldes B2 der Wert aus dem Tabellenfeld A2 eingesetzt werden muss.
Beachte, dass die Eingabe mit einem Gleichheitszeichen beginnt.
Ziehst du mit der Maus den quadratischen Eckpunkt des dick umrandeten Feldes B2 herunter bis zum Tabellenende, so berechnet das Programm automatisch den Wert des Feldes für B3 als 3 * A3^2, den für B4 als 3 * A4^2 usw.

B2 fx =3*A2^2

	A	B
1	x	3*x^2
2	1	3
3	2	12
4	3	27
5	4	48
6	5	
7	6	
8	7	
9	8	
10	9	

a) Probiere das mit deinem Tabellenkalkulations-Programm aus.
b) Denke dir Terme aus; erstelle für sie mithilfe einer Tabellenkalkulation eine Wertetabelle.

2. Lisas Vater beschäftigt 5 Maurer.
Jeder erhält einen Stundenlohn von 16 €, außerdem pro Woche eine Zulage von 85 €.
Die Maurer haben in dieser Woche unterschiedlich viele Stunden gearbeitet:
Herr Meier 40, Herr Sorge 32, Herr Abt 39, Herr Hold 28 und Herr Lang 34 Stunden.
a) Berechne für jeden Maurer den Wochenlohn. Lege dazu eine Tabelle an.
b) Lisas Vater arbeitet mit einer Tabellenkalkulation. Erstelle das abgebildete Rechenblatt mit deiner Tabellenkalkulation.
c) In der folgenden Woche haben Herr Meier 38, Herr Sorge 37, Herr Abt 41, Herr Hold 29, Herr Lang 33 Stunden gearbeitet. Berechne die Löhne mit einer Tabellenkalkulation.

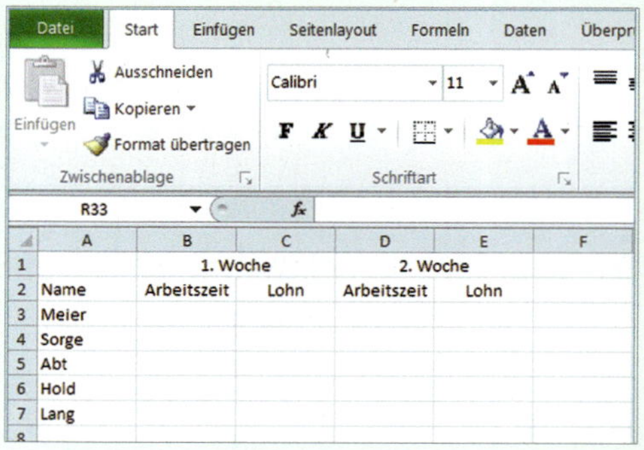

	A	B	C	D	E	F
1		1. Woche		2. Woche		
2	Name	Arbeitszeit	Lohn	Arbeitszeit	Lohn	
3	Meier					
4	Sorge					
5	Abt					
6	Hold					
7	Lang					

3. Lucas möchte mithilfe einer Tabellenkalkulation eine Wertetabelle erstellen, aus der er sofort entnehmen kann, welche monatlichen Handy-Kosten anfallen. Erstelle diese Tabelle für monatliche Gesprächsdauern von 0 min bis 120 min.

4. a) Frau Müller will ihre Stromkosten berechnen. Sie verbraucht im Monat x Kilowattstunden. Eine Kilowattstunde kostet y €. Hinzu kommt die monatliche Grundgebühr von z €. Erstelle eine Formel für die monatlichen Stromkosten P.

b) Frau Müller hat mehrere Verträge zur Auswahl. Erstelle eine Übersicht über die Kosten der verschiedenen Tarife bei einer Abnahme von 100 kWh bis 4000 kWh. Berate Frau Müller.

Tarif	Single	Couple	Family
Grundgebühr im Jahr	25 €	54 €	132 €
Preis pro kWh	0,27 €	0,25 €	0,23 €

c) Erkläre, was folgende Formeln bedeuten können.

(1) $P = 0{,}14 \cdot x + 21$ (2) $P = 220 \cdot y + 45$ (3) $P - z = x \cdot y$

Skonto (lat.) Preisnachlass (bei Barzahlung)

5. Auf alle Waren wird vom Finanzamt die so genannte *Mehrwertsteuer* erhoben. Bei den meisten Preisen ist sie nicht erkennbar, da sie schon darin enthalten ist. Im Großhandel und auch bei Handwerkerrechnungen z. B. werden Preise zunächst ohne Mehrwertsteuer angegeben.
Für automatische Preis-Berechnungen mit einem Tabellenkalkulations-Programm sollen Formeln erstellt werden, wie man aus einem Preis ohne Mehrwertsteuer
(1) den Preis mit Mehrwertsteuer;
(2) den Preis bei Barzahlung mit 2 % Skonto berechnen kann.
Gib diese Formeln an.

	A	B	C	D	E
1	Artikel	Preis ohne MwSt.	Preis mit MwSt.	Barzahlungspreis	
2	Blue-Ray-Player	90,00 €			
3	LCD-Fernseher	550,00 €			
4	Notebook	800,00 €			
5	MP3-Player	180,00 €			
6	Smartphone	270,00 €			

Erkundige dich nach dem aktuellen Mehrwertsteuersatz!

6. Körper dehnen sich bei Temperaturerhöhung aus und ziehen sich bei Abkühlung wieder zusammen. Diese Ausdehnung ist umso größer, je länger der Körper ist und je größer die Temperaturänderung ist. Daher sind bei großen Bauwerken, wie z. B. Brücken, Dehnungsfugen angebracht.
Für die Länge L (in m) eines festen Körpers gilt: $L = L_0(1 + \alpha \cdot \vartheta)$, wobei L_0 die Länge (in m) bei 0 °C und ϑ die Temperatur (in °C) bedeutet und α eine materialabhängige Konstante ist.
Für eine Stahlbetonbrücke hat α den Zahlenwert 0,000012.

Griechische Buchstaben:
α – Alpha
ϑ – Theta

a) Bei 0 °C ist eine bestimmte Brücke 30 m lang. Lege eine Tabelle an, aus der man die Länge dieser Brücke bei verschiedenen Temperaturen entnehmen kann.

b) In Deutschland geht man davon aus, dass die Temperaturen an dieser Brücke nicht unter –25 °C absinken und nicht über 35 °C ansteigen.
Wie breit muss die Dehnungsfuge sein?

1.3 Addieren und Subtrahieren von Termen

Einstieg

Bildet alle möglichen Summen der Terme der linken Tafel und der Terme der rechten Tafel. Prüft, ob ihr die Ergebnisse vereinfachen könnt.

Aufgabe 1

Zusammenfassen von Termen

Marc und Lena haben eine Plastik aus Quadern entworfen. Diese soll aus Gips gegossen werden. Da die Maße noch nicht genau feststehen, erstellen sie zunächst einen Term für das Volumen der Plastik, um den Gipsbedarf zu ermitteln.

Marcs Term: $x^2y + xy^2 + x^2y$

Lenas Term: $2x^2y + xy^2$

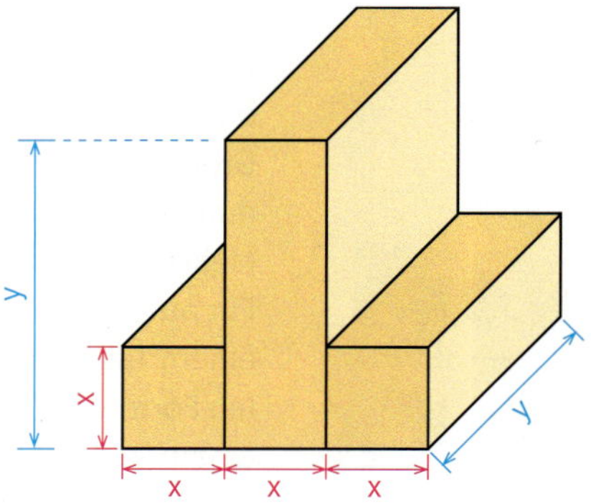

a) Erkläre, wie die beiden ihre Terme gefunden haben.

b) Setzt man positive Zahlen für die Variablen ein, so ist an dem Sachverhalt unmittelbar klar, dass beide Terme jeweils übereinstimmende Werte liefern.
Begründe mithilfe von Rechengesetzen für rationale Zahlen, dass beide Terme für alle rationalen Zahlen, also auch für negative, übereinstimmende Werte ergeben.

c) Lenas Freund Tobias überlegt, ob man den Term $2x^2y + xy^2$ nicht noch weiter zusammenfassen kann. Mögliche Ergebnisse, die ihm einfallen, sind:
(1) $3x^2y$ **(2)** $3xy^2$ **(3)** $3x^2y^2$ **(4)** $3x^3y^3$
Überprüfe mithilfe von Zahlenbeispielen, ob einer dieser vier Terme den Gipsbedarf für die Plastik beschreibt.

Lösung

a) Der linke Quader hat die Seitenlängen x, x und y. Sein Volumen beträgt also
$x \cdot x \cdot y = x^2y$.
Der mittlere Quader hat die Seitenlängen x, y und y. Sein Volumen beträgt also
$x \cdot y \cdot y = xy^2$.
Der rechte Quader stimmt mit dem linken überein.
Marc hat diese drei Volumina addiert, um das Gesamtvolumen zu erhalten:
$x^2y + xy^2 + x^2y$

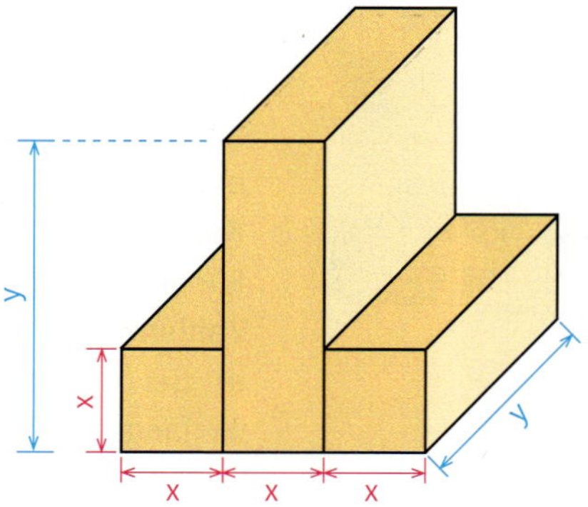

Anstatt das Volumen der beiden äußeren Quader zu addieren, hat Lena das Volumen des linken Quaders verdoppelt, da beide Teilkörper dasselbe Volumen haben:
$2x^2y + xy^2$

$a + b = b + a$

$a \cdot (b + c) = a \cdot b + a \cdot c$

$a \cdot b = b \cdot a$

b) Wir formen Marcs Term so um, dass wir den von Lena erhalten:

$$\begin{aligned} & x^2y + xy^2 + x^2y \\ &= x^2y + x^2y + xy^2 \\ &= x^2(y + y) + xy^2 \\ &= x^2 \cdot 2y + xy^2 \\ &= 2x^2y + xy^2 \end{aligned}$$

Kommutativgesetz der Addition
Distributivgesetz
Zusammenfassen von Variablen
Kommutativgesetz der Multiplikation

c) Wir stellen Zahlenbeispiele für Einsetzungen in einer Tabelle zusammen:

x	y	$2x^2y + xy^2$	$3x^2y$	$3xy^2$	$3x^2y^2$	$3x^3y^3$
1	1	3	3	3	3	3
1	2	8	6	12	12	24

Für die erste Einsetzung liefern alle Terme übereinstimmende Werte. Die untere Zeile der Tabelle zeigt aber, dass keiner der vier Terme von Tobias den Gipsbedarf für die Plastik beschreibt.

Information

(1) Wertgleiche Terme – Termumformung

Die Terme $x^2y + xy^2 + x^2y$ und $2x^2y + xy^2$ liefern bei allen Einsetzungen für x und y jeweils übereinstimmende Werte. Das bedeutet:
Für alle rationalen Zahlen für x und y gilt: $x^2y + xy^2 + x^2y = 2x^2y + xy^2$
Die Terme links und rechts vom Gleichheitszeichen sind *wertgleich*.
Geht man von dem Term $x^2y + xy^2 + x^2y$ zu dem Term $2x^2y + xy^2$ über, so nennt man diesen Übergang *Termumformung*. Man sagt: Der Term $x^2y + xy^2 + x^2y$ ist in den Term $2x^2y + xy^2$ umgeformt worden.
Termumformungen kann man mithilfe von Rechengesetzen begründen. Solche Termumformungen werden häufig zur Vereinfachung von Termen durchgeführt.

Definition
Zwei Terme heißen **wertgleich**, wenn sich bei *jeder* beliebigen Einsetzung übereinstimmende Werte ergeben.
Bei einer **Termumformung** wird ein Term in einen anders aufgebauten, aber wertgleichen Term umgeformt. Man verbindet die beiden wertgleichen Terme durch ein Gleichheitszeichen.

Auch zwei Terme, die bei 1000 Einsetzungen übereinstimmende Ergebnisse liefern, müssen nicht wertgleich sein.

(2) Begründen der Wertgleichheit von Termen– Zielsetzung

Gilt $x \cdot (y - x) - y \cdot (x - y) = y^2 - x^2$?
In der nachstehenden Tabelle wird dies an Beispielen überprüft.

x	y	$x \cdot (y - x) - y \cdot (x - y)$	Wert	$y^2 - x^2$	Wert
0	1	$0 \cdot (1 - 0) - 1 \cdot (0 - 1)$	1	$1^2 - 0^2$	1
1	2	$1 \cdot (2 - 1) - 2 \cdot (1 - 2)$	3	$2^2 - 1^2$	3
−2	3	$-2 \cdot (3 - (-2)) - 3 \cdot (-2 - 3)$	5	$3^2 - (-2)^2$	5
5	−2	$5 \cdot (-2 - 5) - (-2) \cdot (5 - (-2))$	−21	$(-2)^2 - 5^2$	−21

Auch noch so viele Beispiele liefern keinen Beweis für Wertgleichheit.

Dies liefert die **Vermutung**: Beide Terme können wertgleich sein. Wir können aber nicht sicher sein. Dass man auch aus vielen Einsetzungen, die übereinstimmende Werte ergeben, kein sicheres Ergebnis folgern kann, zeigt das Beispiel auf der nächsten Seite.

Gilt $2 \cdot x + y = 2 \cdot (x + y)$?
Dazu wird folgende Tabelle angelegt.

x	y	$2 \cdot x + y$	Wert	$2 \cdot (x + y)$	Wert
−2	0	$2 \cdot (-2) + 0$	−4	$2 \cdot (-2 + 0)$	−4
0	0	$2 \cdot 0 + 0$	0	$2 \cdot (0 + 0)$	0
1	0	$2 \cdot 1 + 0$	2	$2 \cdot (1 + 0)$	2
1	3	$2 \cdot 1 + 3$	5	$2 \cdot (1 + 3)$	8

Eine Einsetzung, die verschiedene Werte liefert, reicht.

Die beiden Terme $2 \cdot x + y$ und $2 \cdot (x + y)$ sind also nicht wertgleich. Trotzdem kannst du auch noch weitere Einsetzungen finden, bei denen sie übereinstimmende Werte liefern.
Unser Ziel ist daher, Regeln aufzustellen, mit deren Hilfe man begründet einen Term in einen wertgleichen umformen kann.

(3) Addition und Subtraktion von Termen
Manchmal, jedoch nicht immer, kann man eine Summe oder Differenz von Termen vereinfachen.

Terme: / *Geometrische Veranschaulichung:*

$2a^2 + 3bc$

$3ab + ab = 4ab$

$2x^2y + 3x^2y = 5x^2y$

$x^2y + xy^2$

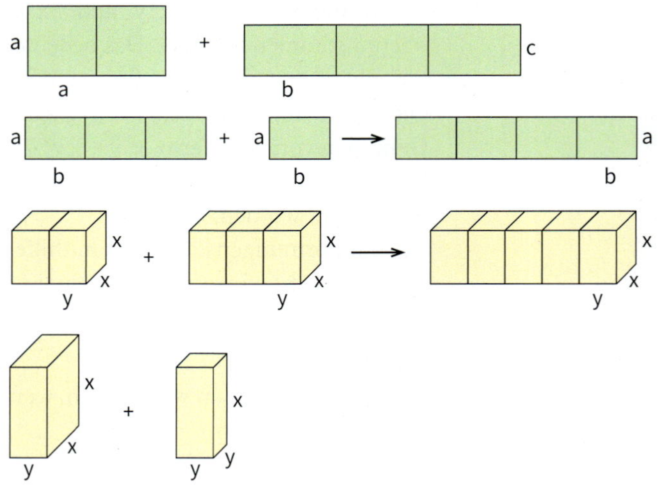

Zusammenfassen von Termen: Addieren und Subtrahieren
Man addiert (subtrahiert) Terme, die sich nur in den Zahlfaktoren unterscheiden, indem man die Zahlfaktoren (Koeffizienten) addiert (subtrahiert) und die gemeinsamen Variablen beibehält.

Zahlfaktor 1 denken

Beispiele:
(1) $7ab + 5ab = 12ab$
(2) $8x^2 - x^2 = 7x^2$
(3) $-5xy^2 + 3xy^2 = -2xy^2$
(4) $\frac{3}{4}pr - \frac{1}{2}pr = \frac{1}{4}pr$

$x = 1 \cdot x$

Begründung von Beispiel (3):
Wir verwenden das Distributivgesetz in der Form $(b + c) \cdot a = b \cdot a + c \cdot a$ an und schreiben es von rechts nach links: $b \cdot a + c \cdot a = (b + c) \cdot a$

$-5\ xy^2 + 3\ xy^2 = (-5 + 3) \cdot xy^2 = -2xy^2$
$b \cdot a + c \cdot a = (b + c) \cdot a$

(Hier ist $b = -5$; $c = 3$; $a = xy^2$.)

Distributivgesetz:
$a \cdot (b + c) = a \cdot b + a \cdot c$

Weiterführende Aufgaben

Kommutativgesetz der Addition: $a + b = b + a$

Assoziativgesetz der Addition: $a + (b + c) = (a + b) + c$

Anwenden des Kommutativgesetzes und des Assoziativgesetzes der Addition

2. a) Erkläre an dem Beispiel rechts die Anwendung des Kommutativgesetzes der Addition und des Assoziativgesetzes der Addition.

$$\begin{aligned} & 12y^2 + 48y + 19y^2 \\ =\ & 12y^2 + (48y + 19y^2) \\ =\ & 12y^2 + (19y^2 + 48y) \\ =\ & (12y^2 + 19y^2) + 48y \\ =\ & 31y^2 + 48y \end{aligned}$$

Assoziativgesetz der Addition
Kommutativgesetz der Addition
Assoziativgesetz der Addition
Zusammenfassen

b) Vereinfache den Term.
(1) $72a + 8 + 19a$ (2) $34z^2 + 16x + 62z^2$ (3) $1{,}4s + 7t^2 + 0{,}6s$

Additions- und Subtraktionsschritte in einem Term

3. a) Der Term $x^2 + 5x - 4x^2$ ist eine Differenz, denn nach den Vorrangregeln muss von links nach rechts gerechnet werden. Daher kommt das Subtrahieren zuletzt an die Reihe. Rechts ist der Term umgeformt worden. Erläutere die einzelnen Schritte.

$$\begin{aligned} & x^2 + 5x - 4x^2 \\ &= x^2 + 5x + (-4x^2) \\ &= x^2 + (-4x^2) + 5x \\ &= x^2 - 4x^2 + 5x \\ &= -3x^2 + 5x \end{aligned}$$

b) Vereinfache: (1) $a + 7 - a^2 + 3a$ (2) $7 - u + u^2 - 2u + 5$

Das Zeichen vor den Teiltermen muss mit ihnen zusammen vertauscht werden.

Aufeinander folgende Additions- und Subtraktionsschritte darf man beliebig vertauschen:
Beispiel: $-x^2 + 3x - 5 = 3x - x^2 - 5 = -5 + 3x - x^2 = \ldots$

Übungsaufgaben

4. Einige der Terme rechts liefern bei allen Einsetzungen übereinstimmende Werte.
Finde heraus, welche.
Kannst du auch eine Begründung dafür angeben?

5. Berechne für

(1) $x = 15;\ y = 3$ (2) $x = 1{,}5;\ y = 1{,}5$ (3) $x = -\frac{3}{4};\ y = -\frac{1}{3}$

die Werte der drei Terme $4 \cdot x - 6 + 6 \cdot (1 - y)$; $2 \cdot (2 \cdot x - 3 \cdot y)$; $3 \cdot (1 - 2 \cdot y) - (3 - 4 \cdot x)$.
Was fällt dir auf?

6. Zeige, dass die beiden Terme nicht wertgleich sind.
a) $(a + x)^2$ und $(a + x) \cdot 2$ b) $(u \cdot v)^2$ und $u \cdot v^2$ c) $(-x)^2$ und $-x^2$

7. Die Terme $2x + y$ und $2(8x + y)$ sind nicht wertgleich. Trotzdem können sie bei bestimmten Einsetzungen für x bzw. y denselben Wert haben. Suche solche Einsetzungen.

8. Nils behauptet: „Die Terme $x^2y + xy^2$ und $2xy$ stimmen für unendlich viele Einsetzungen überein: $x = 0,\ y = 1$, sowie $x = 0,\ y = 2$, sowie $x = 0,\ y = 3$, sowie … Also sind sie wertgleich."
Was meinst du dazu?

9. Für den Umfang u des Rechtecks kannst du zwei Formeln aufstellen: $u = 2a + 2b$ und $u = 2(a + b)$.

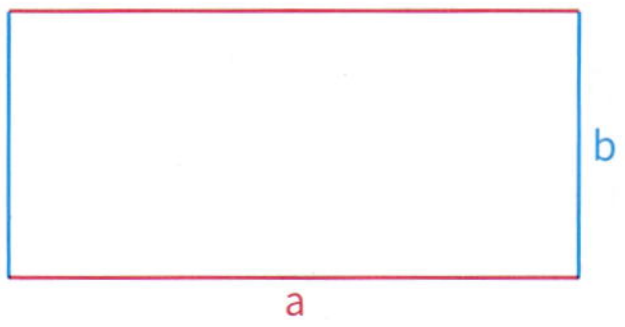

a) Begründe die Formeln.

b) Bestätige durch Einsetzen von a und b (in cm) in beide Formeln, dass sich derselbe Wert für u ergibt.

(1) $a = 7;\ b = 5$ **(2)** $a = 1{,}7;\ b = 2{,}8$ **(3)** $a = \frac{5}{6};\ b = \frac{1}{3}$

10. Frau Meier und Frau Müller berechnen die Größe eines Grundstücks der nebenstehenden Form.

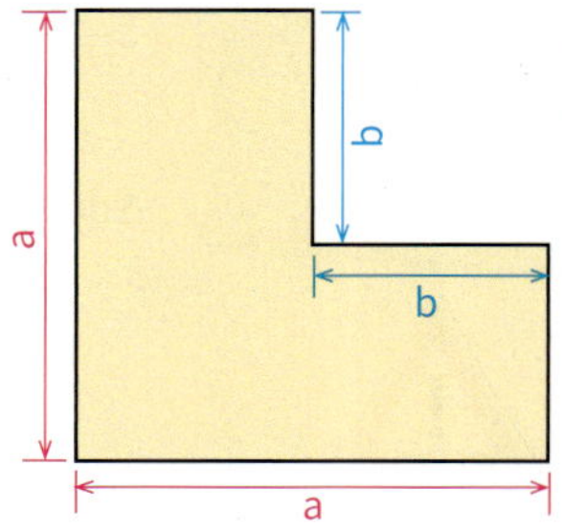

a) Sie stellen zwei unterschiedliche Terme für den Flächeninhalt des Grundstücks auf. Welche Terme sind möglich?

b) Berechne den Flächeninhalt durch Einsetzen in einen der beiden Terme und prüfe das Ergebnis durch Einsetzen in den anderen Term (Maße in m):

(1) $a = 20;\ b = 5$ **(2)** $a = 24{,}5;\ b = 4{,}5$

11. Stelle jeweils den Term auf. Bei welchen Termen erhältst du durch geeignetes Einsetzen jeweils den gleichen Wert? Welche Terme sind mit Sicherheit nicht wertgleich zueinander?

(1) Multipliziere 4 mit a und subtrahiere davon b.

(2) Bilde die Differenz aus dem Vierfachen von a und dem Vierfachen von b.

(3) Subtrahiere die Differenz aus b und a von dem Dreifachen von a.

(4) Multipliziere die Differenz aus a und b mit 4.

12. Für eine Leuchtreklame werden Buchstabenumrisse aus Leuchtstoffröhren hergestellt. Gib einen Term für den Umfang des Buchstabens an und vereinfache den Term.

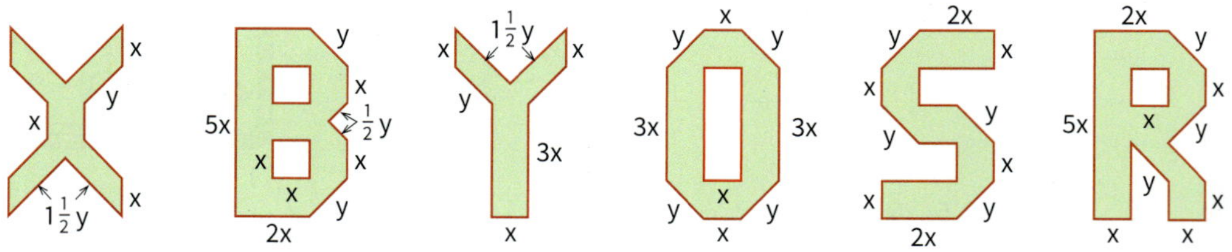

13. Vereinfache die Terme.

a) $a + a - a$ **c)** $a + b + c + a + c + c$ **e)** $a^2 + a + ab + a + ab$

b) $a^2 + a + a + a - a$ **d)** $ab + ab + ab$ **f)** $x^2y + xy + xy^2 + x^2y$

14. Hier wurde versucht, Terme zusammenzufassen. Belege durch geeignete Einsetzungen, dass die Terme links und rechts vom Gleichheitszeichen nicht wertgleich zueinander sind.

Sarah	Dennis	Marie	Florian
$x + x^2 = x^3$	$x + x^2 = 2x^3$	$x + x^2 = 2x$	$x + x^2 = 2x^2$

15. Schreibe ausführlich als Summe.

a) $7x$ **c)** $3xy + 3y^2 + 3x^2$ **e)** $x^2 + 3y^2$

b) $2a + 3b$ **d)** $2x + 3$ **f)** $2a^2 + 4ab$

16. Vereinfache.

a) $4x + 2x$
b) $7y + 1y$
c) $9x - 5x$
d) $14y - 14y$
e) $1{,}2r - 1{,}4r$
f) $-3{,}45x + 2{,}13x$
g) $5x + 3x + 4x$
h) $8a + 6a - 14a$
i) $12r - 3r - 8r$
j) $17s + 5s - 29s$
k) $z - 1z - 10z$
l) $2{,}2a - 3{,}1a + 0{,}2a$
m) $-0{,}44x^2 + 1x^2 - 3{,}03x^2$
n) $2{,}5u^2 - 4{,}3u^2 + 1{,}5u^2$
o) $\frac{3}{4}r^2 - \frac{1}{8}r^2 - \frac{1}{2}r^2$
p) $\frac{3}{4}x - x + \frac{1}{3}x$
q) $-\frac{1}{2}y - y + 1{,}5y$
r) $\frac{2}{3}x^2 - \frac{1}{6}x^2$

17. Ordne einander wertgleiche Terme zu.

$3x + 5x - 7x$ | $\frac{3}{4}x - \frac{3}{2}x + 1{,}75x$ | $2{,}5x + 7{,}5x - 10x$ | $2{,}2x - 3{,}1x - 0{,}2x$ | $14x - 19x + 6x$ | $8x + 6x - 14x$ | $-12x + 3x + 8x$

18. Welche Terme kannst du durch Addition zusammenfassen?

$7 \cdot x$ | $\frac{1}{4}ab$ | $a \cdot b$ | $4 \cdot a^2b$ | $4 \cdot x^2$ | $0{,}7 \cdot x \cdot y$ | $\frac{1}{2}x \cdot y$ | $-6ab^2$ | x | $0{,}5a^2b$ | $3 \cdot (x + y)$

19. Vereinfache die Terme, soweit möglich.

a) $5a + 11 + 7a$
b) $4x^2 + 13x - 2x^2$
c) $8u - 3u^2 + 6$
d) $r + 5r^2 - 9r + 8r^2 - 5r$
e) $7q - 3q^2 - 8q + 4q^2$
f) $4xy + 3xy$
g) $5s + 4s$
h) $14yz - 4yz$
i) $-28uv - 37uv$
j) $-9rt + rt$
k) $3{,}9a^2b^2 - 5a^2b^2 + 1{,}1a^2b^2$
l) $-3{,}03x^2 - 0{,}44x^2 + 1x^2$
m) $2{,}2abc - 3{,}1abc + 0{,}2abc$
n) $2{,}5u^2v - 4{,}3u^2v + 1{,}5u^2v$
o) $1{,}9ab - 17ac - ab$
p) $\frac{3}{4}r^2 - \frac{1}{2}r^2 - \frac{1}{8}r^2$
q) $\frac{3}{4}xy^2 - xy^2 + \frac{1}{3}xy^2$
r) $-\frac{2}{3}u + \frac{5}{6}u - \frac{7}{12}u$
s) $\frac{9}{10}ba - \frac{1}{4}ba + ba$
t) $\frac{1}{4}cd - \frac{1}{2}cd + \frac{1}{4}cd$
u) $\frac{1}{6}u^2 - u - \frac{2}{3}u^2$

20. Welcher Term lässt sich durch Zusammenfassen vereinfachen, welcher Term lässt sich nicht vereinfachen?

(1) $2xy + 2x$ (2) $12d - d$ (3) $7a^2b - 2ab^2$ (4) $z^2 + 9z$ (5) $2xy - 2yx$

21. Michael hat umgeformt. Welche Fehler hat er gemacht?

a) $7x - 7 = x$
b) $3x^2 + 2x = 5x^2$
c) $6x^3 = 6 + x^3$
d) $7xy - 5x = 2y$
e) $9a + 9b = 9ab$
f) $3a + 2a^2 = 5a^3$
g) $x^2 - x = x$
h) $a^2 - 2a = 0$

22. Vereinfache und ordne die Summanden im Ergebnis.

a) $3a - 2b + b^2 - b + a$
b) $y^2 - 2z + z^2 - 3 + z$
c) $4u - 2v^2 + v + 5u^2 + 2v^2$
d) $p^2 + q^2 - p + q + q^2 - p^2$
e) $5d + d^3 - d^2 - d + d^2 - 7$
f) $7g - 7g^2 + 2h - h$

> Markiere gleichartige Terme gleich, um die Übersicht zu behalten!
> $7x + 3z - 2x^2 + 5x - z - x^2 = 12x + 2z - 3x^2$
> $= -3x^2 + 12x + 2z$
> Ordne die Variablen nach dem Alphabet und nach der Größe der Exponenten. Dann fällt das Vergleichen der Ergebnisse leichter.

23. Ordne die Summanden und vereinfache dann.

a) $2x - x^3 + 5 + 2x^3 - 7x + 5x^2 - 5$
b) $5 - 7u^4 + u^3 - u^4 - u^3 + 6u + 7$
c) $4c + 9 - 3c^2 + c^5 - c^4 + 5c^3$
d) $15z^2 - 8z + 23 - 39z^2 + z^3 + 19z - 19$
e) $38w - 56w^2 + 7w^3 - 28w^2 + 27w^3 - 9w$
f) $1{,}1a + 2{,}3a^2 - 1{,}8a + 2{,}3a^3 - 0{,}7a$

24. Stelle zehn verschiedene Terme auf, die dein Nachbar vereinfachen soll.
Kontrolliert euch gegenseitig.
Welche Fehler wurden gemacht, wie kann man diese vermeiden?

25. Berechne den Wert des Terms $3x - \frac{3}{4}x^2 + 5x - \frac{1}{2}x^2 + \frac{3}{4} + 2x^2$ für die Einsetzung von $-\frac{1}{2}$ für x
(1) ohne den Term vorher zu vereinfachen; **(2)** nachdem du den Term vereinfacht hast.
Kommentiere.

26. Zerlege auf drei verschiedene Weisen in eine Summe aus zwei Summanden.

a) $16x$ b) $9h$ c) $24ab$ d) $6s^2$ e) $20yz^2$ f) $12b^2x^3$

27. Ergänze passend.

a) $3x + 7x + \square = 12x$
b) $-4a - 3a + \square = a$
c) $4y - 9y + \square = -3y$
d) $2a + \square - b + \square = 6a + 5b$
e) $-x \cdot 4 + y - \square + \square = -2y + 8x$
f) $\square + 3x - \square - 12y = x \cdot 5 - 17y$

28. In der Termmauer werden die Terme nebeneinander stehender Steine addiert, um den darüber stehenden zu erhalten. Vervollständige die Mauern im Heft.

a)

$3n + 1$	$-3 + n$	$-6n + 5$

b)

$3x - 2y$	$5y + x$	$-3x + 1$

29. Finde Pärchen wertgleicher Terme. Die richtige Reihenfolge der Zuordnung ergibt ein Lösungswort.

1 $-\frac{3}{2}a^2 + 3a$
2 $0{,}2a + 0{,}3 \cdot a^2 + 1{,}2a - 2a^2$
3 $3 \cdot 4 \cdot a \cdot a - 5a + 6 - 3a$
4 $6{,}2a + 6a^2 + \frac{5}{4}a$
5 $-3a^2 + 4a$

$1{,}6a + 1{,}7a^2$ **C**
$-0{,}5a^2 + 3a - a^2$ **S**
$3a^2 + 4a + 6$ **L**
$-1{,}7a^2 + 1{,}4a$ **A**
$-8a + 12a^2 + 6$ **H**
$4a - 5a^2 + 2a^2$ **E**
$6a^2 + 7{,}45a$ **N**

Albrecht Dürer
* Nürnberg 21.05.1471
† Nürnberg 06.04.1528

30. Magische Quadrate haben die Menschen schon lange interessiert. Der Maler Albrecht Dürer hat eines in seinen Kupferstich „Melencolia I" (auch Melancholia I) eingebaut. Bei magischen Quadraten hat in jeder Zeile, Spalte und Diagonale die Summe der Zahlen denselben Wert. Das Erstellen von magischen Quadraten ist nicht ganz einfach. Erstellt man ein magisches Quadrat mit Variablen, so erhält man daraus durch Einsetzen von Zahlen beliebig viele magische Quadrate.

a) Weise nach, dass das 3 x 3-Quadrat unten magisch ist.
b) Vervollständige das 4 x 4-Quadrat unten so, dass es magisch wird.
Für welche Einsetzung der Variablen erhält man das Dürer-Quadrat?

$x+z$	$x+y-z$	$x-y$
$x-y-z$	x	$x+y+z$
$x+y$	$x-y+z$	$x-z$

u	$v+w$		y
$x-z$	y	u	
	x	v	$u-z$
v		$y+w$	x

31. Tim will sich ein kettenförmiges Armband aus Silberdraht herstellen. Jedes Kettenglied soll rechteckig sein. Er weiß noch nicht genau, wie groß die einzelnen Kettenglieder sein sollen. Er will daher zunächst einen Term für die benötigte Drahtlänge d aufstellen.

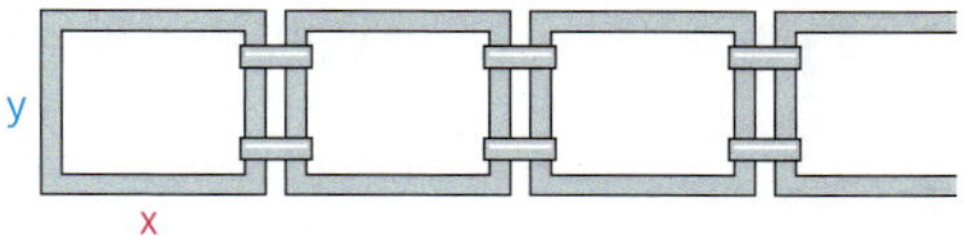

a) Gib einen Term für die Drahtlänge d für ein Armband mit n Gliedern an. Die kleinen Ösen bleiben unberücksichtigt.
b) Tim entscheidet sich für eine Kette mit 20 Kettengliedern mit den Maßen $x = 7$ mm und $y = 10$ mm. Wie viel Silberdraht muss er kaufen?
c) Du möchtest ein Armband herstellen. Wie soll es aussehen? Plane den Einkauf.

32. Bilde alle möglichen Summen, deren erster Summand auf dem linken Würfel und deren zweiter Summand auf dem rechten Würfel steht.

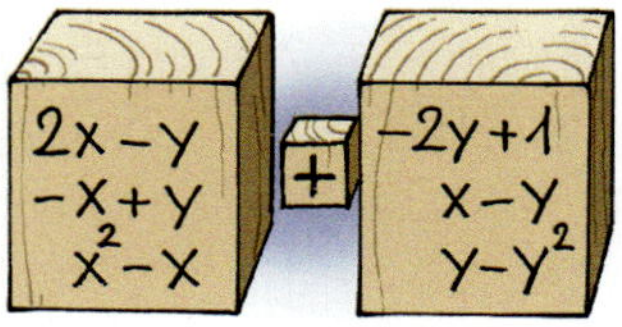

33. Vereinfache.
a) $7a^2b - 5ab^2 + 3ab - 7a^2b + 5ab^2 - 6ab + 4a^2$
b) $-5xy + 3y^2 - 3x^2 + 7xy - 5x^2y - 7xy^2 + 3x^2y - 2xy^2$
c) $-5s^3t + 7st - 3st^3 + 2s^3t - st + 3s^2t + s^3t^3 - 6st$
d) $0{,}9uv^2 + 0{,}3u^2v - 1{,}2uv - 0{,}9v^2 + 0{,}7uv^2 - 0{,}9u^2v + 0{,}3uv$
e) $\frac{1}{3}cd - \frac{2}{3}cd^2 + \frac{1}{6}c^2d - \frac{3}{4}cd - \frac{1}{4}c^2d + \frac{5}{6}c^2d^2 - \frac{2}{3}cd^2$
f) $-5pq - \frac{2}{3}pq^2 + pq - p^2q^2 + \frac{1}{2}pq^2 + \frac{1}{3}p^2q^2 - pq$

CAS

Umgang mit Termen bei einem Computer-Algebra-System (CAS)

Algebra
vom arabischen „al'gabr“: Einrenkung gebrochener Teile

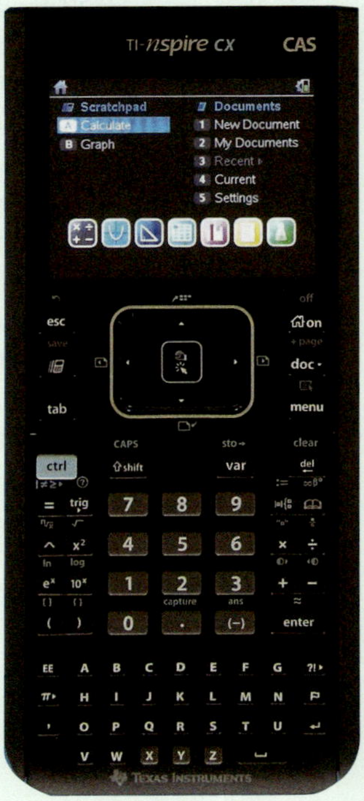

Rechnungen mit Zahlen kannst du mit einem Taschenrechner durchführen. Auch das Rechnen mit Termen kann man von Computern oder etwas größeren Taschenrechnern erledigen lassen. Programme, die dieses können, nennt man Computer-Algebra-Systeme (CAS).

1. Rechts wurde mit einem Computer-Algebra-System der Wert verschiedener Terme für $x = 5$ und $y = -7$ berechnet.
Untersuche, wie das CAS auf das Weglassen von Malpunkten reagiert.
Wie ist das bei deinem System?

1.1	*Nicht gespeicherte
$5 \to x$	5
$-7 \to y$	-7
$2 \cdot x$	10
$x2$	$x2$
$x \cdot y$	-35
xy	xy
$3 \cdot x$	15
	1/7

Für viele CAS ist $a \cdot b$ das Produkt der Variablen a und b, ab eine Variable mit einem Namen aus zwei Buchstaben.

2. Auch das Umformen von Termen kannst du von einem Computer-Algebra-System durchführen lassen.
Probiere das mit deinem CAS für das Addieren und Subtrahieren von Termen aus. Kontrolliere per Hand.

1.1	*Nicht gespeicherte
$2 \cdot a + a$	$3 \cdot a$
$5 \cdot x \cdot y - y \cdot x - z$	$4 \cdot x \cdot y - z$
$5 \cdot x \cdot y - z + z^2 - y \cdot x - z$	$4 \cdot x \cdot y + z^2 - 2 \cdot z$
$3 \cdot c^2 \cdot d - -c \cdot d^2 + c^2 \cdot d$	$4 \cdot c^2 \cdot d + c \cdot d^2$

3. Rechts wurden mit einem Computer-Algebra-System Terme mit Brüchen als Koeffizienten zusammengefasst. Die Schreibweise überrascht zunächst etwas. Erläutere sie.

1.1	*Nicht gespeicherte
$\frac{1}{2} \cdot x + \frac{3}{4} \cdot y - \frac{4}{5} \cdot x + 3 \cdot z$	$\frac{-3 \cdot x}{10} + \frac{3 \cdot y}{4} + 3 \cdot z$

1.4 Multiplizieren und Dividieren von Termen

Einstieg

Nora hat Terme umgeformt und ist sich nicht sicher. Kontrolliert ihre Termumformungen und berichtigt, falls nötig. Begründet sowohl mit Rechengesetzen als auch mit der geometrischen Veranschaulichung von Termen.

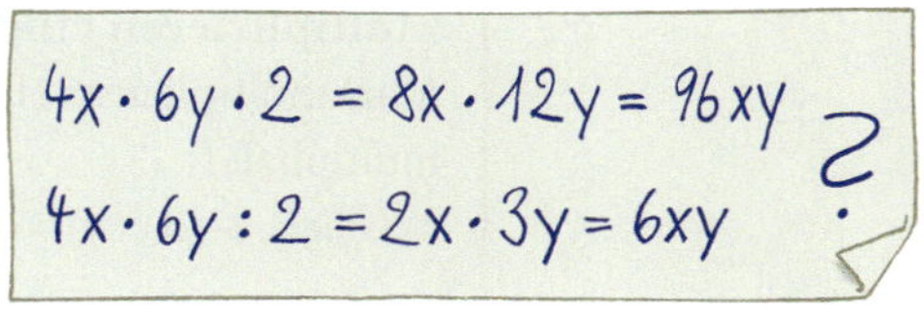

Aufgabe 1

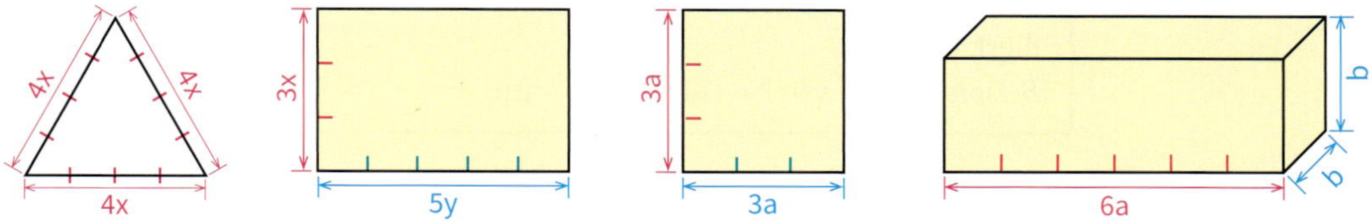

a) Gib einen Term für den Umfang des Dreiecks an und vereinfache ihn.

b) Gib einen Term für den Flächeninhalt des Rechtecks und für den Flächeninhalt des Quadrats an und vereinfache sie.

c) Der Quader soll in 3 gleich große Teile zerlegt werden.
Gib einen Term für deren Volumen an und vereinfache ihn.

d) Aus den Aufgaben in a), b) und c) folgen Regeln für Termumformungen. Deren geometrische Begründung gilt nur für positive Werte für die Variablen.
Begründe mithilfe von Rechengesetzen, dass diese Umformungen für alle rationalen Zahlen, also auch für negative, gelten.

Lösung

a) Der Umfang des gleichseitigen Dreiecks ergibt sich als Summe der drei Seitenlängen bzw. als Dreifaches einer Seitenlänge:
$3 \cdot (4x) = 12x$

b) Die Flächeninhalte ergeben sich als Produkte der Seitenlängen.

(1) Flächeninhalt des Rechtecks:
$3x \cdot 5y = 15xy$

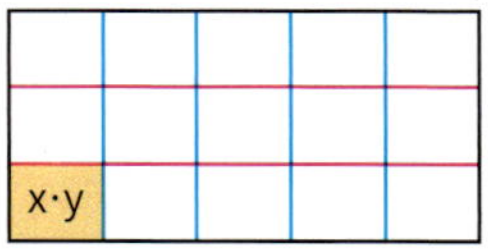

(2) Flächeninhalt des Quadrats:
$(3a)^2 = 3a \cdot 3a = 9a^2$

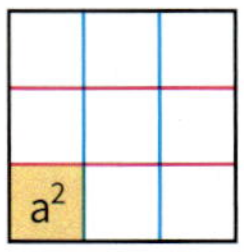

c) Das Volumen des Quaders erhält man durch Multiplizieren der drei Seitenlängen.
Volumen des Quaders: $6a \cdot b \cdot b = 6ab^2$
Volumen eines drittel Quaders: $6ab^2 : 3 = 2ab^2$

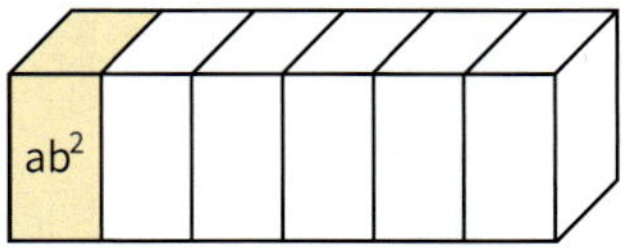

d)
- Das Assoziativgesetz der Multiplikation liefert zum Term für den Umfang des Dreiecks:
$3 \cdot (4 \cdot x) = (3 \cdot 4) \cdot x = 12x$
- Das Kommutativ- und das Assoziativgesetz der Multiplikation liefern zu den Termen für den Flächeninhalt des Rechtecks und des Quadrats:
$3x \cdot 5y = 3 \cdot 5 \cdot x \cdot y = (3 \cdot 5) \cdot (x \cdot y) = 15xy$
$(3a)^2 = (3a) \cdot (3a) = (3 \cdot 3) \cdot (a \cdot a) = 9a^2$
- Schreiben wir die Division als Multiplikation mit dem Kehrwert, so ergibt sich mit dem Assoziativ- und Kommutativgesetz der Multiplikation zum Term für das Volumen des drittel Quaders:
$6ab^2 : 3 = 6ab^2 \cdot \frac{1}{3} = 6 \cdot \frac{1}{3}ab^2 = 2ab^2$

Kommutativgesetz der Multiplikation:
$a \cdot b = b \cdot a$

Assoziativgesetz der Multiplikation:
$a \cdot (b \cdot c) = (a \cdot b) \cdot c$

Information

Die Termumformungen aus Aufgabe 1, die wir am Beispiel eingesehen haben, gelten allgemein.

Multiplizieren eines Produktes mit einer Zahl
Man multipliziert ein Produkt mit einer Zahl, indem man *nur einen* Faktor mit der Zahl multipliziert.
Beispiel: $4 \cdot (3 \cdot xy) = (4 \cdot 3) \cdot xy = 12xy$

Dividieren eines Produktes durch eine Zahl
Man dividiert ein Produkt durch eine Zahl, indem man *nur einen* Faktor durch die Zahl dividiert.
Beispiel: $(14u^2v^2):7 = (14:7) \cdot u^2v^2 = 2u^2v^2$

Übungsaufgaben

2. Vereinfache den Term. Gib an, welche Rechengesetze du dabei anwendest.

a) $8 \cdot (3x)$ c) $\frac{1}{3} \cdot (-9u)$ e) $8x:2$ g) $3x:0{,}2$

b) $(5a) \cdot 7$ d) $(-0{,}2) \cdot (-5y)$ f) $(-64r):(-16)$ h) $8a:\frac{1}{3}$

3. Vereinfache den Term.

a) $(-a) \cdot 8$ c) $(-2x) \cdot (-y)$ e) $0{,}4x \cdot (-1)$

b) $5 \cdot (-2s)$ d) $(4a) \cdot \left(-\frac{1}{2}\right)$ f) $-3 \cdot (-2a)$

$(-x) \cdot 3 = (-1) \cdot x \cdot 3$
$= -3x$

4. Vereinfache.

a) $15 \cdot (4a)$ g) $48x \cdot \frac{1}{4}$ m) $4 \cdot 3x \cdot (-5)$ s) $2{,}4u:(-6)$

b) $4 \cdot (15a)$ h) $\frac{2}{3}r \cdot \frac{5}{6}$ n) $(-0{,}2y) \cdot 12 \cdot 1{,}5$ t) $6{,}9x:0{,}3$

c) $4 \cdot (-15a)$ i) $-10{,}5y \cdot \frac{1}{7}$ o) $\frac{5}{6} \cdot 14t^2 \cdot \frac{3}{10}$ u) $-10yz:(-2{,}5)$

d) $0{,}2 \cdot (10x)$ j) $44y:2$ p) $9 \cdot (-y) \cdot 5$ v) $\frac{5}{6}a:\frac{1}{3}$

e) $-0{,}2 \cdot (10x)$ k) $-28t:7$ q) $(-11) \cdot (-4r) \cdot (-3)$ w) $-\frac{9}{20}s:\frac{3}{4}$

f) $-10x \cdot (-0{,}2)$ l) $30k^2:35$ r) $(-8) \cdot (10s^2) \cdot (-1)$ x) $-\frac{9}{8}xy^2:(-1{,}5)$

5. Welche Termumformungen sind falsch? Korrigiere diese.

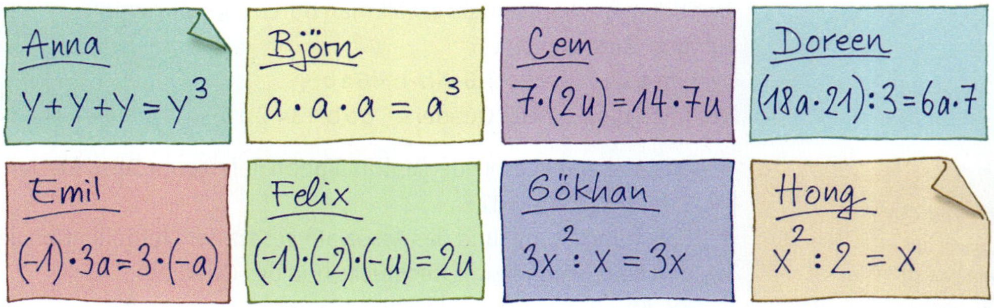

6. Vereinfache.

a) $5x \cdot 3x$ d) $\frac{1}{3}z \cdot \frac{3}{4}z$ g) $(-2w) \cdot 6w$ j) $\frac{1}{2}a \cdot \frac{2}{3}a^2$

b) $-7p \cdot p$ e) $a \cdot 3a$ h) $8y \cdot 3y^2$ k) $-\frac{1}{4}u \cdot \frac{4}{5}u$

c) $4y \cdot y$ f) $(-2m) \cdot (-3m)$ i) $-2z^2 \cdot z$ l) $\left(-\frac{2}{9}x\right) \cdot \left(-\frac{3}{4}x\right)$

7. Ein Würfel mit der Kantenlänge 4a soll in acht gleich große Würfel zerlegt werden. Gib einen Term für deren Volumen an und vereinfache.

8. Veranschauliche die folgenden Terme mithilfe von Flächen und Körpern. Vereinfache dann die Terme.

a) $4x \cdot 7y$ **b)** $4{,}5a \cdot 3$ **c)** $(6a \cdot 2b \cdot 4c) : 8$ **d)** $9a^2 \cdot b : 3$

Punkt- vor Strichrechnung

9. Vereinfache so weit wie möglich.

a) $3 \cdot 7x + 7 - 4x : 2$
b) $6 \cdot 2a + a^2 + 3 \cdot 5a$
c) $(-2) \cdot 7u + 3u - 11 \cdot (-u)$
d) $4 \cdot 7x - 2x \cdot 3x + 3 \cdot (-5x) + x \cdot 2x$
e) $10b : 5 - b \cdot (-2b) + 6b : (-3) + 2b \cdot (-b)$
f) $-6x \cdot (-3) - 4x \cdot (-2x) - 8x : (-2) + x^2 \cdot (-3)$

10. Erstelle einen Term, der die Preise während der Sonderaktion angibt.

11. a) Die Ölpreise wurden im Februar um 7,9 % erhöht und dann im März um 1,7 % gesenkt. Gib einen Term an, der diese Veränderung beschreibt, und vereinfache den Term.

b) Schreibt zu folgenden Termen eine Rechengeschichte. Vergleicht eure Geschichten dann. Worin müssen sie übereinstimmen, wie können sie sich unterscheiden?

(1) $0{,}91 \cdot (1{,}2 \cdot x)$ **(2)** $(0{,}98 \cdot x) \cdot 1{,}05$ **(3)** $(1500 \cdot x) \cdot 1{,}19$

12. Vereinfache so weit wie möglich.

a) $3 \cdot (2x) + 3 \cdot (5y) + 7 \cdot (3x)$
b) $5 \cdot (4a) - 7 \cdot (3b) + 2 \cdot (4a)$
c) $-2 \cdot (5u) + 3 \cdot (6v) - 4 \cdot (2u)$
d) $(8x) : 2 + (6y) : 3 + (12x) : 2$
e) $(18p) : 3 - (15q) : 5 - (16p) : 2$
f) $(-32a) : 4 + (14a) : 7 - (8a) : 4$

CAS

13. Auch mit einem Computer-Algebra-System kannst du Produkte multiplizieren. Die Schreibweise im 2. Beispiel überrascht zunächst etwas. Erläutere sie.

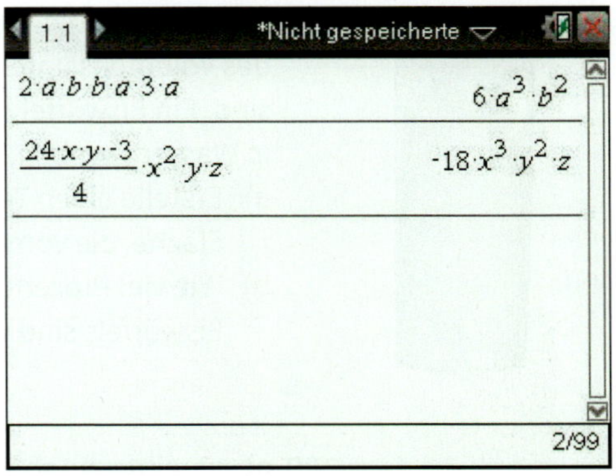

14. Vereinfache.

a) $25a^3 \cdot 4b$
$36x^3 \cdot (-5y)$
$\frac{8}{9}u^2 \cdot \frac{3}{4}t$
$0{,}58t^5 \cdot (-100r)$

b) $15x^2y^3 : 5$
$24xz^4 : (-8)$
$\frac{14}{3}a^2b^2 : \frac{7}{2}$
$6u^2v : (-10)$

15. Begründet abwechselnd die folgenden Vereinfachungen.

$a^3 = a \cdot a \cdot a$
$2x^3 = x \cdot x \cdot x + x \cdot x \cdot x$

a) $x^2 \cdot x^3 = x^5$
$a^3 \cdot (-a) = -a^4$
$5a^4 \cdot 3a^2 = 15a^6$
$x^5 : x^2 = x^3$

b) $(-6b) \cdot b^3 = -6b^4$
$7x^5 \cdot (-5x) = -35x^6$
$(-r) \cdot s^2 \cdot r^4 = -r^5s^2$
$4ab \cdot 3ab = 12a^2b^2$

c) $9b \cdot b^4 \cdot b^3 = 9b^8$
$x^5 \cdot y^4 \cdot y^3 = x^5y^7$
$8r^3 \cdot 5r \cdot t^2 \cdot 3r^2 \cdot t = 120r^6t^3$
$15a^3 : 3a^2 = 5a$

16. Vereinfache die Teilterme, fasse dann zusammen.

a) $5x^3x^4 + 9x^5x^2$
b) $-12r^4r^5 - 8r^3r^6$
c) $35t^3 : 5 + t \cdot t^2$
d) $8a^3a^2 + 5a^4a + 9a^5$
e) $9y^4y^7 - 13y^2y^9 + 4yy^{10}$
f) $4x^3x^2 : 0{,}5 + x^5 - x^4x : 0{,}1$
g) $7a^3b^2 \cdot 2ab + 3a \cdot 3a^2b^3$
h) $3p^2q^4 : 0{,}5 - 2pq^2 \cdot 0{,}6pq$
i) $-9x^4y \cdot 2y^3 + 3xy^2 \cdot (-2x^3y^2)$

17. Ein Architekt hat Betonplastiken entworfen, die in verschiedenen Größen hergestellt werden sollen. Für den Betonbedarf benötigt man deren Volumen, für den Schutzanstrich die Größe der Oberfläche.

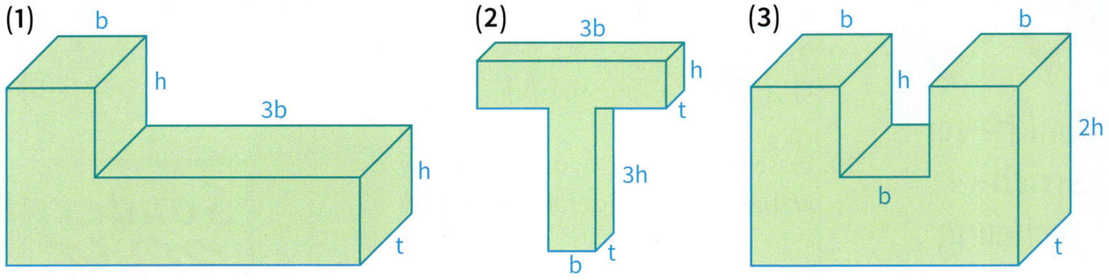

a) Gebt für jede Plastik einen möglichst einfachen Term für das Volumen an.
b) Gebt für jede Plastik einen möglichst einfachen Term für die Größe der Oberfläche an.
c) Die Plastiken sollen in den Größen S, M und L hergestellt werden.
Für Größe S ist $h = 15\,dm$; $b = 12\,dm$; $t = 9\,dm$
Für Größe M ist $h = 20\,dm$; $b = 16\,dm$; $t = 12\,dm$
Für Größe L ist $h = 25\,dm$; $b = 20\,dm$; $t = 15\,dm$
Berechnet für jede Plastik in jeder Größe das Volumen und die Größe der Oberfläche.
d) $1\,cm^3$ Beton wiegt 2,2 g. Wie schwer sind die Plastiken in allen drei Größen?

18. Entwerft selbst Betonplastiken wie in Aufgabe 17, die in verschiedenen Größen hergestellt werden können.
Formuliert Fragen, für deren Beantwortung es nützlich ist, die Terme für die Größe der Oberfläche und des Volumens zu kennen.

19. Eis schwimmt so im Wasser, dass 90 % des Volumens unter der Wasseroberfläche sind. Ein Eiswürfel der Kantenlänge a wird in Wasser gegeben.

a) Erstelle einen Term für die Größe der Fläche, die vom Wasser umgeben ist.
b) Wie viel Prozent der Oberfläche des Eiswürfels sind vom Wasser umgeben?

20. a) Vereinfache so weit wie möglich.

(1) $15xy + 8x \cdot 2y - 5x \cdot 3 - 6y \cdot 2x + 3z \cdot 7$
(2) $6x \cdot 3z + 2y \cdot 8z - 14x \cdot 2z + 2z \cdot x \cdot 7 - 5z \cdot 4y$
(3) $12abc - 13ab + 14a \cdot b \cdot 2c - 15a \cdot 2b + 16a \cdot 2b \cdot c$
(4) $32rs : 4 - 6t \cdot 8r \cdot s + 18r \cdot 4 \cdot rs - 7s \cdot 8r + 28rts : 7 + 8r \cdot 9r \cdot 2s$
(5) $12uv^2 : 3 - 6u^2v : 2 + 14u \cdot 2v^2 - 9u \cdot 6uv : 3$

b) Erstelle vier ähnliche Terme, die dein Nachbar vereinfachen soll.
Du kontrollierst anschließend.

21. Welche der Terme rechts sind wertgleich zueinander? Begründe.

$(3x)^3 = 3x \cdot 3x \cdot 3x$

22. Verwandle in ein Produkt.

a) $(3a)^2$ c) $(b^3)^2$ e) $(2x^2yz)^3$ g) $(-ab)^2$ i) $(-2x^2y)^3$
b) $(2uv)^3$ d) $(4cd^2)^3$ f) $(3u^2v^3)^2$ h) $(-2x)^3$ j) $(-ab^3)^2$

23. Vereinfache so weit wie möglich.

a) $(1{,}1x^2y)^2$ b) $(-0{,}5rs^2t^3)^2$ c) $\left(\frac{1}{2}ab^2\right)^2$ d) $\left(\frac{1}{2}x^2y\right)^3$ e) $\left(-\frac{3}{4}rs^2t\right)^3$

24. Alexanders Hausaufgabe war das Potenzieren von Produkten. Nur bei der ersten Teilaufgabe hat er die Potenz notiert.
Finde zu den übrigen Teilaufgaben die gestellten Aufgaben heraus.

a) $(3x)^2 = 9x^2$ c) $36a^4$ e) $\frac{1}{81}z^6$ g) $100a^2b^4$ i) $\frac{1}{9}p^2a^4$
b) $25z^2$ d) $\frac{1}{4}u^2$ f) $4x^2y^2$ h) $64u^2v^4w^2$ j) $\frac{16}{81}c^2d^4e^6$

25. Vereinfache so weit wie möglich.

a) $4x(3xy)^2$ d) $-3pq\cdot(4pq^2)^3$ g) $(3u^3v^6)^2 + (2u^2v^4)^3$
b) $3a^2(2ab^2)^2$ e) $vw(-2v^2w)\cdot 2w^3$ h) $(2xy)^2 + 2x^2\cdot(4y)^2$
c) $5c^2(-3c^2d)^2$ f) $p^2q(-pq^2)^3\cdot 3p^2q$ i) $(-2u)^2\cdot 3v^2 - (4uv)^2$

26. a) Vergleiche den Flächeninhalt eines Quadrats der Seitenlänge a mit dem eines Quadrats, dessen Seitenlänge
(1) doppelt; (2) dreimal; (3) n-mal so groß ist.
b) Wie verändert sich der Flächeninhalt eines Quadrats, wenn man die Seitenlänge um 10 % verkürzt?

27. Veranschauliche folgende Terme mithilfe geeigneter Flächen oder Körper.

a) $(0{,}5x)^2$ b) $(3b)^3$ c) $(4a)^2\cdot b$ d) $(0{,}7a)^3$ e) $\left(\frac{1}{4}a\right)^2\cdot 3b$

28. Welche der Terme $\frac{3}{5}x$; $\frac{3x}{5}$; $\frac{3}{5x}$; $3x:5$; $3\cdot\frac{x}{5}$; $\frac{1}{5}x\cdot 3$; $3:5\cdot x$ sind wertgleich?

29. a) Vergleiche einen Würfel der Kantenlänge a mit einem Würfel mit einer doppelt so großen Kantenlänge. Erstelle die Terme für die Größe der Oberfläche und das Volumen. Um welchen Faktor unterscheiden sich
(1) die Volumina der beiden Würfel;
(2) die Oberflächeninhalte der beiden Würfel?
b) Wie verändern sich Volumen und Oberflächeninhalt eines Würfels, wenn man die Kantenlänge
(1) verdreifacht; (2) um 10 % verlängert?

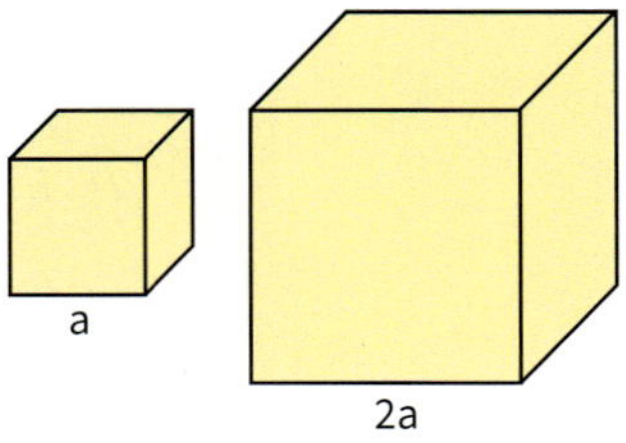

1.5 Auflösen einer Klammer

Einstieg

Familie Meier will ein Baugrundstück erwerben.

a) Berechnet dessen Größe auf verschiedenen Wegen.

b) Gebt für jeden der Wege einen vollständigen Term an, je einmal mit Zahlen und einmal mit Variablen.

c) Überprüft eure Terme, indem ihr die Werte in sie einsetzt und dann ausrechnet.

d) Versucht, aus den obigen Überlegungen eine Termumformungsregel zu erschließen.

Aufgabe 1

Multiplizieren von Summen und Differenzen

Eine Firma verarbeitet rechteckige Stahlplatten verschiedener Größe.

a) Finde verschiedene Rechenwege für folgende Aufgaben:

(1) Eine Platte mit den Seitenlängen $3x$ und z sowie eine Platte mit den Seitenlängen $3x$ und y sollen zusammengeschweißt werden (siehe Bild). Wie groß wird die Platte?

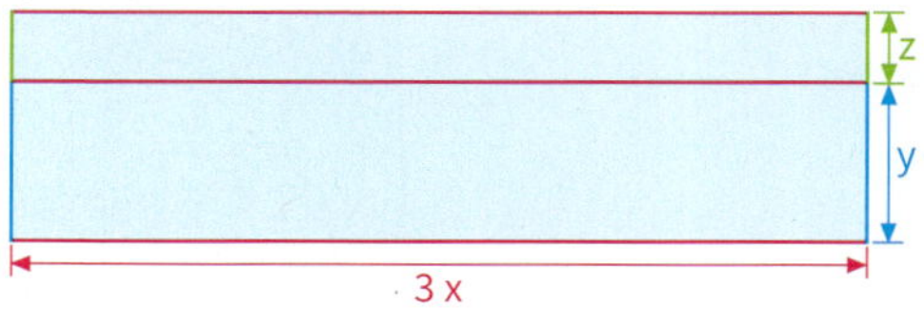

(2) Von einer Platte mit den Seitenlängen $2x$ und y soll ein Streifen der Länge $2x$ und der Breite d abgeschnitten werden (siehe Bild). Wie groß ist die Platte nach dem Abschneiden?

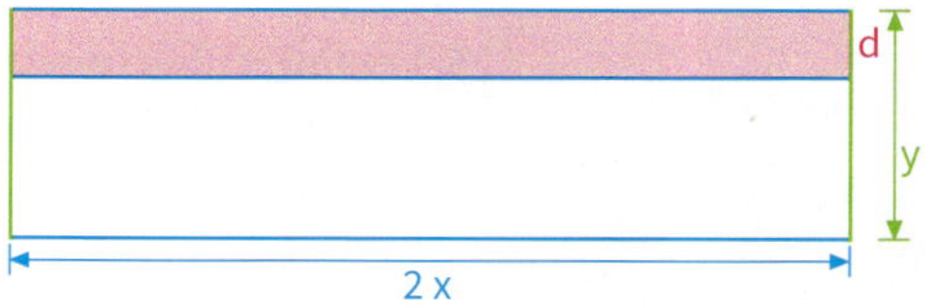

b) Aus den verschiedenen Rechenwegen ergeben sich Regeln für Termumformungen, die geometrisch aber nur für positive Werte für die Variablen begründbar sind. Beweise mithilfe eines Rechengesetzes für rationale Zahlen, dass sie für alle rationalen Zahlen, also auch negative, gelten.

c) Forme entsprechend mithilfe eines Distributivgesetzes um:

(1) $(-4)\cdot(3+2d)$ (2) $2u\cdot(2x-3)$

Lösung

a) (1) *1. Weg:* Die entstandene Platte hat die Seitenlängen $3x$ und $y+z$, also den Flächeninhalt $3x(y+z)$.

2. Weg: Die entstandene Platte setzt sich aus Platten mit den Flächeninhalten $3x\cdot y$ sowie $3x\cdot z$ zusammen, hat also den Flächeninhalt $3xy+3xz$.

Für positive Werte für die Variablen liefern beide Wege zueinander wertgleiche Terme:
$3x(y+z)=3xy+3xz$

(2) *1. Weg:* Schneidet man den Streifen ab, so hat die Platte die Seitenlängen $2x$ und $y-d$, also den Flächeninhalt $2x(y-d)$.

2. Weg: Von der gesamten Platte mit dem Flächeninhalt $2x\cdot y$ wird ein Teilstück mit dem Flächeninhalt $2xd$ abgetrennt. Das Reststück hat also den Flächeninhalt $2xy-2xd$.

Für positive Werte der Variablen sind die Werte der beiden Terme wertgleich:
$2x(y-d)=2xy-2xd$

Distributivgesetz:
$a \cdot (b + c) = a \cdot b + a \cdot c$

b) (1) Man kann die Termumformung $3x(y+z) = 3xy + 3xz$ für beliebige Werte für die Variablen mit dem Distributivgesetz beweisen:

$$\begin{array}{ccc} a \cdot (b + c) & = & a \cdot b + a \cdot c \\ 3x \cdot (y + z) & = & 3x \cdot y + 3x \cdot z \end{array}$$

(2) Entsprechend begründet man die Termumformung $2x(y-d) = 2xy - 2xd$ mit dem Distributivgesetz für Differenzen:

$$\begin{array}{ccc} a \cdot (b - c) & = & a \cdot b - a \cdot c \\ 2x \cdot (y - d) & = & 2x \cdot y - 2x \cdot d \end{array}$$

c) Auch hier verwenden wir das Distributivgesetz.

(1)
$$\begin{array}{ccc} a \cdot (b + c) & = & a \cdot b + a \cdot c \\ (-4) \cdot (3 + 2d) & = & (-4) \cdot 3 + (-4) \cdot 2d \\ & = & -12 - 8d \end{array}$$

(2)
$$\begin{array}{ccc} a \cdot (b - c) & = & a \cdot b - a \cdot c \\ 2u \cdot (2x - 3) & = & 2u \cdot 2x - 2u \cdot 3 \\ & = & 4ux - 6u \end{array}$$

Information

Bei der obigen Termumformung $3x(y+z) = 3xy + 3xz$ ist durch die Anwendung des Distributivgesetzes ein Term ohne Klammer entstanden.
Man sagt: Die Klammer wurde *aufgelöst*.
Aus einem Produkt wurde eine Summe.

Man sagt auch: Es wurde ausmultipliziert.

Entsprechend wurde bei der Termumformung $2u \cdot (2x-3) = 4ux - 6u$ ein Produkt in eine Differenz umgeformt.

Auflösen einer Klammer in einem Produkt: Multiplizieren einer Summe oder Differenz
Man multipliziert jedes Glied der Summe oder Differenz in der Klammer mit dem Faktor. Die Zeichen + und – werden nach den Vorzeichenregeln gesetzt.

Beispiele: **(1)** $7 \cdot (4x + 3y) = 7 \cdot 4x + 7 \cdot 3y = 28x + 21y$ **(2)** $-2x \cdot (3y - 6z) = -2x \cdot 3y - (-2x) \cdot 6z = -6xy + 12xz$

Den Faktor mit jedem Glied der Klammer multiplizieren

Weiterführende Aufgaben

Dividieren von Summen und Differenzen

2. a) Erläutere die Division einer Summe im Beispiel rechts.

b) Löse entsprechend die Klammer auf:

(1) $(4a + 6b) : \frac{2}{3}$ **(3)** $(6x - 9y) : (-3)$

(2) $(8p - 12q) : 4$ **(4)** $(12r - 9s) : \left(-\frac{3}{4}\right)$

c) Formuliere selbst eine Regel für das Dividieren einer Summe (Differenz) und begründe sie mithilfe des Distributivgesetzes.

$$\begin{aligned} &(6a + 9b) : 3 \\ &= (6a + 9b) \cdot \tfrac{1}{3} \\ &= 6a \cdot \tfrac{1}{3} + 9b \cdot \tfrac{1}{3} \\ &= 2a + 3b \end{aligned}$$

Lösen von Gleichungen mit Klammern

3. a) Erläutere das Lösen der Gleichung $6(x-3) - 3x = 12$ im Beispiel rechts.

b) Löse entsprechend:

(1) $2x - 8(x + 12) = 54 - 18x$

(2) $(15x - 5) : (-5) = (-14x - 2) : \frac{1}{2}$

(3) $2x - 3\left(1 + \frac{2}{3}x\right) = -2$

$$\begin{aligned} 6(x-3) - 3x &= 12 \\ 6x - 18 - 3x &= 12 \\ 3x - 18 &= 12 \\ 3x &= 30 \\ x &= 10 \end{aligned}$$

Probe, ob 10 eine Lösung der Gleichung ist.

$$\begin{aligned} 6(x-3) - 3x &\overset{?}{=} 12 \\ 6(10-3) - 3 \cdot 10 &\overset{?}{=} 12 \\ 42 - 30 &= 12 \quad \text{wahr} \end{aligned}$$

Lösungsmenge: $L = \{10\}$

CAS

Auflösen von Klammern mit einem Computer-Algebra-System

expand (engl.) ausdehnen

4. Bei einigen Termen löst ein Computer-Algebra-System Klammern sofort nach der Eingabe auf, bei anderen jedoch nicht. Mithilfe des Befehles **Entwickle** (englisch: **expand**) im Menü kannst du das Ausmultiplizieren dann erreichen.
Untersuche, welche Klammern dein CAS sofort auflöst und welche nicht.

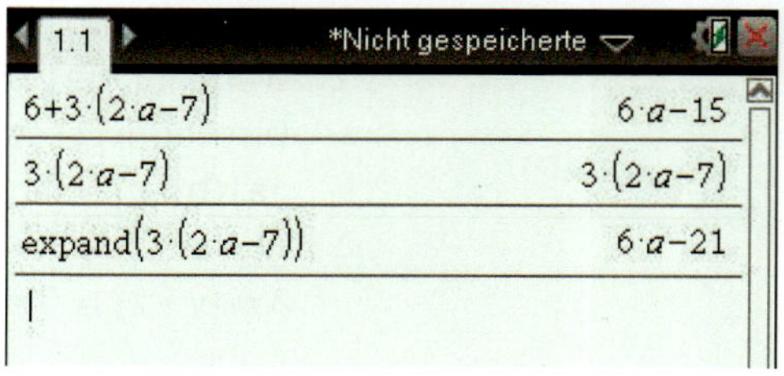

Übungsaufgaben

5. Löse die Klammer auf. Wende dazu ein Distributivgesetz an.

a) $5\cdot(x+y)$
b) $0{,}7\cdot(3+x)$
c) $(-8)\cdot(y+7)$
d) $(x+y)\cdot 7$
e) $(x+4)\cdot 9{,}5$
f) $(1+x)\cdot(-3)$
g) $x\cdot(a+b)$
h) $(x+y)\cdot z$
i) $(r+s)\cdot t$
j) $(1+y)\cdot x$
k) $(-k)\cdot(r+1)$
l) $a\cdot(1+b)$
m) $9\cdot(x-y)$
n) $(x-y)\cdot 7$
o) $(x-y)\cdot(-5)$
p) $x\cdot(1-y)$
q) $(x-1)\cdot(-1)$
r) $(-3)\cdot(a-b)$
s) $(1-u^2)\cdot 4$
t) $r\cdot(r-1)$
u) $(1-t)\cdot(-s)$
v) $4\cdot(-a-b)$
w) $(-2)\cdot(-3+x)$
x) $(-1-u)\cdot(-u)$

6. a) $7(8x+5)$
b) $4(9t+1)$
c) $10(8b+6)$
d) $10(3x-2y)$
e) $-9(7a-4b)$
f) $-15(4d-9c)$
g) $a(7x+5y)$
h) $t(3r-14s)$
i) $(-c)\cdot(8a+7b)$
j) $c(0{,}5x+3{,}7y)$
k) $(2{,}4a-7{,}6b)\cdot 5$
l) $\left(\frac{2}{9}u+\frac{7}{9}v\right)\cdot(-18)$

Faktor (lat.) Math. Vervielfältigungszahl

7. Bilde alle Produkte mit den Termen aus den Körben rechts.
Löse dann die Klammer auf.

8. Löse die Klammer auf.

a) $5a(7b+c)$
b) $9r(x+11y)$
c) $4z(6x-7y)$
d) $(-5s)(3t+20u)$
e) $(15r+5s)\cdot(-t)$
f) $\left(-\frac{2}{5}\right)(20v-65t)$
g) $0{,}3a(0{,}5b+1{,}2c)$
h) $\frac{x}{2}\left(\frac{x}{3}+\frac{y}{2}\right)$

9. Erstellt jeder fünf Aufgaben zum Auflösen einer Klammer. Der Nachbar löst sie. Anschließend kontrolliert ihr.

10. Löse die Klammer auf. Wende dazu das Distributivgesetz für drei Summanden an.

a) $a(3x+8y+7z)$
b) $4x(a+9b+5c)$
c) $(-12t)(4u+5v+w)$
d) $(20r+15s+12t)\cdot(-8q)$
e) $y(2{,}5x+7{,}1y+8{,}3z)$
f) $6{,}3(x-0{,}2y+2{,}2z)$
g) $(70x+4{,}5y+0{,}3)\cdot 0{,}2z$
h) $(-2{,}5)(k+0{,}4t+5z)\cdot k$
i) $-3t(12t-92k-104q)$
j) $-35r\left(\frac{4}{5}r+\frac{6}{7}-\frac{8}{35}s\right)$
k) $\frac{5}{12}a\left(\frac{3}{5}a-\frac{4}{15}b+\frac{9}{10}c\right)$
l) $-0{,}3u(1{,}2v-3w-u)$

11. Welche Terme sind wertgleich zueinander? Überlegt euch ein geschicktes Vorgehen.

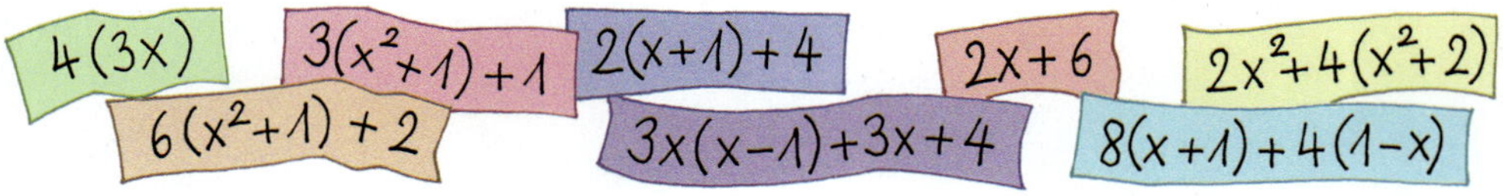

CAS

12. Tim hat mit einem Computer-Algebra-System eine Summe multipliziert.

a) Die erste Ausgabe erfüllt nicht seine Erwartungen. Erläutere, die Umformung des CAS.

b) Kontrolliere den 2. Versuch von Tim.

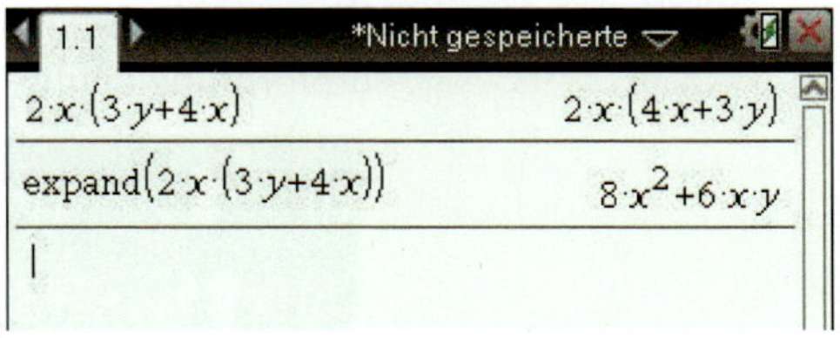

13. Löse die Klammer auf.

a) $3ab \cdot (4a^2 - 5ab + 3b^2)$

b) $4uv \cdot (5u^2v - 6uv - 7uv^2)$

c) $-2pq^2 \cdot (3p^2 - 3pq + 4p^2q + q^2)$

d) $(4x^2y - 2xy^2 + 4x - 7y) \cdot 3x^2y^3$

e) $-12rs^2(4rs^3 - 2r^2s^2 + 3r^3s + s^4)$

f) $0{,}2xy^3 \cdot (4x^3y - 2x^2y^2 + 3xy^3 - 5y)$

14. Kontrolliere Toms Aufgaben; erläutere deine Anmerkungen.

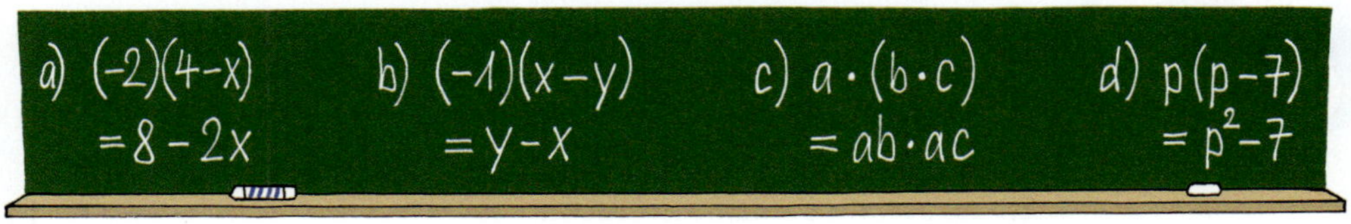

15. a) Erläutere die Division einer Summe im Beispiel rechts. Formuliere dann eine Regel.

b) Löse entsprechend die Klammer auf.

(1) $(6a - 3b) : 3$

(2) $(8a + 12b) : 4$

(3) $\left(\frac{1}{2}x + \frac{3}{2}y\right) : \frac{1}{2}$

(4) $(14c - 8d^2) : (-4)$

(5) $\left(8u^2 - \frac{1}{2}\right) : \left(-\frac{3}{4}\right)$

(6) $(3p + 4{,}5q) : 1{,}5$

(7) $(2{,}5r - 3s^2) : 0{,}5$

$(2x + 4y) : 2$
$= 2x : 2 + 4y : 2$
$= x + 2y$

16. Löse jede Klammer auf. Fasse dann zusammen.

a) $2(a - 4) + 3(5 + 2a)$

b) $7(4 - 2b) + 4(4 + b)$

c) $4(2x^2 - x) + 3(x^2 + x)$

d) $6(4 - 3d) + 7(2d - d^2)$

e) $0{,}7(y^2 - y) - 0{,}3(2y - 1)$

f) $\frac{1}{2}(6u^2 - 4u) + \frac{2}{3}(9u^2 - 6u)$

17. Vereinfache so weit wie möglich.

a) $5a - 3b + 7(a - b)$

b) $xy - 9x + x(3 - y)$

c) $7(x + y) + 3(x - y)$

d) $0{,}8(15x - 25y) - 7x + 11y$

e) $b + 25(1{,}6a + 3{,}2b) - 40a$

f) $2(0{,}5r - 1{,}5s) + 7(6r + 8s)$

g) $-13(9r - 12s) + 5s - 4r$

h) $7a + \frac{3}{5}b + \frac{1}{2}(22 - b)$

i) $-\frac{x}{4}(8 - 8x) + \frac{x}{5}(5x + 20)$

18. Herr Hultsch überrascht seine Klasse gerne mit Zahlenzaubereien:

„Denke dir eine Zahl. Multipliziere sie mit der um 2 verminderten Zahl. Addiere dazu das Vierfache der gedachten Zahl. Subtrahiere davon das Ergebnis der mit sich selbst multiplizierten gedachten Zahl. Nenne mir dein Ergebnis und ich sage dir deine gedachte Zahl.“

Führe die Zahlenzauberei mit verschiedenen Zahlen durch. Wie findet Herr Hultsch die gedachte Zahl? Begründe, indem du einen Term aufstellst.

19. Übertrage in dein Heft und setze jeweils das fehlende Zeichen + oder – ein, sodass die Termumformung richtig ist.

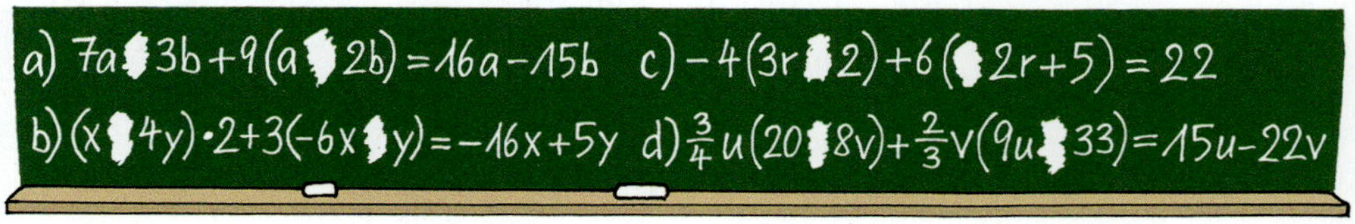

20. Energiesparlampen und deren Kartons gibt es in mehreren Größen. Rechts siehst du das Netz.

a) Stelle einen Term für die benötigte Papiermenge auf. Vernachlässige dabei die Abschrägungen an den Laschen, d. h. berechne diese auch als Rechtecke.

b) Berechne damit den Papierbedarf für folgende Kartons (Längenangaben in cm):

(1) E 27-Classic: $a = 6$; $h = 10{,}5$ (2) E 14-Kerze: $a = 3{,}5$; $h = 10$

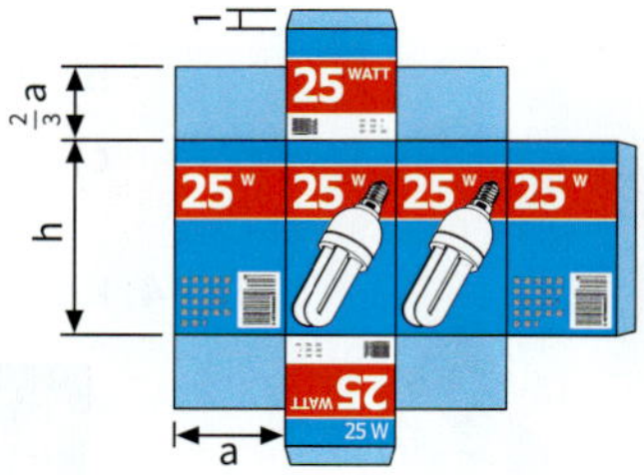

21. Löse Marks Zahlenrätsel rechts.

22. Bestimme die Lösungsmenge. Führe auch eine Probe durch.

a) $5(x - 7) - 4x = 11$
b) $7(x - 2) - 2x = 6$
c) $6(1{,}5x - 2{,}5) - 1{,}5x = 0$
d) $12x + 20 = 2(3x + 1)$
e) $61x + 4x = 2x + 3(5 - 6x)$
f) $4\cdot(7x + 5) - 48x = 10x - 10$

23. a) Erkläre die beiden Lösungswege. Vergleiche und bewerte sie.

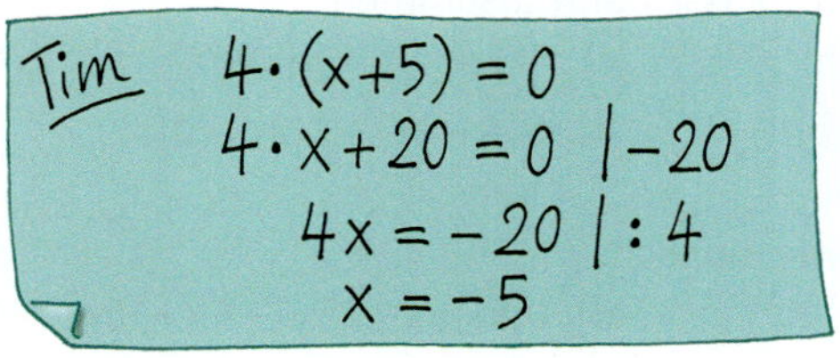

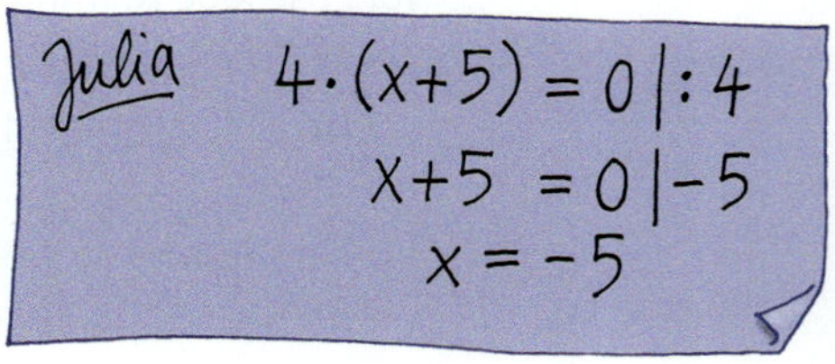

b) Bestimme die Lösungsmenge auf einem günstigen Weg.

(1) $4(x + 3) = 28$
(2) $(x - 2)\cdot 6 = 6$
(3) $(x + 5) : 2 = 0$
(4) $2\cdot(x - 3) = 3\cdot(x - 7)$
(5) $3\cdot(x + 1) = 6\cdot(x + 2)$
(6) $(4x - 8) : 4 = 1$

24. Ella, Jana und Ephraim haben eine Gleichung auf verschiedene Weisen gelöst. Beschreibe jeweils die Abfolge der einzelnen Lösungsschritte. Vergleiche die drei Lösungswege und bewerte sie.

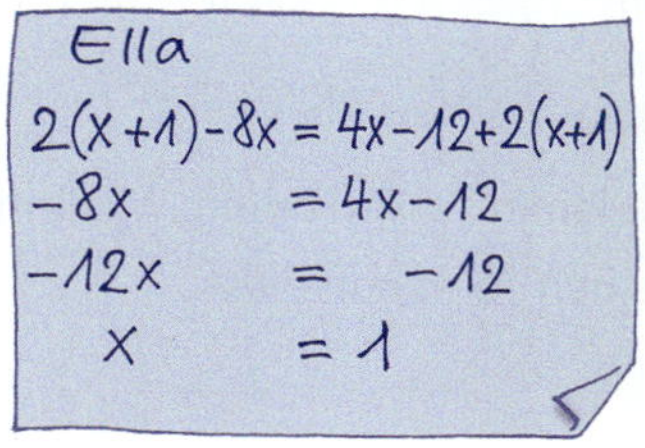

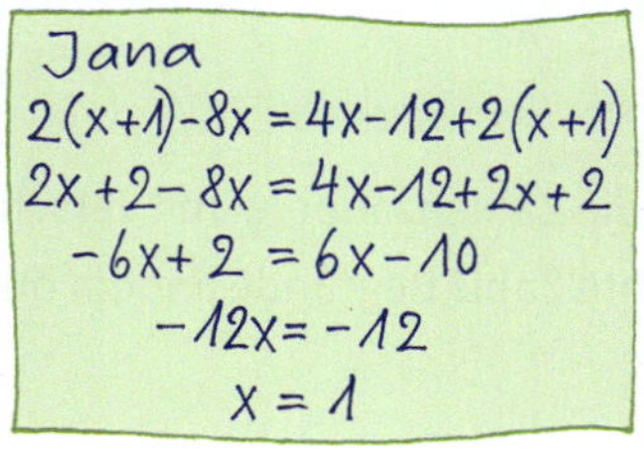

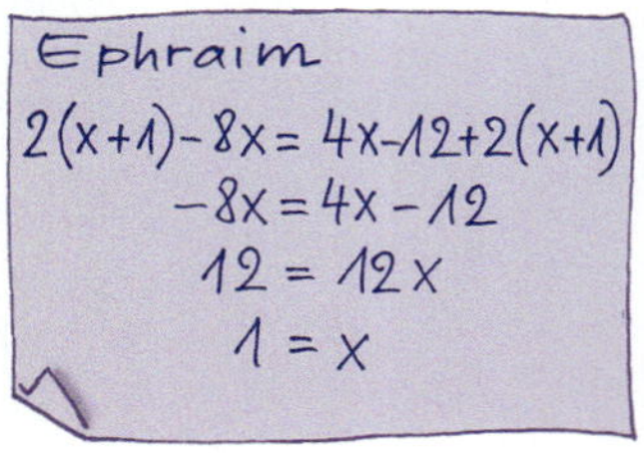

25. Bestimme die Lösungsmenge.

a) $3 \cdot (4x) + 7 \cdot (5x) = 2x + 5$

b) $9 \cdot (3x) + 4 \cdot (3x) = 30x + 5$

c) $8 \cdot (2x) - 3 \cdot (3x) = 2x + 25$

d) $9 \cdot (3x) - 4 \cdot (2x) = 28 + 25x$

e) $5x = 9 \cdot (2x) - 3 \cdot (4x) - 1$

f) $4 \cdot (3x) + 2 \cdot (24x) = 144 + 4 \cdot (6x)$

26. Bestimme die Lösungsmenge.

a) $10 = 15x + 40 + 3(5 - 4x)$

b) $2x = 54 - 18x + 8(x + 12)$

c) $9(4 - 6x) + (3 - 5x) = -20$

d) $12(x - 0{,}4) + 0{,}9 = 10x - 0{,}7$

27. Für welches x erhält der Term den angegebenen Wert?

a) $8x \cdot (5 - 12) - 23$; Wert: 481 $[-319; -599]$

b) $12 \cdot (13 - x) + 48$; Wert: -828 $[198; 204]$

c) $3(x + 1) + 4x$; Wert: -1 $\left[0; -\frac{3}{8}; 5\right]$

28. a) Franziska und Florian haben die Lösungsmenge der Gleichung auf zwei Weisen bestimmt. Rechne weiter. Vergleiche die Lösungswege und bewerte sie.

Franziska

$\frac{3}{4}(x+8) = \frac{1}{3}(x-12) \quad | \cdot 12$

$9(x+8) = 4(x-12)$

$9x + 72 = 4x - 48 \quad | -4x - 72$

Florian

$\frac{3}{4}(x+8) = \frac{1}{3}(x-12)$

$\frac{3}{4}x + 6 = \frac{1}{3}x - 4 \quad | -\frac{1}{3}x - 6$

$\frac{3}{4}x - \frac{1}{3}x = -10$

b) Wie kann man eine Gleichung mit Brüchen geschickt lösen? Formuliere eine Strategie.

c) Bestimmt die Lösungsmenge auf verschiedene Weise. Vergleicht.

(1) $\frac{3}{2}(x + 9) = \frac{2}{3}(30 - x)$

(2) $-\frac{3}{4}\left(1 + \frac{2}{3}x\right) = -\frac{1}{2}$

(3) $\frac{5}{6}(2x + 14) = \frac{5}{9}\left(x - \frac{5}{3}\right)$

$\frac{x}{2} = \frac{1}{2}x$

29. Bestimme die Lösungsmenge geschickt.

a) $\frac{3}{4} = \frac{x}{9}$

b) $-\frac{3x}{16} = \frac{15}{20}$

c) $\frac{x}{2} + \frac{1}{5}x = 7$

d) $\frac{1}{2} - \frac{4}{5}t = \frac{1}{4}$

e) $\frac{x + 2}{3} = \frac{4}{5}$

30. Löse das Zahlenrätsel mithilfe einer Gleichung.

a) Wenn man die Differenz von 7 und einer Zahl mit 5 multipliziert, erhält man 15.

b) Wenn man eine Zahl um 1,5 vergrößert und das Ergebnis verdoppelt, erhält man ein Drittel der gesuchten Zahl.

c) Wenn man das Doppelte einer Zahl um 5 vergrößert und die Summe durch 3 dividiert, erhält man 7.

d) Wenn man das Dreifache einer Zahl von 10 subtrahiert und die Differenz mit 1,5 multipliziert, erhält man 6.

31. Denkt euch Zahlenrätsel aus. Stellt sie euch gegenseitig und löst sie.
Wie viele Zahlenrätsel schafft ihr in 15 Minuten?

32. Ein Quader hat drei verschiedene Kantenlängen. Die Summe der Längen aller 12 Kanten beträgt 144 cm. Die mittlere Kantenlänge ist doppelt so groß wie die kürzeste Kantenlänge. Die längste Kante ist um 12 cm länger als die kürzeste.
Wie lang ist die kürzeste Kante? Berechne auch das Volumen des Quaders.

33. Tom stellt beim Ausmessen eines Quaders fest: Die Grundfläche ist doppelt so groß wie jede der beiden kleineren Seitenflächen. Jede der größeren Seitenflächen ist um 10 cm^2 kleiner als die Grundfläche. Die Oberfläche hat eine Größe von 280 cm^2.
Wie groß ist die Grundfläche?

34. Ein Vater hat Haselnüsse gepflückt und in seine beiden Jackentaschen verteilt. Darauf sagt er zu seinem Sohn: „Ich habe in der rechten Tasche dreimal so viele Nüsse wie in der linken. Nehme ich aber 30 Nüsse von der rechten Tasche in die linke, so befinden sich in der linken Tasche dreimal so viel wie in der rechten."
Wie viele Nüsse hat er ursprünglich in jeder Tasche?

35. Betrachte das Bild rechts.
Stelle eine Aufgabe und löse sie.

36. Eine Großmutter ist 84 Jahre alt, ihre Enkelin ist 8 Jahre alt.
a) In wie viel Jahren wird die Großmutter fünfmal so alt wie die Enkelin sein?
b) Vor wie viel Jahren war sie zwanzigmal so alt?

37. In 16 Jahren wird ein Vater doppelt so alt wie sein Sohn sein. Zusammen sind beide heute 40 Jahre alt. Wie alt ist jeder?

38. Ein Junge ist doppelt so alt wie seine Schwester. Vor 4 Jahren war der Junge viermal so alt wie seine Schwester. Wie alt sind der Junge und seine Schwester jetzt?

39. Ole hat zwei Kusinen, Eva und Ute. Er ist 21 Jahre älter als Eva und 5 Jahre älter als Ute. Die Hälfte des Alters von Eva ist gleich einem Drittel des Alters von Ute. Wie alt sind sie?

40. Aus dem Kapitel „Lîlâvati" (die Reizende) seines Werkes „Krönung des Systems" des indischen Mathematikers Bhâskara (1114–1185 n. Chr.):

„Von einem Schwarm Bienen lässt $\frac{1}{5}$ sich auf einer Kadombablüte, $\frac{1}{3}$ auf einer Silindhablüte nieder. Der dreifache Unterschied der beiden Zahlen flog nach den Blüten einer Kutaja. Eine Biene blieb übrig, welche in der Luft hin- und herschwebte, gleichzeitig angezogen durch den lieblichen Duft einer Jasmine und eines Pandamus. Sage mir die Anzahl der Bienen."

Das kann ich noch!

A) Berechne die Größe der eingezeichneten Winkel.

1)

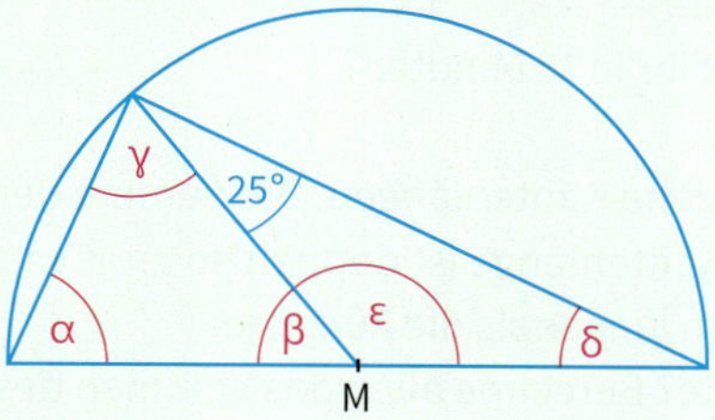

2)

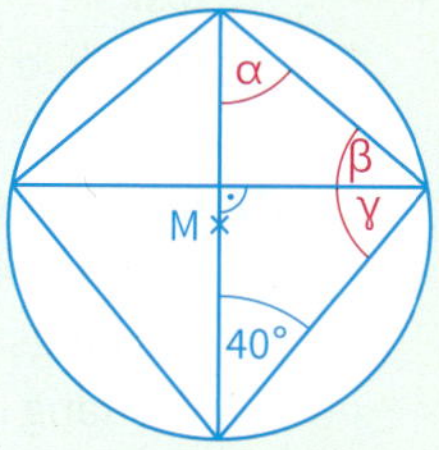

1.6 Minuszeichen vor einer Klammer – Subtrahieren einer Klammer

Einstieg

a) Anna hat 100€ zum Geburtstag bekommen. Sie möchte davon eine Hose und einen Pullover kaufen. Da sie noch nicht genau ausgesucht hat, bezeichnet sie den Hosenpreis mit h Euro und den Pulloverpreis mit p Euro. Schreibt den Term für das Restgeld mit Variablen – einmal mit und einmal ohne Klammern.

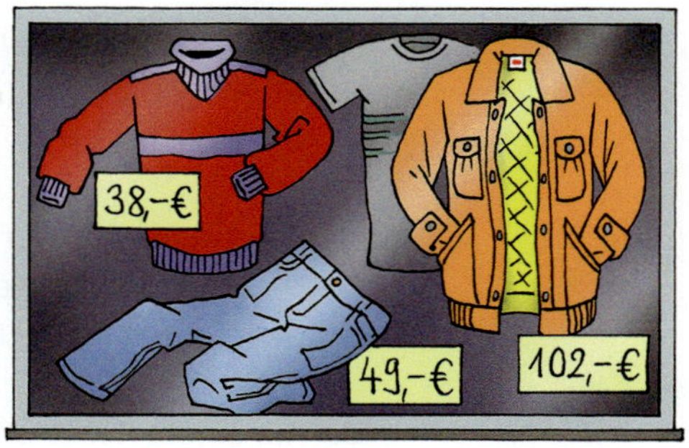

b) Herr Pingel hat ebenfalls 100€ und möchte eine Lederjacke kaufen. Er entdeckt stets kleine Mängel an den Waren und versucht, einen Preisnachlass herauszuhandeln.
Schreibt auch für sein Restgeld verschiedene Terme mit Variablen.

Aufgabe 1

Betrachte den Term. Vor der Klammer steht ein Minuszeichen. Wir sagen kurz: *Minusklammer*. Löse die Klammer auf.

a) $-(-3x+5y)$ **b)** $a-(2b+3c)$ **c)** $7z-(5y-3z)$ **d)** $3x-4(2x+5y)$

Lösung

a) $-(-3x+5y) = (-1)\cdot(-3x+5y)$
$= (-1)\cdot(-3x) + (-1)\cdot 5y$
$= +3x + (-5y)$
$= \ 3x - 5y$

b) $a-(2b+3c) = a + (-1)\cdot(2b+3c)$
$= a + (-2b-3c)$
$= a - 2b - 3c$

c) $7z-(5y-3z) = 7z + (-1)\cdot(5y-3z)$
$= 7z + (-5y+3z)$
$= 7z - 5y + 3z$
$= 10z - 5y$

d) $3x-4(2x+5y) = 3x - (8x+20y)$
$= 3x + (-1)\cdot(8x+20y)$
$= 3x + (-8x-20y)$
$= 3x - 8x - 20y$
$= -5x - 20y$

Information

$-x = (-1)\cdot x$

Auflösen einer Minusklammer – Subtrahieren einer Klammer

(1) Steht ein Minuszeichen vor einer Klammer, so heißt die Klammer *Minusklammer*. Das Minuszeichen vor der Klammer kann als Multiplikation mit (–1) aufgefasst werden. Das Multiplizieren mit (–1) liefert die Gegenzahl.
Man löst eine Minusklammer auf, indem man jedes Glied der Summe oder Differenz in der Klammer mit (–1) multipliziert.

$-(-3x+2y) = (-1)\cdot(-3x+2y)$
$= (-1)\cdot(-3x) + (-1)\cdot 2y$
$= +3x + (-2y)$
$= 3x - 2y$

Auflösen der Minusklammer bewirkt Ändern der Zeichen.

(2) Subtrahieren bedeutet das Addieren der Gegenzahl.

$7x - 4\cdot(2x-5y) = 7x - (8x-20y)$
$= 7x + (-(8x-20y))$
$= 7x + (-8x+20y)$
$= 7x - 8x + 20y$
$= -x + 20y$

Übungsaufgaben

2. Löse die Minusklammer auf und vereinfache dann, wenn möglich.

a) $-(a+b)$ c) $-(4x+y)$ e) $-(3+x)+2$ g) $-(3x-y)+2(x-y)$
b) $-(x-y)$ d) $-(-u-7v)$ f) $-(a^2-b^2)-b^2$ h) $-(r+0{,}9x)+r(1-x)$

3. Subtrahiere die Klammer.

a) $x-(y+z)$ c) $3x-(x-y)$ e) $6a-(-3b+4a)$ g) $8-(2-a+b)$
b) $x-(y-z)$ d) $5r-(-r-s)$ f) $4x-(-5x-7z)$ h) $7r-(-s+2r+5)$

4. Von einem Stab der Länge x wird ein Stück der Länge y und eines der Länge 2 z abgeschnitten. Stelle verschiedene Terme für die Restlänge des Stabes auf.

5. Auf einem Konto befindet sich ein Guthaben von h Euro. Eine Rechnung der Höhe r Euro wird um einen Treuegutschein von t Euro ermäßigt und von dem Konto bezahlt. Erstelle verschiedene Terme für das Restguthaben auf dem Konto.

6. Löse die Klammer auf. Fasse gleichartige Glieder zusammen.

a) $2{,}5a-(8{,}3a+b)$ c) $7x-15(2x+y)$ e) $a-\frac{5}{6}(30b-\frac{12}{5}a)$
b) $0{,}3u-(1{,}1u-4{,}5v)$ d) $r-2{,}5(0{,}4r-s)$ f) $\frac{4}{5}s-\frac{2}{3}(-t^2+\frac{6}{5}s)$

7. Kontrolliere Noras Hausaufgaben und erläutere deine Anmerkungen.

(1) $(x^2+y)-(x^2-y)$
$=x^2+y-x^2-y$
$=0$

(2) $u^2-2(v+u^2)$
$=u^2-2v-u^2$
$=-2v$

(3) $-(r-(s+r))$
$=-r+(s+r)$
$=s$

8. a) $(a-b)-(a+b)$ c) $m(m-n)-(m^2-1)$ e) $uv(u-v)-v(-uv-u^2)-v^2(u+v)$
b) $(r^2-s)-(r^2-s)$ d) $-(x+7)-(4-x)$ f) $p^2q(p-q)^2-p(p^2-pq^2)+pq(p^2-q)$

9. Der Platzhalter ▲ steht für eines der Zeichen + oder –, der Platzhalter ■ für einen Teilterm. Setze im Heft passend ein.

a) $-4(3x+2)$ ▲ $3x-4=+3x-12$ ■ c) $3(a-4)+2a-6-a=4$ ■ -10
b) $7(2-x)+4x$ ▲ $4=6x$ ▲ $4-3x+1-$ ■ -7 d) ■ $+3a$ ▲ $9-(a-2)=2a-8$ ▲ $3a$ ▲ 2

CAS

10. In einigen Fällen löst ein CAS Minusklammern sofort nach der Eingabe auf, in anderen jedoch nicht. Untersuche, wie man mit dem CAS Minusklammern stets auflösen kann.

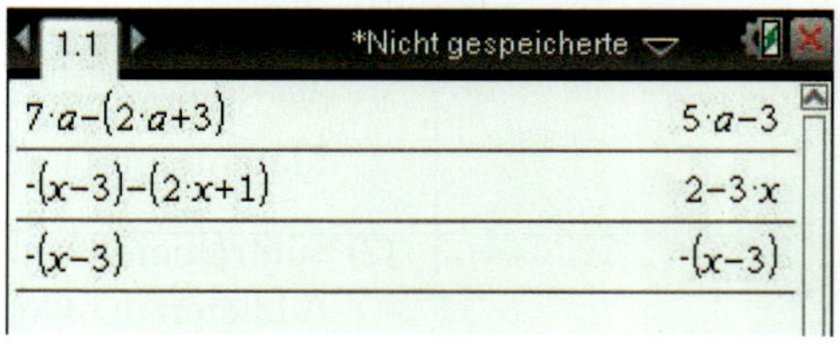

11. Bestimme die Lösungsmenge.

a) $2y-(y+4)=3-(6-3y)$ d) $5(4-3a)-6(2-4a)=1-(8-9a)$
b) $x-2(x-1)=8-3(2+x)$ e) $5-\frac{2}{5}(x+24)=-\frac{3}{4}(15+x)$
c) $(2-3x)\cdot 5-4(8-x)=0$ f) $\frac{1}{5}w=\left(\frac{1}{4}-w\right)-4\left(\frac{1}{2}w-2\right)$

1.7 Ausklammern

Einstieg

Susanne hat Klammern aufgelöst. Sie hat die Aufgaben aber nicht notiert.
Wie könnten die Aufgaben geheißen haben?

a) $3x + 3x$
b) $8a + 12b$
c) $4x + ax$
d) $3p^2q + 6pq$
e) $8x^3z - 4x^2z$
f) $7u - 7$

Aufgabe 1

Ausklammern eines Faktors

Beim Auflösen einer Klammer entsteht aus einem Produkt eine Summe.
Wie kann man umgekehrt aus einer Summe ein Produkt herstellen?

a) Die Summe $3xy + 4xz$ enthält in beiden Summanden den gleichen Faktor x. Verwandle den Term in ein Produkt mit einem Faktor x.

b) Verwandle entsprechend in ein Produkt: **(1)** $6x + 4y$ **(2)** $20x + 12xy$

Lösung

a) Wir wenden das Distributivgesetz von rechts nach links an.

$$a \cdot b + a \cdot c = a \cdot (b + c)$$
$$3xy + 4xz = x \cdot 3y + x \cdot 4z = x \cdot (3y + 4z)$$

Distributivgesetz
$a \cdot (b + c)$
$= a \cdot b + a \cdot c$

b) (1) Wir suchen in den Summanden $6x$ und $4y$ einen gemeinsamen Faktor. Das ist die Zahl 2. Dann wenden wir das Distributivgesetz von rechts nach links an.

$$6x + 4y = 2 \cdot 3x + 2 \cdot 2y = 2 \cdot (3x + 2y)$$

(2) Wir gehen zunächst schrittweise vor und suchen in $20x$ und $12xy$ einen gleichen Faktor. Wir finden z. B. die Zahl 4, klammern sie aus und wenden das Distributivgesetz von rechts nach links an und erhalten $4 \cdot (5x + 3xy)$.
In der Klammer finden wir dann noch x als gemeinsamen Faktor und klammern auch diesen aus.
Du kannst den Faktor $4x$ auch in einem Schritt ausklammern.

$$20x + 12xy = 4 \cdot 5x + 4 \cdot 3xy$$
$$= 4 \cdot (5x + 3xy)$$
$$= 4 \cdot (x \cdot 5 + x \cdot 3y)$$
$$= 4x(5 + 3y)$$

Mehrere Lösungen sind möglich.

$$20x + 12xy = 4x \cdot 5 + 4x \cdot 3y = 4x(5 + 3y)$$

Information

Faktor (lat.)
Math. Vervielfältigungszahl

Bei der Termumformung $4x \cdot 5 + 4x \cdot 3y = 4x \cdot (5 + 3y)$ wurde $4x$ als Faktor vor die Klammer gesetzt. Wir sagen: *4x wurde ausgeklammert.*
Die Summe wurde in ein Produkt umgeformt. Man spricht daher statt vom Ausklammern auch vom Faktorisieren der Summe.

Weiterführende Aufgabe

Ausklammern einer Summe oder Differenz

2. Fasse zusammen.

a) $3(x^2 + y) + 7(x^2 + y)$ **b)** $9(a + b) - 13(a + b)$

$$7(a + b) + 4(a + b) = (7 + 4) \cdot (a + b) = 11(a + b)$$

Übungsaufgaben

3. Klammere eine Zahl als gemeinsamen Faktor aus.

a) $5a + 5b$ **c)** $11x - 11y$ **e)** $7x + 7yz$ **g)** $9 - 9x$ **i)** $25a - 15b$

b) $13r + 13s$ **d)** $19u - 19v$ **f)** $2rs + 2t^2$ **h)** $\frac{4}{5}u + \frac{4}{5}$ **j)** $3r^2 + 18s^2$

4. Klammere eine Variable als Faktor aus.

a) $4b + ab$ d) $xy - xz$ g) $a + 5ab$ j) $4ab - 9bc$ m) $4ab + 3a^2$
b) $3x - xy$ e) $uv + vw$ h) $x^2 - 2xy$ k) $a^2b + zb^2$ n) $5rs - r$
c) $rs + rr$ f) $t + t^2$ i) $r^2 - r$ l) $x^2y + x$ o) $-8uv^2 - u^2x$

5. Kontrolliere, ob richtig gerechnet wurde. Korrigiere, falls nötig.

Anna
$4xy - 4xz = 4x(y - z)$

Bert
$12ab + 18ab^2 = 3ab(4 + 6b)$

Christian
$-30cd - 24ce = -6c(5d - 4e)$

Dario
$6x^6y + 4x^3z = 2x^3(x^2y + 2z)$

Emma
$15pq + 24pq^2 + 3q = 3q(5p + 8pq)$

Fabian
$-27u^2v + 15uvw = -3v(9u^2 + 5uw)$

6. Suche in den Teiltermen gleiche Faktoren. Klammere dann aus.

a) $3x + 2xy$ e) $-9x + (-9y)$ i) $77ab - 7bc$ m) $24uv - 36u^2$
b) $7ab^2 + 2ac$ f) $24x + 12y$ j) $9xy - 3x$ n) $100p^2 + 125p^3$
c) $5pq - 3nq$ g) $8ab - 16c^2$ k) $-9xy - (-9xz)$ o) $75r^2s - (-50r^2s)$
d) $7rs - 7px$ h) $2xy + 2xz$ l) $-4ab^2 + (-24ac^2)$ p) $16a^2 - 24a^3b$

7. Setze im Heft für ■ eine passende Zahl oder Variable ein, sodass du ausklammern kannst. Sicher findest du mehrere Möglichkeiten.

a) $3x +$ ■ y b) $7ab - 8$■ c) $8a + 7$■ d) $9x^2y + 2$■y e) 4■$z^2 -$ ■yz

8. Klammere aus. Du kannst auch schrittweise vorgehen.

$15x^2y + 20xz^2$
$= 5(3x^2y + 4xz^2)$
$= 5x(3xy + 4z^2)$

a) $8a^2 + 4a$ d) $9a^2b - 3a^4b$ g) $4ab^2 + 6a^2b + 10ab$
b) $27x^4 - 3x$ e) $10a^5b + 8a^3b^2$ h) $-12x^2y - 9xy^2 + 5xy$
c) $2x^5 - 5x^2$ f) $\frac{3}{4}x + \frac{3}{4}y + \frac{3}{4}z$ i) $10pq + 15p^2q - 20pq^2$

9. Klammere so aus, dass der Term in der Klammer möglichst einfach wird.

a) $9ab + 9ac$ g) $8uv - vw$ m) $15uv - 5ut + 20ur - 45uv$
b) $5r^2 - 5rs$ h) $0{,}5ab + abc$ n) $12rs - 18st - 30s^2 - 42rst$
c) $7xy + 7x$ i) $\frac{1}{12}xy + \frac{1}{12}yz$ o) $\frac{2}{5}ab + \frac{2}{5}a^2c - \frac{4}{5}abc - \frac{1}{5}a$
d) $4xy + 4xz$ j) $a^2b - ac$ p) $8ab + 12a^2 + 60ab^2$
e) $17xy^2 - 17y^2z$ k) $800xy^2 + 24yt^2$ q) $75x^3uv + 125x^2r^2 - 150x^4$
f) $9rq^2 + 7rt^2$ l) $18u^2v - 999uv$ r) $42rs + 56st - 35s^2 + 91rst$

10. Übertrage die Aufgaben in dein Heft und ergänze die ausgewischten Stellen so, dass die Termumformung korrekt ist.

11. Denke dir fünf Terme aus, bei denen du eine Klammer ausmultiplizieren kannst. Nenne deinem Partner nur den Ergebnisterm ohne Klammern. Schafft er es, die ursprünglichen Aufgaben herauszufinden?

12. Die Formel für den Umfang eines Rechtecks mit der Seitenlänge a und b gibt man häufig so an: $u = 2a + 2b$. Klammere aus und verdeutliche dann am Rechteck, dass beide Formeln wertgleiche Terme beinhalten.

13. Fasse zusammen. Klammere dazu eine Klammer, also eine Summe oder Differenz, aus.

a) $5(x+y) + 11(x+y)$
b) $17(x-y) + 9(x-y)$
c) $2(5x-4y) - 8(5x-4y)$
d) $2{,}5(a+9b) + 4{,}5(9b+a)$
e) $\frac{2}{3}\cdot(4u-11v) + 1\cdot(4u-11v)$
f) $\frac{5}{8}\left(\frac{r}{11}-\frac{s}{13}\right) - \left(\frac{r}{11}-\frac{s}{13}\right)$

14. Schreibe die Aufgaben ins Heft und ersetze die Platzhalter.

a) $12 - 3x = -3\cdot(\square + x)$
b) $-x + xy = -x(1 - \square)$
c) $-ab - 8a = -a(\square + 8)$
d) $9x - 12xy = \square\cdot(-3 + 4y)$
e) $a^2 - ab = \square\cdot(-a + b)$
f) $xy - y^2 = \square\cdot(y - x)$

15. Klammere den Faktor (-1) aus.

a) $-5 - a$
b) $-b - 7$
c) $-r^2 - 9$
d) $-ab + 20$
e) $-4 + q$
f) $-q + 4$
g) $a - b$
h) $x^2 - a^3$
i) $x^2 - y^2 + 1$
j) $r - s^2 + rs$
k) $-45 + x + y$
l) $-a + b - \frac{1}{2}$

16. Schreibe den Term mit einer Minusklammer.

a) $-8x - 3$
b) $3x - 2y$
c) $-8a + 5b$
d) $3x + 4y - 7z$
e) $-2a + 5b - 9c$
f) $-x - 2y - 3z$

$$\begin{aligned} 4x - y &= (-1)\cdot(-4x) + (-1)\cdot y \\ &= (-1)\cdot(-4x + y) \\ &= -(-4x + y) \end{aligned}$$

17. Tobias hat Minusklammern aufgelöst, aber nur die Ergebnisse notiert. Wie könnten die Aufgaben geheißen haben?

(1) $5x - y - 7$ (2) $3a - 2b + 4$ (3) $-7x - 14y$ (4) $7a - 2x - 4y - 9$

CAS

18. a) In der ersten Aufgabe hat das Computer-Algebra-System ohne ausdrücklichen Befehl ausgeklammert. Welches Ziel hat es verfolgt?
b) Ausklammern kann man stets mit dem Befehl **Faktor** (englisch: **factor**) erreichen. Kontrolliere das Ergebnis.

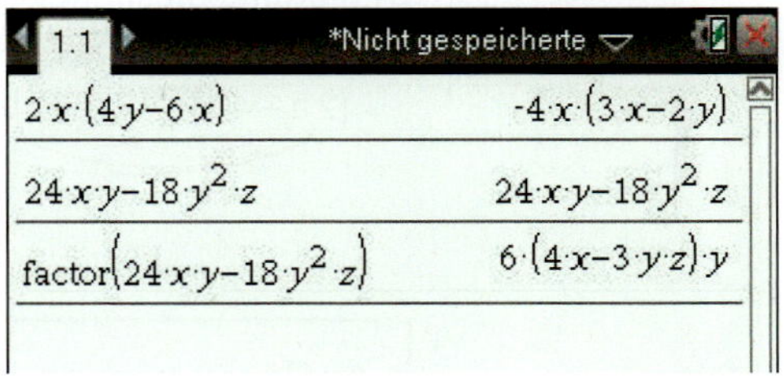

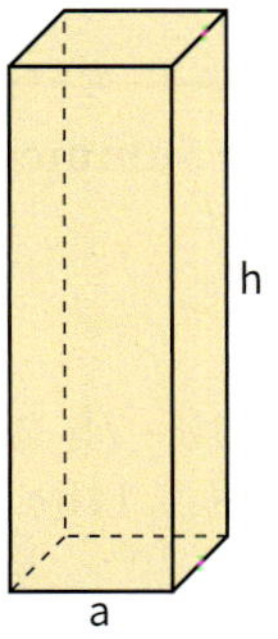

19. a) Skizziere ein Netz eines Quaders mit quadratischer Grundfläche und erstelle einen Term für den Oberflächeninhalt. Dieser Term soll keine Klammern enthalten.
b) Klammere in diesem Term so aus, dass der Term in der Klammer möglichst einfach wird. Veranschauliche dann diesen Term durch eine geeignete Fläche.
c) Berechne den Oberflächeninhalt für $a = 3{,}5$ und $h = 7{,}5$ mit beiden Termen. Wie viele Rechenschritte benötigst du bei dem einen Term, wie viele bei dem anderen?

1.8 Auflösen von zwei Klammern in einem Produkt

Einstieg

Familie John möchte auf dem Grundstück E41 ein Haus errichten. Da das Grundstück für das geplante Haus zu klein ist, schlägt der Architekt vor, vom Bauträger einen 3 m breiten Streifen an der Nordseite und einen 2 m breiten Streifen an der Ostseite des Grundstücks dazu zu kaufen. Das Grundstück soll rechteckig bleiben.

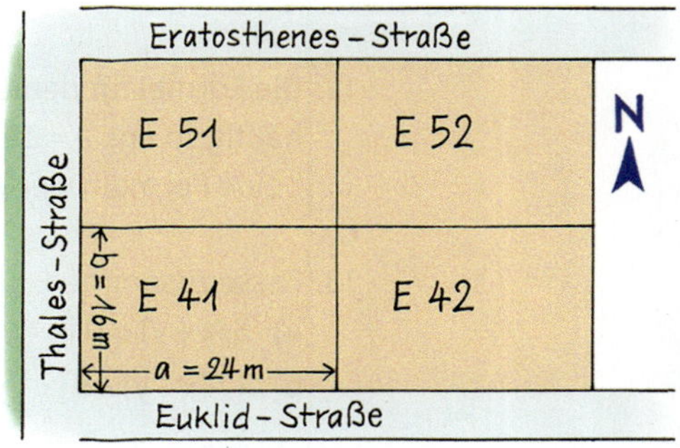

a) Berechnet die Größe des Grundstücks vorher und nachher auf mehreren Wegen.

b) Verallgemeinert, indem ihr für alle Längen Variablen verwendet. Ihr erhaltet eine Regel für eine Termumformung.

c) Beweist diese Regel mithilfe von Rechengesetzen.

Aufgabe 1

a) Wende zum Auflösen der Klammern zweimal das Distributivgesetz an.

(1) $(a+b)\cdot(p+q)$ (2) $(a-b)\cdot(c+d-e)$

Formuliere dann eine Regel über das Auflösen von zwei Klammern in einem Produkt.

b) Wende diese Regel auf folgendes Produkt an: $(2a+4b)\cdot(-7a-2b+9)$

Lösung

a) (1) Führe für die Summe $p+q$ eine neue Variable c ein, d. h. setze $c=p+q$.

$$\begin{aligned}(a+b)\cdot(p+q) &= (a+b)\cdot c\\ &= a\cdot c+b\cdot c\\ &= a\cdot(p+q)+b\cdot(p+q)\\ &= a\cdot p+a\cdot q+b\cdot p+b\cdot q\end{aligned}$$

Distributivgesetz einmal angewandt

Distributivgesetz nochmals angewandt

(2) Im ersten Schritt betrachten wir die Klammer $(c+d-e)$ als Ganzes, ohne dafür eine Variable einzuführen. Im zweiten Schritt lösen wir diese Klammer auf.

$$\begin{aligned}(a-b)\cdot(c+d-e) &= a\cdot(c+d-e)-b\cdot(c+d-e)\\ &= a\cdot c+a\cdot d-a\cdot e-b\cdot c-b\cdot d+b\cdot e\end{aligned}$$

An den obigen Beispielen erkennt man folgende Regel:

Jedes Glied der einen Klammer wird mit jedem Glied der anderen Klammer multipliziert. Die Zeichen + und – werden nach den Vorzeichenregeln bestimmt.

b) Mithilfe dieser Regel ergibt sich:

$$\begin{aligned}(2a+4b)\cdot(-7a-2b+9) &= -2a\cdot 7a-2a\cdot 2b+2a\cdot 9-4b\cdot 7a-4b\cdot 2b+4b\cdot 9\\ &= -14a^2 - 4ab + 18a - 28ab - 8b^2 + 36b\\ &= -14a^2-32ab+18a-8b^2+36b\end{aligned}$$

Information

Auflösen von zwei Klammern in einem Produkt: Multiplizieren von Summen und Differenzen miteinander

Man multipliziert jedes Glied der ersten Klammer mit jedem Glied der zweiten Klammer und setzt die Zeichen + und – nach den Vorzeichenregeln.

Beispiel:

$$\begin{aligned}(3a+7b)\cdot(4b-2c) &= 3a\cdot 4b-3a\cdot 2c+7b\cdot 4b-7b\cdot 2c\\ &= 12ab - 6ac + 28b^2 - 14bc\end{aligned}$$

Übungsaufgaben

2. **a)** Erkläre am nebenstehenden Bild:
$(a + b) \cdot (c - d) = ac - ad + bc - bd$
Warum ist diese Überlegung nur für positive Zahlen a, b, c, d mit $d < c$ gültig?

b) Entwirf ein ähnliches Bild zu der folgenden Gleichung:
$(a - b)(c - d) = ac - ad - bc + bd$

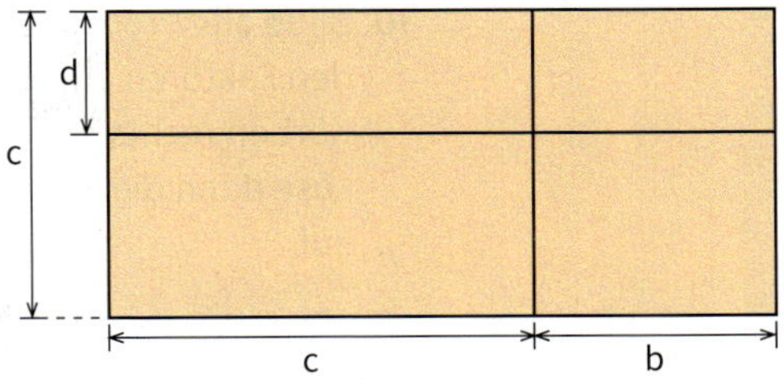

3. Löse die Klammern auf.

a) $(x + 7)(y + 4)$ **d)** $(x + y)(a + b)$ **g)** $(-x + y)(2 + a)$
b) $(a + 9)(b - 3)$ **e)** $(x - y)(u + v)$ **h)** $(-a - b)(x - y)$
c) $(a - 1)(b - 8)$ **f)** $(x - y)(u - v)$ **i)** $(-1 - r)(u + v)$

$(a + 5) \cdot (b + 2)$
$= (a + 5) \cdot b + (a + 5) \cdot 2$
$= ab + 5b + 2a + 10$

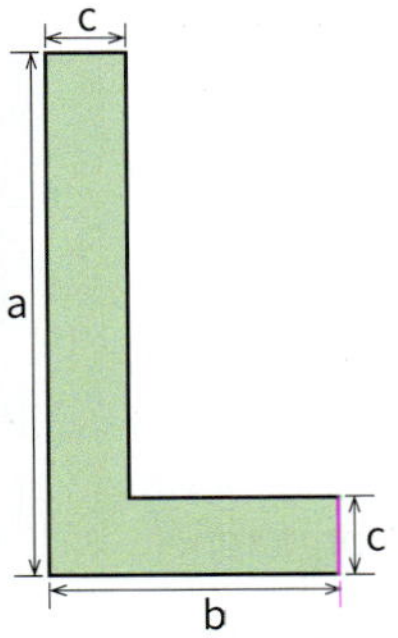

4. Für den Flächeninhalt der Figur links haben Anton und Vivien Terme aufgestellt.

Anton
$A = a \cdot b - (a - c) \cdot (b - c)$

Vivien
$A = a \cdot c + b \cdot c - c \cdot c$

a) Erläutere die Überlegungen von Anton und Vivien.
b) Zeige auch durch Termumformung, dass beide Terme wertgleich zueinander sind.

5. Löse die Klammern auf und fasse gegebenenfalls zusammen.

a) $(a - b)(10 - a)$ **e)** $(8a - 3b)(5c - 7d)$ **i)** $(1 - r)\left(\frac{2}{5} - r\right)$
b) $(2a + b)(3 - c)$ **f)** $(3x - y)(x - 5y)$ **j)** $\left(\frac{1}{8} - t\right)\left(t + \frac{1}{8}\right)$
c) $(8r + s)(s - 2t)$ **g)** $(-a + 6b)(3a - 9)$ **k)** $\left(9a - \frac{1}{2}b\right)\left(\frac{1}{3}a + 4b\right)$
d) $(9x - 4y)(6z + 3)$ **h)** $(-a - b^2)(a - 3)$ **l)** $\left(u - \frac{v}{2}\right)\left(\frac{1}{2}n + v\right)$

6. Stellt euch gegenseitig Aufgaben zum Auflösen von zwei Klammern und löst sie. Wie viele Aufgaben schafft ihr in 10 Minuten?

CAS

7. Ein CAS multipliziert mit dem Befehl **Entwickle** (englisch: **expand**) im Menü auch Summen und Differenzen miteinander. Kontrolliere das Beispiel rechts. Gib eigene Beispiele ein. Vergleiche die Form der Ausgabe mit deinen Erwartungen.

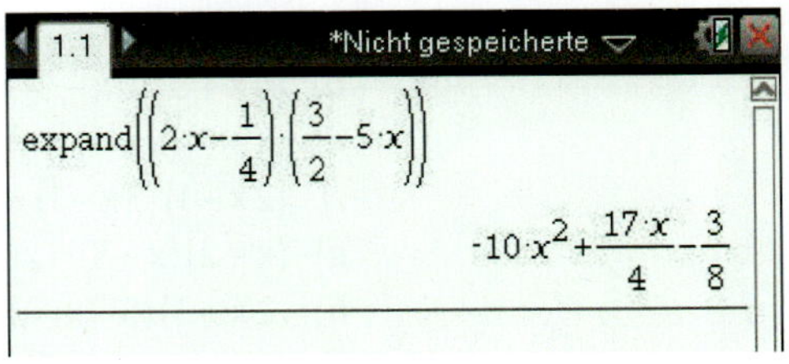

8. Löse die Klammern auf und fasse zusammen, wenn möglich.

a) $(x - 0{,}3)(x + 7)$ **d)** $(4a - 1{,}5)(0{,}3 - 2a)$ **g)** $(-x - y)(x + 2y)$
b) $(a + 11)(a - 8)$ **e)** $(a - 7x)(4x + 1)$ **h)** $(2a + 9b)(a + 7b)$
c) $(9 - x)(4 + x)$ **f)** $(a + 2b)(a - b)$ **i)** $(-r - 2s)(-r + s)$

9. Löse die Klammern auf und fasse zusammen, wenn möglich.

a) $(z + 3)(7 + z + t)$ **d)** $(-a + b)(4 + a - b)$ **g)** $(2a + 4b)(7a - 2b)$
b) $(a^2 - a)(c + d - 1)$ **e)** $(-x - y)(r - s - t)$ **h)** $(3x - 2y)(4x - 7y)$
c) $(-r + s^2)(r + u - v)$ **f)** $(-u + v)(-a - b + c)$ **i)** $(3x^2 - 2x - 1)(2x + 5)$

10. Bilde alle Produkte mit den Faktoren aus den Körben rechts. Löse dann die Klammern auf.

11. Welche Terme beschreiben den Flächeninhalt der abgebildeten Figur?

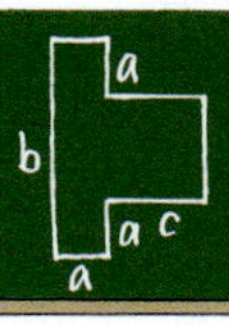

(1) $ab + c(b - 2a)$
(2) $2a^2 + (b - 2a)(a + c)$
(3) $a^2 + a^2 + (b - 2a) \cdot a + (b - 2a) \cdot c$

12. Löse die Klammern auf und fasse zusammen.

a) $6y^2 + (2x + 3y)(3x - 2y)$
b) $3xy - (2x - 9y)(x + 6y)$
c) $41 - (11 - 5x)(3 - x^2) + 5x^3 - 15x$
d) $(a - b)(2a + b) - (a + 4b)(3a - 2b)$
e) $8xy - (2x - 5y)(2x - 3y) + 3x^2$
f) $4 - (2x^2 - y^2)(x - y) + 3x^3 - 2xy^2$

$4vw - (2v + w)(v - w)$
$= 4vw - [2v^2 - 2vw + vw - w^2]$
$= 4vw - [2v^2 - vw - w^2]$
$= 4vw - 2v^2 + vw + w^2$
$= 5vw - 2v^2 + w^2$

13. Welche Terme sind wertgleich zueinander? Überlegt euch ein geschicktes Vorgehen.

- $(3x+2)(2x-4)+8(x+2)$
- $6(x^2+1)+2$
- $2x^2+(2x+3)(2x-3)-12(x+1)+11$
- $(3x^2-2x-1)(2x+5)$
- $6x(x^2-2)-(11x^2+5)$
- $2x(7x+17)-24$
- $3x(2x-4)-10$
- $(7x+4)(7x-2)+(-2{,}5+4)\cdot(-4)$

14. Bestimme die Lösungsmenge. Du kannst die Ergebnisse mit einer Probe überprüfen.

a) $(5x - 2)(x + 4) = 5(x^2 + 2)$
b) $(2x - 5)(5x - 2) = 10x^2 - 34x$
c) $(3x - 1)(4x + 2) = (2x + 1)(6x - 2)$
d) $(4x + 3)(6x - 5) = (2x + 3)(12x - 13)$
e) $(x + 7)(x - 4) = x^2 + 2$
f) $(2x + 1)(3x - 1) = 6x^2$
g) $(x - 2)(x - 5) = x^2 - 3$
h) $(2x + 3)(5 - x) = x - 2x^2 + 27$
i) $(3a - 4)(2a + 1) - (6a^2 - 9) = 15$
j) $(3x - 5)(3x + 2) = (x - 7)(9x + 1) + 50$

$(x - 2)(x - 1) = x^2 - 7$
$x^2 - x - 2x + 2 = x^2 - 7$
$x^2 - 3x + 2 = x^2 - 7 \quad | -x^2$
$-3x + 2 = -7$
$x = 3$
$L = \{3\}$

k) $(x - 8)(x + 14) - (x + 3)(x + 2) + 1 = 0$
l) $(3x - 4)(4x - 3) - (5 - 2x)(7 - 6x) = 34$
m) $(v - 0{,}2)(v + 0{,}3) = (v - 0{,}3)(v + 0{,}2)$

15. Suche Fehler in Michels Rechnung. Korrigiere dann.

$x^2 - (x + 1)(x - 3) = 7$
$x^2 - x^2 - 3x + x - 3 = 7$
$-2x - 3 = 7$
$-2x = 4$
$x = -2$

Probe:
$(-2)^2 - (-2 + 1)(-2 + 3) \stackrel{?}{=} 7$
$4 - (-1)(+1) \stackrel{?}{=} 7$
$4 + 1 = 7$ f

1.9 Binomische Formeln

Ziel

Terme wie $(3x + 5)^2$ oder $(u - 2v)^2$ oder auch $(3a + 3b) \cdot (3a - 3b)$ kannst du inzwischen mit den Regeln zum Ausmultiplizieren eines Produktes von zwei Klammern umformen. Die hier genannten Terme stellen Sonderfälle dar, bei denen eine Summe bzw. eine Differenz mit sich selbst oder eine Summe mit einer entsprechenden Differenz multipliziert wird.
Hier lernst du Formeln kennen, mit deren Anwendung diese besonderen Produkte schneller und damit zeitsparend aufgelöst werden können.

Zum Erarbeiten

Binomische Formeln

Verwandle zunächst in ein Produkt. Löse dann die Klammern auf.

a) $(a + b)^2$ **b)** $(a - b)^2$ **c)** $(a + b) \cdot (a - b)$

→ Wir schreiben das Quadrat als Produkt und erhalten durch Ausmultiplizieren:

a) $(a + b)^2 = (a + b) \cdot (a + b) = a^2 + ab + ba + b^2 = a^2 + 2ab + b^2$
b) $(a - b)^2 = (a - b) \cdot (a - b) = a^2 - ab - ba + b^2 = a^2 - 2ab + b^2$
c) $(a + b) \cdot (a - b) = a^2 - ab + ba - b^2 = a^2 - b^2$

Information

binomisch (lat.)
Math. zweigliedrig

Binomische Formeln

Für alle rationalen Zahlen anstelle von a und b gilt:

1. Binomische Formel: $(a + b)^2 = a^2 + 2ab + b^2$
2. Binomische Formel: $(a - b)^2 = a^2 - 2ab + b^2$
3. Binomische Formel: $(a + b) \cdot (a - b) = a^2 - b^2$

Man quadriert eine Summe, indem man zum Quadrat des ersten Summanden das doppelte Produkt beider Summanden und das Quadrat des zweiten Summanden addiert.

Zum Erarbeiten

Anwenden der binomischen Formeln

Will man den Term $(3x + 5)^2$ in eine Summe umformen, so könnte man ihn in das Produkt $(3x + 5) \cdot (3x + 5)$ verwandeln und ausmultiplizieren.
Man spart jedoch Zeit, wenn man die 1. binomische Formel anwendet.
Erkläre zunächst die Rechnung rechts.
Wende eine binomische Formel an:

(1) $(7x + 5)^2$
(2) $(4x - 2)^2$
(3) $(3x + 2)(3x - 2)$

$$(a + b)^2 = a^2 + 2 \, a \cdot b + b^2$$
$$\begin{aligned}(3x + 5)^2 &= (3x)^2 + 2 \cdot 3x \cdot 5 + 5^2 \\ &= 3x \cdot 3x + 6x \cdot 5 + 25 \\ &= 9x^2 + 30x + 25\end{aligned}$$

→ Beim Beispiel oben rechts wurde so überlegt: Der erste Summand 3x entspricht der Variablen a in der binomischen Formel, der zweite Summand 5 der Variablen b.
Daher wurde an jeder Stelle für a der Term 3x und für b die Zahl 5 eingesetzt.
Anschließend werden die Produkte vereinfacht.
Entsprechend kann man bei den folgenden Beispielen binomische Formeln anwenden:

(1) Wir wenden die 1. binomische Formel an:
$(7x + 5)^2$
$= (7x)^2 + 2 \cdot 7x \cdot 5 + 5^2$
$= 49x^2 + 70x + 25$

(2) Wir wenden die 2. binomische Formel an:
$(4x - 2)^2$
$= (4x)^2 - 2 \cdot 4x \cdot 2 + 2^2$
$= 16x^2 - 16x + 4$

(3) Wir wenden die 3. binomische Formel an:
$(3x + 2) \cdot (3x - 2)$
$= (3x)^2 - 2^2$
$= 9x^2 - 4$

Zum Üben

1. a) Der Garten der Familie Hansel hat die Form eines Quadrats.
(1) Berechne die Größe des Gartens auf zwei Weisen.
(2) Welche Formel folgt daraus?
(3) Die Gültigkeit der Formel ergibt sich auf diese Weise nicht für alle rationalen Zahlen. Begründe, warum.

zu a)

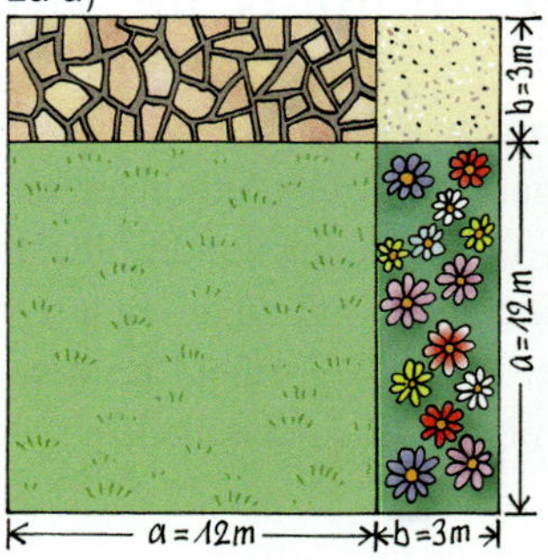

zu b)

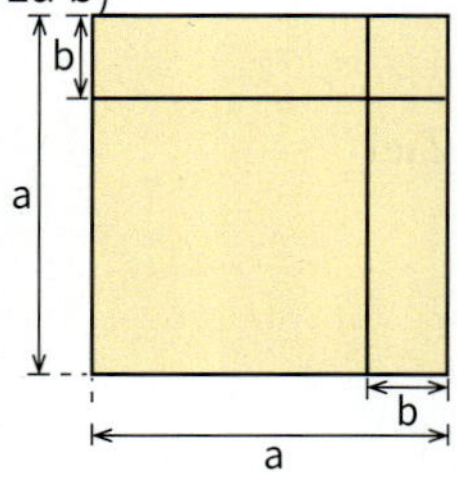

b) Löse die Klammer auf: $(a - b)^2$
Veranschauliche die Teilterme des Ergebnisses dann an der Figur.
Welche einschränkende Bedingung muss bei der Veranschaulichung für die Variablen gelten?

2. Sage die binomischen Formeln auch mit anderen Variablen als a und b auf.

a) $(x + y)^2 = \ldots$
$(x - y)^2 = \ldots$
$(x + y)(x - y) = \ldots$

b) $(p + q)^2 = \ldots$
$(p - q)^2 = \ldots$
$(p + q)(p - q) = \ldots$

c) $(klim + bim)^2 = \ldots$
⋮

3. Wende die binomischen Formeln an.

a) $(x + 5)^2$	e) $(x - 6)^2$	i) $(x + 8)(x - 8)$	m) $(x - 0{,}8)^2$
b) $(7 + x)^2$	f) $(9 - x)^2$	j) $(u + 5)(u - 5)$	n) $(-3x + 2y)^2$
c) $(u + v)^2$	g) $(v - w)^2$	k) $(3 - r)(3 + r)$	o) $(0{,}2x - y)^2$
d) $(p + q)^2$	h) $(r - s)^2$	l) $(x - y)(x + y)$	p) $\left(\frac{1}{2}x + \frac{2}{3}y\right)^2$

4. Die Umformung rechts wurde von einem Mitschüler durchgestrichen. Sie ist falsch. Warum?

~~$(a + b)^2 = a^2 + b^2$~~

5. Sind die linke und die rechte Seite wertgleich? Überprüfe und korrigiere, falls nötig.

a) $(a - b)^2 = a^2 - b^2$	f) $(p + q)(p - q) = q^2 - p^2$
b) $(a - b)^2 = a^2 - ab + b^2$	g) $(r + s)^2 = r + 2rs + s$
c) $(a + b)(a - b) = a^2 - b^2$	h) $(r - s)^2 = r^2 - s^2 + 2rs$
d) $(q - p)^2 = p^2 - 2pq + q^2$	i) $(r + s)(r - s) = -s^2 + r^2$
e) $(q + p)^2 = q^2 + p^2 + 2pq$	j) $(u + v)(v - u) = u^2 - v^2$

$(2x)^2$
$= (2x) \cdot (2x)$
$= \ldots$

6. Wende die binomischen Formeln an.

a) $(2x + 3)^2$	d) $(1{,}5 + x)^2$	g) $(0{,}2x - y)^2$	j) $\left(\frac{4}{5} - y\right)^2$
b) $(3x + 2y)^2$	e) $(x - 0{,}8)^2$	h) $(x + 2{,}5y)^2$	k) $\left(\frac{1}{2}x + \frac{2}{3}y\right)^2$
c) $(0{,}5x - 3)^2$	f) $(a + 3{,}2)(a - 3{,}2)$	i) $(x - 0{,}1y)(x + 0{,}1y)$	l) $\left(\frac{1}{3}x + y\right)\left(\frac{1}{3}x - y\right)$

7. Achte besonders auf die Vorzeichen bei der Anwendung der binomischen Formeln.

a) $(-4 + x)^2$	e) $(-r + s)^2$	i) $(-6x + y)^2$	m) $(-3a + 2b)^2$
b) $(x + (-3))^2$	f) $(-r - s)^2$	j) $(+4x + (-3y))^2$	n) $(-a + 4b)(-a - 4b)$
c) $(-2 - x)^2$	g) $(r + (-s))^2$	k) $(-5x - 7y)^2$	o) $(8u - 7v)(8u + 7v)$
d) $(1 - (-x))^2$	h) $(-r + (-s))^2$	l) $(-3x - (-4y))^2$	p) $(6u + 5v)(-6u + 5v)$

8. Wende die binomischen Formel an; achte besonders auf die Potenzen.

a) $(3x^2 + 4y)^2$
b) $(4a^3 - 3b)^2$
c) $(p^2 - q^2)(p^2 + q^2)$
d) $(2x^3 - 3xy)^2$
e) $(4c^2 + 2cd)^2$
f) $(2rs - 3s^2)(2rs + 3s^2)$
g) $\left(\frac{1}{3}a^2b - \frac{1}{4}ab^2\right)^2$
h) $\left(\frac{u^2}{4} + 3uv\right)^2$
i) $\left(\frac{u^2}{2} - p^3\right)\left(\frac{u^2}{2} - p^3\right)$

9. Löse die Klammern auf und fasse dann zusammen.
Wende dazu eine binomische Formel an, wenn es möglich ist.

a) $(4a - 9)(4a + 9)$
b) $(4a - 9)(-4a - 9)$
c) $(4a - 9)(9a - 4)$
d) $(-4a + 9)(4a - 9)$
e) $(4a + 9)(9 + 4a)$
f) $(4a - 9)(-9 + 4a)$

10. Schneide aus Papier zweimal die abgebildete Figur aus und beschrifte die Seiten. Zerschneide dann eine davon und lege sie zu einem Rechteck zusammen.
Klebe beide Figuren ins Heft und begründe, dass damit eine binomische Formel dargestellt ist. Welche?

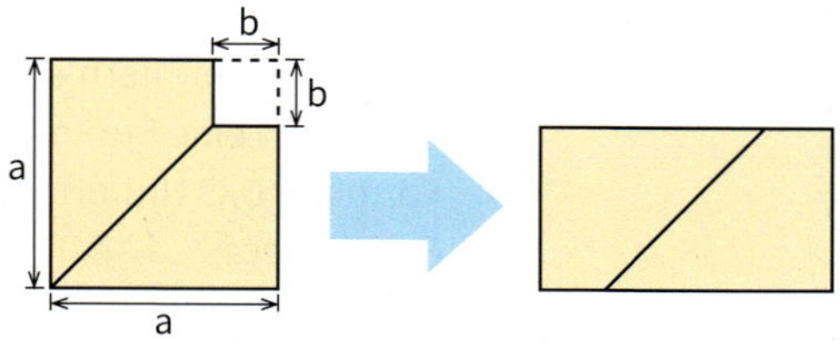

11. Vereinfache den Term $(a + b)^2 - (a - b)^2$ und veranschauliche das Ergebnis geometrisch.

CAS

12. Verwende ein Computer-Algebra-System, um binomische Formeln aufzulösen. Kontrolliere, inwieweit die Ergebnisse deinen Erwartungen entsprechen.

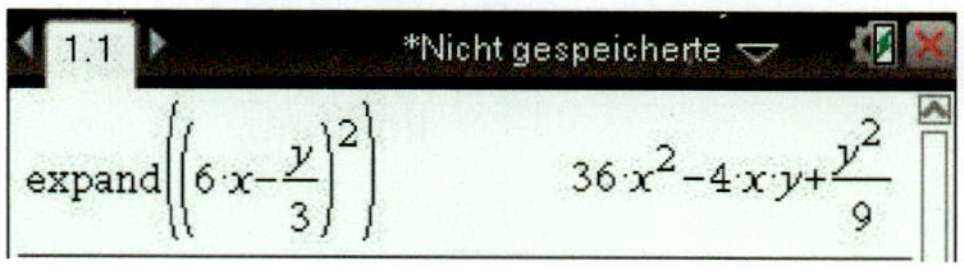

13. Vereinfache.

a) $(a + 3b)^2 + (a + b)(4a + b)$
b) $(a + 4b)^2 + (7a + b)(7a - b)$
c) $(3{,}5a + b)^2 + (a + 1{,}5b)^2$
d) $(4x + y)^2 - (x + y)(3x + y)$
e) $(0{,}5x + 0{,}3y)^2 - (0{,}2x - 0{,}4y)^2$
f) $\left(\frac{a}{2} - 2b\right)^2 + \left(6a - \frac{b}{3}\right)^2$

14. Bestimme die Lösungsmenge.

a) $(x + 5)^2 = (x - 4)^2$
b) $(x - 7)(x + 7) = (x + 8)^2 - 1$
c) $(x - 11)^2 - (x + 9)^2 = 0$
d) $\left(x + \frac{1}{3}\right)^2 - \left(x - \frac{1}{2}\right)\left(x + \frac{1}{2}\right) + \frac{5}{36} = 0$
e) $(4x - 1)^2 = (2x + 5)(8x - 3) - 5$
f) $\left(\frac{x}{4} + 1\right)\left(\frac{x}{4} - 1\right) - \left(\frac{x}{2} - 2\right)\left(\frac{x}{8} + 5\right) + 9 = 0$
g) $(2x - 15)^2 = (1 + 2x)^2 - 30x - 14$
h) $(2 + 3z)^2 = (1 + 3z)^2 + 8z + 1$
i) $(x + 2)(3 + x) = (3 - x)^2 + 5x$
j) $(1 - 4t)(1 + 4t) = (3 + 2t)(1 - 8t) + 20$

15. Müllers Baugrundstück hat die Form eines Quadrats. Durch eine Änderung des Bebauungsplanes muss an den beiden an die Straße grenzenden Seiten ein 2 m breiter Streifen abgegeben werden.
Dadurch wird das Grundstück um $120\,m^2$ kleiner.
Stelle eine Frage und beantworte diese.

1.10 Faktorisieren einer Summe

Einstieg

Robert hat seine Hausaufgaben zu den binomischen Formeln erledigt. Er hat aber nur die Ergebnisse notiert. Wie könnten die Aufgaben geheißen haben?

a) $c^2+2cd+d^2$
b) $e^2-4ef+4f^2$
c) g^2-h^2
d) $4u^2-12uv+9v^2$
e) $9z^2-24z+16$
f) $\frac{1}{4}x^2-\frac{1}{9}y^2$

Aufgabe 1

Faktorisieren

Beim Ausklammern entsteht aus einer Summe ein Produkt. Nicht nur durch Ausklammern kann man eine Summe in ein Produkt umwandeln, sondern auch mithilfe der binomischen Formeln. Das Umformen einer Summe in ein Produkt nennt man auch *Faktorisieren*.

Faktorisiere: **a)** $4x^2-9y^2$ **b)** $49r^2-126rs+81s^2$

Lösung

a) Wende die 3. binomische Formel von rechts nach links an.

$$a^2 - b^2 = (a+b)\cdot(a-b)$$
$$4x^2-9y^2=(2x)^2-(3y)^2=(2x+3y)\cdot(2x-3y)$$

b) Wende die 2. binomische Formel von rechts nach links an.

$$a^2-2\cdot a\cdot b+b^2=(a-b)^2$$
$$49r^2-126rs+81s^2=(7r)^2-2\cdot 7r\cdot 9s+(9s)^2=(7r-9s)^2$$

Weiterführende Aufgaben

Quadratisches Ergänzen

2. a) Ersetze ■ im Heft durch einen Term, sodass sich der entstehende Term als Ergebnis einer binomischen Formel schreiben lässt.

(1) x^2+2xy+ ■
(2) u^2+10u+ ■
(3) $4a^2-12ab+$ ■
(4) m^2-2mn+ ■
(5) p^2+4p+ ■
(6) $9u^2-24uv+$ ■

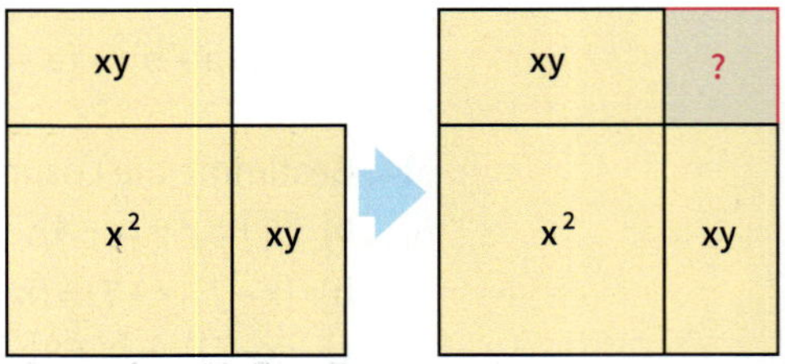

b) Erläutere das Bild rechts. Warum nennt man das Verfahren quadratisches Ergänzen?

Zweimaliges Faktorisieren gelingt nur, wenn im ersten Schritt zwei gleiche Klammern entstehen!

Umkehrung des Auflösens zweier Klammern in einem Produkt

3. Du weißt, wie man Klammern beim Multiplizieren von Summen auflöst. Dieses Verfahren kann man in umgekehrter Richtung durchführen.

Faktorisiere. Gehe dabei schrittweise vor.

a) $3x+ax+3y+ay$
b) $28xy-4x+21y-3$
c) $4ac+4ad-3bc-3bd$

Aus jeweils zwei Summanden einen gemeinsamen Faktor ausklammern.

$2a^2b+2a^3+3ab^2+3a^2b$
$=2a^2\cdot(b+a)+3ab\cdot(b+a)$
$=(2a^2+3ab)\cdot(b+a)$

Schrittweises Faktorisieren

Übungsaufgaben

4. Faktorisiere mithilfe der binomischen Formeln.

a) $u^2 - v^2$
b) $r^2 - 121\,s^2$
c) $1 - 16\,a^2$
d) $k^2 - 625$
e) $x^2 + 2\,x\,y + y^2$
f) $r^2 - 2\,r\,s + s^2$
g) $x^2 + 2\,x \cdot 7 + 49$
h) $u^2 - 2\,u\,v + v^2$
i) $a^2 + 20\,a + 100$
j) $x^2 - 20\,x + 100$
k) $a^2 - 2\,a + 1$
l) $x^2 + 14\,x + 49$
m) $25 - 10\,x + x^2$
n) $36 + 12\,b + b^2$
o) $100 - 20\,x + x^2$
p) $k^2 + k - 625 - k$

5. Kontrolliere Rebeccas Hausaufgaben.

a) $x^2 - a^2 = (x - a)^2$
b) $4\,a^2 - 12\,a\,b + 9\,b^2 = (2\,a - 3\,b)^2$
c) $4\,u^2 + 16\,u\,v + 16\,v^2 = (2\,u + 8\,v)^2$
d) $\left(\frac{1}{4}p^2 - 2\,p\,q + 4\,q^2\right)^2 = \left(\frac{1}{2}p + q\right)^2$

6. Fülle die Lücken im Heft aus.

a) $x^2 + \square + y^2 = (x + y)^2$
b) $a^2 + 12\,a + \square = (a + 6)^2$
c) $\square - 2\,r + r^2 = (1 - r)^2$
d) $a^2 + \square + b^2 = (a + \square)^2$
e) $x^2 - 8\,x + \square = (x + \square)^2$
f) $\square + 36\,b + b^2 = (\square + b)^2$
g) $a^2 + 6\,a\,b + \square = (a + \square)^2$
h) $x^2 + 5\,x\,y + \square = (x + \square)^2$
i) $r^2 - 2{,}4\,r\,s + \square = (r - \square)^2$
j) $4\,x^2 + \square + 9\,y^2 = (2\,x + 3\,y)^2$
k) $25\,a^2 - \square + 49\,b^2 = (5\,a - 7\,b)^2$
l) $100\,r^2 + \square + 81\,s^2 = (\square + 9\,s)^2$
m) $\frac{1}{4} + \square + a^2 = (\square + a)^2$
n) $\square + 2\,a\,b + 9\,b^2 = \left(\frac{1}{3}a + \square\right)^2$
o) $1{,}44 + \square + 4\,a^2 = (1{,}2 - \square)^2$
p) $(\square + u)(\square - u) = w^2 - u^2$

CAS

7. Bei einem Computer-Algebra-System dient der Befehl **Faktor** (englisch: **factor**) zum Faktorisieren.
Kontrolliere das Beispiel rechts.
Wähle dann eigene Beispiele.

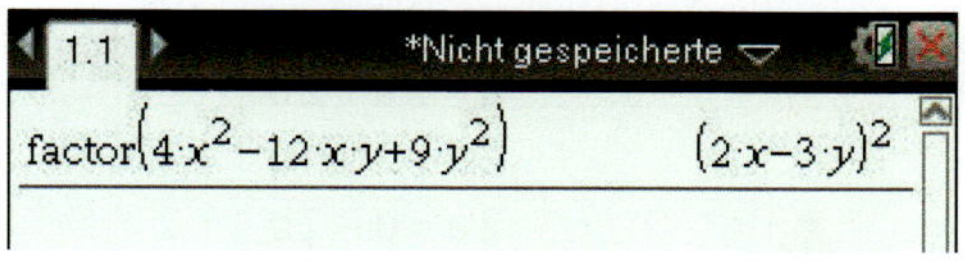

8. Klammere zunächst aus und wende dann eine binomische Formel an.

a) $7\,a^2 + 14\,ab + 7\,b^2$
b) $8\,a^2 - 98\,b^2$
c) $45\,x^2 - 30\,x\,y + 5\,y^2$
d) $24\,a^2 - 120\,a\,b + 150\,b^2$
e) $108\,x^2 + 252\,x\,y + 147\,y^2$
f) $980\,u^2 - 320\,v^2$
g) $11\,a^2 + 44\,a\,b + 44\,b^2$
h) $1600\,x^2 - 2\,400\,x\,y + 900\,y^2$
i) $500\,r^2 - 12\,500\,s^2$

9. Führe das quadratische Ergänzen im Heft durch.

a) $z^2 - 2\,zw + \square$
b) $x^2 - 8\,x + \square$
c) $16\,p^2 + 8\,pq + \square$
d) $4\,c^2 + 12\,cd + \square$
e) $25\,a^2 + 80\,ab + \square$
f) $9\,w^2 - 20\,vw + \square$
g) $z^2 + z + \square$
h) $x^4 + 2\,x^2 + \square$
i) $9\,u^2 v^4 - u^2 v^2 + \square$
j) $\frac{4}{9}p^2 + \frac{2}{3}p + \square$
k) $\frac{9}{16}a^2 + ab + \square$
l) $c^4 d^2 - \frac{2}{3}c^2 d + \square$

10. Denke dir fünf Aufgaben aus, bei denen dein Partner quadratisch ergänzen soll.
Kontrolliert euch gegenseitig.

11. Nina hat ihre Hausaufgaben zum Auflösen von zwei Klammern in einem Produkt erledigt und nur die Ergebnisse notiert.
Kannst du herausfinden, wie die Aufgaben gelautet haben könnten?

a) $pr + ps + qr + qs$ b) $ab + ac - 2b - 2c$ c) $de + 3d + 2e + 6$ d) $2uv - u + 4v - 2$

1.11 Formeln – Gleichungen mit Parametern

1.11.1 Umformen von Formeln

Einstieg

Von zwei quadratischen Säulen sind jeweils der Oberflächeninhalt A_O und die Quadratseitenlänge a gegeben.

a) Berechnet die Höhe h für:
   (1) $A_O = 168\,cm^2$; $a = 6\,cm$
   (2) $A_O = 166{,}32\,cm^2$; $a = 4{,}2\,cm$

b) Erstellt eine Formel zur Berechnung der Höhe h.

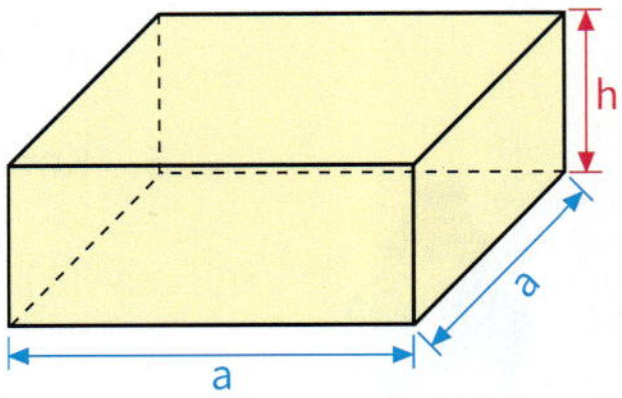

Aufgabe 1

Auflösen von Formeln nach einer Variablen

Von drei Rechtecken sind jeweils der Umfang u und die Seitenlänge b gegeben (Maße in cm):

(1) $u = 17{,}4$; $b = 4{,}6$ **(2)** $u = 20{,}3$; $b = 5{,}2$ **(3)** $u = 37{,}8$; $b = 9{,}5$

Berechne die Seitenlänge a. Wie kann man dabei vorgehen?

Lösung

1. Möglichkeit:

Zur Lösung könnte man die gegebenen Werte in die Formel $u = 2 \cdot a + 2 \cdot b$ einsetzen:

(1) $17{,}4 = 2 \cdot a + 2 \cdot 4{,}6$ (2) $20{,}3 = 2 \cdot a + 2 \cdot 5{,}2$ (3) $37{,}8 = 2 \cdot a + 2 \cdot 9{,}5$

In jeder dieser drei Gleichungen muss dann die Variable a isoliert werden.

2. Möglichkeit:

Es ist günstiger, in der Formel $u = 2a + 2b$ die Lösungsvariable a zu isolieren und dann die Werte einzusetzen:

$u = 2a + 2b$ Zunächst vertauschen wir beide Seiten.

$2a + 2b = u \quad | -2b$ Die Subtraktion von 2 b und die Division durch 2 jeweils auf beiden Seiten sind Äquivalenzumformungen.

$2a = u - 2b \quad | :2$

$a = \frac{u - 2b}{2}$ Beachte, dass der Bruchstrich dasselbe wie das Divisionszeichen : bedeutet.

Punktrechnung vor Strichrechnung. Der Bruchstrich wirkt wie eine Klammer um Zähler und Nenner.

Beispiele (Maße in cm):

(1) $u = 17{,}4$; $b = 4{,}6$

$a = \frac{17{,}4 - 2 \cdot 4{,}6}{2} = \frac{17{,}4 - 9{,}2}{2} = \frac{8{,}2}{2} = 4{,}1$

(2) $u = 20{,}3$; $b = 5{,}2$

$a = \frac{20{,}3 - 2 \cdot 5{,}2}{2} = \frac{20{,}3 - 10{,}4}{2} = \frac{9{,}9}{2} = 4{,}95$

(3) $u = 37{,}8$; $b = 9{,}5$

$a = \frac{37{,}8 - 2 \cdot 9{,}5}{2} = \frac{37{,}8 - 19}{2} = \frac{18{,}8}{2} = 9{,}4$

Ergebnis:

Die Seite a des Rechtecks (1) ist 4,1 cm, die des Rechtecks (2) ist 4,95 cm und die des Rechtecks (3) ist 9,4 cm lang.

Weiterführende Aufgabe

Umformen von Formeln mit CAS

2. Du kannst die Variable a bzw. die Variable b in der Formel für den Umfang eines Rechtecks auch mithilfe eines Computer-Algebra-Systems isolieren.
Probiere das mit deinem CAS aus.

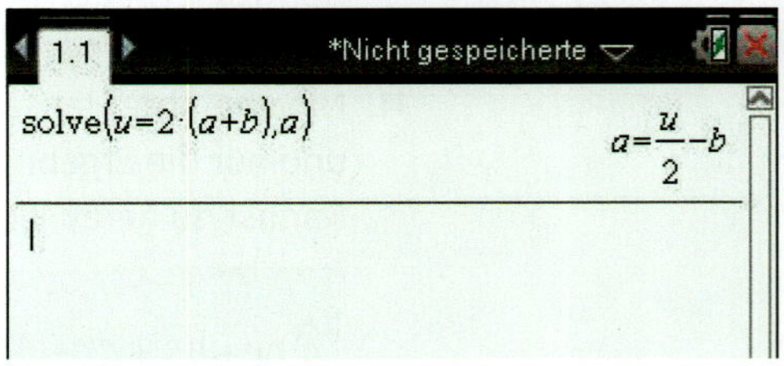

Übungsaufgaben

3. Die Formel für das Volumen eines Quaders lautet: $V = a \cdot b \cdot c$.
Isoliere die Variable a [die Variable b; die Variable c] auf einer Seite der Gleichung.
Beispiele: (1) $V = 900\,m^3$; $b = 3\,m$; $c = 8\,m$
(2) $V = 720\,cm^3$; $a = 3{,}5\,cm$; $c = 4{,}5\,cm$
Berechne die fehlende Seitenlänge.

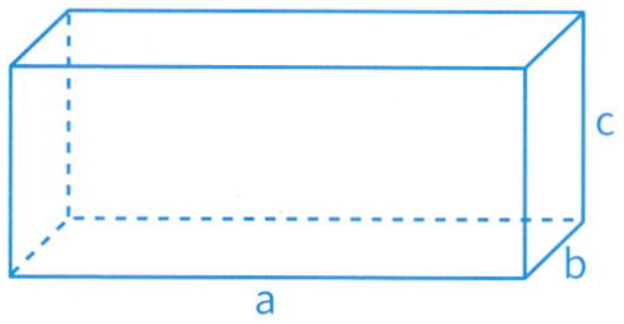

4. Die Formel für den Oberflächeninhalt eines Quaders lautet: $A_O = 2ab + 2ac + 2bc$.
Isoliere die Variable a [die Variable b; die Variable c] auf einer Seite der Gleichung.
Berechne den Wert für die fehlende Variable (Maße bei A_O in cm^2, bei a, b und c in cm).
a) $A_O = 69{,}98$; $a = 2{,}9$; $b = 3{,}3$ b) $A_O = 80$; $a = 6{,}0$; $c = 2{,}5$ c) $A_O = 90$; $a = 2{,}5$; $b = 3{,}5$

5. Stelle eine Formel für die Gesamtlänge k aller Kanten eines Quaders auf.
Isoliere anschließend in der Formel (1) die Variable a; (2) die Variable b; (3) die Variable c auf der einen Seite.
Bilde selbst Zahlenbeispiele.

TAB

6. Zum Firmenjubiläum schreibt ein Kaufhaus seinen Kunden in einem Monat für jeden Einkauf 7,5 % der Einkaufssumme als Bonuspunkte gut. Dabei wird auf ganze Bonuspunkte abgerundet.
a) Berechne, wie viele Bonuspunkte es für folgende Einkäufe gibt:
19,95 €, 37,35 €, 259,00 €, 79,53 €.
b) Zur schnellen Berechnung der Anzahl der Bonuspunkte kann eine Tabellenkalkulation verwendet werden. Erstelle zunächst eine Formel, mit der man die (ungerundete) Zahl der Bonuspunkte aus der Einkaufssumme berechnen kann.

So wird abgerundet mit 0 Nachkommastellen.

C2 =ABRUNDEN(B2;0)

	A	B	C
1	Einkaufswert (in €)	Bonuspunkte	Bonuspunkte (gerundet)
2	9,95	0,74625	0
3	18,53	1,38975	1
4	53,76	4,032	4
5	199	14,925	14
6	798	59,85	59
7			

c) Berechne mithilfe eines Tabellenkalkulations-Programmes die Anzahl der Bonuspunkte für die Einkäufe: 32,56 €, 49,87 €, 197,45 €, 299,00 €, 275,89 €.
d) Um an der Verlosung des Hauptgewinnes teilnehmen zu können, benötigt Frau Bode noch 13 Bonuspunkte.
Für wie viel Euro muss sie noch einkaufen, um diese zu erhalten?
e) Forme die Formel aus Teilaufgabe b) so um, dass man sie zur Berechnung der nötigen Einkaufssumme zu vorgegebener Anzahl von Bonuspunkten verwenden kann.

7. Geschäftsleute und Firmen benötigen für das Finanzamt die Rechnungsbeträge mit und ohne Mehrwertsteuer sowie nur die Mehrwertsteuer.
a) Herr Grotjahn hat für seine Bäckerei ein neues Regal für 298 € einschließlich Mehrwertsteuer gekauft. Berechne den Preis ohne Mehrwertsteuer.
b) Erstelle eine Formel, mit der man aus dem Rechnungsbetrag einschließlich Mehrwertsteuer den Rechnungsbetrag ohne Mehrwertsteuer ermitteln kann.

TAB

c) Berechne mithilfe eines Tabellenkalkulations-Programmes die Beträge ohne Mehrwertsteuer für folgende Rechnungsbeträge einschließlich Mehrwertsteuer:
239 €, 199,95 €, 159,00 €, 395 €, 99,99 €.

1.11.2 Lösen von Gleichungen mit Parametern

Einstieg

a) Bestimmt die Lösungsmengen der Gleichungen.
(1) $(x+1)^2 - x(x+2) = x$ (3) $(x+3)^2 - x(x+6) = x$ (5) $(x+5)^2 - x(x+10) = x$
(2) $(x+2)^2 - x(x+4) = x$ (4) $(x+4)^2 - x(x+8) = x$ (6) $(x+6)^2 - x(x+12) = x$

b) Sicherlich sind euch Gemeinsamkeiten der Gleichungen und auch der Lösungsmengen aufgefallen. Formuliert eine allgemeine Vermutung und beweist diese.

Aufgabe 1

a) Bestimme die Lösungsmenge der Gleichung.
(1) $(x+1)^2 - (x-1)^2 = 1$ (3) $(x+3)^2 - (x-3)^2 = 9$ (5) $(x+5)^2 - (x-5)^2 = 25$
(2) $(x+2)^2 - (x-2)^2 = 4$ (4) $(x+4)^2 - (x-4)^2 = 16$ (6) $(x+6)^2 - (x-6)^2 = 36$

b) Die Gleichungen in Teilaufgabe a) haben eine bestimmte Form. Beschreibe diese mithilfe einer Variablen und äußere eine Vermutung über die Lösungsmenge. Beweise diese auch.

Lösung

a) Durch Umformen ergibt sich, dass die Gleichungen folgende Lösungsmengen haben:
(1) $(x+1)^2 - (x-1)^2 = 1$ $L = \{\frac{1}{4}\}$
(2) $(x+2)^2 - (x-2)^2 = 4$ $L = \{\frac{1}{2}\}$
(3) $(x+3)^2 - (x-3)^2 = 9$ $L = \{\frac{3}{4}\}$
(4) $(x+4)^2 - (x-4)^2 = 16$ $L = \{1\}$
(5) $(x+5)^2 - (x-5)^2 = 25$ $L = \{\frac{5}{4}\}$
(6) $(x+6)^2 - (x-6)^2 = 36$ $L = \{\frac{3}{2}\}$

b) Alle Gleichungen aus Teilaufgabe a) haben die Form $(x+a)^2 - (x-a)^2 = a^2$ mit einem bestimmten Wert für a. Da die Variable a die Form der Gleichung beschreibt, nennt man sie auch *Formvariable* oder *Parameter*.
Für $a = 1$ ergibt sich Gleichung (1), …, für $a = 6$ ergibt sich Gleichung (6).
Die Ergebnisse aus Teilaufgabe a) legen die *Vermutung* $L = \{\frac{a}{4}\}$ nahe.
Zum Überprüfen dieser Vermutung bestimmen wir die Lösungsmenge allgemein. Dazu wenden wir zunächst die binomischen Formeln an.

$$x^2 + 2ax + a^2 - [x^2 - 2ax + a^2] = a^2$$
$$x^2 + 2ax + a^2 - x^2 + 2ax - a^2 = a^2$$
$$4ax = a^2$$

Fall 1: Ist $a \neq 0$, so kann man die Gleichung durch $4a$ dividieren und erhält:
$x = \frac{a^2}{4a} = \frac{a}{4}$
Dies bestätigt die Vermutung.

Fall 2: Ist $a = 0$, so kann man die Gleichung nicht durch $4a$ dividieren, da dann $4a = 0$ ist. Die Gleichung lautet in diesem Fall $0x = 0$; ihre Lösungsmenge ist $\mathbb{Q}$. Für den Fall $a = 0$ trifft die Vermutung *nicht* zu.

Ergebnis: Unsere Vermutung gilt nicht allgemein: Die Gleichung $(x+a)^2 - (x-a)^2 = a^2$ hat die Lösungsmenge $L = \mathbb{Q}$, falls $a = 0$, und $L = \{\frac{a}{4}\}$, falls $a \neq 0$.

Information

Gleichung mit einem Parameter
Soll man die Lösungsmenge einer Gleichung mit mehr als einer Variablen bestimmen, so muss man wissen, welche Variable **Lösungsvariable** ist und welche Variablen **Parameter** sind.
Beim Bestimmen der Lösungsmenge muss man die Gleichung so umformen, dass die Lösungsvariable isoliert auf einer Seite steht.

Übungsaufgabe

2. Bestimme die Lösungsmenge für die Lösungsvariable x.
a) $2x - a = 0$ **c)** $\frac{x}{2} - 5a = 0$ **e)** $3x + 12a = 0$ **g)** $x - a = 4x + 3a$
b) $7x - 28a = 0$ **d)** $7(x + c) = 0$ **f)** $5(x - a) = 0$ **h)** $8x + 3a = x - a + 4$

Trapez-Formeln erforschen

Den Flächeninhalt eines Trapezes kann man auf verschiedene Weise ermitteln, indem man es zerlegt oder ergänzt.
Je nach Vorgehen erhält man zunächst ganz unterschiedlich aussehende Formeln. Erstellt diese und weist nach, dass sie wertgleich zueinander sind.

(1) Ergänzen zu einem doppelt so großen Parallelogramm

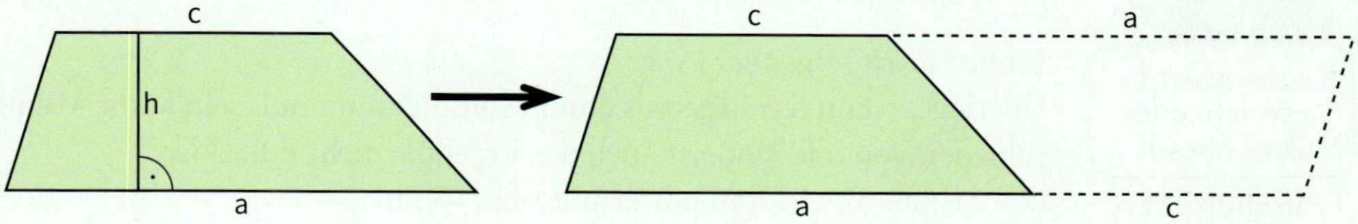

(2) Zerlegen in zwei Dreiecke

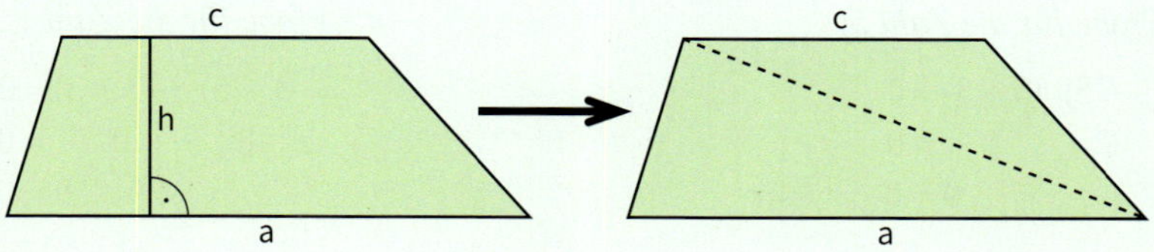

(3) Zerlegen in ein Parallelogramm und ein Dreieck

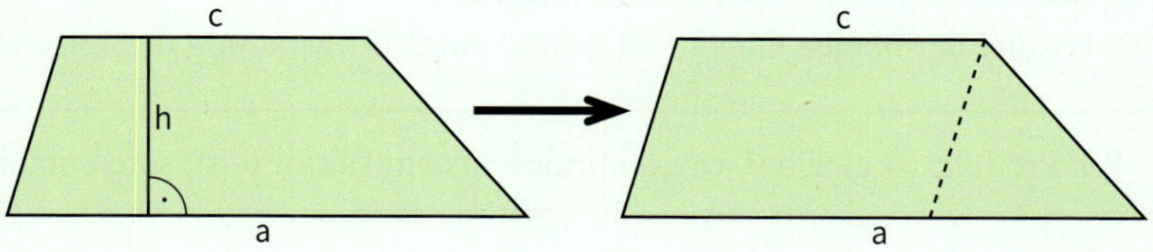

(4) Ergänzen zu einem Rechteck

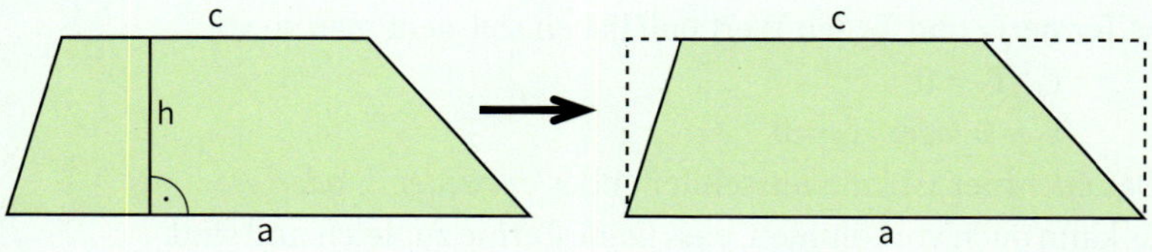

Findet noch weitere Möglichkeiten und bearbeitet diese entsprechend.

1.12 Gleichungen vom Typ $T_1 \cdot T_2 = 0$

Einstieg

a) Unter den Zahlen in der Schale rechts sind die Lösungen folgender Gleichungen.
$(x + 1)(x - 3) = 0$
$(x - 2)(x - 7) = 0$
$(2x + 6)(x - 15) = 0$
Stellt möglichst einfach fest, welche Gleichung welche Lösungen hat.

b) Was ist euch in Teilaufgabe a) aufgefallen? Versucht, ein Verfahren für das Lösen solcher Aufgaben zu finden. Begründet auch.

Einführung

Bestimme die Lösungsmenge der Gleichung $(x - 5) \cdot (x + 3) = 0$. Bei dieser Gleichung führt das Ausmultiplizieren *nicht* auf eine einfach lösbare Gleichung:
$x^2 - 5x + 3x - 15 = 0$
$x^2 - 2x = 15$
Diese Gleichung können wir noch nicht lösen, da sowohl x als auch x^2 vorkommen, die man nicht zusammenfassen kann.

Einfacher ist folgender Weg:
Überlege, wann das Ergebnis einer Multiplikation null sein kann. Wenn beide Faktoren verschieden von null sind, ist auch das Ergebnis nicht null. Also:
$(x - 5) \cdot (x + 3) = 0$ kann nur erfüllt sein, wenn
$(x - 5) = 0$ *oder* $(x + 3) = 0$, sonst nicht. Also:
$x = 5$ *oder* $x = -3$

Probe für die Zahl 5:
$(5 - 5) \cdot (5 + 3) \overset{?}{=} 0$
$0 \cdot 8 = 0$
$0 = 0$ wahr

Probe für die Zahl −3:
$(-3 - 5) \cdot (-3 + 3) \overset{?}{=} 0$
$-8 \cdot 0 = 0$
$0 = 0$ wahr

Ergebnis: Die Gleichung $(x - 5) \cdot (x + 3) = 0$ hat die Lösungsmenge $L = \{5; -3\}$.

Information

(1) Null als Ergebnis einer Multiplikation
Die Lösung der obigen Gleichung gelang durch Anwendung des folgenden Satzes:

> Ein Produkt ist gleich 0, wenn mindestens ein Faktor 0 ist, sonst nicht.

(2) Lösen einer Gleichung vom Typ $T_1 \cdot T_2 = 0$
Zum Lösen einer Gleichung von der Form, dass das Produkt zweier Terme T_1 und T_2 den Wert null haben soll, geht man so vor:
$T_1 \cdot T_2 = 0$
$T_1 = 0$ *oder* $T_2 = 0$
Das *oder* hier ist kein ausschließendes *entweder … oder …*
Es kann auch vorkommen, dass beide Terme zugleich null sind.

$(x - 3) \cdot (6 - 2x) = 0$
$x - 3 = 0$ *oder* $6 - 2x = 0$
$x = 3$ *oder* $6 = 2x$
$x = 3$ *oder* $3 = x$
$L = \{3\}$

In der lateinischen Sprache wird zwischen dem ausschließenden **entweder … oder** (aut) und dem einschließenden **oder** (vel) unterschieden.

Übungsaufgaben

1. Bestimme die Lösungsmenge.

a) $(x-4)(x-9)=0$	f) $(0{,}1-z)\,z=0$	k) $(9x+9)(7x+21)=0$
b) $(x-8)(x+1)=0$	g) $(3x-6)(x+4)=0$	l) $(14+2x)(14-2x)=0$
c) $(x-1{,}5)(x-2)=0$	h) $x(7x+35)=0$	m) $3z(12+5z)=0$
d) $(x+1{,}1)(x+6{,}6)=0$	i) $(5-10x)(9+3x)=0$	n) $(8x-12)\,x=0$
e) $y(y-10)=0$	j) $(6x+18)(2x-14)=0$	o) $-z(35-7z)=0$

2. Gebt jeder eine Gleichung an, die folgende Lösungsmenge hat.
Vergleicht eure Gleichungen. Erklärt euch gegenseitig, wie ihr vorgegangen seid.

a) $L=\{4;8\}$ b) $L=\{-7;3\}$ c) $L=\{-2;-5\}$ d) $L=\{0;6\}$ e) $L=\left\{\frac{3}{4};-\frac{1}{2}\right\}$

3. Kontrolliere die Hausaufgaben von Tom, Tina, Tobias, Sarah und Urs.

Tina:
$x^2 = 2x$
$x^2 - 2x = 0$
$x\cdot(x-2)=0$
$x=0$ oder $x=2$
$L=\{0;2)$

Sarah:
$x^2 = 2x \;|:x$
$x = 2$
$L=\{2\}$

Tobias:
$(x-3)^2=0$
$(x-3)\cdot(x-3)=0$
$(x-3)=0$
$x=3$
$L=\{3\}$

Tom:
$(2x-6)(9-3x)=0$
entweder $2x-6=0$ oder $9-3x=0$
entweder $2x=6$ oder $9=3x$
entweder $x=3$ oder $3=x$
$L=\{3;3\}$

Urs:
$(x-3)^2=0$
$(x-3)\cdot(x+3)=0$
$x+3=0$ oder $x+3=0$
$x=-3$ oder $x=-3$
$x=-3$
$L=(-3)$

4. Bestimme die Lösungsmenge.

a) $x^2-7x=0$	d) $3x^2+5x=0$	g) $x^2=0{,}5x$
b) $x^2+5x=0$	e) $7x^2-x=0$	h) $2x^2=2x$
c) $4x-x^2=0$	f) $-3x-2x^2=0$	i) $4x^2+5x=3x$

5. Bestimme die Lösungsmenge. Beachte dabei: Du musst zunächst eine Termumformung wie Ausklammern oder Anwenden einer binomischen Formel durchführen.

a) $x^2-4x+4=0$	c) $x^2+24x+144=0$	e) $(x-3)(x-4)=12$
b) $x^2+10x+25=0$	d) $x^2-0{,}2x+0{,}01=0$	f) $(x-2)(x+4)+8=0$

6. Fülle die Lücke im Heft aus, sodass die Gleichung die angegebene Lösungsmenge hat.

a) $(3x-21)(5x-\square)=0$; $L=\{7;5\}$	d) $(\square\cdot x+7)\,8x=0$; $L=\{1;0\}$
b) $(2x-\square)(4x-12)=0$; $L=\{3;8\}$	e) $(\square\cdot x-1)(x+6)=0$; $L=\{-6;0{,}1\}$
c) $(7x-\square)(3x+9)=0$; $L=\{-3;0\}$	f) $(\square\cdot x+8)(x+4)=0$; $L=\{-4\}$

Das kann ich noch!

A) Anna, Jolien und Fabian sind zusammen 46 Jahre alt. Fabian ist 8 Jahre älter als Anna. Jolien ist 6 Jahre jünger als Fabian. Wie alt sind Anna, Jolien und Fabian?

1.13 Verhältnisgleichungen

Einstieg

Bei einem Foto beträgt das Verhältnis der Seitenlängen 9 : 13. Bestimmt durch Lösen einer Gleichung, wie lang die andere Seite sein kann, wenn eine Seite 8,4 cm lang ist.

Aufgabe 1

Lösen einer Verhältnisgleichung

Ein Firmen-Logo hat als Umriss ein Rechteck, dessen Höhe und Breite im Verhältnis 3 : 2 zueinander stehen.

a) Für einen Briefkopf soll es so verkleinert werden, dass die Breite nur 0,9 cm lang ist.
Bestimme die Höhe mithilfe einer Gleichung.

b) Für den Briefumschlag soll das Logo 4,2 cm hoch sein.
Bestimme seine Breite mithilfe einer Gleichung.

Lösung

a) Wir bezeichnen die gesuchte Höhe mit x. Für das verkleinerte Logo muss das Verhältnis der Seitenlängen mit dem vorgegebenen Verhältnis übereinstimmen, also:

$x : 0{,}9 = 3 : 2$ oder mit Brüchen geschrieben:

$\frac{x}{0{,}9} = \frac{3}{2}$

Zum Lösen dieser Gleichung multiplizieren wir beide Seiten mit 0,9 und erhalten:

$x = \frac{3}{2} \cdot 0{,}9 = 1{,}35$

Ergebnis: Das Logo auf dem Briefkopf ist 1,35 cm hoch.

b) Für die Breite b des Logos auf dem Briefumschlag muss gelten:

$4{,}2 : b = 3 : 2$ oder mit Brüchen geschrieben:

$\frac{4{,}2}{b} = \frac{3}{2} \quad | \cdot b$

$4{,}2 = \frac{3}{2} \cdot b \quad | : \frac{3}{2}$ bzw. $\cdot \frac{3}{2}$ und Seitentausch

$b = 4{,}2 \cdot \frac{2}{3} = 2{,}8$

Ergebnis: Das Logo auf dem Briefumschlag ist 2,8 cm breit.

Information

Gleichungen, die auf der linken und rechten Seite Verhältnisse (auch als Bruch geschrieben) haben, nennt man **Verhältnisgleichungen**.

Beispiele: $3 : x = 5 : 4$ $\quad x : 2 = 4 : 9$ $\quad \frac{x}{4} = \frac{6}{7}$ $\quad \frac{3}{2} = \frac{4}{y}$

Weiterführende Aufgaben

Lösen von Verhältnisgleichungen durch Überkreuz-Multiplizieren

2. Begründe das Vorgehen rechts beim Lösen einer Verhältnisgleichung.
Löse die Gleichung dann.

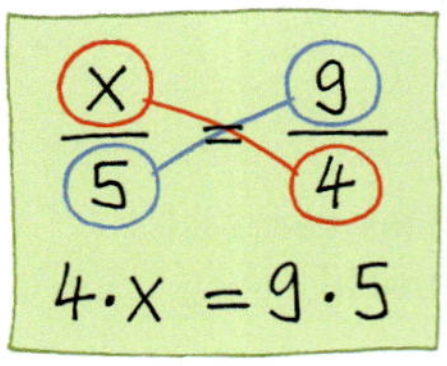

Verhältnisgleichungen bei direkt proportionalen Zuordnungen

3. Du weißt aus Klasse 7: Bei direkt proportionalen Zuordnungen haben die Quotienten einander zugeordneter Größen stets den gleichen Wert. Löse folgende Aufgaben mithilfe einer Gleichung.
Aus 50 kg Orangen kann man 14 Flaschen Orangensaft herstellen.
(1) Wie viel Flaschen erhält man aus 113 kg Orangen?
(2) Wie viel Orangen benötigt man zur Herstellung von 25 Flaschen Saft?

Übungsaufgaben

4. Löse folgende Verhältnisgleichungen.
a) $\frac{x}{4} = \frac{2}{3}$ c) $\frac{x}{3} = \frac{4}{7}$ e) $\frac{2}{x} = \frac{4}{9}$ g) $\frac{2}{7} = \frac{3}{x}$
b) $x : 5 = 3 : 4$ d) $x : 2 = 2 : 3$ f) $4 : x = \frac{5}{9}$ h) $4 : 5 = 2 : x$

5. Durch Anzupfen einer Saite kann man einen Ton erzeugen. Verkürzt man die Saite (z. B. durch Fingerdruck), so erhält man einen höheren Ton. Grundton und höhere Töne bilden zusammen ein Tonintervall. Bestimmte Tonintervalle haben eigene Namen: Sekunde (10:9), Terz (5:4), Quarte (4:3), Quinte (3:2), Sexte (5:3), Septime (15:8), Oktave (2:1) usw. In Klammern steht jeweils das Längenverhältnis der langen zur verkürzten Saite.

a) Gib den Text mit eigenen Worten wieder.
b) Eine Saite ist 60 cm lang. Wie lang muss jeweils die verkürzte Saite sein, damit man die einzelnen Tonintervalle erhält?
c) Die verkürzte Saite ist 36 cm lang. Wie lang muss die längere Saite sein, damit man die angegebenen Tonintervalle erhält?

6. Bestimme die Lösungsmenge folgender Verhältnisgleichungen.
Beschreibe die Besonderheiten auch mit Worten.
a) $\frac{4}{x} = \frac{0}{2}$ b) $\frac{x}{3} = \frac{2 \cdot x}{6}$ c) $5 : x = 4 : 3$ d) $2 : x = 4 : (2 \cdot x)$

7. Gib eine Verhältnisgleichung an, die die vorgegebene Lösungsmenge hat.
a) $L = \{3\}$ b) $L = \{1\}$ c) $L = \{-2\}$ d) $L = \{\ \}$ e) $L = \mathbb{Q}$ f) $L = \mathbb{Q} \setminus \{5\}$

8. Ein Lkw soll 360 m³ Kies ausliefern. Mit 18 Fuhren hat er schon 216 m³ Kies weggebracht.
a) Wie viele Fuhren benötigt er noch für das Ausliefern des restlichen Kieses?
b) Wie viele Fuhren sind nötig, um 258 m³ Kies zu transportieren?

9. Frau Meier tankt 56,4 ℓ Superbenzin und zahlt dafür 93,09 €.
a) Herr Schmidt hat nur noch 50 € im Portemonee. Wie viel Superbenzin erhält er dafür an dieser Tankstelle?
b) Der Tank eines Motorrads fasst 12,7 ℓ. Wie viel kostet das Volltanken mit Superbenzin an dieser Tankstelle?

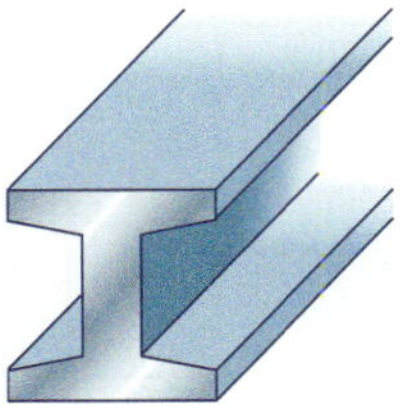

10. Ein 4,80 m langer Eisenträger wiegt 73,5 kg. Wie viel wiegt ein 3,90 m langer Eisenträger desselben Querschnitts?

1.14 Aufgaben zur Vertiefung

1. **a)** In den Term 2n werden nacheinander die Zahlen 1, 2, 3, 4, 5, … eingesetzt. Welche Zahlen erhält man als Wert des Terms?

b) Stelle einen Term auf, der beim Einsetzen von 1, 2, 3, 4, 5, … die ungeraden Zahlen
(1) ab 1; **(2)** ab 3 liefert.

c) Bilde die Differenz zweier benachbarter Quadratzahlen. Welche Zahlen erhältst du? Begründe dies.
Anleitung: $(n + 1)^2 - n^2 = ?$

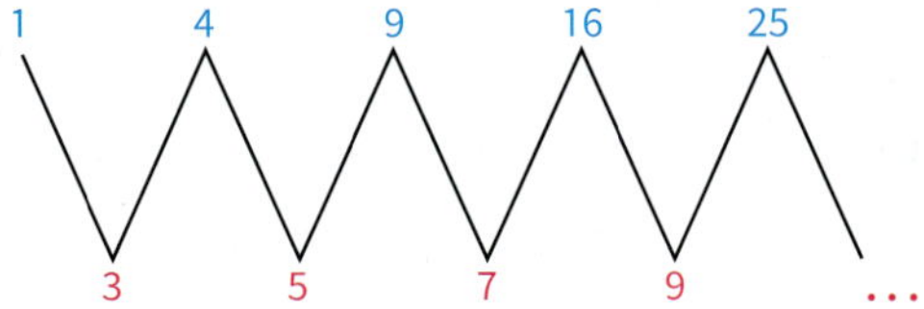

2. **a)** Setze die nebenstehende Folge von Quadraten fort.

(1) Welche Gesetzmäßigkeiten erkennst du über die Anzahl der Punkte?

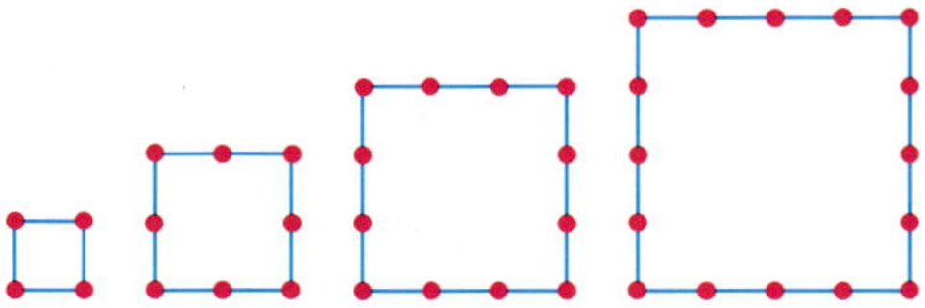

(2) Das Quadrat soll n Punkte auf einer Seite haben. Wie viele Punkte hat es dann insgesamt? Erstelle einen Term und begründe damit die in Teilaufgabe (1) gefundene Gesetzmäßigkeit.

b) Führe ähnliche Überlegungen wie in der Teilaufgabe a) mit der Folge von Dreiecken durch.

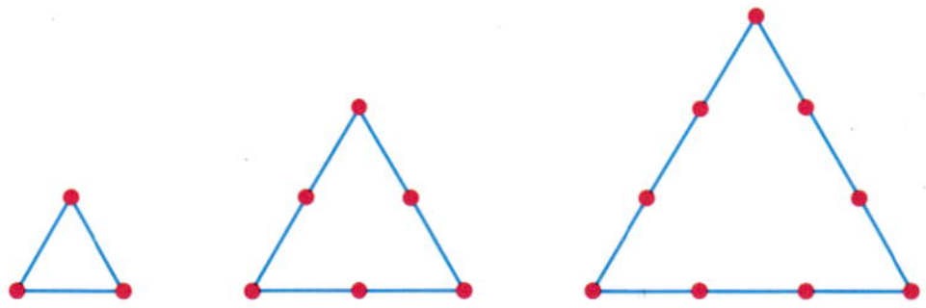

3. **a)** Bilde das Produkt aus einer natürlichen Zahl und der übernächsten natürlichen Zahl. Berechne mehrere Beispiele. Was fällt auf? Begründe.

b) Zeige: Die Summe der Quadrate zweier aufeinander folgender natürlicher Zahlen ist um 1 größer als das doppelte Produkt dieser Zahlen.

4. **a)** Zeige an der Figur rechts, dass für $a, b, c > 0$ gilt:
$(a + b + c)^2 = a^2 + b^2 + c^2 + 2ab + 2ac + 2bc$

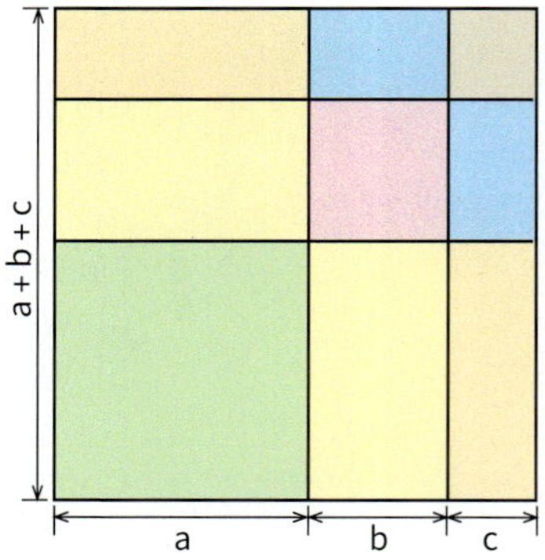

b) Weise nach, dass die Formel aus Teilaufgabe a) auch für negative Zahlen gilt.

c) Berechne mithilfe der Formel von Teilaufgabe a).

(1) $(a - b + c)^2$ **(4)** $(7a - 2b - 8c)^2$
(2) $(a + b - c)^2$ **(5)** $(p^2 - 3p + 1)^2$
(3) $(4a + 2b + 3c)^2$ **(6)** $(2a^2 + b^2 + 3c)^2$

CAS **d)** Stelle selbst Aufgaben, die du mithilfe der Formel aus Teilaufgabe a) bearbeiten kannst. Kontrolliere mit CAS.

5. Der Entwurf für das Firmen-Logo einer Fluggesellschaft soll in verschiedenen Größen aufgedruckt werden.

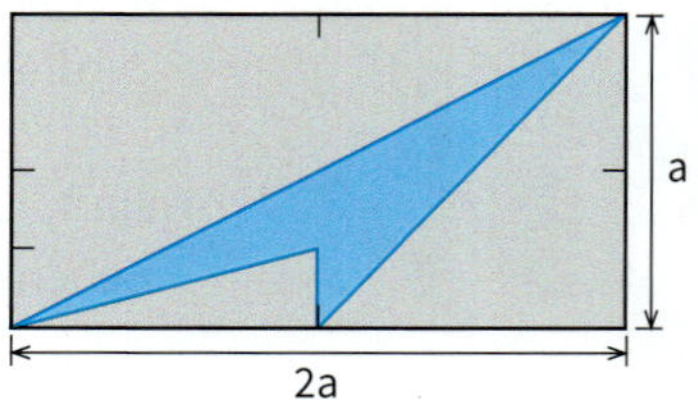

a) Erstelle jeweils einen Term für die Größe der
(1) blauen; **(2)** grauen Fläche.

b) Wie groß sind die Flächen für
(1) a = 2 cm; **(2)** a = 5 cm; **(3)** a = 30 cm?

Das Wichtigste auf einen Blick

Terme und ihre Berechnung	Ein *Term* beschreibt einen Rechenweg. Er besteht aus Zahlen, Variablen, Rechenzeichen und Klammern. Beachte: Berechne zuerst, was in Klammern steht. Potenzrechnung geht vor Punktrechnung Punktrechnung geht vor Strichrechnung Sonst rechne von links nach rechts.	*Beispiele:* für $x = -3$ und $y = 5$ gilt: $4 \cdot (x + y^2)$ $= 4 \cdot (-3 + 5^2)$ $= 4 \cdot (-3 + 25)$ $= 4 \cdot 22 = 88$
Wertgleiche Terme – Termumformungen	Zwei Terme heißen *wertgleich*, wenn sich bei *jeder* beliebigen Einsetzung für die Variablen übereinstimmende Werte ergeben. Durch *Termumformungen* wird ein Term mithilfe von Rechengesetzen in einen wertgleichen Term umgeformt. Wertgleiche Terme werden durch ein Gleichheitszeichen verbunden.	*Beispiele:* $2x + 4x - 5x + x = 2x$ $xy^2 + 2xy^2 - xy + 3xy$ $= 3xy^2 + 2xy$
Multiplizieren und Dividieren von Termen	Man *multipliziert* ein Produkt mit einer Zahl, indem man *nur einen* Faktor mit der Zahl multipliziert. Man *dividiert* ein Produkt durch eine Zahl, indem man *nur einen* Faktor durch die Zahl dividiert.	*Beispiele:* $7 \cdot (8 \cdot x^2y) = (7 \cdot 8) \cdot x^2y = 56x^2y$ $(28x^2y) : 4 = (28 : 4) \cdot x^2y = 7x^2y$
Auflösen einer Klammer	Man *multipliziert* eine Summe oder Differenz mit einem Faktor, indem man *jedes Glied* in der Klammer mit dem Faktor multipliziert.	*Beispiel:* $-4x \cdot (2y + 3x) = -8xy - 12x^2$
Auflösen einer Minusklammer	Steht ein Minuszeichen vor einer Klammer, so heißt die Klammer *Minusklammer*. Minusklammern löst man auf, indem man in der Klammer *alle* Zeichen (+ und –) *ändert*.	*Beispiel:* $-(3x - 4y^2 + 5) = -3x + 4y^2 - 5$
Ausklammern	Durch Ausklammern kann eine *Summe in ein Produkt* umgewandelt werden.	*Beispiel:* $4x^2y + 6xy = 2xy \cdot (2x + 3)$
Multiplizieren von Summen und Differenzen	Man multipliziert Summen und Differenzen miteinander, indem man *jedes Glied* der einen Klammer mit *jedem Glied* der anderen Klammer multipliziert und die Zeichen + und – nach den Vorzeichenregeln setzt.	*Beispiel:* $(4x - 3y) \cdot (2x + 3z)$ $= 8x^2 + 12xz - 6xy - 9yz$
Binomische Formeln	Für alle rationalen Zahlen a und b gilt: **1. Binomische Formel:** $(a + b)^2 = a^2 + 2ab + b^2$ **2. Binomische Formel:** $(a - b)^2 = a^2 - 2ab + b^2$ **3. Binomische Formel:** $(a + b) \cdot (a - b) = a^2 - b^2$	*Beispiele:* $(2x + 3y)^2 = 4x^2 + 12xy + 9y^2$ $(2x - 3y)^2 = 4x^2 - 12xy + 9y^2$ $(2x + 3y) \cdot (2x - 3y) = 4x^2 - 9y^2$
Gleichung vom Typ $T_1 \cdot T_2 = 0$	Ein Produkt ist gleich 0, wenn mindestens ein Faktor 0 ist, sonst nicht. $T_1 \cdot T_2 = 0$ $T_1 = 0$ oder $T_2 = 0$	*Beispiele:* $(x + 1) \cdot (2x - 4) = 0$ $x = -1$ oder $x = 2$ $L = \{-1; 2\}$

Bist du fit?

x	3 x − 2		
2			

1. Berechne den Wert des Terms für die folgenden Einsetzungen für x: 2; −1; −0,5; $\frac{2}{3}$.
Zeichne auch den Rechenbaum und gib den Typ an.
a) $3x-2$ b) $x\cdot(x-1)$ c) $(x^2+x):2$ d) $(x\cdot(x+2))^2$ e) $\frac{1}{2}x+\frac{2}{3}(x-1)$

2. Vereinfache so weit wie möglich.
a) $2\cdot 3x-4-6x:3$ d) $\frac{1}{2}p\cdot\left(-\frac{2}{3}p\right)-p-7+\frac{1}{2}p^2$ g) $12pq-5qp-3p-q+pq$
b) $7\cdot 3a-2a\cdot 3a+a^2$ e) $7x+5y-8x-y+11$ h) $-3{,}8x-2{,}4x\cdot a+8{,}3x+ax$
c) $0{,}7y+0{,}3y\cdot 2y+0{,}5y$ f) $4b\cdot\frac{3}{2}b+5b\cdot(-2a)-2a$ i) $4xy:2-xy:\frac{1}{2}$

3. Löse die Klammern auf und vereinfache, wenn möglich.
a) $3a(7b+c)$ d) $-r(2r-s)$ g) $(9a+2)(3+b)$ j) $(2x+3)^2$
b) $8x(9y-12z)$ e) $x-(2x-3)$ h) $(7p-q)(2+q)$ k) $(4a-2b)^2+166\cdot a$
c) $(x^2+1)\cdot 2x$ f) $7a^2-a(5+a)$ i) $(3u-2v)(u-4v)$ l) $(p+2q)(p-2q)$

4. a) $6(5a-24b)+3(5b-2a)$ d) $(7x-5y)^2-(5y-7x)^2$
b) $r(4-12s)-4s(3r+1)$ e) $(4a-3b)(a+5b)-(2a+b)^2$
c) $-u(v-7)-(1-u)$ f) $9(3x-5y)+(8x-3)(5y+1)$

5. Bestimme die Lösungsmenge.
a) $(2-x)^2=(2+x)^2$ e) $(3x+9)(4x-8)=(x-1)(12x+60)+132$
b) $(8x-6)(4x-2)=32x^2+52$ f) $(2y-8)(y+5)\cdot 2=(2y+8)(2y-8)$
c) $(6+x)^2=x(4+x)+44$ g) $7(2x-2)=6(4x+7)$
d) $(2x-8)(2x+10)=4x^2-64$ h) $(2x-2)(3x-6)-(3x-6)-(3x-27)2x=0$

6. a) Stelle auf zwei verschiedene Weisen einen Term auf, der den Flächeninhalt der grünen Figur angibt.
b) Zeige durch Termumformung, dass beide Terme wertgleich zueinander sind.
c) Stelle einen Term für den Umfang der Figur auf.

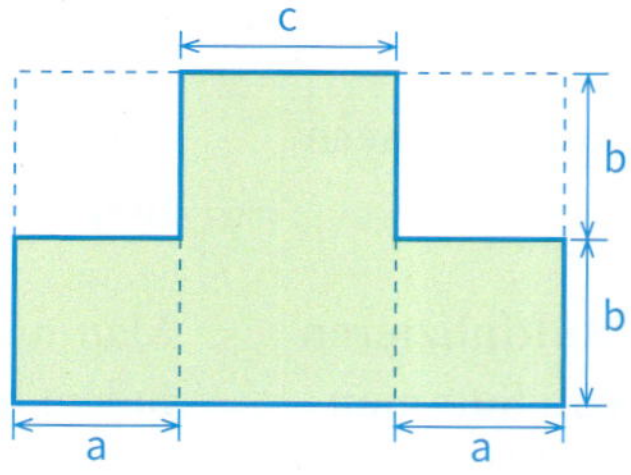

7. Klammere so aus, dass der Term in der Klammer möglichst einfach wird.
a) $12ab+7bc$ c) $40xy-25xz$ e) $45-27ab+36x^2$ g) $0{,}9u-0{,}9u^2+0{,}9u$
b) $-4x-4y$ d) $-5x^2-10xy$ f) $-24a-30b+66b$ h) $\frac{r}{2}+\frac{r^2}{2}-\frac{3}{2}rs$

8. Faktorisiere: a) $16x^2-25y^2$ b) $64x^2-192xy+144y^2$ c) $5x^2+10xy+5y^2$

9. Bestimme die Lösungsmenge.
a) $(2x-3)\cdot(x+5)=0$ b) $x\cdot\left(x+\frac{1}{2}\right)=0$ c) $3x^2+7x=0$ d) $\frac{1}{2}x^2=2x$

10. Ein quadratisches Eckgrundstück muss an zwei benachbarten Seiten einen 1 m breiten Streifen für die Anlage eines neuen Fahrradweges abgeben. Dadurch verringert sich seine Größe um 57 m². Berechne die neue Grundstücksgröße.

2. Lineare Funktionen

Rolltreppen transportieren Menschen aufwärts oder abwärts.
Aufwärts- und Abwärtstrends gibt es auch bei Preisen,
Temperaturen und anderen Größen.

In der Grafik wurden verschiedene Handy-Tarife bezüglich der Gesprächskosten verglichen.

- ➜ Ordne die Tarife den Graphen zu.
- ➜ Was bedeutet ein flacheres oder ein steileres Ansteigen des Graphen für den Tarif?
- ➜ Welche Empfehlung für die Tarifwahl folgt aus diesem Vergleich?
- ➜ Welche anderen Gesichtspunkte müssen für einen Preisvergleich noch berücksichtigt werden?

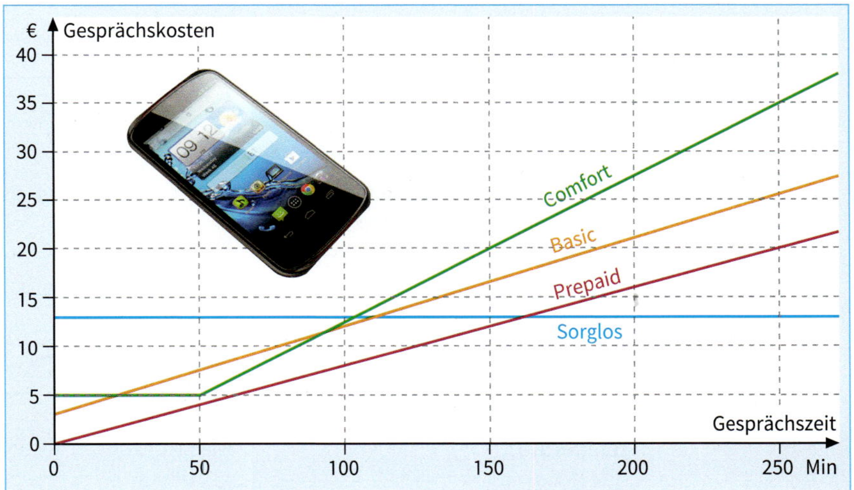

0 € Grundgebühr, 8 ct pro Minute	12,95 € Flatrate
5 € Grundgebühr, 50 Freiminuten, dann 15 ct pro Minute	3 € Grundgebühr, 9 ct pro Minute

In diesem Kapitel ...
lernst du spezielle Zuordnungen kennen und
wirst sie genauer untersuchen.
Mit ihnen lassen sich viele Sachprobleme lösen.

Lernfeld: Eindeutig gerade

Experimente mit Münzen

1. Experiment (Kipplineal):
Ein Lineal wird über eine Tischkante geschoben, bis es kippt. Es werden nach und nach Münzen auf das überstehende Ende gelegt und die überstehende Kipplänge d gemessen.
Führt das Experiment mit 1, 2, ..., 10 Münzen durch.

2. Experiment (Gummiband):
Hängt den Beutel zunächst ohne Münzen auf und markiert eine „Nulllinie" am Knoten des Gummis auf dem Millimeterpapier. Füllt nach und nach die Münzen ein und markiert jedes Mal die Höhe des Knotens.

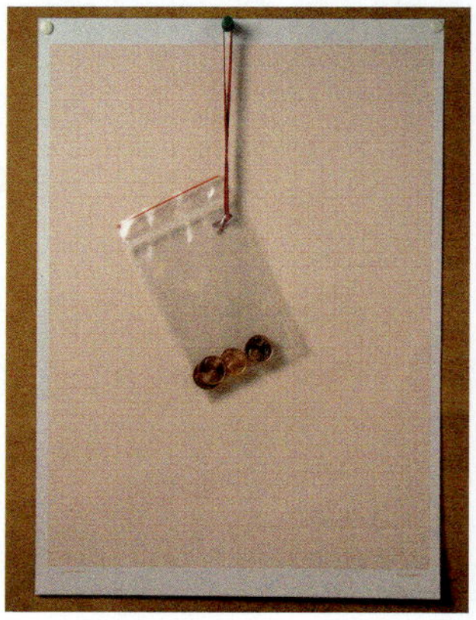

→ Stellt jeweils Zusammenhänge zwischen der Anzahl der Münzen und der Kipplänge bzw. der Länge des Gummibandes her und stellt sie grafisch dar.

→ Erstellt für beide Situationen begründete Prognosen über den Ausgang der Experimente, wenn ihr 15 oder 20 Geldstücke nehmen würdet.

Temperaturen in der Höhe

In dem Bild sind die Daten der durchschnittlichen Temperaturen in einem Monat über die Jahre von 1983 bis 2013 im Juli und Dezember in Abhängigkeit von der Meereshöhe der Messstationen in Bayern dargestellt.

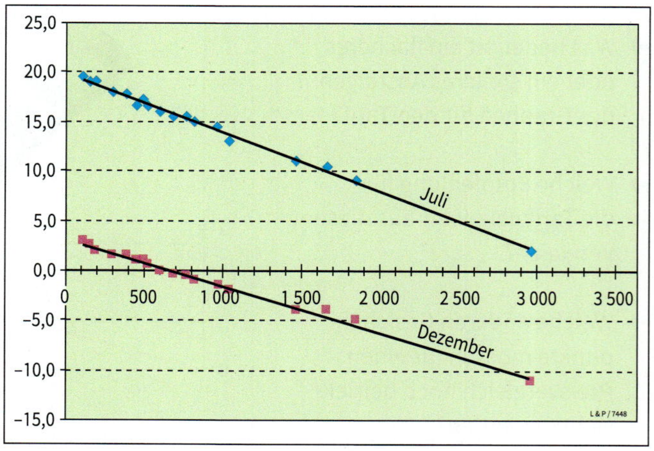

Der Trend ist uns bekannt und klar erkennbar: Je höher ein Ort liegt, umso niedriger ist die Temperatur.

→ Benutzt die Grafik und macht genaue Aussagen über diesen Trend.
Wie verändert sich die Temperatur bei einem Höhenunterschied von 1 000 m?

→ Schätzt die Temperatur im Juli und Dezember in einer Höhe von 2 000 m sowie 2 500 m und auf der Zugspitze.

→ Bestimmt die Höhe, auf der jeweils die 0 °C-Grenze im Juli und im Dezember ist.

2.1 Funktionen als eindeutige Zuordnungen

Einstieg

Es gibt verschiedene Meinungen darüber, wie schwer man bei einer bestimmten Körpergröße sein sollte. Die folgenden Vorschläge beziehen sich auf eine erwachsene Frau. Vergleicht die Vorschläge. Bereitet dazu eine Folie vor, mit der ihr eure Ergebnisse präsentiert.

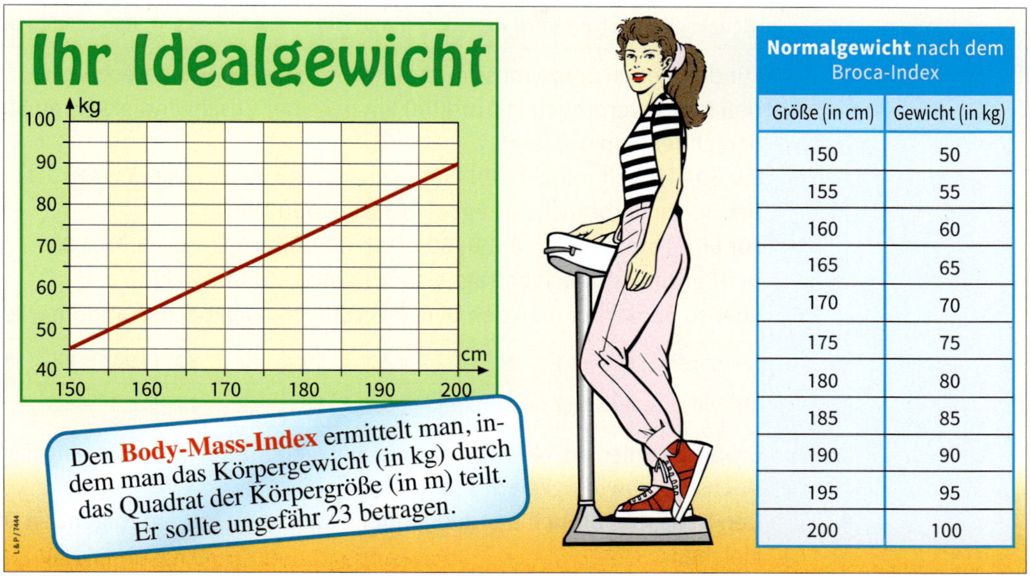

Größe (in cm)	Gewicht (in kg)
150	50
155	55
160	60
165	65
170	70
175	75
180	80
185	85
190	90
195	95
200	100

Aufgabe 1

Wertetabelle, Graph, Funktionsgleichung

Frau Siede beabsichtigt, ein neues Auto zu kaufen. Drei Modelle sind in der engeren Wahl. Für die Kaufentscheidung ist ihr der Benzinverbrauch dieser Modelle besonders wichtig.

(1) Für das Modell *Rasanti* gibt eine Automobilzeitschrift folgende Tabelle an:

Geschwindigkeit $\left(\text{in } \frac{km}{h}\right)$	50	70	90	100	120	130	150	180
Benzinverbrauch (in ℓ pro 100 km)	6,1	6,4	7,0	7,3	8,0	8,5	10,0	13,8

(2) Für das Modell *Luna* ist im Prospekt ein Diagramm abgebildet.

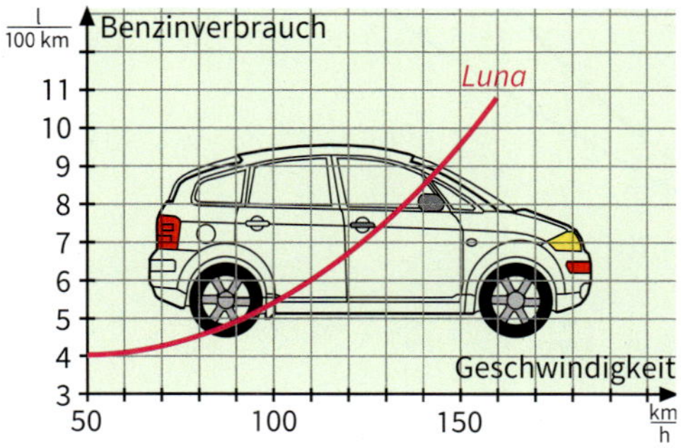

(3) Für das neue Modell *Cargo* gibt es nur eine Information aus der technischen Anleitung des Autohändlers.

CARGO INFO

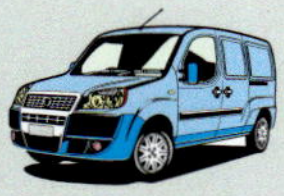

Die Höchstgeschwindigkeit beträgt 140 $\frac{km}{h}$.
Für Geschwindigkeiten $\left(x \text{ in } \frac{km}{h}\right)$ zwischen 50 $\frac{km}{h}$ und 140 $\frac{km}{h}$ lässt sich der Benzinverbrauch y (in ℓ pro 100 km) beschreiben durch: $y = 0{,}001\,x^2 - 0{,}1\,x + 6{,}3$

a) Stelle den Benzinverbrauch aller drei Modelle in Abhängigkeit von der Geschwindigkeit in einem gemeinsamen Diagramm dar.
Erstelle dazu zunächst für das Modell *Cargo* eine Zuordnungstabelle (Wertetabelle).

b) Welche Informationen für die Kaufentscheidung können diesem Diagramm entnommen werden?

Lösung

a) Den Graphen für den Benzinverbrauch des *Rasanti* kann man mithilfe der Tabelle zeichnen.
Zum Zeichnen des Graphen für den *Luna* muss man einzelne Werte aus dem Diagramm ablesen und dann in ein Diagramm einzeichnen, z. B.:

Geschwindigkeit (in $\frac{km}{h}$)	50	60	80	100	120	140	160
Benzinverbrauch (in ℓ pro 100 km)	4,0	4,1	4,5	5,5	6,7	8,5	10,8

Für das Modell *Cargo* muss man zunächst einige Werte berechnen.
Den Benzinverbrauch in ℓ pro 100 km bei einer Geschwindigkeit von 50 $\frac{km}{h}$ bzw. 60 $\frac{km}{h}$ berechnet man wie folgt:
Für 50 $\frac{km}{h}$ erhält man: $0{,}001 \cdot 50^2 - 0{,}1 \cdot 50 + 6{,}3 = 2{,}5 - 5 + 6{,}3 = 3{,}8$.
Der Benzinverbrauch beträgt also 3,8 ℓ pro 100 km.
Für 60 $\frac{km}{h}$ erhält man: $0{,}001 \cdot 60^2 - 0{,}1 \cdot 60 + 6{,}3 = 3{,}6 - 6 + 6{,}3 = 3{,}9$.
Der Benzinverbrauch beträgt also 3,9 ℓ pro 100 km.
Ebenso berechnet man den Benzinverbrauch auch bei den anderen Geschwindigkeiten:

Geschwindigkeit (in $\frac{km}{h}$)	50	60	70	80	90	100	110	120	130	140
Benzinverbrauch (in ℓ pro 100 km)	3,8	3,9	4,2	4,7	5,4	6,3	7,4	8,7	10,2	11,9

Größere Zahlen als 140 dürfen in die angegebene Formel nicht eingesetzt werden, da die Höchstgeschwindigkeit des *Cargo* 140 $\frac{km}{h}$ beträgt.
Den Benzinverbrauch der drei Modelle kann man gut am folgenden Diagramm vergleichen.

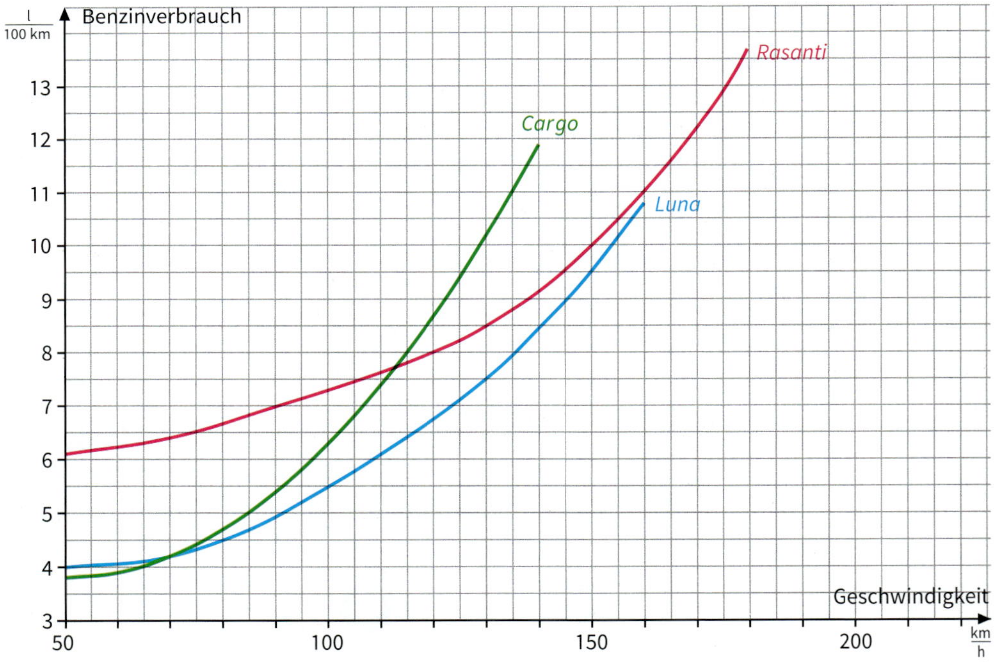

b) Für kleinere Geschwindigkeiten hat das Modell *Cargo* einen besonders günstigen Benzinverbrauch, der aber mit zunehmender Geschwindigkeit steil ansteigt und ungünstig wird.
Das Modell *Rasanti* hat schon bei kleinen Geschwindigkeiten einen recht hohen Benzinverbrauch, der aber bei hohen Geschwindigkeiten kleiner ist als der des *Cargo*.
Das Modell *Luna* hat bei fast allen Geschwindigkeiten den niedrigsten Benzinverbrauch.

Aufgabe 2

Nicht eindeutige Zuordnung

Zur Planung von Überholvorgängen von Zügen und um Auswirkungen von Verspätungen abschätzen zu können, hat die Deutsche Bahn einen *grafischen Fahrplan*. Er ordnet jedem Punkt der Fahrstrecke den Zeitpunkt zu, zu dem sich ein bestimmter Zug dort befindet.

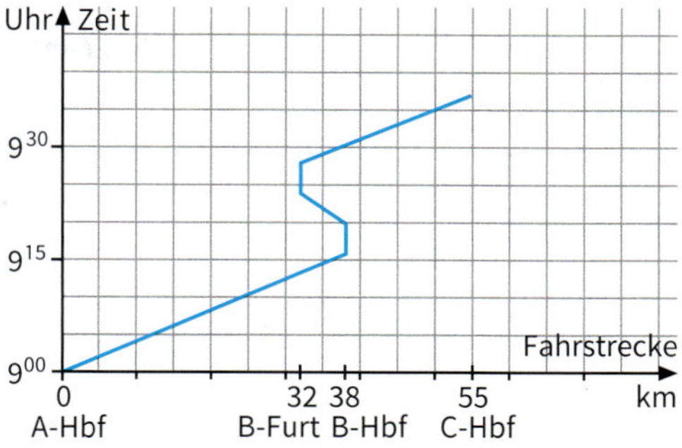

a) Entnimm aus dem nebenstehenden grafischen Fahrplan, wie dieser Zug fährt.

b) Auf dieser Strecke finden Arbeiten am Gleisunterbau statt.
Für die Sicherheit der Arbeiter ist zu bestimmen:
(1) Wann ist der Zug 19 km von A-Hbf entfernt?
(2) Wann ist der Zug 35 km von A-Hbf entfernt?

Lösung

a) Der Zug fährt um 9:00 Uhr im A-Hbf ab, durchquert B-Furt ohne dort zu halten und kommt dann um 9:16 Uhr in B-Hbf an. Dort fährt er um 9:20 Uhr ab, zurück nach B-Furt, wo er um 9:24 Uhr ankommt. Um 9:28 Uhr fährt er weiter nach C-Hbf, wo er um 9:37 Uhr ankommt.

b) (1) Der Zug ist um 9:08 Uhr 19 km von A-Hbf entfernt.
(2) Diese Frage lässt sich nicht eindeutig beantworten. Sowohl um 9:15 Uhr als auch um 9:22 Uhr und 9:29 Uhr befindet sich der Zug in 35 km Entfernung von A-Hbf.

Information

(1) Begriff der Funktion – Definitionsbereich

In Aufgabe 1 wird bei einem Automodell jeder Geschwindigkeit ein ganz bestimmter Benzinverbrauch zugeordnet, d.h. die Zuordnung *Geschwindigkeit* → *Benzinverbrauch* ist eindeutig. Dagegen ist in Aufgabe 2 die Zuordnung *Streckenpunkt* → *Uhrzeit* nicht eindeutig.

Eindeutige Zuordnungen nennen wir in der Mathematik **Funktionen.**

Die Automodelle aus Aufgabe 1 haben unterschiedliche Höchstgeschwindigkeiten: Beim Modell *Cargo* kann nur Geschwindigkeiten bis zu $140\,\frac{km}{h}$ ein Benzinverbrauch zugeordnet werden, beim Modell *Rasanti* dagegen Geschwindigkeiten bis zu $180\,\frac{km}{h}$.

Die Menge der möglichen Ausgangsgrößen bezeichnet man als den *Definitionsbereich* der Funktion.

> **Definition**
> Bei einer *eindeutigen Zuordnung* wird *jeder* Zahl (Größe) aus ihrem **Definitionsbereich** *eine ganz bestimmte* Zahl (Größe) zugeordnet. Eine solche Zuordnung heißt **Funktion.** Die einer Zahl x aus dem Definitionsbereich eindeutig zugeordnete Zahl y heißt **Funktionswert** von x oder Funktionswert an der **Stelle** x.

(2) Mehrere Möglichkeiten zur Angabe einer Funktion

Die Funktionen in Aufgabe 1, die den Benzinverbrauch in Abhängigkeit von der Geschwindigkeit angeben, haben wir durch ihren *Graphen* bzw. durch ihre *Wertetabelle* beschrieben. Für das Modell *Cargo* gibt es sogar eine Formel, mit der sich der Benzinverbrauch y (in ℓ pro 100 km) aus der Geschwindigkeit x $\left(\text{in } \frac{km}{h}\right)$ berechnen lässt:

$y = 0{,}001\,x^2 - 0{,}1\,x + 6{,}3$ für x aus dem Definitionsbereich $D = \{x \mid 50 \le x \le 140\}$.

Eine solche Formel nennt man auch *Funktionsgleichung*.

Wertetabellen sind hilfreich für das Zeichnen von Graphen.

Eine Funktion kann auf verschiedene Weisen angegeben werden:

- **algebraisch**
  Hierbei wird festgelegt, wie die Funktionswerte berechnet werden. Dies kann mithilfe einer **Funktionsgleichung** erfolgen.
- **tabellarisch**
  In einer **Wertetabelle** werden die Funktionswerte zu bestimmten Stellen notiert.
- **grafisch**
  Die Zuordnung zwischen den Stellen und den Funktionswerten wird durch einen **Graphen** dargestellt.

Beispiel: Quadratfunktion
Funktionsgleichung: $y = x^2$ (Jeder Zahl wird ihr Quadrat zugeordnet.)
Definitionsbereich: $D = \mathbb{Q}$

Wertetabelle:

x	y
−2	4
−1	1
0	0
1	1
2	4

Graph:

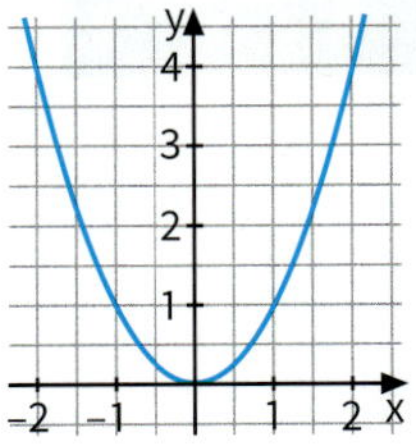

In jedem Fall muss der Definitionsbereich vereinbart sein, damit bekannt ist, welchen Stellen Funktionswerte zugeordnet werden. Hier gilt $D = \mathbb{Q}$.

Weitere Beispiele für Funktionen

(1)

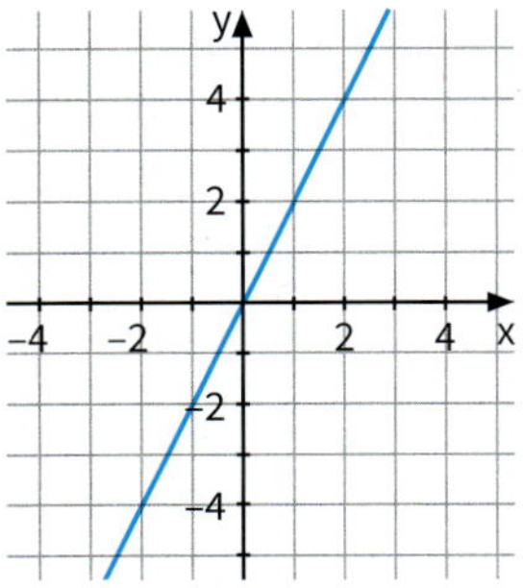

$y = 2x$
Definitionsbereich $D = \mathbb{Q}$

(2)

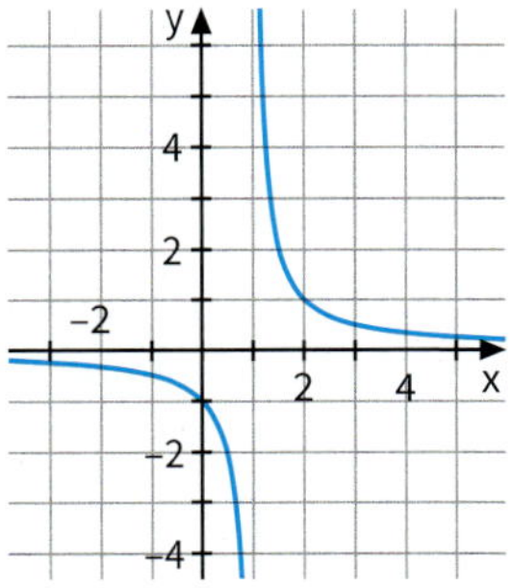

$y = \frac{1}{x-1}$
Definitionsbereich
$D = \mathbb{Q}\backslash\{1\}$, da für $x = 1$ der Nenner 0 wird.

(3)

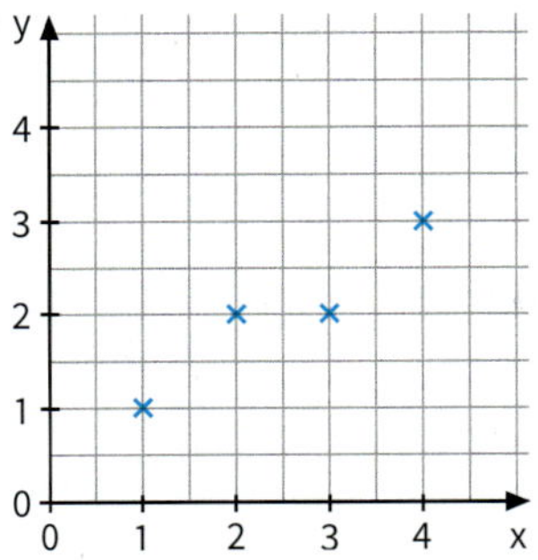

y = Anzahl der Teiler von x
Definitionsbereich $D = \mathbb{N}$

$\mathbb{Q}\backslash\{1\}$, gelesen $\mathbb{Q}$ ohne 1, ist die Menge aller rationalen Zahlen ungleich 1

Vereinbarung: Wenn der Definitionsbereich einer Funktion nicht angegeben ist, soll die größtmögliche in $\mathbb{Q}$ genommen werden.

(3) Funktionsgleichung als besondere Gleichung

Eine Funktionsgleichung enthält zwei Variablen, meistens x und y. In ihr wird festgelegt, wie man zu vorgegebenen Werten für die Variable x die zugehörigen Funktionswerte y berechnen kann.

Beispiel: $y = |x|$

x	y
−2	2
−1	1
0	0
1	1
2	2

Aber nicht jede Gleichung mit zwei Variablen ist eine Funktionsgleichung, wie das Beispiel rechts zeigt.
Zu negativen Werten für x gibt es keine zugeordneten Werte für y, da |y| stets nichtnegativ ist.
Zu positiven Werten für x gibt es dagegen zwei mögliche zugeordnete Werte für y.
Jede Gleichung mit zwei Variablen, die nach y aufgelöst ist, gestattet die eindeutige Berechnung des y-Wertes zu einem vorgegebenen x-Wert.
Eine solche Gleichung in der Form $y = \dots$ ist daher stets eine Funktionsgleichung.

Beispiel: $|y| = x$

x	y
−2	
−1	
0	0
1	1 und −1
2	2 und −2

Weiterführende Aufgaben

Kurzbezeichnungen für Funktionen und Funktionswerte

3. Betrachtet man mehrere Funktionen gleichzeitig, wie zum Beispiel beim Benzinverbrauch in Aufgabe 1, so ist es günstig, sie in der Schreibweise unterscheiden zu können.
Man bezeichnet dann die Funktion mit einem Buchstaben wie zum Beispiel f.
Für den Funktionswert y, der der Stelle x zugeordnet wird, schreibt man dann f(x).

Funktionsgleichung: $y = x \cdot (4 - x)$
Funktionsterm: $f(x) = x \cdot (4 - x)$
Funktionswerte, z. B. $f(1) = 1 \cdot (4 - 1) = 3$,
d. h. an der Stelle 1 hat die Funktion f den zugeordneten Wert *(Funktionswert)* 3.

a) Berechne für die Funktion f mit dem Funktionsterm $f(x) = x \cdot (4 - x)$ weitere Funktionswerte und zeichne den Graphen.

b) Zeichne in dasselbe Koordinatensystem den Graphen der Funktion g mit $g(x) = (x - 4) \cdot x$. Vergleiche beide Graphen.

Punktprobe

4. Eine Funktion f ist gegeben durch ihre Funktionsgleichung:
$y = 1 + \frac{x}{2}$
Stelle fest, welche der Punkte $P_1(-2\,|\,0)$, $P_2(-1\,|\,0{,}5)$, $P_3(1\,|\,3)$, $P_4(2\,|\,2)$, $P_5(4\,|\,1)$ und $P_6(4\,|\,3)$ zum Graphen der Funktion gehören. Verfahre wie im Beispiel.

Funktionsgleichung: $y = 2x + 1$
$P_1(4\,|\,9)$ gehört zum Graphen von f, denn seine Koordinaten erfüllen die Gleichung $y = 2x + 1$, d. h. die Aussage $9 = 2 \cdot 4 + 1$ ist wahr.
$P_2(3\,|\,8)$ gehört *nicht* zum Graphen von f, denn seine Koordinaten erfüllen *nicht* die Funktionsgleichung $y = 2x + 1$, d. h. die Aussage $8 = 2 \cdot 3 + 1$ ist falsch.

Übungsaufgaben

5. In einer Wetterwarte wurde die Lufttemperatur aufgezeichnet.

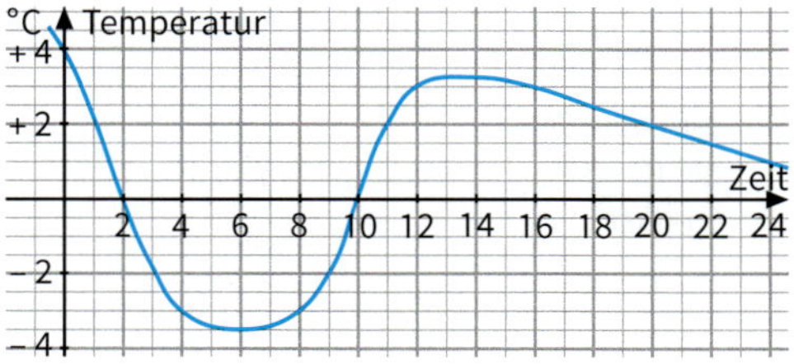

a) Lies aus dem Graphen den Wert der Lufttemperatur zu den Zeitpunkten 0 Uhr, 4 Uhr, 8 Uhr, …, 24 Uhr ab. Notiere die Ergebnisse in einer Wertetabelle.
Ist die Zuordnung *Zeitpunkt → Lufttemperatur* eindeutig, d. h. eine Funktion?

b) Wann hatte die Lufttemperatur den Wert 1 °C?
Ist die Zuordnung *Lufttemperatur → Zeitpunkt* eindeutig? Begründe die Antwort.

6. Ist der Graph ein Funktionsgraph? Begründe.

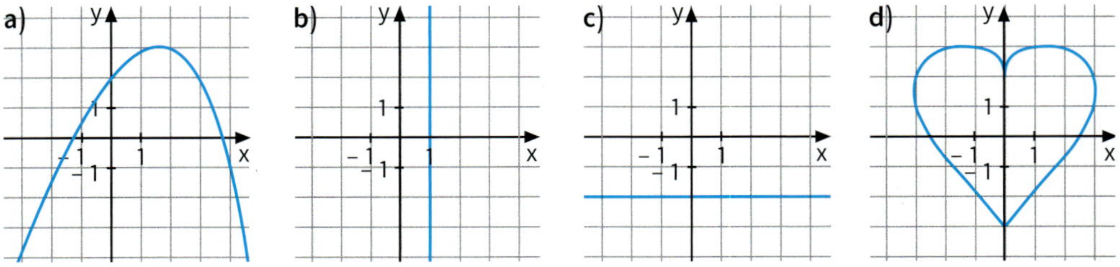

7. Kann der Graph zu einer Funktion gehören? Begründe.

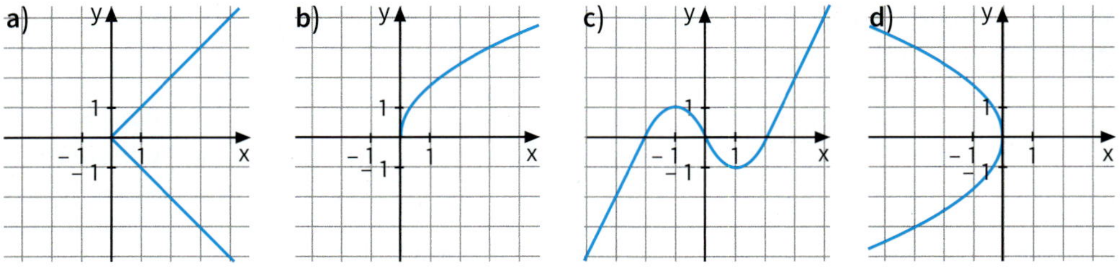

x	y
−3	
−2	

8. Setze in die Funktionsgleichung

a) $y = 2x - 1$, b) $y = x^2 - 2$, c) $y = x \cdot (2 + x)$

für x der Reihe nach −3, −2, −1, 0, 1, 2, 3 ein. Bestimme die zugehörigen Werte für y. Stelle die Wertepaare zu einer Wertetabelle zusammen und zeichne den Graphen.

9. a) Welches Volumen hat jeweils ein Würfel mit der Kantenlänge 0,5 cm; 1 cm; 1,5 cm; 2 cm; x cm?
Stelle die Ergebnisse in einer Wertetabelle zusammen. Zeichne den Graphen der Zuordnung *Seitenlänge x (in cm) → Volumen y (in cm³)*.
Wähle dazu auch weitere Seitenlängen. Was für Zahlen darfst du hier für x einsetzen? Liegt eine Funktion vor?

b) Ordne jeder Zahl x ihre dritte Potenz x^3 zu. Setze dabei in den Term x^3 für x auch negative Zahlen ein.
Stelle die Ergebnisse in einer Wertetabelle zusammen und zeichne den Graphen der Zuordnung *Zahl → dritte Potenz der Zahl*. Liegt eine Funktion vor? Begründe.

10. Die Flasche eines ätzenden Spezialreinigungsmittels soll einen deutlichen Hinweis auf die Gefährlichkeit tragen. Dieser soll in einem 6 cm² großen Rechteck stehen.
Betrachte die Zuordnung
Rechtecklänge (in cm) → Rechteckbreite (in cm).

a) Erstelle eine Formel, mit der man die Werte für die Breite unmittelbar aus denen für die Länge berechnen kann.
Liegt eine Funktion vor? Begründe.

b) Lege eine Wertetabelle an und zeichne den Graphen.

11. Jan ist heute gemütlich zur Schule gegangen, bis er lange an einer Kreuzung warten musste, auf der ein Schwertransporter liegen geblieben war. Danach beeilte er sich so sehr, dass er gerade noch rechtzeitig in der Schule war.

a) Welcher der beiden Graphen beschreibt diese Situation? Begründe deine Meinung.

(1)
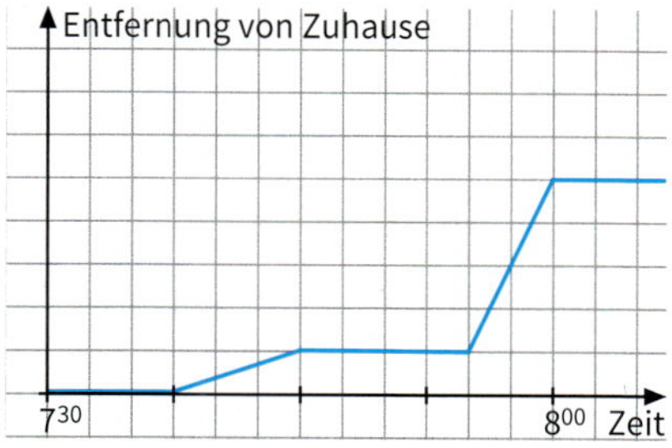

(2)
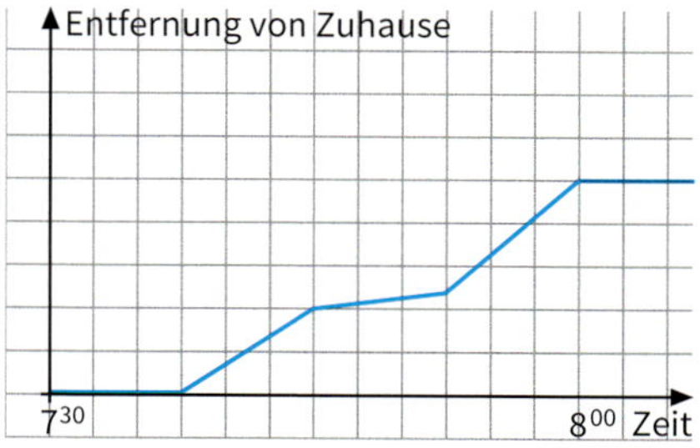

b) Schreibe zu dem nicht zutreffenden Graphen eine eigene passende Schulweggeschichte.

c) Einer zeichnet einen Graphen für den Schulweg, der andere erzählt eine passende Geschichte. Danach werden die Rollen getauscht.

d) Geht jetzt umgekehrt vor: Einer erzählt eine Geschichte, der andere zeichnet den Graphen dazu. Wechselt euch hierbei ab.

12. Die unten abgebildeten Gefäße werden von einem gleichmäßig laufenden Wasserhahn gefüllt. Dabei wird jeweils der Graph der Funktion *Zeitpunkt* → *Wasserstand* betrachtet. Entscheide, welcher Graph zu welchem Gefäß gehört.

a)

b)

c)

d)

e)
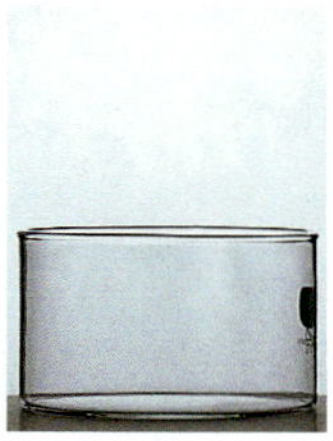

(1)
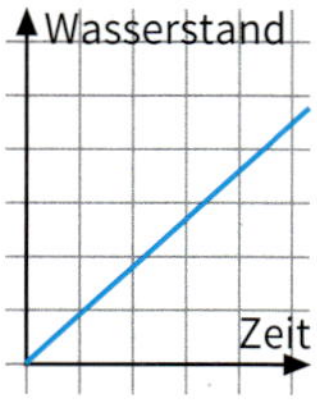

(2)
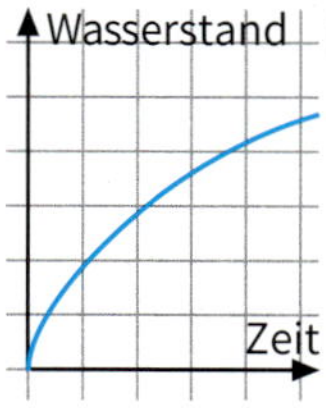

(3)
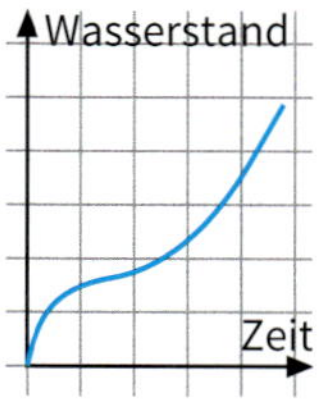

(4)

(5)
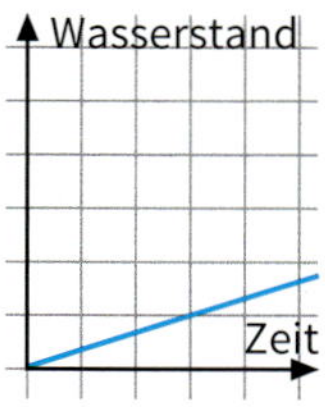

13. Badewannen mit dem unten gezeichneten Querschnitt werden von einem gleichmäßig laufenden Wasserhahn gefüllt.
Skizziere den Graph der Funktion *Zeitpunkt* → *Wasserstand*.

(1)
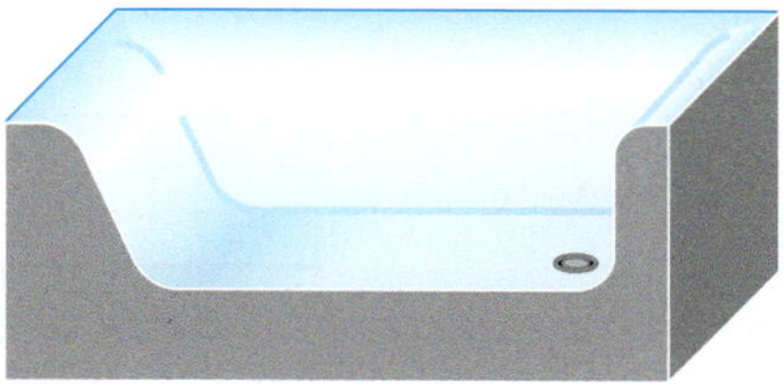

(2)
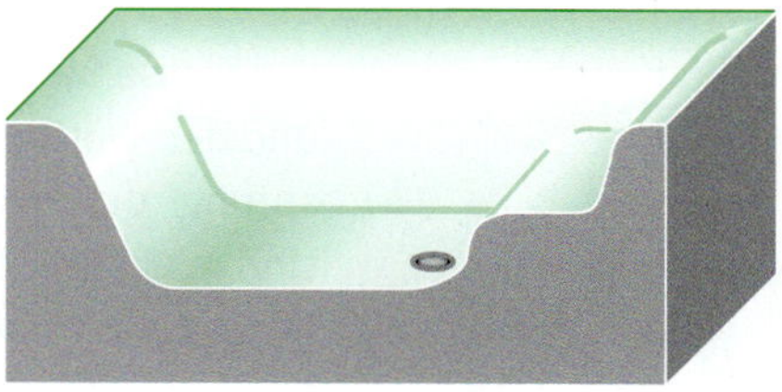

14. Jeder Partner stellt die folgenden beiden Geschichten grafisch dar. Kontrolliert euch anschließend gegenseitig.

a) Während des Morgens wird es immer wärmer und dann wird es plötzlich gegen Mittag durch einen aufziehenden Gewittersturm kühler. Kurze Zeit nach dem Sturm wird es wieder wärmer, bevor es sich nach dem Sonnenuntergang abkühlt.

b) Direkt nachdem ein Patient mit einer hohen Herzschlagfrequenz ein bestimmtes Medikament verabreicht bekam, sank die Frequenz schnell ab. Mit nachlassender Wirkung des Medikamentes stieg die Herzschlagfrequenz dann langsam wieder an.

15. Betrachte die Funktion mit dem Funktionsterm $g(x) = x^2 \cdot (x-1)$.
Bestimme dafür die Funktionswerte $g(2)$; $g(-1)$; $g(0)$; $g\left(\frac{1}{2}\right)$; $g\left(-\frac{1}{2}\right)$; $g(1{,}1)$; $g(-99)$.

16. Eine Funktion f ist gegeben durch den Funktionsterm:

a) $f(x) = 4x$ **b)** $f(x) = 1 + \frac{1}{2}x$ **c)** $f(x) = -x^2$ **d)** $f(z) = (1-z)^2$

(1) Zeichne den Graphen von f mithilfe einer Wertetabelle.

(2) Lies aus dem Graphen ab: $f(0{,}4)$; $f\left(-\frac{4}{5}\right)$; $f(1{,}5)$; $f(-1{,}5)$. Kontrolliere rechnerisch.

17. Welche der Punkte $P_1(8\,|\,0)$, $P_2(0\,|\,0)$, $P_3(-5\,|\,2)$, $P_4(-2\,|\,5)$, $P_5(0\,|\,5)$, $P_6(2\,|\,3)$ und $P_7(-1\,|\,4)$ liegen auf dem Graphen zu der Funktion mit der angegebenen Gleichung?

a) $y = -\frac{2}{5}x$ **b)** $y = 5 - x^2$

18. a) Welche Funktionsvorschrift gehört zu welchem Graphen?
Begründe deine Wahl anhand von Punktproben.
Gib jeweils den maximal möglichen Definitionsbereich an.

$f(x) = \frac{1}{2x+1}$ $g(x) = x \cdot (x-2)$ $h(x) = x + |x|$

(1)
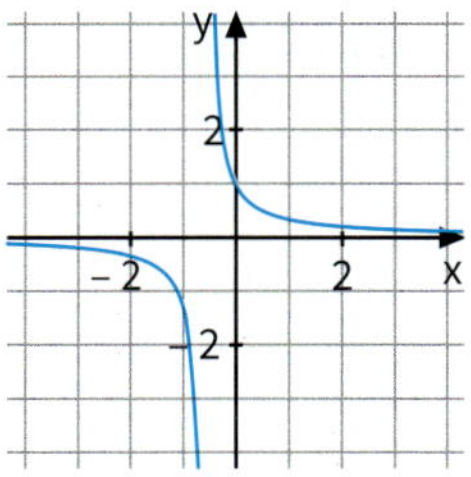

(2)
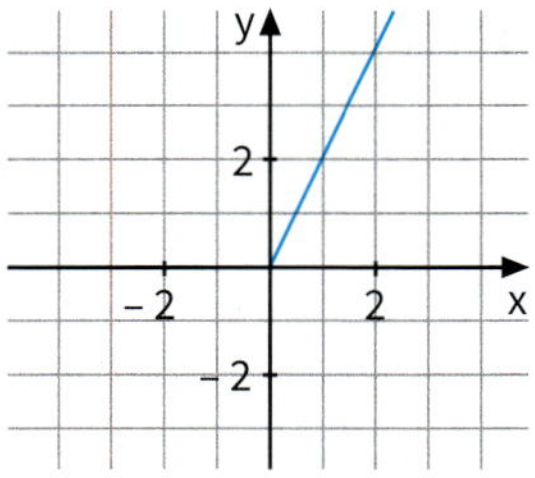

(3)
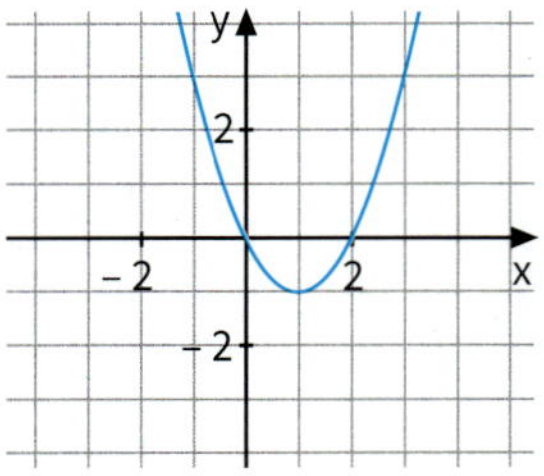

b) Erstellt selbst vier Funktionsvorschriften und zeichnet die zugehörigen Graphen. Lasst euren Partner aus vorgegebenen Termen wie oben die richtige Zuordnung finden.

Das kann ich noch!

A) Die Klasse 8 a hat Papierfrösche gebastelt und den Wettbewerb „Papierfrosch-Weitsprung“ durchgeführt. Die Sprungweiten sind in einem Boxplot dargestellt. Welche Informationen kannst du dem Boxplot entnehmen?

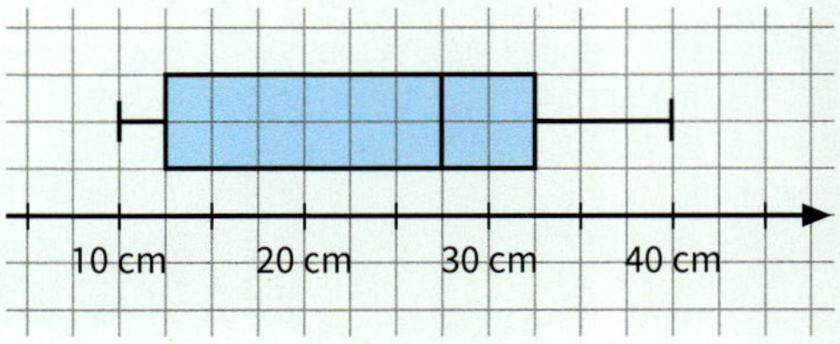

Graphen mit Computer oder GTR zeichnen

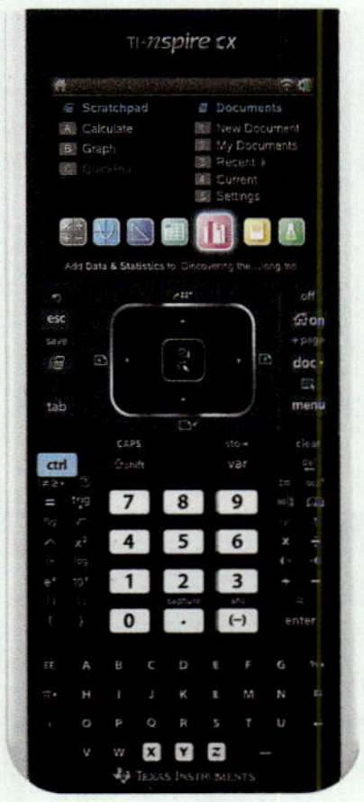

Das Zeichnen von Graphen mithilfe von Wertetabellen kann mühsam und zeitaufwändig sein. Spezielle Computerprogramme und grafikfähige Taschenrechner (GTR) erledigen dies sehr schnell. Man bezeichnet den so angefertigten Graphen auch als **Plot** (englisch: (Kurve) aufzeichnen), den Vorgang als Plotten.

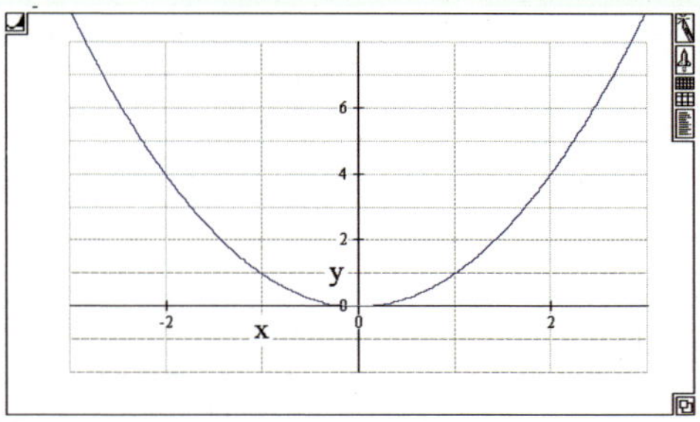

1. Am einfachsten ist es, zu einer gegebenen Funktionsgleichung den Graphen zu zeichnen. Dazu musst du zunächst in deinem Arbeitsdokument mithilfe des Befehls **Graph** vereinbaren, dass Graphen behandelt werden sollen. Dann kannst du die Funktionsgleichung eingeben.

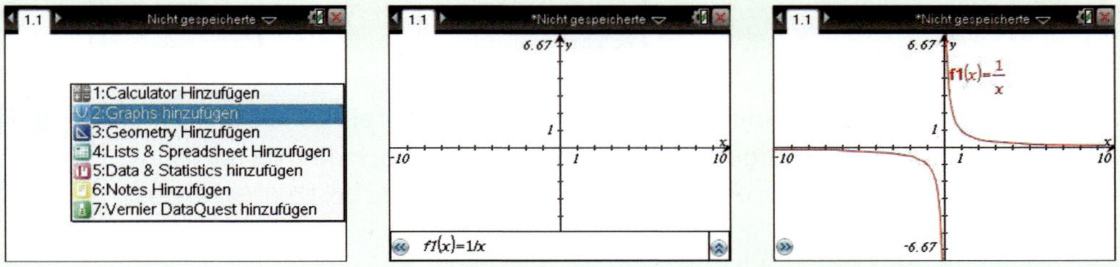

window (engl.) Fenster

zoom (engl.) nah herangehen, heranholen

Den vom Rechner gewählten Zeichenbereich für den Graphen kannst du unter dem Menü **Fenster** verändern, indem du mit dem Befehl **Fenstereinstellungen** geeignete Werte festlegst.

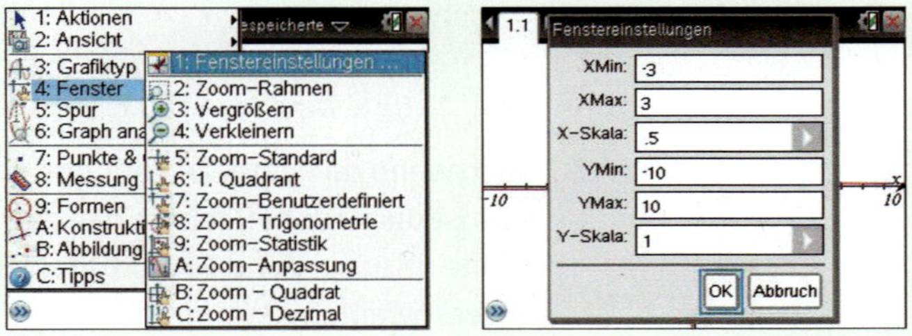

Eine andere Möglichkeit ist die Wahl anderer Fenster mit den verschiedenen Zoom-Befehlen aus dem Menü **Fenster**. Probiere diese Möglichkeiten mit deinem Rechner aus, um den Verlauf des Graphen in der Nähe der y-Achse genauer zu untersuchen.

2. Mithilfe des Befehls **Spur** kannst du einzelne Funktionswerte des Graphen genau ablesen. Probiere das mit dem Rechner.

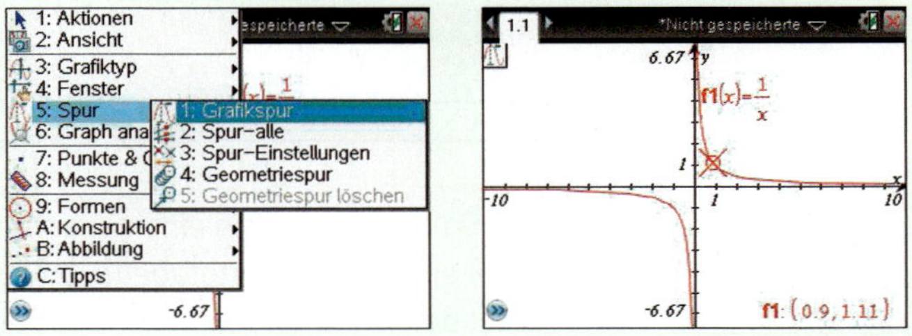

3. Auch grafikfähige Taschenrechner und Computerprogramme erstellen eine Wertetabelle. Du kannst sie im Menü **Ansicht** mit dem Befehl **Tabelle einblenden** aufrufen.

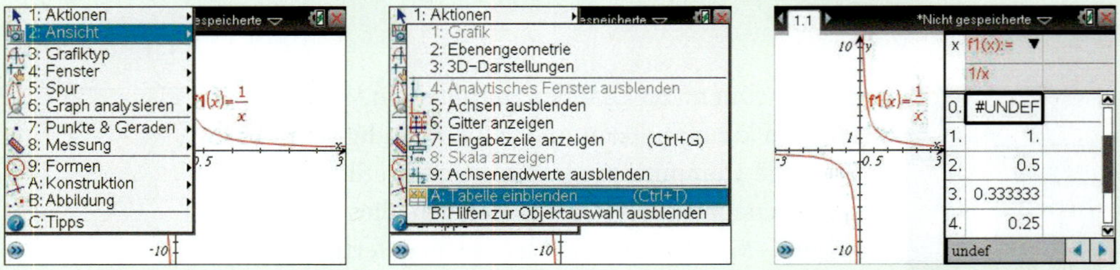

Du kannst dem Rechner auch mitteilen, wie die Wertetabelle aussehen soll, indem du im Menü **Wertetabelle** den Befehl **Funktionseinstellungen bearbeiten** anwählst. Dort kannst du den **Tabellenanfang** und die **Schrittweite** festlegen. Probiere das aus.

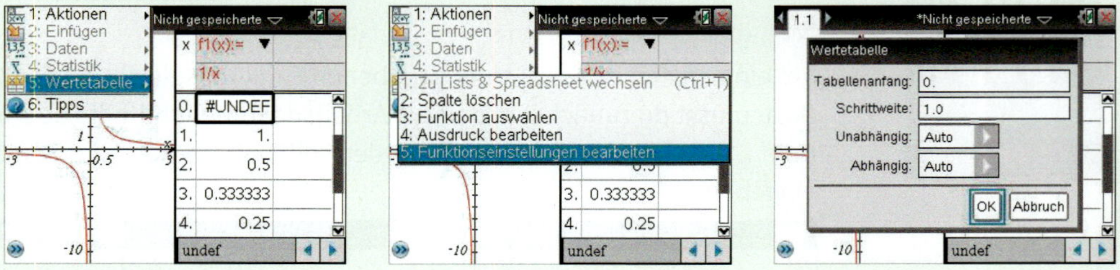

4. Du kannst auch mehrere Graphen in ein gemeinsames Koordinatensystem zeichnen lassen, indem du nach Eingabe von **tab** die Funktionsgleichung bei f2(x), ... eingibst.

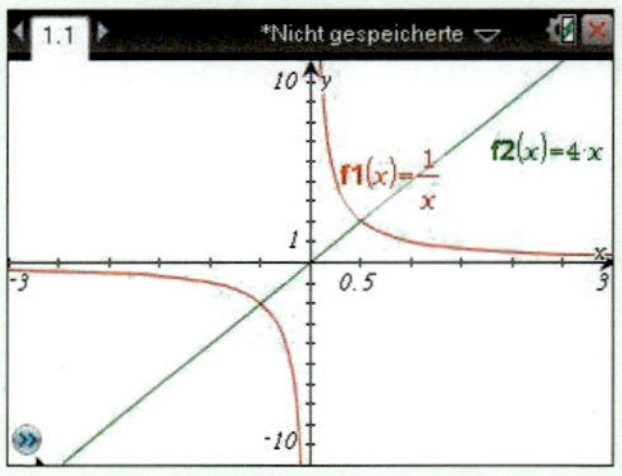

5. Auch wenn du keine Gleichung zur Verfügung hast, sondern nur einzelne Punkte kennst, kannst du dir vom Rechner den zugehörigen Graphen zeichnen lassen.
Wähle dazu im Menü **Grafiktype** den Befehl **Streudiagramm**. Du musst dann zunächst in geschweiften Klammern (durch Kommata getrennt) die x-Werte eingegeben und entsprechend die y-Werte.

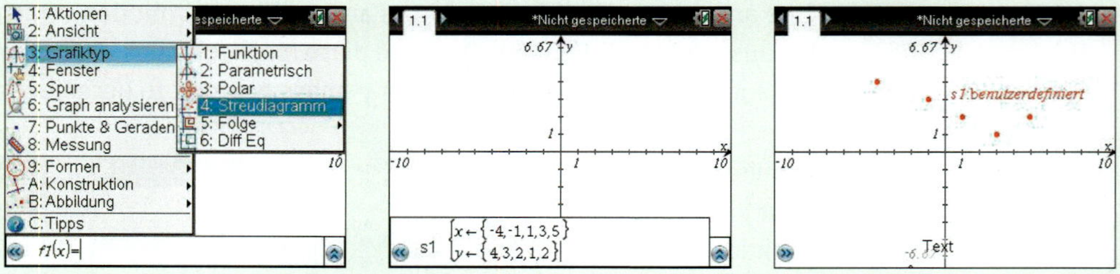

Spiel für 2 Personen

6. Ein Spieler denkt sich eine einfache Gleichung für einen Graphen aus und erstellt dazu im Kopf eine kleine Wertetabelle. Diese gibt er in den grafikfähigen Taschenrechner ein und lässt den Graphen zeichnen. Der Partner gibt anschließend die von ihm vermutete Gleichung ein und lässt auch diesen Graphen zeichnen. Es wird die Anzahl der Versuche gezählt, bis er die richtige Gleichung findet. Danach wird gewechselt.

2.2 Lineare Funktionen mit der Funktionsgleichung $y = m \cdot x$

2.2.1 Graph linearer Funktionen mit der Funktionsgleichung $y = m \cdot x$

Einstieg

Betrachtet die Umrechnung von heute üblichen Celsius-Temperaturen in Réaumur-Temperaturen.

Temperaturmessung nach Réaumur und Celsius

Der französische Naturforscher René-Antonie Ferchault de Réaumur führte 1730 eine Temperaturskala ein, bei der der Schmelzpunkt von Wasser bei 0°R und der Siedepunkt von Wasser bei 80° liegt.
Zwischen diesen beiden Fixpunkten nahm Réaumur eine Einteilung in 80 gleich große Gradabstufungen vor. Seine Messergebnisse waren nicht sonderlich genau, da er die Temperaturmessungen anhand der Ausdehnung von Alkohol vornahm.
Genauere Werte erhielt der schwedische Physiker Anders Celsius mit einem Quecksilber-Thermometer im Jahr 1742: Im Gegensatz zur heute verwendeten Celsius-Skala legte er den Siedepunkt von Wasser mit 0° und den Gefrierpunkt mit 100° fest. Dies erscheint heutzutage ungewöhnlich, hatte aber den Vorteil, dass negative Temperaturen praktisch nicht vorkamen.
Erst Celsius' Schüler Carl von Linné drehte im Jahre 1745 kurz nach Celsius' Tod die Skala um: 0 °C für den Gefrierpunkt und 100 °C für den Siedepunkt von Wasser.
Seitdem wird sie ausschließlich in letzterer Form verwendet.

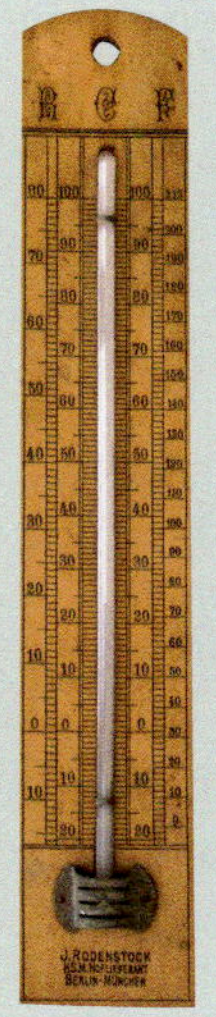

Legt eine Tabelle für die Umrechnung von Celsius- in Réaumur-Temperaturen an und zeichnet einen Graphen der Funktion *Temperatur (in °C) → Temperatur (in °R)*. Beschreibt die Funktion und ihren Graphen.
Erstellt auch die Funktionsgleichung.

Aufgabe 1

Direkt proportionale Zuordnung als Funktion

a) Nick fährt mit einem Aufzug mit gleichmäßiger Geschwindigkeit vom Erdgeschoss (Niveau 0) eines Gebäudes ohne Unterbrechung nach oben.
Notiere in einer Wertetabelle für die Funktion
Zeit (in s) → Höhe über Niveau 0 (in m)
die Höhe, in der sich der Fahrstuhl nach 0 Sekunden, 1 Sekunde, 2 Sekunden, ..., 7 Sekunden befindet.
Erstelle eine Funktionsgleichung.
Zeichne den Graphen und beschreibe ihn.
Wie verändert sich die Höhe, wenn sich die Zeit verdoppelt, wenn sie sich verdreifacht?

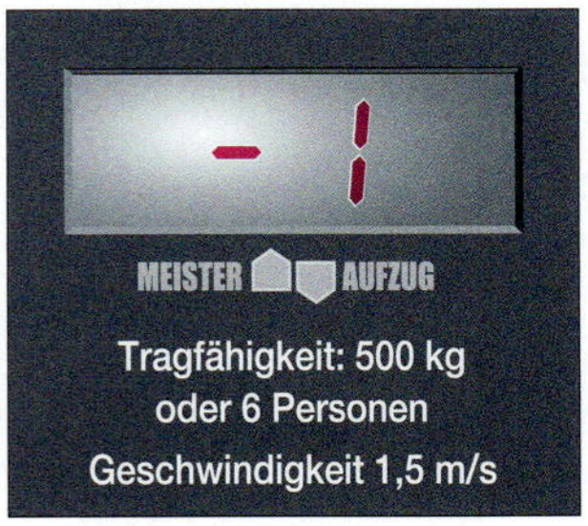

b) Der zweite Fahrstuhl im Gebäude befindet sich bei der Fahrt nach oben in der gleichen Höhe wie Nicks Fahrstuhl. Er kommt allerdings aus den Untergeschossen des Gebäudes. Beschreibe die Zeitpunkte vor dem Erreichen des Erdgeschosses mit negativen Zahlen.
Betrachte auch für ihn die Funktion *Zeit (in s) → Höhe über Niveau 0 (in m)*.
Wähle Zeitpunkte von −3 bis +3 Sekunden.
Bearbeite dieselben Aufträge wie in Teilaufgabe a) und vergleiche.

c) Welche vereinfachenden Annahmen wurden bei der Lösung vorgenommen?

Lösung

a) In jeder Sekunde fährt der Fahrstuhl 1,5 m nach oben. Wenn man die Fahrzeit verdoppelt, so verdoppelt sich auch die Höhe, wenn man sie verdreifacht, so verdreifacht sich auch die Höhe. Diese Überlegungen gelten auch für andere Vielfache. Die Höhe ist direkt proportional zur Zeit.

Zeit (in s)	Höhe (in m)
0	0
1	1,5
2	3,0
3	4,5
4	6,0
5	7,5
6	9,0
7	10,5
x	$1{,}5 \cdot x$

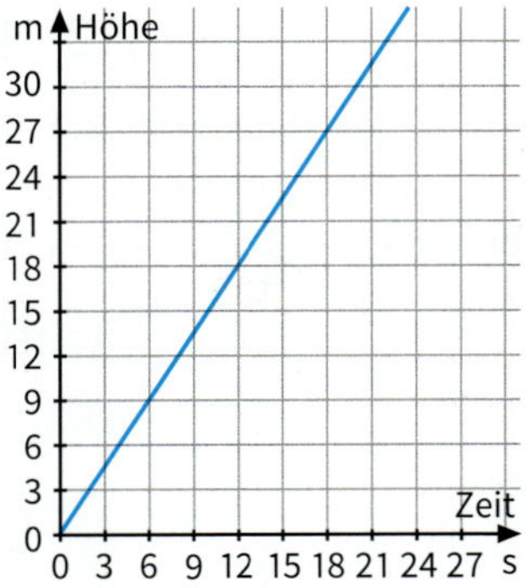

Der Graph ist geradlinig. Er ist ein Strahl, der im Koordinatenursprung beginnt.

b) Zeitpunkte vor Erreichen des Erdgeschosses bezeichnen wir mit negativen Zahlen. Entsprechend bezeichnen wir Höhen unterhalb des Niveaus 0 mit negativen Zahlen. Auch hier gilt: Wenn man die Werte für x verdoppelt, so wird der Funktionswert y auch verdoppelt.

Zeit (in s)	Höhe (in m)
−3	−4,5
−2	−3,0
−1	−1,5
0	0
1	1,5
2	3,0
3	4,5

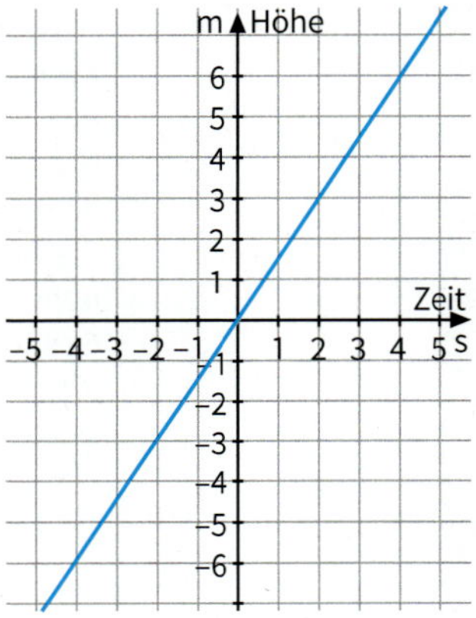

Wenn man den Wert für x verdreifacht, wird auch der Funktionswert y verdreifacht. Der Graph zur Funktionsgleichung $y = 1{,}5x$ mit $x \in \mathbb{Q}$ ist eine *Gerade* durch den Koordinatenursprung.

c) Wir sind von der Annahme ausgegangen, dass der Aufzug von Anfang an mit gleichmäßiger Geschwindigkeit fährt, also nicht zunächst langsamer startet und dann beschleunigt. Ferner haben wir angenommen, dass er ohne Unterbrechung fährt.

Informationen

(1) Direkte Proportionalität von Ausgangs- und Funktionswerten bei linearen Funktionen mit der Funktionsgleichung $y = m \cdot x$

An dem Beispiel aus der Aufgabe 1 haben wir gesehen:

> Bei linearen Funktionen mit der Funktionsgleichung $y = m \cdot x$ gilt: Verdoppelt, verdreifacht, vervierfacht, ... man einen x-Wert, so verdoppelt, verdreifacht, vervierfacht, ... sich auch der zugehörige y-Wert.
> Die x- und y-Werte sind direkt proportional zueinander.

Malpunkte darf man weglassen, wenn keine Missverständnisse möglich sind: $3x = 3 \cdot x$

Beweis: Setzt man in den Funktionsterm $f(x) = m \cdot x$ statt x als Ausgangswert 2x ein, so erhält man den Funktionswert $f(2x) = m \cdot (2x) = 2 \cdot (mx) = 2 \cdot f(x)$, der doppelt so groß wie f(x) ist. Entsprechendes gilt für andere Vielfache.

(2) Graph einer linearen Funktion mit der Funktionsgleichung $y = m \cdot x$

In Aufgabe 1b) haben wir den Graphen zu der linearen Funktion f mit dem Term $f(x) = 1{,}5 \cdot x$ und dem Definitionsbereich $\mathbb{Q}$ betrachtet. Vergrößert man hier einen Ausgangswert x um 1, so nimmt der Funktionswert um 1,5 zu, denn

$$f(x+1) = 1{,}5(x+1) = 1{,}5x + 1{,}5 = f(x) + 1{,}5.$$

Distributivgesetz
$a(b+c) = ab + ac$

Das bedeutet: Wenn man von einem Punkt des Graphen um 1 nach rechts und dann um 1,5 nach oben geht, erreicht man wieder einen Punkt des Graphen.

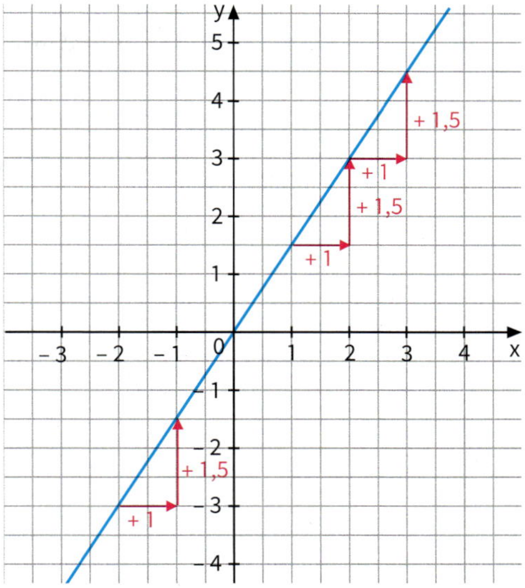

Auf dem Graph geht man dabei stets in die gleiche Richtung. Der Graph ist geradlinig.

Weiterführende Aufgaben

Lineare Funktionen mit der Funktionsgleichung $y = m \cdot x$ und negativen Werten für m

2. Die Funktion f hat $\mathbb{Q}$ als Definitionsbereich und die Funktionsgleichung:

a) $y = -1{,}25x$ b) $y = -3x$ c) $y = -x$ d) $y = mx$ mit $m = -\frac{3}{4}$

Zeichne den Graphen. Überlege, wie viele Punkte du dazu mindestens benötigst.
Untersuche, ob auch hier gilt:
Wenn man einen Wert für x verdoppelt, so verdoppelt sich auch der Funktionswert von x.

Der Graph einer linearen Funktion mit der Funktionsgleichung $y = m \cdot x$ ist eine Gerade durch den Ursprung.

Beispiele:

$y = \frac{7}{4}x$

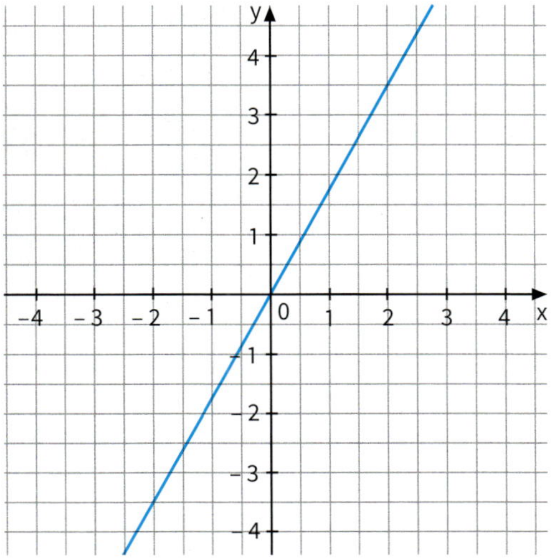

$y = -1{,}5x$

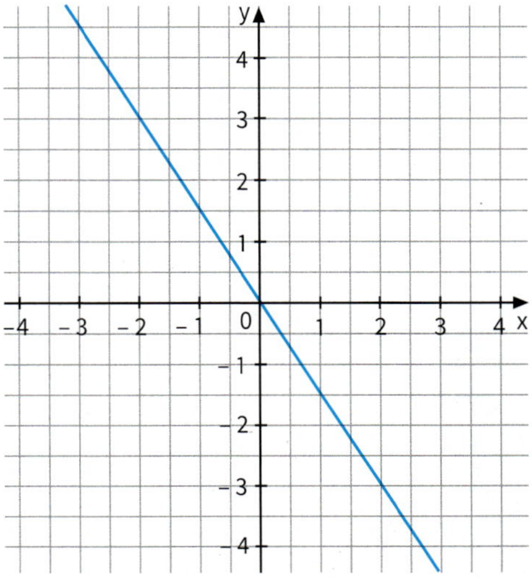

Quotientengleichheit

3. a) Sofias Mutter hat in der letzten Zeit ihre Ausgaben für Benzin in einer Tabelle notiert.

Benzinvolumen (in l)	Preis (in €)
20	29,00
27	39,15
41	59,45
26	37,70

(1) Hat sich der Benzinpreis geändert?

(2) Was folgt aus dem Ergebnis von (1) für die Funktion *Benzinvolumen (in l) ⟶ Preis (in €)*?

b) Um zu prüfen, ob eine Wertetabelle zu einer linearen Funktion der Form $y = m \cdot x$ gehört, kannst du die Quotienten aus den Funktionswerten und den zugehörigen Ausgangswerten betrachten.

Die lineare Funktion hat die Funktionsgleichung:

(1) $y = 1{,}8x$

x	y	y : x
2	3,6	1,8
−5	−9	

(2) $y = -0{,}4x$

Quotient

x	y	y : x
5	−2	−0,4
−4	1,6	

Ergänze die Tabelle durch weitere Zahlenpaare für x und y. Was stellst du fest? Begründe.

Für welches Zahlenpaar kannst du die dritte Spalte nicht ausfüllen? Woran liegt das?

> **Quotientengleichheit**
> Bei einer linearen Funktion mit der Funktionsgleichung $y = mx$ gilt:
> Der Quotient $y:x$ ist immer der gleiche, denn $\frac{y}{x} = \frac{mx}{x} = m$.
> Dabei muss man $x = 0$ ausschließen, da man durch 0 nicht dividieren kann.

Übungsaufgaben

4. Marvin möchte insgesamt 5 kg Erdbeeren pflücken. Um 1 kg zu pflücken, benötigt er eine Viertelstunde.

a) Berechne die Pflückdauer und den Preis, den Marvin zahlen muss.

b) Unter welchen Bedingungen sind die Zuordnungen
Masse (in kg) ⟶ Preis (in €) bzw.
Masse (in kg) ⟶ Pflückzeit (in Minuten)
direkt proportionale Zuordungen?
Gib die Funktionsgleichungen an.

5. Im Bergbau werden Fördertürme eingesetzt, um das in der Tiefe abgebaute Material, z. B. Erz, in einem Förderkorb an die Erdoberfläche zu befördern. Ein Förderkorb befindet sich zum Zeitpunkt 0 direkt an der Erdoberfläche und fährt abwärts. 3 Sekunden vorher war er noch in 6 m Höhe.

a) Erstelle eine Wertetabelle für die Position des Förderkorbs in Abhängigkeit von der Zeit. Gib an, von welcher vereinfachenden Annahme du ausgehst.

b) Zeichne auch den Graphen und erstelle die Zuordnungsvorschrift.

6. In einem Lehrbuch für Fahrschüler sind Faustregeln für die beiden Funktionen *Geschwindigkeit* ⟶ *Reaktionsweg* und *Geschwindigkeit* ⟶ *Bremsweg* angegeben.

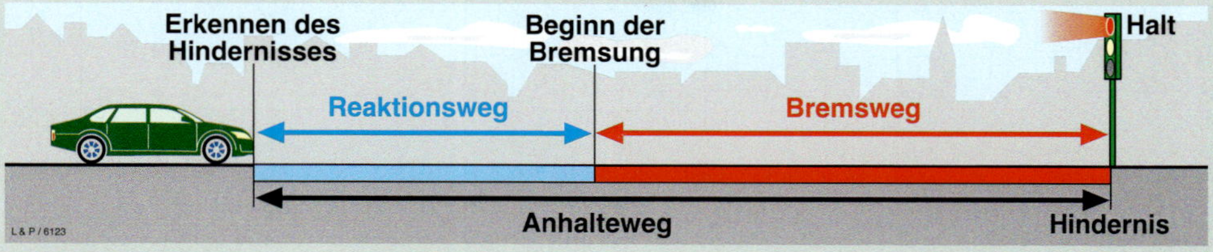

Der Reaktionsweg

Vom Sehen eines Hindernisses bis zum Niedertreten des Bremspedals legt das Fahrzeug einen bestimmten Weg zurück. Dieser Weg wird Reaktionsweg genannt. Für seine Länge gilt die Faustregel:
Reaktionsweg in m = $\left(\text{Geschwindigkeit in } \frac{\text{km}}{\text{h}} : 10\right)$ mal 3

Der Bremsweg

Vom Niedertreten des Bremspedals bis zum Stillstand des Fahrzeugs legt das Fahrzeug einen bestimmten Weg zurück. Dieser Weg wird Bremsweg genannt. Für seine Länge gilt die Faustregel:
Bremsweg in m = $\left(\text{Geschwindigkeit in } \frac{\text{km}}{\text{h}} : 10\right)$ mal $\left(\text{Geschwindigkeit in } \frac{\text{km}}{\text{h}} : 10\right)$

Betrachte die Geschwindigkeiten $10\,\frac{\text{km}}{\text{h}}$, $20\,\frac{\text{km}}{\text{h}}$, …, $100\,\frac{\text{km}}{\text{h}}$.

a) Lege für die Funktion *Geschwindigkeit* $\left(\textit{in } \frac{\text{km}}{\text{h}}\right)$ ⟶ *Reaktionsweg (in m)* eine Tabelle an. Sind die Größen direkt proportional zueinander? Zeichne den Graphen dieser Funktion. Beschreibe ihn.

b) Lege für die Funktion *Geschwindigkeit* $\left(\textit{in } \frac{\text{km}}{\text{h}}\right)$ ⟶ *Bremsweg (in m)* eine Tabelle an. Sind diese Größen direkt proportional zueinander? Zeichne den Graphen dieser Funktion. Beschreibe ihn. Vergleiche den Graphen mit dem aus Teilaufgabe a).

$1\,l = 1\,\text{dm}^3$

7. Ein leeres Gefäß wird mit Wasser gefüllt. In jeder Minute fließen 3 *l* Wasser in das Gefäß.

a) Zeichne den Graphen der Funktion *Zeit (in min)* ⟶ *Wasservolumen (in l)*. Lege eine Wertetabelle an; notiere auch die Funktionsgleichung.

b) Das Gefäß ist quaderförmig: 30 cm lang und 20 cm breit. Gib Wertetabelle, Graph und Funktionsgleichung für die Funktion *Zeit (in min)* ⟶ *Wasserhöhe (in dm)* an.

8. Beim Schlussverkauf setzt ein Händler alle Preise um 20 % herab. Stelle mithilfe einer Wertetabelle die Funktion grafisch dar. Notiere die Funktionsgleichung. Ist die Zuordnung direkt proportional? Begründe.

a) *alter Preis* ⟶ *Preisnachlass*

b) *alter Preis* ⟶ *neuer Preis*

Die Variable muss nicht immer x heißen.

9. a) Zeichne den Graphen der linearen Funktion f mit dem Funktionsterm $f(x) = 2{,}5\,x$.

b) Welcher der Punkte $P_1\left(-1 \,\middle|\, \frac{3}{5}\right)$, $P_2(10\,|\,4)$, $P_3(-2\,|\,-5)$, $P_4(10\,|\,1)$ liegt auf dem Graphen?

c) Die folgenden Punkte liegen auf dem Graphen. Bestimme die fehlende Koordinate.
$P_1(2\,|\,\square)$; $P_2(-1\,|\,\square)$; $P_3(\square\,|\,6)$; $P_4(\square\,|\,-3)$

d) An welcher Stelle nimmt die Funktion den Wert **(1)** 100; **(2)** −10; **(3)** 0,1; **(4)** $\frac{1}{2}$ an?

e) Erklärt, wie ihr in den Teilaufgaben b), c) und d) vorgegangen seid. Vergleicht euer Vorgehen.

f) Bearbeitet die Teilaufgaben a) – d) für die Funktion f mit $f(t) = -4\,t$.

GTR **10.** Betrachte die Graphen. Welche Funktionsgleichung könnte eingegeben worden sein?

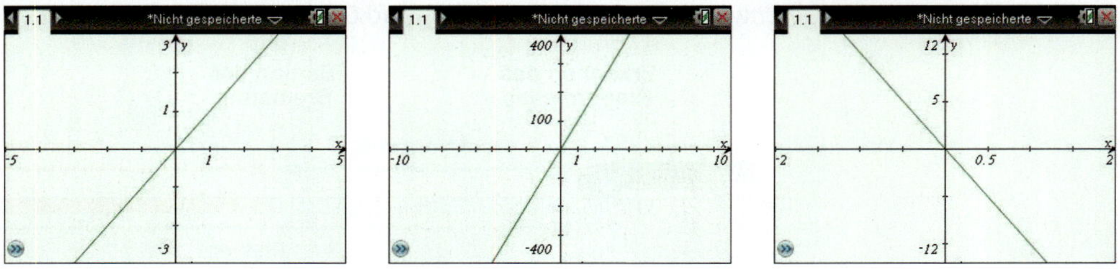

11. Prüfe mithilfe der Quotientengleichheit, ob die Wertetabelle zu einer direkt proportionalen Zuordnung gehört. Zeichne auch die zugehörigen Punkte in ein Koordinatensystem. Falls eine direkt proportionale Zuordnung vorliegt: Gib die Funktionsgleichung an.

a)

x	y
3	3,6
4	4,8
5	6
6	7,2

b)

x	y
−1	3,5
0	0
1	−3,5
2	−7

c)

x	y
4	3,2
3	2,4
2	1,6
1	0,4

d)

x	y
−1	0,5
0	0
1	0,5
2	1

e)

x	y
−1	1
0	0
1	1
2	4

12. Ergänze die Tabelle so, dass diese zu einer Funktion mit dem Funktionsterm f(x) = mx gehört.
Gib auch die Funktionsgleichung an.

a)

x	y
−2	6
1	
4	

b)

x	y
0,5	
	−6
−2	−1

c)

x	y
2,4	3,6
0	
	−2

d)

x	y
−0,1	
	0
1	−0,1

e)

x	y
	−10
	−0,5
−3	−7,5

Das kann ich noch!

A) Berechne den Flächeninhalt der dargestellten Figuren.

1)

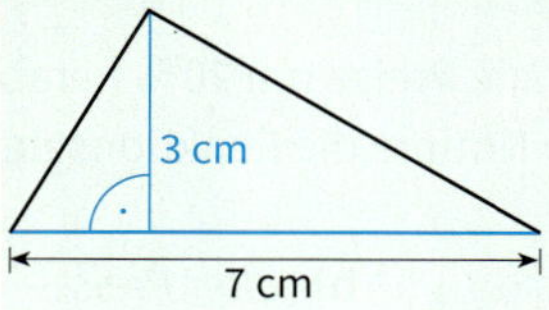

2)

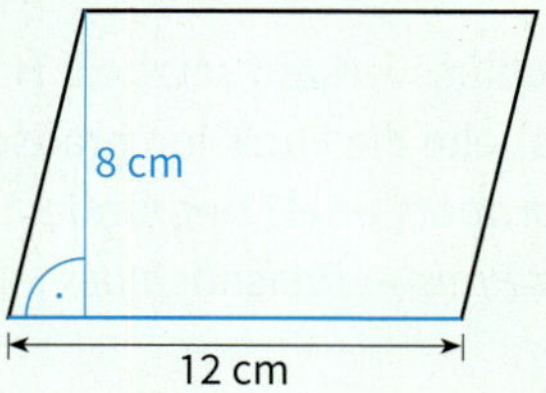

3)

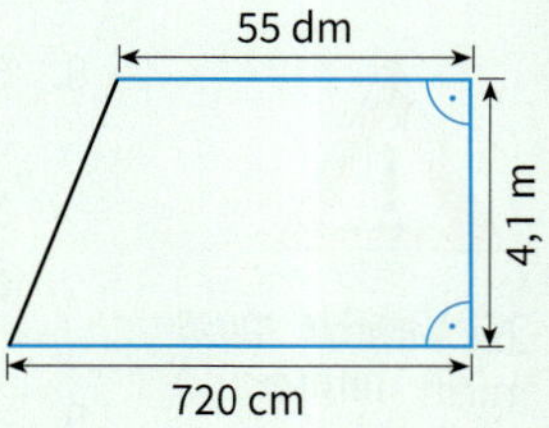

B) Berechne das Volumen des Prismas.

1)

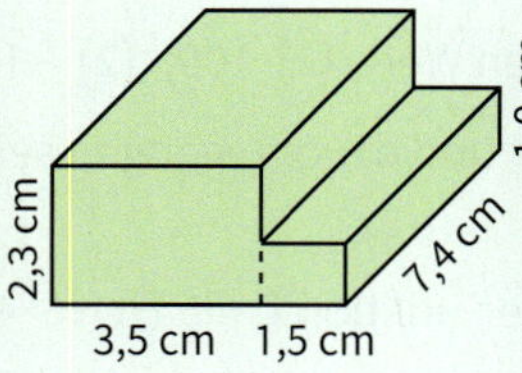

2)

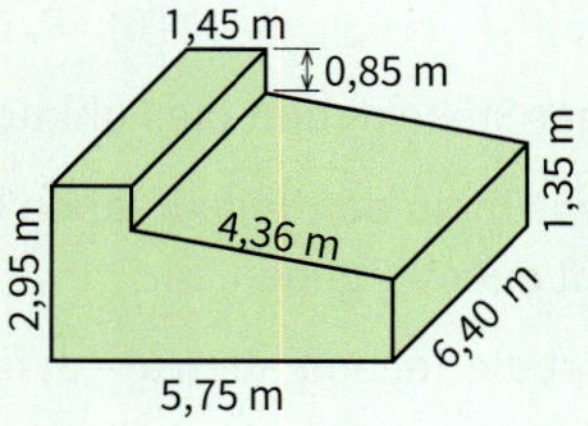

3)

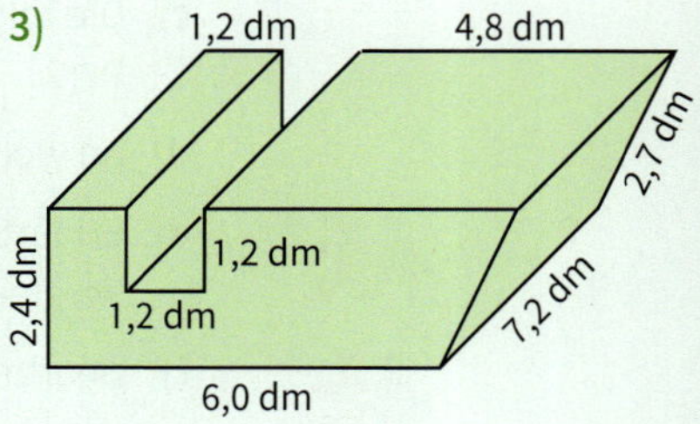

13. Bei experimentell ermittelten Werten können stets Messungenauigkeiten vorliegen. Dies muss man bei der Auswertung berücksichtigen.

(1) Das Volumen V wird in Abhängigkeit vom Druck p gemessen.

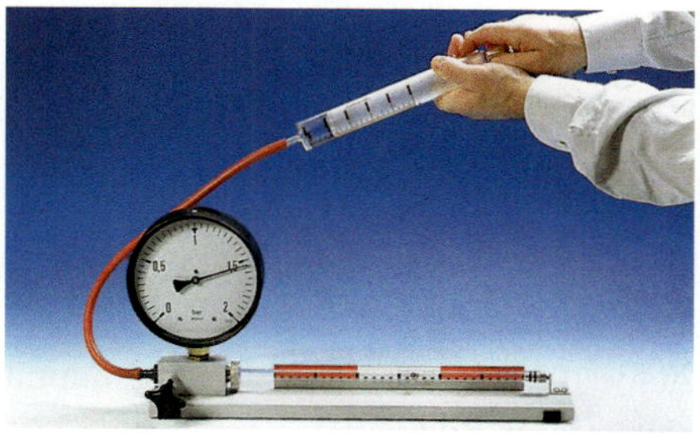

p (in bar)	0,6	0,8	1,0	1,2	1,4	1,6
V (in cm³)	19	14,6	11,9	9,5	8,3	7,2

(2) Die Abhängigkeit des Widerstandes R von der Länge l des Leiters wird ermittelt.

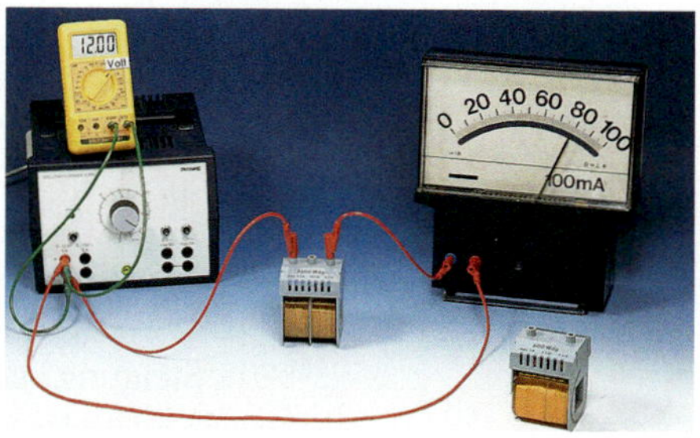

l (in m)	1	1,5	2	2,5	3	3,5
R (in Ω)	10,3	15,5	21	26	31	36

Ohm,
Abkürzung Ω vom griechischen Buchstaben Omega, ist die Einheit des Widerstandes.

a) Stelle die Messwertpaare mit dem GTR grafisch dar.
b) Skizziere den Graphen im Koordinatensystem und notiere die Fenster-Einstellungen.
c) Untersuche, ob die Größen direkt proportional [indirekt proportional] zueinander sind. Begründe.

2.2.2 Steigung – Steigungsdreieck –Änderungsrate

Einstieg

Mit Vollgas die Schanze hoch

Für einen Werbespot lässt eine Automobilfirma einen 335 PS starken PKW mit Allrad-Antrieb die 80 % steile Skischanze im finnische Jämsä hochfahren. Einziges Hilfsmittel sind Spike-Reifen, das Seil dient nur zur Sicherung im Notfall.

Steilste Straße der Welt

Laut dem Guiness-Buch der Rekorde ist die Baldwin-Street in North East Valley in Neuseeland die steilste Straße der Welt. Sie weist 35 % Steigung auf. Das bedeutet: Pro 100 m in waagerechter Richtung nimmt die Höhe um 35 m zu. Die Steigung ist der Quotient:

$\frac{35\,m}{100\,m} = \frac{35}{100} = 0{,}35 = 35\,\%$

Zeichnet für die Skischanze eine Gerade mit der Steigung 80 % durch den Ursprung des Koordinatensystems. Vergleicht auch mit der Steigung der Baldwin-Street und der in den Alpen häufig vorkommenden Steigung von 12 %.
Ermittelt für alle drei Geraden die Funktionsgleichung.
Überlegt auch, ob es eine Steigung von 100 % gibt.
Führt entsprechende Untersuchungen für 10 %, 40 %, 100 % und 150 % Gefälle durch.

Einführung

Steigung eines Graphen

(1)

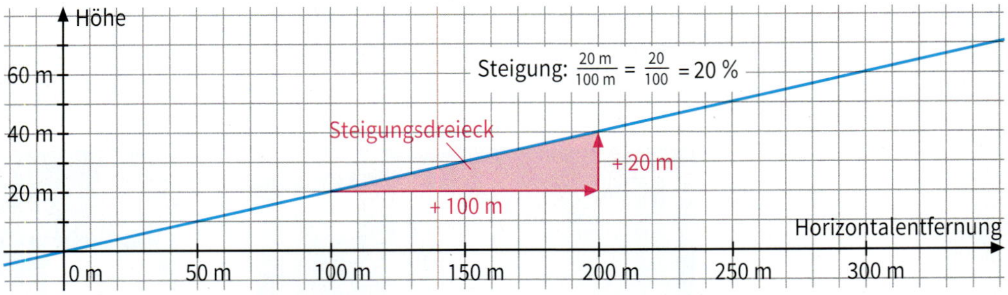

Das Verkehrsschild informiert über die *Steigung* (den **Anstieg**) einer Straße. Was bedeutet hier 20 %?

20 % Steigung bedeutet: Auf je 100 m Horizontalentfernung nimmt die Höhe um jeweils 20 m zu (siehe auch das Steigungsdreieck im Bild oben).

Im Koordinatensystem ist die Straße als steigende Gerade dargestellt. Sie ist der Graph der Zuordnung *Horizontalentfernung x (in m) → Höhe y (in m).*

Diese hat die Funktionsgleichung $y = \frac{20}{100}x$.

Es handelt sich hier also um eine lineare Funktion mit der Gleichung $y = mx$ mit positivem m, nämlich $m = 0{,}2$. Der Faktor m gibt die hier (positive) Steigung der Geraden (der Straße) an.

(2)

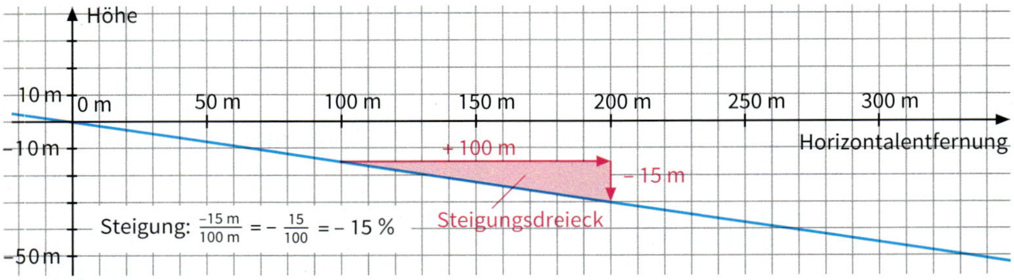

Dieses Verkehrsschild zeigt das Gefälle einer Straße an.

15 % Gefälle bedeutet: Auf je 100 m Horizontalentfernung nimmt die Höhe um jeweils 15 m ab (siehe auch das Steigungsdreieck im Bild oben).

Im Koordinatensystem ist die Straße als fallende Gerade dargestellt. Sie ist Graph der Funktion *Horizontalentfernung x (in m) → Höhe y (in m).* Diese hat die Funktionsgleichung $y = -\frac{15}{100}x$.

Es handelt sich also um eine lineare Funktion mit der Gleichung $y = mx$ mit negativem m, nämlich $m = -0{,}15$. Der Faktor m gibt auch hier die (negative) Steigung der Geraden (der Straße) an.

Information

Die Gerade zu einer linearen Funktion mit der Funktionsgleichung $y = mx$

- *steigt* (von links nach rechts), wenn m positiv ist, und
- *fällt* (von links nach rechts), wenn m negativ ist.

Man nennt m die **Steigung** der Geraden.

Die Steigung m lässt sich mithilfe des **Differenzenquotienten** aus einem **Steigungsdreieck** berechnen.

$$m = \frac{y_2 - y_1}{x_2 - x_1} = \frac{\Delta y}{\Delta x}$$

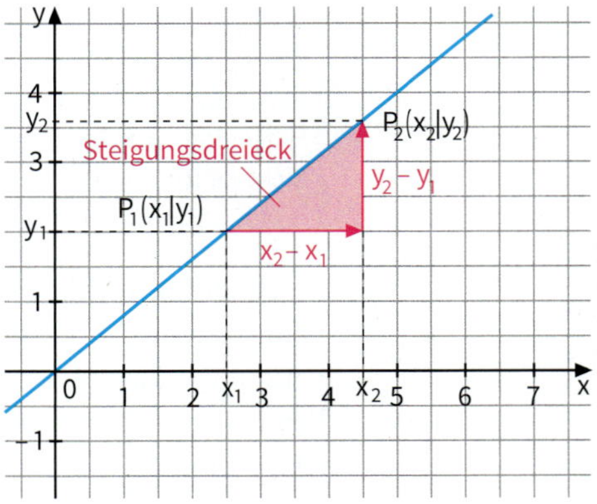

Δ Delta, griechischer Buchstabe, steht für eine Differenz

Aufgabe 1

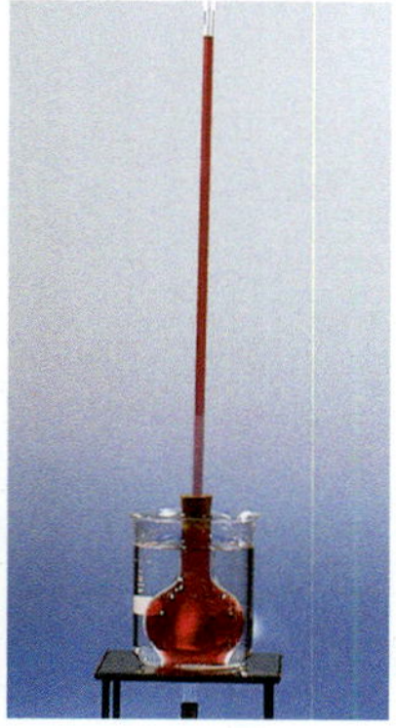

Änderungsrate

Sabrina und Lennart experimentieren mit einem Flüssigkeitsthermometer, das noch keine Messskala aufweist. Sie halten es zunächst in Eiswasser der Temperatur 0 °C und markieren die Höhe der Flüssigkeit im Kapillarrohr als Nullpunkt.
Halten sie das Thermometer in schmelzendes Glycerin (18 °C), so steigt der Flüssigkeitsstand um 4,5 cm über den Nullpunkt an.
Halten sie es in kochendes Wasser der Temperatur 100 °C, so steigt es sogar um 25 cm über den Nullpunkt an.

Flüssigkeitsthermometer bestehen aus einem kleinen Glas-Kolben zur Aufnahme der Thermometerflüssigkeit mit angeschmolzener kalibrierter Glaskapillare und einer Anzeige (Skala). Direkt proportional zur Temperaturänderung ändert sich das Volumen der Flüssigkeit, wodurch der Stand in der Kapillare steigt beziehungsweise stinkt. Anhand des Standes und der Skalenmakierung lässt sich die Temperatur ablesen. Je nach Messbereich verwendet man verschiedene Flüssigkeiten, z. B. Alkohol (–120 °C bis 60 °C), Toluol (–90 °C bis 110 °C) oder Pentan (–200 °C bis 35 °C) und früher sehr häufig auch Quecksilber (–35 °C bis 357 °C), das heute aber fast nur noch im wissenschaftlichen Bereich anzutreffen ist.

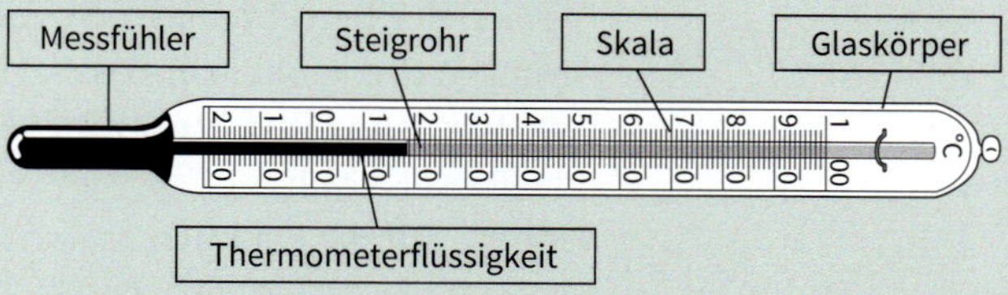

Halten sie das Thermometer in schmelzendes Rizinusöl (–12 °C), so fällt der Flüssigkeitsstand um 3 cm unter den Nullpunkt.
Zeichne den Graphen der Funktion *Temperatur → Flüssigkeitsstand*. Vergleiche dann folgende Temperaturänderungen mit den zugehörigen Flüssigkeitsstandsänderungen:
(**1**) Erwärmung von 0 °C auf 18 °C
(**2**) Erwärmung von 18 °C auf 100 °C
(**3**) Abkühlung von 0 °C auf –12 °C
Welche Folgerung kannst du daraus für die Einteilung der Messskala ziehen?

Lösung

Die Messpunkte liegen auf einer Geraden durch den Ursprung des Koordinatensystems.
Wir zeichnen die Temperaturänderungen und Flüssigkeitsstandsänderungen in den Graphen ein und stellen die Ergebnisse in einer Tabelle übersichtlich zusammen:

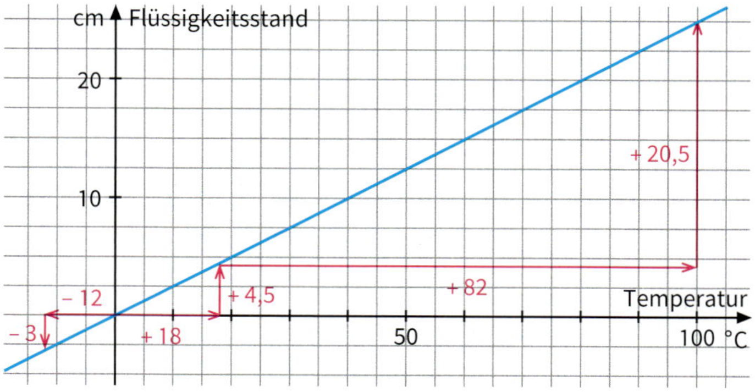

In der Physik gibt man Temperaturänderungen in K an.

Temperaturänderung (in °C)	+18	+82	–12
Flüssigkeitsstandsänderung (in cm)	+4,5	+20,5	–3,0
$\frac{\text{Flüssigkeitsstandsänderung}}{\text{Temperaturänderung}}$ (in $\frac{\text{cm}}{°\text{C}}$)	$\frac{+4{,}5}{+18} = 0{,}25$	$\frac{+20{,}5}{+82} = 0{,}25$	$\frac{-3{,}0}{-12} = 0{,}25$

Die Flüssigkeitsstandsänderung ist immer 0,25-mal so groß wie die Temperaturänderung. Daher kann man die Skala am Thermometer gleichmäßig einteilen: Eine doppelt so große Temperaturänderung führt zu einer doppelt so großen Flüssigkeitsstandsänderung.

Information

(1) Änderungsrate bei linearen Funktionen

Verändert man bei einer Funktion den Ausgangswert von x_1 auf x_2, so ändert sich der zugehörige Funktionswert von $f(x_1)$ auf $f(x_2)$. Man kann die beiden Änderungen vergleichen, indem man den Quotienten $\frac{f(x_2) - f(x_1)}{x_2 - x_1}$ bildet.

Dieser Quotient heißt **Änderungsrate**.

Er gibt an, mit welchem Faktor man die Änderung $x_2 - x_1$ der Ausgangswerte multiplizieren muss, um die Änderung $f(x_2) - f(x_1)$ der zugehörigen Funktionswerte zu erhalten.

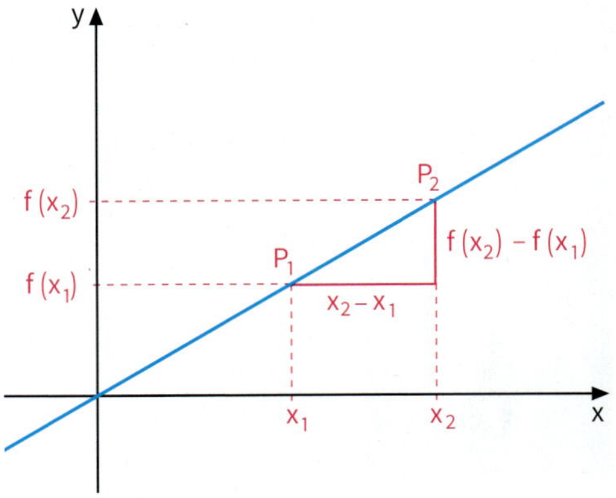

Anhand der Berechnungsvorschrift der Änderungsrate erkennt man, dass sie mit der Steigung der Verbindungsstrecke der beiden Punkte $P_1(x_1|f(x_1))$ und $P_2(x_2|f(x_2))$ übereinstimmt. Ist der Graph eine Gerade, so ist die Änderungsrate überall gleich.

Beispiel: Für die Funktion *Temperatur → Flüssigkeitsstand* bei dem Thermometer in Aufgabe 1 beträgt die Änderungsrate $0{,}25\,\frac{\text{cm}}{°\text{C}}$.

(2) Änderungsrate allgemein

Im Allgemeinen kann man bei einer Funktion nicht von *der* Änderungsrate sprechen, da sie in verschiedenen Bereichen verschieden groß ist. Z. B. gilt für das Beispiel rechts für die Änderungsrate

(1) zwischen 6 und 7 Uhr

$$\frac{0{,}9\,°\text{C} - 1{,}8\,°\text{C}}{7\,\text{h} - 6\,\text{h}} = -0{,}9\,\frac{°\text{C}}{\text{h}}$$

(2) zwischen 9 und 10 Uhr

$$\frac{11{,}1\,°\text{C} - 8{,}2\,°\text{C}}{10\,\text{h} - 9\,\text{h}} = 2{,}9\,\frac{°\text{C}}{\text{h}}$$

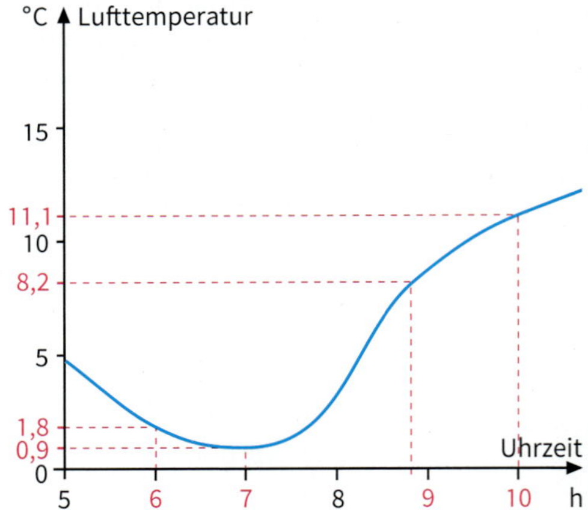

Weiterführende Aufgaben

Unterschiedlich große Steigungsdreiecke bei gleicher Steigung

2. Zeichne den Graphen der Funktion f mit

a) $f(x) = 1{,}2x$
b) $f(x) = 0{,}6x$
c) $f(x) = -1{,}5x$
d) $f(x) = -\frac{3}{4}x$

Wie ändert sich der Funktionswert, wenn man den Wert für x

(1) um 1 vergrößert,
(2) um 2 vergrößert,
(3) um 5 vergrößert,
(4) um 1 vermindert?

Zeichne auch entsprechende Steigungsdreiecke.

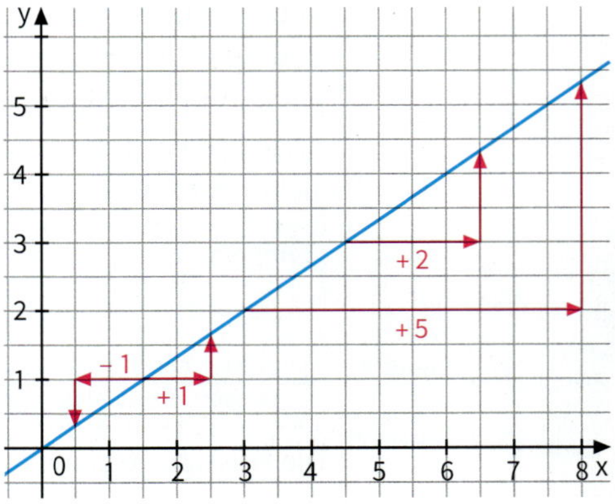

Geeignete Steigungsdreiecke für das Zeichnen des Graphen

3. Zeichne (ohne Wertetabellen anzulegen) die Graphen der linearen Funktionen der Form $y = m \cdot x$ mit den Steigungen $m = 5$; $m = -0{,}2$; $m = 1$; $m = -1{,}3$; $m = \frac{2}{3}$ in dasselbe Koordinatensystem. Gehe jeweils vom Ursprung O (0 | 0) aus. Überlege, ob es günstiger ist, nur einen Schritt oder mehrere Schritte nach rechts oder sogar nach links zu gehen.

Zeichnen des Graphen der direkt proportionalen Funktion mit der Gleichung $y = mx$

1. Fall: $m > 0$ *Beispiel:* $m = 2$

Gehe vom Ursprung O (0 | 0) aus

1 Schritt nach rechts und 2 Schritte nach oben oder

2 Schritte nach rechts und $2 \cdot 2$ Schritte nach oben

oder ... oder auch

1 Schritt nach links und 2 Schritte nach unten oder ...

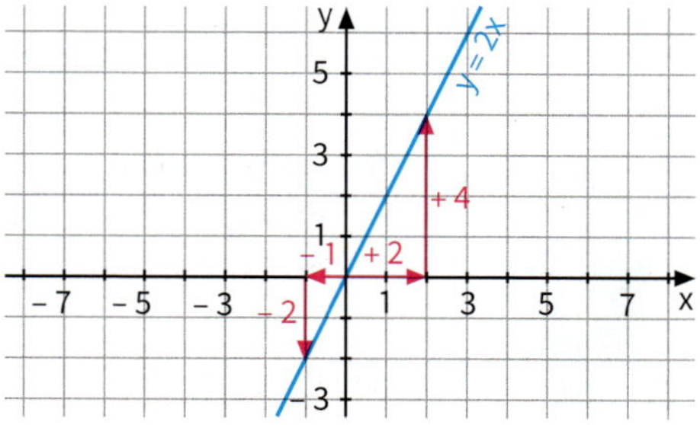

2. Fall: $m < 0$ *Beispiel:* $m = -1{,}5$

Gehe vom Ursprung O (0|0) aus

1 Schritt nach rechts und 1,5 Schritte nach unten oder

2 Schritte nach rechts und $2 \cdot 1{,}5$ Schritte nach unten

oder ... oder auch

1 Schritt nach links und 1,5 Schritte nach oben oder ...

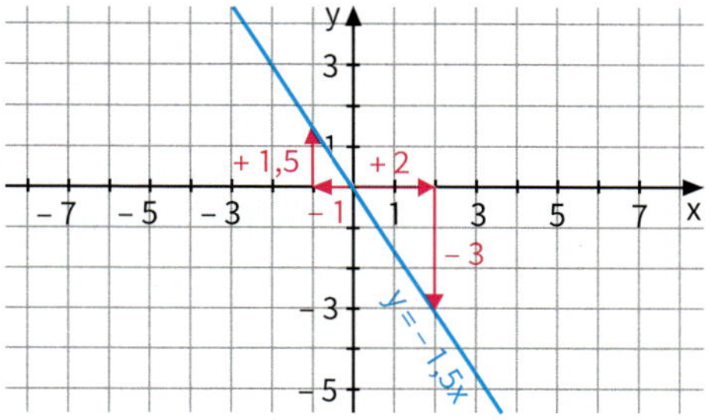

Übungsaufgaben

4. Gib zunächst an, ob die Gerade zu der angegebenen Funktion steigt oder fällt. Zeichne sie dann mithilfe eines geeigneten Steigungsdreiecks und gib ihre Steigung an.

a) $y = 3x$ **b)** $y = -2x$ **c)** $y = 1{,}4x$ **d)** $y = -0{,}5x$ **e)** $y = -1{,}2x$

5. Ein geradliniger Autobahnabschnitt von 4 km Länge überwindet einen Höhenunterschied von 110 m. Wie groß ist die Steigung?

6. Wie ändert sich der Funktionswert, wenn man x

(1) um 1; **(2)** um 2; **(3)** um 3 erhöht?

Welchen Wert hat die Steigung m der Geraden?

a)

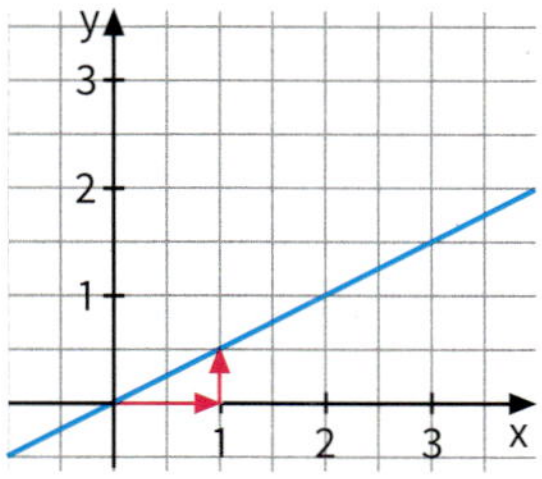

b)

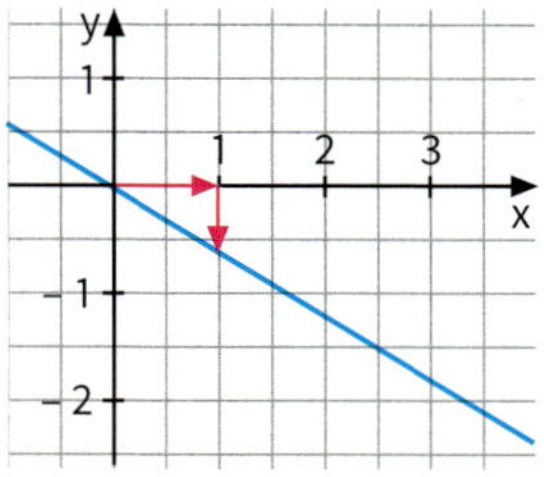

c)

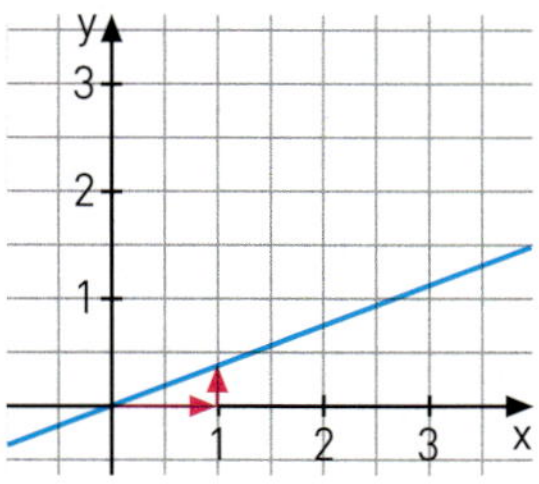

7. Zeichne für verschiedene Werte von m die Graphen von Funktionen mit der Gleichung $y = m \cdot x$ in ein Koordinatensystem. Wie ändert sich der Graph, wenn man den Faktor m ändert? Du kannst auch einen grafikfähigen Taschenrechner verwenden.

8. Zeichne mithilfe eines Steigungsdreiecks den Graphen der Funktion, ohne eine Wertetabelle anzulegen. Wie ändert sich der Funktionswert, wenn man x
(1) um 4 erhöht; **(2)** um 5 erhöht; **(3)** um 5 vermindert?

a) $f(x) = 2{,}4x$ **c)** $f(x) = 0{,}3x$ **e)** $f(x) = -\frac{4}{5}x$ **g)** $g(x) = -0{,}4x$ **i)** $g(x) = -x$

b) $f(x) = 1{,}4x$ **d)** $f(x) = -\frac{x}{4}$ **f)** $f(x) = \frac{x}{7}$ **h)** $g(x) = -\frac{x}{10}$ **j)** $h(x) = -\frac{7}{2}x$

Gib auch die Änderungsrate an. Was gibt sie an?

9. Rechts siehst du Fabians Hausaufgaben. Kontrolliere sie. Wie könntest du ihm erklären, was er falsch gemacht hat?

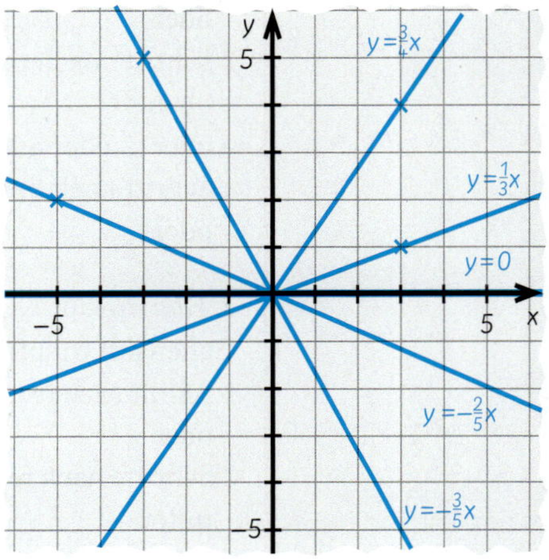

10. Zeichne den Graphen der linearen Funktion mit $y = m \cdot x$. Gehe dabei vom Ursprung
a) um 1 nach rechts, um 1,6 nach oben;
b) um 1 nach rechts, um 1,8 nach unten;
c) um 2 nach rechts, um 5,4 nach oben;
d) um 5 nach links, um 6 nach unten;
e) um 3 nach rechts, um 5,4 nach oben.
Gib die Steigung m, die Funktionsgleichung und die Änderungsrate an.

11. Notiere zu jeder Geraden die Steigung. Gib auch die Funktionsgleichung an.

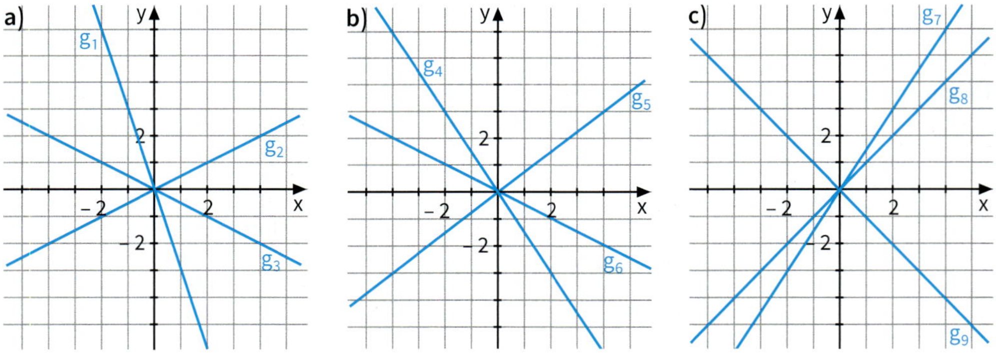

12. Jeder zeichnet drei Geraden, die durch den Ursprung gehen, in ein Koordinatensystem und lässt seinen Partner die dazugehörige Funktionsgleichung aufstellen.

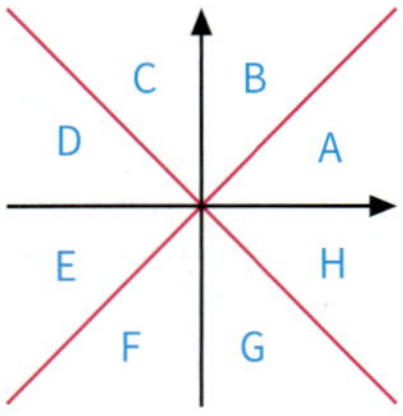

13. Links wurde das Koordinatensystem in acht Bereiche unterteilt. Die Achsen haben beide gleiche Einteilung. In welchen Bereichen verläuft der Graph zu

a) $y = \frac{1}{2}x$; **b)** $y = -2x$; **c)** $y = 2x$; **d)** $y = -\frac{3}{4}x$?

14. Lauter Superlative!

Steilste Zahnradbahn der Welt ist die Pilatusbahn in der Schweiz:
Maximale Steigung:
48 %

Steilste präparierte Skipiste in Österreich ist die Harakiri im Zillertal:
Durchschnittliches Gefälle:
78 %

Steilster Weinberg Europas ist der Calmont an der Mosel:
Größte Steigung:
65 %

Zeichnet die Profile dieser Steigungen und vergleicht auch mit der Winkelhalbierenden $y = x$ bzw. $y = -x$.

15. Der Graph einer linearen Funktion mit $y = m \cdot x$ geht durch den Punkt P:

a) $P(1|5)$ **b)** $P(1|-3)$ **c)** $P\left(1\middle|-\frac{3}{2}\right)$ **d)** $P(5|-2)$ **e)** $P(3|5{,}1)$ **f)** $P(-1|-4)$

Notiere die Steigung m und die Funktionsgleichung.

16. Wer hat die Steigung zum rechts abgebildeten Graphen richtig berechnet?

Aisha	Nick	Jule
$m = \frac{\Delta y}{\Delta x} = -\frac{1}{0{,}5} = -2$	$m = \frac{\Delta y}{\Delta x} = -\frac{0{,}5}{1} = -0{,}5$	$m = \frac{\Delta y}{\Delta x} = \frac{4}{8} = -0{,}5$

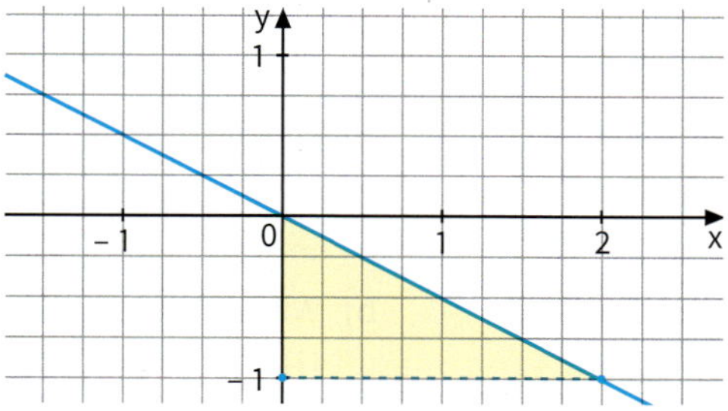

17. Stelle den folgenden Sachverhalt grafisch dar. Bestimme die Änderungsrate mit den Einheiten. Welche Bedeutung hat sie?

a) Marcs Eltern bekommen Heizöl geliefert.
Marc beobachtet die Tankuhr am Heizöltank und notiert die Werte in einer Tabelle.

Fülldauer (in min)	0	5	10	15	20
Tankinhalt (in l)	1 200	1 650	2 100	2 550	3 000

b) Die Position eines Testzugs wird in Abhängigkeit von der Zeit festgestellt.

Zeit (in min)	0	5	10	15	20	25	30
Entfernung (in km)	13,7	17,9	22,1	26,3	30,5	34,7	38,9

c) Ein Gefäß wird mit Öl gefüllt und dabei gewogen:

Füllmenge (in cm^3)	0	100	200	300	400	500	600
Masse (in g)	572	645	718	791	864	937	1 010

2.3 Lineare Funktionen mit der Funktionsgleichung y = m x + n

Einstieg

Eine Schraubenfeder hat (unbelastet) eine Länge von 6 cm. Die Länge ändert sich, wenn man die Feder mit Wägestücken belastet, und zwar um 0,5 cm je kg Belastung.

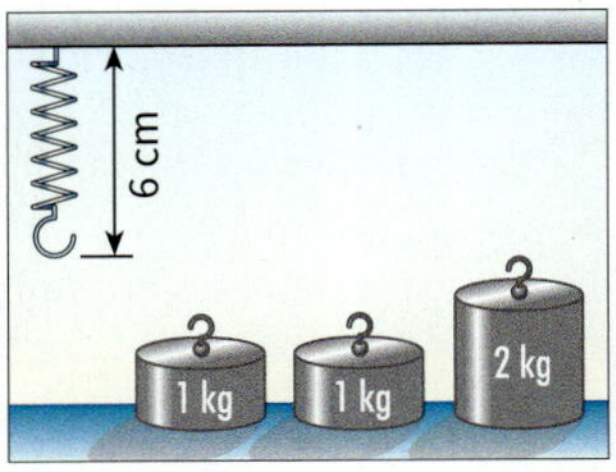

a) Legt für die folgenden Funktionen jeweils eine Wertetabelle an.
Masse (in kg) → Verlängerung der Feder (in cm)
Masse (in kg) → Federlänge (in cm)
Zeichnet damit ihre Graphen und vergleiche sie.

b) Notiert die Funktionsgleichung.

c) Wie ändert sich die Länge der Feder, wenn man die Masse
(1) um 2,4 kg erhöht; (2) um 1,8 kg verringert?

d) Bei welcher Belastung hat die Feder die Länge (1) 8 cm; (2) 9,5 cm; (3) 10,2 cm?

e) Die Feder darf, ohne Schaden zu nehmen, nur bis zu einer Länge von 20 cm ausgezogen werden. Mit wie viel kg darf man die Feder höchstens belasten?

Aufgabe 1

Lineare Funktion

a) 1 m^3 Kies wiegt 2 Tonnen.
(1) Notiere für die Funktion
Kiesvolumen x (in m^3) → Kiesmasse y (in t)
die Funktionsgleichung.
Zeichne den Graphen.
(2) Ein Lastwagenanhänger wiegt leer 3 Tonnen und wird mit Kies beladen.
Zeichne in dasselbe Koordinatensystem den Graphen der Funktion *Kiesvolumen x (in m^3) → Gesamtmasse des Anhängers y (in t)*.
Notiere die Funktionsgleichung.

b) Wähle als Definitionsbereich ℚ und als Funktionsterm:
(1) 2 x; (2) 2 x + 3; (3) 2 x − 6.
Zeichne alle drei Graphen in dasselbe Koordinatensystem: Wie kommt man von dem ersten Graphen zu den beiden anderen? Wie kann man das an dem Term erkennen?

Lösung

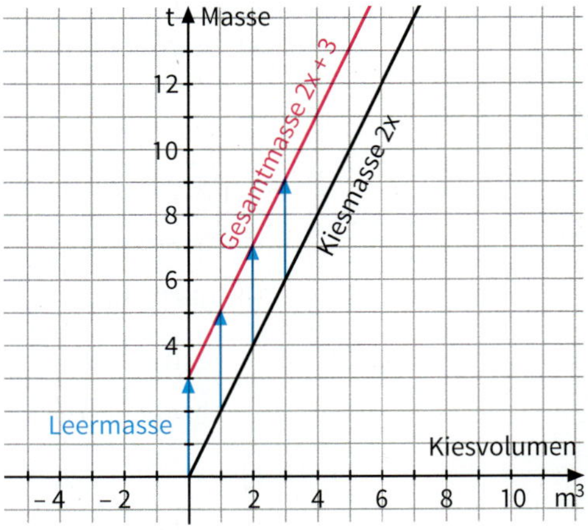

a) (1) 1 m^3 Kies wiegt 2 Tonnen, folglich gilt:
x m^3 Kies wiegen 2 x Tonnen.
Funktionsgleichung: y = 2 x
(2) Die Gesamtmasse setzt sich zusammen aus der Masse der Kiesladung, 2 x Tonnen, und der Masse des leeren Anhängers, 3 Tonnen.

Kiesmasse | Leermasse

Funktionsgleichung: y = 2 x + 3

Die Gesamtmasse ist immer um 3 t größer als das Kiesmasse. Du kommst also vom ersten Graphen (Kiesmasse) zum zweiten Graphen (Gesamtmasse), indem du überall um 3 Einheiten nach oben gehst.
Das bedeutet: Wenn du den ersten Graphen *um 3 Einheiten nach oben verschiebst*, erhältst du den zweiten.

b) Jetzt dürfen auch negative Zahlen für x eingesetzt werden, da die gesamte Menge $\mathbb{Q}$ der rationalen Zahlen Definitionsbereich ist. Der Graph zum Funktionsterm 2 x ist eine Gerade mit der Steigung 2 durch den Ursprung.

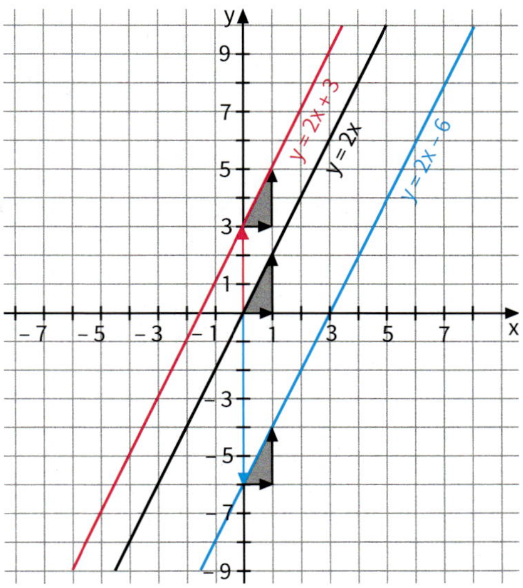

Der Funktionsterm $2x + 3$ ist für jeden Wert von x um 3 größer als der Funktionsterm 2 x. Man erhält also den Graphen zu $y = 2x + 3$, indem man den Graphen zu $y = 2x$ um 3 Einheiten nach oben schiebt. Diese verschobene Gerade hat ebenfalls die Steigung 2.
Der Funktionsterm $2x - 6$ ist für jeden Wert von x um 6 kleiner als der Funktionsterm 2 x. Man erhält den Graphen zu $y = 2x - 6$, indem man den Graphen zu $y = 2x$ um 6 Einheiten nach unten schiebt. Diese verschobene Gerade hat ebenfalls die Steigung 2.
Wenn man den Graphen zu $y = 2x$

- *um 3 Einheiten nach oben verschiebt*, erhält man den Graphen zu $y = 2x + 3$;
- *um 6 Einheiten nach unten verschiebt,* erhält man den Graphen zu $y = 2x - 6$.

Information

Eine Funktion mit der Funktionsgleichung $y = mx + n$ heißt **lineare Funktion**.
Der Graph einer linearen Funktion ist eine Gerade.
m ist die *Steigung* der Geraden.
Die Gerade schneidet die y-Achse im Punkt $P(0|n)$. n nennt man daher *y-Achsenabschnitt*.

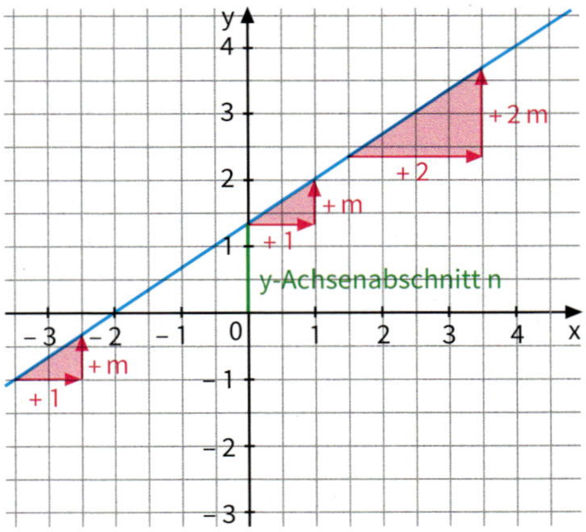

Anmerkung: Der Definitionsbereich einer linearen Funktion ist die Menge $\mathbb{Q}$ aller rationalen Zahlen (falls nichts anderes vereinbart wird).

Weiterführende Aufgaben

Zeichnen des Graphen einer linearen Funktion mithilfe von m und n

2. Gegeben ist die Funktionsgleichung einer linearen Funktion. Notiere die Steigung m und den y-Achsenabschnitt n. Zeichne den Graphen.

a) $y = \frac{3}{4}x - 2$
b) $y = -\frac{1}{3}x + 1$
c) $y = \frac{2}{3}x - 1$
d) $y = -1{,}5x + 2$
e) $y = -x + 4{,}5$
f) $y = x$
g) $y = -3$
h) $y = 0$

Anmerkung: Die Gleichung $y = x$ ist eine kurze Schreibweise für $y = 1 \cdot x + 0$.
Die Gleichung $y = -3$ ist eine kurze Schreibweise für $y = 0 \cdot x - 3$.

Anleitung zum Zeichnen des Graphen einer linearen Funktion mithilfe der Steigung m und des y-Achsenabschnitts n

Gegeben ist die Funktionsgleichung $y = mx + n$.

Der Graph der linearen Funktion ist eine Gerade und daher durch zwei Punkte festgelegt.

(1) Ein Punkt der Geraden ist durch den y-Achsenabschnitt n schon gegeben: $P(0|n)$.

(2) Einen weiteren Punkt kann man mithilfe der Steigung finden:
Gehe von P aus um 1 nach rechts und um m nach oben.

Beispiel: $m = \frac{2}{3}$ und $n = 2$

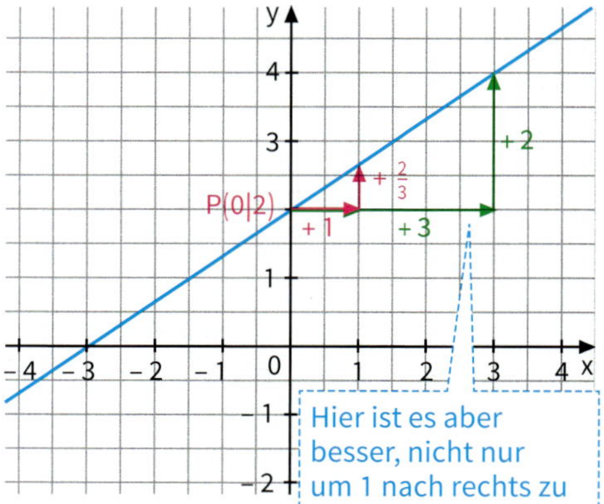

Hier ist es aber besser, nicht nur um 1 nach rechts zu gehen, sondern z. B. um 3 nach rechts und um 2 nach oben zu gehen.

Lage zweier Geraden zueinander

3. Zeichne die Graphen der beiden linearen Funktionen in dasselbe Koordinatensystem. Beschreibe ihre Lage zueinander.

(1) $y = 0{,}5x - 1{,}5$
$y = \frac{1}{4}x + 1$

(2) $y = 2x + 3$
$y = 2x - 4$

(3) $y = -4 - 4x$
$2y + 8x = -8$

Gleichung zuerst nach y auflösen

Lage zweier Geraden zueinander

(1) Haben zwei Geraden übereinstimmende Steigungen, so sind sie parallel zueinander.

Stimmen auch noch die y-Achsenabschnitte überein, sind die Geraden identisch.

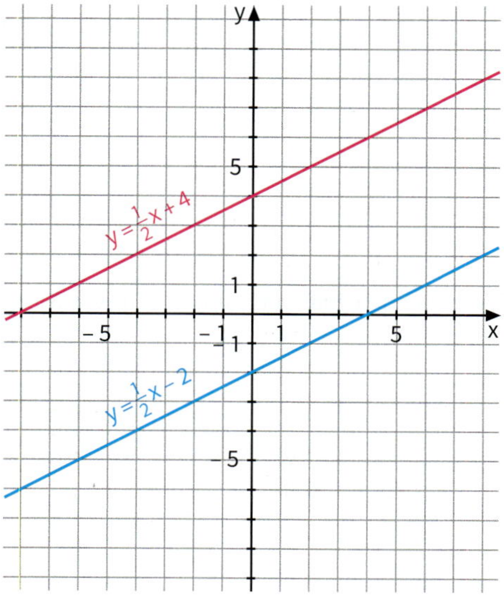

(2) Haben zwei Geraden verschiedene Steigungen, so schneiden sie sich in einem Punkt.

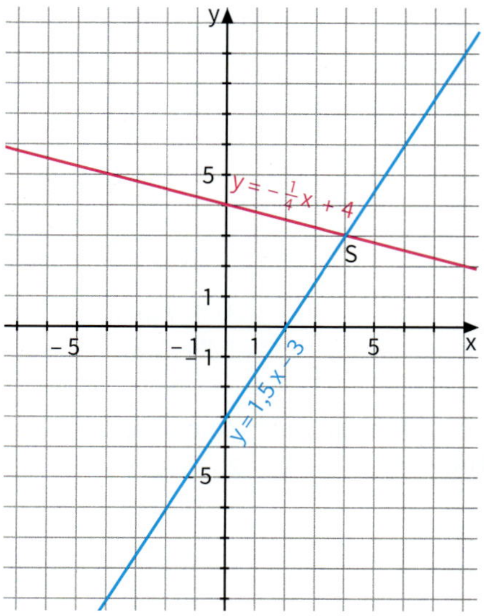

Übungsaufgaben

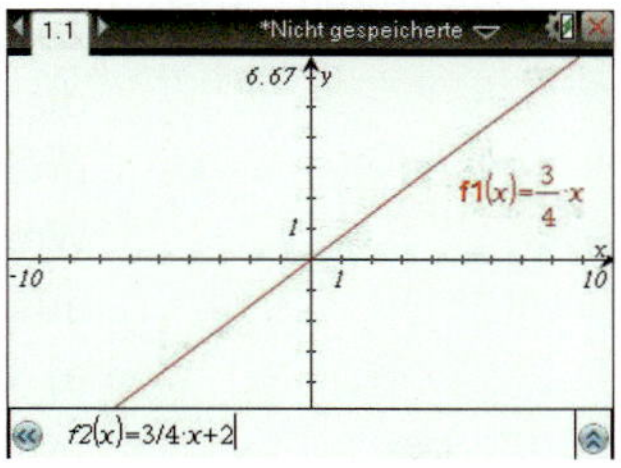

4. a) Zeichne den Graphen zu $y = \frac{3}{4}x$ sowie die Graphen zu $y = \frac{3}{4}x + n$ für verschiedene Werte von n. Welchen Einfluss hat der Parameter n auf den Graphen? Du kannst auch einen GTR benutzen.

b) Untersuche diese Fragestellung auch für Geraden mit anderen Steigungen.

5. Eine Kerze ist anfangs 21 cm lang. Beim Brennen wird sie stündlich um 1,2 cm kürzer.

a) Zeichne den Graphen der Funktion *Brenndauer x (in Stunden) → Länge y (in cm).*

b) Notiere die Funktionsgleichung.

c) Wie lang ist die Kerze nach **(1)** 5 Stunden; **(2)** 7,5 Stunden; **(3)** 12,5 Stunden?

d) Nach wie viel Stunden ist die Kerze nur noch 3,8 cm lang?

e) Nach wie viel Stunden ist die Kerze abgebrannt?

ϑ (Theta) griechischer Buchstabe

6. Da sich Eisen bei Erwärmung ausdehnt, haben Stahlbrücken Dehnungsfugen eingebaut. Die Funktion *Temperatur (in °C) → Breite der Dehnungsfuge (in mm)* ist eine lineare Funktion.
Die Dehnungsfuge einer Stahlbrücke wurde bei unterschiedlichen Temperaturen gemessen (Tabelle rechts).

Temperatur ϑ (in °C)	Fugenbreite b (in mm)
0	48
25	28

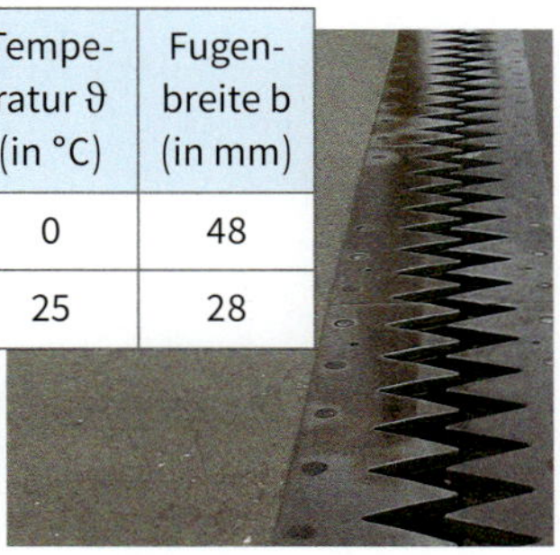

a) Bestimme die Funktionsgleichung, zeichne den Graphen.

b) Berechne jeweils die Fugenbreite für die Temperaturen: 30 °C; 10 °C; −10 °C; −15 °C.

c) Bei welcher Temperatur ist die Dehnungsfuge 54 mm breit?

d) Welche Höchsttemperatur hat man bei der Konstruktion der Brücke angenommen?

7. Beim Tauchen in großer Tiefe ist man einem hohen Wasserdruck ausgesetzt. Das Auftauchen darf nur langsam geschehen, damit ein Druckausgleich im Körper des Tauchers stattfinden kann. Ein Taucher befindet sich in 22 m Tiefe. Pro Minute kann er um 5 m auftauchen. Jeder Partner bestimmt die Funktionsgleichung der Funktion *Auftauchdauer (in min) → Tauchtiefe (in m)* und zeichnet den Graphen. Stellt euch anschließend abwechselnd Fragen, die sich mithilfe dieses Graphen beantworten lassen.

8. Zeichne den Graphen der linearen Funktion. Verschiebe dann den Graphen um
(1) 4 Einheiten nach oben **(2)** um 1 Einheit nach unten
und gib für den neuen Graphen die entsprechende Funktionsgleichung an.

a) $y = 1{,}5\,x$ b) $y = -4\,x$ c) $y = -\frac{2}{3}x$ d) $s = \frac{5}{4}r$ e) $v = -\frac{u}{5}$

9. Zeichne den Graphen der linearen Funktion f. In welchem Punkt schneidet er die y-Achse? Zeichne den Graphen derjenigen linearen Funktion g, deren Graph die gleiche Steigung m hat und durch den Ursprung verläuft. Notiere deren Funktionsgleichung $y = g(x)$.

a) $f(x) = 0{,}4\,x + 1$ b) $f(x) = -\frac{1}{2}x + 3{,}5$ c) $f(x) = x - \frac{4}{5}$ d) $f(x) = -\frac{3}{4}x - \frac{5}{2}$

10. Zeichne in dasselbe Koordinatensystem die Graphen der linearen Funktionen f, g und h.
Wie gehen die Graphen der Funktionen auseinander hervor?

a) $f(x) = 0{,}5x + 4$
$g(x) = 0{,}5x$
$h(x) = 0{,}5x - 2$

b) $f(x) = -1{,}5x + 5$
$g(x) = -1{,}5x - 4$
$h(x) = -1{,}5x$

11. Rechts siehst du Sophies Hausaufgaben. Kontrolliere sie.

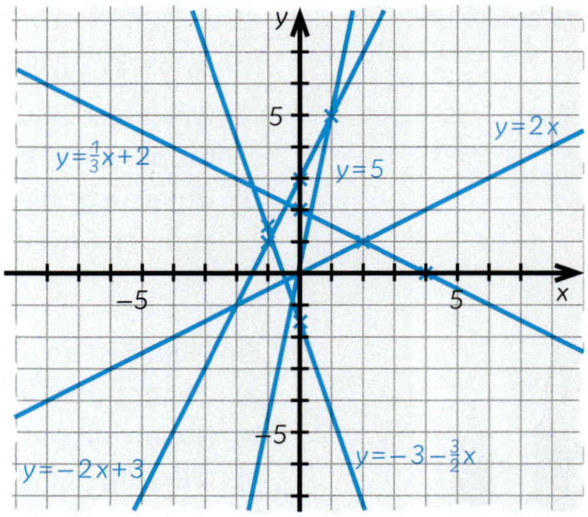

12. Jeder Partner zeichnet die Graphen der angegebenen linearen Funktionen in ein Koordinatensystem. Danach lässt er seine Zeichnungen von seinem Partner kontrollieren.

a)

Partner A
$y = 2x + 1$
$y = -2x - 1$
$y = \frac{1}{4}x + 5$
$y = -\frac{2}{5}x + \frac{1}{2}$
$y = -\frac{3}{4}x - \frac{3}{4}$

Partner B
$y = 2x - 1$
$y = -2x - 3$
$y = -\frac{1}{4}x + 2$
$y = -\frac{3}{4}x - 2$
$y = -\frac{3}{5}x - \frac{1}{2}$

b)

Partner A
$y = 1{,}5x + 1$
$f(x) = 0{,}4x$
$y = 4 - 0{,}5x$
$y = \frac{x}{2} - 3$
$f(x) = -\frac{3}{2}$

Partner B
$y = -2{,}5x - 1$
$y = 0{,}8x$
$f(x) = 3 + 0{,}25x$
$y = \frac{x}{3} - 2$
$f(x) = \frac{5}{2}$

13. Wie lautet die Funktionsgleichung zu jeder der fünf Geraden?
Vergleiche die Funktionsterme.

a)

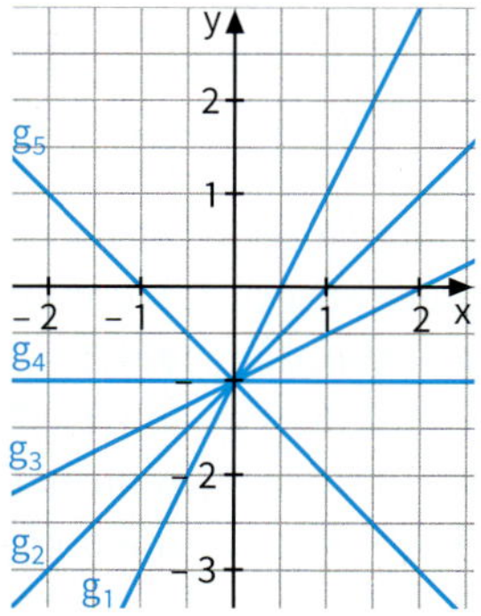

b)

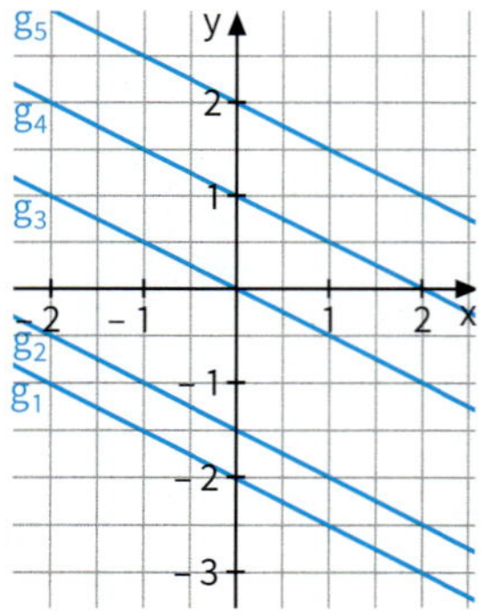

14. Jeder zeichnet drei Geraden in ein Koordinatensystem und lässt seinen Partner die dazugehörige Funktionsgleichung aufstellen.

15. Bestimme zu jedem Graphen die Funktionsgleichung.

a)

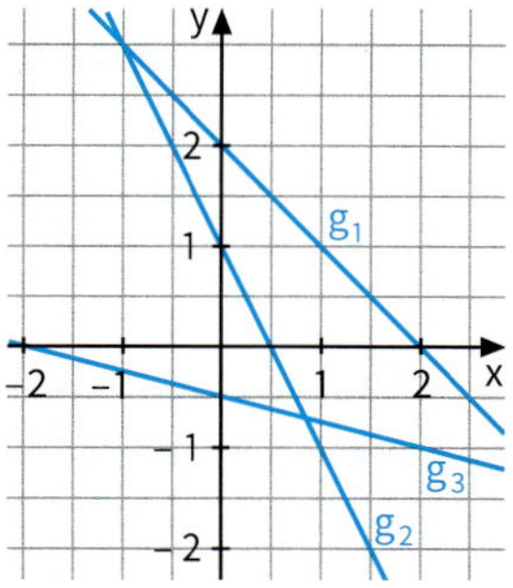

b)

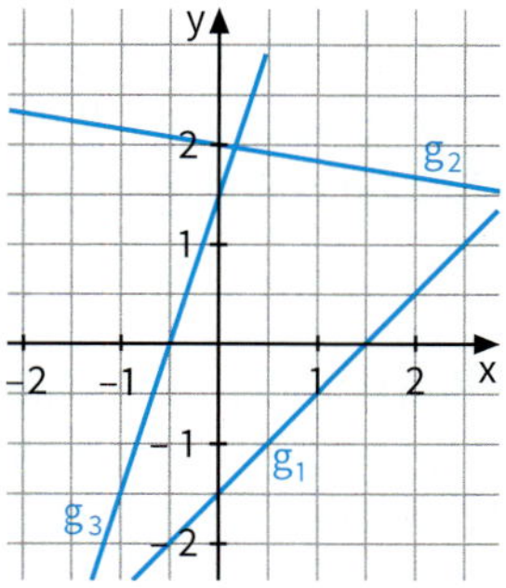

c)

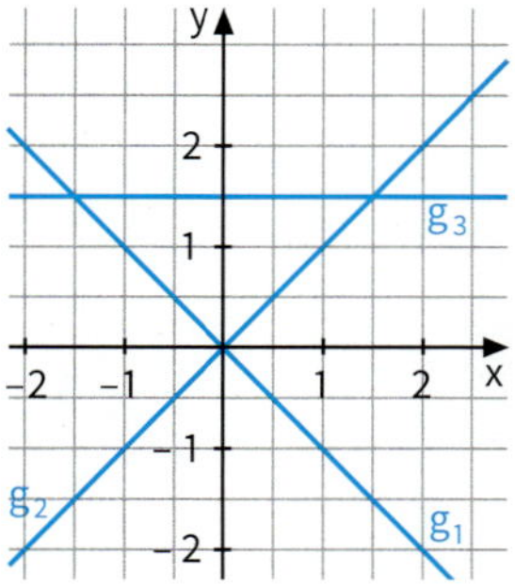

16. Zeichne den Graphen der linearen Funktion f. Wie ändert sich der Funktionswert, wenn man den Wert für x um 1 vergrößert?
Welche Steigung und welchen y-Achsenabschnitt hat die Gerade?
Notiere die Funktionsgleichung.

a) $f(x) = 0 \cdot x + 4$ **c)** $f(x) = 3$ **e)** $f(x) = 0$
b) $f(x) = 0 \cdot x - 1$ **d)** $f(x) = -3$ **f)** $f(x) = x$

17. Ermittle rechnerisch, ob die angegebenen Punkte auf dem Graphen der Funktion liegen. Kontrolliere anschließend zeichnerisch.

a) $y = -2x + 3$; $P_1(1|1)$, $P_2(5|-1)$, $P_3(-3|-3)$, $P_4(0|1{,}5)$
b) $y = \frac{1}{2}x - 4$; $P_1(0|4)$, $P_2(4|2)$, $P_3(-4|-6)$, $P_4(5|-1{,}5)$
c) $y = -\frac{2}{3}x + 5$; $P_1(3|3)$, $P_2(1|6)$, $P_3(-3|7)$, $P_4\left(2\middle|3\frac{2}{3}\right)$
d) $y = 0{,}8x + 2{,}5$; $P_1(5|4{,}5)$, $P_2(0|3)$, $P_3(-3|0)$, $P_4(-1|3{,}3)$

18. Gib die Gleichung einer Geraden an, für die Folgendes gilt:
(1) Sie verläuft nur durch den 1. und 3. Quadranten.
(2) Sie verläuft durch die ersten drei Quadranten.
(3) Sie verläuft nur durch zwei Quadranten.
Du kannst zur Kontrolle den Graphen zeichnen (lassen).

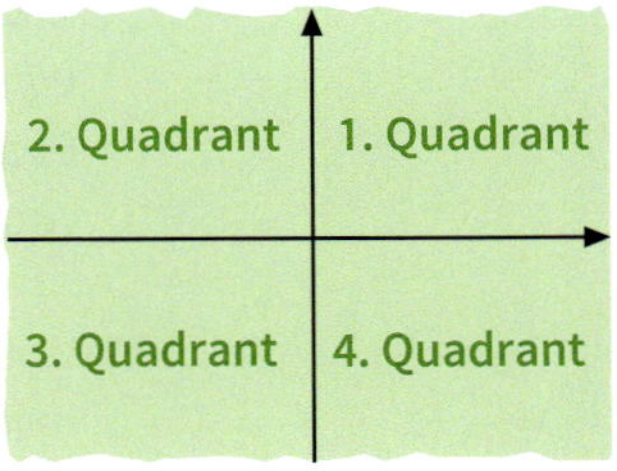

19. Beschreibe den Verlauf der Geraden zu $y = m x + n$ im Koordinatensystem in Abhängigkeit von der Steigung m und dem y-Achsenabschnitt n.

20. a) Ben, Tim, Mia und Eva haben den Graphen der linearen Funktion mit der Funktionsgleichung $y = 4x + 1$ gezeichnet. Vergleicht und erklärt die Unterschiede.

Ben:

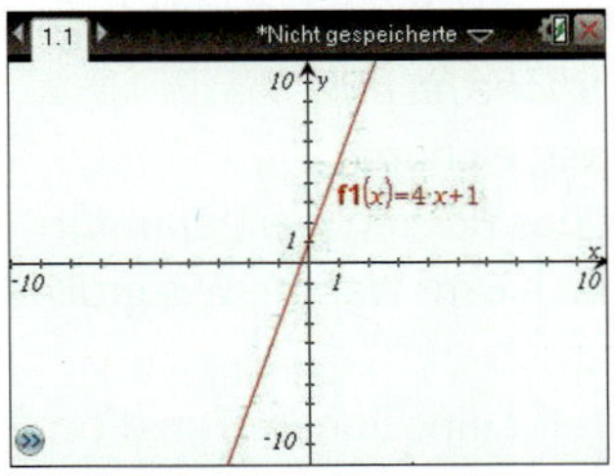

Tim:

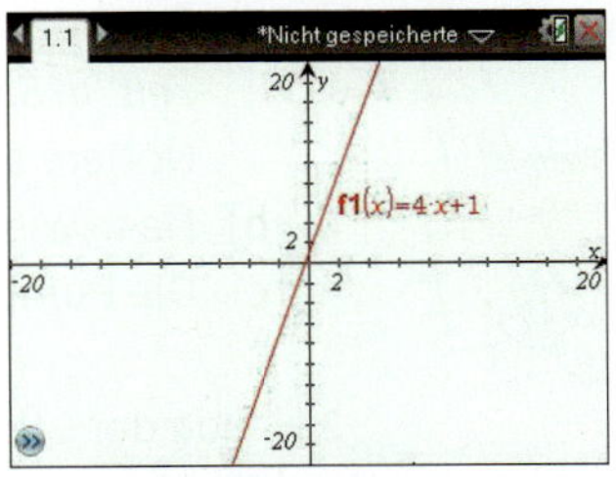

Mia:

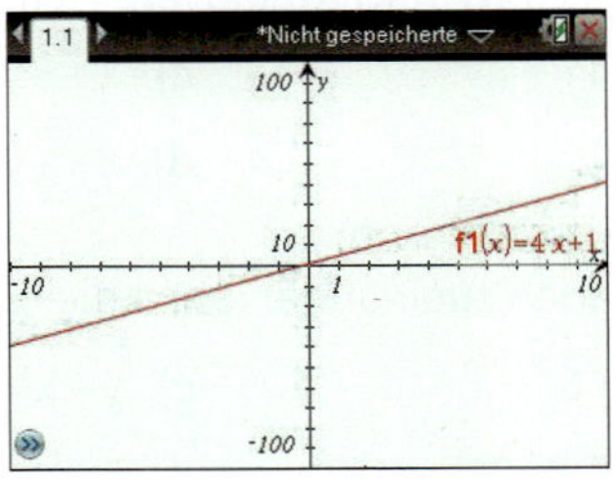

Eva:

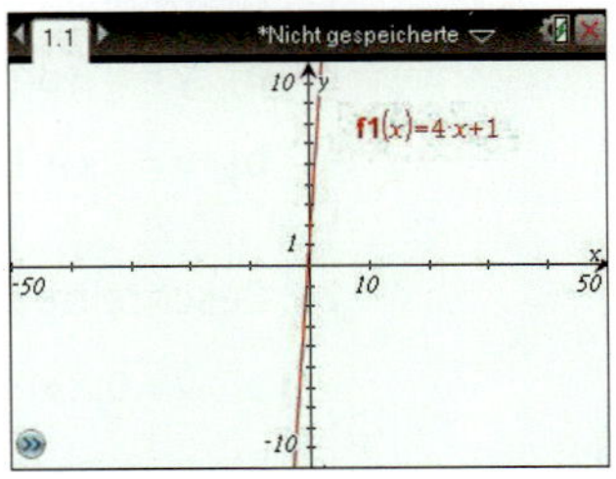

b) Zeichnet mithilfe des grafikfähigen Taschenrechners den Graphen der Funktion zu $y = -\frac{1}{2}x + 3$ so, dass er
(1) sehr flach, **(2)** etwas steil, **(3)** sehr steil wirkt.
Notiert eure Fenster-Einstellungen.

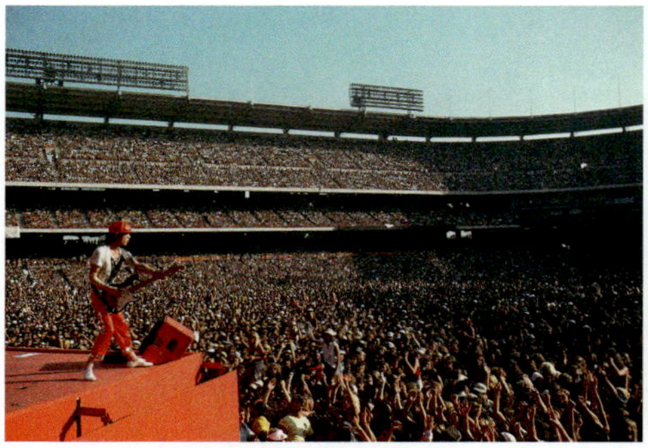

21. Ein Konzert einer Pop-Gruppe in einem 45 000 Personen fassenden Fußballstadion ist restlos ausverkauft. Nach dem Ende des Konzerts werden 6 Ausgänge geöffnet. Durch jeden von ihnen verlassen pro Minute 200 Besucher das Stadion. Betrachte die Funktion
Zeitpunkt nach Konzertende (in min) → Anzahl der Besucher, die noch im Stadion sind.
Erstelle für diese Funktion die Funktionsgleichung und zeichne den Graphen.

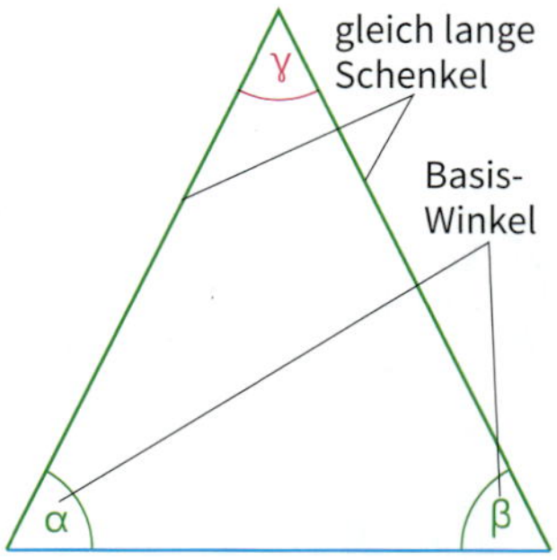

22. Bei gleichschenkligen Dreiecken ergibt sich aus der Größe der Basiswinkel eindeutig die Größe des dritten Winkels. Bestimme die Funktionsgleichung für die Funktion
Größe des Basiswinkels (in °) → Größe des dritten Winkels (in °).
Beachte auch, welche Werte für die Größe eines Basiswinkels möglich sind. Zeichne den Graphen.

23. Untersuche rechtwinklige Dreiecke auf die Abhängigkeit der beiden übrigen Winkel voneinander.
Erstelle eine Funktionsgleichung und zeichne den Graphen.

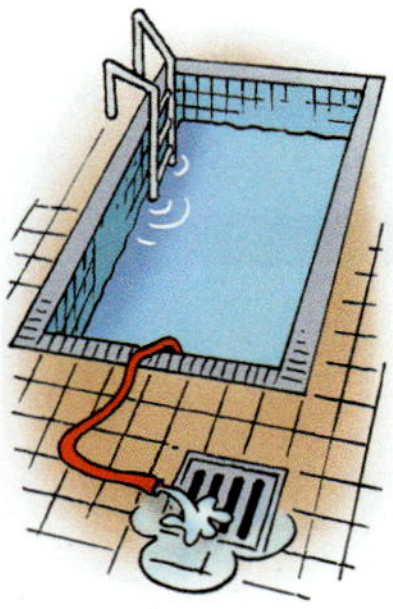

24. Ein quaderförmiges Schwimmbecken ist mit Wasser gefüllt, die Wasserhöhe beträgt 2,5 m. Das Schwimmbecken soll leer gepumpt werden. Dabei sinkt der Wasserspiegel in jeder Stunde um 0,4 m.
a) Zeichne mithilfe einer Wertetabelle den Graphen der Funktion
Zeit (in Stunden) → Wasserhöhe (in m).
Notiere auch die Funktionsgleichung.
b) Nach wie viel Stunden ist das Becken leer gepumpt?
c) Die Pumpe bewegt stündlich 6 m^3 Wasser. Wie groß ist die Grundfläche des Beckens?

25. Jede der Gleichungen beschreibt eine lineare Funktion. Zeichne jeweils die beiden Graphen in ein Koordinatensystem. Beschreibe ihre Lage zueinander.
a) $y = x - 3$ und $y = -3x - 11$
b) $y = -x + 1$ und $x + y = -1$
c) $x + 3y = 6$ und $6y = 12 - 2x$
d) $x - \frac{3}{2}y - 3 = 0$ und $\frac{3}{2}x - y - 3 = 0$

26. Beschreibe die Lage der Geraden zueinander, ohne die Geraden zu zeichnen.
a) $y = 0{,}5x$ und $y = -x + 6$
b) $2y + 3x = -4$ und $3y + 4{,}5x = 21$
c) $y - x = -19$ und $y - \frac{1}{3}x = 15$
d) $1{,}5y + x = 0{,}5$ und $3y = 1 - 2x$

27. Gegeben ist die Gerade g mit der Gleichung $y = 3x - 6$.
Gib die Gleichung einer Geraden an, die
a) parallel zu g ist und durch den Punkt P(0 | 2) verläuft;
b) denselben y-Achsenabschnitt wie g hat, aber fällt;
c) die x-Achse an derselben Stelle schneidet wie g.

2.4 Nullstellen linearer Funktionen – Lösen linearer Gleichungen

Ziel

Du kannst schon den Graphen einer linearen Funktion zeichnen, weiter kannst du etliche Gleichungen durch Umformen lösen. Hier lernst du, das Lösen linearer Gleichungen vom Typ $ax + b = c$ am Graphen einer linearen Funktion zu deuten.

Zum Erarbeiten

Nullstelle einer linearen Funktion

Heutzutage kann man mit einem Flugzeug fast um die halbe Welt fliegen. Dazu benötigt es große Mengen an Kerosin als Treibstoff. Haben die Flugzeuge erst einmal ihre Flughöhe (ca. 12000 m) erreicht, so fliegen sie gleichmäßig über weite Strecken. Langstreckenflugzeuge können bis zu 11000 km am Stück fliegen.
Ein Flugzeug startet mit 21,6 t Kerosin im Tank. Nach 500 km Flug sind noch 20 t im Tank.
Betrachte die Funktion *Flugstrecke x (in km) → Kerosinmenge y (in t)*; erstelle ihre Funktionsgleichung und zeichne ihren Graphen. Welche Vereinfachungen musst du dazu vornehmen?
Wie weit kann dieses Flugzeug höchstens fliegen?

→ Zur Vereinfachung nehmen wir an, dass das Flugzeug bei seinem Flug stets gleichmäßig viel Kerosin verbraucht.
Nach 500 km Flug hat sich die Kerosinmenge von 21,6 t auf 20 t verringert, das entspricht einen Verbrauch von 1,6 t auf 500 km, also in t pro km: $\frac{1,6}{500} = 0,0032$

Damit ergibt sich:
Kerosinverbrauch (in t) für x km: $0,0032 \cdot x$
Kerosinmenge (in t) nach x km: $21,6 - 0,0032 \cdot x$
Somit lautet die Funktionsgleichung: $y = 21,6 - 0,0032\,x$
Dieses ist die Gleichung einer Geraden.
Der y-Achsenabschnitt ist 21,6;
die Steigung −0,0032.
Das Flugzeug kann höchstens so lange fliegen, bis der Kerosinvorrat verbraucht ist, also den Wert 0 hat. Die zugehörige Flugstrecke kann man auf verschiedene Weise ermitteln:

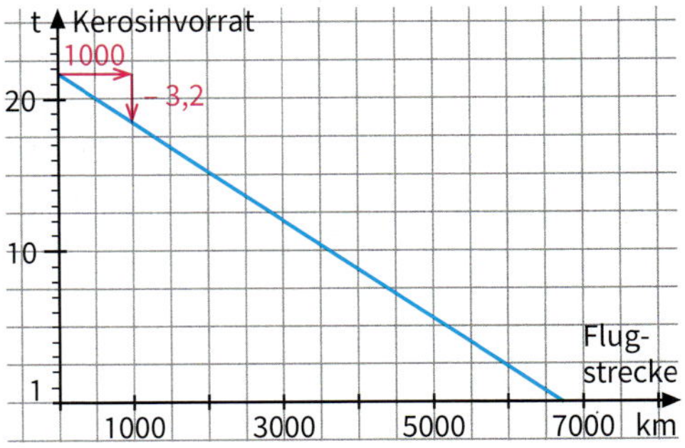

- Am Graphen kannst du sie am Schnittpunkt des Graphen mit der x-Achse ablesen, da hier $y = 0$ gilt. Du erhältst als Flugstrecke ungefähr 6 700 km.
- Du kannst auch mit einer Wertetabelle arbeiten.

x (in km)	0	500	1000	2 000	3 000	4 000	5 000	6 000	6 500
y (in t)	21,6	20	18,4	15,2	12	8,8	5,6	2,4	0,8

Einen genaueren Wert erhältst du mit noch kleineren Abständen in der Tabelle.
- Den genauen Wert kannst du durch Lösen einer Gleichung erhalten. Gesucht ist die Flugstrecke x (in km), für die der Kerosinvorrat y (in t) den Wert 0 hat, also:

$21,6 - 0,0032 \cdot x = 0 \quad | -21,6$
$-0,0032 \cdot x = -21,6 \quad | :(-0,0032)$
$x = 6\,750$

Ergebnis: Nach 6 750 km Flugstrecke ist der Kerosinvorrat aufgebraucht.

Information

Nullstelle einer Funktion

In der obigen Aufgabe haben wir die Flugstrecke gesucht, zu der die Kerosinmenge 0 gehört. Diese Flugstrecke ist im Graphen der Funktion *Flugstrecke x (in km) → Kerosinmenge y (in t)* die Stelle, an der die x-Achse geschnitten wird.

An der Nullstelle trifft der Graph die x-Achse.

Definition
Eine Stelle x_0, an der eine Funktion f den Wert 0 annimmt, heißt **Nullstelle** der Funktion.
Für eine Nullstelle gilt also $f(x_0) = 0$.

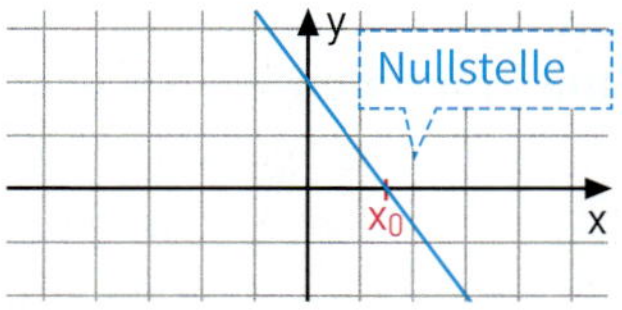

Zum Erarbeiten

Lösen einer linearen Gleichung am Graphen deuten

Aus Sicherheitsgründen darf ein Flugzeug nicht so weit fliegen, bis der Tank leer ist. Bestimme für das auf Seite 103 beschriebene Flugzeug, nach welcher Flugstrecke noch eine Mindestreserve von 3 t im Tank vorhanden ist. Lies zunächst am Graphen ab, rechne dann.

→ Zum Ablesen am Graphen gehst du vom auf der y-Achse eingetragenen Funktionswert 3 auf der y-Achse parallel zu x-Achse bis zum Graphen und von dort parallel zur y-Achse auf die x-Achse. Du liest ab:
$x \approx 5800$ km.
Zur exakten Bestimmung setzt du den Kerosinvorrat $y = 21{,}6 - 0{,}0032 \cdot x$ mit 3 gleich:

$$21{,}6 - 0{,}0032 \cdot x = 3 \quad | -21{,}6$$
$$-0{,}0032 \cdot x = -18{,}6 \quad | :(-0{,}0032)$$
$$x = 5812{,}5$$

Ergebnis: Nach 5 812,5 km ist nur noch der Mindestwert von 3 t Kerosin vorhanden.

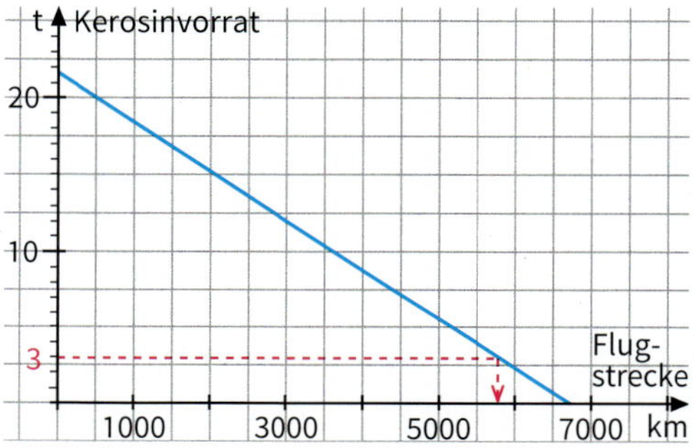

Information

In dem obigen Auftrag hast du ein Sachproblem auf zwei verschiedene Weisen gelöst: einmal durch Ablesen am Graphen und einmal durch Lösen einer Gleichung. Allgemein gilt:

Das Lösen einer linearen Gleichung der Form
$ax + b = c$
kann am Graphen der linearen Funktion mit der Gleichung $y = ax + b$ gedeutet werden:
An welcher Stelle (x-Wert) nimmt die Funktion den y-Wert c an?

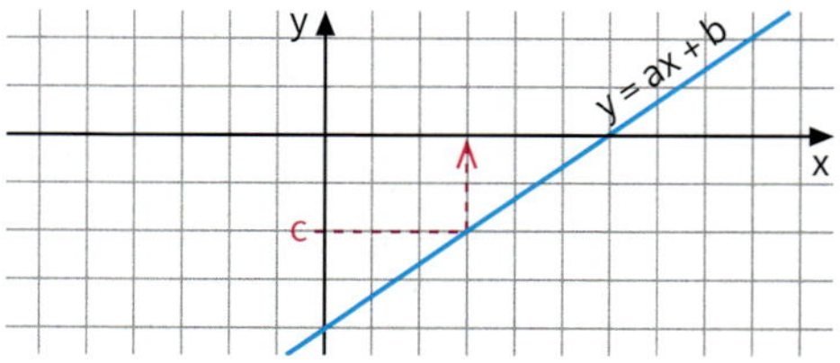

Zum Üben

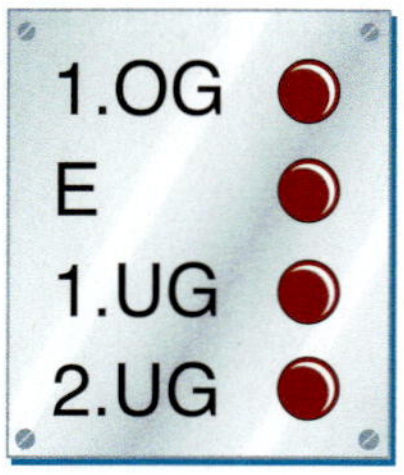

1. In einem Hochhaus befindet sich ein Fahrstuhl 80 m über der Erdoberfläche. In 2 Sekunden kann er über 2 Geschosse, also 6 m hinabfahren.
Nimm an, dass er unterwegs in keinem Stockwerk hält.

a) Erstelle die Funktionsgleichung für die Funktion *Fahrdauer (in s) → Höhe (in m)* und zeichne deren Graphen.

b) Wie lange dauert es, bis er im Erdgeschoss ankommt?

c) Wie lange dauert es, bis er im 3. Untergeschoss ankommt?

2. Zeichne den Graphen der Funktion. Bestimme ihre Nullstelle grafisch und rechnerisch.
a) $y = 2x - 5$ b) $y = -4x + 7$ c) $y = \frac{1}{2}x + 3$ d) $y = -\frac{3}{4}x - 2$

3. Berechne ohne Taschenrechner die Nullstelle der Funktion.
a) $y = -3x + 7$ c) $y = 0{,}3x + 15$ e) $y = \frac{3}{5}x - 7$ g) $y = 4x$
b) $y = 2x - 9$ d) $y = -1{,}2x - 9$ f) $y = -\frac{4}{3}x + 5$ h) $y = 3$

4. Ein Heißluftballon befindet sich in 200 m Höhe. Zum Landen verringert er seine Höhe mit der Sinkgeschwindigkeit $1{,}5\,\frac{m}{s}$.
a) Zeichne den Graphen der Funktion *Zeit (in s) → Höhe (in m)*.
b) Bestimme, wann der Ballon landet.
c) Ab wann unterschreitet der Ballon eine Mindesthöhe von 10 m?
d) Zum sicheren Landen darf die Sinkgeschwindigkeit bis auf höchstens $2\,\frac{m}{s}$ erhöht werden. Wie viel früher landet der Ballon dann?

5. Berechne die Stelle, an der die Funktion den angegebenen Funktionswert annimmt. Kontrolliere grafisch.
a) $y = -2x + 5$; Wert: 10 c) $y = -0{,}2x + 11$; Wert: 9,4 e) $y = \frac{3}{5}x - 7$; Wert: –4
b) $y = 3x - 5$; Wert: –4 d) $y = 1{,}5x - 7$; Wert: 3 f) $y = -\frac{4}{3}x + 5$; Wert: –1

6. Zeichne einen Funktionsgraphen, an dem du das Lösen der Gleichung verdeutlichst.
a) $2x - 3 = 4$ b) $-\frac{1}{2}x + 2 = 4$ c) $x + 2 = 5$ d) $4 = -x + 2$

7. Niklas und Lara haben die Nullstelle der Funktion f mit der Gleichung $y = \frac{4}{5}x - 1{,}2$ berechnet.
Vergleiche. Welche Lösung ist richtig? Was ist in der anderen Lösung falsch?

Niklas
$y = \frac{4}{5} \cdot 0 - 1{,}2$
$= -1{,}2$
Die Nullstelle ist – 1,2

Lara
$0 = \frac{4}{5}x - 1{,}2$
$1{,}2 = \frac{4}{5}x$
$x = 1{,}5$
Die Nullstelle ist 1,5.

8. Versuche die Nullstelle im Kopf zu bestimmen oder zu überschlagen, wo sie ungefähr liegt. Zeichne den Graphen der Funktion zur Kontrolle mit einem Rechner.
a) $y = 30 - 2x$ b) $y = 3{,}2x + 62$ c) $y = 0{,}04x - 4$ d) $y = 0{,}8x + 54$

9. Welche Bedeutung hat die Nullstelle der Funktion im Sachzusammenhang?
a) *Fahrstrecke (in km) → Tankinhalt (in l)*
b) *Brenndauer einer Kerze (in min) → Länge der Kerze (in cm)*
c) *Zeit vom Ablegen einer Fähre (in min) → Entfernung zur Anlegestelle (in m)*
d) *Anzahl der verschickten SMS → Guthaben auf der Prepaid-Karte (in €)*

10. Gib drei lineare Funktionen mit der Nullstelle $x_0 = 4$ an.

11. Der Graph einer linearen Funktion verläuft durch die Punkte P(3 | 4) und Q(5 | 3). Zeichne ihn und lies den y-Achsenabschnitt ab.
Welche Nullstelle hat diese Funktion? Wie lautet ihre Funktionsgleichung?

2.5 Geraden durch Punkte – Aufstellen linearer Funktionsgleichungen

2.5.1 Geraden durch zwei Punkte

Einstieg

Ein Flugzeug überquert den Nordpol in 11 km Höhe und misst als Außentemperatur −65 °C.
Ein anderes Flugzeug überquert den Nordpol zum selben Zeitpunkt in 8 km Höhe. Es misst als Außentemperatur −50 °C.
Welche Temperaturen herrschen in anderen Flughöhen?
Zeichnet den Graphen der Funktion *Höhe über dem Nordpol (in km) → Lufttemperatur in der Troposphäre (in °C).*
Erstellt dazu auch eine Funktionsgleichung.

Atmosphäre

Die Atmosphäre lässt in verschiedene Schichten gliedern. In der untersten, der Troposphäre, sinkt die Temeratur im Mittel um einige °C pro Kilometer. Dieser Bereich ist die wolkenreichste Schicht. Die Troposphäre reicht bis zur Tropopause; diese Grenzschicht liegt etwa zwischen 16 Kilometer Höhe über tropischen Regionen und 11 Kilometer über Polargebieten.

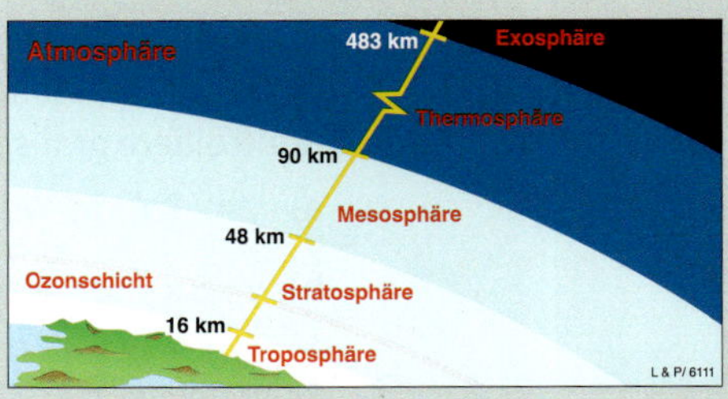

Aufgabe 1

Familie Wagner hat einen 6 200 Liter fassenden Regenwasserspeicher. In der Nacht beginnt zur Freude des Hausbesitzers ein lang andauernder, gleichmäßiger Regen (so genannter Landregen).
Um abschätzen zu können, was dieser Landregen bringt, misst er morgens um 5:30 Uhr den Wasserstand von 2 100 Litern und ein zweites Mal um 6:45 Uhr 2 450 Liter.

a) Beschreibe die Abhängigkeit der Wassermenge im Regenbehälter von der Dauer des Landregens durch eine Funktion.
b) Bestimme, wie lange der Landregen noch andauern muss, um den Behälter komplett zu füllen.

Clever sparen, Regenwasser nutzen!

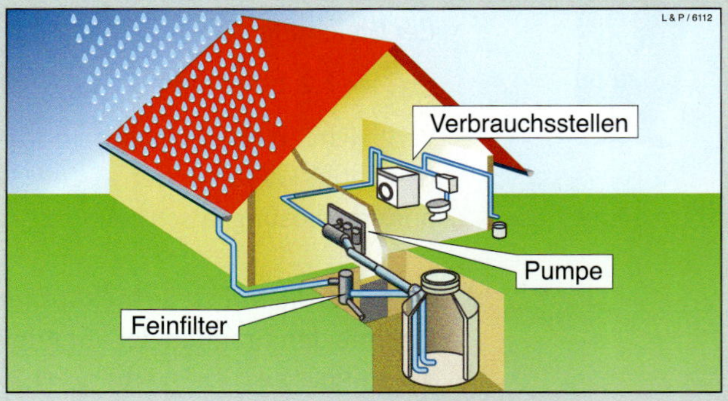

Aufgrund gestiegenen Wasserverbrauchs in den vergangenen Jahren wird das Wasser immer knapper. Statistiken belegen, dass ein Bundesbürger durchschnittlich 150 Liter kostbares Trinkwasser pro Tag verbraucht. Doch für rund 50 Prozent der Anwendung ist die Qualität von Trinkwasser nicht zwingend erforderlich, zum Beispiel für die Toilettenspülung, die Waschmaschine, die Garten- und Grünanlagenbewässerung oder auch für Autowaschanlagen. Durch moderne Anlagen lassen sich bis zu 50 % Trinkwasser sparen. Demnach ermöglicht Regenwasser-Nutzung die Einsparung von etwa 75 Liter Wasser pro Person und Tag.

Lösung

Für 5.30 Uhr schreiben wir 5,5.

a) Geht man von der Modellannahme aus, dass der Regen völlig gleichmäßig fällt, so steigt die Wassermenge im Regenwasserbehälter gleichmäßig an. Daher handelt es sich bei der Funktion *Uhrzeit x → Regenwassermenge y (in l) im Behälter* um eine lineare Funktion mit der Gleichung $y = m \cdot x + n$. Zum Messwert 2 100 l um 5:30 Uhr gehört der Punkt $P_1(5{,}5 \mid 2\,100)$ des Graphen und zum Messwert 2 450 l um 6:45 Uhr der Punkt $P_2(6{,}75 \mid 2\,450)$.

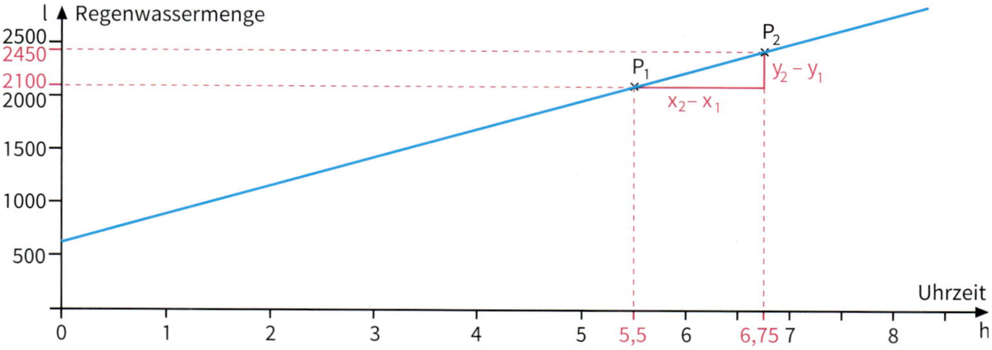

Mit diesen beiden Punkten erhält man die Steigung m: $m = \frac{y_2 - y_1}{x_2 - x_1} = \frac{2450 - 2100}{6{,}75 - 5{,}5} = 280$

Pro Stunde fließen also 280 Liter Wasser in den Behälter. Die Funktionsgleichung hat somit die Form $y = 280 \cdot x + n$ mit noch unbekanntem y-Achsenabschnitt n. Dieser kann bestimmt werden, indem man die Punktprobe mit einem der beiden Messwerte durchführt. Mit dem Messwert $(5{,}5 \mid 2\,100)$ erhält man die Gleichung:

$280 \cdot 5{,}5 + n = 2\,100$

$1\,540 + n = 2\,100$

$n = 560$

Somit hat die Funktion *Uhrzeit x → Regenwassermenge y (in l)* die Gleichung $y = 280 \cdot x + 560$

b) Den Zeitpunkt der kompletten Füllung des Regenwasser-Behälters kann man z. B. aus einer genügend großen Zeichnung des Graphen ablesen.
Diese Stelle kann man auch rechnerisch ermitteln:
Da die Stelle x gesucht ist, an der die Funktion mit $y = 280\,x + 560$ den Wert 6 200 annimmt, kann man die Gleichung $280\,x + 560 = 6\,200$ lösen. Umgeformt ergibt sich:

$280\,x = 5\,640$

$x = \frac{5\,640}{280} = \frac{141}{7} \approx 20{,}14$

0,14 Stunden sind 0,14 · 60 Minuten, also ungefähr 8 Minuten. Bei gleichmäßig anhaltendem Regen ist der Regenwasserbehälter also um 20:08 Uhr gefüllt.

Information

Gegeben sind für eine lineare Funktion die beiden Punkte $P_1(x_1 \mid y_1)$ und $P_2(x_2 \mid y_2)$ der zugehörigen Geraden. Mithilfe von $\frac{y_2 - y_1}{x_2 - x_1}$ wird die Steigung m berechnet. Der noch fehlende y-Achsenabschnitt n lässt sich über die Punktprobe berechnen, indem man die Koordinaten des Punktes P_1 oder P_2 in die Gleichung einsetzt und n berechnet:
Aus $y_1 = m \cdot x_1 + n$ folgt: $n = y_1 - m \cdot x_1$
oder $y_2 = m \cdot x_2 + n$, also $n = y_2 - m \cdot x_2$

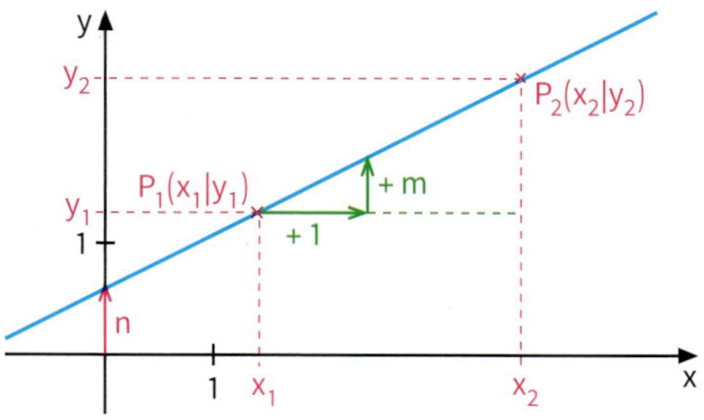

Übungsaufgaben

2. Bestimme die Gleichung der Geraden, mit der Steigung m durch den Punkt P.
a) $m = -2$; $P(-4|1)$ **b)** $m = \frac{2}{5}$; $P(3|2)$ **c)** $m = -\frac{2}{3}$; $P(2|-3)$ **d)** $m = 3$; $P(-1|2)$

3. Ein Partner bestimmt die Gleichung der Geraden durch die angegebenen Punkte.
Der zweite Partner zeichnet die Gerade durch die beiden Punkte in ein Koordinatensystem und liest am Graphen Steigung und y-Achsenabschnitt ab.
Vergleicht eure Ergebnisse und wechselt euch nach jeder Aufgabe ab.
a) $A(6|2)$, $B(-2|-5)$ **b)** $A(2|3)$, $B(0|3)$ **c)** $A(-0{,}5|0{,}25)$, $B(2|4)$ **d)** $A(-4|3)$, $B(-2|2)$

4. Aus dem Graphen einer linearen Funktion f wurden Werte abgelesen:
$f(101) = 271{,}1$; $f(102{,}4) = 275{,}6$; $f(104{,}6) = 280{,}1$; $f(106) = 283{,}6$.
Aufgrund eines Abschreibfehlers ist ein Wert falsch angegeben.
a) Stelle grafisch fest, welcher Wert falsch ist.
b) Bestimme eine Funktionsgleichung der Funktion f und korrigiere den falschen Wert.

5. Der Wasserspeicher einer Gemeinde wird im Laufe der Nacht mit einer gleichmäßig zufließenden Wassermenge befüllt.
Der Einfüllvorgang beginnt um 19:30 Uhr. In bestimmten Zeitabständen wird die Höhe des Wasserspiegels abgelesen:

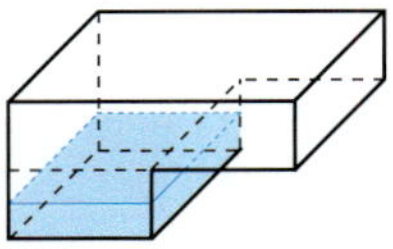

Uhrzeit	19:30	19:45	20:45	21:15	22:00
Pegelstand (in m)	0,00	0,50	2,50	3,50	

Uhrzeit	23:00	00:15	1:00	2:00	3:00
Pegelstand (in m)	7,00	8,25	9,00		11,00

a) Stelle die Messdaten grafisch dar.
b) Untersuche, ob du die fehlenden Werte in der Tabelle ergänzen kannst.
c) Untersuche, ob du Daten dieser Tabelle durch Geradengleichungen beschreiben kannst.

2.5.2 Näherungsgeraden

Einstieg

In biologischen Studien ist man zu der Annahme gekommen, dass das Zirpen der Grillen abhängig von der Temperatur ist. Folgende Daten geben diesen Zusammenhang wieder.

Temperatur (in °C)	17	18	19	22	23	24
Anzahl der Zirpvorgänge pro min	105	110	110	130	152	156

Temperatur (in °C)	25	26	28	29	30
Anzahl der Zirpvorgänge pro min	160	170	175	196	212

Untersucht, ob die Abhängigkeit durch eine lineare Funktion beschrieben werden kann. Bestimmt gegebenenfalls deren Gleichung.

Aufgabe 1

Ben und Esther wollen untersuchen, wie sich die Luftfeuchtigkeit auf das Temperaturempfinden auswirkt.
In einem Raum der Temperatur 25 °C verändern sie die Luftfeuchtigkeit durch Aufhängen feuchter Tücher und den Einsatz eines Luftbefeuchters. Sie führen dann eine Versuchsperson in diesen Raum. Diese soll angeben, wie warm sie es empfindet. Die folgende Tabelle zeigt die ersten Ergebnisse von Ben und Esther.

Null Grad sind nicht immer null Grad

Neben den errechneten Temperaturen geben unsere „Wetterfrösche" in Wetterberichten auch gerne mal einen weiteren Temperaturwert an: die „gefühlte Temperatur". Diese weicht schon mal zehn Grad Celsius von der gemessenen Temperatur ab. Denn wie ein Mensch Temperaturen empfindet, ist abhängig vom tatsächlichen Wärmeverlust des Körpers. Hierbei spielen Wind und Luftfeuchtigkeit eine große Rolle. Moderne Klimaanlagen regeln daher nicht nur die Temperatur, sondern auch die Luftfeuchtigkeit, um ein behagliches Klima zu schaffen.

Luftfeuchtigkeit (in %)	30	35	40	45	50	55	60	65	70	75	80	85	90	95
Gefühlte Temperatur (in °C)	25	26	27	28	30	30	29	31	30	34	34	33	36	38

Stelle die Messwerte grafisch dar. Beschreibe den Graphen und ermittle eine Formel, mit der man einen Schätzwert für die gefühlte Temperatur in Abhängigkeit von der Luftfeuchtigkeit berechnen kann.

Lösung

Die gefühlten Temperaturen steigen in etwa mit der Luftfeuchtigkeit an.
Durch die eingezeichneten Punkte lässt sich nach Augenmaß eine Gerade zeichnen, von der die Punkte nur wenig entfernt sind.
Diese Gerade hat den y-Achsenabschnitt 20 und die Steigung $\frac{9}{50} = 0{,}18$.
Die Gleichung der eingezeichneten Gerade ist somit
$y = 0{,}18\,x + 20$.
Mit ihr lassen sich Schätzwerte für die gefühlte Temperatur y (in °C) in Abhängigkeit von der Luftfeuchtigkeit x (in %) ermitteln.
Beispiel: Bei einer Luftfeuchtigkeit von 60 % erhältst du als Schätzwert für die gefühlte Temperatur (in °C): $0{,}18 \cdot 60 + 20 = 30{,}8 \approx 31$.

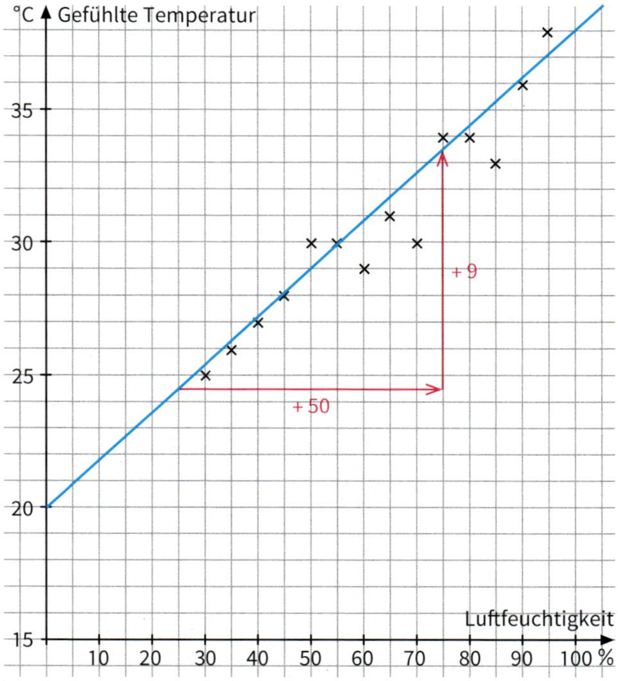

In einem 25 °C warmen Raum sollte man bei einer Luftfeuchtigkeit von 60 % meinen, es sei etwa 31 °C warm.

Information

Die nach Augenmaß durch eine Punktwolke eingezeichnete Gerade, von der die eingezeichneten Punkte nicht weit entfernt sind, nennt man Näherungsgerade.

Übungsaufgaben

2. In einem Experiment wurde der elektrische Widerstand eines Drahtstücks bei verschiedenen Temperaturen gemessen. Die Tabelle zeigt die Ergebnisse:

Temperatur (in °C)	50	80	100	110	120	140	160
Widerstand (in Ohm)	53,3	58,4	61,9	63,9	65,3	69	72,3

a) Zeichne den Graphen des Widerstands in Abhängigkeit von der Temperatur und zeige, dass die Abhängigkeit durch eine lineare Funktion beschrieben werden kann.
b) Verwende die gefundene Gleichung, um den Widerstand bei 25 °C zu bestimmen.

3. Die Tabelle zeigt die Entwicklung der Siegerzeiten (in s) des 100-m-Laufs bei Olympischen Sommerspielen von 1948 bis 2000 sowohl bei den Frauen als auch bei den Männern.

Jahr	48	52	56	60	64	68	72	76	80	84	88	92	96	00
Männer	10,30	10,40	10,50	10,20	10,00	9,90	10,14	10,06	10,25	9,99	9,92	9,96	9,84	9,87
Frauen	11,90	11,50	11,50	11,00	11,40	11,00	11,07	11,01	11,06	10,97	10,54	10,82	10,94	10,75

a) Bestimme zu beiden Punktmengen eine Näherungsgerade.
b) Bestimme den Zeitpunkt, ab dem Frauen schneller sind als Männer.
Bewerte dein Ergebnis. Recherchiere dann auch die aktuellen Zeiten.

4. In einer 12. Klasse wurden Schüler nach einem Mathematiktest befragt, wie viele Stunden sie in die Vorbereitung investiert hatten. Die Angaben wurden in Beziehung zu ihren Ergebnissen gesetzt. So besagt das Zahlenpaar (3 | 82), dass einer der Schüler bei 3 Stunden Vorbereitung 82 von 100 möglichen Punkten erreicht hat.

Stunden	3,0	2,5	1,5	2,6	1,0	5,5	4,2	3,7	0,5	3,5	8,2	5,4	9,3	7,0	5,2	8,4
Punkte	82	71	73	75	47	78	90	85	56	87	94	70	89	96	74	100

Bestimme eine Näherungsgerade zu der Punktmenge und bewerte deine Ergebnisse.

5. a) Messt Länge und Breite eurer Füße und untersucht, ob die Abhängigkeit der beiden Maße durch eine lineare Funktion beschrieben werden kann.
b) Sucht nach weiteren Größen, bei denen ihr eine lineare Abhängigkeit vermutet, und überprüft dies durch eine Messreihe.

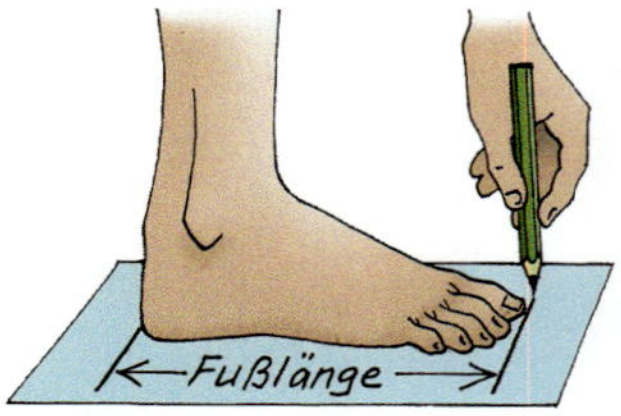

6. Siebzehn verheiratete Paare wurden nach ihrem Alter befragt:

Alter der Frauen	29	23	45	42	56	47	19	72	24	51	16	17	70	57	84	29	35
Alter der Männer	34	25	54	50	42	47	20	81	27	54	18	24	70	57	87	23	35

Bestimme zu der Punktmenge eine Näherungsgerade. Bewerte dein Ergebnis.

Das kann ich noch!

A) Fülle die Lücken im Heft aus. Rechne im Kopf.

1) 20 % von 400 € sind ■ €
2) 15 % von 80 kg sind ■ kg
3) 18 m sind ■ von 24 m
4) 150 ℓ sind ■ von 500 ℓ
5) 40 g von ■ sind 25 %
6) 25 $ von ■ sind 5 %

2.6 Vermischte Übungen

1. Mithilfe eines Messbechers kann man für Zucker aus der Einfüllhöhe die Masse bestimmen.

Höhe (in cm)	Masse (in g)
4	16
6	54
8	128
10	250
12	432
14	686

a) Veranschauliche die Funktion *Höhe x (in cm) → Masse y (in g)* durch einen Graphen.

b) Stelle mithilfe des Graphen fest: Welche Höhen haben die Skalenstriche für 50 g, 100 g, 200 g und 500 g?

c) Welche der Funktionsgleichungen $y = x^2$; $y = \frac{5}{2}x^2 - 6x$; $y = \frac{1}{4}x^3$ passt zu dieser Funktion?

d) Berechne mithilfe der richtigen Funktionsgleichung die Masse des Zuckers für eine Einfüllhöhe von 15 cm.
Prüfe mithilfe der Funktionsgleichung die Ergebnisse von Teilaufgabe b).

2. Berechne den Funktionswert an den Stellen 10; –10; 0; 1; – 0,5; $\frac{1}{3}$; $-\frac{2}{5}$.

a) $y = 6x$ **b)** $y = -x + \frac{1}{2}$ **c)** $y = \frac{3}{4}x - 0{,}1$ **d)** $s = 1 - \frac{r}{5}$ **e)** $y = 4{,}5$

3. An welcher Stelle nimmt die lineare Funktion für y den Wert **(1)** 1; **(2)** $-\frac{3}{4}$ an?

a) $y = 2x - 5$ **b)** $y = -2x + 5$ **c)** $y = 8x + 1{,}2$ **d)** $y = \frac{5}{6}x - 1$ **e)** $y = 0{,}8t + 0{,}2$

4. Die lineare Funktion hat die Gleichung **(1)** $y = mx + 3$; **(2)** $y = \frac{2}{3}x + n$.
Welche Zahl muss man für m bzw. für n einsetzen, damit der Graph durch den Punkt

a) $P(4|7)$, **b)** $P(-1|0)$, **c)** $P\left(\frac{1}{6}\middle|2\right)$, **d)** $P(2|3)$ geht?

5. Jonas behauptet: „Der Graph jeder linearen Funktion ist eine Gerade. Also gibt es zu jeder Geraden im Koordinatensystem eine lineare Funktion, die diese Gerade als Graphen hat." Nimm Stellung zu dieser Aussage.

6. In den USA wird die Temperatur nicht in °C, sondern in °F (gesprochen: Grad Fahrenheit) gemessen. Der Physiker Daniel Gabriel Fahrenheit (Danzig 1686 – Den Haag 1736) legte die Temperatur des Gefrierpunktes von Wasser mit 32 °F fest, den Siedepunkt mit 212 °F.

a) Zeichne einen Graphen für die Funktion *Temperatur (in °C) → Temperatur (in °F)*.
Ermittle daraus die Gleichungen für die Umwandlung von °C in °F und umgekehrt.

b) Gibt es eine Temperatur, die auf der Celsius- und der Fahrenheit-Skala dieselbe Gradzahl hat?

c) Moritz ist im Urlaub in den USA. Er verwendet zur Umrechnung der Temperatur in °F in die Temperatur °C eine Faustformel. Was hältst du von dieser Faustformel?

7. Liegen die folgenden Punkte auf dem Graphen einer linearen Funktion?
Falls ja, gib die Funktionsgleichung an. Falls nein, begründe die Antwort.

a) $P_1(0|4)$; $P_2(-1|3)$; $P_3(3|1)$,

b) $P_1(0|-2)$; $P_2(2|0)$; $P_3(4|4)$,

c) $P_1(0|5)$; $P_2(3|3)$; $P_3(-3|7)$,

d) $P_1(0|0)$; $P_2(4|2)$; $P_3(-6|-3)$.

8. Von vier Firmen, die Personenwagen vermieten, werden für den gleichen Wagentyp folgende Mietkosten berechnet:

Untersucht und vergleicht die Angebote. Schreibt mit euren Ergebnissen einen Bericht für eine Verbraucherzeitschrift.

9. In der Tabelle ist in jeder Spalte eine lineare Funktion angegeben. Ergänze die freien Felder im Heft.

Sachverhalt	Eine anfangs 8 cm hohe Kerze wird beim Brennen stündlich 1,5 cm kürzer.			
Wertetabelle			x: 0, 2, 4, 6 y: 4, 5, 6, 7	
Funktionsgleichung		$y = 2x - 1$		
Graph				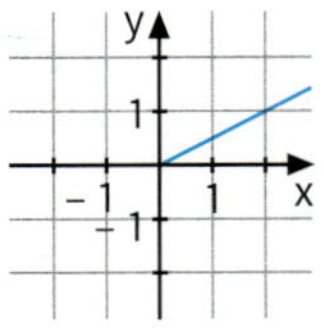

10. a) Erzeuge die Muster aus Geraden auf deinem grafikfähigen Taschenrechner.

(1) 

(2) 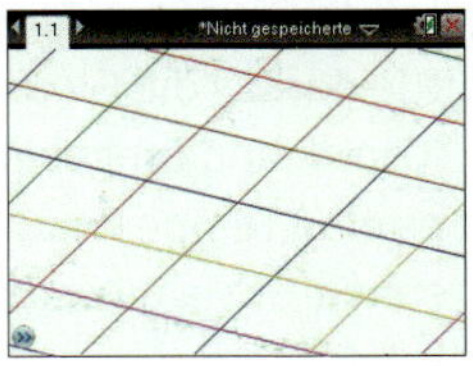

(3) 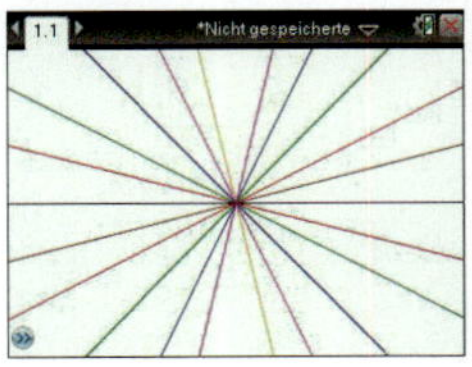

b) Findet auch eigene Muster und lasst sie von eurem Partner auf dem GTR erzeugen.

11. Erkundigt euch nach aktuellen Handy- und Internet-Tarifen.
Fertigt zum Vergleich grafische Darstellungen an, die ihr im Klassenraum aushängt.

Energie sparen

Sparsame Leuchtmittel liegen im Trend: ob LED, Energiesparleuchte oder Halogenlampe, der Energieverbrauch ist zunehmend wichtiger als der Anschaffungspreis.

LED
Licht emittierende Diode

kWh
= Kilowattstunde

Wh
= Wattstunde

1 000 Wh = 1 kWh
1 kWh kostet 0,27 €

1. Eine LED-Lampe kostet 12,50 € und hat eine Lebensdauer von 20 000 Stunden. Die Leistungsaufnahme der Lampe beträgt 4 Watt, d. h. brennt sie eine Stunde lang, so benötigt man 4 Wh (Wattstunden) elektrische Energie.
Dieselbe Helligkeit wird erzielt von einer 8-W-Energiesparlampe. Diese kostet 4,30 € und hat eine Lebensdauer von 8 000 Stunden.

a) Welche Kosten sind nach 1 000; 8 000; 16 000 Stunden mit einer LED-Leuchte entstanden, welche mit der Energiesparlampe?

b) Zeichne die Graphen der Funktion *Brenndauer → Kosten für beide Lampen* und vergleiche.

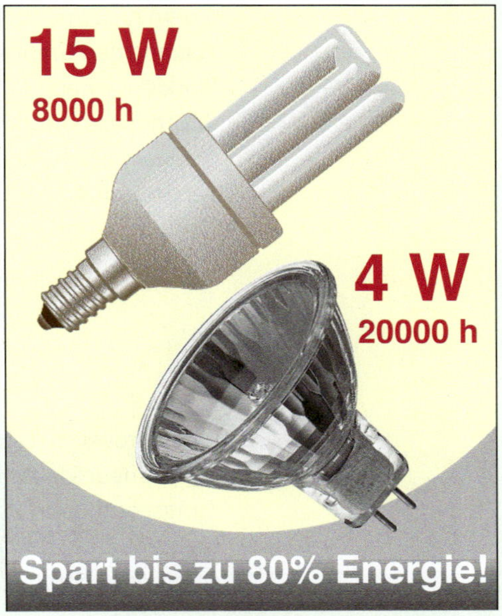

2. Für einen ferngesteuerten Helikopter werden vier 1,5-Volt-AAA-Micro-Batterien benötigt. Eine kostet 0,90 €. Ihre Lebensdauer beträgt 18 Spielstunden.
Ein 1,5-V-Akku kostet 4 €, das entsprechende Ladegerät 9 €. Für das Laden eines Akkus werden 0,9 Wh elektrische Energie benötigt.
Eine AAA-Micro-Batterie liefert 1,8 Wh elektrische Energie.
Nach wie vielen Spielstunden hat sich der Kauf der Akkus auch finanziell gelohnt?

3. Erkundigt euch, wie viel Energie eine Stereo-Anlage, ein Fernseher und andere Geräte im Standby-Betrieb erfordern.
Macht Annahmen über die tägliche Betriebsdauer im Standby-Betrieb.
Wie viel kann man durch Ausschalten im Jahr sparen?
Gestaltet damit Plakate, die ihr in der Klasse aufhängt.

2.7 Aufgaben zur Vertiefung

Stückweise lineare Funktionen

1. Manche Firmen verschicken Werbematerial als Postwurfsendungen an alle Haushalte. Diese Sendungen werden nicht mit Briefmarken versehen und von der Post zu einem besonderen Preis befördert.
Zeichne den Graphen. Beachte dabei: Markiere einen Punkt, der nicht zum Graphen gehört, mit ○.
Markiere einen Punkt, der zum Graphen gehört, mit ●.

Postwurfsendung an alle Haushalte in Ballungszentren

Gewicht (in g)	Porto pro 1000 Stück (in €)
bis 20	90
über 20 bis 30	109
über 30 bis 40	119
über 40 bis 50	127
über 50 bis 60	141
über 60 bis 70	149
über 70 bis 80	158
über 80 bis 90	166
über 90 bis 100	174

2. Eine Autovermietung verleiht Motorräder. Für ein neues Modell wird dem Abrechnungscomputer folgender Tarif für die eintägige Miete M (in €) in Abhängigkeit von der gefahrenen Strecke s (in km) eingegeben:

$$M(s) = \begin{cases} 29 & \text{falls } 0 \le s \le 50 \\ 29 + (s - 50) \cdot 0{,}2 & \text{falls } s > 50 \end{cases}$$

   a) Zeichne den Graphen auf Millimeterpapier und beschreibe ihn.
   b) Die Autovermietung möchte auf einem Werbeplakat für die Verleihung ihrer Motorräder werben. Gib den Tarif in einer leicht verständlichen Formulierung an.

3. Eine Brennstoff-Firma bietet Heizöl frei Haus zu nebenstehenden Preisen an.
   a) Erstelle für die Funktion *Menge (in l) → Gesamtpreis (in €)* die Funktionsgleichung. Zeichne den Graphen der Funktion.
   b) Erwin Knauser möchte genau 3000 l Heizöl bestellen. Seine Nachbarin Mathilde Pfiffig rät ab. Erläutere, warum.
   c) Die Firma rechnet nicht genau nach dieser Tabelle ab, sondern ist bei bestimmten Abnahmemengen großzügiger, damit Frau Pfiffigs Überlegungen nicht nötig sind. Zeichne andersfarbig den Graphen für den tatsächlichen Gesamtpreis ein.
   d) Erstelle die Funktionsgleichung für den so berechneten tatsächlichen Gesamtpreis.

Unsere aktuellen Heizölpreise

Menge in (l)	Preis pro l (in €)
bis 1000	0,87
über 1000 bis 3000	0,81
über 3000 bis 5000	0,79
über 5000	0,77

Das Wichtigste auf einen Blick

Funktion

Eine *eindeutige Zuordnung*, bei der jeder Zahl x aus dem *Definitionsbereich D* eine ganz bestimmte Zahl y zugeordnet wird, heißt *Funktion*. y heißt *Funktionswert* von x oder *Funktionswert an der Stelle x*.

Heißt die Funktion f, so bezeichnet man den Funktionswert von x auch mit f(x).

Eine Funktion kann angegeben werden durch:

- eine *Funktionsgleichung* oder einen *Funktionsterm*;
- eine *Wertetabelle*;
- einen *Funktionsgraphen*.

Beispiel:

Funktionsgleichung: $y = x^2 - 1$

Wertetabelle:

x	y
−2	3
−1	0
0	−1
1	0
2	3

Graph:

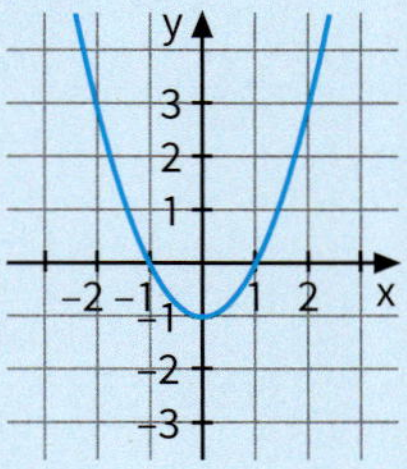

Lineare Funktion

Eine Funktion mit der Funktionsgleichung $y = mx + n$ heißt *lineare Funktion*.

Der Funktionsgraph

- *steigt*, wenn m positiv ist;
- *fällt*, wenn m negativ ist.

m ist die *Steigung* der Geraden.

m gibt auch die Änderungsrate an.

n nennt man den *y-Achsenabschnitt*.

Der Graph einer linearen Funktion ist eine Gerade.

Für $n = 0$ verläuft die Gerade durch den Ursprung.

Beispiele:

$y = -\frac{5}{2}x$

$m = -\frac{5}{2}$

$n = 0$

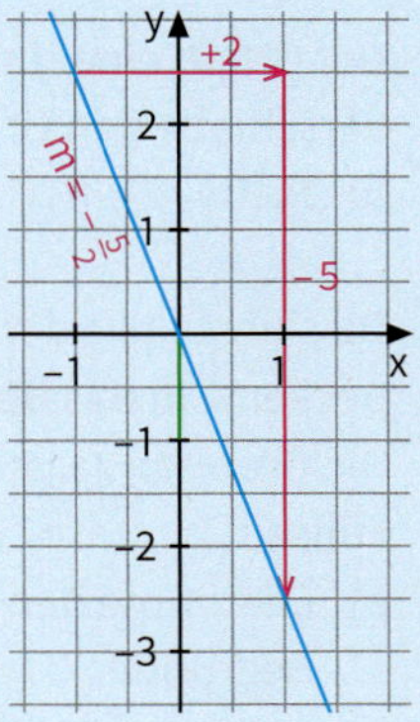

$y = 2x - 1$

$m = 2$

$n = -1$

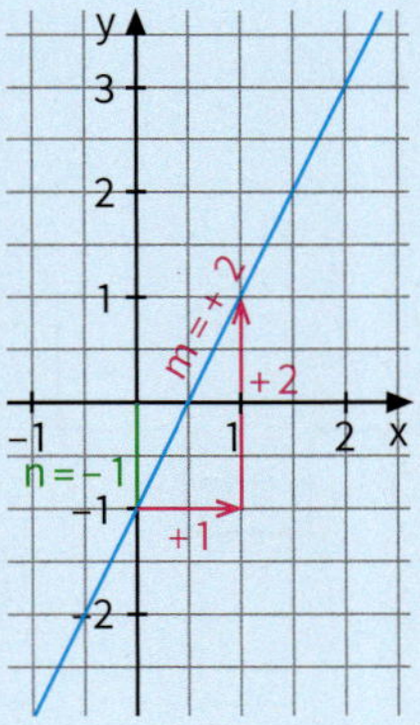

Nullstelle

Eine Stelle x_0, an der eine Funktion f den Wert 0 annimmt, heißt *Nullstelle* der Funktion.

Für eine Nullstelle gilt: $f(x_0) = 0$.

Beispiel:

$f(x_0) = 2x_0 - 1 = 0$

$x_0 = \frac{1}{2}$

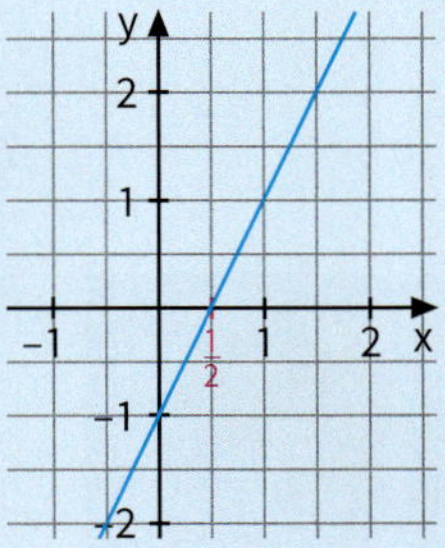

Gerade durch zwei Punkte

Für eine Gerade, die durch die Punkte $P_1(x_1|y_1)$ und $P_2(x_2|y_2)$ verläuft gilt: $m = \frac{y_2 - y_1}{x_2 - x_1}$

Der Wert von n wird über die *Punktprobe* ermittelt, indem man die Koordinaten von P_1 oder P_2 in die Gleichung $y = mx + n$ einsetzt und n berechnet.

Beispiel:

$P_1(3|-4)$, $P_2(-1|8)$

$m = \frac{8-(-4)}{-1-3} = -3$

$-4 = -3 \cdot 3 + n$, also $n = 5$

$y = -3x + 5$

Bist du fit?

1. Das Diagramm zeigt den Wasserstand in einem Seehafen.

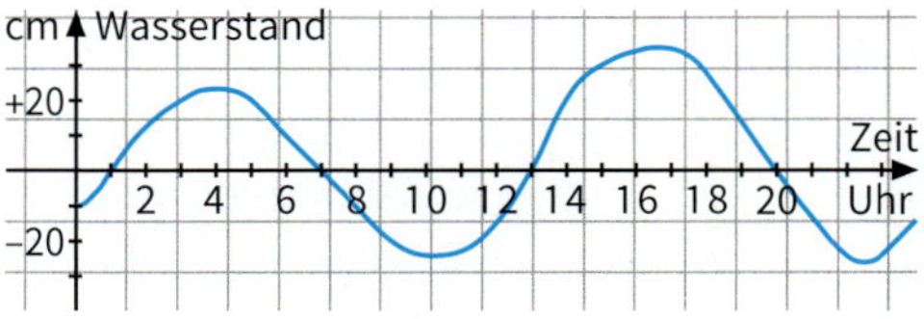

a) Wie hoch ist der Wasserstand um 3.00 Uhr, 5.00 Uhr, 8.00 Uhr, 10.00 Uhr, 14.00 Uhr, 18.00 Uhr, 20.00 Uhr, 24.00 Uhr?

b) Zu welchem Zeitpunkt beträgt der Wasserstand +20 cm; 0 cm; – 20 cm?

c) Welche der Zuordnungen *Zeit → Wasserstand*, *Wasserstand → Zeit* ist eine Funktion?

2. Zeichne den Graphen der Funktion, ohne eine Wertetabelle anzulegen.

a) $y = 5x$ c) $y = \frac{5}{3}x$ e) $y = -x + 1$ g) $y = 1{,}4x - 2$ i) $y = 2 - \frac{1}{2}x$

b) $y = -4x$ d) $y = -0{,}9x$ f) $y = x + 2{,}5$ h) $y = 3 - 3x$ j) $y = 2$

3. Gegeben ist die Funktion mit der Gleichung $y = \frac{3}{4}x + 1{,}5$. Gib eine Funktion an, deren Graph

a) steiler verläuft;

b) flacher verläuft;

c) parallel verläuft;

d) denselben y-Achsenabschnitt hat.

4. Welche der Punkte $P_1(1|1)$, $P_2(9|-3)$, $P_3(-3|-7)$ gehören zum Graphen von $y = 2x - 1$?

5. Der Graph einer linearen Funktion geht durch P_1 und P_2. Ermittle die Funktionsgleichung. Verschiebe den Graphen so, dass man eine Funktion der Form $y = mx$ erhält.

a) $P_1(0|-2)$, $P_2(1|1)$ b) $P_1(0|-1)$, $P_2(-1|-4)$ c) $P_1(-6|0)$, $P_2(-3|1)$

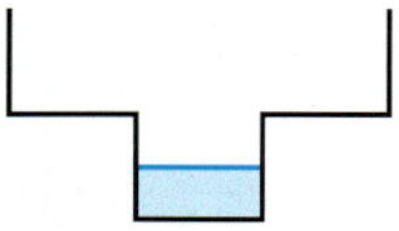

6. Du siehst links den Querschnitt eines Wasserauffangbeckens. In das Becken wird gleichmäßig Wasser gelassen. Die Graphen zeigen die Füllhöhe in Abhängigkeit von der Füllzeit.

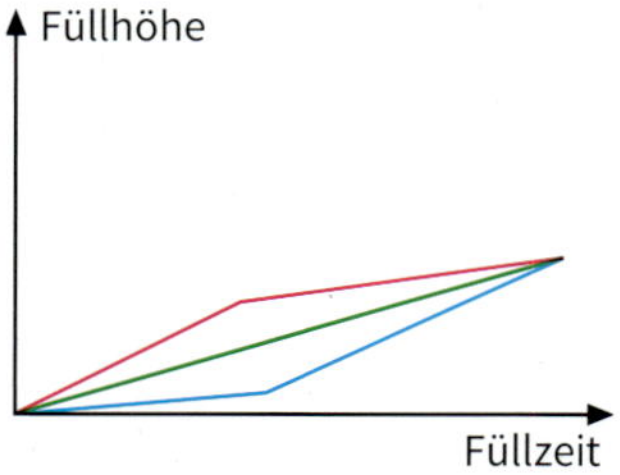

a) Bestimme den Graphen, der zu dem Becken passt. Begründe.

b) Zeichne jeweils den Querschnitt eines Auffangbeckens, zu dem die anderen Graphen passen.

7. Gib zu jeder Geraden die Funktionsgleichung an.

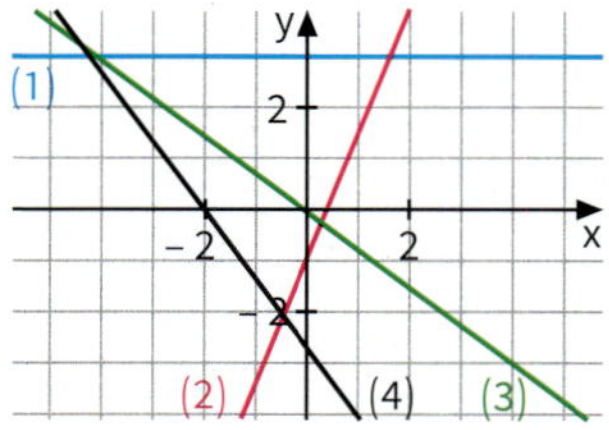

8. Ein Fallschirmspringer hat 20 Sekunden nach dem Öffnen des Fallschirms noch eine Höhe von 250 m über dem Boden. Er sinkt in jeder Sekunde um 5 m.

a) In welcher Höhe wurde der Fallschirm geöffnet?

b) Stelle die Funktionsgleichung auf für die Funktion *Fallzeit bei geöffnetem Fallschirm (in s) → Höhe über dem Boden (in m)*. Wie lange dauert das Absinken bei geöffnetem Fallschirm?

9. Bestimme die Nullstellen der Funktion mit: a) $y = \frac{5}{6}x - 1$; b) $y = 1{,}2x + 3$.

10. Entscheide rechnerisch, ob der Punkt $P(20|380)$ unterhalb oder oberhalb des Graphen zu $y = 21x - 30$ liegt.

3. Zufall und Wahrscheinlichkeit

Viele Ereignisse im Alltag sind nicht vorhersagbar, da der Zufall eine Rolle spielt.

An einem gewöhnlichen Schultag wird vieles nach festen Regeln ablaufen. Zum Beispiel wirst du morgens aufstehen, ins Bad gehen, zur Schule gehen oder fahren, usw.
Und doch wirst du im Kleinen und im Großen immer wieder auf Ereignisse stoßen, die du nicht vorhersagen kannst.
Ist das Bad besetzt oder frei?
Musst du vor einer roten Ampel warten?
Und wenn du warten musst, wie lange dauert es, bis du die Straße überqueren kannst?
Als wievielter betrittst du den Klassenraum?

→ Nenne und beschreibe weitere Beispiele von zufälligen Ereignissen in deinem Tagesablauf.

In diesem Kapitel …

untersuchst du Vorgänge, bei denen der Zufall eine Rolle spielt, z.B. Glücksspiele.

Lernfeld: Alles Zufall!

„Eins gewinnt“

Die Klasse 8a trifft sich zu einem Grillfest. Lasse und Malte, die für den Nachtisch zuständig sind, haben verschiedene Süßigkeiten besorgt und auf einem Tisch ausgebreitet.
Um Gedränge an diesem Tisch zu vermeiden, soll um den Nachtisch gewürfelt werden. Die Schüler(innen) würfeln nacheinander: wer eine Eins würfelt, darf sich eine Süßigkeit aussuchen.
Damit das Ganze nicht zu lange dauert, haben Lasse und Malte eine Sammlung verschiedener Würfel mitgebracht, so dass gleichzeitig in kleineren Gruppen gewürfelt werden kann.

- → Was haltet ihr von diesem Verfahren? Probiert es aus.
- → Wäre es besser, wenn man sich statt bei einer Eins, bei einer Vier, einer Primzahl oder einer geraden Zahl eine Süßigkeit aussuchen dürfte?
- → Überlegt euch faire Regeln für die verschiedenen Würfel.

Schweine-Würfel

Bei einem Würfelspiel werden kleine Plastikschweinchen geworfen. Die Schweinchen können nach dem Werfen in sechs unterschiedlichen Positionen liegen. Für jede Lage erhält der Spieler eine bestimmte Punktzahl.

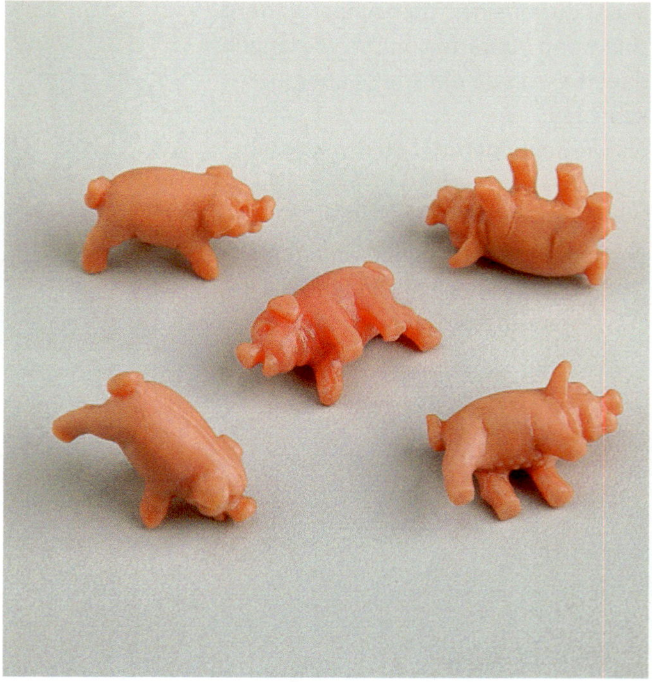

- → Ordnet jeder Position eine Punktzahl zu und probiert aus, ob ihr damit eine Spielregel für ein spannendes Spiel erhaltet.
- → Findet andere Gegenstände, mit denen sich würfeln lässt.
  Ordnet auch hier den einzelnen Wurfergebnissen Punktzahlen zu und probiert euer Würfelspiel aus.

3.1 Wahrscheinlichkeiten

Einstieg

TAB

Marc und Maria streiten, wer von beiden den Einkauf erledigen soll.
Marc schlägt vor, den Zufall entscheiden zu lassen und eine Reißzwecke zu werfen.
Maria entgegnet: „Aber nur, wenn ich aussuchen darf, worauf ich setze."

a) Überlegt, worauf ihr setzen würdet.
b) Macht eine Prognose: Wie oft erscheint , wie oft bei 500-maligem Werfen?
c) Führt den Versuch des 500-maligen Werfens durch, gebt die Werte in ein Tabellenkalkulationsprogramm ein. Es ist günstig, wenn ihr die Ergebnisse bei der Eingabe schon aufsummiert.
d) Lasst nach jedem Wurf die relative Häufigkeit für und berechnen. Vergleicht auch mit eurem Ergebnis aus Teilaufgabe b). Lasst den Graphen der Zuordnung *Anzahl der Würfe → relative Häufigkeit* zeichnen. Beschreibt ihn.

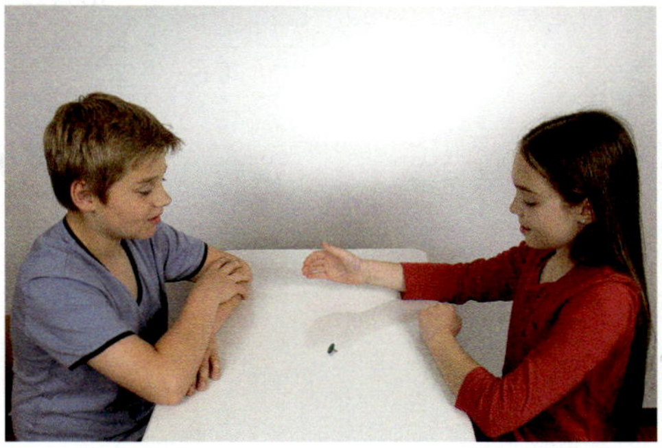

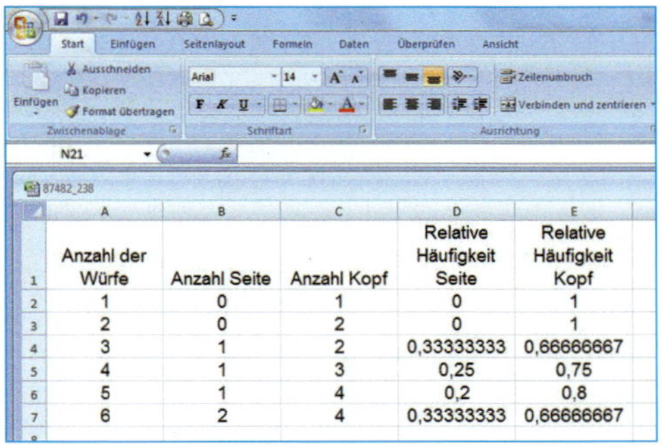

Anzahl der Würfe	Anzahl Seite	Anzahl Kopf	Relative Häufigkeit Seite	Relative Häufigkeit Kopf
1	0	1	0	1
2	0	2	0	1
3	1	2	0,33333333	0,66666667
4	1	3	0,25	0,75
5	1	4	0,2	0,8
6	2	4	0,33333333	0,66666667

Einführung

Wahrscheinlichkeiten mithilfe von relativen Häufigkeiten bestimmen

Philine und Sebastian wollen Mensch-ärgere-dich-nicht spielen, doch leider ist nirgendwo ein Würfel auffindbar.
Sebastian schlägt vor: „Lass uns doch einen Lego-Vierer zum Würfeln nehmen. Die vier Noppen oben sind vier Augen, der Noppen unten ist ein Auge. Die Seitenflächen beschriften wir mit 2, 3, 5 und 6."
Doch Philine hat Bedenken: „Beim gewöhnlichen Würfel erscheint die Sechs in etwa genauso häufig wie die anderen Augenzahlen auch. Mit diesem sonderbaren Würfel erhält man bestimmt nicht so viele Sechsen."
Hier stimmt Sebastian zu. Doch haben beide verschiedene Vermutungen, welche Augenzahl am häufigsten erscheinen wird.

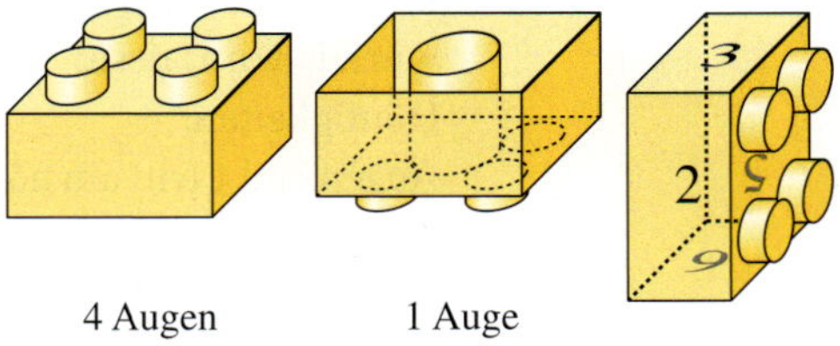

4 Augen 1 Auge

Philine:
„Am häufigsten werden wir Vieren würfeln, da die Unterseite des Steines am größten und sehr standsicher ist."

Sebastian:
„Beim Werfen wird es sehr viele Einsen geben, da der Stein oft auf den vier schweren Noppen landet."

Philine schlägt zur Entscheidung vor: „Lass uns vor dem Spiel etliche Male würfeln und schauen, wie oft die einzelnen Augenzahlen erscheinen."

Ergebnisse des Entscheidungsversuchs:

Gesamtzahl der Würfe	Anzahl der Würfe mit Augenzahl					
	1	2	3	4	5	6
20	9	1	1	8	0	1
40	20	1	2	13	2	2
60	28	4	4	18	3	3
80	39	4	7	22	5	3
100	52	4	8	27	5	4
150	72	8	11	43	8	8
200	90	11	14	57	16	12
250	105	12	17	80	22	14
300	126	16	20	92	26	20
350	152	17	20	111	28	22
400	177	19	21	126	31	26
450	201	20	26	140	35	28
500	235	24	27	149	35	30
600	299	29	32	169	39	32
700	343	39	35	197	46	40
800	383	50	46	220	53	48
900	432	52	50	250	59	57
1 000	478	58	52	282	69	61

Auswertung:
Um die erhaltenen Ergebnisse besser miteinander vergleichen zu können, berechnen Sebastian und Philine jeweils die relativen Häufigkeiten für die einzelnen Augenzahlen. Damit zeichnen sie für jede Augenzahl den Graphen der Zuordnung
Anzahl der Würfe → relative Häufigkeit (Bild rechts).

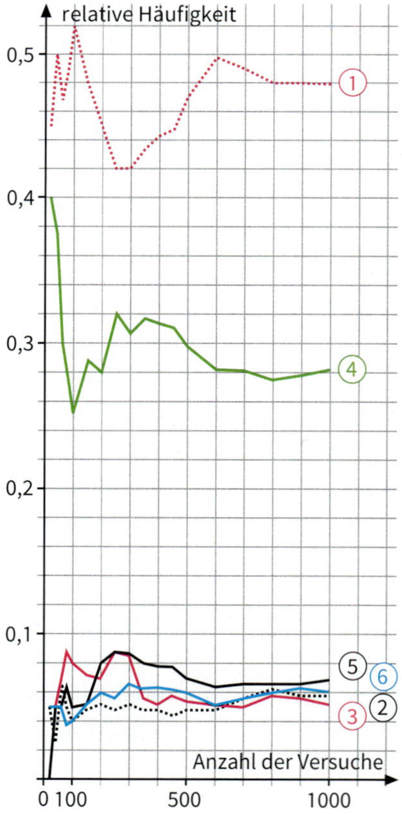

Zu Beginn der Würfelserie treten noch große Schwankungen der relativen Häufigkeiten auf. Je öfter aber gewürfelt wird, desto weniger ändern sich die relativen Häufigkeiten:
Augenzahl 1 tritt am häufigsten auf in ungefähr 48 % der Fälle, Augenzahl 4 in 28 % der Fälle. Die übrigen Augenzahlen sind gleichberechtigt und treten alle in ungefähr 6 % der Fälle auf.
Ein Mensch-ärgere-dich-nicht-Spiel mit diesem Lego-Vierer als Würfelersatz würde also lange Wartezeiten auf die Sechs ergeben. Aber zu diesem Spiel ist es nun für Sebastian und Philine auch schon zu spät geworden...
Ergebnis: Sebastians Vermutung stimmt. Mit dem Lego-Vierer würfelt man am häufigsten Einsen.
Anregung: Wirf doch selber einmal mit einem Lego-Vierer und vergleiche deine Ergebnisse mit denen von Sebastian und Philine.

Information

(1) Zufallsexperimente

Das Werfen einer Münze, eines Würfels usw. sind **Zufallsexperimente**; statt Zufallsexperiment sagt man auch *Zufallsversuch*. Bei diesen Vorgängen kennt man die möglichen Ergebnisse, man weiß aber vor der Durchführung nicht, welches dieser Ergebnisse dann tatsächlich auftritt. Dieses hängt vom Zufall ab. Andere derartige Versuche sind das Ziehen einer Kugel aus einer Lotto-Trommel, die Auswahl eines Musik-Titels mit der Random-Funktion eines MP3-Players, das Drehen eines Glücksrades, usw.

Zufallsexperimente sind Versuche mit folgenden Eigenschaften:

- Man kann nicht vorhersagen, welches **Ergebnis** bei der Durchführung des Versuches auftritt; das hängt vom Zufall ab.
- Aber schon vor dem Versuch lassen sich alle möglichen Ergebnisse angeben. Man fasst sie zusammen zur **Ergebnismenge S**.
  Beispiel: Beim Würfeln ist $S = \{1, 2, 3, 4, 5, 6\}$.
- Der Versuch kann unter den gleichen Bedingungen (beliebig oft) wiederholt werden.

empirisch (griech.) aus Erfahrung bekannt

(2) Empirisches Gesetz der großen Zahlen

Am Anfang einer Würfelserie schwanken die relativen Häufigkeiten von Wurf zu Wurf noch sehr stark; je öfter aber gewürfelt wird, desto weniger ändern sie sich. Woran liegt das?
Hat man erst wenige Male gewürfelt und erhält dann zwei gleiche Augenzahlen nacheinander, so erhöht sich die relative Häufigkeit dieser Augenzahl sehr stark. Hat man dagegen schon sehr oft gewürfelt, so bewirken zwei gleiche Augenzahlen nacheinander nur eine geringe Veränderung der relativen Häufigkeit, da durch einen größeren Nenner dividiert wird.

Empirisches Gesetz der großen Zahlen
Obwohl der Ausgang jeder einzelnen Durchführung eines Zufallsexperiments rein zufällig und daher nicht vorhersehbar ist, schwanken die dabei ermittelten relativen Häufigkeiten mit zunehmender Versuchsanzahl in der Regel immer weniger um einen festen Wert.

Beispiel:
Werfen einer Reißzwecke S={, }

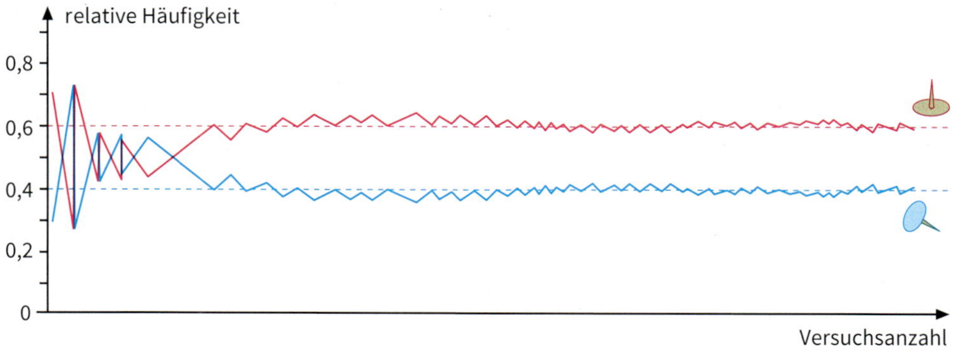

Wahrscheinlichkeit
(engl.) probability
(franz.) probabilité
(lat.) probabilitas

(3) Wahrscheinlichkeit

Die beim häufigen Durchführen eines Zufallsexperiments ermittelten relativen Häufigkeiten kann man für eine Prognose zukünftiger Versuchsdurchführungen verwenden.

> Die **Wahrscheinlichkeit** eines Ergebnisses gibt an, welche relative Häufigkeit man bei häufiger Versuchsdurchführung für dieses Ergebnis erwarten kann. Sie ist der Wert, um den die relativen Häufigkeiten schwanken. Daher lassen sich Wahrscheinlichkeiten erst nach vielen Versuchsdurchführungen einigermaßen genau abschätzen.
>
> Legt man Wahrscheinlichkeiten fest, so ist darauf zu achten, dass die Summe der Wahrscheinlichkeiten aller Ergebnisse 1 beträgt.

Beachte: Wahrscheinlichkeit und relative Häufigkeit sind grundsätzlich verschiedene Begriffe: Wahrscheinlichkeiten dienen der Prognose, sie geben Auskunft über die Chancen in bevorstehenden Zufallsexperimenten. Dagegen machen relative Häufigkeiten immer Aussagen über bereits durchgeführte Zufallsexperimente.

Beim Werfen des Lego-Vierers ergaben sich nach 1000 Würfen für die Augenzahlen 2, 3, 5, 6 unterschiedliche relative Häufigkeiten: 0,058; 0,052; 0,069 und 0,061.
Da sich diese Werte nur wenig voneinander unterscheiden und die Seitenflächen des Lego-Vierers alle vier völlig gleichberechtigt sind, haben wir für alle vier Seitenflächen dieselbe Wahrscheinlichkeit von 0,06 angesetzt.

Weiterführende Aufgaben

Schätzen von absoluten Häufigkeiten bei gegebener Wahrscheinlichkeit

1. Verwende die folgenden in der Einführung ermittelten Näherungswerte der Wahrscheinlichkeiten für das Werfen eines Lego-Vierers.

Ergebnis	 1	 2	 3	 4	 5	 6
Wahrscheinlichkeit	0,48	0,06	0,06	0,28	0,06	0,06

Der Lego-Stein wird (1) 2000-mal, (2) 1250-mal, (3) 25-mal geworfen.
Gib Schätzwerte an, wie oft etwa die einzelnen Augenzahlen auftreten werden.

Wahrscheinlichkeit und Gewinnchance

2. Tim und Janina würfeln mit einem Lego-Vierer, wer das letzte Stück Schokolade essen darf. Jeder darf auf eine Augenzahl setzen. Auf welche Augenzahl würdest du setzen? Begründe.
Verwende die in Aufgabe 1 angegebenen Näherungswerte für die Wahrscheinlichkeiten.

> Wahrscheinlichkeiten geben an:
> - die Gewinnchancen beim nächsten Spiel;
> - die bei langen Versuchsserien zu erwartenden relativen Häufigkeiten.

Übungsaufgaben

3. a) Zufällig oder nicht?
(1) Wasser siedet bei 100 °C.
(2) Julias Vater hat „vier Richtige“ im Lotto.
(3) Ein Eisennagel in der Nähe eines Magneten wird angezogen.
(4) Am 24.12. ist schulfrei.
(5) Tim wirft eine Münze; sie zeigt Zahl.
(6) Marie wirft einen Ball in die Luft, er fällt wieder herunter auf die Erde.

b) Geschick oder Zufall oder beides?
(1) Lukas gewinnt beim Skatspiel.
(2) Maries Vater gewinnt im Fußballtoto.
(3) Anne trifft eine Dose bei einer Wurfbude.
(4) Christians Mutter zieht ein Gewinnlos.

4. Beim Sportfest spielen die Klassen 8 a und 8 b gegeneinander Fußball. Für die Seitenwahl wird normalerweise eine Münze geworfen. Da aber keine Münze verfügbar ist, schlägt der Spielführer der Klasse 8 a vor, einen Kronkorken zu werfen. Die Klasse 8 b ist damit nicht einverstanden.

a) Versetzt euch in die Situation.
Was würdet ihr machen?
Ist die Seitenwahl mit einem Kronkorken fair?

b) Bei einer Versuchsreihe mit einem Kronkorken wurden folgende Ergebnisse erzielt:

Anzahl der Würfe	50	100	200
Ergebnis: *liegt auf dem Rücken*	31	57	118
Ergebnis: *liegt auf dem Rand*	19	43	82

Berechne die relativen Häufigkeiten der beiden Ergebnisse nach 50, 100, 200 Würfen.
Gib dann einen Näherungswert für die Wahrscheinlichkeit P (Rückenlage) an.
Beurteile danach die Seitenwahl mit einem Kronkorken.

c) Für eine neue Versuchsreihe schlägt Florian vor, die Versuchsdurchführung zu beschleunigen: „Wir werfen nicht mehrmals mit einem einzelnen Kronkorken, sondern mit mehreren Kronkorken zugleich.“ Was meinst du dazu?

5. Ermittelt Näherungswerte für die Wahrscheinlichkeiten der einzelnen Ergebnisse beim Werfen eines
(1) Lego-Sechsers; (2) Lego-Achters.
Schätzt zuvor und vergleicht mit dem Lego-Vierer.

6. Sucht weitere Zufallsgeräte, schätzt jeweils die Wahrscheinlichkeiten. Ermittelt Näherungswerte für die Wahrscheinlichkeiten. Stellt die Ergebnisse grafisch da.

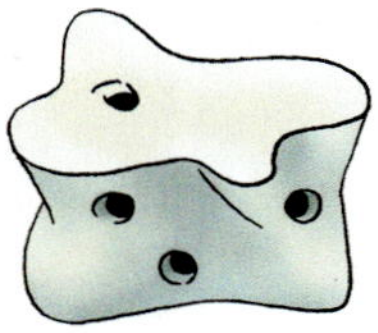

7. Im Altertum wurde oft bei Zufallsentscheidungen ein Astragalus geworfen. Das ist ein Vieraugenwürfel aus dem Fußgelenkknöchel von Lämmern. Ein Astragalus kann auf vier verschiedenen Seitenflächen liegen bleiben.

a) Beim 30-maligen Werfen erhielt man:
3; 1; 2; 3; 2; 2; 4; 2; 2; 2; 2; 3; 3; 3; 3; 3; 2; 3; 4; 3; 2; 2; 2; 2; 3; 4; 4; 1; 2; 2.
Bestimme nach jedem Wurf die relative Häufigkeit für jede Augenzahl. Stelle dann die Entwicklung der relativen Häufigkeiten in Abhängigkeit von der Anzahl der Würfe in einem gemeinsamen Diagramm dar.

b) Ermittle aus dem Diagramm die Wahrscheinlichkeiten.

8. Stelle selbst einen Ersatz-Astragalus aus einer Astgabel her und ermittle für dessen Augenzahl die Wahrscheinlichkeiten. Schätze zuvor.

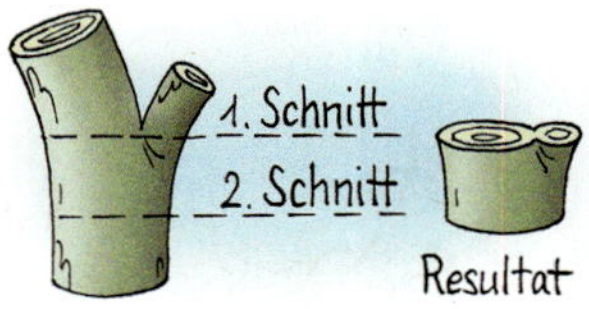

9. Habt ihr eine Vermutung, ob eine Streichholzschachtel beim Werfen eher auf der Boden- oder auf der Deckfläche liegen bleibt?
Gebt Schätzwerte für die Wahrscheinlichkeiten an. Überprüft sie.

10. Felix wirft eine Reißzwecke: , , , , , .
Er behauptet: „Damit das empirische Gesetz der großen Zahlen gilt, muss jetzt die Seitenlage kommen.“ Was meinst du dazu?

11. Beurteile folgende Aussagen, ob sie wahr oder falsch sind.

a) Wenn fünfmal eine 6 gefallen ist, muss beim 6. Mal eine andere Zahl fallen, damit das empirische Gesetz der großen Zahlen stimmt.

b) Nach 500 Würfen muss die relative Häufigkeit näher bei der Wahrscheinlichkeit liegen als nach 50.

c) Sind die relativen Häufigkeiten nach 50 und nach 500 Würfen unterschiedlich, dann sollte man eher den Wert nach 500 Würfen als Schätzung der Wahrscheinlichkeit annehmen.

12. Bei der Speicher-Chip-Produktion geht man aufgrund langer Erfahrung davon aus, dass 2,5 % aller produzierten Chips defekt sind. In einer Serie werden 12 000 Chips produziert.

a) Schätze ab, wie viele Chips aus dieser Serie einen produktionsbedingten Defekt haben.

b) 99 % der defekten Chips werden in der Qualitätskontrolle erkannt und gelangen nicht in den Handel. Gib einen Schätzwert an, wie viele Chips mit einem Defekt in den Handel kommen.

13. Die Wahrscheinlichkeit, dass sich bei einem neuen Auto innerhalb der ersten drei Monate ein Mangel herausstellt, der auf Verarbeitungsfehler zurückzuführen ist, liegt bei 0,8 %.

a) In einer Woche werden 3 745 Fahrzeuge fertiggestellt.
Bei wie vielen dieser Fahrzeuge wird sich voraussichtlich ein Mangel herausstellen?

b) Bei den Autos, die montags das Band verlassen, ist die Wahrscheinlichkeit eines Verarbeitungsfehlers doppelt so hoch wie an jedem anderen Wochentag. An jedem Arbeitstag (Montag bis Sonntag) werden gleich viele Autos produziert. Wie viele Autos einer Montagsproduktion werden voraussichtlich einen Mangel aufweisen?

14. Ein Handball-Trainer geht davon aus, dass sein bester Spieler Dirk bei 7-Meter-Würfen eine Erfolgswahrscheinlichkeit von 80 % besitzt.

a) Wie könnte der Trainer zu seiner Meinung gekommen sein?

b) Schätze, mit wie vielen verwandelten 7-Meter-Würfen der Trainer bei Dirk in einer Serie von 32 Würfen rechnet.

c) Wie groß ist die Wahrscheinlichkeit, dass nach einer Serie von 8 erfolgreichen 7-Meter-Würfen Dirk auch Wurf Nr. 9 verwandelt?

15. Beim Dominospiel tragen die Spielsteine zwei Felder, die mit zwei Augenzahlen von 0 bis 6 gekennzeichnet sind. Jeder mögliche Spielstein kommt nur einmal vor.
Die Spielsteine werden unter den Spielern zufällig und verdeckt ausgeteilt. Wie groß ist die Wahrscheinlichkeit, dass Annika als ersten Stein die Doppelsechs erhält?

16. Bei einer Geburtstagsfeier werden kleine Gewinne durch Werfen eines Würfels ausgelost. Man erhält einen Gewinn, wenn man eine 1 würfelt. Du kannst beim Werfen einen gewöhnlichen Würfel oder ein Tetraeder wählen. Gib für beide Zufallsgeräte die Ergebnismenge an. Wofür würdest du dich entscheiden?

17. Beschriftet man die Seitenflächen eines Bleistifts, so kann man verschiedene Ergebnisse „rollen".
Wählt einen Bleistift aus und formuliert eine Vermutung für die Wahrscheinlichkeit der einzelnen Ergebnisse. Überprüft eure Vermutung anschließend experimentell.

18. Mit einem Würfel kann man sechs gleich wahrscheinliche Ergebnisse erhalten.

a) Nenne einen regelmäßigen Körper, mit dem man vier gleich wahrscheinliche Ergebnisse erhalten kann.

b) Untersuche, welche Anzahlen an gleich wahrscheinlichen Ergebnissen man mit anderen regelmäßigen Körpern erhalten kann.

c) Beschreibe ein Zufallsgerät, mit dem man neun gleichwahrscheinliche Ergebnisse erhalten kann.

d) Ben behauptet: „Glücksräder kann man so bauen, dass jede gewünschte Anzahl an gleich wahrscheinlichen Ergebnissen möglich ist." Erläutere Bens Überlegung.

Das kann ich noch!

A) Eine Orange wiegt 210 g, ihre Schale 60 g.

1) Wie viele Orangen muss man für 4,5 kg Fruchtfleisch schälen?

2) Wie hoch ist der prozentuale Anteil des Fruchtfleischs an der gesamten Orange?

B) Zum Bau einer Siedlung benötigt ein Unternehmen ein Gelände von 2 km² 14 ha. Es kauft Grundstücke der folgenden Größen: 170 a; 0,9 km²; 95 ha; 20 000 m² und 75 ha.
Wie viel Gelände besitzt die Gesellschaft zu viel?

C) Im Sägewerk ist ein Baumstamm auf Lager, der beim Durchsägen 8 Bretter mit einer Dicke von 4,5 cm liefern würde. Es besteht aber nur eine Nachfrage für lange Bretter der Dicke 3 cm.
Wie viele Bretter kann man aus dem Baumstamm herstellen?

3.2 Ereignisse und ihre Wahrscheinlichkeiten

Einstieg

Beim „Schweine Würfeln" wird ein kleines Plastikschweinchen geworfen. Dabei gibt es sechs mögliche Ergebnisse.
Wie groß ist die Wahrscheinlichkeit für folgende Ereignisse:
(1) Das Schwein liegt auf einer Seite.
(2) Das Schwein liegt nicht auf dem Rücken.
(3) Das linke Ohr des Schweins berührt den Boden.

P (Beine) = 0,08	P (rechte Seite) = 0,41	P (linke Seite) = 0,32

P (Rücken) = 0,17	P (Ohr) = 0,01	P (Schnauze) = 0,01

Aufgabe 1

Wahrscheinlichkeit von Ereignissen

Sebastian und Philine würfeln mit dem Lego-Vierer, um zu entscheiden, wer zuerst Klavier spielen darf.

P(1) ≈ 0,48	P(3) ≈ 0,06	P(5) ≈ 0,06
P(2) ≈ 0,06	P(4) ≈ 0,28	P(6) ≈ 0,06

a) Sebastian setzt darauf, dass eine ungerade Augenzahl erscheint, Philine darauf, dass eine gerade Augenzahl erscheint. Ist einer der beiden im Vorteil?
Berechne dazu die Wahrscheinlichkeiten dieser beiden Ereignisse.

b) Berechne die Wahrscheinlichkeit dafür, keine 4 zu werfen.

Lösung

a) In 48 % der Würfe erscheint eine 1, in 6 % der Würfe erscheint eine 3 und in 6 % der Würfe erscheint eine 5.
Also erscheint in 48 % + 6 % + 6 % = 60 % der Würfe eine 1 oder 3 oder 5.
Die Wahrscheinlichkeit für eine ungerade Augenzahl beträgt somit:
P (ungerade Augenzahl) = P (1) + P (3) + P (5) = 0,60
Entsprechend erhält man:
P (gerade Augenzahl) = P (2) + P (4) + P (6) = 0,06 + 0,28 + 0,06 = 0,40
Ergebnis: Sebastian ist im Vorteil, da öfter ungerade Augenzahlen erscheinen werden.

b) In 28 % aller Würfe erscheint eine 4. Also erscheint in den übrigen 72 % aller Würfe eine andere Augenzahl als 4.
P (keine 4) = 1 – P (4) = 1 – 0,28 = 0,72

Information

Primzahlen haben genau zwei Teiler. 1 ist also keine Primzahl.

(1) Ereignis, Summenregel

Betrachtet man beim Werfen mit dem Lego-Vierer nur, ob eine Primzahl erscheint, so fasst man die Ergebnisse 2, 3 und 5 zusammen. Erscheint beim Würfeln eines dieser Ergebnisse, so sagt man, das **Ereignis** *„Augenzahl ist Primzahl"* ist eingetreten. Dieses Ereignis E lässt sich durch die Menge der zu ihm gehörenden Ergebnisse beschreiben: E = {2; 3; 5}. Die Wahrscheinlichkeit dieses Ereignisses ist die Summe der Wahrscheinlichkeiten seiner Ergebnisse:
P(E) = P(2) + P(3) + P(5) = 0,06 + 0,06 + 0,06 = 0,18

Summenregel
Die Wahrscheinlichkeit eines Ereignisses ist die Summe der Wahrscheinlichkeiten der zugehörigen Ergebnisse.

(2) Gegenereignis – Komplementärregel

Mit dem Ereignis E kennt man gleichzeitig auch immer das zugehörige *Gegenereignis* $\overline{E}$:

Verwende die Komplementärregel, wenn es leichter ist, die Wahrscheinlichkeit des Gegenereignisses zu bestimmen.

Komplementärregel

Das **Gegenereignis** $\overline{E}$ eines Ereignisses E enthält alle die Ergebnisse der Ergebnismenge S, die nicht zu E gehören. Die Wahrscheinlichkeit P(E) und die Wahrscheinlichkeit $P(\overline{E})$ ergänzen sich zu 1: $\mathbf{P(E) + P(\overline{E}) = 1}$

Beispiel: Werfen eines Würfels

Ereignis: „Augenzahl durch 3 teilbar“: $E = \{3; 6\}$ $P(E) = \frac{1}{3}$

Gegenereignis: „Augenzahl nicht durch 3 teilbar“: $\overline{E} = \{1; 2; 4; 5\}$ $P(\overline{E}) = 1 - P(E) = \frac{2}{3}$

Weiterführende Aufgabe

Unmögliches und sicheres Ereignis

2. Bestimme die Wahrscheinlichkeit, dass beim Werfen eines Lego-Vierers die Augenzahl
(1) durch 7 teilbar ist; (2) kleiner als 7 ist.

- Erfüllt *keines* der möglichen Ergebnisse eines Zufallsexperiments die Bedingung, durch die ein Ereignis beschrieben ist, nennt man das Ereignis ein **unmögliches Ereignis**. Die Wahrscheinlichkeit des unmöglichen Ereignisses ist 0.
- Erfüllen alle möglichen Ergebnisse des Zufallsexperiments die Bedingung, durch die ein Ereignis beschrieben ist, dann nennt man das Ereignis ein **sicheres Ereignis**. Die Wahrscheinlichkeit des sicheren Ereignisses ist 1.

Übungsaufgaben

3. Für das Werfen eines Lego-Vierers haben wir folgende Wahrscheinlichkeiten ermittelt:

Augenzahl	1	2	3	4	5	6
Wahrscheinlichkeit	0,48	0,06	0,06	0,28	0,06	0,06

Bestimme jeweils die Wahrscheinlichkeit dafür,
(1) eine ungerade Zahl zu werfen;
(2) eine durch 2 oder 3 teilbare Zahl zu werfen;
(3) eine durch 2 und durch 3 teilbare Zahl zu werfen;
(4) höchstens 4 zu werfen;
(5) nicht 3 zu werfen;
(6) mindestens 3 zu werfen.

4. Die Wahrscheinlichkeit für den Defekt eines Laptops ist durch die Tabelle angegeben. Berechne die Wahrscheinlichkeit dafür, dass der Laptop
(1) bis zu 4 Jahre funktioniert;
(2) bis zu 5 Jahre funktioniert;
(3) weniger als 3 Jahre funktioniert;
(4) länger als 4 Jahre funktioniert.

Defekt im Jahr	Wahrscheinlichkeit
1	0,02
2	0,05
3	0,12
4	0,37
5	0,31
6 oder später	0,13

L & P / 5625

5. Bei einer Fahrzeugkontrolle kommen 178 Autos vorbei. Dabei stellt die Polizei bei 23 Autos Mängel fest. Gib jeweils eine Prognose für die Kontrolle am nächsten Tag.
a) Wie groß ist die Wahrscheinlichkeit, dass ein zufällig ausgewähltes Auto bei einer Verkehrskontrolle Mängel aufweist? Runde sinnvoll.
b) Schätze: Wie viele unter 800 Autos werden Mängel aufweisen?

3.3 Laplace-Experimente

Einstieg

Emma und Tobias streiten sich um das Fernsehprogramm. Emma möchte einen Krimi sehen, Tobias einen Spielfilm.
Emma schlägt vor, zur Entscheidung eine Münze zu werfen. Tobias möchte lieber einen Kronkorken werfen. Was haltet ihr von den beiden Vorschlägen?

Aufgabe 1

Laplace-Experiment

Beritan und Victor spielen mit zwei Würfeln, einem runden und einem gewöhnlichen. Nach einiger Zeit bemerkt Victor:
„Ich glaube, mit dem runden Würfel stimmt etwas nicht. Da treten so häufig Sechsen auf."
Die beiden Freunde testen die Würfel. Sie würfeln mit jedem Würfel 100-mal und notieren in einer Tabelle:

Augenzahl		1	2	3	4	5	6
absolute Häufigkeit	runder Würfel	6	17	18	16	18	25
	gewöhnlicher Würfel	14	18	16	17	19	16

a) Was spricht dafür, dass einer der Würfel nicht in Ordnung ist?
b) Schätze die Wahrscheinlichkeit für das Werfen einer Sechs für jeden der beiden Würfel.

Lösung

a) Victor meint, dass der gewöhnliche Würfel in Ordnung ist, da alle Augenzahlen ungefähr gleich oft vorkommen. Bei dem runden Würfel dagegen erscheint die Augenzahl 6 wesentlich häufiger als die Augenzahl 1.

b) Bei diesem runden Würfel beträgt die relative Häufigkeit der Augenzahl 6 bei 100 Versuchen $\frac{25}{100} = 25\,\%$. Wir schätzen daher, dass die Wahrscheinlichkeit etwa $\frac{1}{4}$ beträgt.
Bei einem guten Würfel kann man damit rechnen, dass die zu erwartende Häufigkeit für alle Augenzahlen gleich ist. Da 6 Zahlen vorkommen, ist die Wahrscheinlichkeit für jede Augenzahl $\frac{1}{6}$.

Information

(1) Laplace-Experimente

Bei vielen Zufallsexperimenten, die für Glücksspiele verwendet werden, haben alle Ergebnisse die gleiche Chance. Man sagt auch: Alle Ergebnisse sind *gleich wahrscheinlich*.
Solche Versuche sind benannt nach dem französischen Mathematiker Pierre Simone Marquis de **Laplace** (1749–1827). Er veröffentlichte 1812 eine Zusammenfassung der damaligen Kenntnisse unter dem Titel „Théorie analytique des probabilités".

Zufallsexperimente, bei denen alle Ergebnisse gleich wahrscheinlich sind, nennt man **Laplace-Experimente**.

Wenn man ein Glücksspiel durchführt, z.B. mit einem Würfel oder einem Glücksrad, dann weiß man natürlich nicht, ob das Gerät tatsächlich gleiche Chancen für alle möglichen Ergebnisse bietet. Wenn jedoch kein Grund ersichtlich ist, dass irgendeines der Ergebnisse eine größere Chance hat aufzutreten als ein anderes, dann macht man die Annahme der Gleichwahrscheinlichkeit. Man spricht daher auch von der **Laplace-Annahme** oder vom **Laplace-Modell**.

Bei einem Laplace-Experiment mit *n* möglichen Ergebnissen ist die **Wahrscheinlichkeit** eines jeden Ergebnisses $\frac{1}{n}$.
Beispiel:
Bei einem guten Spielwürfel beträgt die Wahrscheinlichkeit für jede einzelne Augenzahl $\frac{1}{6}$.
$P(\text{Augenzahl } 3) = \frac{1}{6}$.

(2) Bestimmen von Wahrscheinlichkeiten

Bei Zufallsexperimenten, bei denen man davon ausgehen kann, dass alle Ergebnisse gleichwahrscheinlich sind, müssen Wahrscheinlichkeiten nicht durch häufige Versuchsdurchführungen bestimmt werden. Bei anderen Zufallsexperimenten muss man jedoch experimentell vorgehen.

Wahrscheinlichkeiten kann man bestimmen
- aus Symmetriebetrachtungen (beispielsweise bei Würfel, Münze, Becher, Zufallsrad);
- aus relativen Häufigkeiten bei häufigen Versuchsdurchführungen.

Weiterführende Aufgaben

Laplace-Regel

2. **a)** Mike und Mia haben zwei Glücksräder, mit denen sie Gewinne auslosen.
Auf Mikes Rad sind die Zahlen von 0 bis 99 notiert. Es gewinnen alle Zahlen, die zwei gleiche Ziffern enthalten.
Auf Mias Rad sind die Zahlen 1 bis 40 notiert. Es gewinnen alle Zahlen, die durch 7 teilbar sind.
Mit welchem Rad würdest du spielen?

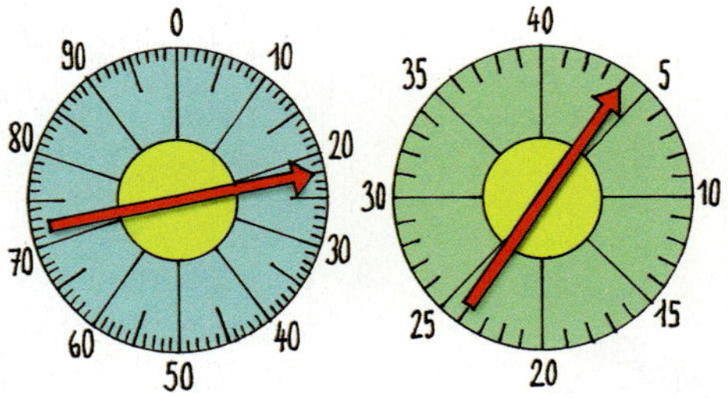

Beschreibe dazu bei jedem Glücksrad das Ereignis *Gewinn* durch eine Menge von Ergebnissen. Bestimme die Wahrscheinlichkeit dieses Ereignisses.

b) Begründe folgende Regel:

Für *Laplace-Experimente* gilt:

$$\text{Wahrscheinlichkeit eines Ereignisses} = \frac{\text{Anzahl der zum Ereignis gehörenden Ergebnisse}}{\text{Anzahl der möglichen Ergebnisse des Zufallsexperiments}}$$

Der Zufall hat kein Gedächtnis.

3. Ben würfelt mit einem Spielwürfel und erhält die Augenzahlen 5, 1, 3, 2, 4. Er meint: „Am wahrscheinlichsten kommt als nächstes die 6.“ Nimm Stellung dazu.

Übungsaufgaben

4. Bei einem Geburtstag werden kleine Gewinne mit einem Würfelspiel verteilt. Worauf würdest du setzen: auf das Erscheinen
(1) einer Primzahl beim Werfen des Oktaeders oder
(2) einer geraden Zahl beim Werfen eines gewöhnlichen Würfels?

5. Oliver dreht einen regelmäßigen Glückskreisel mit Feldern, die von 0 bis 9 nummeriert sind. Alexander gewinnt eine Spielmarke, wenn der Kreisel bei einer Primzahl zur Ruhe kommt. Sonst muss Alexander eine Spielmarke an Oliver zahlen.
a) Ist das Spiel fair (gerecht)?
b) Oliver und Alexander führen das Spiel 50-mal durch. Was erwartet ihr?

6. In einem Becher befinden sich 6 schwarze, 4 rote und 5 weiße Kugeln. Bestimme die Wahrscheinlichkeit für das Ziehen einer
a) weißen Kugel;
b) roten Kugel;
c) schwarzen Kugel;
d) Kugel, die nicht weiß ist.

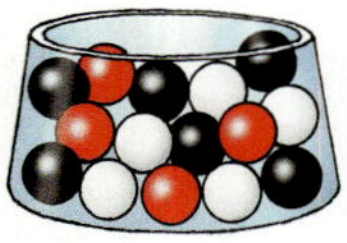

7. a) Beschreibe, wie man herausfinden kann, ob ein Würfel gezinkt ist, d. h. ob die Ergebnisse 1, 2, 3, 4, 5, 6 nicht gleich wahrscheinlich sind.
b) Die folgenden Fragen beziehen sich auf einen idealen, völlig regelmäßigen Würfel. Bestimme die Wahrscheinlichkeiten für:
(1) eine ungerade Zahl;
(2) eine durch 3 teilbare Zahl;
(3) eine durch 2 oder 3 teilbare Zahl;
(4) eine durch 2 und 3 teilbare Zahl;
(5) höchstens 4;
(6) keine 6;
(7) mindestens 3;
(8) eine Primzahl.
c) Laura würfelt fünfmal hintereinander. Sie erhält 2, 5, 3, 6, 4. Mit welcher Wahrscheinlichkeit erscheint beim nächsten Wurf eine 6?

Ikosaeder
Zwanzigflächner

8. Ein (regelmäßiges) Ikosaeder ist ein Körper, dessen Oberfläche aus 20 gleich großen gleichseitigen Dreiecken besteht. Auch damit kann man würfeln.
Wie groß ist die Wahrscheinlichkeit,
a) eine ganze Zahl;
b) eine einstellige Zahl;
c) eine zweistellige Zahl;
d) eine Zahl unter 7;
e) keine durch 3 teilbare Zahl;
f) keine Primzahl zu werfen?

9. Eine Klasse besteht aus 16 Mädchen und 14 Jungen. Jeder schreibt seinen Namen auf einen Zettel und wirft ihn in einen Topf. Für das Verlosen einer Freikarte wird dann ein Zettel gezogen.
Wie groß ist die Wahrscheinlichkeit, dass ein Junge die Freikarte erhält?

10. Anne zieht zufällig zwei der Zahlkärtchen. Sie betrachtet die Summe der beiden Zahlen als Versuchsergebnis.
Beschreibe ein Ereignis mit Worten, das
(1) die Wahrscheinlichkeit 0 besitzt;
(2) die Wahrscheinlichkeit 1 besitzt.

11. Beim Roulette-Spiel bleibt die Kugel in einem der 37 Fächer liegen. Bestimme die Wahrscheinlichkeiten der Ereignisse.

(1) ungerade Zahl (impair);
(2) gerade Zahl außer Null (pair);
(3) die Null erscheint (zero);
(4) rote Zahl (rouge)
(5) schwarze Zahl (noir).

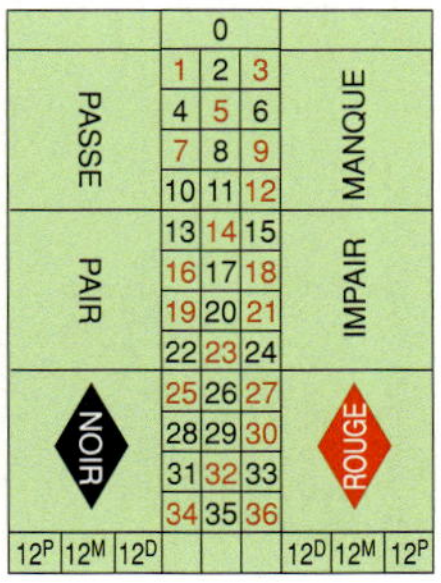

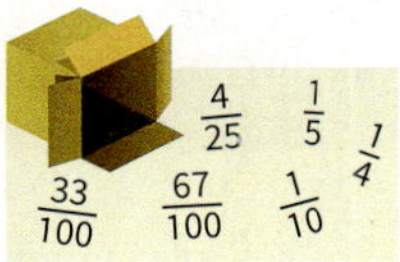

12. In einer Lostrommel liegen 100 Lose, die von 1 bis 100 nummeriert sind. Bestimme die Wahrscheinlichkeiten für das Eintreten der Ereignisse:

A: Die Zahl ist durch 4 teilbar.
B: Die Zahl ist durch 6 teilbar.
C: Die Zahl endet auf 0 oder 5.
D: Die Zahl hat zwei gleiche Ziffern.
E: Die Zahl ist weder durch 4 noch durch 6 teilbar.
F: Die Zahl ist durch 6 teilbar oder endet auf 0 oder 5.

13. Deine Klasse plant für euer Schulfest die Durchführung eines Gewinnspiels. Erarbeite zusammen mit einem Partner einen Vorschlag.

14. In einer Klasse ergab die Umfrage nach der Anzahl der Geschwister folgende Verteilung:

Anzahl der Geschwister	0	1	2	3	4	5
absolute Häufigkeit	4	12	8	3	2	1

a) Zeichne ein zugehöriges Kreisdiagramm.
b) Ein zufällig herausgegriffenes Mitglied der Klasse wird nach der Anzahl der Kinder in der Familie befragt. Wie groß ist die Wahrscheinlichkeit, dass die Anzahl
(1) mehr als 3;
(2) weniger als 3 beträgt?

15. Für ein Schulfest hat die Klasse 8 a zwei nebeneinander stehende Glücksräder gebastelt. Beide Glücksräder sind mit den Ziffern von 0 bis 9 beschriftet. Das linke Rad gibt die Zehnerziffer, das rechte Rad die Einerziffer der gedrehten „Glückszahl" an. Für einen Einsatz von 0,50 € dürfen Schüler die Räder in Bewegung setzen. Wenn die angezeigte Glückszahl zwei gleiche Ziffern hat, erhält der Schüler einen Gewinn im Wert von 1 €, z.B. Filzstifte, Anspitzer usw.

a) Wie viele Ergebnisse sind möglich? Wie viele Gewinnergebnisse gibt es?
b) Die Klasse 8 a rechnet damit, dass bei diesem Schulfest 500 Spiele durchgeführt werden. Wie viele Gewinne muss sie einkaufen? Wie groß wird vermutlich der Überschuss sein?

Das kann ich noch!

A) Löse die Klammern auf.

1) $7 \cdot (x + 2y)$
2) $(4 - x) \cdot 3$
3) $-(3x - 2y)$
4) $-3x \cdot (x + 2y)$
5) $(x - y)(2x - 3y)$
6) $(4x + 5y)(3 - 7y)$
7) $(x - 2y)^2$
8) $(2x - 4y)(2x + 4y)$

3.4 Zurückführen eines Zufallsexperiments auf ein Laplace-Experiment

Einstieg

Pasch (franz.) Wurf mit gleicher Augenzahl auf allen Würfeln

Anneke und Jonas denken sich ein Spiel mit zwei Würfeln aus. Jonas schlägt vor: „Wir betrachten den Unterschied der beiden Augenzahlen. Es gibt dann sechs Ergebnisse: 0, 1, 2, 3, 4, 5. Du setzt auf 1 oder 3 oder 4, ich setze auf 0 oder 2 oder 5. Dann hat jeder drei Möglichkeiten. Das ist fair."

Anneke entgegnet: „Das glaube ich nicht. Du hast mehr Möglichkeiten. Denn für die Augendifferenz 0 gibt es sechs Päsche; die Augendifferenz 2 entsteht bei den Differenzen 6 – 4, 5 – 3, 4 – 2, 3 – 1 und der Unterschied 5 tritt bei 6 – 1 auf. Du hast also 11 günstige Fälle.

Ich habe aber nur 10 Möglichkeiten: 6 – 5, 5 – 4, 4 – 3, 3 – 2, 2 – 1; 6 – 3, 5 – 2, 4 – 1; 6 – 2, 5 – 1. Daher bist du im Vorteil."

Spielt dieses Spiel. Könnt ihr den Streit zwischen Anneke und Jonas schlichten?

Einführung

Bei vielen Spielen wird mit zwei Spielwürfeln geworfen. Dabei wird als Wurfergebnis die Summe der Augenzahlen betrachtet. Petra behauptet:

„Die kleinstmögliche Augensumme ist 2, die größtmögliche 12. Also gibt es 11 verschiedene Augensummen; die Wahrscheinlichkeit für Augensumme 12 ist daher $\frac{1}{11}$."

Paul entgegnet: „Das kann doch nicht sein! Augensumme 12 erscheint viel seltener als Augensumme 7 zum Beispiel. Das liegt daran, dass man die 12 nur aus 2 Sechsen erhalten kann, die 7 aber aus Eins und Sechs, Zwei und Fünf sowie auch Drei und Vier."

Patrick wendet ein: „Ganz so einfach kann das nicht sein: Sowohl für Augensumme 2 als auch 3 gibt es nur eine Zerlegung in Summanden: $2 = 1 + 1$ und $3 = 1 + 2$. Trotzdem erscheint Augensumme 3 viel häufiger."

Pia schließlich hat die Lösung: „Für Augensumme 2 gibt es nur eine Möglichkeit: Beide Würfel müssen eine Eins zeigen. Aber für Augensumme 3 gibt es zwei Möglichkeiten. Das wird ganz deutlich, wenn man verschieden farbige Würfel betrachtet, z. B. einen blauen und einen roten: Entweder kann der blaue die Eins und der rote die Zwei zeigen oder umgekehrt."

	⚀	⚁	⚂	⚃	⚄	⚅
⚀	(1; 1)	(1; 2)	(1; 3)	(1; 4)	(1; 5)	(1; 6)
⚁	(2; 1)	(2; 2)	(2; 3)	(2; 4)	(2; 5)	(2; 6)
⚂	(3; 1)	(3; 2)	(3; 3)	(3; 4)	(3; 5)	(3; 6)
⚃	(4; 1)	(4; 2)	(4; 3)	(4; 4)	(4; 5)	(4; 6)
⚄	(5; 1)	(5; 2)	(5; 3)	(5; 4)	(5; 5)	(5; 6)
⚅	(6; 1)	(6; 2)	(6; 3)	(6; 4)	(6; 5)	(6; 6)

Gemeinsam stellen die vier Freunde die Ergebnisse des roten und des blauen Würfels übersichtlich als Paare in einem Rechteck dar.

Alle diese Paar sind untereinander gleichberechtigt, sodass ein Laplace-Experiment mit 36 Ergebnissen vorliegt. Jedes dieser Paarergebnisse hat also die Wahrscheinlichkeit $\frac{1}{36}$.

Wenn man statt der Paare die zugehörigen Summen in das Schema einträgt, so erkennt man, dass die Summen 2 und 12 nur einmal auftreten, die Summen 3 und 11 zweimal, die Summen 4 und 10 dreimal, die Summen 5 und 9 viermal, die Summen 6 und 8 fünfmal und die Summe 7 sogar sechsmal. Damit hat die Summe 7 die Wahrscheinlichkeit $\frac{6}{36}$ und die Summe 2 die Wahrscheinlichkeit $\frac{1}{36}$.

	⚀	⚁	⚂	⚃	⚄	⚅
⚀	2	3	4	5	6	7
⚁	3	4	5	6	7	8
⚂	4	5	6	7	8	9
⚃	5	6	7	8	9	10
⚄	6	7	8	9	10	11
⚅	7	8	9	10	11	12

Insgesamt erhält man als Wahrscheinlichkeitsverteilung:

Augensumme	2	3	4	5	6	7	8	9	10	11	12
Wahrscheinlichkeit	$\frac{1}{36}$	$\frac{2}{36}$	$\frac{3}{36}$	$\frac{4}{36}$	$\frac{5}{36}$	$\frac{6}{36}$	$\frac{5}{36}$	$\frac{4}{36}$	$\frac{3}{36}$	$\frac{2}{36}$	$\frac{1}{36}$

Information

Zurückführen auf ein Laplace-Experiment

Oft kann man bei einem Experiment mit zufälligem Ausgang (Zufallsvorgang) unterschiedliche Ergebnismengen betrachten. Es kommt darauf an, wofür man sich interessiert. Beim Wurf zweier Würfel ist dies oft die Summe der Augenzahlen. Wegen der unterschiedlichen Chancen liegt kein Laplace-Experiment vor. Wenn man Genaueres über die Wahrscheinlichkeiten erfahren will, so ist es günstig, bei dem gleichen Zufallsvorgang eine feinere Ergebnismenge mit mehr Einzelfällen zu wählen, die dann zu einem Laplace-Experiment führt. Hier ist oft ein Rechteckschema günstig, damit man keine Einzelfälle übersieht. Im Beispiel sind dies 36 Paare. In diesem Fall kann man die Verteilung mithilfe der Laplace-Regel erhalten. Man sagt: Der Zufallsvorgang wurde *auf ein Laplace-Experiment zurückgeführt.*

Übungsaufgaben

1. Ein Zufallsexperiment besteht darin, dass eine 5-Cent-Münze und eine 10-Cent-Münze geworfen werden. Für jede Zahl erhält man den Zahlenwert als Punkte, für Wappen gibt es keinen Punkt. Als Ergebnis wird die Gesamtzahl der Punkte betrachtet.
a) Bestimme die möglichen Ergebnisse und die zugehörigen Wahrscheinlichkeiten.
b) Stelle die Verteilung grafisch als Säulendiagramm dar.

2. Ein Zufallsexperiment besteht darin, dass eine 5-Cent-Münze zweimal hintereinander geworfen wird. Für jede Zahl erhält man 5 Punkte, für Wappen gibt es keinen Punkt. Als Ergebnis wird die Gesamtzahl der Punkte betrachtet.
a) Bestimme die möglichen Ergebnisse und die zugehörigen Wahrscheinlichkeiten.
b) Stelle die Verteilung grafisch dar.

3. Bestimme für das Werfen zweier gewöhnlicher Würfel die Wahrscheinlichkeiten folgender Ereignisse:
(1) Augensumme 13 werfen
(2) gerade Augensumme werfen
(3) ungerade Augensumme werfen
(4) Augensumme größer 2 werfen
(5) Augenprodukt 12 werfen
(6) Augenprodukt 27 werfen
(7) Pasch (gleiche Augenzahl) werfen
(8) benachbarte Augenzahlen werfen

3.5 Bestimmen von Wahrscheinlichkeiten durch Simulation

Einstieg

dodeka (griech.) zwölf

Mara, Leo und Lukas benötigen für ein besonderes Würfelspiel ein Dodekaeder. Das ist ein völlig regelmäßiger Körper mit 12 fünfeckigen Seitenflächen. Da sie kein Dodekaeder haben, wollen sie sich behelfen. Was haltet ihr von folgenden Vorschlägen:
Leo: „Wir nehmen zwei gewöhnliche Würfel und bilden die Augensumme."
Mara: „Wir basteln uns ein Glücksrad mit 12 Sektoren."
Lukas: „Wir würfeln mit einer Münze und einem gewöhnlichen Würfel. Erscheint Zahl, wird das Würfelergebnis verdoppelt, sonst nicht."

Einführung

In einer Gruppe sind 10 Jungen und Mädchen. Zum Weihnachtsfest wird vereinbart, dass jeder ein kleines Geschenk bastelt und eingepackt in einen Sack legt. Bei einer Weihnachtsfeier soll sich dann jeder ein Geschenk blind aus dem Sack herausgreifen. Maria befürchtet, dass bei diesem Verfahren einige Kinder das Geschenk erhalten könnten, das sie selbst gebastelt haben.
Kannst du abschätzen, ob die Wahrscheinlichkeit für das Ereignis, dass ein Kind sein eigenes Geschenk erhält, groß oder klein ist?

Es ist schwierig, diese Wahrscheinlichkeit zu berechnen. Man kann sich dann damit behelfen, dass man das Zufallsexperiment sehr oft simuliert, d. h. nachspielt, um wenigstens näherungsweise herauszufinden, wie groß die gesuchte Wahrscheinlichkeit ist.

Wir vereinfachen das Simulieren des Zufallsexperiments schrittweise:

1. Schritt: Statt Geschenke zu nehmen, könnte jeder seinen Namen auf einen Zettel schreiben und diesen in einen Behälter legen. Dann könnten alle nacheinander einen Zettel herausgreifen und nachschauen, was auf dem Zettel steht.

2. Schritt: Dies könnte auch einer alleine machen: Man nimmt eine Namensliste aus der Gruppe und schreibt jeweils hinter den Namen auf, welcher Name auf dem gezogenen Zettel steht (siehe Tabelle rechts).

3. Schritt: Statt der Namen kann man auch Nummern auf Zettel schreiben. In einer Tabelle notiert man, welche Nummer bei welcher Ziehung gezogen wurde. Das geht schneller und ist übersichtlicher.

Gruppenliste	Namen auf den gezogenen Zetteln	
	1. Simulation	2. Simulation
1. Alexander	Laura	Katharina
2. Anna	Maria	Lukas
3. Leon	Anna	Leon STOP
4. Laura	Tim	
5. Katharina	Lukas	
6. Lukas	Alexander	
7. Maria	Leon	
8. Maximilian	Sophie	
9. Sophie	Katharina	
10. Tim	Maximilian	

Hier sind die Ergebnisse von acht Simulationen:

Nummern auf den gezogenen Zetteln								
Ziehung Nr.	1. Simulation	2. Simulation	3. Simulation	4. Simulation	5. Simulation	6. Simulation	7. Simulation	8. Simulation
1	9	2	10	6	5	2	9	6
2	2	6	3	1	1	6	3	10
3		8	1	7	8	4	4	2
4		1	9	3	9	7	5	1
5		4	4	10	2	10	2	8
6		9	7	2	10	3	10	7
7		7	5	8	7	1	8	4
8			6	5		8	7	9
9			8	9			6	5
10			2				1	3

Bei 5 von 8 Simulationen gab es übereinstimmende Nummern; man kann bei dieser geringen Anzahl von Simulationen noch nicht entscheiden, ob es eher wahrscheinlich ist, dass irgendjemand sein eigenes Geschenk erhält. Simuliert man das Zufallsexperiment 100-mal, dann stellt man fest, dass ungefähr 63-mal der Fall „Es gibt mindestens eine Übereinstimmung" vorliegt.
Ergebnis: Die Wahrscheinlichkeit für das betrachtete Ereignis ist also ungefähr 63 %.

Weiterführende Aufgabe

Simulation mithilfe von Zufallszahlen bei einem Rechner

1. Für ein Fantasy-Spiel wird ein Oktaeder als Würfel benötigt. Du kannst ersatzweise auch einen Rechner verwenden.
Der Rechner verfügt über den Befehl **randInt**, den man mit den alphabetischen Tasten eingeben oder aus dem Befehlskatalog im Menü Wahrscheinlichkeit unter Zufallszahl: Ganzzahl aufrufen kann.
Erzeuge mit dem grafikfähigen Taschenrechner 100 Zufallszahlen zwischen 1 und 8.
Zähle dann aus, wie viele Einsen, Zweien, ..., Achten du erhalten hast. Vergleiche mit deinem Nachbarn.

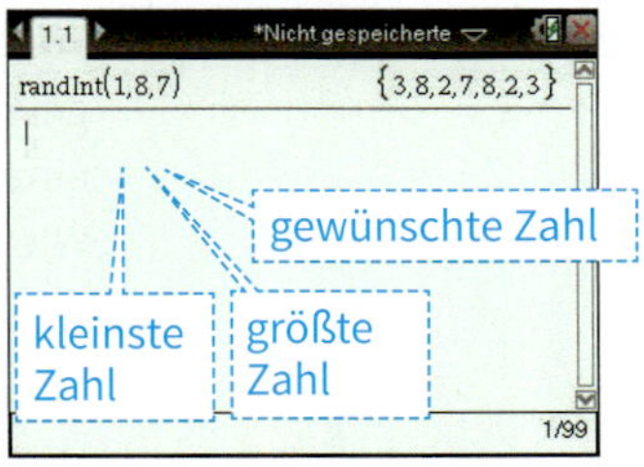

Information

(1) Simulation von Zufallsexperimenten

Zufallsexperimente kann man mit geeigneten Zufallsgeräten simulieren (nachspielen). Die Simulation eines Zufallsexperiments kann weniger aufwändig sein; oft spart man bei der Simulation auch Zeit. Es kann auch vorkommen, dass der betrachtete Vorgang so kompliziert ist, dass eine einfache Berechnung von Wahrscheinlichkeiten nicht gelingt. Dann ist eine Simulation von Zufallsexperimenten besonders sinnvoll.
Man führt das (simulierte) Zufallsexperiment oft durch und schätzt dann aus der berechneten relativen Häufigkeit, wie groß die gesamte Wahrscheinlichkeit ist.

Wahrscheinlichkeit bei einem komplizierten Zufallsexperiment → Simulation des Zufallsexperiments durch ein vereinfachtes Zufallsexperiment → Bestimmung der relativen Häufigkeit im vereinfachten Zufallsexperiment → Schätzwert für die Wahrscheinlichkeit im vereinfachten Zufallsexperiment

(2) Simulation mithilfe von Zufallszahlen bei einer Tabellenkalkulation

Viele Taschenrechner erzeugen auf Knopfdruck so genannte Zufallszahlen. Auch Tabellenkalkulationsprogramme können Zufallszahlen erzeugen. Der Befehl ZUFALLSBEREICH (1;6) liefert eine zufällig gewählte natürliche Zahl zwischen 1 und 6.

Eine andere Möglichkeit ist es, den Befehl ZUFALLSZAHL() zu verwenden. Dieser Befehl liefert einen Dezimalbruch zwischen 0 und 1. Multipliziert man diese Zahl mit 6, so erhält man entsprechend einen Dezimalbruch zwischen 0 und 6. Mit dem Befehl GANZZAHL (6* ZUFALLSZAHL()) werden die Stellen hinter dem Komma abgeschnitten, man erhält also eine der natürlichen Zahlen 0, 1, 2, 3, 4, 5. Addiert man noch die Zahl 1, dann sieht das Ergebnis so aus wie beim Würfeln eines Würfels.

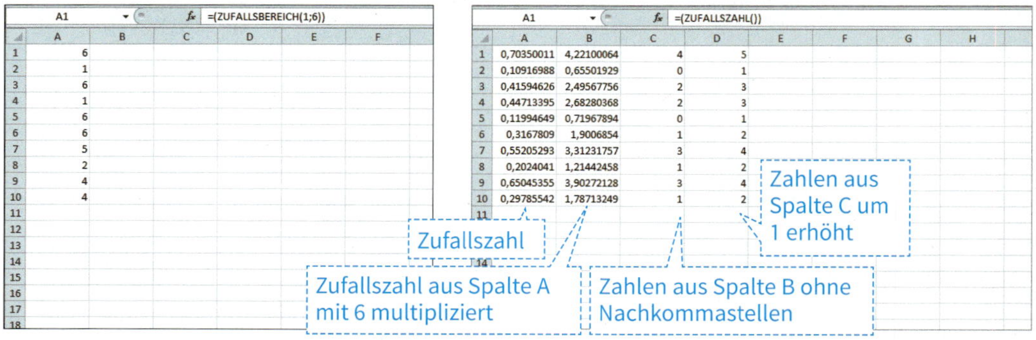

A1 =(ZUFALLSBEREICH(1;6))

	A	B	C	D	E	F
1	6					
2	1					
3	6					
4	1					
5	6					
6	6					
7	5					
8	2					
9	4					
10	4					

A1 =(ZUFALLSZAHL())

	A	B	C	D	E	F	G	H
1	0,70350011	4,22100064	4	5				
2	0,10916988	0,65501929	0	1				
3	0,41594626	2,49567756	2	3				
4	0,44713395	2,68280368	2	3				
5	0,11994649	0,71967894	0	1				
6	0,3167809	1,9006854	1	2				
7	0,55205293	3,31231757	3	4				
8	0,2024041	1,21442458	1	2				
9	0,65045355	3,90272128	3	4				
10	0,29785542	1,78713249	1	2				

Auch die Auswertung, wie oft ein bestimmtes Ergebnis aufgetreten ist, kann man vom Tabellenkalkulationsprogramm durchführen lassen. Mithilfe des Befehls ZÄHLENWENN kann man auszählen, wie oft eine bestimmte Zahl in einem Bereich des Tabellenblattes steht.

Zum Beispiel liefert ZÄHLENWENN (D1:D10; 3) wie oft die Zahl 3 in den Zellen D1 bis D10 vorkommt.

Übungsaufgaben

2. Für ein Spiel soll mit einem Tetraeder (Vierflächner) gewürfelt werden. Du hast kein Tetraeder zur Hand, aber einen grafikfähigen Taschenrechner.
Wie kannst du dir helfen?

3. Wie kannst du vorgehen, um die Güte der Zufälligkeit der Zufallszahlen deines Rechners zu überprüfen? Diskutiere deine Ideen mit deinem Partner. Tragt eure gemeinsamen Ideen eurer Klasse vor.

4. Mit dem Glücksrad rechts sollten Gewinne bei einem Klassenfest ausgelost werden.
Da es defekt ist, soll die Auslosung mit einem anderen Zufallsgerät erfolgen. Nenne mehrere Möglichkeiten.

5. Zu einer Serie von Sammelbildern in Cornflakes-Packungen gehören 8 verschiedene Bilder. Jede Packung enthält ein Sammelbild. Anna will 12 Cornflakes-Packungen kaufen, um möglichst viele verschiedene Bilder zu haben.
Simuliere dieses Zufallsexperiment. Nimm dazu 12 Zufallszahlen und zähle, wie viele verschiedene Zahlen dabei sind. Führe die Simulation insgesamt 10-mal durch.

Regenwahrscheinlichkeit

Rätsel um den Regen

Potsdam „Die Regenwahrscheinlichkeit beträgt 80 Prozent“, heißt es im Wetterbericht. Das klingt dramatisch – aber was bedeutet das eigentlich?

- Werde ich wahrscheinlich zu 80 % nass?
- Regnet es in 80 von 100 Minuten?
- Regnet es auf 80 von 100 km^2?

„Es ist die Wahrscheinlichkeit dafür, ob es regnet“, erklärt Meteorologe Alexander Peters. „Heiter bis wolkig, örtlich Schauer – das sagt den Menschen zu wenig. Für sie sollte ein Wetterbericht so sein, dass ihn meine Oma versteht. Und 100 % Regenwahrscheinlichkeit bedeutet halt: Es regnet garantiert.

Wir arbeiten mit folgender Festlegung:
Regenwahrscheinlichkeit ist die Wahrscheinlichkeit des Eintreffens des Regenereignisses an einem bestimmten Ort in dem angegebenen Vorhersagezeitraum.
Als Regenereignis reicht schon ein einzelner Tropfen, der den Ort erreicht.

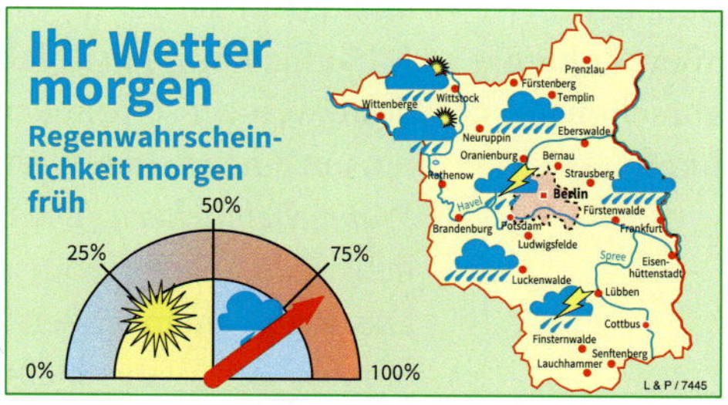

Regenwahrscheinlichkeiten sind Schätzwerte, die aus den Erfahrungen mit entsprechenden Wetterlagen in der Vergangenheit gefolgert werden: Hat es z. B. in 80 von 100 Tagen mit entsprechender Wetterlage am nächsten Tag geregnet, so legt man als Regenwahrscheinlichkeit 80 % fest.“ Viele Menschen befürchten allerdings, dass der Schätzwert meistens nur etwas genauer ist als der, den man durch Würfeln erhält. Darüber hinaus ist der Nutzen der trüben Prozentzahl auch schon deshalb fraglich, weil sie nichts darüber aussagt, ob man von Nieselregen durchweicht wird, oder ob es aus Eimern gießen wird.“

1. Was bedeutet die folgende Vorhersage?
   a) Die Regenwahrscheinlichkeit in Rathenow beträgt morgen 30 %.
   b) Die Regenwahrscheinlichkeit in Athen beträgt morgen 0 %.

2. Eine Wetterstation überprüft die Güte der von ihr vorhergesagten Regenwahrscheinlichkeiten. Rechts siehst du das Ergebnis.
   a) Erläutere, wie die Überprüfung stattgefunden hat.
   b) Was hältst du von der Güte der vorhergesagten Regenwahrscheinlichkeiten?

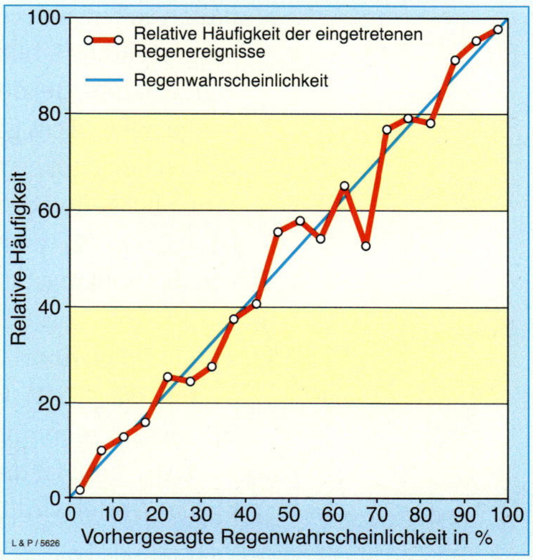

3. Wenn es in einem Vorhersagegebiet im Vorhersagezeitraum bei einer Regenwahrscheinlichkeit von z.B. 60 % einmal geregnet hat, ist dann die Regenwahrscheinlichkeit auf 100 % gestiegen?
Hilfe: Vergleiche mit der entsprechenden Behauptung beim Münzwurf oder Würfeln.

Das Wichtigste auf einen Blick

Zufallsexperiment – Gesetz der großen Zahlen – Wahrscheinlichkeit

Ein *Zufallsexperiment* ist ein Versuch, dessen Ausgang nicht vorhersehbar ist. Die möglichen *Ergebnisse* fasst man zur *Ergebnismenge S* zusammen.
Je häufiger man ein Zufallsexperiment durchführt, desto weniger schwanken die relativen Häufigkeiten um einen festen Wert. Diesen Wert nennt man *Wahrscheinlichkeit*. Die Summe der Wahrscheinlichkeiten aller Ergebnisse beträgt 1.
Die Wahrscheinlichkeit eines Ereignisses ist die Summe der Wahrscheinlichkeiten der zugehörigen Ergebnisse.

Beispiel: Würfeln mit einem Zylinder
S = {1; 2; 3}

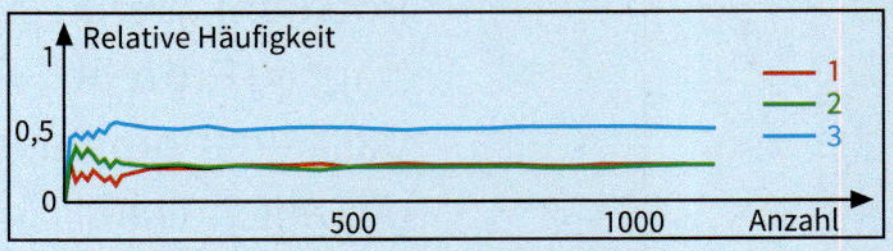

P(1) = P(2) = 0,25; P(3) = 0,5

Laplace-Experiment – Laplace-Regel

Zufallsexperimente, bei denen alle Ergebnisse gleich wahrscheinlich sind, nennt man *Laplace-Experimente*. Für Laplace-Experimente gilt:
Die Wahrscheinlichkeit eines Ereignisses beträgt:

$$\frac{\text{Anzahl der zum Ereignis gehörenden Ergebnisse}}{\text{Anzahl der möglichen Ergebnisse des Zufallsexperiments}}$$

Beispiel: Werfen mit einem Würfel
S = {1; 2; 3; 4; 5; 6}
$P(1) = P(2) = P(3) = \ldots = P(6) = \frac{1}{6}$
Ereignis: durch 3 teilbare Augenzahl
E = {3; 6}
$P(E) = \frac{2}{6} = \frac{1}{3}$

Komplementärregel

Das Gegenereignis $\overline{E}$ eines Ereignisses E enthält alle Ergebnisse, die nicht zu E gehören. Somit gilt $P(E) + P(\overline{E}) = 1$.

Beispiel: Würfeln mit zwei Würfeln, Pasch bei zwei gleichen Augenzahlen
$P(\text{kein Pasch}) = 1 - P(\text{Pasch}) = 1 - \frac{6}{36} = \frac{5}{6}$

Bist du fit?

1. Eine Fabrik stellt Metallstifte her, die eine Länge von 7,0 cm haben sollen. Aus Erfahrung weiß man, dass die maschinell hergestellten Metallstifte nicht immer die gewünschte Länge haben. Bei der Kontrolle der Produktion wird die Länge auf 0,01 cm genau gemessen. Die Tabelle zeigt die Wahrscheinlichkeit für die Stiftlängen. Berechne die Wahrscheinlichkeiten dafür, dass die Stiftlänge
(1) 0,01 cm **(2)** mehr als 0,02 cm **(3)** weniger als 0,03 cm
von der Solllänge abweicht.

Länge	Wahrscheinlichkeit
6,97 cm	0,04
6,98 cm	0,07
6,99 cm	0,2
7,00 cm	0,35
7,01 cm	0,23
7,02 cm	0,08
7,03 cm	0,03

2. a) Ein Spielwürfel wird geworfen. Wie groß ist die Wahrscheinlichkeit, eine Zahl zu werfen, die **(1)** kleiner als 5 ist; **(2)** eine Primzahl ist; **(3)** durch 3 teilbar ist?
b) Jan hat zehnmal gewürfelt und dabei bereits dreimal eine 6 geworfen, aber noch keine 1. Wie groß ist die Wahrscheinlichkeit, beim nächsten Wurf eine 6 (eine 1) zu werfen?
c) Ein Würfel wird 1 800-mal geworfen. Was erwartest du: Wie oft erscheint eine 6?

3. Eine Serie von 100 Losen enthält einen Hauptgewinn, 9 mittlere Gewinne und 20 Kleingewinne, die restlichen Lose sind Nieten. Hanna zieht ein Los. Bestimme die Wahrscheinlichkeit für das Ziehen **a)** einer Niete; **b)** des Hauptgewinns; **c)** eines Gewinns.

4. Wurzeln – Satz des Pythagoras

Ebene Figuren lassen sich häufig leichter berechnen,
indem man sie in rechtwinklige Dreiecke zerlegt.
Oft braucht man dann Quadratwurzeln.

Rechte Winkel oder rechtwinklige Dreiecke im Heft zu zeichnen, ist nicht schwer, wenn man ein Geodreieck oder zumindest Zirkel und Lineal hat. Aber auch überall in unserer Umgebung werden rechte Winkel benötigt und dort ist es oft nicht so einfach, sie herzustellen.
Handwerker verwenden keine Geodreiecke.
Wie stellen sie rechte Winkel her?
Auf dem Bild siehst du einen Fliesenleger mit drei Leisten, die 30 cm, 40 cm und 50 cm lang sind.

→ Zeichne ein solches Dreieck im Maßstab 1:10.
Was stellst du fest?

In diesem Kapitel …

lernst du mathematische Sätze kennen, die zu den ältesten gehören, die uns überliefert wurden und mit deren Hilfe du rechtwinklige Dreiecke berechnen kannst. Oben siehst du das Denkmal, das zu Ehren von Pythagoras auf der Insel Samos errichtet wurde.

Lernfeld: Seitenlängen gesucht

Wie lang ist...?

Bestimmt die Seitenlängen der abgebildeten Flächen von Quadraten. Welche Probleme ergeben sich?

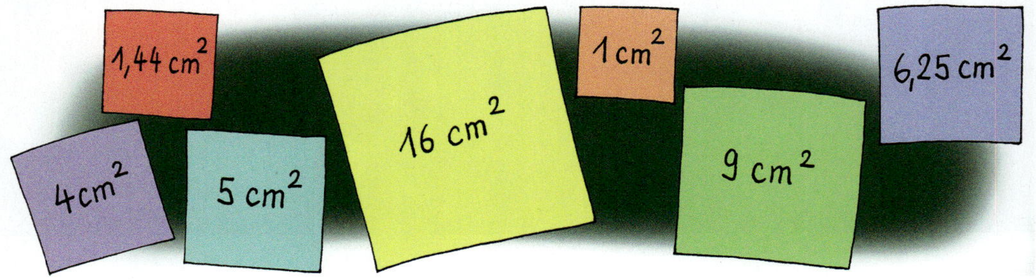

Wie im alten Ägypten

Das Land der Pharaonen und Pyramiden ist eine der ältesten Kulturen. So wurden die heute noch erhaltenen Pyramiden vor etwa 5000 Jahren erbaut. Der Nil war die Quelle des Reichtums Ägyptens. Jährlich trat er über die Ufer. Diese Überschwemmungen brachten fruchtbaren Boden auf die Felder am Nil. Ausreichend Wasser zur Bewässerung gab es natürlich auch.

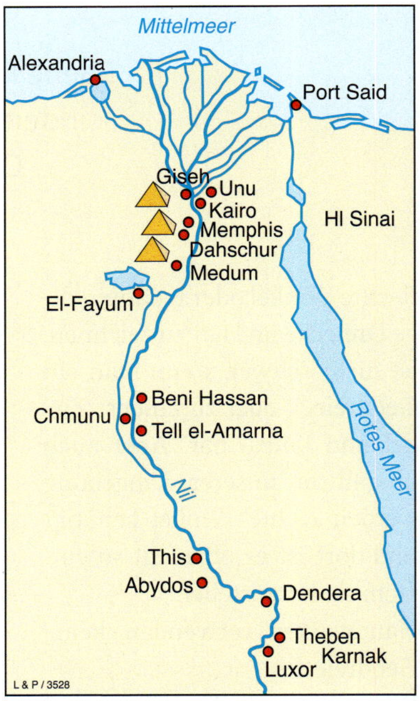

Doch brachte das Nilhochwasser auch Probleme mit sich. Es war bereits früh notwendig, die Zeiten des Hochwassers genau zu bestimmen. Daher entwickelten die Ägypter einen Kalender. Da das Nilhochwasser auch jedes Mal die Feldgrenzen zerstörte, waren auch Methoden der Landvermessung nötig, um die Felder neu einzuteilen. Geometrie fand hier ihre praktische Anwendung. Wichtig für die Landvermessung und beim Bau der Pyramiden war die Konstruktion rechter Winkel. Dabei standen den Ägyptern noch keine modernen Messmethoden zur Verfügung, nicht einmal ein Geodreieck, sondern nur Seile und Stöcke.

Wie schafften die Ägypter es trotzdem, rechte Winkel exakt zu konstruieren?

→ Zeichnet mit Faden und Reißzwecke (statt Seil und Stock) einen Kreis. Findet Punkte auf diesem Kreis, die ein rechtwinkliges Dreieck bilden. Begründet.

→ Man nimmt an, dass auch schon den alten Ägyptern eine weitere Lösung für solche Aufgaben bekannt war: Sie benutzten 12-Knoten-Seile, um rechtwinklige Dreiecke aufzuspannen. Diese wurden unter anderem bei der Ausrichtung von Altären und Bauwerken benutzt. Überprüft die Methode. Markiert auf einem langen Seil 12 gleich große Abschnitte. Einer von euch hält Anfang und Ende zusammen, zwei andere versuchen, die Markierungen zu finden, mit denen sich ein rechtwinkliges Dreieck aufspannen lässt. Wie müssen sie auf die Dreieckseiten verteilt werden?

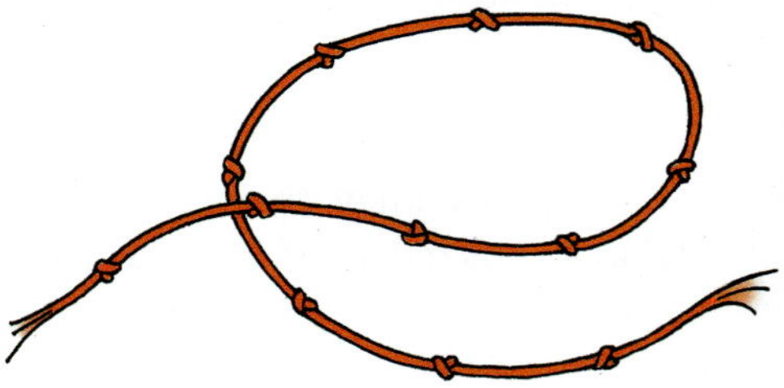

4.1 Quadrat- und Kubikwurzeln

Einstieg

Der USA-Staat Wyoming hat eine Größe von ungefähr 250 000 km². Seine Fläche kann näherungsweise als Quadrat betrachtet werden.
Wie lang ist die Grenze von Wyoming mit den anderen Bundesstaaten ungefähr?

Aufgabe 1

Seitenlänge eines Quadrats
Das Grundstück der Familie Neubauer ist 961 m² groß.
Bestimme die Seitenlänge eines quadratischen Grundstücks gleicher Größe.

Lösung

Man erhält den Flächeninhalt eines Quadrats, indem man die Seitenlänge a quadriert: $A = a^2$
Hier ist der Flächeninhalt 961 m² gegeben, gesucht ist die Seitenlänge.
Wir suchen also eine Maßzahl, für die gilt: $961 = a^2 = a \cdot a$
Die gesuchte Maßzahl muss etwas größer als 30 sein, denn $30 \cdot 30 = 900$ ist kleiner als 961.
Wir finden 31, denn $31 \cdot 31 = 961$.
Ergebnis: Die gesuchte Seitenlänge beträgt 31 m.

Information

Radix (lat.) Wurzel, Basis

Definition
Gegeben ist eine nichtnegative Zahl a.
Unter der **Quadratwurzel** aus a (kurz: *Wurzel* aus a) versteht man diejenige nichtnegative Zahl, die mit sich selbst multipliziert die Zahl a ergibt. Für die Quadratwurzel aus a schreibt man $\sqrt{a}$.

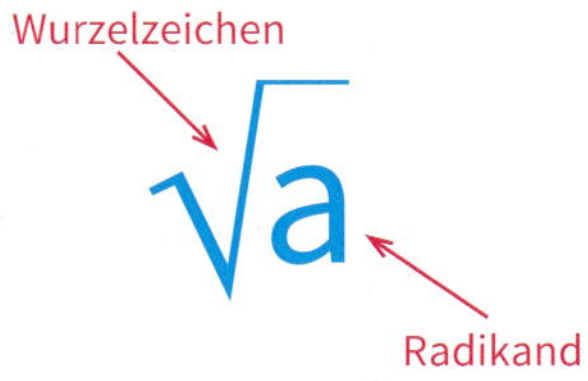

Die Zahl a unter dem **Wurzelzeichen** heißt **Radikand.** Das Bestimmen der Quadratwurzel heißt **Wurzelziehen** (**Radizieren**).
Beispiele: $\sqrt{961} = 31$, denn $31 \cdot 31 = 961$ und $31 \geq 0$
$\sqrt{0{,}09} = 0{,}3$, denn $0{,}3 \cdot 0{,}3 = 0{,}09$ und $0{,}3 \geq 0$
$\sqrt{\frac{4}{25}} = \frac{2}{5}$, denn $\frac{2}{5} \cdot \frac{2}{5} = \frac{4}{25}$ und $\frac{2}{5} \geq 0$
$\sqrt{0} = 0$, denn $0 \cdot 0 = 0$ und $0 \geq 0$

Beachte:
(1) Eine Quadratwurzel ist stets nichtnegativ. Es ist also z. B. $\sqrt{9} = +3$, obwohl auch $(-3) \cdot (-3) = 9$ ist. Man möchte vermeiden, dass z. B. $\sqrt{9}$ zwei verschiedene Zahlen bezeichnet.
(2) Quadratwurzeln kann man nur aus nichtnegativen Zahlen bilden, denn das Produkt zweier gleicher Zahlen kann niemals negativ sein. $\sqrt{-4}$ ist nicht definiert.

Weiterführende Aufgabe

Kantenlänge eines Würfels

2. Ein Würfel hat das Volumen $V = 125\,\text{cm}^3$.
Welche Kantenlänge hat der Würfel?

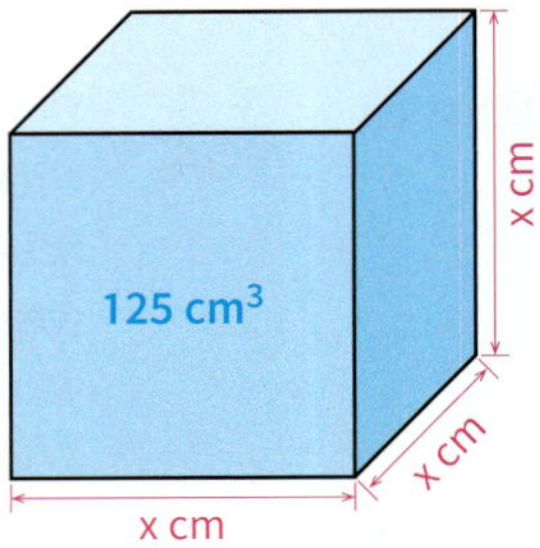

Information

Definition

Gegeben ist eine nichtnegative Zahl a.
Unter der dritten Wurzel dieser Zahl a versteht man diejenige nichtnegative Zahl, die mit 3 potenziert die Zahl a ergibt.
Für die **dritte Wurzel aus a** schreibt man $\sqrt[3]{a}$. Statt dritte Wurzel aus a sagt man auch **Kubikwurzel** aus a.
Die Zahl 3 heißt der *Wurzelexponent*, die Zahl a unter dem Wurzelzeichen heißt *Radikand*.

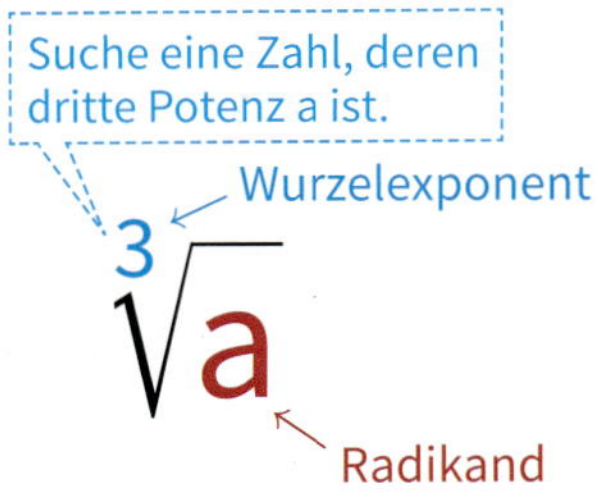

Beispiele:

$\sqrt[3]{1000} = 10$, denn $10^3 = 10 \cdot 10 \cdot 10 = 1000$

$\sqrt[3]{\frac{8}{27}} = \frac{2}{3}$, denn $\left(\frac{2}{3}\right)^3 = \frac{2}{3} \cdot \frac{2}{3} \cdot \frac{2}{3} = \frac{8}{27}$

Übungsaufgaben

3. Gib die Seitenlänge eines Quadrats mit dem gegebenen Flächeninhalt an:
a) $36\,\text{cm}^2$ b) $121\,\text{m}^2$ c) $324\,\text{mm}^2$ d) $6{,}25\,\text{m}^2$ e) $0{,}49\,\text{km}^2$

4. Berechne die Quadratzahlen 1^2; 2^2; 3^2; …; 24^2; 25^2. Du benötigst sie häufiger bei den folgenden Aufgaben. Es lohnt sich, sie auswendig zu wissen.

5. Berechne die Wurzeln im Kopf, wenn es sie gibt:
a) $\sqrt{49}$ d) $\sqrt{81}$ g) $\sqrt{-64}$ j) $\sqrt{1}$ m) $\sqrt{169}$ p) $\sqrt{10\,000}$
b) $\sqrt{225}$ e) $\sqrt{0}$ h) $\sqrt{289}$ k) $\sqrt{-196}$ n) $\sqrt{576}$ q) $\sqrt{6\,400}$
c) $\sqrt{144}$ f) $\sqrt{484}$ i) $\sqrt{121}$ l) $\sqrt{361}$ o) $\sqrt{-900}$ r) $\sqrt{14\,400}$

6. Nimm Stellung zu den Behauptungen rechts.

7. a) $\sqrt{\frac{1}{4}}$ e) $\sqrt{\frac{81}{100}}$ i) $\sqrt{\frac{361}{324}}$
b) $\sqrt{\frac{1}{9}}$ f) $\sqrt{\frac{25}{144}}$ j) $\sqrt{\frac{36}{289}}$
c) $\sqrt{\frac{16}{100}}$ g) $\sqrt{\frac{169}{196}}$ k) $\sqrt{-\frac{4}{256}}$
d) $\sqrt{\frac{81}{225}}$ h) $\sqrt{\frac{49}{225}}$ l) $\sqrt{\frac{324}{121}}$

8. a) $\sqrt{0{,}25}$ d) $\sqrt{0{,}09}$ g) $\sqrt{-3{,}24}$
b) $\sqrt{0{,}16}$ e) $\sqrt{2{,}56}$ h) $\sqrt{0{,}0049}$
c) $\sqrt{0{,}01}$ f) $\sqrt{6{,}25}$ i) $\sqrt{0{,}64}$

9. a) Bestimme im Kopf zwischen welchen aufeinanderfolgenden natürlichen Zahlen die Wurzel liegt: (1) $\sqrt{11}$; (2) $\sqrt{29}$; (3) $\sqrt{75}$; (4) $\sqrt{130}$.

b) Berechne mit dem Taschenrechner die Wurzeln aus Teilaufgabe a) auf zwei Nachkommastellen genau.

10. Schreibe als Quadratwurzel, wenn es geht.

$4 = \sqrt{16}$

a) 12 b) 17 c) −32 d) 300 e) 0,7 f) $\frac{5}{7}$

11. Kontrolliere Valentins Hausaufgaben.

a) $\sqrt{256} = 16$ *b)* $\sqrt{-1024} = 32$ *c)* $\sqrt{1024} = 32$ *d)* $\sqrt{1000} = 33{,}4$ *e)* $\sqrt{0{,}04} = -0{,}2$

12. Ein quadratischer Bauplatz ist 841 m² groß. Er soll mit einem Bauzaun umgeben werden. Für die Einfahrt sollen 4 m frei bleiben. Wie viel m Zaun benötigt man?

13. Die Oberfläche eines Würfels ist (1) 64 dm²; (2) 216 dm² groß. Wie groß ist sein Volumen?

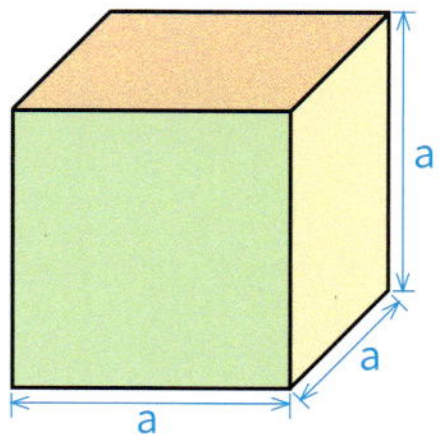

14. Berechne im Kopf.

a) $3 \cdot \sqrt{100}$ c) $\sqrt{100 - 51}$ e) $\sqrt{9 \cdot \sqrt{16}}$

b) $\sqrt{6 + 19}$ d) $\sqrt{30 + \frac{1}{2} \cdot 12}$ f) $\sqrt{0{,}1 : \sqrt{\frac{1}{100}}}$

15. Eine würfelförmige Kerze soll aus a) 64 ml, b) 216 ml Wachs gegossen werden. Welche Kantenlänge muss die Form (innen) haben?

16. Berechne im Kopf und begründe deine Entscheidung.

a) $\sqrt[3]{8}$ b) $\sqrt[3]{27}$ c) $\sqrt[3]{1000}$ d) $\sqrt[3]{27000}$ e) $\sqrt[3]{0{,}001}$

17. a) Zwischen welchen aufeinanderfolgenden natürlichen Zahlen liegt die Kubikwurzel?

(1) $\sqrt[3]{10}$ (2) $\sqrt[3]{100}$ (3) $\sqrt[3]{480}$ (4) $\sqrt[3]{2000}$ (5) $\sqrt[3]{87{,}6}$

b) Bestimme mit dem Taschenrechner die Wurzeln aus Teilaufgabe a) auf zwei Nachkommastellen genau.

Dichte von Gold: $19{,}1 \frac{g}{cm^3}$

18. a) Onur möchte gern wissen, wie groß ein Würfel aus reinem Gold wäre, den er noch tragen kann. Onur kann 20 kg tragen. Wie groß ist die Kantenlänge seines Würfels?

b) Sein Freund Rocco geht oft ins Fitnessstudio und meint: „Ich kann auch 40 kg tragen. Dann hat mein Würfel eine doppelt so große Kantenlänge wie deiner.“ Was meinst du dazu?

c) Der World Gold Council, eine Organisation der Goldminenindustrie, beziffert die jemals auf der Erde geförderte Goldmenge mit 177 200 Tonnen (Stand 2014). Da man Gold nicht verbrauchen kann, ist die gesamte Menge auch heute noch vorhanden. Welche Maße hätte ein Würfel, den man aus der gesamten produzierten Goldmenge herstellen könnte?

4.2 Satz des Pythagoras

Einstieg

a) Rechts seht ihr eine Bordüre aus hellen und dunklen Granit-Platten.
Für welchen Streifen benötigt man mehr hellen Granit?

b) Formuliert euer Ergebnis aus Teilaufgabe a) als ein Ergebnis über Quadrate an den Seiten eines rechtwinklig-gleichschenkligen Dreiecks.

DGS c) Untersucht, ob das Ergebnis von Teilaufgabe b) für beliebige rechtwinklige Dreiecke zutrifft. Lasst dazu von einem dynamischen Geometrie-System ein rechtwinkliges Dreieck zeichnen.
Konstruiert dann an jeder Dreieckseite ein Quadrat. Lasst auch den Flächeninhalt dieser Quadrate berechnen.
Verändert die Form des Dreiecks und beobachtet dabei die Flächeninhalte.
Was stellt ihr fest?

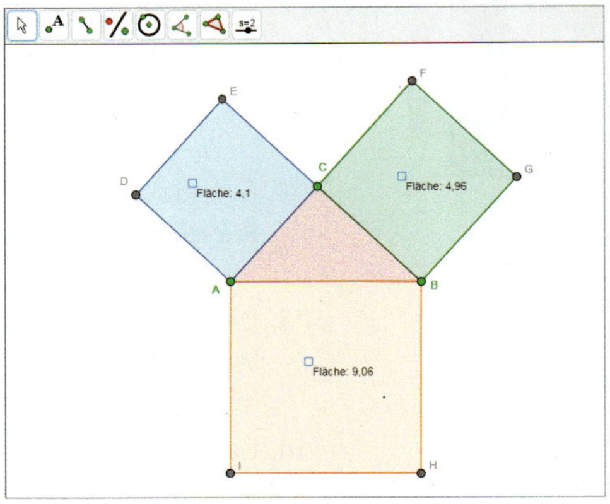

Aufgabe 1

Berechnung eines gleichschenklig-rechtwinkligen Dreiecks

Der Bebauungsplan einer Gemeinde schreibt Satteldächer mit einer Dachneigung von 45° vor. Familie Werner plant ein Haus, das 8,00 m breit sein soll.
Wie lang müssen dann die Dachsparren sein, wenn sie 60 cm überstehen sollen?
Löse diese Aufgabe zunächst zeichnerisch und dann rechnerisch.

Lösung

(1) *Zeichnerische Lösung*

Der Dachgiebel ist ein Dreieck. Da beide Dachneigungen gleich groß sind, ist das Dreieck gleichschenklig. Von diesem Dreieck ABC sind die Basis $\overline{AB}$ und die beiden anliegenden Basiswinkel α und β gegeben. Nach dem Kongruenzsatz wsw ist es eindeutig konstruierbar.

Wir zeichnen das Dreieck verkleinert im Maßstab 1:200.
Aus dem Winkelsummensatz folgt, dass der Winkel an der Spitze 90° groß ist. Das Dreieck ist also auch rechtwinklig.
Durch Messen der Strecke $\overline{BC}$ bzw. $\overline{AC}$ erhalten wir:
$a = b \approx 5{,}6$ m.
Dazu kommt jeweils noch 0,6 m für den Überstand.
Ergebnis: Die Dachsparren müssen etwa 6,20 m lang sein.

Maßstab 1 : 200

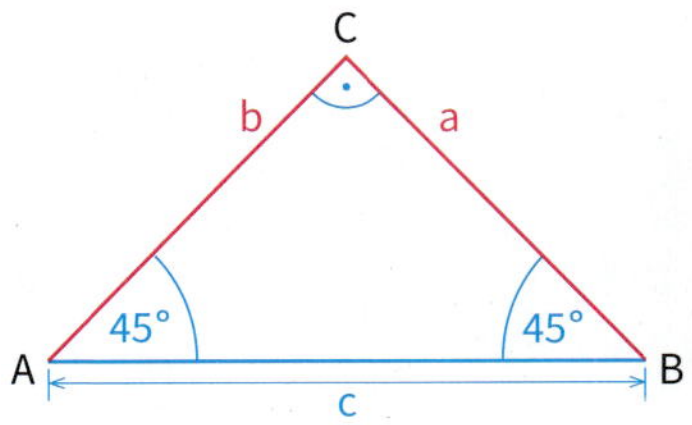

(2) *Rechnerische Lösung*

Um aus der gegebenen Länge c der Basis des rechtwinklig-gleichschenkligen Dreiecks ABC die gesuchte Schenkellänge a (= b) zu berechnen, müssen wir einen formelmäßigen Zusammenhang zwischen den Längen c und a finden.

Dazu legen wir vier Exemplare des Dreiecks zu einem Quadrat zusammen.

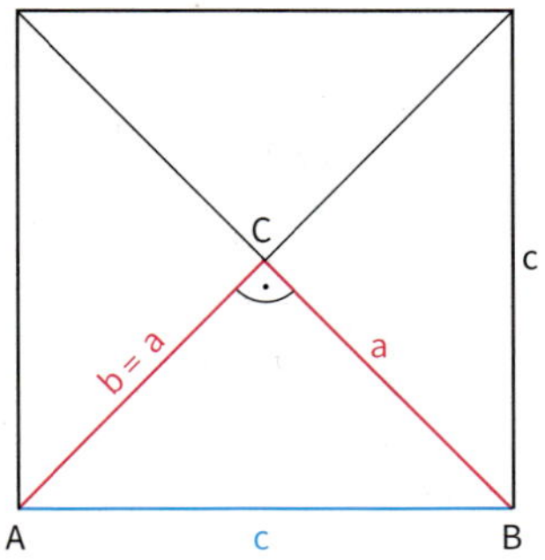

Dessen Flächeninhalt können wir mithilfe von zwei verschiedenen Formeln angeben:

- Das Quadrat Q hat die Seitenlänge c, also den Flächeninhalt $A_Q = c^2$.
- Das Quadrat setzt sich aus vier zueinander kongruenten gleichschenklig-rechtwinkligen Dreiecken D zusammen, deren Flächeninhalt $A_D = \frac{1}{2}a \cdot b = \frac{1}{2}a \cdot a = \frac{1}{2}a^2$ beträgt.

Daraus folgt $A_Q = 4 \cdot A_D = 4 \cdot \frac{1}{2}a^2 = 2\,a^2$.

a>0 und c>0, da es sich um Längen handelt.

Durch den Vergleich dieser beiden Berechnungen des Flächeninhalts des Quadrats erhalten wir:

$$2\,a^2 = c^2 \qquad |:2$$
$$a^2 = \frac{1}{2}c^2$$
$$a = \sqrt{\frac{1}{2}c^2}$$

Wir setzen ein: $a = \sqrt{\frac{1}{2} \cdot (8\,\text{m}^2)} \approx 5{,}66\,\text{m}$

Dazu kommen noch 0,60 m für den Überstand.

(3) *Ergebnis:* Die Dachsparren müssen ungefähr 6,26 m lang sein.

Aufgabe 2

Hinführung zum Satz des Pythagoras

Bei der Lösung der Aufgabe 1 haben wir für ein gleichschenklig-rechtwinkliges Dreieck mit der Basislänge c und der Schenkellänge a durch Betrachtung von Flächeninhalten folgende Gleichung gewonnen: $c^2 = 2\,a^2$

Dies bedeutet geometrisch:

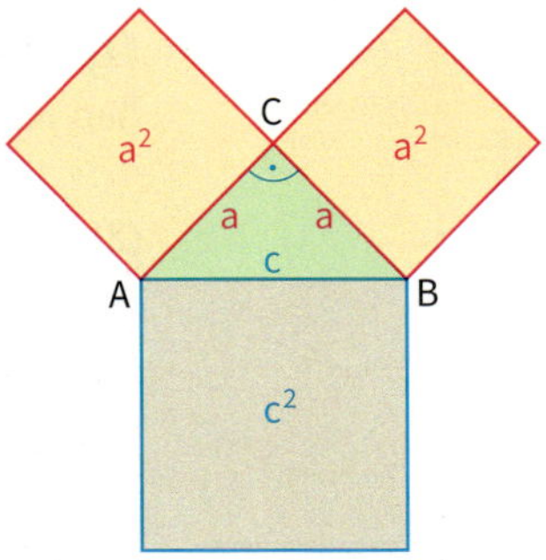

> Der Flächeninhalt des Quadrats über der Seite $\overline{AB}$ ist gleich der Summe der Flächeninhalte der beiden Quadrate über den Seiten $\overline{BC}$ und $\overline{AC}$.

Wir wollen im Folgenden untersuchen, ob dieses Ergebnis nicht nur für gleichschenklig-rechtwinklige Dreiecke, sondern allgemein für rechtwinklige Dreiecke gilt.

Zeichnet rechtwinklige Dreiecke ABC mit $\gamma = 90°$ und den Seitenlängen

(1) $a = 6\,\text{cm}$ und $b = 9\,\text{cm}$;

(2) $a = 5\,\text{cm}$ und $b = 8{,}5\,\text{cm}$;

(3) $a = 5\,\text{cm}$ und $b = 6\,\text{cm}$.

Messt die Länge der dritten Seite. Überprüft, ob das oben formulierte Ergebnis auch für diese rechtwinkligen Dreiecke gilt.

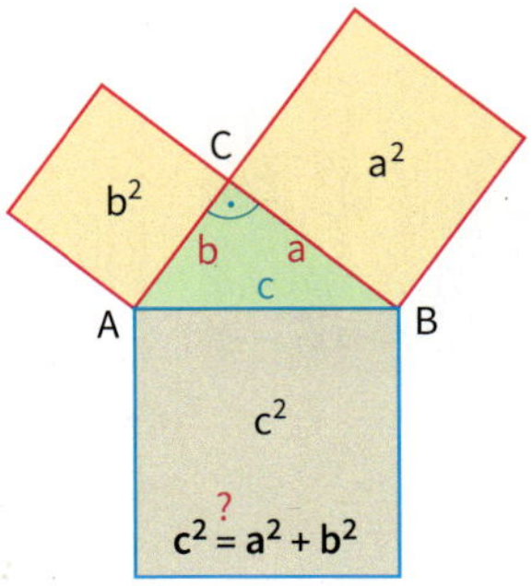

Lösung

Die Dreiecke sind hier auf die Hälfte verkleinert gezeichnet.

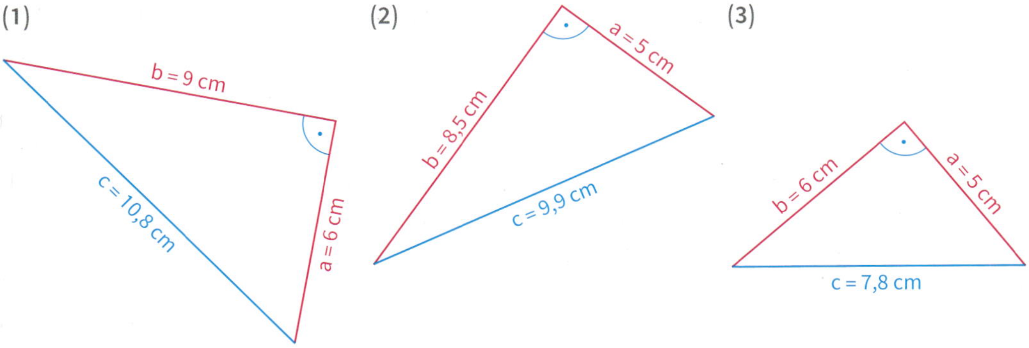

Durch Messen der dritten Seiten der Dreiecke erhalten wir:

(1) $c = 10{,}8\,\text{cm}$; (2) $c = 9{,}9\,\text{cm}$; (3) $c = 7{,}8\,\text{cm}$

Überprüfen des Satzes:

(1) $(6\,\text{cm})^2 + (9\,\text{cm})^2 = 117\,\text{cm}^2$ und $(10{,}8\,\text{cm})^2 = 116{,}64\,\text{cm}^2$
$117\,\text{cm}^2 \approx 116{,}64\,\text{cm}^2$

(2) $(5\,\text{cm})^2 + (8{,}5\,\text{cm})^2 = 97{,}25\,\text{cm}^2$ und $(9{,}9\,\text{cm})^2 = 98{,}01\,\text{cm}^2$
$97{,}25\,\text{cm}^2 \approx 98{,}01\,\text{cm}^2$

(3) $(5\,\text{cm})^2 + (6\,\text{cm})^2 = 61\,\text{cm}^2$ und $(7{,}8\,\text{cm})^2 = 60{,}84\,\text{cm}^2$
$61\,\text{cm}^2 \approx 60{,}84\,\text{cm}^2$

Die Beispiele legen nahe, dass die Gleichung $a^2 + b^2 = c^2$ für alle rechtwinkligen Dreiecke gilt.

Information

(1) Begriffe am rechtwinkligen Dreieck

Bevor wir die gefundene Vermutung allgemein formulieren, führen wir zwei Begriffe am rechtwinkligen Dreieck ein:

Hypotenuse (griech.)
hypo – unten
teinein – spannen

Kathete (griech.)
Kathetos – Senkblei

Die dem rechten Winkel gegenüberliegende Seite nennt man **Hypotenuse**, die dem rechten Winkel anliegenden Seiten heißen **Katheten**.

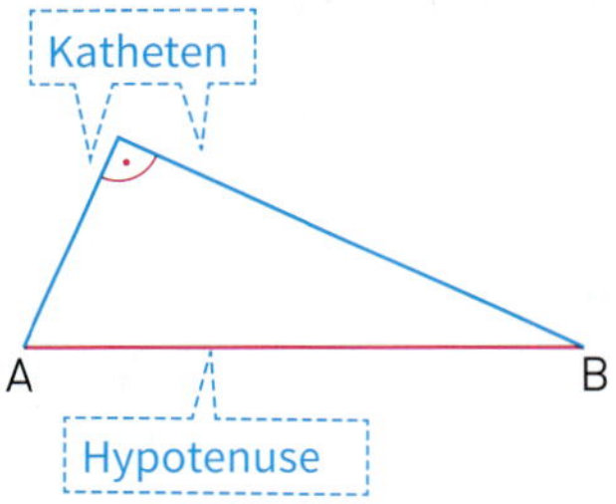

(2) Satz des Pythagoras

Aus den Beispielen der Aufgabe 2 ergibt sich:

Pythagoras von Samos, etwa 580 bis etwa 500 v. Chr.

> **Satz des Pythagoras**
> Wenn das Dreieck ABC *rechtwinklig* ist, dann ist der Flächeninhalt des Hypotenusenquadrates gleich der Summe der Flächeninhalte der beiden Kathetenquadrate:
> $\mathbf{c^2 = a^2 + b^2}$ (für $\gamma = 90°$)

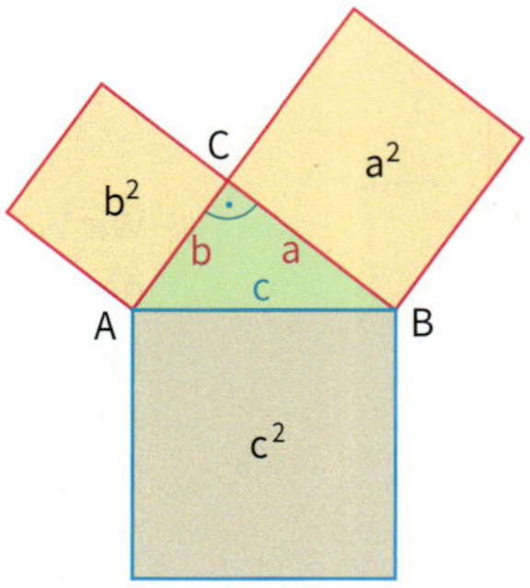

Wir wollen diesen Satz nun allgemein beweisen.

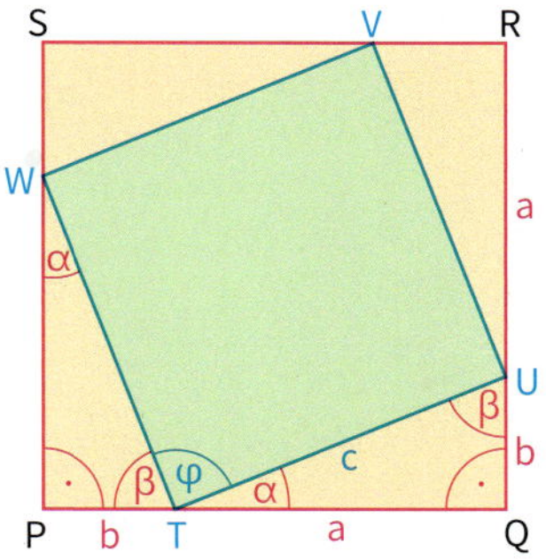

Beweis des Satzes des Pythagoras:
Von einem Quadrat PQRS mit der Seitenlänge $a + b$ werden vier rechtwinklige Dreiecke mit den Kathetenlängen a und b abgeschnitten. Die vier abgeschnittenen Dreiecke stimmen in den Kathetenlängen und dem eingeschlossenen rechten Winkel überein. Sie sind nach dem Kongruenzsatz sws zueinander kongruent.
Folglich hat die Restfigur vier gleich lange Seiten, deren Länge wir mit c bezeichnen.
Des weiteren gilt aufgrund des Winkelsummensatzes im Dreieck:
$\alpha + \beta + 90° = 180°$, also $\alpha + \beta = 90°$.
Ebenso gilt: $\alpha + \beta + \varphi = 180°$, also $\varphi = 90°$.
Damit ist gezeigt, dass die Restfigur TUVW ein Quadrat mit der Seitenlänge c ist. Das Quadrat TUVW hat den Flächeninhalt $A = c^2$. Wir berechnen nun diesen Flächeninhalt auf andere Weise:

Flächeninhalt von PQRS | Flächeninhalt der vier Dreiecke

$c^2 = (a + b)^2 - 4 \cdot \frac{1}{2} ab$

$= a^2 + 2ab + b^2 - 2ab$

$= a^2 + b^2$

1. binomische Formel
$(a + b)^2 = a^2 + 2ab + b^2$

Damit ist bewiesen, dass der oben gefundene Flächensatz (Satz des Pythagoras) allgemein für alle rechtwinkligen Dreiecke gilt.

Übungsaufgaben

3. Gib für das rechtwinklige Dreieck jeweils die Gleichung nach dem Satz des Pythagoras an. Skizziere zunächst die Dreiecke im Heft; färbe die Katheten rot, die Hypotenuse blau.

(1)
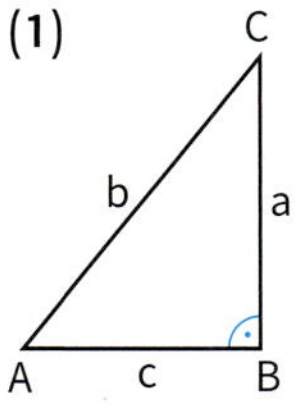

(2)
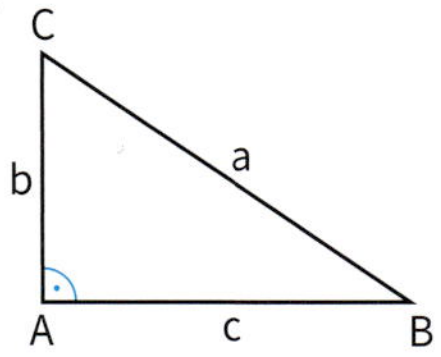

(3)
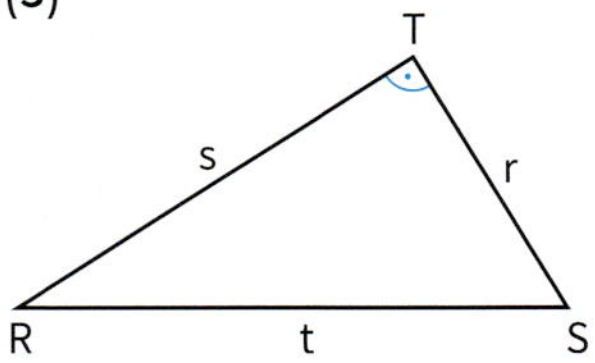

4. Kontrolliere die angegebenen Gleichungen. Berichtige gegebenenfalls.

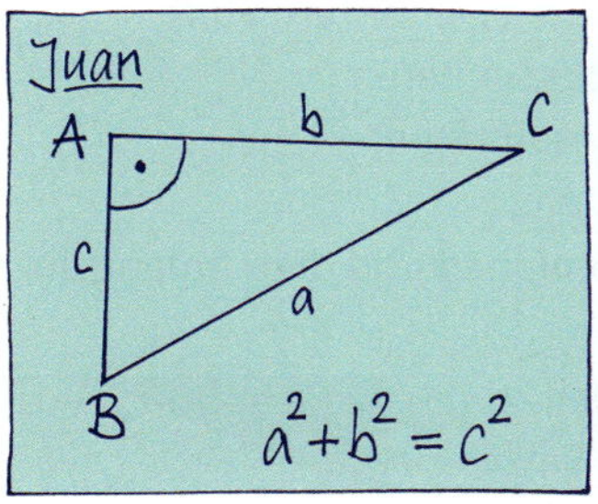

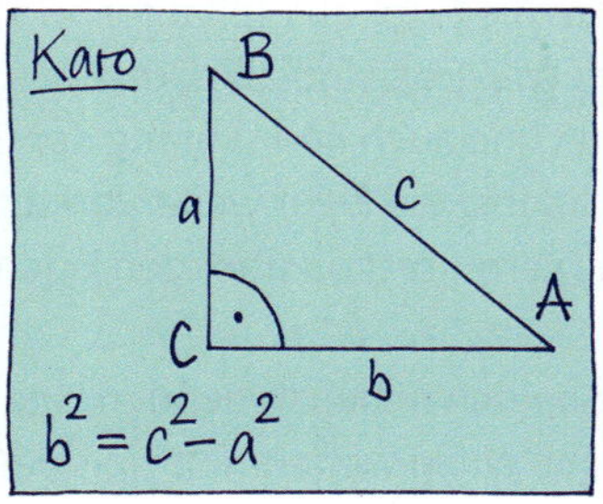

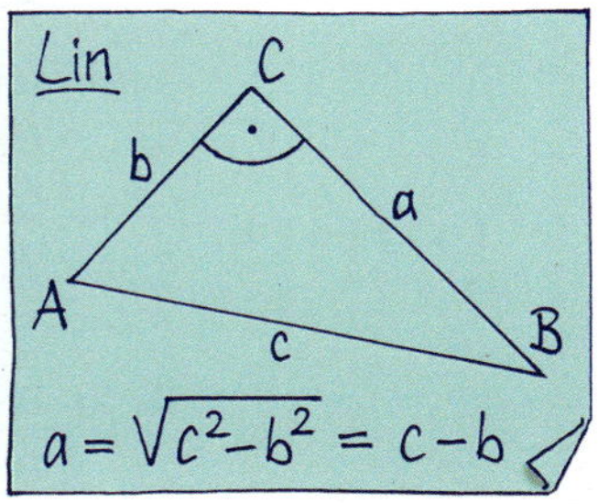

Das kann ich noch!

A) Bestimme die Lösungsmenge.
1) $2(x - 4) = 4(8 - 2x)$
2) $-(2 - x) = (2x + 4) \cdot 3$
3) $(2 - x)(6 + 3x) = 5 - 3x^2$
4) $2(2x + 5) - (x - 2) = 0$
5) $(3 - x)^2 = (3 + x)^2$
6) $(2x - 4)(2x + 4) = 4x^2 - 16$

5. Berechne die Länge x der roten Strecke (Maße in cm).

a)
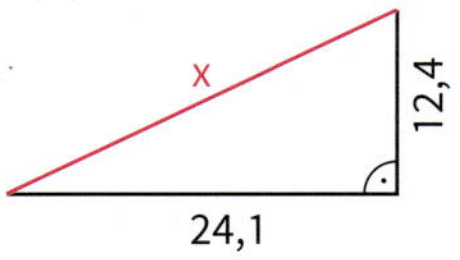

b)
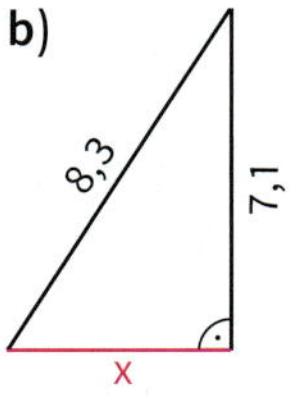

c)
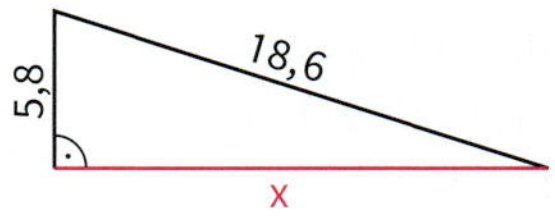

d)
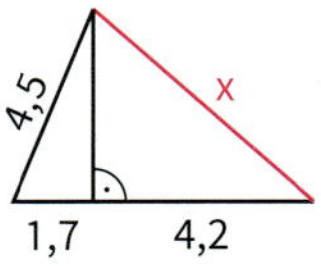

6. In der Figur findest du mehrere rechtwinklige Dreiecke. Notiere sie und gib jeweils nach dem Satz des Pythagoras den Zusammenhang zwischen den Seitenlängen an.

a)
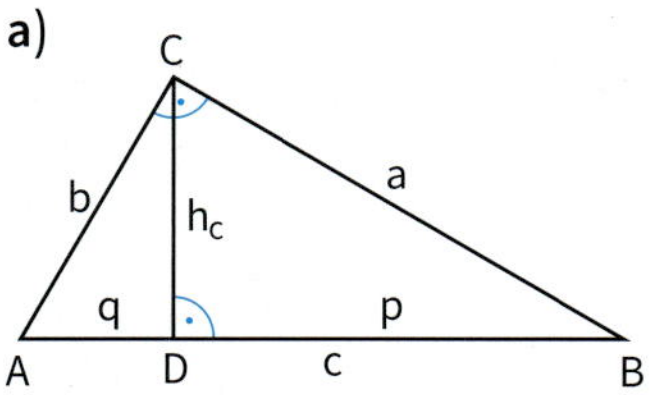

b)
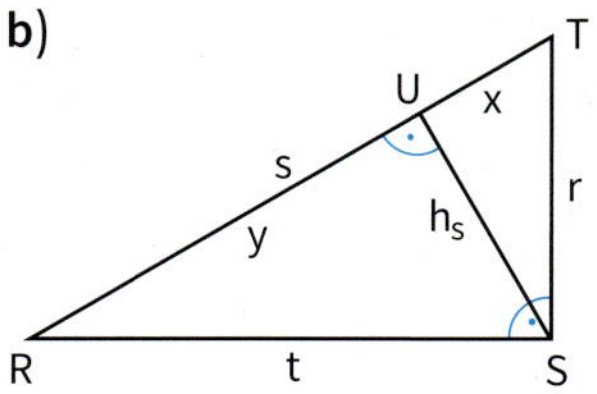

c)
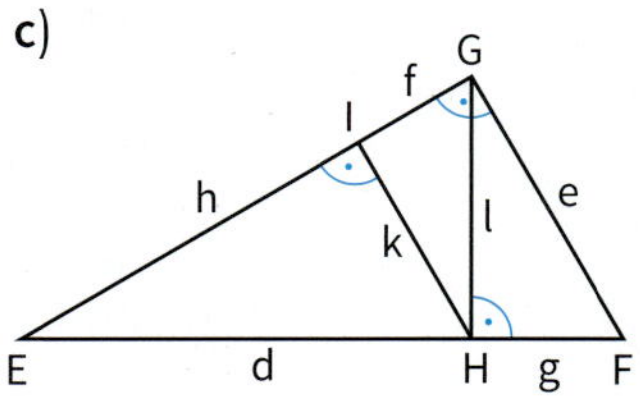

7. Berechne die dritte Seite sowie den Umfang und den Flächeninhalt des Dreiecks ABC.

a)	b)	c)	d)	e)
a = 12 cm	c = 10 cm	a = 10 dm	b = 4,1 km	a = 3,4 cm
b = 16 cm	a = 6 cm	c = 6 dm	c = 3,5 km	c = 51 mm
γ = 90°	γ = 90°	α = 90°	α = 90°	β = 90°

8. Konstruiere mithilfe des Satzes des Pythagoras eine Strecke der Länge
(1) $\sqrt{10}$; (2) $\sqrt{20}$; (3) $\sqrt{2}$.

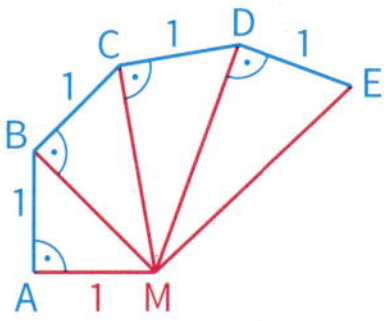

9. Berechne in der Figur links die Länge der Strecken $\overline{MB}$, $\overline{MC}$, $\overline{MD}$, $\overline{ME}$, usw. Setze die *Quadratwurzelspirale* fort. Was fällt auf?

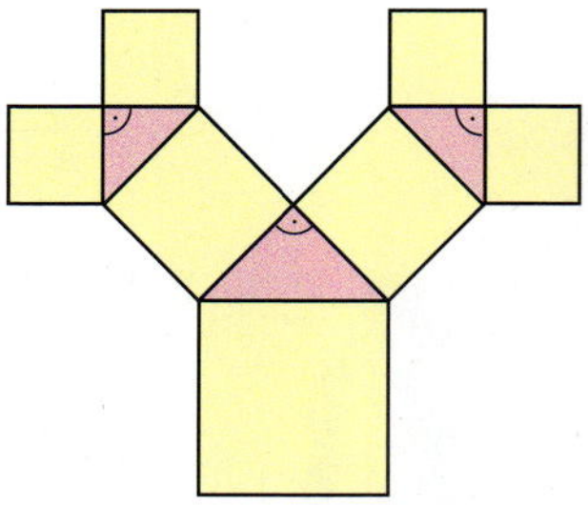

10. a) Zeichne ein rechtwinklig-gleichschenkliges Dreieck mit der Basis c = 4 cm.
Konstruiere das Hypotenusenquadrat und die beiden Kathetenquadrate.
Ergänze die Figur wie im Bild rechts.

b) Setze die Figur aus Teilaufgabe a) um eine weitere Stufe fort. Wie groß sind alle Quadrate zusammen?
Berechne auch den Umfang der Gesamtfigur.

c) Du kannst die Figur weiter fortsetzen.
Was vermutest du über den Flächeninhalt und den Umfang der Gesamtfigur?

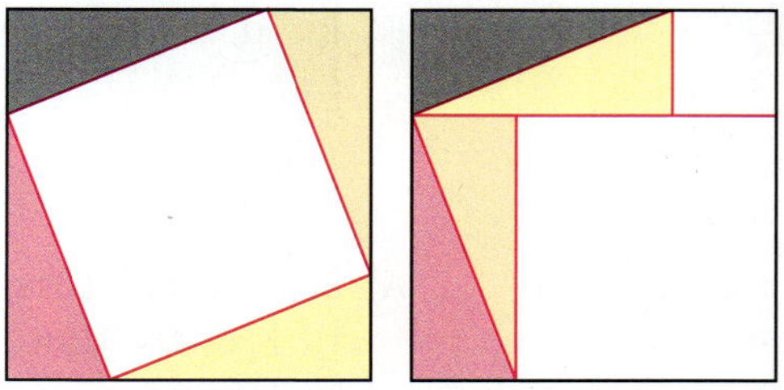

11. a) Die beiden nebenstehenden Figuren zeigen einen weiteren Beweis des Satzes des Pythagoras.
Erläutere den Beweis im Einzelnen.

b) Im Internet findest du unter dem Stichwort „Satz des Pythagoras“ weitere Beweise.
Stellt in der Klasse Beweise zusammen, die ihr als Referat präsentiert.

4.3 Berechnen von Streckenlängen

Einstieg

Eine Stehleiter ist zusammengeklappt 2,10 m lang. Wenn sie aufgestellt ist, sind die Fußenden 1,40 m weit voneinander entfernt. Wie hoch reicht die Leiter?

Aufgabe 1

Berechnungen am gleichseitigen Dreieck

In einer Feriensiedlung werden Dachhäuser wie im Bild errichtet.

a) Wie hoch sind die Dachhäuser?

b) Die Giebelfläche soll mit Holz verschalt werden.
Wie viel m² Holz werden für eine Seite benötigt?

Lösung

Die Giebelfläche ist ein gleichseitiges Dreieck, da die beiden Dachneigungen und damit auch der Winkel an der Spitze jeweils 60° betragen.

a) Die Höhe h zur Seite $\overline{AB}$ zerlegt das gleichseitige Dreieck ABC in zwei rechtwinklige Dreiecke ADC und DBC; außerdem halbiert sie die Seite $\overline{AB}$.
Wir betrachten das rechtwinklige Dreieck ADC und wenden den Satz des Pythagoras an:

Berechnen von h

$\left(\frac{a}{2}\right)^2 + h^2 = a^2$

$\left(\frac{7}{2}\,m\right)^2 + h^2 = (7\,m)^2$

$h^2 = 49\,m^2 - 12{,}25\,m^2$

$h^2 = 36{,}75\,m^2$

$h = \sqrt{36{,}75}\,m$

$h \approx 6{,}06\,m$

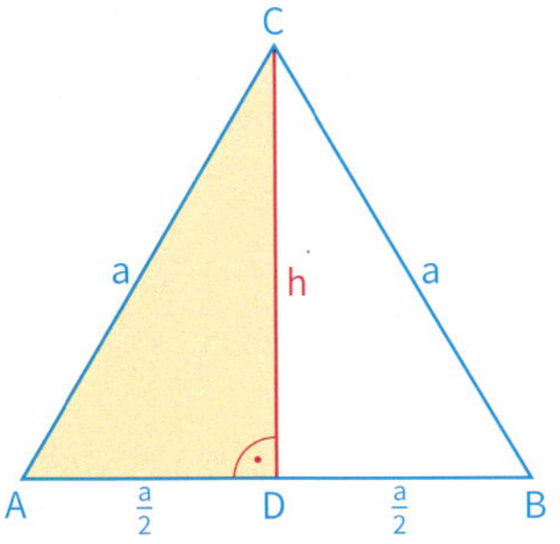

Ergebnis: Die Dachhäuser sind 6,06 m hoch.

b) *Berechnen des Flächeninhalts*

$A = \frac{1}{2} \cdot a \cdot h$

$A = \frac{1}{2} \cdot 7\,m \cdot \sqrt{36{,}75}\,m$

$A \approx 21{,}2\,m^2$

Ergebnis: Es werden mindestens 21,2 m² Holz benötigt.

Aufgabe 2

Berechnen von Längen räumlicher Figuren

Bei einem Stadtfest soll ein großes Zelt aufgebaut werden. Es hat eine quadratische Grundfläche und als Dach eine Pyramide. Insgesamt ist das Zelt 5 m hoch. Die Grundfläche ist 10 m × 10 m groß.
Zur sicheren Konstruktion sollen nicht nur die Außenkanten durch Stahlrohre gebildet werden. Jede Außenfläche soll durch ein zusätzliches Rohr gestützt werden.
Berechne, wie viel Meter Stahlrohr insgesamt benötigt werden.

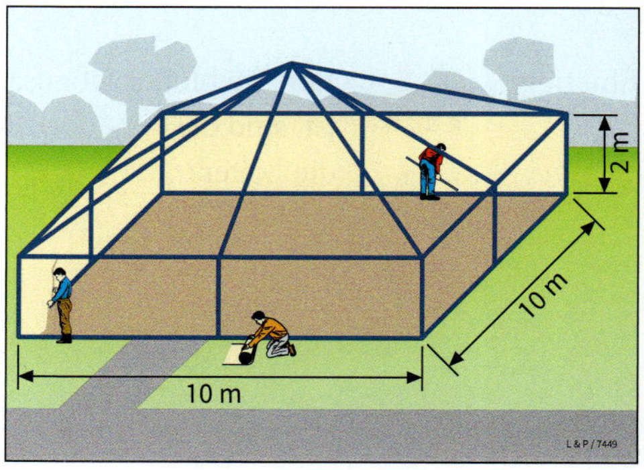

Lösung

(1) Wir berechnen den Stahlrohrbedarf für den Quader.
Für die unteren und oberen Kanten werden 8 Rohre der Länge 10 m benötigt, für die senkrechten Stäbe 8 Rohre der Länge 2 m, also insgesamt:
$8 \cdot 10\,m + 8 \cdot 2\,m = 96\,m$

(2) Wir berechnen nun den Stahlrohrbedarf für die Schrägen des pyramidenförmigen Daches.

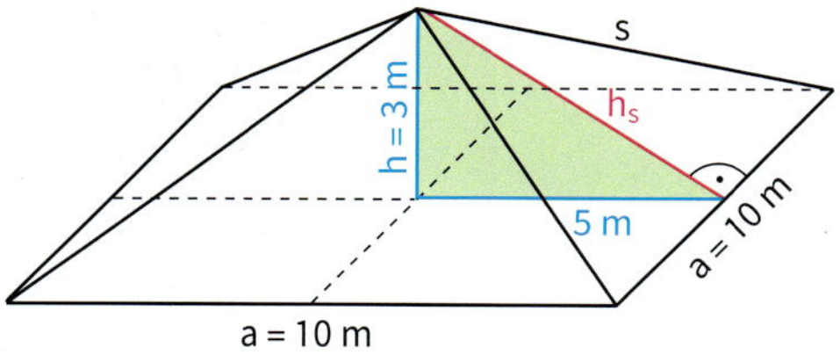

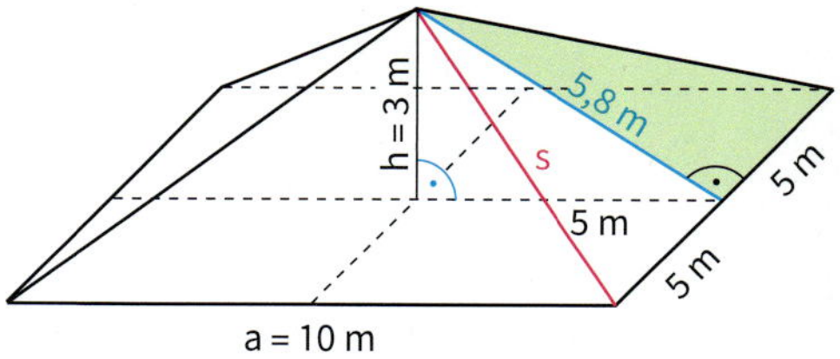

Das Dach ist $5\,m - 2\,m = 3\,m$ hoch.
Für die Höhe h_s des Seitendreiecks gilt nach dem Satz des Pythagoras:

$$h_s^2 = (5\,m)^2 + (3\,m)^2$$
$$= 25\,m^2 + 9\,m^2$$
$$= 34\,m^2$$

Also: $h_s = \sqrt{34}\,m \approx 5{,}83\,m$

Für die Länge s der Seitenkanten gilt nach dem Satz des Pythagoras:

$$s^2 = \left(\sqrt{34}\,m\right)^2 + (5\,m)^2$$
$$= 34\,m^2 + 25\,m^2$$
$$= 59\,m^2$$

Also: $s = \sqrt{59}\,m \approx 7{,}68\,m$

Für das Dach benötigt man also etwa $4 \cdot 5{,}83\,m + 4 \cdot 7{,}68\,m = 54{,}04\,m$.
Somit beträgt der Gesamtbedarf ungefähr $96\,m + 54\,m = 150\,m$.

Information

Strategie zum Berechnen von Längen

Der Satz des Pythagoras ermöglicht es, bei einem rechtwinkligen Dreieck aus zwei Seitenlängen die dritte Seitenlänge zu berechnen.

> Man kann mithilfe des Satzes des Pythagoras Seitenlängen in Vielecken und Körpern berechnen. Dazu muss man rechtwinklige Dreiecke suchen oder durch eine geeignete Hilfslinie ein rechtwinkliges Dreieck einzeichnen. Als Hilfslinien verwendet man häufig die Höhen.

Information

Satz

Bei einem *gleichseitigen* Dreieck mit der Seitenlänge a gilt

(1) für die Höhe: $\mathbf{h = \frac{a}{2}\sqrt{3}}$

(2) für den Flächeninhalt: $\mathbf{A = \frac{a^2}{4}\sqrt{3}}$

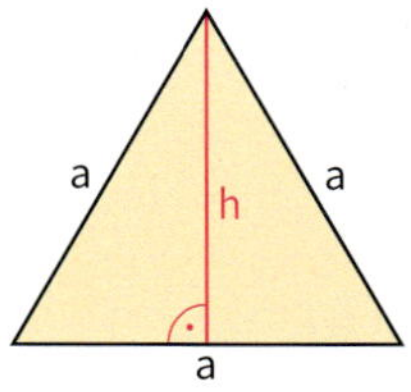

Probe zu (1)

Die Höhe zerlegt das gleichseitige Dreieck in zwei Teildreiecke.
Wir betrachten das rechte Teildreieck.
Wir machen die Probe für die Höhe mithilfe des Satzes des Pythagoras:

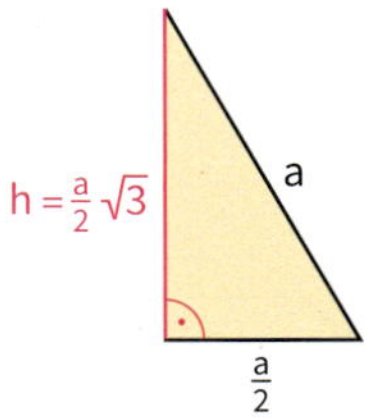

$\left(\frac{a}{2}\sqrt{3}\right)^2 + \left(\frac{a}{2}\right)^2 = a^2$

$\frac{a^2}{4} \cdot 3 + \frac{a^2}{4} = a^2$

$\frac{3}{4}a^2 + \frac{1}{4}a^2 = a^2$ wahre Aussage

Begründung zu (2)

Für den Flächeninhalt ergibt sich damit:

$A = 2 \cdot (\frac{1}{2} \cdot g \cdot h) = g \cdot h = \frac{a}{2} \cdot \frac{a}{2}\sqrt{3} = \frac{a^2}{4}\sqrt{3}$

Übungsaufgaben

3. Von den beiden Seitenlängen a und b eines Rechtecks sowie der Länge e einer Diagonalen sind zwei gegeben. Berechne die dritte Länge.

a) a = 8 cm; b = 5 cm **b)** a = 1,4 dm; e = 3,8 dm **c)** e = 5,9 dm; b = 4,7 dm

4. **a)** Von einem gleichseitigen Dreieck ist die Seitenlänge a = 7 cm gegeben. Berechne die Höhe h und den Flächeninhalt A.

b) Von einem gleichseitigen Dreieck ist die Höhe h = 5 m gegeben. Berechne die Seitenlänge a, den Flächeninhalt A und den Umfang u.

c) Von einem gleichseitigen Dreieck ist der Flächeninhalt $A = 35\,cm^2$ gegeben. Berechne die Seitenlänge a, die Höhe h und den Umfang u.

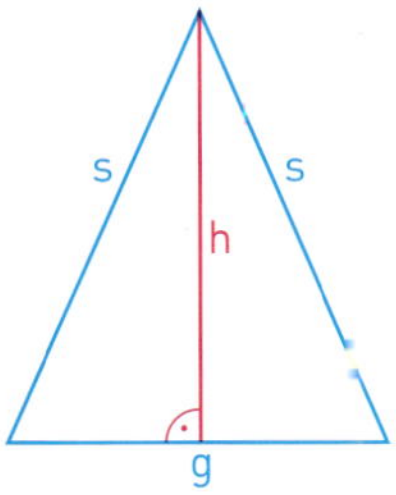

5. Von den drei Größen g, s und h eines gleichschenkligen Dreiecks sind zwei gegeben. Berechne die dritte Größe sowie den Flächeninhalt A und den Umfang u.

a) g = 6 cm; s = 4 cm **b)** s = 5 dm; h = 3 dm **c)** h = 24 mm; g = 45 mm

6. Ein Neubau ist 11,20 m breit. Die dreieckige Giebelwand hat die Höhe 3,20 m. Die Dachbalken sollen 70 cm überstehen.
Wie lang müssen die Dachbalken sein?

7. Ein gleichschenkliges Dreieck ist durch die Basislänge g und eine Schenkellänge s gegeben.
Leite eine Formel für die Höhe h und den Flächeninhalt A her.

8. a) Ein Quadrat hat eine Seitenlänge von 3 cm. Berechne die Länge der Diagonale.

b) Rechts siehst du einen Ausschnitt aus einer Formelsammlung. Beweise die angegebene Formel.

c) Ein Quadrat hat eine 12 cm lange Diagonale. Berechne seine Seitenlänge.

d) Erstelle eine Formel zur Berechnung der Seitenlänge aus der Diagonale eines Quadrats.

Diagonale eines Quadrats:

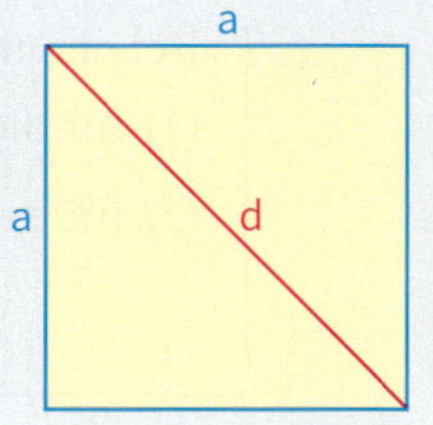

$d = a\sqrt{2}$

9. Durch einen Sturm ist eine 40 m hohe Fichte in 8,75 m Höhe abgeknickt. Wie weit liegt die Spitze etwa vom Stamm entfernt? Welche Vereinfachung musst du zur Berechnung vornehmen?

10. Im Koordinatensystem mit der Einheit 1 cm sind die beiden Punkte A und C gegeben. Berechne die Länge der Strecke $\overline{AC}$. Gib auch den Umfang und den Flächeninhalt des Dreiecks ABC an.

a) A(−3 | 1) C(3 | 4)
b) A(2 | 7) C(7 | 4)
c) A(−6 | 3) C(2 | −5)
d) A(−4 | −6) C(7 | 4)
e) A(−7 | −3) C(−2 | −1)
f) $A(x_1 | y_1)$ $C(x_2 | y_2)$

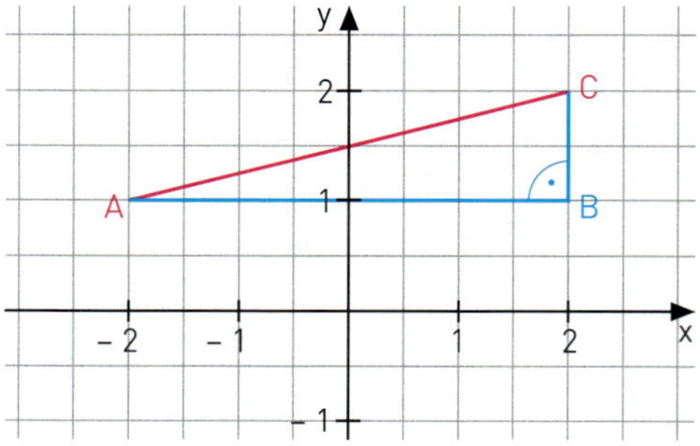

11. Welchen Abstand haben die Punkte A(3 | 4), B(7 | 9), C(−1 | 5), D(2 | −4), E(−3 | −1) vom Ursprung eines Koordinatensystems mit der Einheit 1 cm?

12. a) In einem Koordinatensystem mit der Einheit 1 cm sind die Punkte A, B und C gegeben. Berechne den Umfang des Dreiecks ABC.

(1) A(1 | 2); B(6 | 4); C(4 | 7)
(2) A(−4 | −2); B(5 | −4); C(0 | 3)

b) Gegeben ist in einem Koordinatensystem mit der Einheit 1 cm ein Viereck ABCD mit A(1 | 4), B(9 | 6), C(8 | 8) und D(3 | 7). Berechne den Umfang des Vierecks.

13. In der Mitte zwischen zwei gegenüber liegenden Masten an einer Straße ist eine Straßenlaterne befestigt. Der Abstand der Masten beträgt 12 m. Das Befestigungsseil ist 12,10 m lang. Wie viel hängt das Seil in der Mitte durch? Welche Modellannahmen musstest du zur Lösung des Problems machen?

Eine **Raute** ist ein Viereck mit vier gleich langen Seiten.

14. Von den drei Größen a, e und f einer Raute sind zwei gegeben. Berechne die dritte Größe. Berechne auch den Flächeninhalt und den Umfang der Raute.

a) e = 5 cm; f = 7 cm

b) a = 6 mm; e = 9 mm

c) a = 4,8 km; f = 3,1 km

d) e = 4,7 m; f = 3,3 m

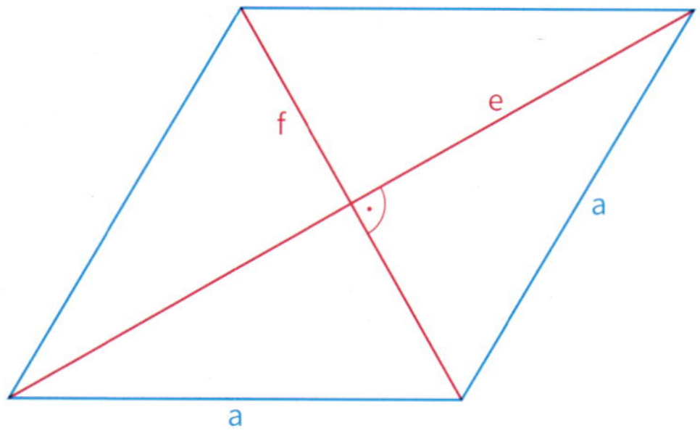

15. Berechne den Umfang und den Flächeninhalt der Grundstücke.

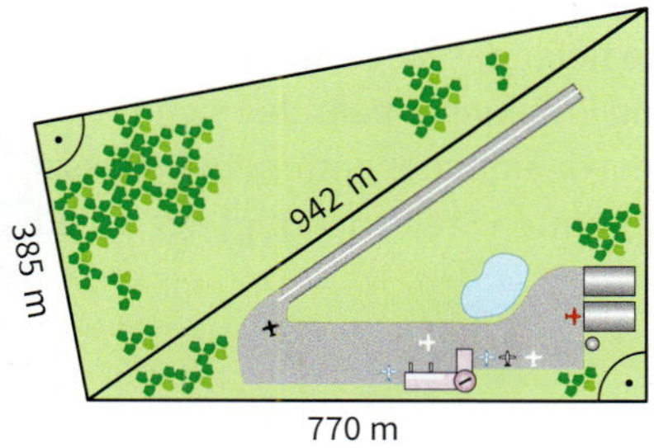

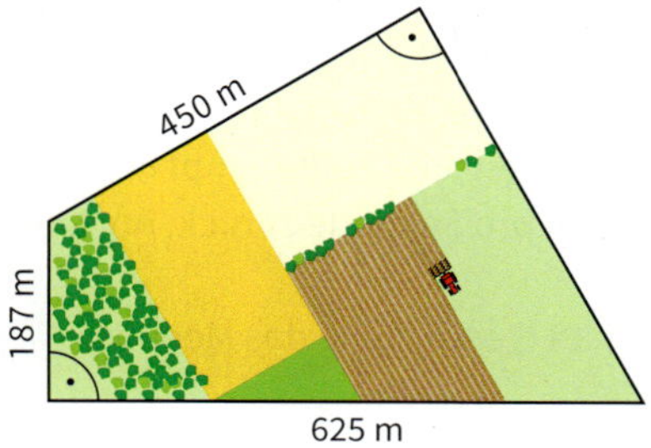

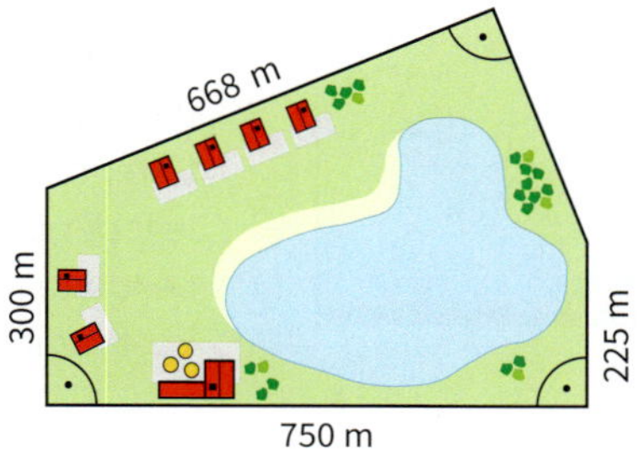

16. **a)** Ein regelmäßiges Sechseck ist durch die Seitenlänge a gegeben. Leite eine Formel für den Flächeninhalt des Sechsecks her.

b) Die Seitenlänge eines regelmäßigen Sechsecks beträgt 4 cm. Berechne seinen Flächeninhalt.

c) Der Flächeninhalt eines regelmäßigen Sechsecks beträgt 90 cm². Wie lang sind seine Seiten und der Umfang?

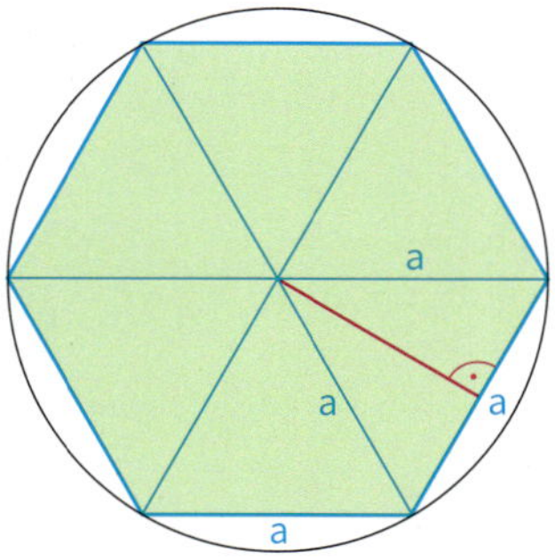

17. Die Pflanzfläche eines Blumenkübels ist ein regelmäßiges Sechseck. Die sechseckige Pflanzfläche hat eine Seitenlänge von 36 cm.

a) Der Kübel soll im Herbst mit Stiefmütterchen bepflanzt werden. Man rechnet mit 45 Pflanzen pro m². Wie viele Stiefmütterchen müssen gekauft werden?

b) Wieviel Liter Blumenerde braucht man zum Füllen des Kübels? Schätze die fehlende Angabe.

18. In einem rechtwinkligen Dreieck ist eine Kathete 25 cm lang, der Umfang beträgt 150 cm. Wie lang ist die andere Kathete, wie lang die Hypotenuse?

19. Von einem rechtwinkligen Dreieck ABC mit $\gamma = 90°$ sind der Flächeninhalt $A = 22{,}12\,cm^2$ und die Länge der Kathete $a = 5{,}6\,cm$ gegeben.
Berechne den Umfang u des Dreiecks, die Höhe h_c zur Hypotenuse sowie den Radius r des Umkreises.

20. In einer Turnhalle hängt ein Kletterseil so, dass noch 50 cm dieses Seils auf dem Boden liegen. Zieht man das untere Seilende 2,50 m zur Seite, so berührt es gerade noch den Boden. Wie lang ist das Seil? Fertige eine Skizze an.

21. Ein 16 m hoher Baum ist bei einem Sturm in einer bestimmten Höhe abgeknickt; die Baumspitze berührt 12 m vom Stammende den Boden.
In welcher Höhe ist der Baum abgeknickt? Fertige eine Skizze an.

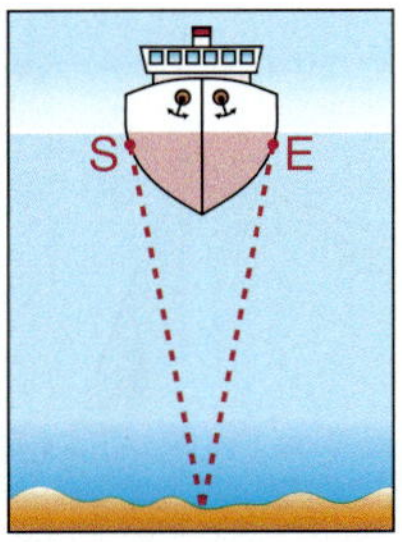

22. Beim Echoloten sendet man Schallwellen mit einem Sender S zum Meeresgrund und empfängt die reflektierten Wellen mit einem Empfänger E. Je tiefer das Meer ist, desto länger dauert es, bis die Schallwellen zurückkehren. Sender und Empfänger befinden sich 1 m unter dem Wasserspiegel am Schiffsrumpf und sind 10 m voneinander entfernt. Im Wasser legt der Schall 1,5 km pro Sekunde zurück. An einer bestimmten Stelle benötigt der Schall $\frac{1}{10}$ Sekunde.
Bestimme wie tief an dieser Stelle das Meer ist.

23.

Schlanke Riesen: Plasma-TVs

Plasma-Fernseher sind gut in Bild, Größe und Technik. Wer Brillanz und Zukunftssicherheit will, wird bei seinen Überlegungen ohne Zweifel auch die Plasma-TVs in Erwägung ziehen. Das Bild des Plasma-Displays wirkt ruhig, scharf und ist auch in den Ecken nicht verzerrt. 107 cm (42 Zoll) Diagonale sind für Plasma-TVs Standard. So viel Größe hat nicht nur seinen Preis, sondern erfordert auch große Räume. Als Faustregel gilt: Der Sehabstand sollte die 3-fache Bildhöhe betragen. 50-Zoll-Bildschirme sollten aus gut fünf Metern Entfernung betrachtet werden. Sonst stört das unruhige Bild. Plasma-TVs haben immer ein Format von 16:9.

Das Format 16 : 9 beschreibt das Verhältnis von Länge zu Breite des Bildschirms. Bestimmt bei einer Bildschirmdiagonale von 107 cm

a) den empfohlenen Sehabstand zum Fernseher,
b) die Größe des Bildes.

24. Das Bild zeigt den Querschnitt eines 3 m hohen Schutzwalls an einem Fluss.
Die Böschungen sind 4 m und 8,50 m lang und die Dammkrone 2,60 m.
Wie lang ist die Dammsohle?

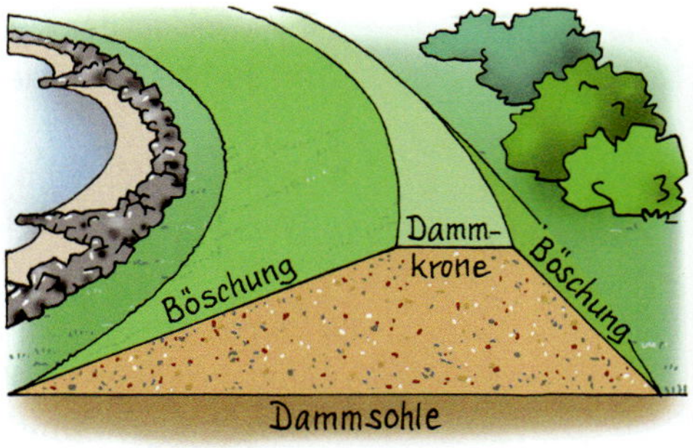

25. Ein Carport hat die in der Zeichnung angegebenen Maße.
Die Dachsparren des Pultdaches stehen links und rechts je 30 cm über.
Wie lang sind die Dachsparren?

26. Die Maße eines Satteldaches sind im Bild gegeben.
Berechne die Länge der Dachsparren und der Stützpfosten.

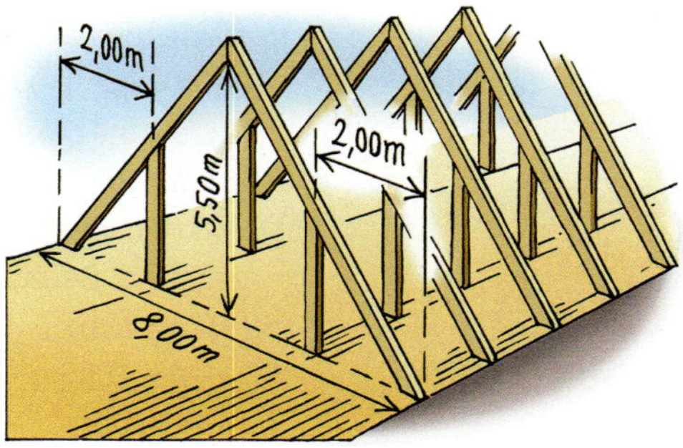

27. Auf die Dachreling eines Pizza-Taxis sollen zwei rechteckige Platten für Werbung aufgeschraubt und oben verbunden werden.
Das Auto mit Dachreling ist 1,43 m hoch, die Holme der Dachreling sind 2,10 m lang und 1,39 m voneinander entfernt.
Das Auto soll unter einem 3,00 m hohen Carport stehen. Der Sicherheitsabstand in der Höhe soll 10 cm betragen.
Fertige eine Skizze an und berechne, wie groß die Platten höchstens sein dürfen.

28. Ein Gartenpavillon hat einen quadratischen Grundriss mit der Seitenlänge 3 m. Die Wände sind 2 m hoch. Das Dach ist eine Pyramide; deren Firstbalken sind 3,82 m lang. Fertige eine Skizze an und berechne, wie hoch der Pavillon insgesamt ist.

29. Eine Tür ist 0,82 m breit und 1,97 m hoch.
Eine 2,10 m breite und 3,40 m lange Holzplatte soll durch die Tür getragen werden.
Ist das möglich?
Schreibe zuerst deine Vermutung auf, bevor du die Lösung berechnest.

30. Ein Wanderer befindet sich an der Stelle A.
Von A aus führt ein fast gerader Weg zur Hütte. Auf der Karte mit dem Maßstab 1:50 000 ist der Weg (Luftlinie) 4,8 cm lang.
Die Höhen sind in m über NN angegeben.
Wie lang ist der Weg in Wirklichkeit?
Hinweis: Beachte die Höhenlinien.

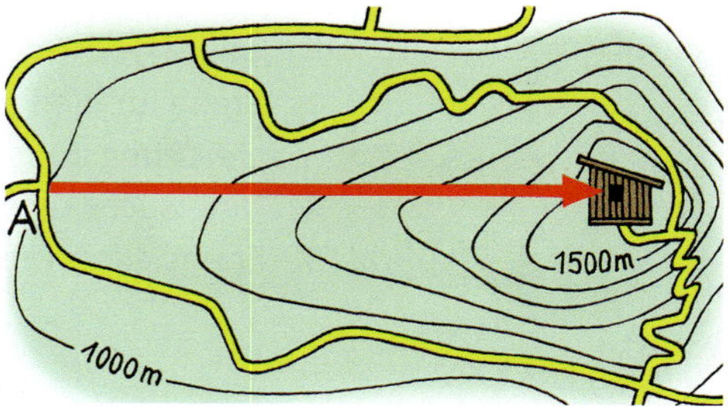

31. a) Ein Würfel hat die Kantenlänge 4 cm.
Berechne die Länge seiner Raumdiagonale.

b) Rechts siehst du einen Ausschnitt aus einer Formelsammlung. Leite die angegebene Formel her.

c) Berechne die Kantenlänge und die Länge einer Flächendiagonale eines Würfels, dessen Raumdiagonale 8 cm lang ist.

Raumdiagonale eines Würfels:

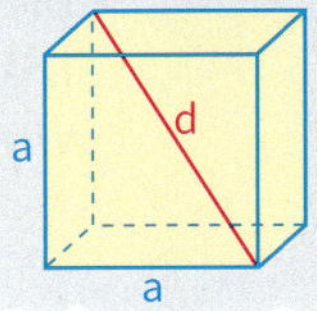

$d = a\sqrt{3}$

32. a) Ein Quader ist durch die Kantenlängen a, b, c gegeben.
Leite die Formel für die Länge d der Raumdiagonale her.

b) Berechne die Längen der Diagonalen der Seitenflächen sowie die Länge der Raumdiagonale eines Quaders.

(1) a = 7 cm; b = 5 cm; c = 4 cm

(2) a = 6,4 cm; b = 8,9 cm; c = 1,9 cm

(3) a = 5 cm; b = 5 cm; c = 7 cm

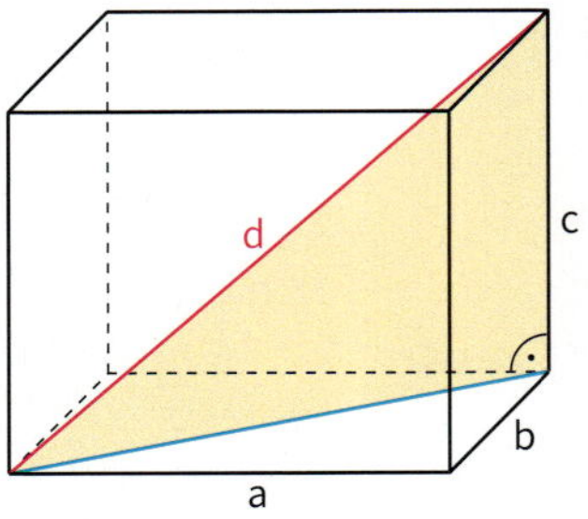

c) Von den vier Größen a, b, c und d eines Quaders sind drei gegeben. Berechne die vierte.

(1) a = 2 cm	**(2)** a = 2,4 cm	**(3)** b = 4,9 cm
b = 4 cm	c = 1,8 cm	c = 3,7 cm
c = 6 cm	d = 4,6 cm	d = 9,5 cm

33. Die Cheopspyramide in Ägypten hat eine quadratische Grundfläche mit der Seitenlänge a = 227 m. Die Seitenkanten haben die Länge s = 211 m.

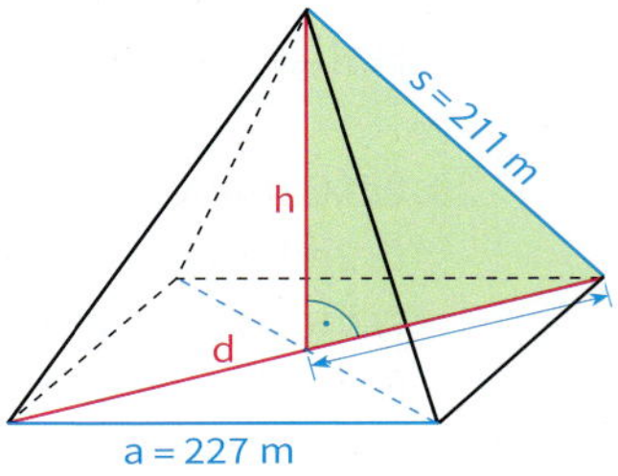

a) Berechne zunächst die Diagonalenlänge d der Grundfläche. Runde auf Meter.
Berechne dann die Höhe h der Cheopspyramide. Runde auf Meter.

b) Die Grundkante der Cheopspyramide war ursprünglich 230,3 m, ihre Seitenkante 219,1 m lang. Wie hoch war diese Pyramide ursprünglich?

c) Wie viel Prozent ist die Cheopspyramide heute niedriger als ursprünglich?

Das kann ich noch!

A) Familie Heinrich möchte einen Wochenendausflug machen und sich dazu ein Auto mieten.
Herr Heinrich hat sich folgende Angebote eingeholt:
Firma *Rent a car*: Grundgebühr 45,00 € und 0,25 € pro gefahrenem Kilometer
Firma *Car4you*: Grundgebühr 37,50 € und 0,30 € pro gefahrenem Kilometer.

1) Stelle für die Funktion *Fahrstrecke (in km) → Preis (in €)* jeweils eine Funktionsgleichung auf.

2) Untersuche rechnerisch, welches Angebot bei 120 gefahrenen Kilometern günstiger ist.

3) Ermittle, bei wie vielen gefahrenen Kilometern beide Anbieter gleich günstig sind.

34 **a)** Gegeben ist eine Pyramide mit quadratischer Grundfläche mit der Grundkante a und der Seitenkante s. Die Spitze liegt senkrecht über dem Mittelpunkt des Quadrats *(quadratische Pyramide)*.
Leite eine Formel her für
(1) die Körperhöhe h;
(2) die Höhe h_s einer Seitenfläche.

b) Bei einer quadratischen Pyramide ist die Grundkante $a = 15\,cm$ und die Seitenkante $s = 20\,cm$ lang.
Berechne mithilfe der Formeln aus a) die Körperhöhe h und die Höhe h_s einer Seitenfläche der Pyramide.

c) Bei einer quadratischen Pyramide ist die Grundkante $a = 40\,m$ und die Körperhöhe $h = 30\,m$ lang.
Berechne die Länge s der Seitenkanten sowie die Höhe h_s der Seitenflächen.

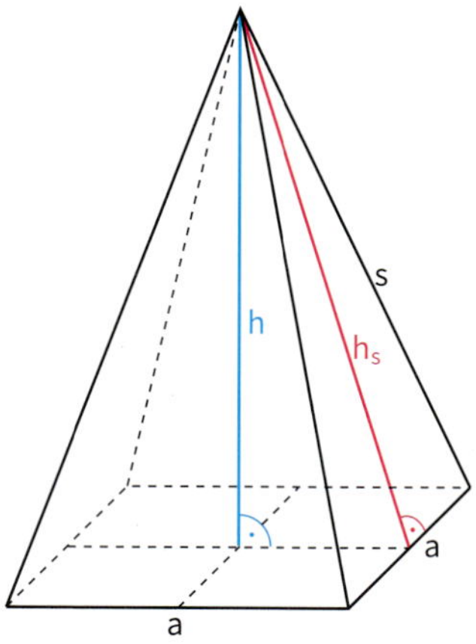

35. Von einer quadratischen Pyramide sind von den Größen a, s, h, h_s zwei Größen gegeben.
Berechne die übrigen Größen.

a) $a = 3\,cm$, $s = 5\,cm$
b) $a = 4\,cm$, $h_s = 4{,}5\,cm$
c) $s = 5{,}5\,cm$, $h_s = 4{,}5\,cm$
d) $a = 4{,}4\,cm$, $h = 4{,}8\,cm$
e) $s = 6\,cm$, $h = 4{,}5\,cm$
f) $h_s = 5{,}5\,cm$, $h = 3{,}5\,cm$

36.

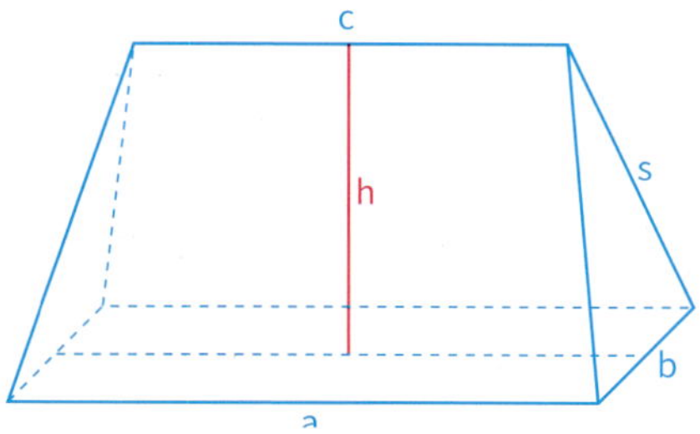

Von den fünf Größen a, b, c, s und h eines Walmdaches sind vier gegeben.
Berechne die fehlende Größe.

a) $a = 13\,m$; $b = 7\,m$; $h = 8\,m$; $c = 9\,m$
b) $a = 10{,}5\,m$; $b = 6{,}1\,m$; $h = 5{,}2\,m$; $s = 7{,}2\,m$

37. Sofia möchte mit einem 14 cm langen Strohhalm aus einer Limonaden-Dose trinken. Diese hat einen Durchmesser von 6 cm und ist 11 cm hoch. Sie befürchtet, dass der Strohhalm in der Dose versinken könnte. Ihr Freund Robin meint:
„Das glaube ich nicht. Ich schätze, dass mindestens 2 cm des Strohhalms aus der Dose herausgucken."
Kontrolliere, wer von beiden Recht hat.
Gib dazu an, von welchen Annahmen du bei deinen Überlegungen ausgegangen bist.

Modellieren mit geometrischen Figuren

1. Herr Kruse kann den täglichen Weg zu seiner Arbeitsstelle mit dem Auto über zwei Landstraßen oder eine Kreisstraße zurücklegen.
Welcher Weg ist günstiger?

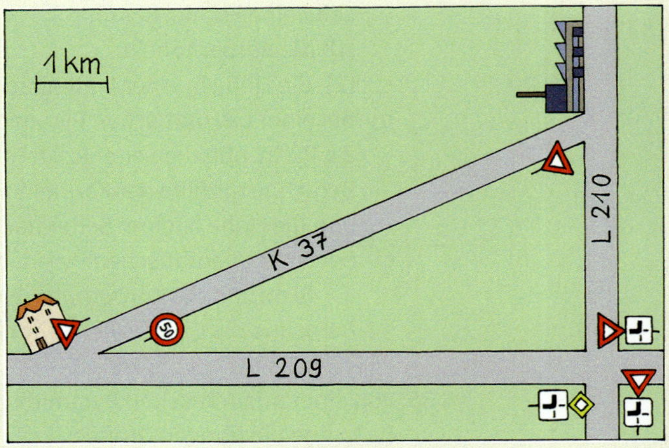

a) Die Frage nach dem „günstigeren Weg“ kann verschieden aufgefasst werden.
Überlegt, welche Möglichkeiten es dafür gibt.

b) Mit dem günstigeren Weg könnte der kürzere Weg gemeint sein:
Das ist offensichtlich der über die Kreisstraße K37.
Berechnet die Länge dieses Weges im Vergleich zu dem über die beiden Landstraßen.
Vereinfacht dazu die Standorte zu Punkten, die Straßenstücke zu Strecken und den Winkel zwischen den beiden Landstraßen zu einem rechten Winkel.

c) Mit dem günstigeren Weg könnte der mit der kürzeren Fahrzeit gemeint sein.
Berechnet die Gesamtfahrzeit auf den beiden Alternativen.
Gebt an, welche vereinfachenden Annahmen ihr dazu machen müsst.

d) Mit dem günstigeren Weg könnte auch der Benzin sparendere gemeint sein.
Berechnet den Benzinverbrauch auf den beiden Strecken.

Benzinverbrauch	
bei 50 km/h	4,1 ℓ/100 km
bei 100 km/h	5,9 ℓ/100 km
bei 130 km/h	6,5 ℓ/100 km

Modellieren in der Geometrie

Reale Gegenstände sind keine mathematischen Figuren oder Körper. Unter gewissen Vereinfachungen kann man sie aber als solche mithilfe von Punkten, Strecken und Winkeln vereinfacht beschreiben (modellieren). Ein mathematisches Modell ist also ein vereinfachtes Abbild eines realen Gegenstands, das die Wirklichkeit in wesentlichen Teilen, aber nicht vollständig beschreibt.

Im mathematischen Modell kann man gewünschte Größen berechnen, die man an der Realität überprüfen sollte. Bei zu großen Abweichungen wird man das gewählte Modell verändern, um die Realität genauer zu beschreiben und bessere Ergebnisse zu erhalten.

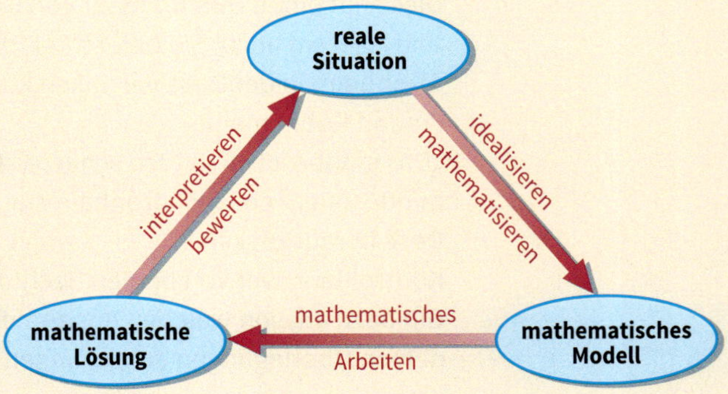

2. Max kann auf seinem Weg zur Schule den Weg durch die Fußgängerzone nehmen oder mit dem Fahrrad über die Berliner und Hamburger Straße fahren.
Untersuche, welchen Weg du ihm empfiehlst.
Gehe dabei von verschiedenen Annahmen aus, die du jeweils genau erläuterst.

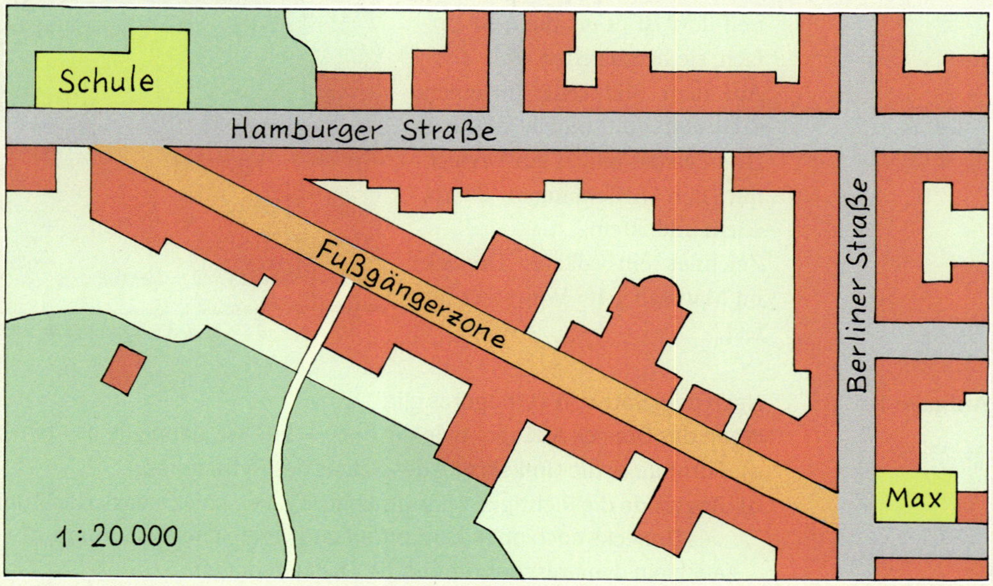

3. Bei einem Tischfußball-Spiel ist der Torwart fest am Tor befestigt und kann nur gedreht werden. Das Tor ist 10 cm breit und 5 cm hoch.
Berechne, wie groß der Torwart mindestens sein muss, um alle Bälle abwehren zu können. Beschreibe die Vereinfachungen, die du für die Berechnung vorgenommen hast.

4. Ein Regalsystem besteht aus 80 cm breiten Regalen, die 50 cm tief und 2,30 m hoch sind.
Berechne die Abmessungen eines Eckregals, das zwei solcher Regale über Eck verbindet.
Beschreibe die Annahmen, von denen du ausgehst.

4.4 Umkehrung des Satzes des Pythagoras

Einstieg

Rechte Winkel werden überall in unserer Umgebung benötigt und dort ist es oft nicht so einfach, sie herzustellen.
Auf dem Bild seht ihr einen Pflasterer mit einem Winkel. Drei Leisten bilden ein Dreieck mit den Seitenlängen 30 cm, 40 cm und 50 cm.
Zeichnet ein solches Dreieck im Maßstab 1:10. Was stellt ihr fest?

Aufgabe 1

Nach dem Satz von Pythagoras gilt:
Wenn das Dreieck ABC rechtwinklig mit $\gamma = 90°$ ist, dann gilt $a^2 + b^2 = c^2$.

a) Formuliere die Umkehrung des Satzes des Pythagoras.

b) Begründe die Richtigkeit der Umkehrung. Verschiebe dazu den Punkt C längs der Höhe h_c des Dreiecks nach oben bzw. unten und vergleiche die Summe $a^2 + b^2$ mit c^2. Du kannst auch ein dynamisches Geometrie - System nutzen.

Lösung

a) Wir erhalten die Umkehrung des Satzes des Pythagoras, indem wir die Wenn- und die Dann-Aussage vertauschen.

Für jedes Dreieck ABC gilt: Wenn $c^2 = a^2 + b^2$, dann ist das Dreieck rechtwinklig mit $\gamma = 90°$.

b) Zur Begründung gehen wir von einem rechtwinkligen Dreieck ABC aus (Bild Mitte).
Nach dem Satz des Pythagoras gilt dann: $a^2 + b^2 = c^2$

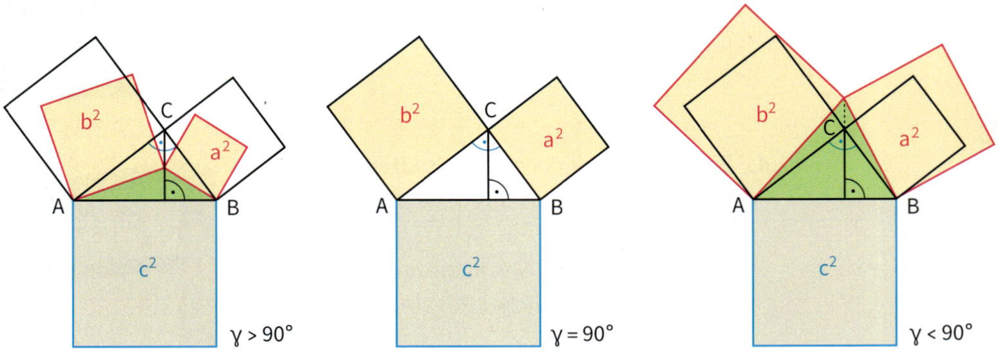

(1) Wir verschieben den Punkt C längs der Höhe nach *unten* (Bild links); es entsteht ein *stumpfwinkliges* Dreieck ($\gamma > 90°$). Die Seiten a und b werden *kürzer*, also $a^2 + b^2 < c^2$.

(2) Wir verschieben den Punkt C längs der Höhe nach *oben* (Bild rechts); es entsteht ein *spitzwinkliges Dreieck* ($\gamma < 90°$). Die Seiten a und b werden *länger*, also $a^2 + b^2 > c^2$.

Aus beiden Überlegungen folgt:
Wenn Winkel $\gamma \neq 90°$ ist, dann gilt $a^2 + b^2 \neq c^2$.
Nur im Fall $\gamma = 90°$ gilt somit $c^2 = a^2 + b^2$.

Information

Umkehrung des Satzes des Pythagoras
Für jedes Dreieck ABC gilt: Wenn $c^2 = a^2 + b^2$, dann ist das Dreieck rechtwinklig mit $\gamma = 90°$.

Wenn $a^2 + b^2 < c^2$, dann besitzt das Dreieck ABC bei C einen stumpfen Winkel.
Wenn $a^2 + b^2 > c^2$, dann besitzt das Dreieck ABC bei C einen spitzen Winkel.

Übungsaufgaben

2. **a)** Entscheide, ohne zu zeichnen, ob das Dreieck ABC rechtwinklig, stumpfwinklig oder spitzwinklig ist.
(1) a = 8 cm; b = 6 cm; c = 10 cm
(2) a = 7 m; b = 9 m; c = 11 m
(3) a = 5 cm; b = 4 cm; c = 3 cm
(4) a = 13 dm; b = 5 dm; c = 12 dm
(5) a = 23 mm; b = 17 mm; c = 29 mm
(6) a = 32 mm; b = 4,1 cm; c = 2,7 cm
b) Erläutere ausgehend von den Beispielen, wie man allgemein überprüfen kann, ob ein Dreieck rechtwinklig, stumpfwinklig oder spitzwinklig ist.

3. Auf einem Baugrundstück sind vier Pfähle A, B, C und D gesetzt worden, um die Ecken des zu bauenden Hauses abzustecken. Das Haus soll einen rechteckigen Grundriss mit den Seitenlängen 16 m und 12 m haben. Die Pfähle haben die in der Zeichnung angegebenen Abstände. Der Abstand zwischen C und D wurde nicht vermessen. Welcher der Winkel bei A bzw. B ist ein rechter Winkel, welcher nicht? Welcher Pfahl steht falsch?

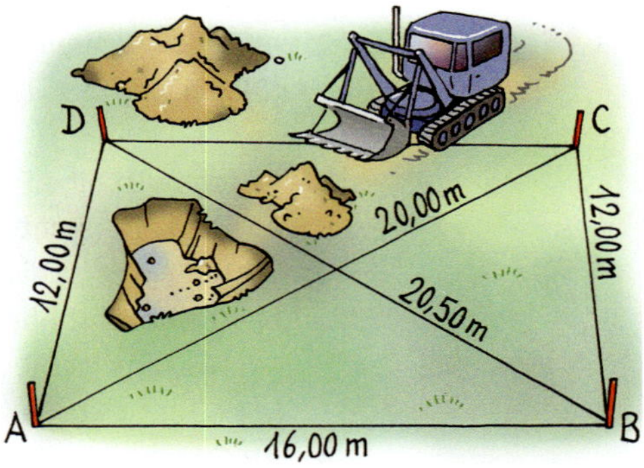

4. Im alten Ägypten benutzten Seilspanner 12-Knoten-Seile, um rechtwinklige Dreiecke aufzuspannen.
a) Erläutere, wie man mit einem 12-Knoten-Seil ein rechtwinkliges Dreieck spannen kann.
b) Kann man mit einem 30-Knoten-Seil ein rechtwinkliges Dreieck abstecken? Begründe.
c) Findest du andere Knotenseile, um rechtwinklige Dreiecke abzustecken?

5. **a)** Prüfe, ob das Dreieck ABC mit a = 6 cm, b = 8 cm und c = 10 cm rechtwinklig ist.
b) Man nennt das Zahlentripel (6 | 8 | 10) aus natürlichen Zahlen ein **pythagoreisches Zahlentripel,** da $6^2 + 8^2 = 10^2$. Ebenso ist (3|4|5) ein solches Zahlentripel.
Entscheide, ob pythagoreische Zahlentripel vorliegen.
(1) (9 | 12 | 15) (2) (15 | 20 | 25) (3) (5 | 12 | 13) (4) (7 | 18 | 19)
c) Bilde pythagoreische Zahlentripel: (8 | 15 | □), (□ | 30 | 34), (24 | □ | 26), (14 | 48 | □).
d) Findet weitere pythagoreische Zahlentripel. Versucht, Gesetzmäßigkeiten zu entdecken. Ihr könnt dieses auch in Büchern oder im Internet recherchieren.

6. Du kennst verschiedene Möglichkeiten, einen rechten Winkel zu erzeugen. Beschreibe sie.

4.5 Aufgaben zur Vertiefung

1. a) Am Strand der Nordsee fliegt ein Sportflugzeug in 150 m Höhe. Bis zu welcher Entfernung s kann die Pilotin noch Schiffe bis zur Wasserlinie sehen?

b) Wie hoch muss das Flugzeug fliegen, damit die Pilotin 100 km weit sieht?

c) Wie weit sieht ein Mensch mit der Augenhöhe 1,70 m ins Meer hinaus?

d) Stelle weitere Fragen. Beantworte sie.

Hinweis: Die Lichtbrechung wird nicht berücksichtigt. Die Lichtstrahlen sollen geradlinig sein.

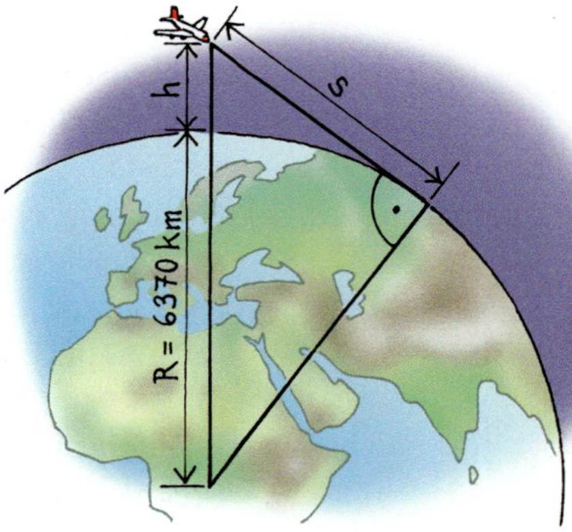

2. In einem rechtwinkligen Dreieck ist eine Kathete (1) halb; (2) ein Drittel; (3) ein Viertel so lang wie die Hypotenuse. Wie lang ist die andere Kathete?

3. Gegeben ist eine Pyramide mit quadratischer Grundfläche.

a) Die Seitenkante s ist (1) doppelt; (2) viermal so lang wie die Grundkante. Wie hoch ist die Pyramide?

b) Die Körperhöhe ist (1) zweimal; (2) halb so lang wie die Grundkante. Wie lang ist die Seitenkante?

4. a) Gegeben ist die Gleichung $y = -\frac{3}{5}x + 3$ einer Geraden. Berechne den Flächeninhalt der Fläche zwischen der Geraden und den beiden Koordinatenachsen.

b) Gegeben sind Gleichungen $y = \frac{4}{3}x - \frac{8}{3}$ und $y = -0{,}5x + 4{,}5$ zweier Geraden. Berechne den Flächeninhalt der Fläche zwischen den beiden Geraden und der x-Achse.

5. Gegeben ist das Dreieck ABC rechts.

a) Bestimme den Flächeninhalt.

b) Berechne die Seitenlängen des Dreiecks.

c) Berechne die Höhen h_a, h_b und h_c. Verwende die Ergebnisse der Teilaufgaben a) und b).

d) Zeige: Wenn die Koordinaten der Eckpunkte des Dreiecks ganzzahlig sind, dann ist der Flächeninhalt ein ganzzahliges Vielfaches von $\frac{1}{2}$.

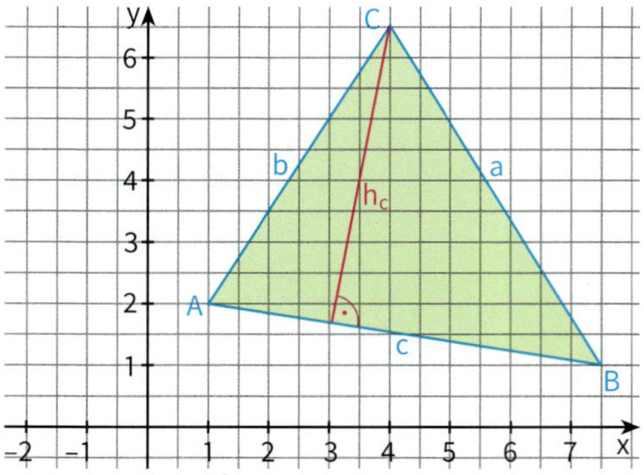

6. Gegeben sind zwei Kreise mit den Radien $r_1 = 5\,\text{cm}$ und $r_2 = 2\,\text{cm}$. Der Abstand der beiden Mittelpunkte M_1 und M_2 beträgt 10 cm. Die Tangente t berührt die beiden Kreise in P_1 und P_2.
Wie lang ist der Tangentenabschnitt $\overline{P_1P_2}$?

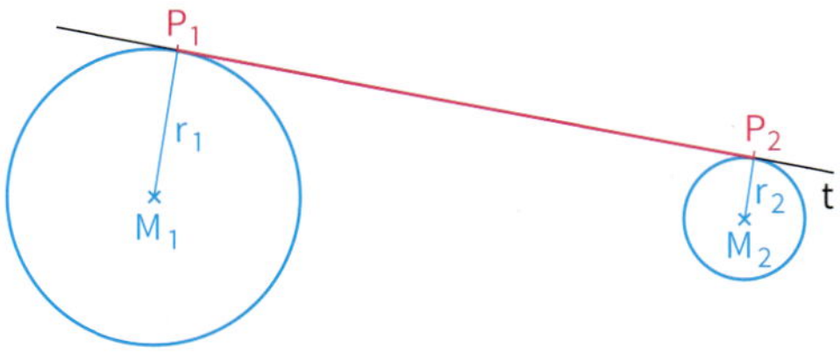

Das Wichtigste auf einen Blick

Quadratwurzel

Unter der *Quadratwurzel* aus einer nichtnegativen Zahl a versteht man diejenige nichtnegative Zahl, die mit sich selbst multipliziert die Zahl a ergibt.

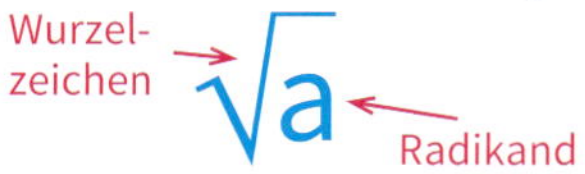

Beispiele:
$\sqrt{64} = 8$, denn $8 \cdot 8 = 64$
$\sqrt{(-81)}$ ist nicht definiert

Kubikwurzel

Unter der *Kubikwurzel* aus einer nichtnegativen Zahl a versteht man diejenige nichtnegative Zahl, die mit 3 potenziert die Zahl a ergibt.

Beispiel:
$\sqrt[3]{125} = 5$,
denn $5^3 = 125$

Satz des Pythagoras

Wenn das Dreieck ABC rechtwinklig ist, dann ist der Flächeninhalt des *Hypotenusenquadrates* gleich der *Summe der Flächeninhalte der beiden Kathetenquadrate:*
$\mathbf{c^2 = a^2 + b^2}$ (für $\gamma = 90°$)

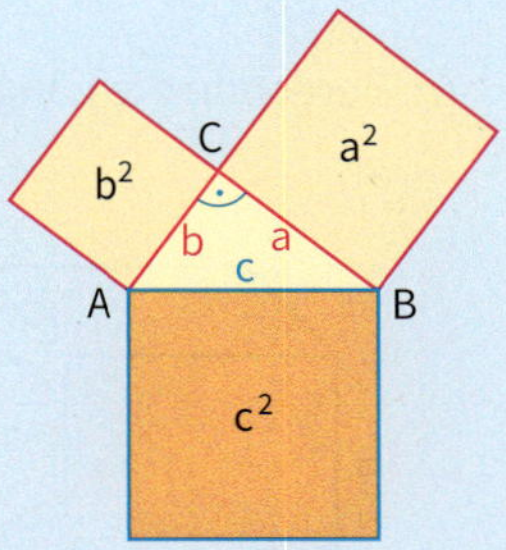

Beispiel: $a = 4\,\text{cm}$, $b = 3\,\text{cm}$,
$c^2 = (4\,\text{cm})^2 + (3\,\text{cm})^2 = 25\,\text{cm}^2$

Umkehrung des Satzes des Pythagoras

Für jedes Dreieck ABC gilt:
Wenn $c^2 = a^2 + b^2$, dann ist das Dreieck rechtwinklig mit $\gamma = 90°$.

Beispiel:
Ein Dreieck mit den Seitenlängen 5 cm, 12 cm und 13 cm ist rechtwinklig, denn $(13\,\text{cm})^2 = (5\,\text{cm})^2 + (12\,\text{cm})^2$

Bist du fit?

1. Berechne im Kopf:
a) $\sqrt{81}$ b) $\sqrt{0{,}25}$ c) $\sqrt{\frac{64}{121}}$ d) $\sqrt{40\,000}$ e) $\sqrt{6{,}25}$

2. Gib die Seitenlänge eines Quadrats mit dem angegebenen Flächeninhalt an.
a) $49\,\text{cm}^2$ b) $169\,\text{cm}^2$ c) $7{,}29\,\text{dm}^2$ d) $8\,\text{m}^2$ e) 150 ha

3. Berechne Kantenlänge und Volumen des Würfels im Kaufhaus Kastens.

Stadtkurier
Kaufhaus Kastens in Oberstadt neu eröffnet
Blickfang für die Käufer ist ein im Treppenhaus an einer Ecke aufgehängter Würfel, der mit $3\,\text{m}^2$ echtem Blattgold beschichtet wurde.

4. a) $\sqrt[3]{27}$
b) $\sqrt[3]{125}$
c) $\sqrt[3]{8}$
d) $\sqrt[3]{0{,}008}$

5. Berechne die Länge der roten Seite.

a)

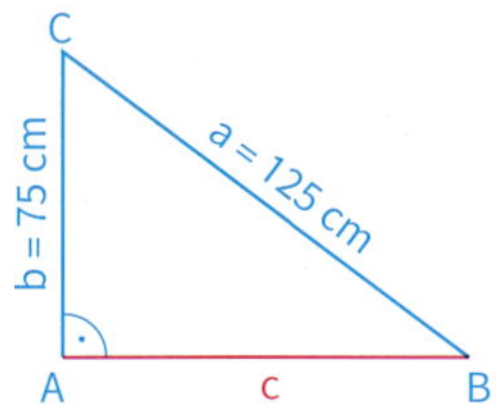

b)

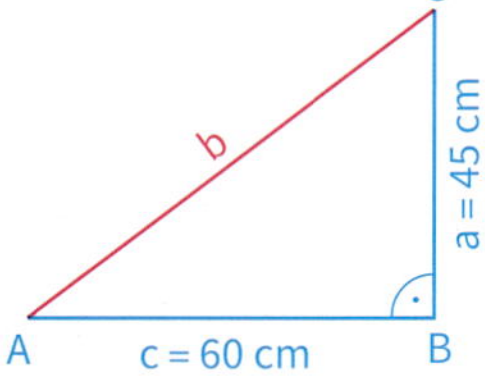

c)

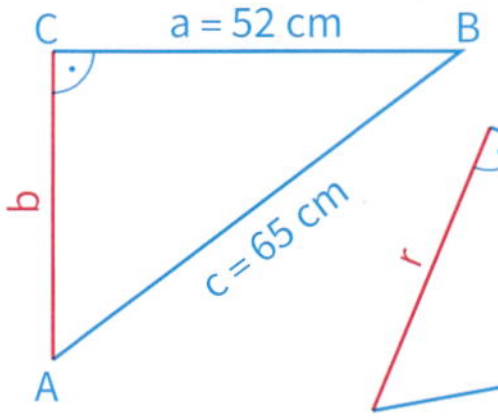

d)

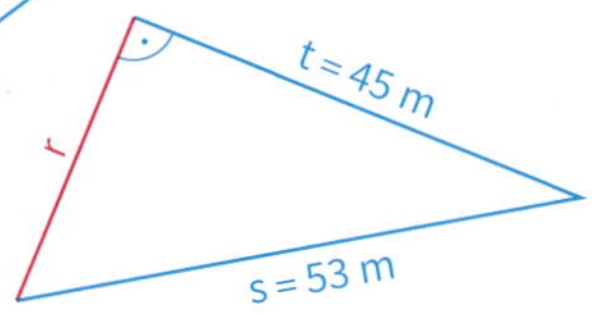

6. Berechne die Höhe und bestimme den Flächeninhalt für
- **a)** ein gleichschenkliges Dreieck mit Schenkellänge $s = 85\,\text{cm}$ und Basis $g = 72\,\text{cm}$;
- **b)** ein gleichseitiges Dreieck mit der Seitenlänge $a = 26\,\text{cm}$.

7. Berechne die Längen der rot eingezeichneten Strecken.

a)

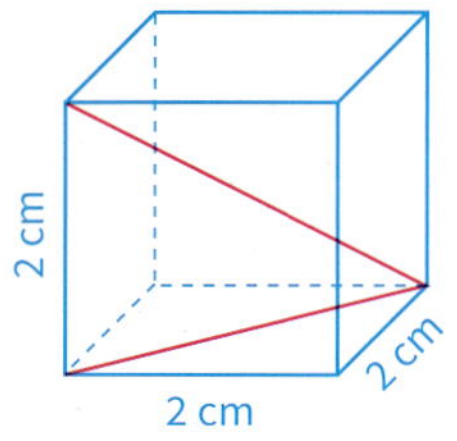

b)

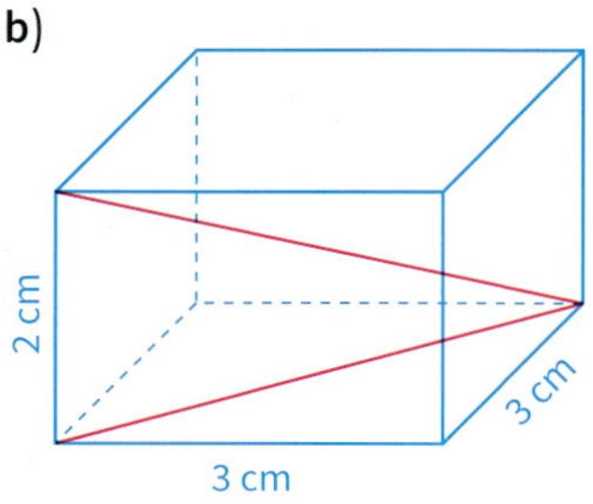

c)

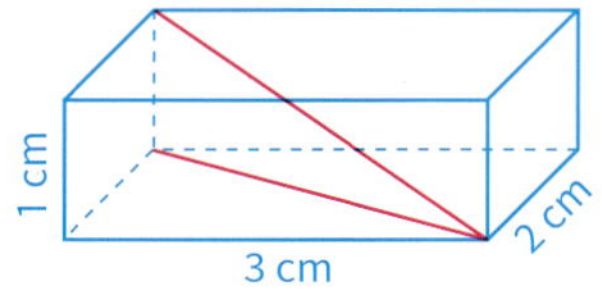

8. An einer Straße wird ein 60 m langer Lärmschutzwall geplant, dessen Querschnittsfläche ein gleichschenkliges Trapez sein soll.
- **a)** Berechne die Länge s einer Böschung des Walls.
- **b)** Beide Böschungen sollen bepflanzt werden. Das Bepflanzen kostet 36 € pro m^2 zusätzlich 19 % Mehrwertsteuer. Berechne die Kosten.

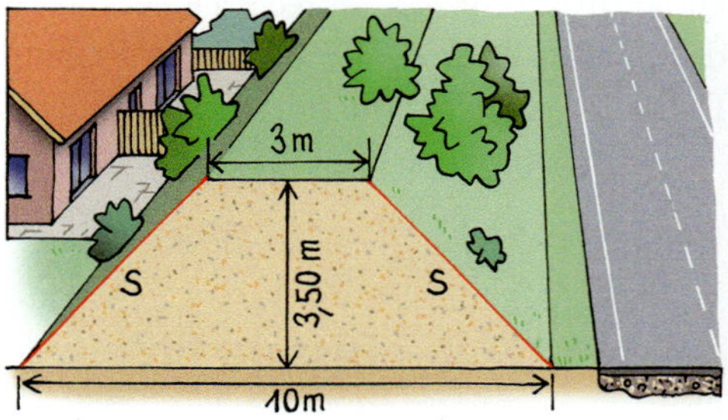

9. Ein 120 m hoher Sendemast soll durch vier Stahlseile abgesichert werden, die in $\frac{3}{4}$ der Höhe befestigt sind. Die Seile sollen 60 m vom Mast entfernt im Boden verankert werden. Wie viel m Seil werden benötigt? (Das Durchhängen der Seile soll unberücksichtigt bleiben.)

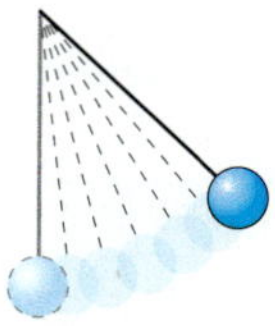

10. Das links abgebildete Pendel wird 0,3 m nach rechts ausgelenkt. Dabei hat es 12 cm an Höhe gewonnen. Berechne die Länge des Pendels.

11. Entscheide rechnerisch, ob das Dreieck mit den Seitenlängen 39 cm; 65 cm; 52 cm rechtwinklig ist.

Bleib fit im …
Umgang mit Flächeninhalt und Volumen

Zum Aufwärmen

1. Bestimme den Flächeninhalt der Figuren rechts.

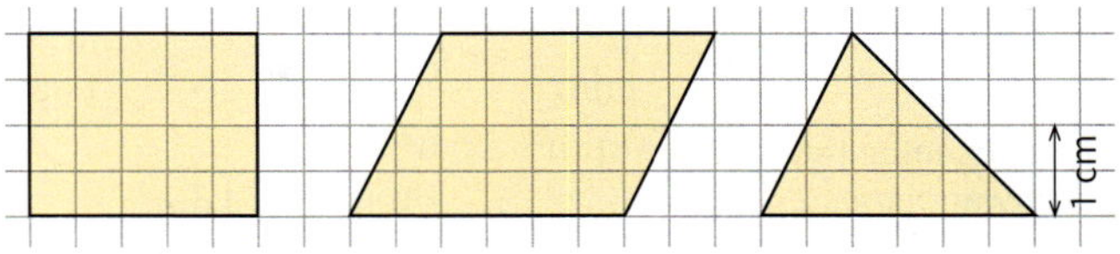

2. Aus Pappe sollen die abgebildeten Quader hergestellt werden.
Für welchen braucht man mehr Pappe?
In welchen passt mehr hinein?

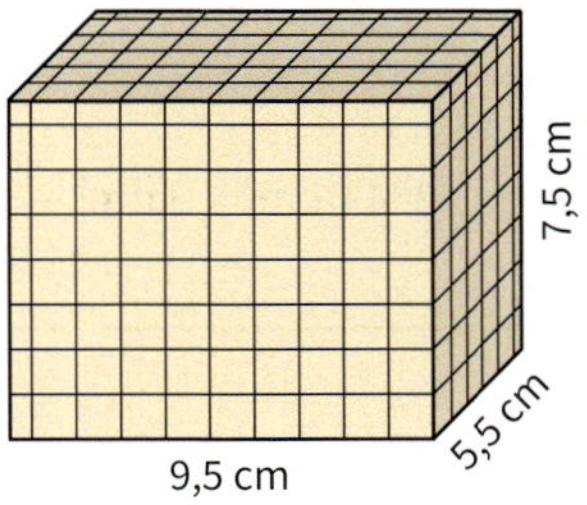

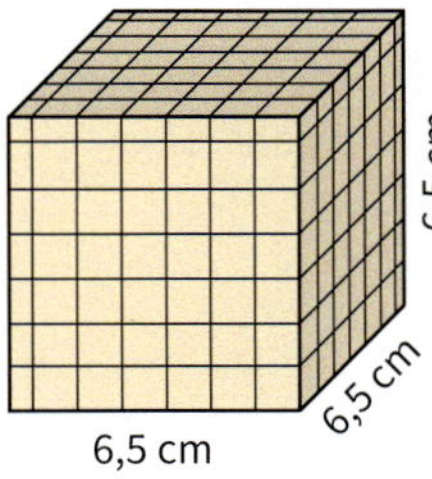

3. **a)** Erläutere am Quadrat rechts den Zusammenhang zwischen den Flächeninhaltseinheiten mm^2 und cm^2.
b) Erläutere ebenso am Würfel rechts den Zusammenhang zwischen den Volumeneinheiten mm^3 und cm^3.

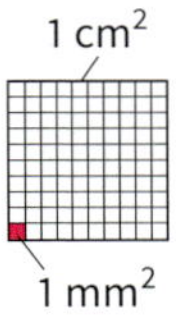

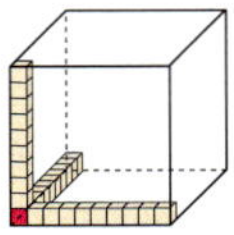

Zum Erinnern

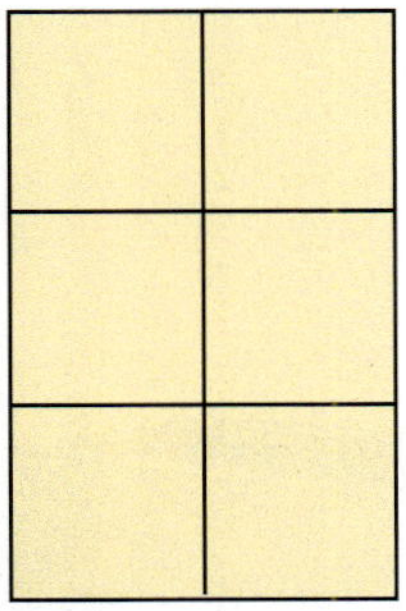

(1) Flächeninhalt von Vielecken

Der Flächeninhalt A einer Figur gibt an, wie viele Einheitsquadrate in der Figur enthalten sind. Das Rechteck links enthält 6 Quadrate der Seitenlänge 1 cm, sein Flächeninhalt beträgt $6\,cm^2$. Will man andere Figuren lückenlos überdecken, muss man die Einheitsquadrate geeignet zerteilen.

Rechteck | Parallelogramm | Dreieck | Trapez

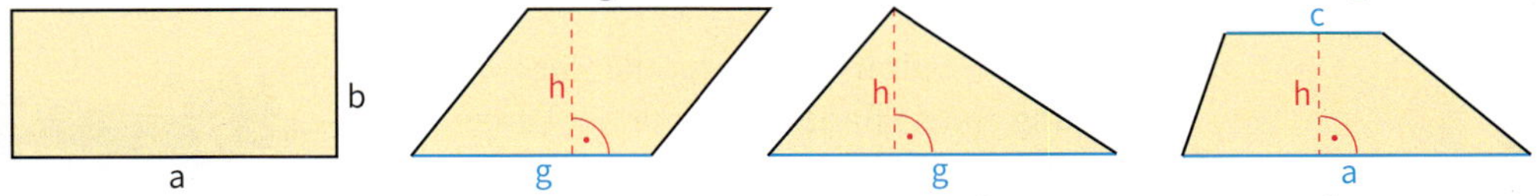

$A_R = ab$ | $A_P = gh$ | $A_D = \frac{1}{2}gh$ | $A_T = \frac{1}{2}(a + c)h$

(2) Oberflächeninhalt und Volumen von Quadern

Die Seitenflächen eines Quaders bilden seine *Oberfläche*. Deren Flächeninhalt ist z. B. ein Maß dafür, wie viel Pappe man zur Herstellung benötigt.
Die Anzahl der Einheitswürfel, die in einen Quader lückenlos passen, gibt sein Volumen an. Wählt man Würfel mit der Kantenlänge 1 cm, dann erhält man das Volumen in der Einheit cm^3.

Sind a, b und c die Kantenlängen eines Quaders, dann gilt für Volumen und Größe der Oberfläche des Quaders:
$\mathbf{V = a \cdot b \cdot c}$
$\mathbf{A_O = 2ab + 2ac + 2bc}$

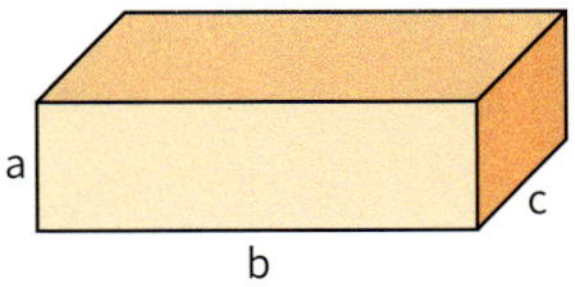

(3) Umwandeln von Flächeninhalts- und Volumeneinheiten

Die Umwandlungszahl der Längeneinheiten ist 10 (z. B. 10 mm = 1 cm; 10 dm = 1 m). Man benötigt daher z. B. $10 \cdot 10$ Quadrate der Größe 1 dm², um ein 1 m² großes Quadrat auszulegen. Entsprechend benötigt man $10 \cdot 10 \cdot 10$ Würfel der Kantenlänge 1 dm³, um einen 1 m³ Würfel damit zu füllen.

Bei Flächeninhaltseinheiten: Umwandlungszahl 100

$1\,mm^2 \xrightarrow{\cdot 100} 1\,cm^2 \xrightarrow{\cdot 100} 1\,dm^2 \xrightarrow{\cdot 100} 1\,m^2 \xrightarrow{\cdot 100} 1\,a \xrightarrow{\cdot 100} 1\,ha \xrightarrow{\cdot 100} 1\,km^2$

$100\,mm^2 = 1\,cm^2$

$100\,cm^2 = 1\,dm^2$

$100\,dm^2 = 1\,m^2$

$100\,m^2 = 1\,a$

$100\,a = 1\,ha$

$100\,ha = 1\,km^2$

Beim Volumen: Umwandlungszahl 1 000

$1\,mm^3 \xrightarrow{\cdot 1000} 1\,cm^3 \xrightarrow{\cdot 1000} 1\,dm^3 \xrightarrow{\cdot 1000} 1\,m^3$

$1\,000\,mm^3 = 1\,cm^3$

$1\,000\,cm^3 = 1\,dm^3$

$1\,000\,dm^3 = 1\,m^3$

$1\,l = 1\,dm^3$

$1\,ml = 1\,cm^3$

$1\,l = 1\,000\,ml$

Zum Trainieren

4. Berechne die Preise der vier Grundstücke eines Neubaugebietes. 1 m² kostet 110 €.

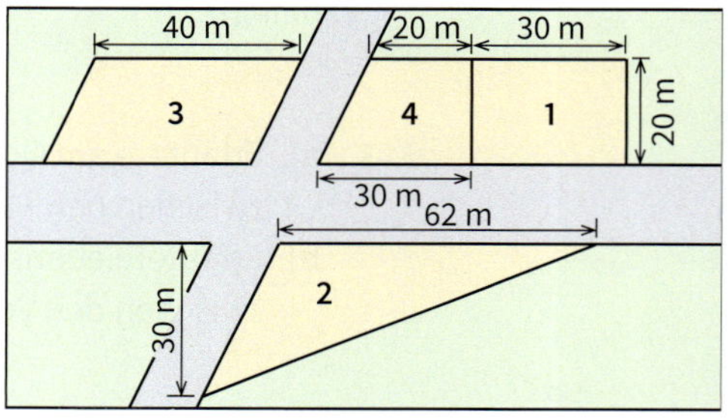

5. Verwandle in die angegebene Einheit.

a)	7 cm²	(mm²)	b)	5 m³	(dm³)
	890 dm²	(m²)		750 cm³	(dm³)
	5 m²	(cm²)		3 l	(mm³)
	3,2 m²	(dm²)		2,9 cm³	(mm³)

6. Antes Aquarium misst innen 60 cm × 40 cm × 40 cm.
Mit wie vielen 1,5-Liter-Flaschen kann er es randvoll füllen?

7. Ein Quader hat ein Volumen von 20 cm³. Er ist 5 cm lang und 20 mm hoch.
Wie breit ist er?

8. Wie viel m³ Beton wurden für die Herstellung eines Pflanzkübels mit der Länge 150 cm, der Höhe 40 cm, der Breite 45 cm und der Wandstärke 5 cm benötigt? Berechne auch die Masse dieses Pflanzkübels. 1 cm³ dieses Betons wiegt 2 g.

9. Als Sichtschutz für Mülltonnen werden oft quaderförmige, mit Steinen gefüllte Drahtkörbe, sogenannte Gabionen, verwendet. Ein Hausbesitzer plant eine Gabione für drei Mülltonnen. Die nebeneinander stehenden Abfallcontainer sollen durch zwei zusätzliche Wände getrennt werden. Für den Abstand zwischen den Wänden und den Mülltonnen berücksichtigt er jeweils 10 cm. Die Müllcontainer sind jeweils 107 cm hoch, 59 cm breit und 74 cm tief. Die Gabione soll auch 10 cm höher als die Mülltonne sein.

a) Welche Fläche muss er für die Gabione mit einer Wandstärke von jeweils 15 cm veranschlagen?

b) Wie viel m² Stahldrahtmatten werden zur Herstellung dieser Gabione benötigt?

c) Mit wie viel m³ Bruchsteinen muss diese Gabione gefüllt werden?

5. Berechnungen an Kreisen und Zylindern

Viele Situationen im Alltag lassen sich mit Kreisen, Kreisteilen und Zylindern beschreiben, an denen Berechnungen durchgeführt werden.

Bereits um 220 v. Chr. bestimmte der griechische Gelehrte Eratosthenes den Umfang der Erde. Er wusste, dass zum Zeitpunkt der Sommersonnenwende die Sonne mittags in Syene (dem heutigen Assuan) genau senkrecht in einen tiefen Brunnenschacht scheint. Zur gleichen Zeit wurde im 5000 Stadien entfernten Alexandria ein Einfallswinkel von 7,2° gemessen. Ein Stadion beträgt ungefähr 180 m.

- ➔ Berechne aus diesen Angaben den Erdumfang.
- ➔ Recherchiere, welchen Erdumfang man heutzutage angibt.

Die Erkenntnis, dass die Erde eine Kugel ist, wurde endgültig erst im 16. Jahrhundert mit der ersten Weltumsegelung des Seefahrers Fernando Magellan bestätigt. Um so höher ist die historische Leistung der genialen Messung von Eratosthenes einzuschätzen.

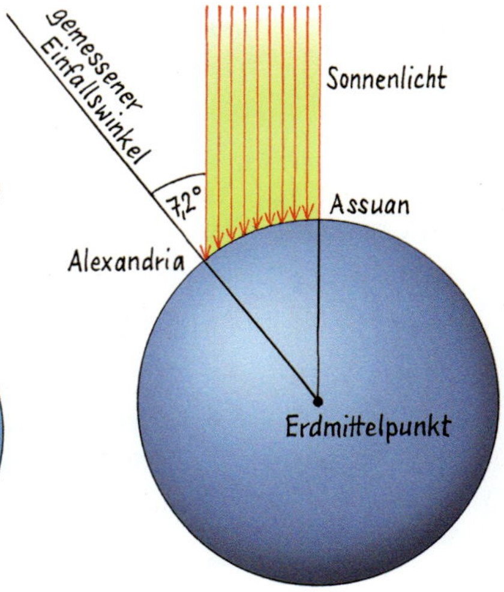

In diesem Kapitel ...

lernst du, wie man den Umfang und Flächeninhalt von Kreisen und Kreisteilen sowie Oberflächen und Volumen von Zylindern berechnet.

Lernfeld: Mit Körpern und Figuren experimentieren

Kreise wiegen

Kopierpapier wird häufig mit der Angabe $80\,g/m^2$ verkauft. Dies bedeutet, dass $1\,m^2$ dieses Papiers 80 g wiegt.
Mit dieser Angabe kann man den Flächeninhalt eines Kreises mithilfe einer Waage bestimmen.

- ➔ Führt dies in Gruppen durch und protokolliert eure Ergebnisse.
- ➔ Wie kann man die Genauigkeit der Ergebnisse verbessern?
- ➔ Welcher Zusammenhang besteht zwischen dem Radius r eines Kreises und seinem Flächeninhalt A?

Konservendosen

Konservendosen gibt es in unterschiedlichen Größen.

- ➔ Sammelt und vergleicht Konservendosen. Was stellt ihr fest?
- ➔ Welche Form haben die Etiketten? Trennt sie ab und berechnet ihren Materialverbrauch.
- ➔ Vergleicht die aufgedruckten Füllmengen. Von welchen Maßen sind sie abhängig?

Tuben untersuchen

Im Haushalt findet ihr viele verschiedene Tuben.

- ➔ Beschreibt, wie eine solche Tube hergestellt wird und gebt Zusammenhänge zwischen verschiedenen Maßen der Tube an.
- ➔ Untersucht nun verschiedene Tuben und stellt Zusammenhänge zwischen dem Durchmesser und der Falzbreite auf.
- ➔ Welche Aussagen könnt ihr für den Umfang eines Kreises machen?

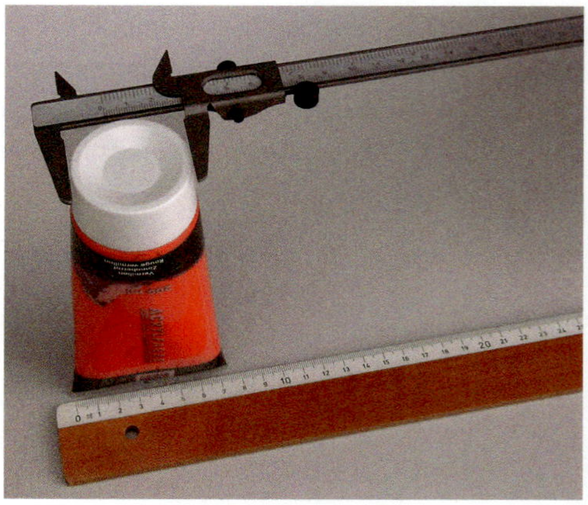

5.1 Umfang eines Kreises

Einstieg

Der Umfang von Vielecken ist einfach zu bestimmen und zu berechnen. Experimentiert mit runden Gegenständen, wie z. B. Münzen, Teelichtern, Konservendosen, um Erkenntnisse über den Umfang eines Kreises zu gewinnen.

Aufgabe 1

1 Zoll
1" = 25,4 mm

Mirko hat einen Fahrradcomputer gekauft. Dieser kann die Geschwindigkeit bestimmen, indem er die Umdrehungen des Rades zählt und die Zeit misst. Nach der Montage muss der Fahrradcomputer noch auf den richtigen Radumfang eingestellt werden. Mirko hat ein 27"-Rad, d. h. der Durchmesser der Räder beträgt 27 Zoll. Leider ist der Umfang eines 27"-Rades nicht in der Bedienungsanleitung angegeben.

Fahrradcomputer

Um die Geschwindigkeit genau zu messen, muss der tatsächliche Radumfang gespeichert werden. Du kannst diesen messen oder der folgenden Tabelle entnehmen:

Raddurchmesser in Zoll	Radumfang in mm
20	1 596
22	1 756
24	1 915
26	2 075
28	2 234

a) Ermittle einen Schätzwert für den Umfang eines 27"-Rades.

b) Rechne den Raddurchmesser in mm um und zeichne den Graphen der Zuordnung *Durchmesser → Umfang*. Formuliere die Abhängigkeit mit Worten und ermittle eine Formel für die Zuordnung. Überprüfe deine Vermutung auf grafischem Wege.

Lösung

a) Der Tabelle entnimmt man: Wenn der Raddurchmesser um 2" vergrößert wird, vergrößert sich der Radumfang um 159 mm bis 160 mm. Daher schätzt man den Radumfang eines 27"-Rades auf $2075\,\text{mm} + \frac{1}{2} \cdot 160\,\text{mm}$, also 2 155 mm.

b) Wir erhalten folgende Raddurchmesser:
20" = 508 mm
22" = 558,8 mm
24" = 609,6 mm
26" = 660,4 mm
28" = 711,2 mm

Für den Graphen folgt damit:

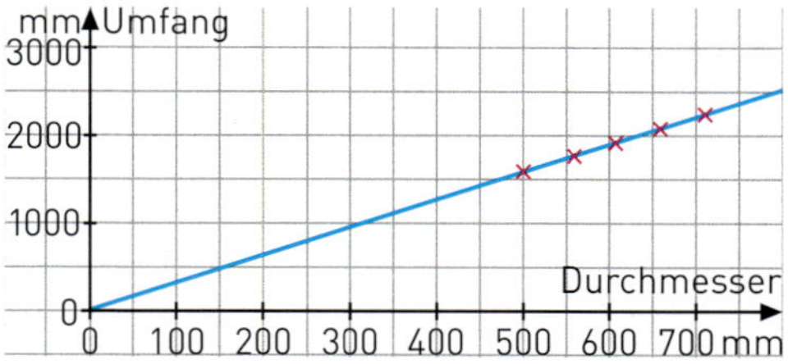

Da die Punkte auf einer Geraden durch den Ursprung liegen, vermuten wir, dass die Zuordnung direkt proportional ist, also der Quotient $\frac{\text{Umfang}}{\text{Durchmesser}}$ konstant ist.

Näherungsweise ergibt sich für alle Punkte: $\frac{\text{Umfang}}{\text{Durchmesser}} \approx 3{,}14$

Für den Umfang u in Abhängigkeit vom Durchmesser d erhalten wir die Formel: $u \approx 3{,}14 \cdot d$

Information

Umfang eines Kreises

Der Umfang eines Kreises ist etwa 3-mal so groß wie sein Durchmesser. Den genauen Proportionalitätsfaktor bezeichnet man als die **Kreiszahl** π (gelesen: pi): $\pi \approx 3{,}14$

Die Kreiszahl π kann nur als ein unendlicher Dezimalbruch, der nicht periodisch ist, geschrieben werden.

Zum Rechnen verwendet man nur Näherungswerte.

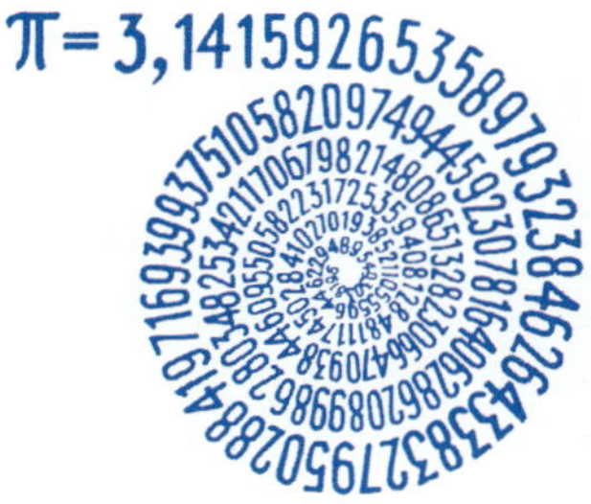

π
steht als Abkürzung für das griechische Wort περιφέρεια
Umkreis, Peripherie

Satz

Für den **Umfang u eines Kreises** mit dem Radius r bzw. dem Durchmesser d gilt:

$\mathbf{u = 2 \cdot \pi \cdot r}$ bzw. $\mathbf{u = \pi \cdot d}$

Zum Überschlag rechnet man: Der Umfang ist etwa das 3-fache des Durchmessers.

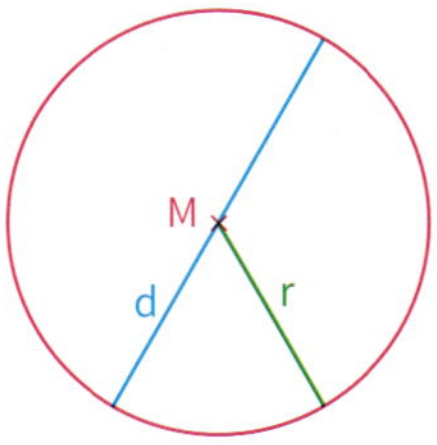

Beispiel:
$r = 1{,}4\,\text{cm}$
$u = 2 \cdot \pi \cdot 1{,}4\,\text{cm}$
$\approx 8{,}8\,\text{cm}$

Beachte: Auch der Taschenrechner liefert mit der Taste π nur einen Näherungswert für π.

Übungsaufgaben

2. Die Fahrstrecken der Modelleisenbahn beim Geschenkpaket sind Kreise unterschiedlicher Größe.
Es gibt Geschenkpakete für die Spur N mit folgenden Fahrstrecken:
120 cm; 140 cm; 250 cm; 270 cm.
Im Katalog sind die Radien der Kreise angegeben:
19,2 cm; 22,6 cm; 39,6 cm; 43 cm.
Untersuche, wie die Fahrstrecke vom Kurvenradius abhängt.

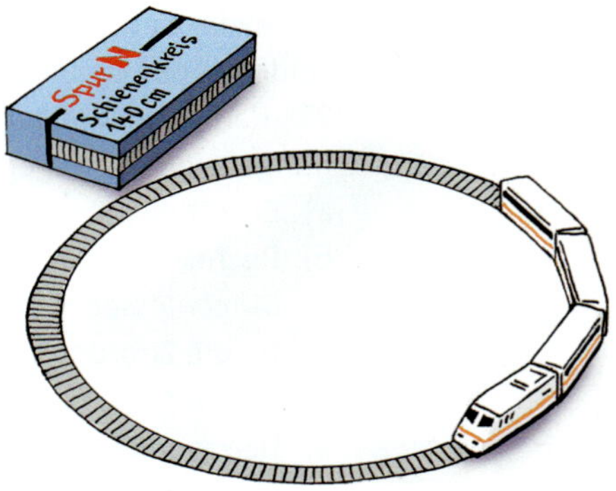

3. Berechne den Umfang eines Kreises mit dem Radius r bzw. Durchmesser d.
Überschlage zuerst im Kopf, bevor du schriftlich oder mit dem Taschenrechner rechnest.
a) $r = 2\,\text{m}$ **b)** $d = 34\,\text{cm}$ **c)** $r = 0{,}65\,\text{m}$ **d)** $r = 2\frac{1}{2}\,\text{m}$ **e)** $d = 12\,\text{mm}$ **f)** $d = 1{,}7\,\text{km}$

4. Berechne den Umfang des Gegenstandes. Überschlage zunächst.
a) Blu-ray Disc $d = 12\,\text{cm}$
b) Basketball-Ring $d = 45\,\text{cm}$
c) Meisterschale des DFB $d = 59\,\text{cm}$
d) Inline-Skate-Rollen $d = 72\,\text{mm}$

5. Der Stamm einer Buche hat den Umfang 170 cm.
  a) Berechne den Durchmesser; überschlage zunächst.
  b) Man kann das Alter eines Baumes an der Anzahl der Jahresringe erkennen. Die durchschnittliche Dicke eines Jahresringes beträgt 2 mm. Wie alt ist die Buche ungefähr?

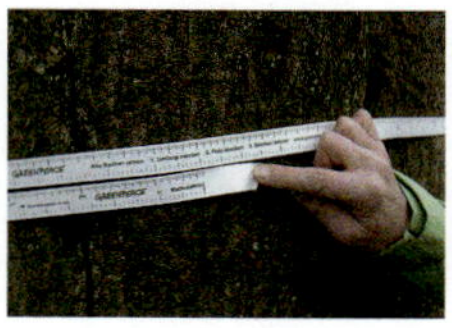

6. Ein Kreis hat den Umfang u. Wie groß sind Durchmesser und Radius? Überschlage zuerst im Kopf.
  a) u = 27 cm b) u = 1,20 m c) u = 810 mm d) u = 12,3 m e) u = 10 m

7. Der Raddurchmesser (samt Reifen) bei einem Mountainbike ist 65 cm, beim Citybike 71 cm.
  a) Wie weit ist das Mountainbike gerollt, wenn sich die Räder 50-mal gedreht haben?
  b) Wie oft drehen sich auf der gleichen Strecke die Räder des Citybikes?

8. Das Rad eines Förderturms hat einen Radius von 2,80 m. Bei einer Radumdrehung wird der Förderkorb um eine Strecke angehoben, die dem Umfang des Rades entspricht. Wie viele Umdrehungen muss das Rad machen, damit der Förderkorb 500 m gehoben wird?

Riesenrad an der Themse
London. Das London Eye dreht sich mit einer Geschwindigkeit von 0,26 m pro Sekunde und hat eine Höhe von 135 m.

9. Betrachte die Angaben zum Riesenrad. Stelle selbst geeignete Aufgaben. Löse sie.

Erdradius ca. 6 378 km

10. Ein Satellit umkreist die Erde auf einer Kreisbahn mit einer Geschwindigkeit von $8\,\frac{km}{s}$. Für eine Erdumkreisung benötigt er 1 h 28 min. In welcher Höhe fliegt der Satellit?

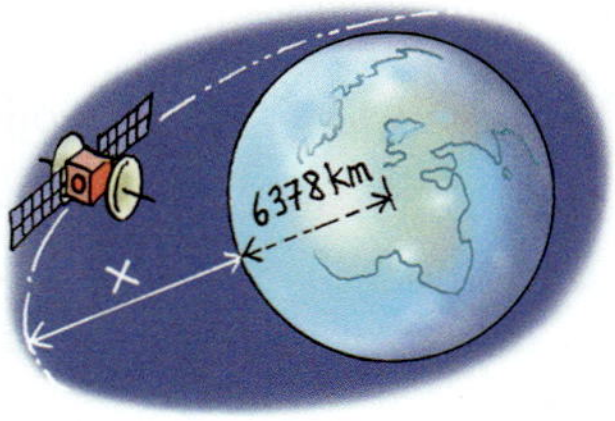

11. Eine Raumstation umkreist die Erde in 200 km Höhe in 90 Minuten. Welche Entfernung legt die Raumstation bei einem Erdumlauf zurück? Welche Entfernung legt sie in 1 Stunde zurück?

12. Die Erde durchläuft während eines Jahres (etwa 365 Tage) um die Sonne angenähert eine Kreisbahn, deren Radius ungefähr $150 \cdot 10^6$ km beträgt.
  a) Welchen Weg legt die Erde in einem Jahr [an einem Tag; in einer Sekunde] zurück?
  b) Mit welcher Durchschnittsgeschwindigkeit (Angabe in $\frac{km}{h}$) bewegt sich die Erde auf ihrer Bahn?

13. a) Hannes hat einen Taillenumfang von 80 cm. Denke dir einen 1,80 m langen Gürtel um seine Taille gelegt. Wie weit steht er ab? Schätze zunächst.
  b) Denke dir nun längs des Äquators ein Seil um die Erde gespannt. Seine Länge betrage genau 40 000 km. Denke dir nun das Seil um 1 m verlängert. Schätze zunächst, rechne dann: Ist jetzt genügend „Luft“ vorhanden, dass eine Maus zwischen Seil und Erdboden durchschlüpfen kann?
  c) Formuliere eine Vermutung zu deinen Ergebnissen. Begründe sie.

5.2 Flächeninhalt eines Kreises

Einstieg

Zeichnet Kreise mit verschiedenen Durchmessern auf Karopapier und bestimmt den Flächeninhalt durch Auszählen der Kästchen. (Ihr könnt die Arbeit verringern, wenn ihr nur einen Viertelkreis auszählt.)
Könnt ihr Zusammenhänge zwischen dem Radius und dem Flächeninhalt entdecken?
Wie könnt ihr ein möglichst genaues Ergebnis erhalten?

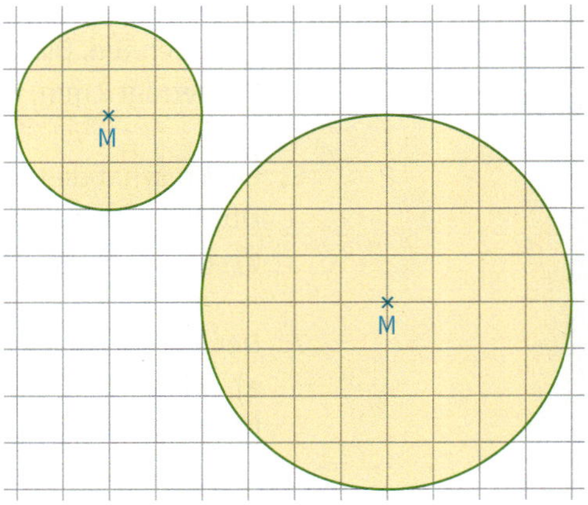

Aufgabe 1

Formel für den Flächeninhalt eines Kreises

a) Wie kann man die Stücke einer in 6 bzw. 12 Stücke geschnittenen Torte so anordnen, dass sie auf ein rechteckiges Tablett passen?

b) Welche Abmessungen muss das Tablett ungefähr haben, damit alle Stücke insbesondere bei einer größeren Anzahl von Stücken daraufpassen?

c) Da die Fläche nicht verändert wird, kann man mit den Formeln für den Flächeninhalt des Parallelogramms und den Umfang des Kreises die Formel für den Flächeninhalt des Kreises herleiten. Führe dies durch.

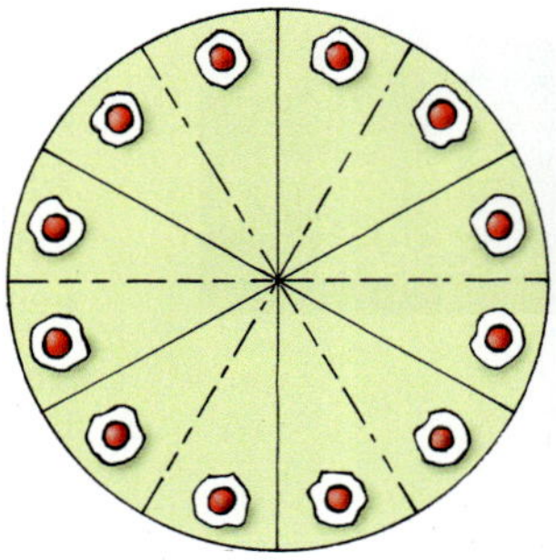

Lösung

a) Folgende Zeichnungen zeigen, wie dies möglich ist.

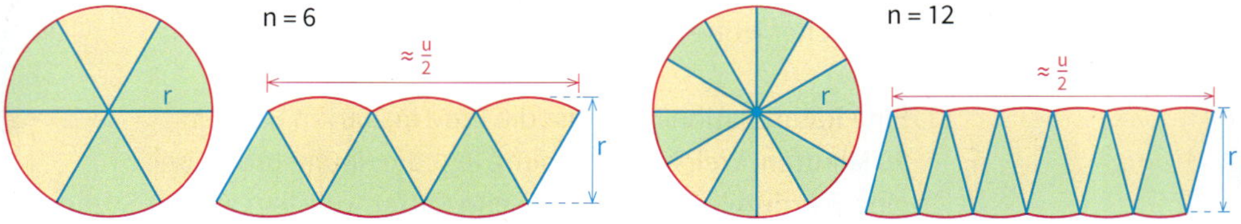

b) Das Tablett muss mindestens so lang sein wie der halbe Tortenumfang und mindestens so breit wie der Tortenradius. Anschaulich ist klar:
Je größer die Anzahl der Teile ist, desto genauer nähert sich die Form der zusammengesetzten Tortenstücke einem Parallelogramm, und damit sogar einem Rechteck mit den Seitenlängen $\frac{u}{2}$ und r an.

c) Der Kreis hat denselben Flächeninhalt wie das Rechteck. Für dessen Flächeninhalt gilt:
$A_R = \frac{u}{2} \cdot r$
Mit $u = 2 \cdot \pi \cdot r$ folgt daraus:
$A_R = \frac{2 \cdot \pi \cdot r}{2} \cdot r = \pi \cdot r^2$
Damit gilt auch für den Flächeninhalt des Kreises $A_K = \pi \cdot r^2$ mit genau derselben Kreiszahl π wie beim Umfang.

Information

Satz
Für den **Flächeninhalt A eines Kreises** mit dem Radius r gilt:
$\mathbf{A = \pi \cdot r^2}$
Beispiel: r = 1,5 cm
$A = \pi \cdot (1{,}5\,cm)^2 = \pi \cdot 2{,}25\,cm^2 \approx 7{,}07\,cm^2$

Zum Überschlagen rechnet man auch: $A \approx 3 \cdot r^2$

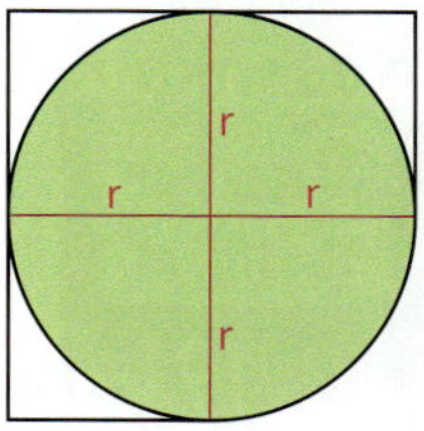

Weiterführende Aufgabe

Berechnen des Flächeninhalts des Kreises aus dem Durchmesser

2. a) Die Querschnittsfläche eines Bolzens hat den Durchmesser d = 2 cm. Wie groß ist die Querschnittsfläche?

b) Häufig kann man den Durchmesser d eines Kreises leichter bestimmen als den Radius.
Es ist daher günstig, eine Formel für den Flächeninhalt des Kreises zu haben, in die man statt des Radius den Durchmesser einsetzen kann.
Überprüfe folgende Formel an Zahlenbeispielen.

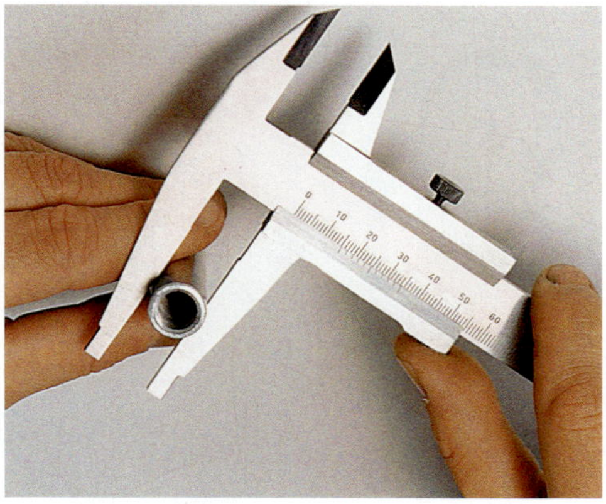

Für einen Kreis mit dem Durchmesser d gilt: $\mathbf{A = \frac{\pi}{4} d^2}$

Übungsaufgaben

3. Berechne den Flächeninhalt des Kreises.
a) r = 5 cm b) r = 1,3 m c) d = 9 cm d) d = 1,45 m e) d = 3,7 km

4. Der Aktionsradius eines Rettungshubschraubers beträgt 70 km.
Wie groß ist das Gebiet, in dem er eingesetzt werden kann?

5. Ein kreisrunder Tisch hat den Durchmesser 1,40 m. Wie groß ist die Tischfläche?

6. Frau Siede kauft einen runden Esstisch mit einem Durchmesser von 1,20 m.
a) Wie groß ist die Tischfläche?
b) Die Tischdecke soll auf jeder Seite 20 cm überstehen. Wie groß ist deren Fläche?

7. In der Tiefkühlabteilung werden zum gleichen Preis zwei verschiedene Packungen mit Pizzen angeboten: Die eine Packung enthält *zwei* Pizzen mit je 17 cm Durchmesser; die andere Packung enthält nur *eine* Pizza mit dem Durchmesser 25 cm.
Für welche Packung würdest du dich entscheiden, wenn du möglichst viel essen willst?

8. Welchen Flächeninhalt hat ein Kreis mit dem Umfang u?
a) u = 18 m b) u = 15,6 cm c) u = 34 km d) u = 1 cm e) u = 1 km

9. Ein kreisförmiges Rasenstück (Durchmesser 32 m) soll gekalkt werden. Wie teuer ist das?

10. Auf das Wievielfache wächst der Flächeninhalt des Kreises an, wenn der Radius anwächst
a) auf das Doppelte; b) auf das Dreifache; c) auf das Fünffache?

11. Aus einem rechteckigen Streifen Blech mit der Länge 32 cm und der Breite 8 cm werden vier Kreise mit dem Radius 3,8 cm ausgestanzt. Wie groß ist der Abfall?

12. Aus einem kreisrunden Blech wird ein möglichst großes Quadrat ausgestanzt. Wie viel Prozent Abfall fallen an?

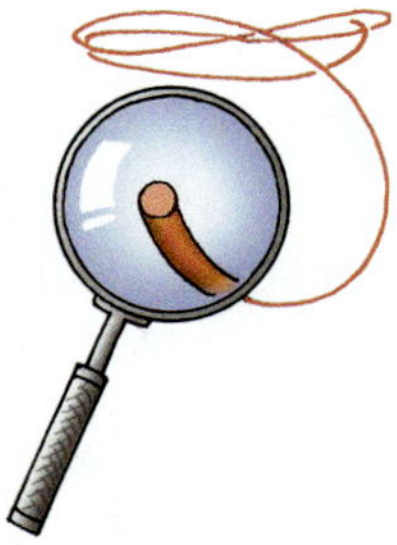

13. Der Durchmesser eines Kupferdrahtes beträgt 1,2 mm [3,6 mm; 0,6 mm].
a) Berechne den Flächeninhalt der kreisförmigen Querschnittsfläche.
b) Die Zuordnung *Größe des Querschnitts → elektrischer Widerstand* ist indirekt proportional. Wie verändert sich der Widerstand, wenn der Drahtdurchmesser verdreifacht oder halbiert wird?
c) Der Kupferdraht soll mit einer 1 mm dicken Isolierschicht versehen werden. Wie groß ist die Querschnittsfläche dieser Gesamtfläche?

14. Welche der vier Pizzen ist am preisgünstigsten?

Bellas knusprige Pizza-Klassiker

Jeweils mit würziger Tomatensauce und herzhaftem Gouda.

Pizza	Junior Ø 20 cm	Classic Ø 28 cm	Maxi Ø 38 cm	Family 40 cm · 50 cm
Salami	4,30 €	5,90 €	10,50 €	16,90 €

Solche Flächen nennt man Kreisring.

15. Gegeben sind zwei Kreise mit gleichem Mittelpunkt und den Radien r_1 und r_2.
Berechne den Flächeninhalt der farbig markierten Fläche.

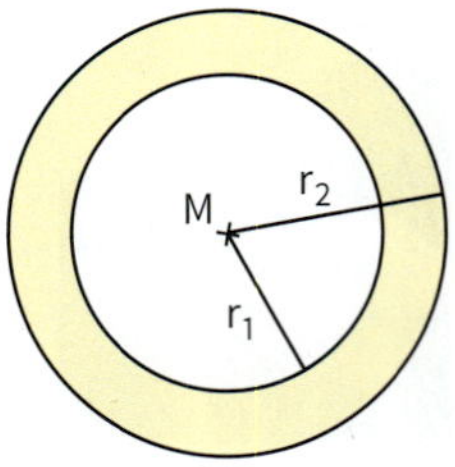

a) $r_1 = 2{,}8$ cm; $r_2 = 5{,}3$ cm
b) $r_1 = 5{,}5$ cm; $r_2 = 7{,}0$ cm
c) $r_1 = 3{,}5$ cm; $r_2 = 3{,}75$ cm
d) $r_1 = 11$ cm; $r_2 = 14$ cm

16. Ein kreisrunder Platz hat einen Durchmesser von 46 m. In der Mitte befindet sich eine Brunnenanlage mit 9,5 m Durchmesser. Wie viel Platz bleibt zur freien Verfügung übrig?

17. In einem Park ist ein kreisrunder Teich. Im Abstand von 50 cm vom Rand des Teiches ist ringsum ein Schutzgeländer. Es ist 22 m lang. Unmittelbar vor dem Geländer ist ringsum ein 2 m breiter Asphaltweg angelegt.
a) Wie groß ist die Wasserfläche?
b) Wie groß ist die asphaltierte Fläche?

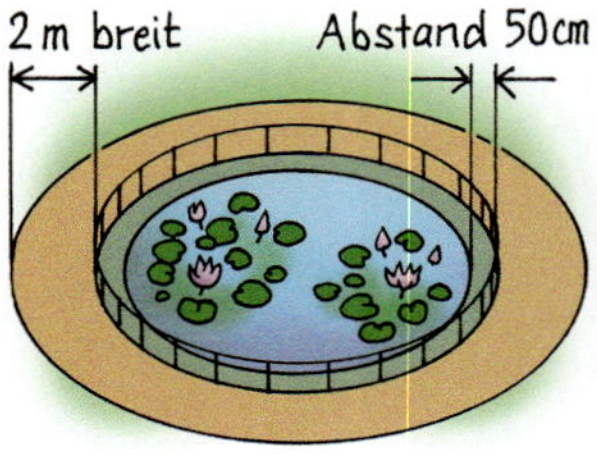

18. Ein Kreis hat den Umfang $u = 38\,\text{cm}$.

a) Wie groß ist sein Flächeninhalt?

b) Um wie viel Prozent übertrifft der Kreis ein Quadrat mit gleichem Umfang an Flächeninhalt?

19.

Reifengrößen bei Fahrrädern

In Europa sind zwei Möglichkeiten der Größenangaben üblich:

1. Das zöllige Maß (") nach der englischen Norm, z. B. 28" · 1,75", das erste Maß gibt den ungefähren äußeren Reifendurchmesser an, das zweite Maß die ungefähre Reifenbreite.
2. Das metrische Maß (mm) nach der DIN-Norm ETRTO, wie z. B. 47–622, ist insbesondere unter Fachleuten üblich. Dabei gibt die erste Zahl die Reifenbreite im aufgepumpten Zustand (in mm) und die zweite Zahl den inneren Reifendurchmesser, also Felgendurchmesser, (ebenfalls in mm) an.

a) Berechne den äußeren Durchmesser eines Reifens der Größe 37–622 für ein 28-Zoll-Rad. Bestimme seinen Umfang. Nimm an, dass Reifenbreite und -höhe übereinstimmen.

b) Um wie viel Prozent ist der Umfang eines Reifens mit der Aufschrift 47–622 größer als der Reifen in Teilaufgabe a)?

20. Die Laufbahnen eines Stadions bestehen aus zwei Halbkreisen (Kurven) und zwei Strecken (Zielgerade, Gegengerade). Die Laufbahnen werden so angelegt, dass die Läufer auf der Innenbahn (1. Bahn) im Abstand von 30 cm von der Innenkante genau 400 m zurücklegen. Die einzelnen Laufbahnen sind 1,22 m breit.

a) Wie lang ist die Zielgerade?

b) Wie lang ist die Innenkante der Laufbahnen?

c) Welchen Vorsprung muss eine Läuferin auf der 2. Bahn erhalten, wenn man annimmt, dass sie ebenfalls 30 cm von der inneren Linie entfernt läuft?

21. Rebecca backt Plätzchen. Sie walzt einen Klumpen Teig auf dem Tisch zu einer fast kreisförmigen Schicht mit dem Durchmesser von etwa 30 cm aus. Mit einem kreisrunden Förmchen vom Durchmesser 4,5 cm sticht sie die Plätzchen aus. Den Rest des Teigs knetet sie noch einmal und rollt ihn wieder aus, formt Plätzchen und fährt so fort, bis kein Teig mehr da ist. Wie viele Plätzchen erhält sie ungefähr? Woran könnte es liegen, wenn die berechnete Zahl der Plätzchen von der tatsächlich erhaltenen *stark* abweicht?

22. In einem Park werden kreisrunde Beete mit dem Durchmesser $d = 4{,}90\,\text{m}$ angelegt.

a) Ein Beet soll mit Buchsbaum eingefasst werden. Man rechnet mit 5 Pflanzen pro Meter. Berechne die Kosten.

b) Ein Beet soll mit Rosen bepflanzt werden. Man rechnet mit 8 Rosen pro Quadratmeter. Berechne die Kosten.

c) Um das Beet wird ein 1,20 m breiter Weg angelegt. 1 m^2 kostet 26 € zuzüglich 19 % Mehrwertsteuer. Berechne die Kosten.

23. Die Abbildung rechts zeigt eine Matte, wie sie bei Wettkämpfen im Ringen verwendet wird (Abmessungen in Meter).
Stellt euch gegenseitig Aufgaben und löst diese.

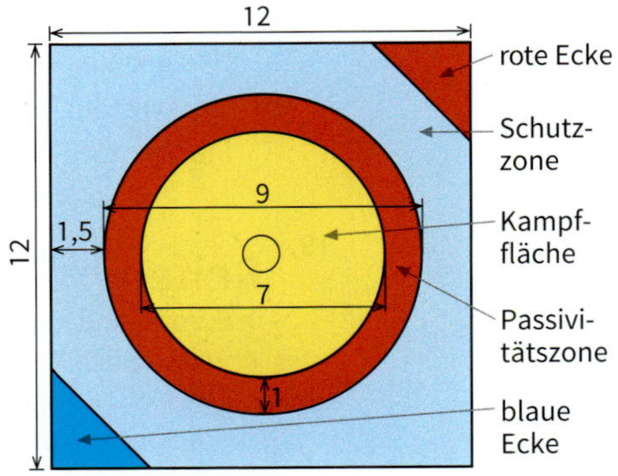

24.

Reifenbezeichnungen und was sie bedeuten

Eigenschaften eines Reifens sind in einer weltweit geltenden Verschlüsselung am Reifen eingeprägt.
Am Beispiel 185/60 R 15 84 H im Foto sieht man, wie diese Bezeichnung gelesen werden kann:

185	Reifenbreite beträgt 185 mm
60	Verhältnis Reifenhöhe : Reifenbreite in % (Reifenhöhe = 60 % von 185 mm)
R	Radialreifen
15	Felgendurchmesser in Zoll (1 Zoll = 25,4 mm)
84	Kennzahl für Reifentragfähigkeit (z. B. 84 für 500 kg pro Reifen)
H	Symbol für zulässige Geschwindigkeit (z. B. H für bis zu 210 km/h)

a) Rechne nach, dass der äußere Durchmesser dieses Reifens 603 mm beträgt.
b) Welchen Weg legt ein Fahrzeug mit diesem Reifen bei einer Radumdrehung zurück?
c) Der Wagen hat einen Weg von 1 km zurückgelegt. Wie oft hat sich das Rad gedreht?
d) Der Wagen fährt mit einer Geschwindigkeit von 150 km/h. Berechne die Anzahl der Radumdrehungen pro Minute [pro Sekunde].
e) Das Reifenprofil beträgt statt 7 mm nur noch 1 mm. Um wie viel Prozent ist der Reifenumfang kleiner geworden? Wie wirkt sich dies auf die Geschwindigkeitsanzeige durch den Tacho aus?

25. Berechne den Flächeninhalt und den Umfang der gefärbten Fläche (d = 12 cm; r = 6 cm).

a) 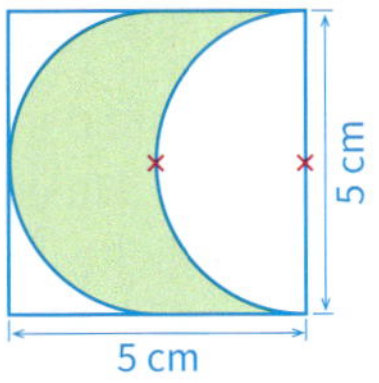

b) 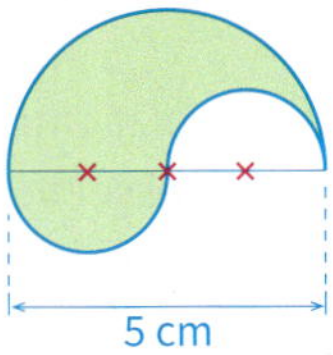

c) 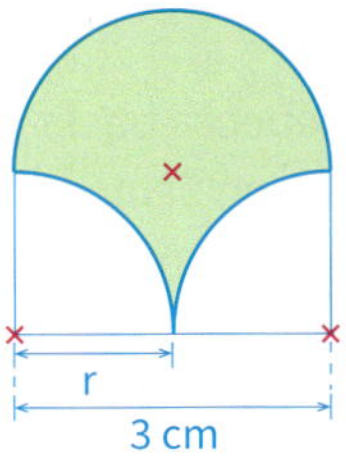

d) 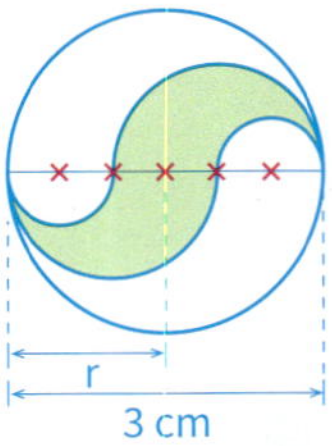

26. a) Berechnet jeweils Flächeninhalt und Umfang der gefärbten Flächen (r = 24 cm).
b) Denkt euch die Folge der Figuren (1), (2), (3) weiter fortgesetzt.
Was könnt ihr über Flächeninhalt und Umfang der gefärbten Fläche aussagen?

(1) 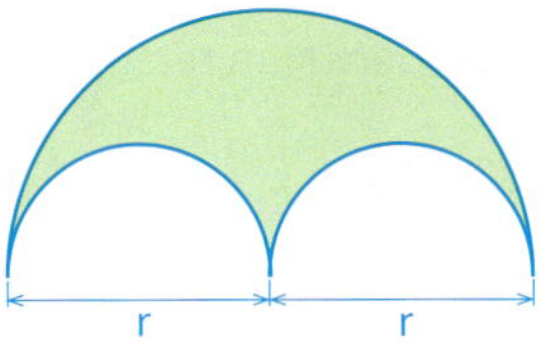

(2) 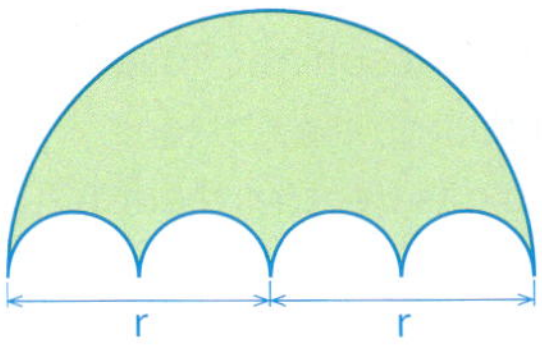

(3) 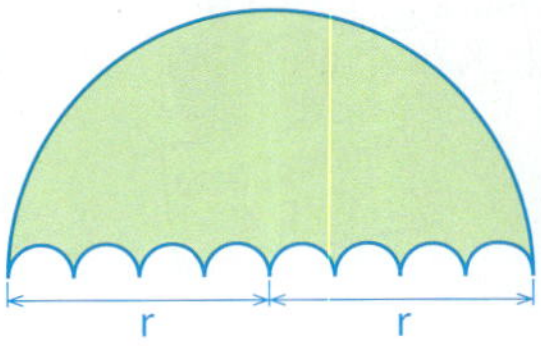

5.3 Kreisausschnitt und Kreisbogen

Einstieg

Berechnet für den Scheibenwischer:

a) Welchen Weg legt das obere bzw. untere Ende des Scheibenwischergummis zurück?

b) Wie groß ist die gewischte Fläche?

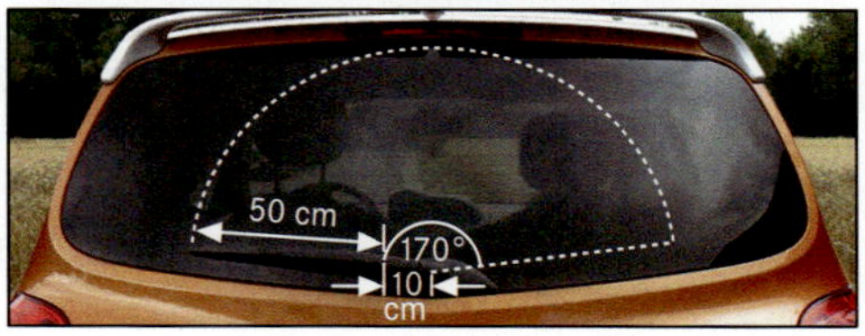

Aufgabe 1

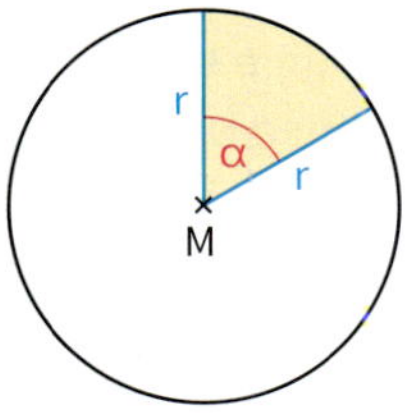

Formeln für Kreisausschnitt und Kreisbogen

Der Wurfsektor einer Kugelstoßanlage ist ein Teil eines Kreises, der durch zwei Radien mit dem dazugehörigen Mittelpunktswinkel α begrenzt wird. Er heißt *Kreisausschnitt* (oder auch *Kreissektor*) zum Mittelpunktswinkel α. Der Teil der Kreislinie, der einen Kreisausschnitt begrenzt, heißt *Kreisbogen* zum Mittelpunktswinkel α.

Zur Erneuerung einer Kugelstoßanlage mit dem Mittelpunktswinkel $\alpha = 65°$ soll der Wurfsektor mit einem Spezialbelag versehen werden.

Als maximale Wurfweite wird $r = 26\text{ m}$ gesetzt.

Die minimale Wurfweite soll $r = 8\text{ m}$ betragen.

a) Welchen Flächeninhalt hat der zum Mittelpunktswinkel $\alpha = 65°$ gehörende Kreisausschnitt eines Kreises mit dem Radius $r = 26\text{ m}$?
Wie viel vom Spezialbelag wird für den Teil eines Kreisrings für die Kugelstoßanlage benötigt?

b) Die Weitenlinien sind Kreisbögen. Berechne die Länge der 25-m-Weitenlinie im Wurfsektor. Beachte, dass die Weiten ab dem Rand des Wurfkreises gemessen werden, der einen Radius von 1,07 m hat.

Lösung

a) Den Flächeninhalt A des gesamten Kreises kann man mit dem gegebenen Radius berechnen.

$A = \pi \cdot r^2$, also:

$A = \pi \cdot (26\text{ m})^2 = 2\,123{,}7\ldots\text{ m}^2$

Der Flächeninhalt eines Kreises mit $r = 26\text{ m}$ beträgt ungefähr $2\,124\text{ m}^2$.

Der Flächeninhalt des Kreisausschnitts ist bei einem vorgegebenen Radius r abhängig von der Größe α des Mittelpunktswinkels:

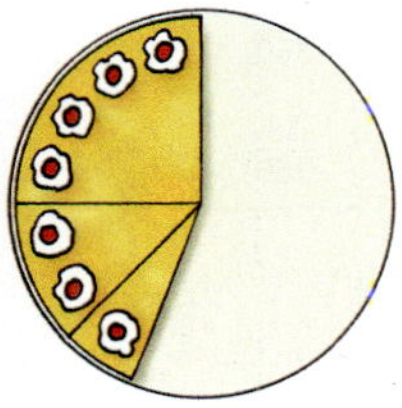

Verdoppelt, verdreifacht oder vervierfacht man die Größe α des Mittelpunktswinkels, so wird auch der Flächeninhalt A_α des Kreisausschnitts verdoppelt, verdreifacht oder vervierfacht. Die Zuordnung *Größe des Mittelpunktswinkels → Flächeninhalt des Kreisausschnitts* ist also direkt proportional.

Der Flächeninhalt A_α des Kreisausschnitts kann also z.B. mithilfe des Dreisatzes bei direkt proportionalen Zuordnungen berechnet werden.

Bei einem Radius $r = 26\,m$ und einem Mittelpunktswinkel $\alpha = 65°$ beträgt der Flächeninhalt A_α des zugehörigen Kreisausschnitts:

$A_\alpha = 383{,}5\,m^2$

	Größe des Mittelpunktswinkels	Flächeninhalt des Kreisausschnitts	
:360	360°	2 123,7 m²	:360
	1°	5,9 m²	
· 65	65°	383,5 m²	· 65

Für den Flächeninhalt des Spezialbelags A_K der Kugelstoßanlage ist noch der Flächeninhalt des kleinen Kreisausschnitts $(r = 8\,m)$ zu subtrahieren.

$$A_K = A_\alpha - \pi \cdot (8\,m)^2 \cdot \frac{65°}{360°}$$
$$\approx 383{,}5\,m^2 - 36{,}3\,m^2$$
$$\approx 347{,}2\,m^2$$

Ergebnis: Der Flächeninhalt des Spezialbelags der Kugelstoßanlage beträgt ungefähr $347\,m^2$.

b) Da die Wurfweiten ab dem Wurfkreis gemessen werden, ist die 25-m-Weitenlinie ein Teil eines Kreises mit dem Radius 1,07 m + 25 m, also 26,07 m. Dieser Kreis hat einen Umfang von $u = 2 \cdot \pi \cdot 26{,}07\,m \approx 163{,}80\,m$.

Verdoppelt, verdreifacht oder vervierfacht man die Größe α des Mittelpunktswinkels, so wird auch die Länge des zugehörigen Kreisbogens b_α verdoppelt, verdreifacht oder vervierfacht.

Die Länge des Kreisbogens kann also z.B. mithilfe des Dreisatzes bei direkt proportionalen Zuordnungen berechnet werden.

Für einen Mittelpunktswinkel von 65° und einen Radius von 26,07 m hat der Kreisbogen die Länge 29,58 m.

	Größe des Mittelpunktswinkels	Länge des Kreisbogens	
:360	360°	163,80 m	:360
	1°	0,455 m	
· 65	65°	29,58 m	· 65

Ergebnis: Die 25-m-Weitenlinie ist ungefähr 30 m lang.

Information

Für jeden beliebigen Winkel, z.B. 13°, kann man die Länge des Kreisbogens und den Flächeninhalt des Kreisausschnitts aus einem Kreis mit dem Radius r berechnen. Mithilfe des Dreisatzes bei direkt proportionalen Zuordnungen erhält man die folgenden Tabellen.

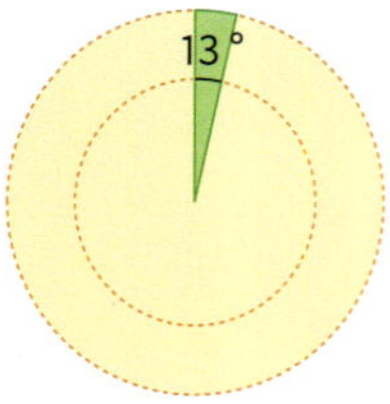

	Größe des Mittelpunktswinkels	Länge des Kreisbogens	
:360	360°	$2\pi r$	:360
	1°	$2\pi r \cdot \frac{1}{360}$	
· 13	$\frac{13°}{360°}$	$2\pi r \cdot \frac{13}{360}$	· 13

	Größe des Mittelpunktswinkels	Flächeninhalt des Kreisausschnitts	
:360	360°	πr^2	:360
	1°	$\pi r^2 \cdot \frac{1}{360}$	
· 13	$\frac{13°}{360°}$	$\pi r^2 \cdot \frac{13}{360}$	· 13

Verallgemeinert man diese Überlegungen, so erhält man:

Satz

Für die **Länge b_α eines Kreisbogens** mit dem Radius r und einem Mittelpunktswinkel der Größe α gilt:

$b_\alpha = 2\pi r \cdot \frac{\alpha}{360°}$ bzw. $b_\alpha = \pi r \cdot \frac{\alpha}{180°}$

Für den **Flächeninhalt A_α eines Kreisausschnitts** mit dem Radius r und einem Mittelpunktswinkel der Größe α gilt:

$A_\alpha = \pi r^2 \cdot \frac{\alpha}{360°}$

Statt b_α und A_α schreibt man häufig auch nur b bzw. A.

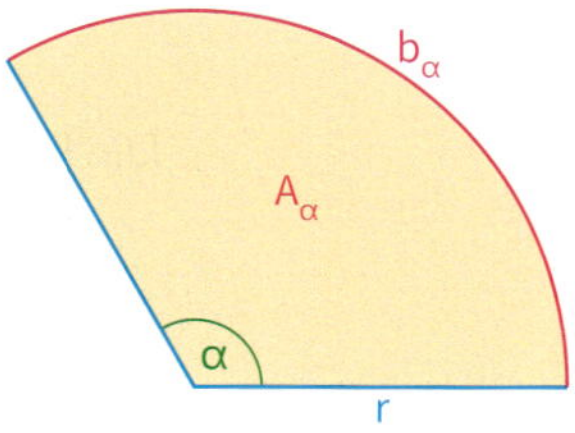

Anteil vom Ganzen

Weiterführende Aufgabe

Eine weitere Formel für den Flächeninhalt des Kreisausschnitts

2. In der Formelsammlung rechts findest du noch eine weitere Formel für den Flächeninhalt eines Kreisausschnitts.
   a) Berechne mit dieser Formel den Flächeninhalt eines Kreisausschnitts mit der Bogenlänge b = 3,6 cm und dem Radius r = 4,5 cm.
   b) Vergleiche diese Formel mit der Formel für den Flächeninhalt eines Dreiecks.

Formelsammlung

Kreisausschnitt

$A = \frac{1}{2} \cdot b \cdot r$

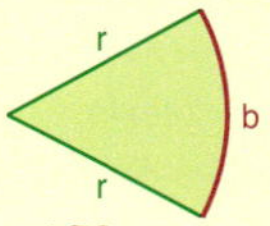

Übungsaufgaben

3. Berechne den Flächeninhalt A_α und die Bogenlänge b_α eines Kreisausschnitts mit dem angegebenen Radius und Mittelpunktswinkel.
   a) r = 8 cm, α = 12° b) r = 4,9 m, α = 295° c) r = 3,2 dm, α = 136°

4. Erstellt selbst eine Zusammenstellung der Formeln beim Kreis.
   Denkt dabei beispielsweise an eine Plakatwand, eine Lernkartei zur nächsten Klassenarbeit oder eine Mindmap.

5. Berechne die fehlenden Größen eines Kreisausschnitts.

r	5 cm	86 mm	6 cm	9 m		12 cm	
α	35°	249°					149°
A_α			64 cm²		45 cm²		
b_α				12,5 m	15 cm	25 cm	52 cm

6. Ist es möglich, einen Kreisausschnitt zu zeichnen, bei dem der Kreisbogen so lang ist wie der Radius? Begründe.

7. Die Länge eines Kreisbogens beträgt 10 cm.
   a) Zeichne den Graphen der Zuordnung *Größe des Mittelpunktswinkels → Kreisradius* für die Bogenlänge b = 10 cm.
   b) Welche Art von Zuordnung liegt vor? Begründe.

Die Zahl π in der Geschichte der Menschheit

Die Berechnung der Kreiszahl π hat die Menschen schon jahrtausendelang beschäftigt:

- Die Babylonier (um 2000 v. Chr.) verwendeten als Näherungswert für π die Zahl **3**.
- Der ägyptische Mathematiker Ahmes gab den erstaunlich genauen Wert $\left(\frac{16}{9}\right)^2 \approx 3{,}16$ an.
- Der griechische Mathematiker Archimedes (287–212 v. Chr.) verwendete zur Berechnung des Kreisumfanges neben den einbeschriebenen regelmäßigen Vielecken auch umbeschriebene. Er zeigte am regelmäßigen 96-Eck: $3\frac{10}{71} < \pi < 3\frac{1}{7}$.

  Als Näherungswert für π wurde dann häufig $\frac{22}{7} \approx 3{,}143$ verwendet.
- Der ägyptische Geograph, Astronom und Mathematiker Claudius Ptolemäus (um 150 n. Chr.) fand für π den Näherungswert $3\frac{17}{120}$.
- Der chinesische Mathematiker Liu Hui ermittelte im 3. Jahrhundert n. Chr. aus dem 3072-Eck den Näherungswert $3\frac{3}{16} \approx 3{,}14159$.
- Ein Vieleck mit $3 \cdot 2^{28} = 805306368$ Ecken verwendete 1424 der arabische Mathematiker Al-Kasi. Er erhielt $2 \cdot \pi = 6{,}2831853071795865$, wobei alle angegebenen Stellen richtig sind. Mit $4 \cdot 2^{60}$ Ecken erreichte Ludolf van Ceulen (1610) eine Genauigkeit von 35 Dezimalstellen.
- Im Jahre 1671 entdeckte James Gregory, dass man mit den Kehrwerten der ungeraden Zahlen den Wert von π beliebig genau berechnen kann, wenn man nur genügend viele Summanden berücksichtigt: $\frac{\pi}{4} = \frac{1}{1} - \frac{1}{3} + \frac{1}{5} - \frac{1}{7} + \frac{1}{9} - \frac{1}{11} + \ldots$ (Leibniz'sche Reihe)
- Der Philosoph und Mathematiker Gottfried Wilhelm Leibniz (1646–1716) war über diesen Zusammenhang zwischen der Folge der ungeraden Zahlen und der Kreiszahl π so beeindruckt, dass er notierte: „Gott freut sich der ungeraden Zahlen!" Kreis und Kugel galten nämlich seit dem Altertum als göttliche Formen.
- Johann Heinrich Lambert bewies 1761, dass die Zahl π kein endlicher Dezimalbruch ist, sondern unendlich viele Nachkommastellen ohne Periode hat.

Im Internet findest du weitere Näherungswerte.

G. W. Leibniz
1646 – 1716

1. Im nebenstehenden Text aus der Bibel wird mit Meer ein kreisrundes Becken bezeichnet.
Begründe, welchen Näherungswert für π man diesem Text entnehmen kann.

> Und er machte das Meer gegossen, von einem Rand zu anderen zehn Ellen weit ... und eine Schnur von dreissig Ellen war das Mass ringsherum.
> 1. Buch der Könige 7,23

2. Al-Kasi hatte sich die Aufgabe gestellt, den Wert von 2 π so genau zu bestimmen, dass bei der Berechnung des Umfangs des Universums der Fehler die Dicke eines Pferdehaares (0,5 mm) nicht übersteigt. Al-Kasi dachte, dass der Durchmesser des Universums das 600 000-fache des Erddurchmessers sei, für den er 7 500 km benutzte.
Zeige, dass der von Al-Kasi berechnete Wert von 2 π (siehe oben) diese Bedingung erfüllt.

3. Der Wert von $\frac{\pi}{4}$ kann mithilfe der Leibniz'schen Reihe näherungsweise berechnet werden (siehe oben).
Führe die nebenstehenden Rechnungen fort, bis sich die erste Nachkommastelle von π nicht mehr ändert.

$\frac{1}{1} - \frac{1}{3} + \frac{1}{5} = \frac{13}{15}$, also $\pi \approx 4 \cdot \frac{13}{15} = 3{,}4666\ldots$

$\frac{1}{1} - \frac{1}{3} + \frac{1}{5} - \frac{1}{7} = \frac{76}{105}$, also $\pi \approx 4 \cdot \frac{76}{105} = 2{,}8952\ldots$

5.4 Zylinder – Netz und Oberflächeninhalt

Einstieg

Poster werden zum Versand in zylinderförmigen Rollen verpackt. Der Durchmesser der Grundfläche ist 5,2 cm und die Höhe beträgt 52,0 cm.
Wie viel Pappe wird zur Herstellung einer Posterrolle benötigt?
Ihr könnt auch eine Rolle herstellen.

Information

Ein **Zylinder** ist ein Körper, dessen **Grundflächen** Kreisflächen sind, die parallel und kongruent zueinander sind.
Die **Mantelfläche** eines Zylinders ist gewölbt. Der Abstand der beiden Grundflächen ist die **Höhe** des Zylinders.

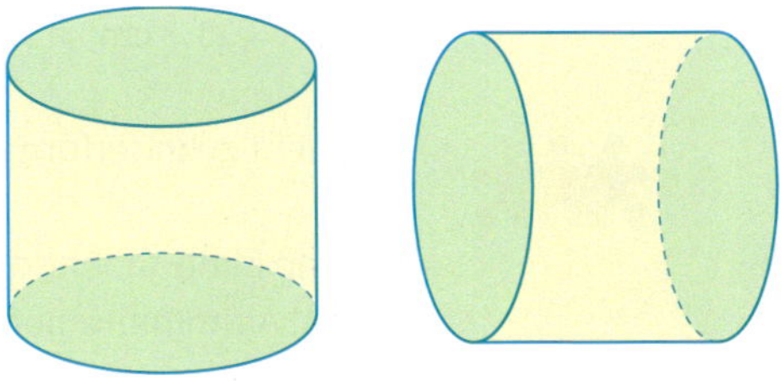

Aufgabe 1

Rechts siehst du eine besondere Verpackung für Kartoffelchips.

a) Es soll ein Papiermodell hergestellt werden. Fertige dazu ein Netz des Zylinders an.

b) Berechne den Materialbedarf (ohne Verschnitt und Klebefalze); stelle zunächst eine Formel auf.

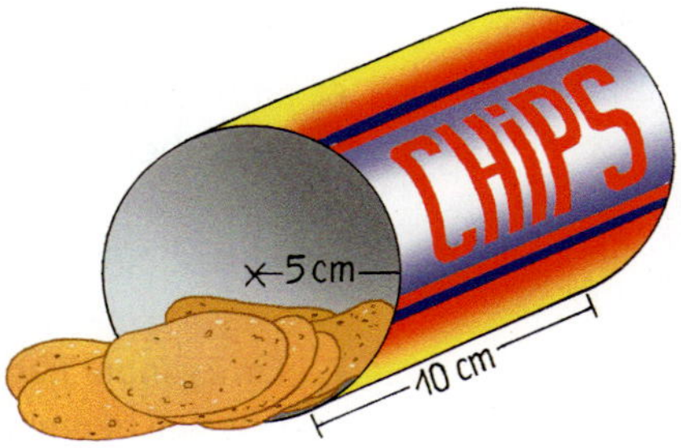

Lösung

Die Verpackung hat die Form eines Zylinders.

a) Wenn man die Mantelfläche des Zylinders in die Ebene abwickelt, erhält man ein Rechteck. Das Netz des Zylinders besteht aus dem Rechteck und den beiden kreisförmigen Grundflächen.

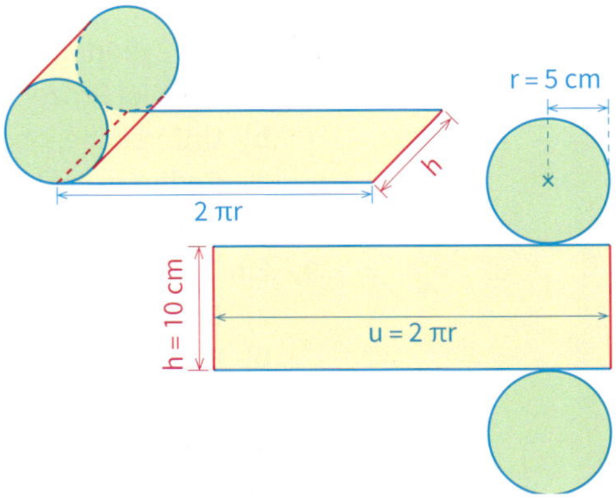

b) (1) *Mantelflächeninhalt*

$A_M = u \cdot h = 2\pi r \cdot h$

$A_M = 2\pi \cdot 5\,cm \cdot 10\,cm$

$A_M \approx 314{,}2\,cm^2$

(2) *Grundflächeninhalt*

$A_G = \pi r^2$

$A_G = \pi \cdot (5\,cm)^2$

$A_G \approx 78{,}5\,cm^2$

(3) *Oberflächeninhalt*

$A_O = 2 \cdot A_G + A_M$

$A_O \approx 2 \cdot 78{,}5\,cm^2 + 314{,}2\,cm^2$

$A_O \approx 471{,}2\,cm^2$

Ergebnis: Man benötigt ungefähr 472 cm² Pappe.

Information

Satz

Für den **Oberflächeninhalt A_O eines Zylinders** mit dem Grundflächeninhalt A_G, dem Mantelflächeninhalt A_M, dem Umfang u der Grundfläche und der Höhe h gilt:

$\mathbf{A_O = 2\,A_G + A_M}$ bzw. $\mathbf{A_O = 2\,A_G + u \cdot h}$

Bezeichnet r den Radius bzw. d den Durchmesser des Grundkreises des Zylinders, so gilt insbesondere:

$\mathbf{A_O = 2\pi r^2 + 2\pi r \cdot h}$ bzw. $\mathbf{A_O = \frac{\pi}{2} d^2 + \pi d \cdot h}$

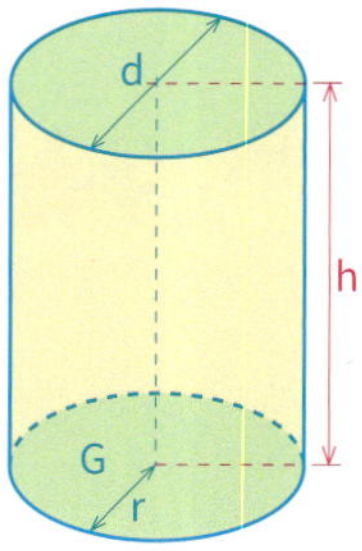

Übungsaufgaben

2. Berechne den Mantelflächeninhalt und den Oberflächeninhalt des Zylinders.
a) $r = 21{,}3\,cm$; $h = 15{,}7\,cm$ **b)** $d = 12{,}6\,cm$; $h = 4{,}9\,cm$ **c)** $r = 9{,}4\,cm$; $h = d$

3. Sucht zylinderförmige Gegenstände aus eurer Umwelt.

4. Eine Limonadendose hat einen Durchmesser von 58 mm und ist 146 mm hoch. Schätze, wie viel Aluminiumblech zur Herstellung benötigt werden. Kontrolliere durch Rechnung.

5. Ein zylindrischer Behälter aus Stahlblech ist oben offen. Er hat einen Durchmesser von 1,40 m und ist 2,50 m hoch. 1 m^2 dieses Stahlblechs wiegt 36,5 kg. Wie viel wiegt er?

6. In Formelsammlungen findet man für den Oberflächeninhalt eines Zylinders häufig auch nebenstehende Formeln. Begründe diese Formeln.

Formelsammlung

Zylinder

$A_O = 2\pi r \cdot (r + h)$

$A_O = \frac{\pi}{2} d \cdot (d + 2h)$

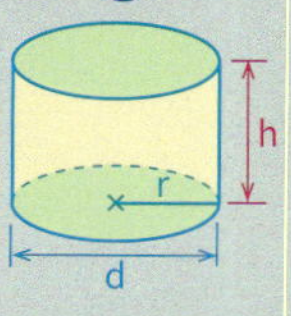

7. Ein Zylinder hat den Radius $r = 6{,}5\,cm$. Der Oberflächeninhalt beträgt $A_O = 551{,}35\,cm^2$. Wie hoch ist der Zylinder?

8. a) Ein Zylinder hat eine Höhe von 20 cm und einen Radius von 20 cm. Wie viel Prozent des Oberflächeninhalts entfallen auf den Grundflächeninhalt?
b) Untersuche, ob das Ergebnis von Teilaufgabe a) bei allen Zylindern gültig ist, bei denen Radius r und Höhe h übereinstimmen? Begründe deine Aussage.

9. Ein Zylinder hat einen Oberflächeninhalt von 1 dm^2.
a) Berechne seinen Radius, wenn seine Höhe 0,5 cm beträgt.
b) Berechne seine Höhe, wenn sein Durchmesser 0,5 cm beträgt.

10. a) Vergleiche die Größe der rundherum aufgeklebten Etiketten.
b) Vergleiche den Materialverbrauch für beide Konservendosen.
c) Verändere entweder Radius oder Höhe so, dass beide Dosen gleichen Materialverbrauch haben.

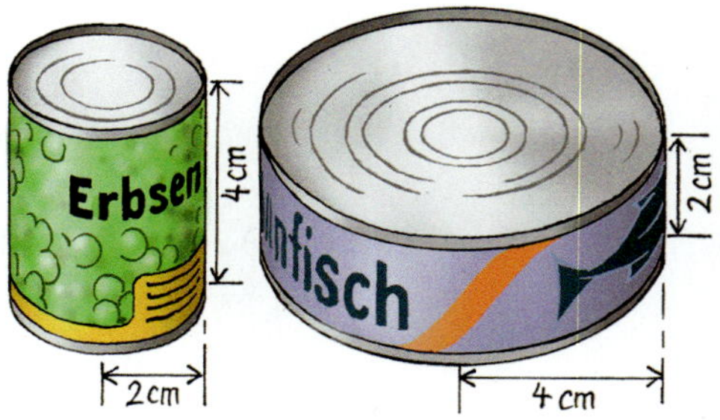

5.5 Schrägbild des Zylinders

Ziel

Schrägbilder von Prismen kannst du schon zeichnen. Hier lernst du, wie man das Schrägbild eines Zylinders zeichnet.

Zum Erarbeiten

Schrägbild mit dem Verzerrungswinkel 45°

Gegeben ist ein 3 cm hoher Zylinder. Der Radius der Grundfläche beträgt 2 cm.
Zeichne ein Schrägbild des Zylinders mit dem Verzerrungswinkel 45° und dem Verkürzungsfaktor $\frac{1}{2}$.
Zeichne geeignete Tiefenstrecken ein.

→ Zeichne zunächst einen Kreis mit dem Radius 2 cm. Zeichne geeignete Tiefenstrecken (rot) ein.

→ Zeichne den parallel zur Vorderseite verlaufenden Durchmesser (blau) unverkürzt sowie die Tiefenstrecken (rot) unter einem Winkel von 45° und auf die Hälfte verkürzt.

→ Zeichne senkrecht nach oben verlaufende Strecken unverkürzt. Ergänze die Deckfläche. Verdeckte Kanten werden gestrichelt gezeichnet.

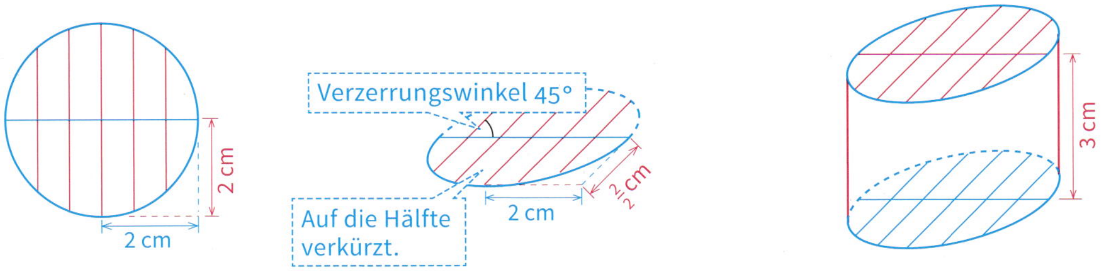

Zum Üben

1. Zeichne ein Schrägbild eines Zylinders mit Radius 4 cm und Höhe 7 cm mit dem Verzerrungswinkel 45° und dem Verkürzungsfaktor $\frac{1}{2}$.

2. Für das Schrägbild eines Zylinders wählt man oft als Verzerrungswinkel 90°, weil dadurch das Zeichnen erleichtert wird. Zeichne ein Schrägbild des Zylinders aus Aufgabe 1 mit dem Verzerrungswinkel 90° und dem Verkürzungsfaktor $\frac{1}{2}$.

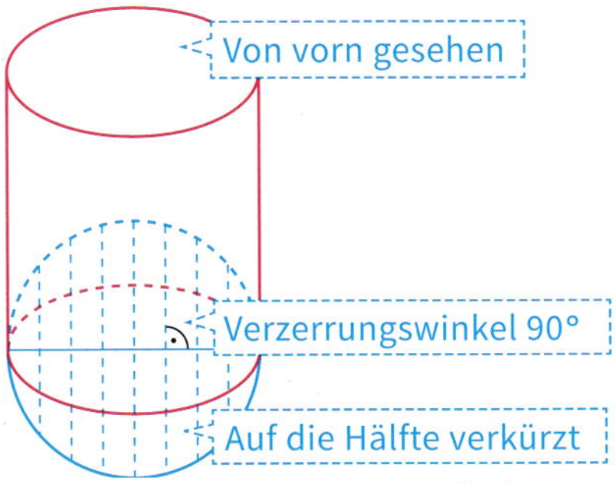

3. In Aufgabe 1 steht der Zylinder auf einer Grundfläche. Zylinder werden aber häufig auch liegend dargestellt. Man sieht dann die Grundfläche von vorn und es ist einfacher das Schrägbild zu zeichnen. Zeichne den Zylinder aus Aufgabe 1 liegend.

4. Die Abbildung zeigt die Grundfläche eines Werkstücks, das aus einem Zylinder mit der Höhe $h = 4\,cm$ hergestellt wurde. Zeichne ein Schrägbild des Werkstücks.

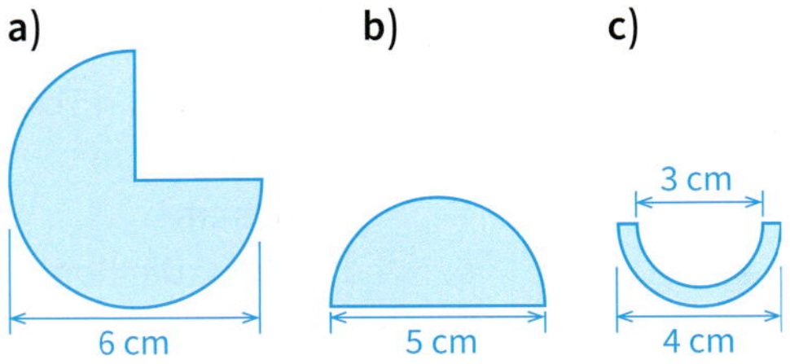

5.6 Volumen eines Zylinders

Einstieg

Mithilfe der beiden Fotos mit den Schmelzkäse-Ecken könnt ihr eine Formel für das Volumen eines Zylinders ermitteln. Beschreibt die unterschiedlichen Anordnungen.
Stellt euch dann auch noch eine Unterteilung des Zylinders in mehr schmalere Käse-Ecken vor.

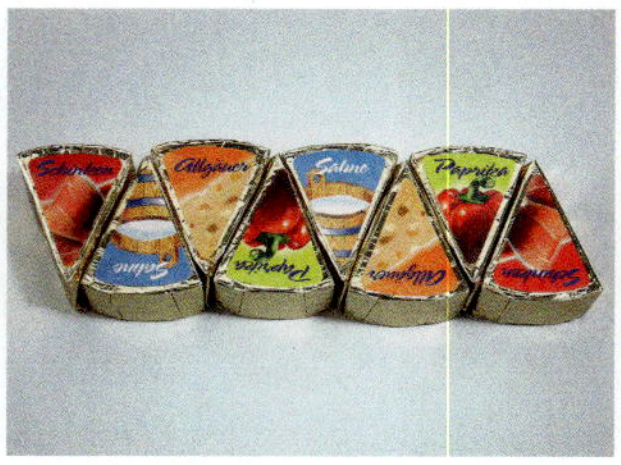

Aufgabe 1

Formel für das Volumen eines Zylinders

Eine zylinderförmige Konservendose hat den Radius $r = 5\,\text{cm}$ und die Höhe $h = 11{,}5\,\text{cm}$.

a) Begründe, dass für das Volumen des Zylinders gilt:
$V_Z = A_G \cdot h$
also: $V_Z = \pi r^2 \cdot h$

b) Berechne das Volumen der Dose.

Lösung

a) Zeichnet man in die kreisförmige Grundfläche ein regelmäßiges Sechseck, so erhält man ein Prisma, das fast genauso groß ist wie der Zylinder.
Wählt man statt des Sechsecks ein regelmäßiges Achteck, so unterscheidet sich das Prisma mit diesem Achteck als Grundfläche noch weniger von dem Zylinder.
Je mehr Ecken man für das Vieleck der Grundfläche wählt, desto weniger unterscheidet sich das Prisma vom Zylinder.
Das Volumen der Prismen kann man mit der Formel $V_P = A_G \cdot h$ berechnen. Diese Formel gilt auch, wenn die Eckenzahl n beliebig wächst. Mit wachsendem n nähert sich der Flächeninhalt A_G der n-Ecke beliebig genau dem Kreisflächeninhalt A_K, das Volumen des Prismas nähert sich beliebig genau dem Volumen des Zylinders.
Somit muss auch für den Zylinder gelten:
$V_Z = A_G \cdot h = \pi r^2 \cdot h$

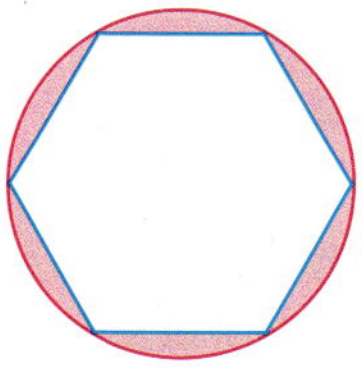

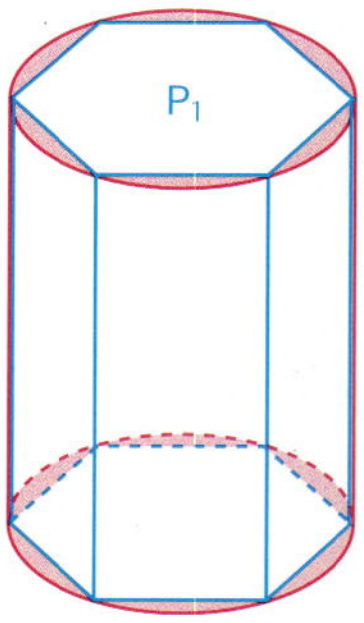

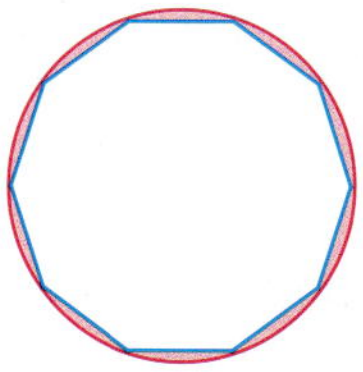

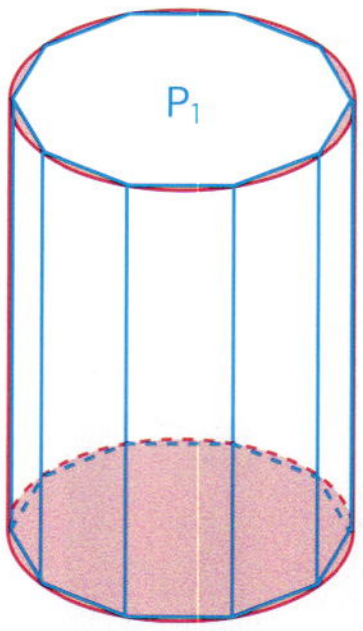

b) $V = \pi r^2 \cdot h = \pi \cdot (5\,\text{cm})^2 \cdot 11{,}5\,\text{cm}$
$= \pi \cdot 287{,}5\,\text{cm}^3$
$\approx 903\,\text{cm}^3$

Ergebnis: Die Konservendose hat ein Volumen von ungefähr $903\,\text{cm}^3$.

Information

Satz

Für das **Volumen V eines Zylinders** mit dem Grundflächeninhalt A_G und der Höhe h gilt:

$$\mathbf{V = A_G \cdot h}$$

Bezeichnet r den Radius bzw. d den Durchmesser des Grundkreises des Zylinders, so gilt insbesondere:

$$\mathbf{V = \pi r^2 \cdot h \quad \text{bzw.} \quad V = \frac{\pi}{4} d^2 \cdot h}$$

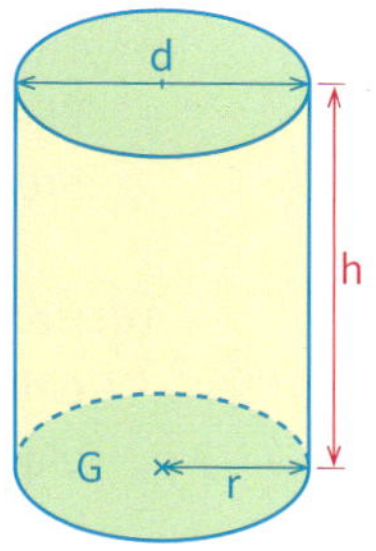

Weiterführende Aufgabe

Volumen eines Hohlzylinders

2. Ein Eisenring hat die Form eines Hohlzylinders.

a) Berechne das Volumen des Ringes für $r_1 = 19\,\text{cm}$; $r_2 = 23\,\text{cm}$ und $h = 8\,\text{cm}$.

b) Begründe die Formel aus der Formelsammlung für das Volumen eines Hohlzylinders.

Formelsammlung

Hohlzylinder

$V = \pi\left(r_2^2 - r_1^2\right) \cdot h$

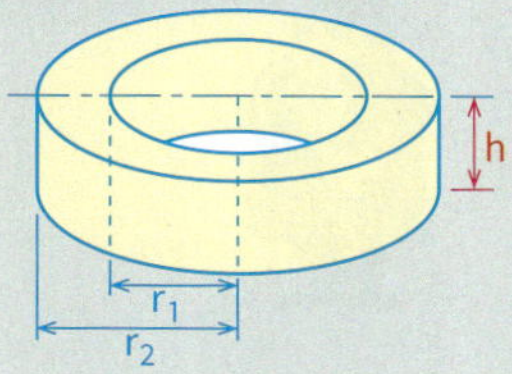

Übungsaufgaben

3. Berechne das Volumen des Zylinders.

a) $r = 17{,}2\,\text{cm}$, $h = 23{,}8\,\text{cm}$ b) $d = 8{,}2\,\text{cm}$, $h = 11{,}2\,\text{cm}$ c) $h = 35\,\text{cm}$, $r = 3 \cdot h$

Dichtetabelle in $\frac{g}{cm^3}$

Kupfer	8,9
Eisen	7,85
Gusseisen	7,3
Dieselöl	0,94

4. Ein zylinderförmiges Trinkglas hat einen Durchmesser von 6 cm und eine Höhe von 9 cm. Berechne, wie viel Flüssigkeit in das Glas passt. Schätze zunächst.

5. Wie schwer ist ein 100 m langer Kupferdraht mit dem Durchmesser 1 mm?

6. Der Durchmesser eines 1,40 m langen Fasses für Dieselöl beträgt 90 cm (Innenmaße). Das leere Fass wiegt 26 kg. Wie viel wiegt das Dieselölfass, wenn es halb gefüllt ist?

7. a) Wie viel wiegt das im Bild dargestellte Rohr aus Gusseisen (Maße in mm)?

b) Wie viel wiegt das Rohr, wenn es vollständig mit Wasser gefüllt ist?

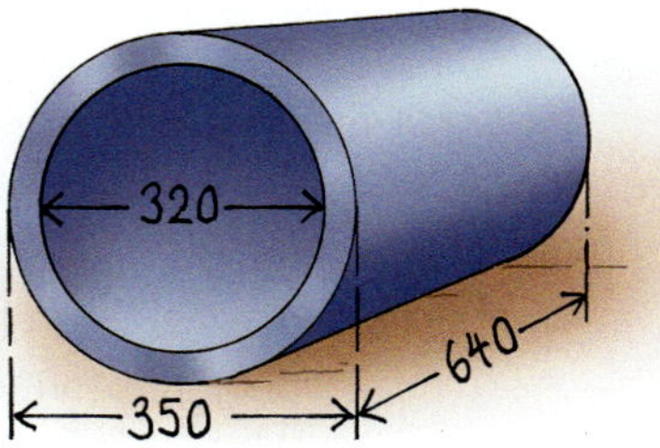

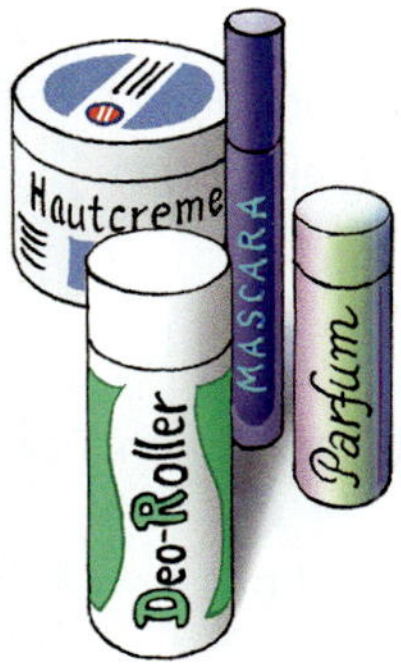

8. Kosmetik wird oft aufwendig verpackt.
Bei welcher Verpackung übertreibt der Hersteller am meisten?

Artikel	Durchmesser	Höhe	Inhaltsangabe
Hautcreme	5,5 cm	5,0 cm	50 ml
Deo-Roller	3,5 cm	10,0 cm	50 ml
Mascara	1,4 cm	12,0 cm	10 ml
Parfüm	2,6 cm	5,4 cm	5 ml

9. Verschiedene zylinderförmige Verpackungen für Nougatkonfekt sollen alle das Volumen 150 cm³ haben. Der Radius ist (1) 1,5 cm; (2) 2 cm (3) 2,5 cm.
Wie hoch sind die Verpackungen?
Stelle für die gesuchte Größe zunächst eine Formel auf; berechne dann.

10. Herr Weigel möchte ein Blumenbeet mit Granit-Palisaden einfassen. Diese haben einen Durchmesser von 12 cm und eine Höhe von 60 cm. Er benötigt davon 50 Stück. Granit wiegt 2,7 g pro cm³. Sein Auto darf maximal 450 kg zuladen. Kann er die Granitpalisaden mit einer Autofahrt vom Baustoffhandel holen?

11. a) Janice hat Formeln zum Zylinder umgeformt. Kontrolliere.

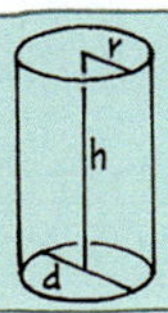

$A_0 = \pi r^2 h$
$= \pi \frac{d}{2} h$
$= \frac{\pi d h}{2}$

$V = \pi r^2 h$
$\sqrt{V} = \pi r h$
$r = \frac{\sqrt{V}}{\pi h}$

$A_0 = 2\pi r^2 \cdot 2\pi r h$
$= 4\pi r^3 h$

b) Erstellt eine Übersicht der Formeln beim Zylinder. Denkt dabei beispielsweise an eine Plakatwand, eine Lernkarte für die Klassenarbeit oder eine Mindmap.

12. a) Wie verändert sich das Volumen des Zylinders, wenn man den Radius
(1) verdoppelt; (2) verdreifacht und die Höhe unverändert bleibt?
b) Wie verändert sich das Volumen eines Zylinders, wenn man den Radius verdoppelt und die Höhe halbiert?
c) Stellt euch Fragen und untersucht die Veränderung des Volumens.

Vermischte Übungen

1 Zoll
1" = 25,4 mm

13. Der Flachkollektor einer Solaranlage enthält ein Kupferrohr mit 20 m Länge und einem Innendurchmesser von $\frac{3}{4}$ Zoll. In diesem Rohr wird Flüssigkeit erwärmt. Wie viel Liter Flüssigkeit können im Flachkollektor gleichzeitig erwärmt werden? Schätze zunächst.

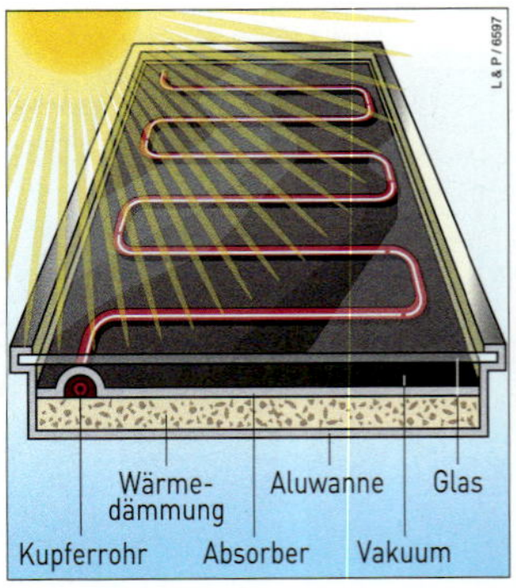

14. In einen zylinderförmigen Blechbehälter mit dem Durchmesser 60 cm und der Höhe 1 m werden 50 l Wasser eingefüllt.
a) Wie viel Blech benötigt man für die Herstellung des Behälters (ohne Deckel und ohne Verschnitt)?
b) Wie viel Prozent des Behälters sind gefüllt?
c) In den Behälter werden weitere 30 l Wasser eingefüllt. Um wie viel wird er schwerer?
d) In dem Behälter steht das Wasser 20 cm unter dem Rand. Wie viele 10-l-Gießkannen können mit dem Wasser gefüllt werden?

Das kann ich noch!

A) Herr Meier hat für einen Autokauf einen einjährigen Kredit über 15 000 € aufgenommen. Der Zinssatz beträgt 6 %. Wie viel Zinsen muss er zahlen?
B) Frau Müller hat 6 500 € auf dem Sparbuch und erhält dafür 97,50 € Zinsen. Wie hoch ist der Zinssatz?

15. Manche Bakterien wie die Erreger von Tuberkulose haben die Gestalt eines Zylinders. Der Durchmesser einer Bakterie beträgt 0,000094 mm und die Länge 0,00038 mm. Gib das Volumen und die Größe der Oberfläche der Bakterie an.

16.

Litfaßsäule

Die Litfaßsäule wurde um 1850 vom Berliner Drucker Ernst Litfaß erfunden, um zu verhindern, dass an allen möglichen Stellen wild Plakate aufgehängt werden. Die Stadt Berlin erteilte daraufhin im Dezember 1854 die Genehmigung zum Aufstellen der ersten damals so genannten Annoncier-Säulen.

Eine Litfaßsäule hat den Durchmesser 1,30 m. Sie ist 3,20 m hoch. Der 20 cm hohe Sockel soll nicht beklebt werden. 1 m^2 Werbefläche kostet 99 € zuzüglich Mehrwertsteuer.

17. Wie viel wiegt der abgebildete Ring, der zu 70 % aus Gold und zu 30 % aus Silber besteht?
Hinweis: Die Dichte der Gold-Silber-Legierung kannst du berechnen (siehe Tabelle).

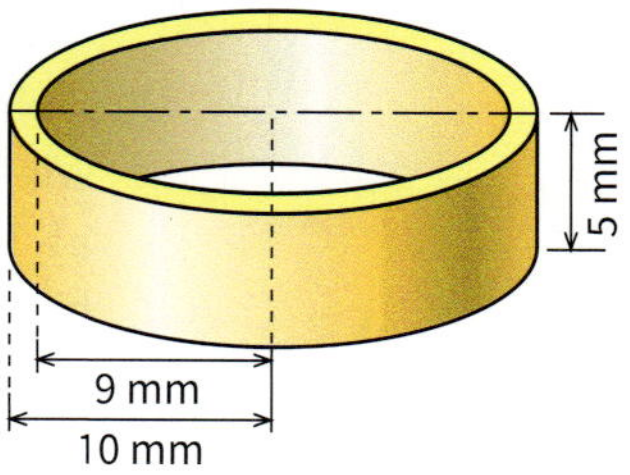

Dichtetabelle in $\frac{g}{cm^3}$	
Buchenholz	0,7
Gold	19,1
Silber	10,5
Stahl	7,9

18. Eine über 100 Jahre alte Rotbuche musste gefällt werden. Der annähernd zylinderförmige Stamm war 25 m hoch und hatte einen Umfang von 4,5 m. Wie viele Lkw-Fahrten waren zum Abtransport des Stammes bei einer Tragfähigkeit von 6 t nötig?

19. Lies die Zeitungsmeldung rechts. Formuliere selbst Aufgaben und rechne.

Frühjahrsputz unter Wasser

2 Arbeitstage braucht ein Taucher, um die 5 cm dicken Glaswände des mit 32 000 l Meerwasser gefüllten Aquariums in Osterholz bei Bemen von innen zu reinigen. Das zylinderförmige Meerwasser-Aquarium gehört mit 6,70 m Höhe und einem Durchmesser von 2,50 m zu den größten der Welt.

20. Deutschlands längster Autotunnel, der Rennsteigtunnel, besteht aus zwei getrennten Röhren, die annähernd die Form von Halbzylindern besitzen. Eine Röhre ist 7 920 m lang und in Höhe der Fahrbahn 9,50 m breit.

a) Wie viel Gestein musste etwa herausgebohrt werden?
Welche Kantenlänge hätte ein Würfel mit dem gleichen Volumen? Schätze zunächst.

b) Die Innenwände des Tunnels wurden verschalt.
Wie groß war die zu verschalende Fläche?

Verschalen
mit Brettern verkleiden

21. Eine Konservenfabrik benötigt zylinderförmige Blechdosen mit dem Fassungsvermögen 850 ml, 425 ml und 314 ml. Gib für jede Sorte zwei verschiedene Entwürfe an.
Entscheide dich für jeweils ein Modell und begründe deine Entscheidung.

Modellieren mit Körpern

Konservendosen

sind heute aus dem Alltag als Verpackung für viele Lebensmittel nicht mehr weg zu denken. Eine solche Dose wird aus Weißblech hergestellt, einem ca. 0,2 mm dünnen Blech, das zum Schutz vor Korrosion mit einer sehr dünnen Schicht Zinn (0,3 µm) versehen ist. Die Innenseite der Dose hat zusätzlich einen Kunststoffüberzug, der eine chemische Reaktion des Metalls mit dem Doseninhalt verhindert.
Die Konservendose wurde 1810 von dem britischen Kaufmann Peter Durand erfunden. Die erste Konservenfabrik wurde 1813 von den Engländern Bryan Donkin und John Hall eröffnet, die die britische Armee mit Konserven versorgte. Die damals vergleichsweise dickwandigen Dosen wurden mit starken Messern, aber auch mit Hammer und Meißel oder einem Beil geöffnet. Der Dosenöffner wurde erst 1855 von Robert Yeates aus England erfunden.

Im Folgenden soll untersucht werden, wie viel Weißblech für die Herstellung einer 850-cm^3-Konservendose benötigt wird.

Einfachstes Modell

1. Wir betrachten die Konservendose als Zylinder.
   a) Beschreibe anhand einer realen Dose, was bei der Betrachtung vernachlässigt wird.
   b) Wir messen bei einer handelsüblichen 850-cm^3-Dose eine Höhe von $h_1 = 11{,}2\,cm$ und einen Kreis-Durchmesser von $d_1 = 10{,}0\,cm$.
   Berechne daraus das Volumen der Dose. Überlege, warum es zu einer Abweichung von dem vom Hersteller angegebenen Fassungsvermögen von $850\,cm^3$ kommt.
   c) Welches Volumen ergibt sich, wenn wir oben und unten jeweils 3 mm für die Falzränder abziehen?
   d) Berechne den Materialbedarf für die Dose als Oberflächeninhalt des Zylinders.

Schweißnaht des Dosenrumpfs

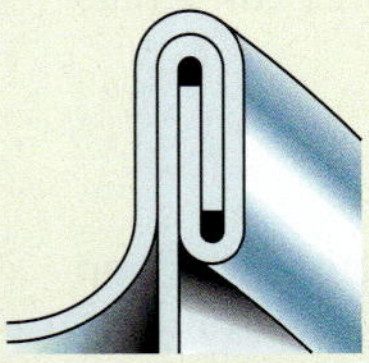

Versiegelungsnaht Dosenrumpf / Deckel

Verbessertes Modell unter Berücksichtigung der Falze

2. Der Mantel einer Dose entsteht, indem ein rechteckiges Blechstück aus einem Stück Blech herausgestanzt wird. Dieses wird zunächst rundgebogen; dann werden die beiden gegenüberliegenden Kanten umgebogen und miteinander verschweißt. Auch die beiden anderen Kanten des Dosenmantels werden umgebogen, damit sie mit dem Dosenboden und dem Dosendeckel verbunden werden können. Für Boden und Deckel werden also größere Kreisscheiben benötigt als man beim ersten Hinschauen vermutet: Boden und Deckel werden mit den Kanten des Dosenmantels gefalzt und dann zusammengepresst.
   a) Begründe an der Abbildung, dass der Mehrbedarf an Material für den Dosenmantel aufgrund der Schweißnaht mit der doppelten Falzbreite abgeschätzt werden kann.
   b) Wie kann man den Mehrbedarf für die Falznaht am Dosendeckel und -boden abschätzen?
   c) Wir messen, dass alle Falze 3 mm breit sind. Wie viel cm^2 Weißblech benötigt man tatsächlich, um die Konservendose (Dosenmantel, Deckel und Boden) herzustellen?
   d) Wie viel Prozent mehr sind dies im Vergleich zu unserem einfachen Modell?

Weiter verbessertes Modell unter Berücksichtigung der Rillen

3. Die Oberfläche der Dosen ist nicht glatt, sondern gerillt. Diese Querrillen dienen dazu, die Stabilität der Dosen zu erhöhen; ohne diese Rillen im Dosenmantel sowie in Deckel und Boden müsste wesentlich dickeres Weißblech verwendet werden. Jede Rille vergrößert den Bereich mit Rillen jeweils um ca. 20 %.
   a) Schätze, wie sich der Materialverbrauch für Deckel und Boden durch drei Rillen erhöht.
   b) Schätze, wie sich der Materialverbrauch für den Dosenmantel durch 15 Rillen erhöht.
   c) Weißblech hat eine Dichte von ca. $7{,}3\,\frac{g}{cm^3}$. Berechne, wie viel Gramm Weißblech man insgesamt für die Herstellung einer $850\,cm^3$-Konservendose benötigt.
   d) Kontrolliere die Rechnung durch Wiegen einer leeren Konservendose. Müssen Schätzwerte für den Mehrbedarf für die Rillen korrigiert werden?

Mathematisches Modellieren

Wir haben am Beispiel der Konservendose gesehen, wie man sich – ausgehend von der *idealen* geometrischen Form des Zylinders – schrittweise dem *realen* Objekt einer Konservendose „nähern“ kann. Aus gemessenen Werten konnten wir Volumina oder Flächeninhalte bestimmen und diese berechneten Werte mit den Vor-Informationen abgleichen. Erste einfache Annahmen über die Form wurden schrittweise präzisiert, um so abschließend zu einer realistischen Einschätzung des Materialverbrauchs zu kommen.

Prozess des mathematischen Modellierens

Anfangs versucht man, die Wirklichkeit mithilfe eines einfachen mathematischen Modells zu beschreiben. Rechnungen (also mathematische Operationen) geben Hinweise auf Abweichungen, die interpretiert werden müssen. Man wird so veranlasst, das ursprüngliche mathematische Modell abzuändern, aufgrund von neuen Berechnungen auch dieses gegebenenfalls wieder zu korrigieren, bis man schließlich eine befriedigende, für die Anwendung akzeptable Beschreibung der Realität gefunden hat.

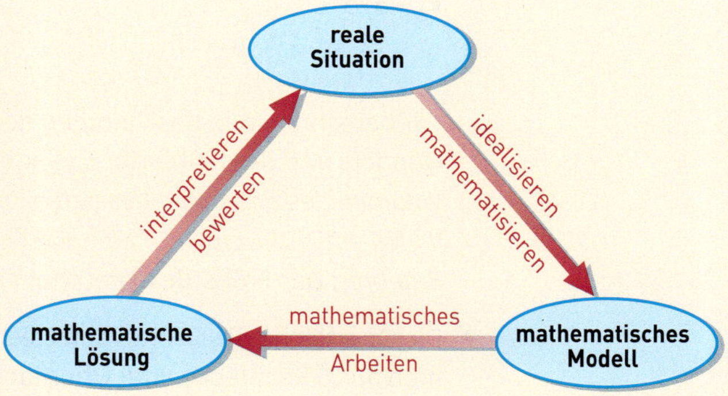

4. Betrachte die folgenden Verpackungen, die eine bekannte geometrische Form haben: Welcher Materialaufwand ist tatsächlich notwendig, um sie herzustellen? Notiere die Schritte, die schließlich zu einer angemessenen Beschreibung der Verpackung führen.

5.7 Berechnungen an zusammengesetzten Körpern

Ziel

Flächen- und Volumenberechnungen an zusammengesetzten Körpern kann man mit verschiedenen Strategien ausführen. Hier lernst du, wie solche Berechnungen ausgeführt werden können.

Zum Erarbeiten

Beschreibe, aus welchen Körpern das Frühstücksbrett zusammengesetzt ist. Berechne das Volumen und den Oberflächeninhalt des Frühstücksbrettes.

→ Das Brett ist zusammengesetzt aus einem Quader und einem längs eines Durchmessers halbierten Zylinder. Der Durchmesser des Zylinders ist so groß wie die Breites des Brettes, also 12 cm; der Radius beträgt somit 6 cm. Die Länge des Quaders beträgt 23 cm − 6 cm = 17 cm. Die Dicke des Frühstücksbrettes beträgt für beide Teilkörper 1 cm. Damit können wir das Volumen berechnen.

Volumen des Quaders:

$V_Q = a \cdot b \cdot c$
$= 12\,cm \cdot 17\,cm \cdot 1\,cm$
$= 204\,cm^3$

Volumen des halbierten Zylinders:

$V_H = \pi \cdot r^2 \cdot h : 2$
$= \pi \cdot (6\,cm)^2 \cdot 1\,cm : 2$
$\approx 57\,cm^3$

Wir berechnen nun das Volumen des Frühstücksbrettes, indem wir die Volumina des Quaders und des halbierten Zylinders addieren.

Volumen des zusammengesetzten Körpers:

$V = V_Q + V_H \approx 204\,cm^3 + 57\,cm^3 \approx 261\,cm^3$

Ergebnis: Das Frühstücksbrett hat ein Volumen von 261 cm³.

→ Die Oberfläche des Brettes setzt sich zusammen aus 5 Rechtecken der Oberfläche des Quaders, zwei Halbkreisen und der halben Mantelfläche eines Zylinders.
Das obere und das untere Rechteck des Quaders stimmen überein, ebenso das vordere und das hintere.
Die beiden Halbkreise lassen sich zu einem Kreis zusammenfassen.
Damit können wir einfacher rechnen.

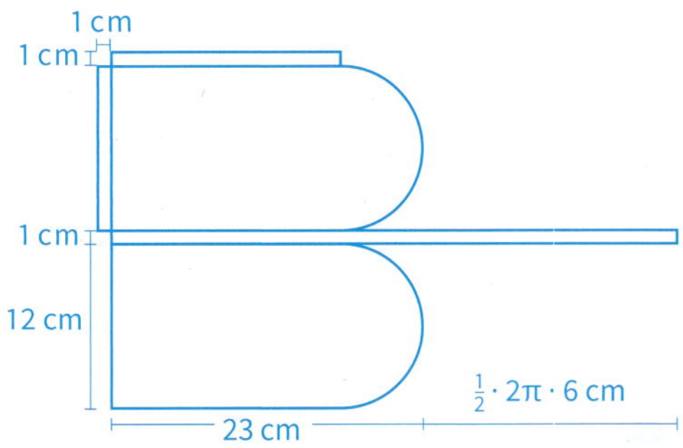

Oberflächeninhalt des zusammengesetzten Körpers:

$A_O = \underbrace{2 \cdot 12\,cm \cdot 17\,cm}_{\text{Rechtecke oben und unten}} + \underbrace{2 \cdot 17\,cm \cdot 1\,cm}_{\text{Rechtecke vorne und hinten}} + \underbrace{12\,cm \cdot 1\,cm}_{\text{Rechteck links}} + \underbrace{\pi \cdot (6\,cm)^2}_{\text{Kreis}} + \underbrace{(2 \cdot \pi \cdot 6\,cm \cdot 1\,cm) : 2}_{\text{Mantelfläche des halbierten Zylinders}}$

$\approx 408\,cm^2 + 34\,cm^2 + 12\,cm^2 + 113\,cm^2 + 19\,cm^2$

$\approx 586\,cm^2$

Ergebnis: Das Frühstücksbrett hat einen Oberflächeninhalt von 586 cm².

Volumen und Oberflächeninhalt zusammengesetzter Körper

(a) Zerlege den Köper in geeignete Teilkörper. Berechne die Volumina der einzelnen Teilkörper und addiere sie.

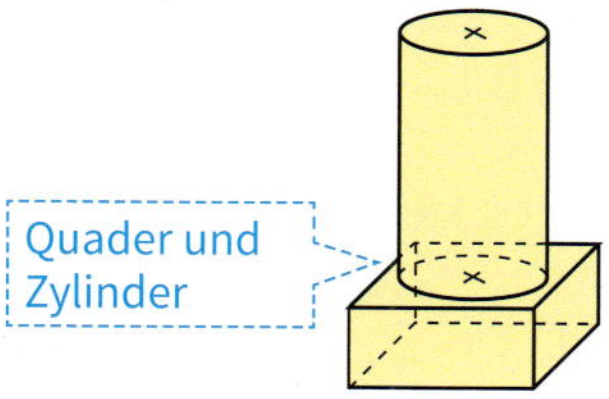

$V = V_{Quader} + V_{Zylinder}$

(b) Zerlege die Oberfläche in geeignete Teilflächen und addiere deren Flächeninhalt.

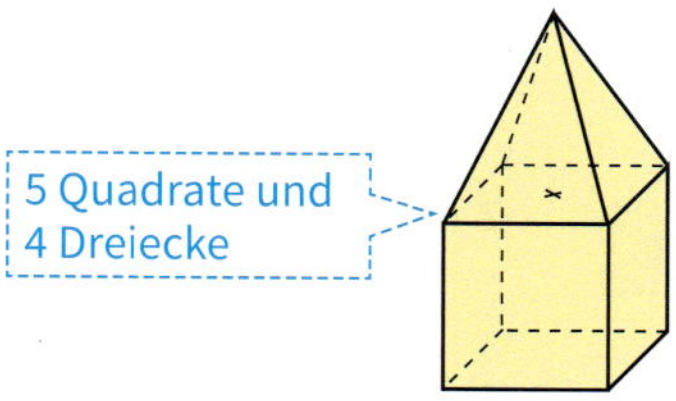

$A_O = 5 \cdot A_{Quadrat} + 4 \cdot A_{Dreieck}$

Berechne den Oberflächeninhalt des Körpers rechts (Maße in cm). Wie kann man vorgehen? Welcher Weg ist besonders geschickt?

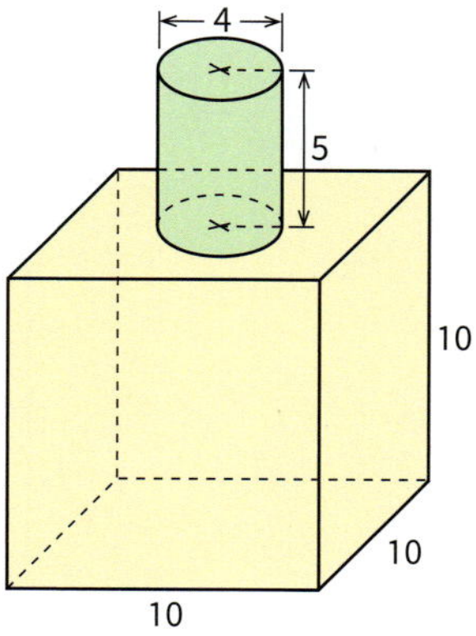

→ Der Körper ist aus einem Würfel und einem Zylinder zusammengesetzt.
Zur Berechnung des Oberflächeninhalts kann man verschieden vorgehen:

(1) Man kann die Flächeninhalte folgender Teilflächen addieren: Kreis, Zylindermantel, Quadrat mit Loch und 5 Quadrate.

(2) Man kann die Oberflächeninhalte des Würfels und des Zylinders addieren, muss dann aber den doppelten Flächeninhalt der kreisförmigen Berührungsfläche von Würfel und Zylinder subtrahieren.

(3) Der Kreis oben und das Quadrat mit Loch ergeben zusammen ein vollständiges Quadrat. Dann muss man zum Oberflächeninhalt des Würfels nur den Mantelflächeninhalt des Zylinders addieren. Dieser Weg ist am einfachsten:
$A_O = 6 \cdot (10\,cm)^2 + 2\pi \cdot 2\,cm \cdot 5\,cm \approx 631\,cm^2$

Strategie zur Berechnung des Oberflächeninhalts zusammengesetzter Körper

Je nach Art des zusammengesetzten Körpers sind folgende Vorgehensweisen geschickt:

(1) Man ergänzt Teilflächen geeignet und addiert dann die Flächeninhalte.

(2) Man addiert alle Oberflächeninhalte und subtrahiert bei jedem Teilkörper die Flächeninhalte der Berührungsflächen.

Wenn beide Verfahren nicht einfach ausführbar sind, zerlegt man die Oberfläche in alle Teilflächen, von der sie gebildet wird, und addiert deren Flächeninhalte.

Zum Üben

1. Berechne
(1) das Volumen,
(2) den Oberflächeninhalt des Körpers
(Maße in cm).

a)
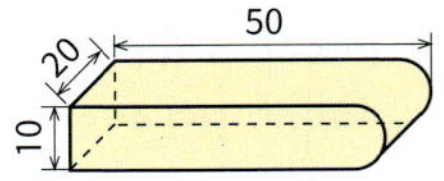

b)
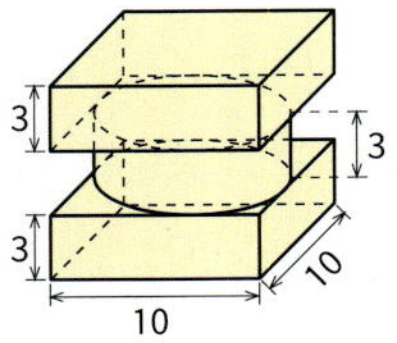

Dichtetabelle in $\frac{g}{cm^3}$	
Granit	2,8
Stahl	7,9
Marmor	2,7
Kunststoff	0,95
Buchenholz	0,69

2. Frühstücksbretter sollen aus Kunststoff der Dicke 1 cm hergestellt werden.
Wie viel wiegt ein solches Frühstücksbrett?

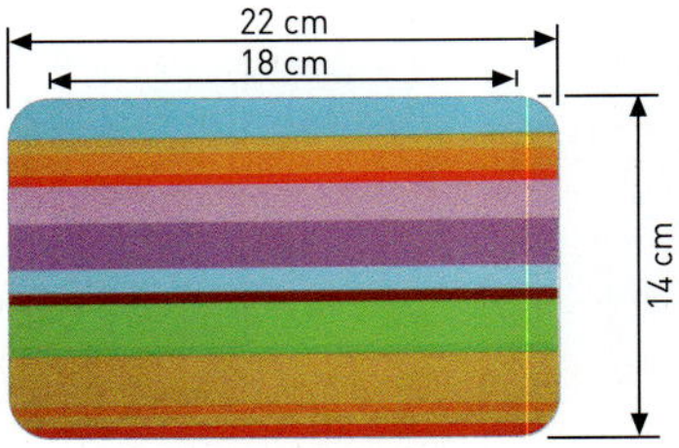

3. Wie viel wiegt das abgebildete Teil aus Buchenholz?

a)
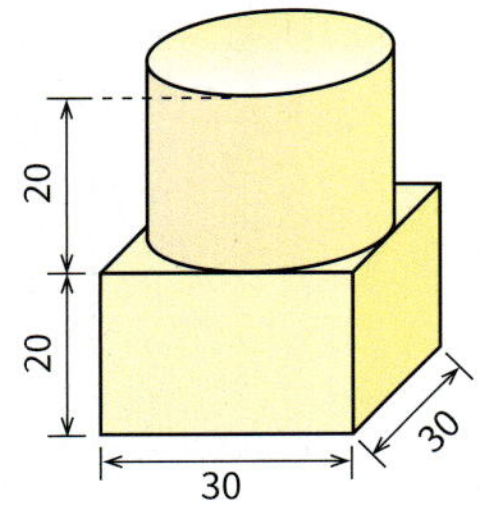

b)
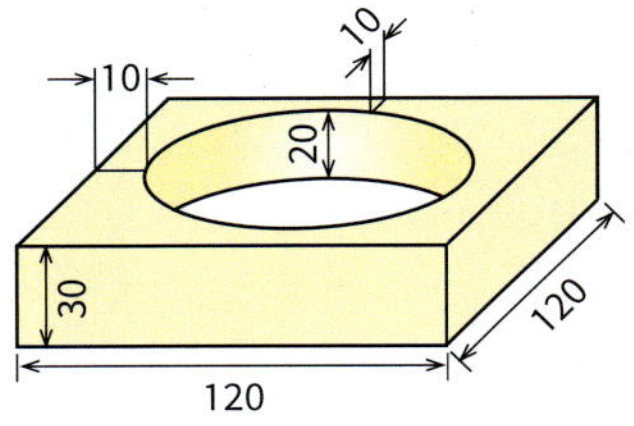

c)
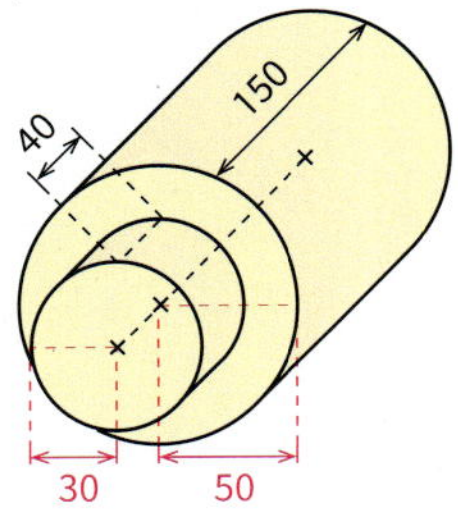

4. Wie schwer sind die Werkstücke aus Stahl? (Maße in mm)

a)
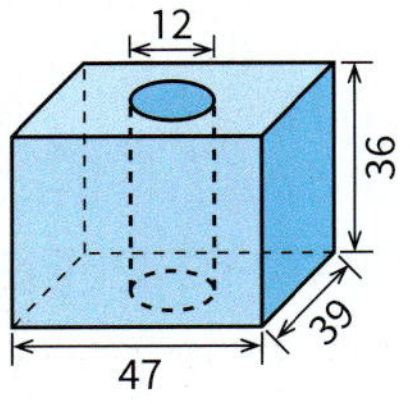

b)
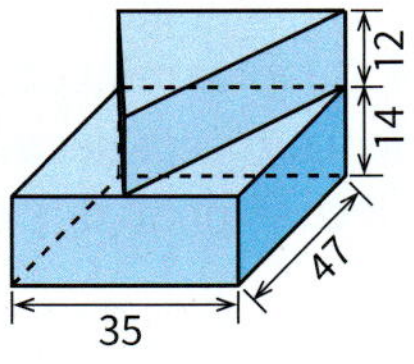

c)
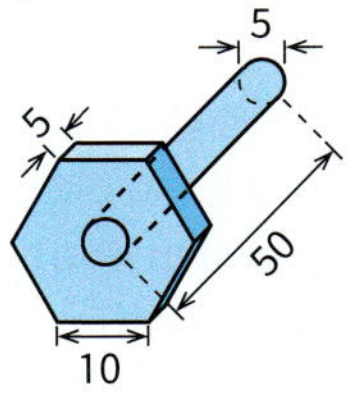

d)
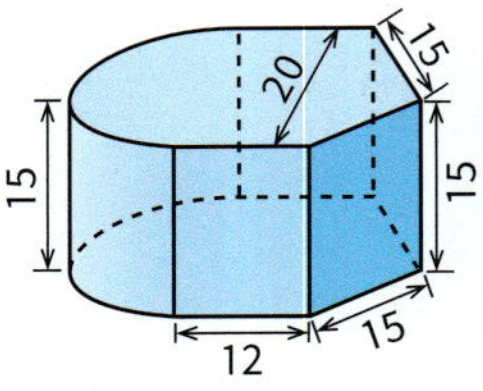

5. Formuliere selbst Aufgaben und berechne.

Tiefbohrung in der Oberpfalz

Für geowissenschaftliche Untersuchungen wurde in der Oberpfalz eine Tiefbohrung durchgeführt. Die Bohrarbeiten begannen mit einem Anfangsdurchmesser von 72 cm bis zu einer Tiefe von 300 m. Bis zu einer Tiefe von 3 000 m wurde dann mit 44 cm Durchmesser gebohrt und bis 6 000 m mit 37,5 cm. Bis zu einer Tiefe von 9 100 m wurde mit einem Durchmesser von 31 cm weitergebohrt. 1 m^3 Erde wiegt etwa 1,5 t.

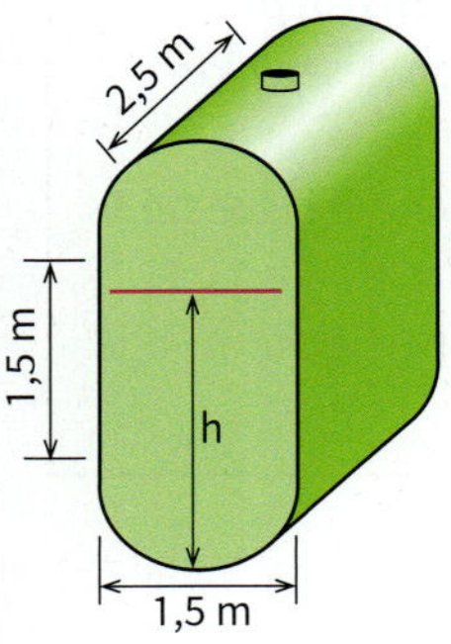

6. Der Öltank links ist zu $\frac{3}{4}$ gefüllt. Wie hoch steht das Öl im Tank?

Das Wichtigste auf einen Blick

Flächeninhalt und Umfang eines Kreises

Für den Flächeninhalt A und den Umfang u eines Kreises mit dem Radius r gilt:

$A = \pi \cdot r^2$

$u = 2 \cdot \pi \cdot r$

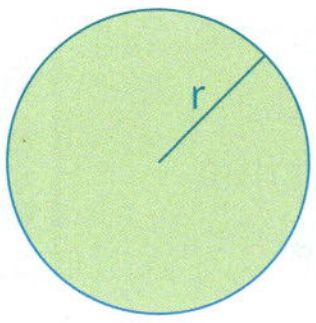

Beispiel:
$r = 0{,}5\,\text{cm}$
$A = \pi \cdot (0{,}5\,\text{cm})^2 \approx 0{,}79\,\text{cm}^2$
$u = 2 \cdot \pi \cdot (0{,}5\,\text{cm}) \approx 3{,}14\,\text{cm}$

Zylinder

Ein **Zylinder** wird von zwei zueinander parallelen und kongruenten Kreisflächen (**Grundflächen G**) sowie von einer gewölbten Seitenfläche (**Mantelfläche M**) begrenzt.
Der Abstand der beiden Grundflächen voneinander heißt **Höhe h** des Zylinders.
Die Mantelfläche ist ein Rechteck mit den Seitenlängen u (Umfang der Grundfläche) und h (Höhe des Zylinders).

Beispiel:
Schrägbild:

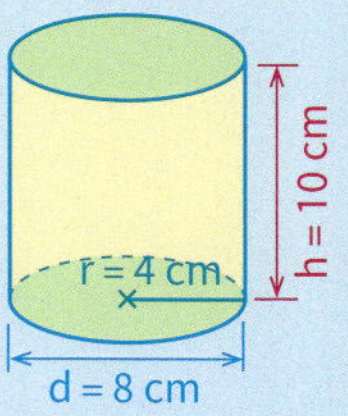

Oberflächeninhalt eines Zylinders

Für den **Oberflächeninhalt A_O** eines Zylinders mit dem Radius r bzw. dem Durchmesser d, dem Grundflächeninhalt A_G, dem Mantelflächeninhalt A_M und der Höhe h gilt:
$\mathbf{A_O = 2\,A_G + A_M}$ bzw. $\mathbf{A_O = 2\pi r^2 + 2\pi r \cdot h}$

Netz:

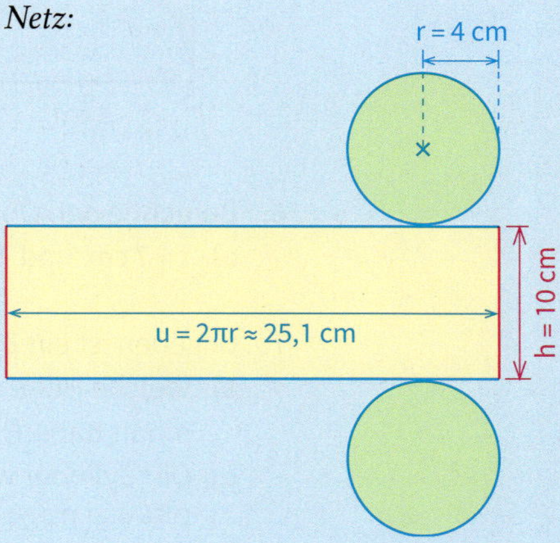

Volumen eines Zylinders

Für das **Volumen V** eines Zylinders mit dem Radius r, dem Grundflächeninhalt A_G und der Höhe h gilt:
$\mathbf{V = A_G \cdot h}$ bzw. $\mathbf{V = \pi r^2 \cdot h}$

$A_O = 2\pi \cdot (4\,\text{cm})^2 + 2\pi \cdot 4\,\text{cm} \cdot 10\,\text{cm}$
$\approx 351{,}86\,\text{cm}^2$
$V = \pi \cdot (4\,\text{cm})^2 \cdot 10\,\text{cm}$
$\approx 502{,}655\,\text{cm}^3$

Bist du fit?

1. Ein Laufrad dient zum Messen von Entfernungen, z. B. bei Verkehrsunfällen. Der Durchmesser des Laufrades beträgt 15 cm. Wie viele Umdrehungen macht das Rad beim Messen einer Weglänge von 7,54 m?

2. Eine Firma für Gartengeräte bietet verschiedene Rasensprenger an. Prüfe, ob die Angaben im Katalog die Fläche angenähert richtig angeben.

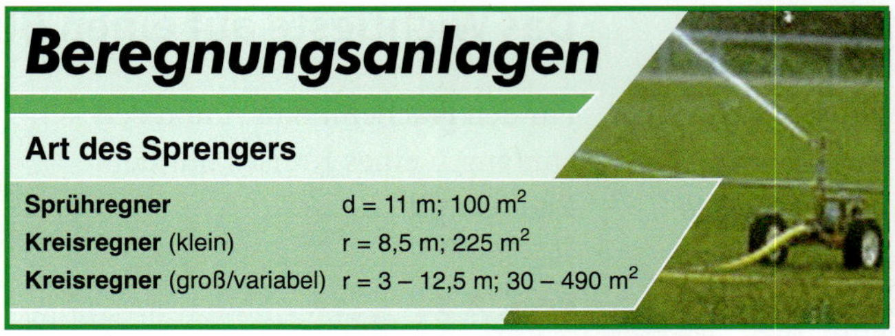

3. Ein Baumstamm hat einen Umfang von 1,90 m. Welchen Durchmesser hat er?

4. Von einem Stoffrest der Breite 1,40 m und der Länge 1,60 m soll eine möglichst große kreisrunde Tischdecke hergestellt werden. Wie viel Prozent Verschnitt entsteht?

5. Berechne die Größe der Querschnittsfläche folgender Werkstücke.

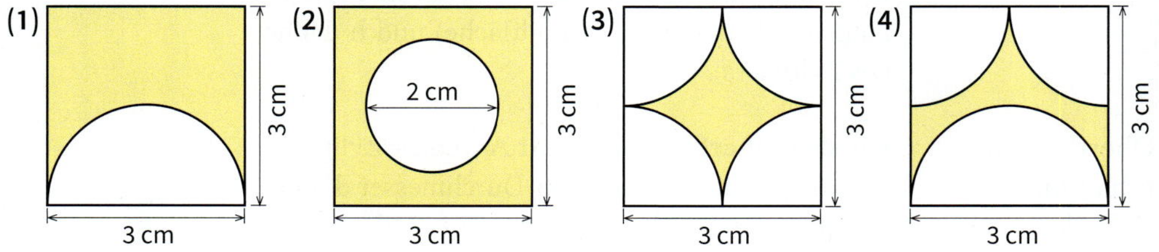

6. Berechne den Oberflächeninhalt und das Volumen des Zylinders.
a) $r = 7\,cm$ und $h = 4\,cm$ b) $r = 12\,dm$ und $h = 1{,}4\,m$ c) $r = 5{,}6\,cm$ und $h = 0{,}7\,dm$

7. Gegeben ist ein Zylinder mit $r = 6\,cm$ und $h = 10\,cm$.
a) Welche Höhe muss ein Zylinder mit $r = 7\,cm$ haben, damit beide gleichen Oberflächeninhalt haben?
b) Der Zylinder wird in eine Schachtel mit quadratischer Grundfläche verpackt. Wie viel Prozent der Schachtel sind ausgefüllt?

8. Eine Rolle Kupferdraht wiegt 17,5 g. Der Draht hat einen Durchmesser von 2,7 mm. Die Dichte beträgt $8{,}9\,\frac{g}{cm^3}$. Wie lang ist der Draht?

9. Eine handelsübliche Dose mit Tomatenmark hat die Form eines Zylinders mit $r = 2\,cm$ und $h = 8\,cm$.
a) Zeichne das Schrägbild.
b) Berechne den Oberflächeninhalt und das Volumen.

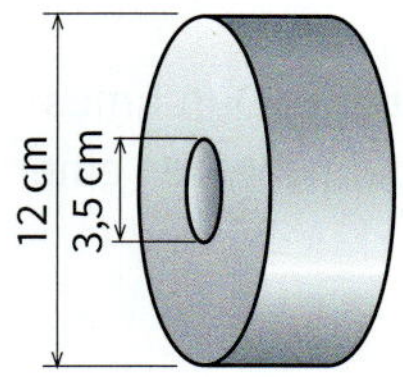

10. Die Schale im Bild rechts ist aus Messing (Maße in mm). $1\,cm^3$ Messing wiegt 8,6 g. Wie schwer ist die Schale?

11. Der links abgebildete Eisenring für eine Hantel soll 1,25 kg wiegen. Wie hoch muss er sein, wenn $1\,cm^3$ Eisen 7,9 g wiegt?

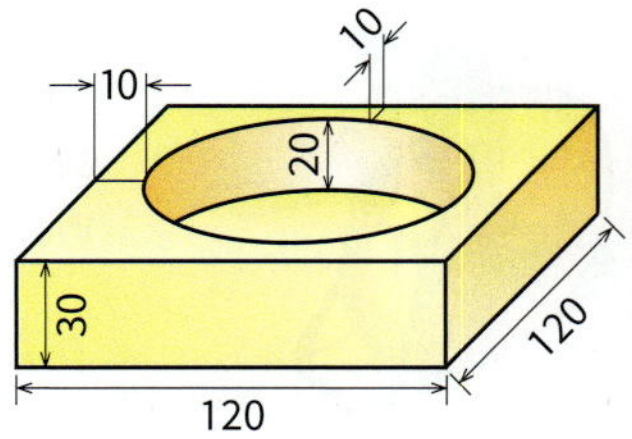

6. Lineare Gleichungssysteme

Bei vielen alltäglichen Problemen müssen gleichzeitig mehrere Variablen und Bedingungen beachtet werden.
Häufig kann man die Bedingungen durch lineare Gleichungen beschreiben.

→ Kannst du die Knobelaufgabe lösen? Es kann hilfreich sein, wenn du dir zu jeder Waage im Gleichgewicht eine Gleichung notierst mit den unbekannten Massen des Buches und der Katze.

In diesem Kapitel ...

lernst du, wie man die Lösung von mehreren Gleichungen mit mehreren Variablen bestimmt.
Du wirst dies zeichnerisch und auch rechnerisch durchführen.

Lernfeld: Geraden mit System

Vielfältige Lösungen

Anzahl der 2-Cent-Münzen	Anzahl der 5-Cent-Münzen	Geldbetrag
8	4	36 Cent

- → Sina überlegt, wie sie einen Geldbetrag von 36 Cent bezahlen kann, wenn ihr nur Münzen zu 2 Cent und 5 Cent zur Verfügung stehen. Welche Möglichkeiten gibt es?

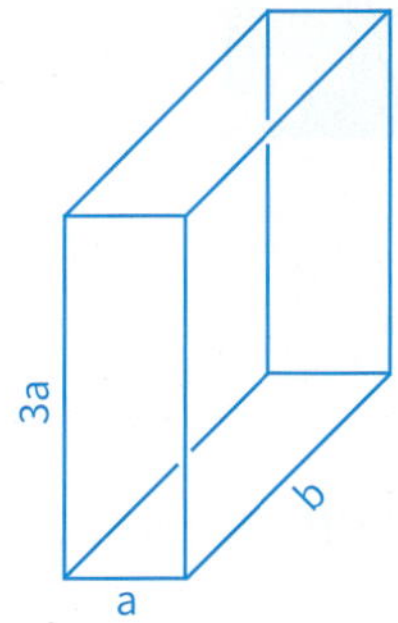

- → Stelle deinem Nachbarn eine ähnliche Aufgabe. Kontrolliere sein Ergebnis.
- → Für die Herstellung von Drahtmodellen für Quader der abgebildeten Form stehen 280 cm Draht zur Verfügung. Ermittelt fünf Möglichkeiten für die Kantenlängen a und b. Könnte man auch 100 Möglichkeiten für a und b ermitteln? Wie könnte man die Lösungen veranschaulichen?
- → Wie viele Möglichkeiten für einen Quader mit einer quadratischen Grundfläche aus 280 cm Draht gibt es? Welche Abmessungen hat der Quader dann?
- → Was ist das gemeinsame Neue bei den vorhergehenden Aufgaben? Schreibt einen Text. Vielleicht findet ihr auch selbst ein neues Beispiel dafür.

Gegenseitige Lage von Geraden im Koordinatensystem

- → Zeichne mit einem Funktionsplotter oder einem geeigneten DGS zwei Geraden. Welche verschiedenen Fälle können auftreten? Überlege, ob du an den Geradengleichungen erkennen kannst, welcher der Fälle vorliegt. Schreibe eine Zusammenfassung.

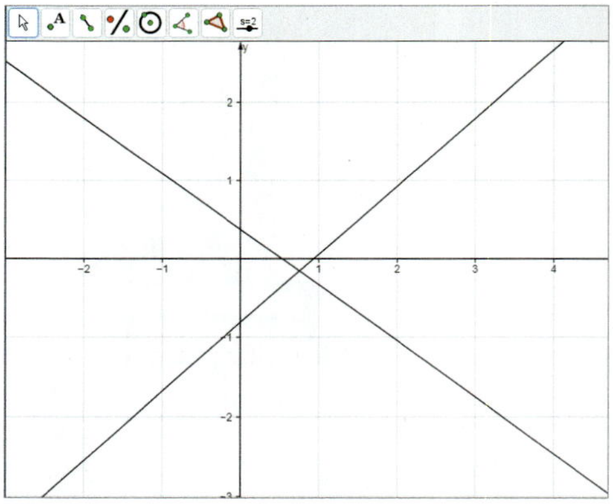

- → Nun sollen zwei Geraden durch den Punkt P (3 | 5) verlaufen. Notiert mögliche Geradengleichungen. Vergleicht eure Vorschläge.

Vergleichen lohnt sich

- → Vergleicht die beiden Tarife. Schreibt einen Text für eine Verbraucherberatung zu diesen Tarifen.
- → Recherchiert, welche Stromtarife in eurem Heimatort angeboten werden. Vergleicht diese Tarife.

Tarife

Tarif Eco
Jährlich sind 52 € Grundgebühr und 17,50 Cent pro Kilowattstunde (kWh) zu bezahlen.

Tarif Hyper
Monatlich sind 8,50 € und 16,40 Cent pro kWh zu bezahlen.

Mit 1 kWh kann man ungefähr einen halben Tag lang fernsehen.

6.1 Lineare Gleichungen der Form $ax + by = c$

Einstieg

Jan will mit 10 m Maschendrahtzaun einen rechteckigen Auslauf für seine Kaninchen abgrenzen. Der Auslauf soll an das Haus grenzen. Eine Zaunseite soll in Verlängerung der Wand laufen. Findet mehrere Möglichkeiten. Beschreibt den Zusammenhang zwischen Länge und Breite durch eine Gleichung.

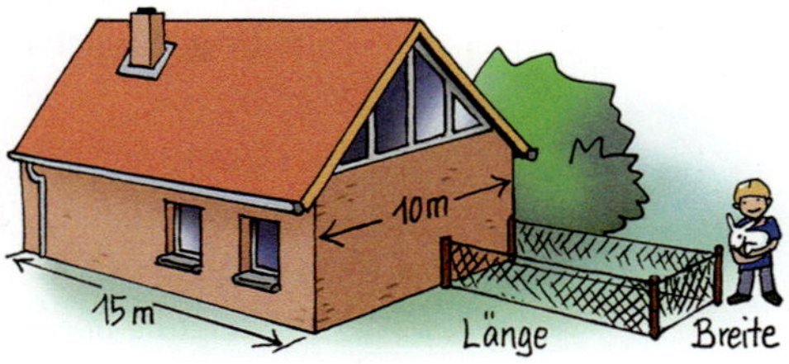

Aufgabe 1

Lösungen einer linearen Gleichung mit zwei Variablen

Eine Baustoff-Firma hat zwei Ziegelwerke, in denen auch besondere Ziegelsteine hergestellt werden können. Das Werk in Xanten kann davon täglich $24\,m^3$ produzieren, das Werk in Yburg täglich $60\,m^3$.

Ein Kunde erteilt der Firma einen Auftrag über $300\,m^3$ Ziegel und schätzt: „Wenn beide Werke daran arbeiten, müsste das doch innerhalb von $3\frac{1}{2}$ Tagen zu schaffen sein."

Die Produktionsleiterin der Firma dagegen meint: „Das ist Arbeit für 5 Tage in Xanten und 3 Tage in Yburg."

a) Wer hat Recht?

b) Welche anderen Möglichkeiten gibt es, diesen Auftrag auf die beiden Werke zu verteilen? Nimm dazu an, das Werk in Xanten arbeite an x Tagen für diesen Auftrag und das Werk in Yburg an y Tagen. Stelle eine Bedingung (Gleichung) dafür auf, dass auf diese Weise der Auftrag erledigt wird. Forme die Gleichung so um, dass du leicht andere Möglichkeiten berechnen kannst. Stelle deine Ergebnisse in einer Tabelle dar.
Begründe, dass durch diese Gleichung eine lineare Funktion gegeben ist.

c) Zeichne den Graphen der linearen Funktion, um alle Möglichkeiten der Auftragsaufteilung zu veranschaulichen. Lies weitere ab.

Lösung

a) Wird an dem Auftrag in jedem der beiden Ziegelwerke $3\frac{1}{2}$ Tage gearbeitet, so werden insgesamt $3\frac{1}{2} \cdot 24\,m^3 + 3\frac{1}{2} \cdot 60\,m^3 = 294\,m^3$ Ziegel produziert. Das reicht noch nicht ganz.
Wird an dem Auftrag 5 Tage in Xanten und 3 Tage in Yburg gearbeitet, so erhält man $5 \cdot 24\,m^3 + 3 \cdot 60\,m^3 = 300\,m^3$, also genau die Auftragsmenge.
Die Produktionsleiterin hat folglich Recht.

b) (1) *Erstellen einer Gleichung*
An x Tagen in Xanten und y Tagen in Yburg werden zusammen $x \cdot 24\,m^3 + y \cdot 60\,m^3$ Ziegel gefertigt. Rechnen wir nur mit den Maßzahlen für das Volumen, so muss folgende Gleichung erfüllt sein: $24x + 60y = 300$

(2) *Berechnen anderer Möglichkeiten*
Wir lösen die Gleichung nach y auf:

$$24x + 60y = 300$$
$$60y = -24x + 300$$
$$y = -0{,}4x + 5$$

Aus dieser Form der Gleichung lässt sich zu jeder Arbeitszeit x in Xanten sofort genau eine dazu gehörende Arbeitszeit y in Yburg berechnen (siehe Wertetabelle). Durch diese Gleichung der Form $y = mx + n$ ist also eine lineare Funktion gegeben.

x	$y = -0{,}4x + 5$
0	5
1	4,6
2	4,2
3	3,8
4	3,4
5	3

c) Der Graph der linearen Funktion ist eine Gerade. Schneller als mit einer Wertetabelle lässt sich der Graph einer linearen Funktion mithilfe von y-Achsenabschnitt und Steigung zeichnen:
Die Gerade mit $y = -0{,}4x + 5$ hat den y-Achsenabschnitt $n = 5$, sie schneidet die y-Achse also im Punkt P(0 | 5).
Ihre Steigung beträgt $m = -0{,}4 = -\frac{2}{5}$.
Die Koordinaten eines jeden Punktes der Geraden liefern eine Lösung unseres Problems: Der Punkt P_1 (2,5 | 4) auf der Geraden bedeutet, dass man 2,5 Tage in Xanten und 4 Tage in Yburg an dem Auftrag arbeiten könnte. Weitere Möglichkeiten ergeben sich aus Punkt P_2 (7,5 | 2) auf der Geraden, usw.

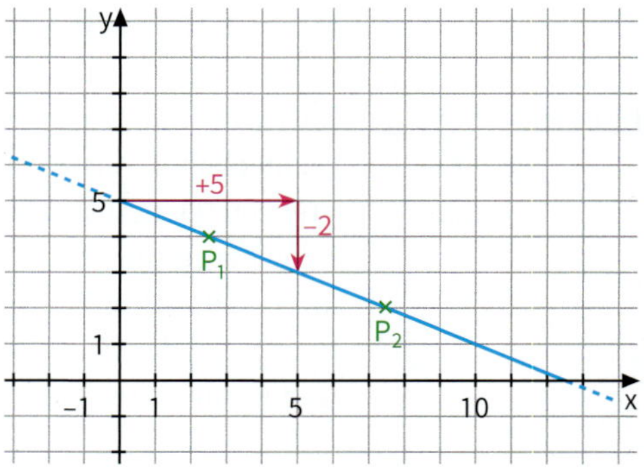

Für diese Aufgabe muss die einschränkende Bedingung beachtet werden, dass x und y nicht negativ sind. Also stellen nur die Punkte der Geraden, die im 1. Quadranten liegen, eine Lösung der Aufgabe dar.

Information

(1) Lineare Gleichung mit zwei Variablen

Eine Gleichung wie $24x + 60y = 300$ nennt man eine *lineare Gleichung mit zwei Variablen*.
Weitere Beispiele für lineare Gleichungen mit zwei Variablen sind:

$0{,}5x + 6y = 8$; $3s - 5t = 20$; $y = \frac{x}{2} - 1$; $-u + \frac{7}{4}v = 0$; $2x + 7 = 3y$.

(2) Geordnetes Zahlenpaar als Lösung einer Gleichung mit zwei Variablen

Anders als bei Gleichungen mit einer Variablen sind die Lösungen einer Gleichung mit zwei Variablen nicht einzelne Zahlen, sondern stets *Paare von Zahlen*.

Beispiele:

Das Zahlenpaar (5|3) ist eine Lösung der Gleichung $24x + 60y = 300$, denn wenn man 5 für x und 3 für y in die Gleichung einsetzt, erhält man die wahre Aussage $24 \cdot 5 + 60 \cdot 3 = 300$.
Man sagt auch: Das Zahlenpaar (5|3) *erfüllt* die Gleichung.
(−5|7) ist ebenfalls eine Lösung der Gleichung, da $24 \cdot (-5) + 60 \cdot 7 = 300$ eine wahre Aussage ist.
(7|−5) ist dagegen keine Lösung der Gleichung, da $24 \cdot 7 + 60 \cdot (-5) = 300$ eine falsche Aussage ist; das Zahlenpaar (7|−5) erfüllt *nicht* die Gleichung. Es kommt also auf die Reihenfolge der Zahlen in dem Zahlenpaar an; man spricht von einem *geordneten* Zahlenpaar.
Die Lösungsmenge einer linearen Gleichung mit zwei Variablen ist eine Menge geordneter Paare. Die Grundmenge einer linearen Gleichung ist dementsprechend nicht ℚ, sondern die Menge aller Paare, die man aus rationalen Zahlen bilden kann.

(−5|7) und (7|−5) sind verschiedene Paare.

Eine Gleichung mit den Variablen x und y, die in der Form $a \cdot x + b \cdot y = c$ geschrieben werden kann, heißt **lineare Gleichung mit zwei Variablen**.
Für x und für y werden Zahlen aus ℚ eingesetzt. Die Grundmenge einer linearen Gleichung mit zwei Variablen ist also die Menge aller Zahlenpaare, die man aus rationalen Zahlen bilden kann. Damit ist auch jede Lösung einer solchen Gleichung ein Zahlenpaar.

Beispiel: $4x + 3y = 2$
(−1|2) ist eine Lösung der Gleichung, denn $4 \cdot (-1) + 3 \cdot 2 = 2$ ist wahr.
(2|3) ist keine Lösung der Gleichung, denn $4 \cdot 2 + 3 \cdot 3 = 2$ ist falsch.

Aufgabe 2 **Graph einer linearen Gleichung mit zwei Variablen – Sonderfälle**

Zeichne den Graphen der linearen Gleichung mithilfe einer Wertetabelle.

a) $0 \cdot x + 2 \cdot y = 6$ **b)** $3 \cdot x + 0 \cdot y = 12$

Nach welcher Variablen kannst du die Gleichung auflösen?
In welchem Fall liegt eine Funktion vor, in welchem nicht?

Lösung

a)

x	y
−2	3
−1	3
0	3
1	3
2	3

Ein Punkt gehört immer dann zu dem Graphen, wenn seine y-Koordinate 3 ist.
Die x-Koordinate kann beliebig sein.

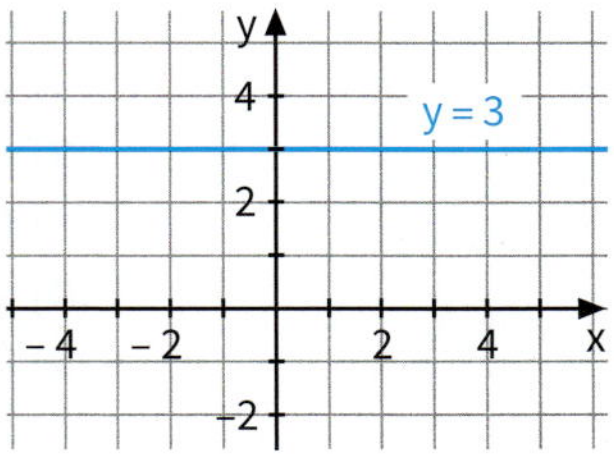

Die Gleichung $0 \cdot x + 2y = 6$ kann nach y aufgelöst werden. Man erhält: $y = 3$.
Da jedem Wert von x genau ein y-Wert zugeordnet ist, liegt eine Funktion vor.

b)

x	y
4	−2
4	−1
4	0
4	1
4	2

Ein Punkt gehört immer dann zu dem Graphen, wenn seine x-Koordinate 4 ist.
Die y-Koordinate kann beliebig sein.

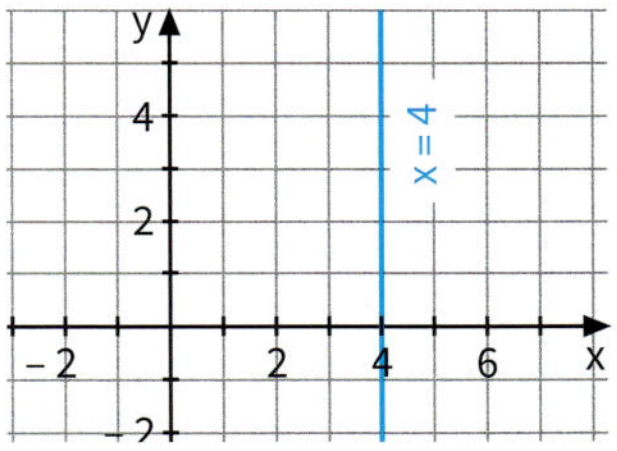

Die Gleichung $3x + 0 \cdot y = 12$ kann *nicht* nach y aufgelöst werden, da man durch 0 nicht dividieren kann. Sie kann aber nach x aufgelöst werden. Man erhält: $x = 4$.
Es liegt keine Funktion vor, weil der Stelle 4 mehrere y-Werte zugeordnet sind.
Die Zuordnung $x \rightarrow y$ ist nicht eindeutig.

Information **(1) Kurzform einer linearen Gleichung mit zwei Variablen**

Eine Gleichung der Form $y = 3$ oder auch $x = 4$ kann man als *Kurzform* einer linearen Gleichung mit zwei Variablen auffassen, wenn man sich die zweite Variable wie folgt ergänzt denkt:
$y = 3$ ergänzt zu $0 \cdot x + y = 3$; $x = 4$ ergänzt zu $x + 0 \cdot y = 4$.

(2) Geraden als Graphen linearer Gleichungen mit zwei Variablen

Eine lineare Gleichung der Form $ax + by = c$ mit $b \neq 0$ kann durch Auflösen nach y auf die Form $y = mx + n$ gebracht werden. Eine solche Gleichung ist eine Funktionsgleichung.
Der Graph ist eine steigende oder fallende Gerade oder eine Parallele zur x-Achse.

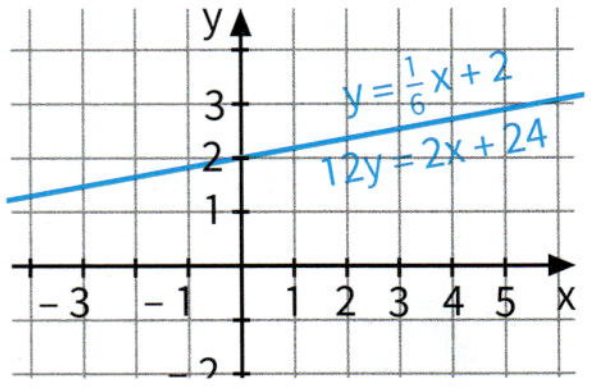

Eine lineare Gleichung der Form $ax + 0 \cdot y = c$ mit $a \neq 0$ kann durch Auflösen nach x auf die Form $x = r$ gebracht werden.
Eine solche Gleichung ist *keine* Funktionsgleichung.
Der Graph einer Gleichung der Form $x = r$ ist eine Parallele zur y-Achse.

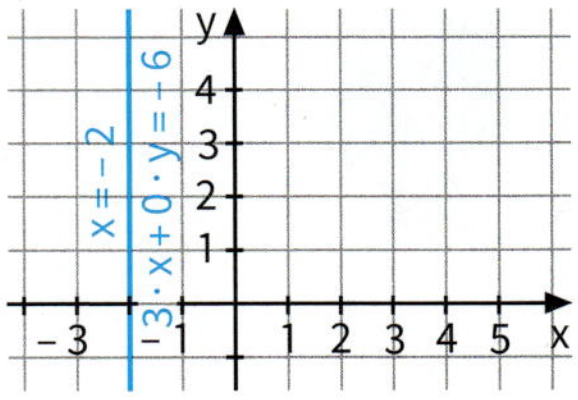

Bei einer Funktion $x \rightarrow y$ gehört zu jeder Zahl für x genau eine Zahl für y.

Weiterführende Aufgaben

Punktprobe

3. Welche der Punkte $P_1(2|1)$, $P_2(1|4)$, $P_3(4|2)$, $P_4(2|3)$, $P_5(-2|-1)$, $P_6(-8|10)$ gehören zum Graphen der linearen Gleichung $2x + 3y = 14$?

Sonderfall $a = 0$ und $b = 0$ bei der Gleichung $ax + by = c$

4. Gegeben ist die Gleichung **a)** $0 \cdot x + 0 \cdot y = 1$; **b)** $0 \cdot x + 0 \cdot y = 0$.
Welcher der folgenden Fälle trifft zu?
(1) Es gibt keine Lösung.
(2) Es gibt genau eine Lösung.
(3) Es gibt mehrere, aber nur endlich viele Lösungen.
(4) Jedes beliebige Zahlenpaar ist eine Lösung.
(5) Der Graph ist eine Gerade.

Übungsaufgaben

5. Ein Kreuz in der nebenstehenden Form soll gezeichnet werden. Dabei soll die gesamte Randlinie genau 40 cm lang sein. Länge und Breite der einzelnen Teile sind noch nicht festgelegt.

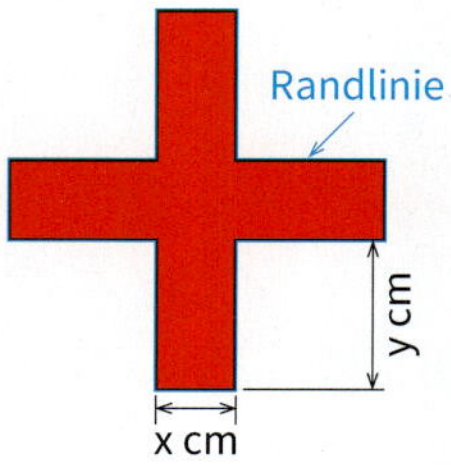

a) Gib die geforderte Bedingung für die Randlinie in Form einer Gleichung an.
b) Welche der Zahlenpaare $(2|4)$, $(6|2)$, $(8|3)$, $(4{,}5|1)$, $(3|3{,}5)$, $\left(\frac{1}{2}\middle|\frac{19}{4}\right)$ sind Lösungen dieser Gleichung mit zwei Variablen?
c) Löse die Gleichung nach y auf. Zeichne den Graphen der Funktion $x \to y$.
d) Ermittle die einschränkende Bedingung:
(1) Welcher Zahlenwert darf von x nicht überschritten und auch nicht unterschritten werden; welche y-Werte gehören dazu?
(2) Welcher Zahlenwert darf von y nicht überschritten und auch nicht unterschritten werden; welche x-Werte gehören dazu?

6. Welche der Zahlenpaare $(4|4)$, $(-1|1)$, $(1|-6)$, $(2|0)$, $(-1|9)$, $\left(0\middle|\frac{1}{4}\right)$ sind Lösungen von

a) $x + y = 8$; **b)** $7x + 8y = 2$; **c)** $-2s + \frac{1}{3}t = -4$; **d)** $2x + 2y = 16$?

7. Nenne drei Zahlenpaare, die Lösung der Gleichung $-2x + 5y = 3$ sind.
Nenne auch Zahlenpaare, die keine Lösung dieser Gleichung sind.

8. Gegeben ist eine Gleichung mit zwei Variablen. Löse die Gleichung nach y auf. Zeichne dann mithilfe der Funktionsgleichung den Graphen.

a) $4x + 2y = 10$ **b)** $3x - 5y = 20$ **c)** $\frac{x}{2} + y = -3{,}5$ **d)** $\frac{x+y}{4} = 1$

9. Patrick hat Lösungen einer linearen Gleichung grafisch ermittelt. Kontrolliere seine Ergebnisse.

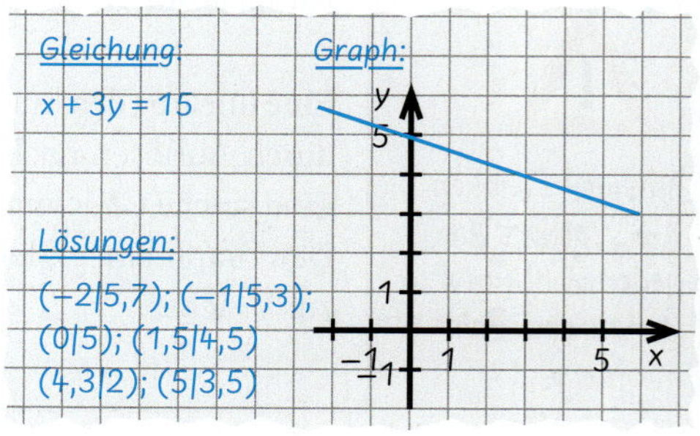

10. Zur linearen Gleichung $3s - 2t = 12$ gehören zwei Funktionen: $s \to t$ und auch $t \to s$. Bestimme für beide die Funktionsgleichung. Zeichne die entsprechenden Geraden in zwei Koordinatensysteme nebeneinander. Vergleiche.

11. In welchem Punkt schneidet der Graph die y-Achse, in welchem die x-Achse?

a) $3y = 12x + 15$ b) $4x + 5y = 5$ c) $x - 3y = 0$ d) $\frac{x}{2} + \frac{y}{4} - \frac{3}{4} = 0$

12. Welche der Punkte $P_1(1|1)$, $P_2(0{,}5|1)$, $P_3(1|-1)$, $P_4(-1|1)$, $P_5(-3|0)$, $P_6(0{,}2|3{,}2)$ und $P_7(3|6)$ gehören zum Graphen der linearen Gleichung?

a) $y - x = 3$ b) $2y + 9x = 11$ c) $\frac{u}{2} + 0{,}3v = \frac{1}{5}$ d) $\frac{2x - y}{7} = 0$

13. Ergänze die Koordinaten der Punkte $P_1(0|\blacksquare)$, $P_2(\blacksquare|0)$, $P_3(1|\blacksquare)$, $P_4(\blacksquare|6)$, $P_5(-0{,}2|\blacksquare)$ und $P_6(\blacksquare|-0{,}6)$ so, dass diese zum Graphen der angegebenen linearen Gleichung gehören.

a) $x + y = 1$ b) $2x - 5y = 0$ c) $\frac{x}{2} + \frac{y}{3} = 2$ d) $-1{,}2x + 0{,}4y = 4{,}8$

14. Das Zahlenpaar $(2|-3)$ ist die Lösung einer linearen Gleichung. Wie könnte diese lauten? Gib mindestens drei verschiedene Möglichkeiten an.

15. Denke dir eine lineare Gleichung und nenne deinem Partner nur drei Lösungspaare der Gleichung. Er soll die Gleichung herausfinden.
Stimmt sie genau mit deiner Gleichung überein?

Achte auf die einschränkende Bedingung!

16. Miriam hat für ein Klassenfest Weizen- und Vollkornbrötchen eingekauft. Sie hat insgesamt 24 € bezahlt. Wie viele Brötchen könnte sie von jeder Sorte gekauft haben? Notiere dazu eine Gleichung mit zwei Variablen und gib mehrere Lösungen an. Zeichne auch den Graphen.

17. a) Nenne die fünf kleinsten Geldbeträge, die man mit 20-€- und 50-€-Scheinen zahlen kann.
b) 430 € sollen mit 20-€-Scheinen und 50-€-Scheinen ausgezahlt werden. Erstelle eine Gleichung mit zwei Variablen, um alle Möglichkeiten zu finden.
c) Gibt es Lösungen der Gleichung aus Teilaufgabe b), die für die Auszahlung des Betrages keine Bedeutung haben?

18. Bildet acht ungefähr gleich große Teams in der Klasse.
Jedes Team ist für eine Gleichung zuständig.

Team 1 und 5
$0 \cdot x + 2 \cdot y = -6$

Team 2 und 6
$3 \cdot x + 0 \cdot y = 7{,}5$

Team 3 und 7
$0 \cdot x + 7 \cdot y = 0$

Team 4 und 8
$4{,}3 \cdot x + 0 \cdot y = 0$

Jedes Team bestimmt 5 Lösungen der Gleichung, stellt sie in einer Wertetabelle dar und zeichnet den Graphen.
Versucht, die Gleichung nach x und nach y aufzulösen, und entscheidet, ob die Zuordnung $x \to y$ eine Funktion ist. Anschließend vergleichen die Teams mit derselben Gleichung ihre Lösungen und bereiten eine Präsentation im Klassenraum vor.

19. Sind auch folgende Geraden Graphen linearer Gleichungen?
Versuche eine lineare Gleichung dafür anzugeben.
a) Parallele zur x-Achse durch P (2 | 3)
b) Parallele zur y-Achse durch P (2 | 3)

20. Gegeben ist eine lineare Gleichung in der Kurzform.

a) $x = 5$ **b)** $y = -1$ **c)** $x = \frac{1}{2}$ **d)** $y = 5$ **e)** $x = -1$

Welche der Zahlenpaare (1 | 5), (−12 | −1), (5 | 2), (5 | −1) sind Lösungen der Gleichung?

21. Notiere zunächst die (in Kurzform gegebene) Gleichung in der ausführlichen Form, sodass beide Variablen x und y vorkommen. Zeichne dann den zugehörigen Graphen.

a) $y = 6$ **b)** $x = 2$ **c)** $y = -1{,}5$ **d)** $x = -5{,}5$ **e)** $6x = 9$ **f)** $-2y = 1$

22. Gib zu der Geraden eine passende lineare Gleichung mit zwei Variablen an; notiere diese auch in der Kurzform. Gehört die Gerade zu einer linearen Funktion? Begründe.

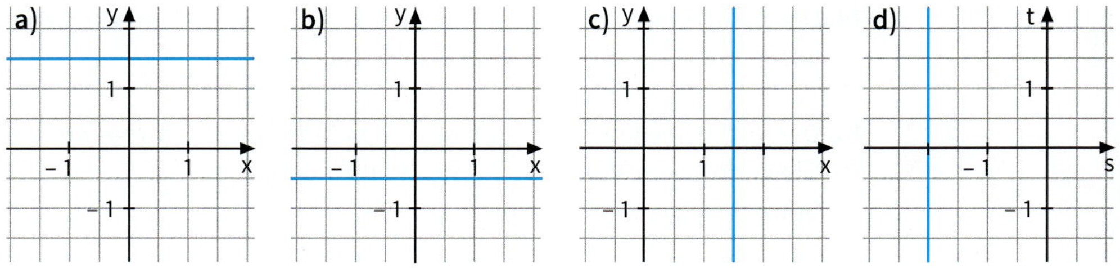

23. Jeder notiert vier Gleichungen für Geraden, die parallel zu den Koordinatenachsen sind. Tauscht eure Hefte und zeichnet die zugehörigen Geraden.
Kontrolliert anschließend gemeinsam.

24. Jeder zeichnet in ein Koordinatensystem vier Geraden, die parallel zu den Koordinatenachsen sind. Tauscht euer Heft mit dem des Nachbarn und beschriftet die Geraden mit den zugehörigen Gleichungen. Kontrolliert anschließend gemeinsam.

25 Welche lineare Gleichung hat die Gerade, die
(1) parallel zur x-Achse ist; **(2)** parallel zur y-Achse ist
und durch den angegebenen Punkt verläuft.
a) P (4 | −7) **b)** Q (−1,9 | 5,3)

26. Jede der beiden Koordinatenachsen kannst du als Graph einer linearen Gleichung mit zwei Variablen auffassen.
Notiere je eine Gleichung für die x-Achse und die y-Achse.

27. Kontrolliere Kevins Zusammenfassung.

Jede lineare Gleichung mit den Variablen x und y hat als Graph eine Gerade. Hat eine der beiden Variablen oder beide den Koeffizienten null, so liegt der Sonderfall vor, dass die Gerade keine Steigung hat.

6.2 Systeme linearer Gleichungen – Grafisches Lösungsverfahren

Einstieg

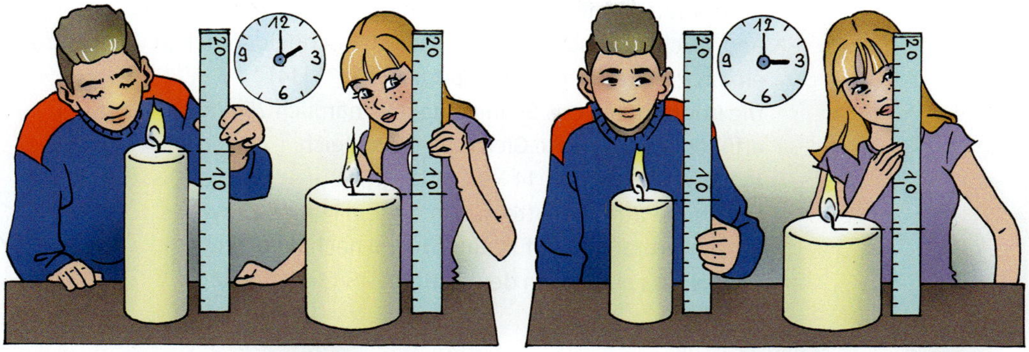

Wann sind die Kerzen gleich lang?
Wie lang sind sie dann?
Von welchen Modellannahmen seid ihr bei der Bearbeitung ausgegangen?

Aufgabe 1

Grafisches Lösen eines linearen Gleichungssystems

Elektrische Energie wird in Kilowattstunden (kWh) gemessen. Ein Elektrizitätsunternehmen bietet seinen Kunden zwei Tarife an.
Patricks Mutter stellt fest:
„In diesem Monat habe ich im Wochenendhaus gerade so viel Strom verbraucht, dass ich nach beiden Tarifen gleich viel bezahlt hätte."

Tarif	AKZENT	BASIS
Monatlicher Grundpreis	6,00 €	7,75 €
Arbeitspreis je kWh	0,32 €	0,25 €

Wie viele Kilowattstunden hat Patricks Mutter verbraucht? Wie viel Euro hat sie zu zahlen?
Gehe zur Lösung der Aufgabe in zwei Schritten vor:

(1) Erstelle für jeden Tarif eine lineare Gleichung mit zwei Variablen.
Welche Bedingung muss erfüllt sein?

(2) Zeichne die Graphen dieser linearen Gleichungen in ein gemeinsames Koordinatensystem.
Beantworte die gestellten Fragen anhand der Zeichnung.

Lösung

(1) a) *Einführen von Variablen für die gesuchten Größen*
Anzahl der monatlich verbrauchten Kilowattstunden: x
Monatliche Kosten in Euro: y

b) *Aufstellen der Gleichung für Tarif AKZENT*
Nach Tarif AKZENT ist je kWh 0,32 € zu zahlen, also für x kWh zusammen $0{,}32 \cdot x$.
Zusammen mit dem Grundpreis von 6 € ergibt sich für die monatlichen Kosten in €:
$y = 0{,}32\,x + 6$

c) *Aufstellen der Gleichung für Tarif BASIS*
Für die monatlichen Kosten y nach Tarif BASIS ergibt sich entsprechend:
$y = 0{,}25\,x + 7{,}75$

d) *Verbinden beider Gleichungen*
Es muss nun die Anzahl x von Kilowattstunden gefunden werden, für die sowohl Tarif AKZENT als auch Tarif BASIS die gleichen monatlichen Kosten y ergeben. Gesucht sind also Zahlen x und y, für die beide Gleichungen zugleich erfüllt sind:
$y = 0{,}32\,x + 6$ *und* $y = 0{,}25\,x + 7{,}75$

(2) *Zeichnen der Graphen*
Zu jeder dieser Gleichungen gehört eine Gerade im Koordinatensystem. Wir zeichnen sie mithilfe von Steigung und y-Achsenabschnitt. Beide Geraden schneiden sich in einem Punkt. Dieser Schnittpunkt ist S (25 | 14).
Die Koordinaten des Schnittpunktes, nämlich 25 und 14, erfüllen beide lineare Gleichungen zugleich:
$14 = 0{,}32 \cdot 25 + 6$ *und* $14 = 0{,}25 \cdot 25 + 7{,}75$
Ergebnis: Patricks Mutter hat in diesem Monat 25 kWh Strom verbraucht; dafür sind sowohl nach dem Tarif AKZENT als auch nach dem Tarif BASIS 14 € zu zahlen.

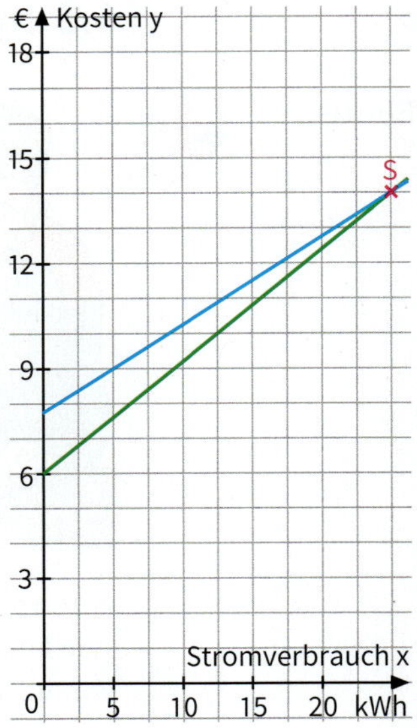

Information

(1) Lineares Gleichungssystem
Zur Lösung der Aufgabe 1 haben wir ein Zahlenpaar (x|y) gesucht, das zugleich die linearen Gleichungen $y = 0{,}32x + 6$ *und* $y = 0{,}25x + 7{,}75$ erfüllt. Die beiden durch „und" verbundenen Gleichungen bilden zusammen ein *lineares Gleichungssystem*. Um zu verdeutlichen, dass beide Gleichungen zusammen gehören, verwenden wir folgende Schreibweise:

$$\left| \begin{array}{l} y = 0{,}32x + 6 \\ y = 0{,}25x + 7{,}75 \end{array} \right|$$

Die Lösung dieses Gleichungssystems ist keine einzelne Zahl, sondern das Zahlenpaar (25|14).

Verknüpft man zwei lineare Gleichungen mit zwei Variablen durch **und**, so entsteht ein **lineares Gleichungssystem**. Jedes Zahlenpaar, dessen Zahlen die erste *und* zugleich die zweite Gleichung des Gleichungssystems erfüllen, ist eine Lösung dieses Gleichungssystems.
Beispiel:

$$\left| \begin{array}{r} x + y = 5 \\ 2x - y = 13 \end{array} \right|$$

Lösung: (6|−1)
Probe: $6 + (-1) = 5$ und $2 \cdot 6 - (-1) = 13$

Beide Gleichungen sind durch „und" verbunden.

(2) Grafisches Lösen eines Gleichungssystems
In Aufgabe 1 wurde die Lösung des linearen Gleichungssystems grafisch ermittelt.

Verfahren zur grafischen Lösung eines linearen Gleichungssystems
- Forme beide Gleichungen so um, dass du ihre Graphen gut zeichnen kannst. Zeichne die entsprechenden Geraden in ein gemeinsames Koordinatensystem.
- Das Koordinatenpaar jedes Punktes, der auf beiden Geraden zugleich liegt, ist eine Lösung des linearen Gleichungssystems.
- Führe eine Probe durch.

Sowohl beim Zeichnen der Geraden als auch beim Ablesen der Koordinaten des Schnittpunktes aus der Zeichnung können Ungenauigkeiten auftreten. Daher ist es möglich, dass es sich bei den abgelesenen Werten nur um Näherungswerte für die Koordinaten des Schnittpunktes handelt. Du weißt also nicht, ob du die Lösung oder nur eine Näherungslösung erhalten hast. Mithilfe der Probe kannst du dies feststellen. Eine Näherungslösung kannst du in der Form $x \approx \ldots$ und $y \approx \ldots$ schreiben.

Weiterführende Aufgabe

Drei Fälle beim Lösen linearer Gleichungssysteme

2. Bestimme die Lösungen folgender Gleichungssysteme grafisch. Was fällt dir auf?

(1) $\left|\begin{array}{l} 2x - 4y = -2 \\ 3x + y = 11 \end{array}\right|$ (2) $\left|\begin{array}{l} -x + 2y = 4 \\ 2x - 4y = 6 \end{array}\right|$ (3) $\left|\begin{array}{l} 2x + y = -4 \\ -6x - 3y = 12 \end{array}\right|$

Information

(1) Klassifikation linearer Gleichungssysteme

Einteilung linearer Gleichungssysteme mit zwei Variablen

Enthalten beide Gleichungen eines linearen Gleichungssystems zwei Variablen (kein Sonderfall einer Gleichung mit nur einer oder keiner Variablen), so gibt es folgende drei Fälle:

1. Fall: Beide Geraden haben verschiedene Steigungen. Sie schneiden sich dann in einem Punkt. Das Gleichungssystem hat also *genau eine* Lösung.
Die Lösungsmenge besteht aus einem einzigen Zahlenpaar.

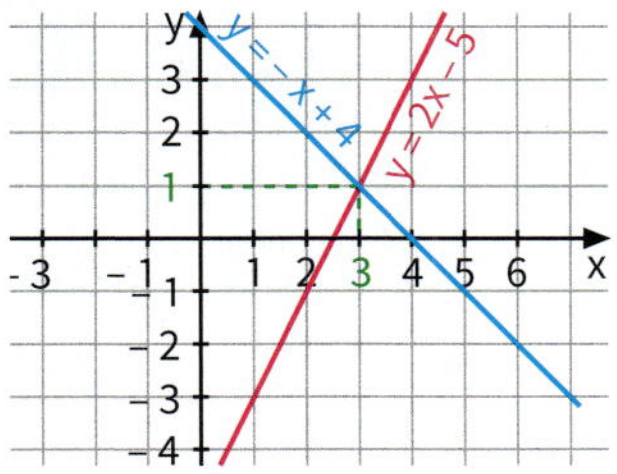

L = {(3 | 1)}

2. Fall: Beide Geraden haben die gleiche Steigung, aber verschiedene y-Achsenabschnitte. Beide Geraden sind dann parallel zueinander und schneiden sich nicht. Das Gleichungssystem hat also *keine* Lösung.
Die Lösungsmenge ist leer.

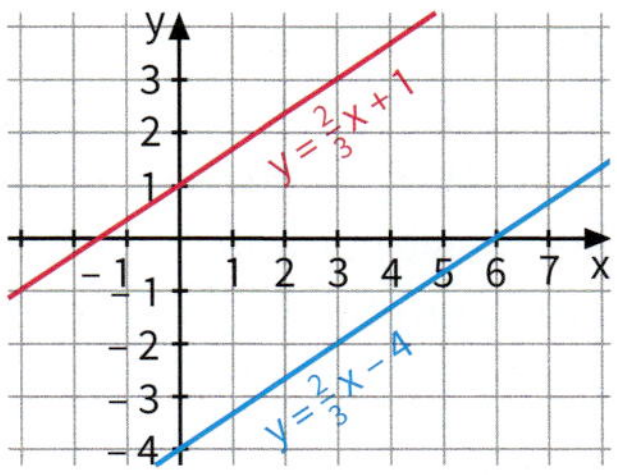

L = { }

3. Fall: Beide Geraden stimmen in der Steigung und im y-Achsenabschnitt überein. Sie fallen dann zusammen. Das Gleichungssystem hat *unendlich viele* Lösungen.
Die Lösungsmenge besteht aus allen Zahlenpaaren, die diese Geradengleichung erfüllen.

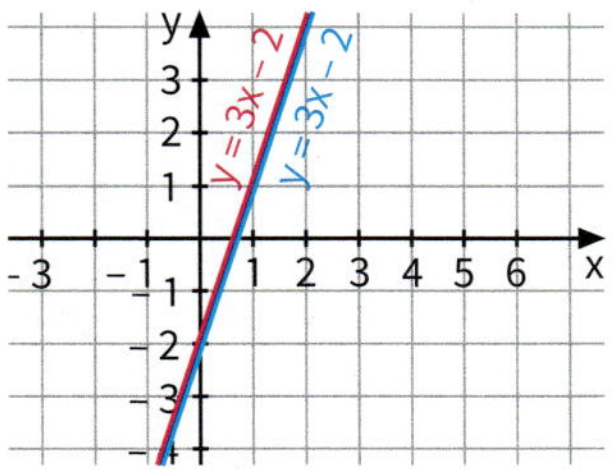

L = {(x | y) | y = 3x − 2}

Gelesen: Menge aller Paare (x | y), für die gilt: y = 3x − 2

GTR

(2) Grafisches Lösen linearer Gleichungssysteme mit dem GTR

Grafikfähige Taschenrechner können unbequeme Zeichenarbeit übernehmen, um lineare Gleichungssysteme zu lösen. Betrachte z. B. das Gleichungssystem $\left|\begin{array}{l} y = 0{,}3x - 25 \\ y = -0{,}25x + 63 \end{array}\right|$.

Es ist mühsam, ein geeignetes Koordinatensystem zu finden, sodass der Schnittpunkt der beiden Geraden gut ablesbar ist. Auf der y-Achse ist wegen der Achsenabschnitte ein Ausschnitt ungefähr von −30 bis +70 zu betrachten. Da die erste Gerade mit dem kleineren y-Achsenabschnitt ansteigt und die zweite Gerade mit dem größeren y-Achsenabschnitt fällt, liegt der Schnittpunkt sicher rechts von der y-Achse. Durch Probieren findest du ein geeignetes Fenster. Es gibt mehrere Möglichkeiten, die Koordinaten des Schnittpunktes mit dem GTR zu ermitteln.

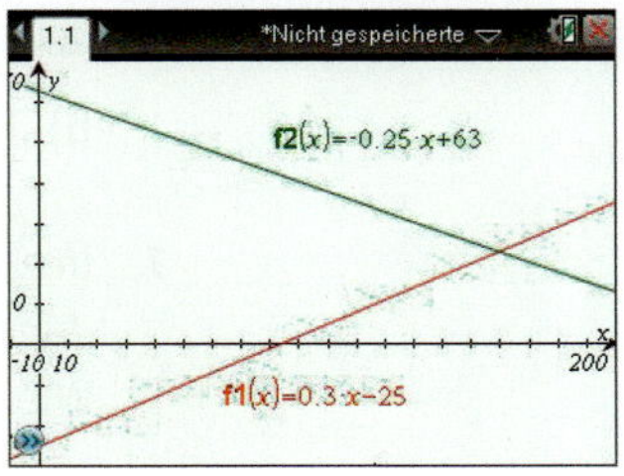

*Bestimmen des Schnittpunktes mit dem **Spur**-Befehl*

Du kannst mit dem Cursor auf einer Geraden bis zum Schnittpunkt wandern und dessen Koordinaten ablesen.

GTR

(point of) intersection (engl.)
Schnittpunkt

(3) Bestimmen des Schnittpunktes mit einem GTR

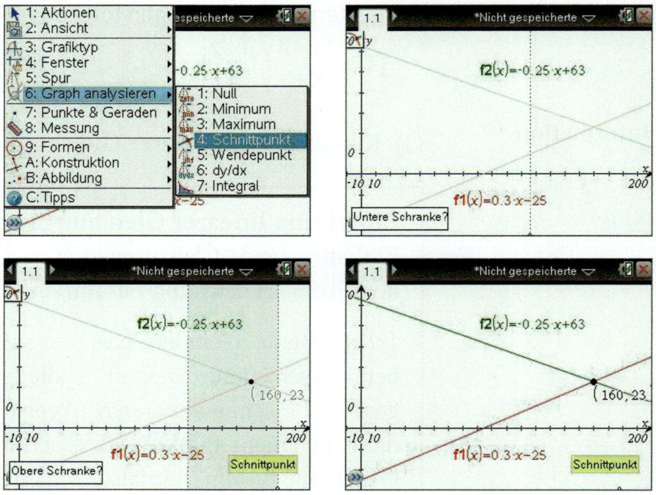

Aus dem Menü **Graph analysieren** wählen wir den Befehl **Schnittpunkt**. Anschließend muss durch Eingabe einer **unteren Schranke** und einer **oberen Schranke** ein Bereich eingegeben werden, in dem der Schnittpunkt liegt. Anschließend liefert der Rechner die Koordinaten des Schnittpunktes.

Ergebnis: Der Schnittpunkt S der beiden Geraden ist S(160|23), die Lösung des linearen Gleichungssystems ist das Paar (160|23).

Nicht immer sind die angezeigten Werte die exakten Koordinaten des Schnittpunktes. Du kannst durch eine Probe feststellen, ob du eine exakte oder nur eine angenäherte Lösung erhalten hast. Setze dazu die vom Rechner ermittelten Koordinaten in die beiden Gleichungen ein.

Übungsaufgaben

3. Ein Gaswerk bietet den Kunden zwei Tarife an. Im Monat April hat Familie Siede so viel Gas verbraucht, dass der Gesamtpreis bei beiden Tarifen der gleiche ist.
Wie viel Gas hat sie verbraucht und wie viel muss sie bezahlen? Stelle ein Gleichungssystem auf und löse zeichnerisch.

EUROGAS

Tarif	MINI	CLASSIC
Monatlicher Grundpreis	10,00 €	15,00 €
Preis je m³	0,60 €	0,40 €

4. Für eine Theateraufführung wurden insgesamt 100 Karten verkauft. Die Karten für Erwachsene kosteten 10 €. Ein Teil der Karten wurde an Jugendliche zum ermäßigten Preis von 5 € abgegeben. Insgesamt wurden 700 € eingenommen.
Wie viele Karten wurden an Jugendliche verkauft, wie viele an Erwachsene?

5. Welches der Zahlenpaare (3|5), (0|1), (1|2), (4|0), (2|2), (0|2), (−1|1) ist Lösung des Gleichungssystems $2x + y = 6$ *und* $3x - y = 4$?

6. Ermittle zeichnerisch die Lösungsmenge des Gleichungssystems. Führe eine Probe durch.

a) $\left| \begin{array}{l} x = 1 - y \\ 6x + 24 = 4y \end{array} \right|$ c) $\left| \begin{array}{l} y + 2x = 1{,}5 \\ 2y = 10 \end{array} \right|$ e) $\left| \begin{array}{l} x + 2y = 8 \\ 2x = 6 \end{array} \right|$ g) $\left| \begin{array}{l} 3p - 4q = 4 \\ 2p + q = 10 \end{array} \right|$

b) $\left| \begin{array}{l} 6x = 2y - 8 \\ 8y - 12 = 4x \end{array} \right|$ d) $\left| \begin{array}{l} \frac{1}{2}x - \frac{3}{2} = 0 \\ 2y - x = 6 \end{array} \right|$ f) $\left| \begin{array}{l} x + 2y = 3 \\ x + y = 1 \end{array} \right|$ h) $\left| \begin{array}{l} r + s = 0 \\ -2r + s = 3 \end{array} \right|$

7. Im Jugendherbergsverzeichnis ist angegeben, dass in der Jugendherberge in Eulenburg 145 Jugendliche in 35 Zimmern übernachten können. Es gibt nur Dreibett- und Fünfbettzimmer. Wie viele Dreibettzimmer, wie viele Fünfbettzimmer hat diese Jugendherberge?

8. Simon löst das Gleichungssystem $y = 2x - 5$ *und* $y = x - 3$. Er schreibt sogar einen Antwortsatz: „Das Gleichungssystem hat die Lösungen 2 und −1." Was sagst du dazu?

9. Nutze zur Lösung den GTR. Kontrolliere dein Ergebnis mit einer Probe.

a) $\left|\begin{array}{l} y = 5x - 8 \\ y = -3x + 9 \end{array}\right|$ b) $\left|\begin{array}{l} y = 1{,}27x - 3{,}79 \\ y = -3{,}83x + 2{,}85 \end{array}\right|$ c) $\left|\begin{array}{l} y = -\frac{3}{11}x + \frac{7}{9} \\ y = \frac{13}{5}x - \frac{7}{3} \end{array}\right|$ d) $\left|\begin{array}{l} 2y - 11 = 0 \\ 4y + 3x = 30 \end{array}\right|$

10. Kontrolliere Stefans Hausaufgaben.

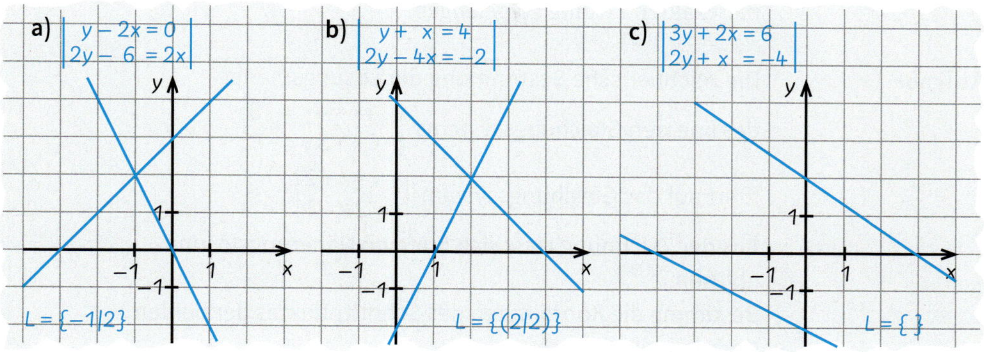

11. Bestimme zeichnerisch die Lösungsmenge des Gleichungssystems. Gib schon nach dem Auflösen der Gleichungen nach einer Variablen an, welcher der 3 Fälle (Seite 205 oben) vorliegt.

a) $\left|\begin{array}{l} 6y - 3x = 9 \\ -8y + 4x = -10 \end{array}\right|$ c) $\left|\begin{array}{l} 2x + y = 6 \\ 3x + 2y = 8 \end{array}\right|$ e) $\left|\begin{array}{l} 3x - 6y = 9 \\ 4x - 9y = 12 \end{array}\right|$ g) $\left|\begin{array}{l} 3u - v = 6 \\ u - 3v = 6 \end{array}\right|$

b) $\left|\begin{array}{l} 4x + 2y = 5 \\ -2x - y = -\frac{5}{2} \end{array}\right|$ d) $\left|\begin{array}{l} 3x - 6y = 2 \\ -1{,}5x + 3y = 1 \end{array}\right|$ f) $\left|\begin{array}{l} x - 9 = 0 \\ 2x - 3y = 6 \end{array}\right|$ h) $\left|\begin{array}{l} s + 3t = 6 \\ 2s + 6t = 9 \end{array}\right|$

12. Gib jeweils ein Gleichungssystem und seine Lösungsmenge an.

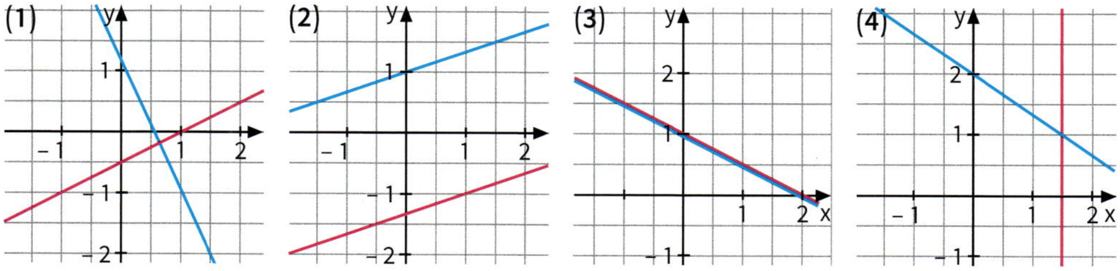

13. Jeder gibt zur Gleichung $2x - 5y = 3$ eine zweite an, sodass das Gleichungssystem
(1) keine Lösung; (2) genau eine Lösung; (3) unendlich viele Lösungen hat.
Vergleicht eure Lösungen. Was ist verschieden, was stimmt überein?

Das kann ich noch!

A) 1) Eine Dosenmilchsorte enthält 4 % Fett. Wie viel Fett befindet sich in 102 g Milch?

2) In einem Waldstück mit 1250 Bäumen gibt es 400 Nadelbäume. Wie groß ist der prozentuale Anteil der Nadelbäume?

3) Herr Brendt zahlt 865,26 € Steuern. Das sind 19 % seines Gehaltes. Wie hoch ist es?

4) Ein Geschäft verkauft an einem „Aktionstag" alle Waren um 15 % billiger. Henning kauft einen Zirkel für 6,63 Euro. Was kostet der Zirkel an anderen Tagen?

6.3 Gleichsetzungsverfahren

Einstieg

Löse das Gleichungssystem rechts zeichnerisch. Vergleiche deine Lösung mit der des Nachbarn.
Führt eine Probe durch. Versucht auf rechnerischem Weg zu einer exakten Lösung zu gelangen.

$$\left| \begin{array}{l} y = x - 1 \\ y = -2x + 4 \end{array} \right|$$

Aufgabe 1

Die zeichnerische Bestimmung der Lösungsmenge des linearen Gleichungssystems $\left| \begin{array}{r} 4x + 4y = 8 \\ -6x + 3y = -9 \end{array} \right|$

führt auf das Gleichungssystem $\left| \begin{array}{l} y = -x + 2 \\ y = 2x - 3 \end{array} \right|$.

Aus der Zeichnung lässt sich nur eine Näherungslösung ablesen.
Bestimme die Koordinaten des Schnittpunktes der beiden Geraden rechnerisch.

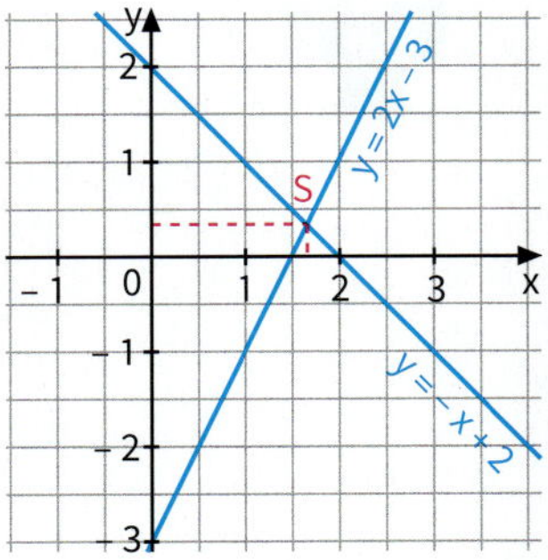

Lösung

Wenn x die erste Koordinate des Schnittpunktes S angibt, dann bezeichnen die rechten Seiten $-x + 2$ und $2x - 3$ des Gleichungssystems die zweite Koordinate des Schnittpunktes S, also dieselbe Zahl. Die rechten Seiten der beiden linearen Gleichungen müssen somit denselben Wert haben. Daraus erhalten wir folgende Gleichung:

$-x + 2 = 2x - 3 \quad |-2x$
$-3x + 2 = -3 \quad |-2$
$-3x = -5 \quad |:(-3)$
$x = \frac{5}{3}$

Gleichsetzen der rechten Seiten ergibt eine Gleichung, die nur noch eine Variable enthält: die x-Koordinate des gesuchten Lösungspaares.
Die x-Koordinate des Lösungspaares ist $\frac{5}{3}$.

$y = -x + 2$
$y = -\frac{5}{3} + 2$
$y = \frac{1}{3}$

Einsetzen von $\frac{5}{3}$ für x in der ersten Gleichung des Systems liefert eine Gleichung für die y-Koordinate des Lösungspaares.
Die y-Koordinate ist $\frac{1}{3}$.

Statt $\frac{5}{3}$ in die erste Gleichung, hätte man $\frac{5}{3}$ auch in die zweite Gleichung einsetzen können.

$L = \left\{ \left(\frac{5}{3} \middle| \frac{1}{3} \right) \right\}$ Lösungsmenge

Probe: 1. Gleichung: $4 \cdot \frac{5}{3} + 4 \cdot \frac{1}{3} \stackrel{?}{=} 8$
$\frac{20}{3} + \frac{4}{3} = 8$ wahr

2. Gleichung: $-6 \cdot \frac{5}{3} + 3 \cdot \frac{1}{3} \stackrel{?}{=} -9$
$-10 + 1 = -9$ wahr

Ergebnis: Die Lösungsmenge des Gleichungssystems enthält das Paar $\left(\frac{5}{3} \middle| \frac{1}{3} \right)$, also $L = \left\{ \left(\frac{5}{3} \middle| \frac{1}{3} \right) \right\}$.

Information

Dieses Lösungsverfahren für lineare Gleichungssysteme nennt man **Gleichsetzungsverfahren**, da die rechten Seiten der beiden Gleichungen des umgeformten Systems einander gleichgesetzt wurden. In der obigen Lösung haben wir zum Lösen des Gleichungssystems mit zwei Variablen zunächst eine Gleichung mit einer Variablen erzeugt und diese gelöst. Dann haben wir diese Lösung in eine der umgeformten Gleichungen eingesetzt.
Man kann den Lösungsweg so aufschreiben, dass stets Gleichungssysteme mit derselben Lösungsmenge untereinander stehen. Dadurch wird deutlich, dass ein Gleichungssystem als Ganzes zum Lösen umgeformt wird (siehe nächste Seite).

Wir lösen beide Gleichungen nach y auf.	$\left\| \begin{array}{r} 4x + 4y = 8 \\ -6x + 3y = -9 \end{array} \right\|$
Wir setzen die rechten Seiten der beiden Gleichungen gleich und behalten die zweite Gleichung bei (für spätere Berechnung von y).	$\left\| \begin{array}{l} y = -x + 2 \\ y = 2x - 3 \end{array} \right\|$
Wir vereinfachen die erste Gleichung.	$\left\| \begin{array}{r} 2x - 3 = -x + 2 \\ y = 2x - 3 \end{array} \right\|$
Wir lösen die erste Gleichung nach x auf.	$\left\| \begin{array}{l} 3x = 5 \\ y = 2x - 3 \end{array} \right\|$
Wir setzen den berechneten Wert in die zweite Gleichung ein.	$\left\| \begin{array}{l} x = \frac{5}{3} \\ y = 2x - 3 \end{array} \right\|$
Wir vereinfachen die zweite Gleichung und lesen die Lösungsmenge ab.	$\left\| \begin{array}{l} x = \frac{5}{3} \\ y = 2 \cdot \frac{5}{3} - 3 \end{array} \right\|$
	$\left\| \begin{array}{l} x = \frac{5}{3} \\ y = \frac{1}{3} \end{array} \right\|$
	$L = \left\{ \left(\frac{5}{3} \mid \frac{1}{3} \right) \right\}$

Die untereinander geschriebenen linearen Gleichungssysteme haben alle die gleiche Lösungsmenge. Man sagt auch, dass diese Gleichungssysteme zueinander äquivalent sind.

Gleichsetzungsverfahren zur rechnerischen Lösung von Gleichungssystemen

(1) Löse beide Gleichungen nach einer gemeinsamen Variablen auf. Das kann auch x sein.
(2) Erzeuge dann durch Gleichsetzen eine Gleichung mit nur noch einer Variablen. Behalte eine der beiden Gleichungen mit zwei Variablen bei.
(3) Berechne aus der Gleichung mit nur einer Variablen eine Koordinate des Lösungspaares.
(4) Setze diesen Wert in die andere Gleichung ein und berechne daraus die andere Koordinate.
(5) Gib die Lösungsmenge an. Du kannst zur Kontrolle auch eine Probe durchführen.

Übungsaufgaben

2. Bestimme die Lösungsmenge mithilfe des Gleichsetzungsverfahrens. Mache die Probe.

a) $\left| \begin{array}{l} y = 2x - 11 \\ y = 3x - 14 \end{array} \right|$ b) $\left| \begin{array}{l} x = 3y + 14 \\ x = 5y + 22 \end{array} \right|$ c) $\left| \begin{array}{r} x - y = 10 \\ 6x + 2y = 32 \end{array} \right|$ d) $\left| \begin{array}{r} 3p - 2q = 11 \\ 2p - 8q = -12 \end{array} \right|$

3. Beim Gleichsetzungsverfahren ist es nicht unbedingt erforderlich, die Gleichungen nach x oder y aufzulösen. Bei den folgenden Gleichungssystemen ist es geschickter, für das Gleichsetzen andere Terme zu verwenden.

a) $\left| \begin{array}{l} 5y = 2x - 1 \\ 5y = 3x - 6 \end{array} \right|$ b) $\left| \begin{array}{r} 16x = 13 - 21y \\ -16x = 15 + 25y \end{array} \right|$ c) $\left| \begin{array}{r} -9y + 2x = 4 \\ 5y = 2x - 4 \end{array} \right|$ d) $\left| \begin{array}{r} 2s = -t + 11 \\ s = 2t - 7 \end{array} \right|$

4. Löse das Gleichungssystem möglichst günstig mit dem Gleichsetzungsverfahren.

a) $\left| \begin{array}{l} 4y = 3x - 4 \\ 4y = 5x - 20 \end{array} \right|$ c) $\left| \begin{array}{l} 6x - 5y = 42 \\ 2x + 3y = 42 \end{array} \right|$ e) $\left| \begin{array}{r} v = 3u - 4 \\ 2v = 5u + 3 \end{array} \right|$ g) $\left| \begin{array}{l} 0{,}5x = 0{,}3y - 0{,}19 \\ 0{,}5x = 1{,}1y - 1{,}23 \end{array} \right|$

b) $\left| \begin{array}{r} 1y = 4x - 6 \\ 11y = 9x - 41 \end{array} \right|$ d) $\left| \begin{array}{l} 7x + 32y = 13 \\ 9x + 8y = 83 \end{array} \right|$ f) $\left| \begin{array}{l} 6y = 3x - 2 \\ 2y = 2x + 2 \end{array} \right|$ h) $\left| \begin{array}{l} 5y = \frac{1}{2}x + \frac{1}{3} \\ 5y = \frac{2}{3}x + \frac{1}{6} \end{array} \right|$

6.4 Einsetzungsverfahren

Ziel

Rechts siehst du den Anfang des Lösens eines Gleichungssystems mit dem Gleichsetzungsverfahren. Wegen der Brüche ist das Lösen dieses Gleichungssystems etwas mühsam.
Du wirst in diesem Abschnitt ein weiteres rechnerisches Lösungsverfahren kennen lernen, das bei diesem Gleichungssystem einfacher und schneller zum Ziel führt als das Gleichsetzungsverfahren.

$$\left| \begin{aligned} 7x + 3y &= 14 \\ y &= -2x+3 \end{aligned} \right|$$
$$\left| \begin{aligned} 3y &= 14 - 7x \\ y &= -2x+3 \end{aligned} \right|$$
$$\left| \begin{aligned} y &= \tfrac{14}{3} - \tfrac{7}{3}x \\ y &= -2x+3 \end{aligned} \right|$$

Zum Erarbeiten

Löse das obige Gleichungssystem, indem du für die Variable y der ersten Gleichung die rechte Seite der zweiten Gleichung einsetzt. Erläutere das Verfahren.

$$\left| \begin{aligned} 7x + 3y &= 14 \\ y &= -2x+3 \end{aligned} \right|$$

Die zweite Gleichung sagt, dass y und $-2x+3$ denselben Wert haben sollen; deshalb darfst du das y der ersten Gleichung durch den Term $-2x+3$ ersetzen.

$$\left| \begin{aligned} 7x + 3(-2x+3) &= 14 \\ y &= -2x+3 \end{aligned} \right|$$
$$\left| \begin{aligned} 7x - 6x + 9 &= 14 \\ y &= -2x+3 \end{aligned} \right|$$

In der ersten Gleichung kommt die Variable y nicht mehr vor. Die erste Gleichung kannst du jetzt wie gewohnt nach x auflösen und den erhaltenen Wert in die zweite Gleichung einsetzen.

$$\left| \begin{aligned} x + 9 &= 14 \\ y &= -2x+3 \end{aligned} \right|$$
$$\left| \begin{aligned} x &= 5 \\ y &= -2 \cdot 5 + 3 \end{aligned} \right|$$
$$\left| \begin{aligned} x &= 5 \\ y &= -7 \end{aligned} \right|$$
$$L = \{(5 \mid -7)\}$$

Information

Das Einsetzungsverfahren bietet sich zum Lösen eines linearen Gleichungssystems an, wenn nur eine der beiden Gleichungen gut nach einer der beiden Variablen aufgelöst werden kann.

Einsetzungsverfahren zur rechnerischen Lösung von Gleichungssystemen
(1) Löse eine der beiden Gleichungen nach einer Variablen auf.
(2) Setze den erhaltenen Term in die andere Gleichung ein und löse die Gleichung.
(3) Setze die berechnete Koordinate in die andere, beibehaltene Gleichung ein und bestimme daraus die andere Koordinate des Lösungspaares.
(4) Gib die Lösungsmenge an.
(5) Du kannst zur Kontrolle auch eine Probe durchführen.

Zum Üben

1. Löse das lineare Gleichungssystem mithilfe des Einsetzungsverfahrens. Mache die Probe.

a) $\left| \begin{aligned} 5x + y &= 2 \\ y &= 7x - 22 \end{aligned} \right|$ b) $\left| \begin{aligned} x &= 5y + 11 \\ 10x - 6y &= 0 \end{aligned} \right|$ c) $\left| \begin{aligned} 7x - 3y &= 17 \\ x &= 4y + 6 \end{aligned} \right|$ d) $\left| \begin{aligned} 13x - 9y &= -41 \\ x - 5y &= -1 \end{aligned} \right|$

2. Löse vorteilhaft mithilfe des Einsetzungsverfahrens, indem du nicht für eine Variable, sondern für einen Term einsetzt.

a) $\left| \begin{aligned} -4x + 7y &= -1 \\ 7y &= -x + 19 \end{aligned} \right|$ b) $\left| \begin{aligned} 13x - \tfrac{1}{6}y &= -5 \\ \tfrac{1}{6}y &= 5x + 9 \end{aligned} \right|$ c) $\left| \begin{aligned} 2r + \tfrac{1}{3}s &= -5 \\ -6r + s &= 9 \end{aligned} \right|$ d) $\left| \begin{aligned} -6x + 42y &= 0 \\ 13x - 70y &= -21 \end{aligned} \right|$

6.5 Additionsverfahren

Einstieg

Am Schulkiosk wird Heiße Schokolade in Tassen verkauft, auf die ein Pfand erhoben wird. Merlin holt für sich und seine Freunde 3 Tassen und bezahlt 6,60 €. Luisa holt 5 Tassen, gibt gleichzeitig aber 8 leere Tassen zurück. Sie bezahlt nur 3,00 €. Wie viel kostet eine Tasse Heiße Schokolade? Wie viel Pfand wird für eine Tasse erhoben?

Einführung

Lösen eines Gleichungssystems durch Addieren

Bei einem Fest werden Getränke in Gläsern verkauft, auf die ein Pfand bezahlt werden muss. Ben besorgt für die Klassenkameraden 5 Getränke und bezahlt 6 €. Emma holt noch 4 Getränke, gibt aber 9 leere Gläser ab und bezahlt 30 Cent. Welchen Preis hat ein Getränk, wie viel wird als Pfand für ein Glas erhoben?

Wir bezeichnen die gesuchten Größen mit Variablen:
x: Preis eines Getränks (in €)
y: Pfand für ein Glas (in €)

Bens Einkauf lässt sich dann beschreiben durch die Gleichung: $5x + 5y = 6{,}00$
Für Emmas Einkauf gilt: $4x + 4y - 9y = 0{,}30$, also $4x - 5y = 0{,}30$

Das Problem wird beschrieben durch das Gleichungssystem:

$$\left| \begin{array}{l} 5x + 5y = 6{,}00 \\ 4x - 5y = 0{,}30 \end{array} \right|$$

Hieran kann man erkennen, dass für 9 Getränke zusammen 6,30 € bezahlt werden müssen, denn das Pfandgeld hebt sich zusammen auf. Man erhält diese Information auch, wenn man beide Gleichungen addiert: $(5x + 5y) + (4x - 5y) = 9x$ sowie $6{,}00 + 0{,}30 = 6{,}30$

$$\left| \begin{array}{l} 9x = 6{,}30 \\ 4x - 5y = 0{,}30 \end{array} \right| \quad |:9$$

$$\left| \begin{array}{r} x = 0{,}70 \\ 4 \cdot 0{,}70 - 5y = 0{,}30 \end{array} \right|$$

Wert für x sofort in die 2. Gleichung einsetzen.

$$\left| \begin{array}{r} x = 0{,}70 \\ 2{,}80 - 5y = 0{,}30 \end{array} \right| \quad |-2{,}80$$

$$\left| \begin{array}{r} x = 0{,}70 \\ -5y = -2{,}50 \end{array} \right| \quad |:(-5)$$

$$\left| \begin{array}{l} x = 0{,}70 \\ y = 0{,}50 \end{array} \right|$$

Ergebnis: Ein Getränk kostet 0,70 €, das Pfand für ein Glas beträgt 0,50 €.
Das Lösungsverfahren nennt man *Additionsverfahren*, da die beiden Gleichungen des linearen Gleichungssystems addiert werden, um eine einfache Gleichung zu erhalten.

Aufgabe 1

Multiplizieren der Gleichung vor dem Addieren

Bestimme die Lösungsmenge des linearen Gleichungssystems $\left|\begin{array}{l} 2x+9y=-1 \\ 3x+2y=10 \end{array}\right|$.

Hinweis: Durch bloßes Addieren der beiden Gleichungen lässt sich keine Gleichung mit nur einer Variablen erhalten. Forme zunächst die beiden Gleichungen des Gleichungssystems so um, dass durch das Additionsverfahren eine der beiden Variablen wegfällt.

Lösung

$$\left|\begin{array}{l} 2x+9y=-1 \\ 3x+2y=10 \end{array}\right| \quad \begin{array}{l} |\cdot 3 \\ |\cdot(-2) \end{array}$$

Wir multiplizieren beide Gleichungen so, dass die Koeffizienten von x in den beiden Gleichungen Gegenzahlen voneinander sind. Wir behalten die zweite Gleichung bei, da sie kleinere Koeffizienten als die erste Gleichung besitzt.

$$\left|\begin{array}{r} 6x+27y=-3 \\ -6x-4y=-20 \end{array}\right| \oplus$$

$$\left|\begin{array}{r} 23y=-23 \\ 3x+2y=10 \end{array}\right|$$

Die Gleichung mit den kleineren Koeffizienten beibehalten.

$$\left|\begin{array}{r} y=-1 \\ 3x+2y=10 \end{array}\right|$$

Der Wert für y wird in die zweite Gleichung eingesetzt.

$$\left|\begin{array}{r} y=-1 \\ 3x+2\cdot(-1)=10 \end{array}\right|$$

$$\left|\begin{array}{l} y=-1 \\ 3x=12 \end{array}\right|$$

$$\left|\begin{array}{l} y=-1 \\ x=4 \end{array}\right|$$

$L=\{(4|-1)\}$

Probe:

1. Gleichung: $2\cdot 4+9\cdot(-1)\stackrel{?}{=}-1$
   $8-9=1$ wahr

2. Gleichung: $3\cdot 4+2\cdot(-1)\stackrel{?}{=}10$
   $12-2=10$ wahr

Information

Additionsverfahren zur Lösung eines linearen Gleichungssystems

(1) Multipliziere (oder dividiere) eine oder beide Gleichungen mit von 0 verschiedenen Zahlen, sodass die Koeffizienten einer Variablen in den beiden Gleichungen Gegenzahlen voneinander sind.

(2) Addiere die beiden Gleichungen. Behalte als zweite Gleichung eine der beiden Gleichungen des Ausgangssystems bei.

(3) Eine der beiden Gleichungen enthält nur noch eine Variable. Berechne daraus eine Koordinate des Lösungspaares. Setze sie anschließend in die andere Gleichung ein und berechne daraus die andere Koordinate.

(4) Gib die Lösungsmenge an.

(5) Du kannst zur Kontrolle auch eine Probe durchführen.

Übungsaufgaben

2. Bestimme die Lösungsmenge des Gleichungssystems mit dem Additionsverfahren.

a) $\left|\begin{array}{r} -x+7y=5 \\ 3x+5y=11 \end{array}\right|$

b) $\left|\begin{array}{r} -4x+6y=14 \\ 4x+3y=-5 \end{array}\right|$

c) $\left|\begin{array}{r} -x-5y=-17 \\ 7x+5y=-1 \end{array}\right|$

d) $\left|\begin{array}{r} x+7y=-17 \\ 4x+y=13 \end{array}\right|$

e) $\left|\begin{array}{r} -u+5v=0 \\ -3u-4v=-19 \end{array}\right|$

f) $\left|\begin{array}{r} -2x+5y=19 \\ 3x-4y=-18 \end{array}\right|$

g) $\left|\begin{array}{r} -5x+y=18 \\ 2x-6y=4 \end{array}\right|$

h) $\left|\begin{array}{r} 3x+5y=2 \\ -15x+25y=-10 \end{array}\right|$

i) $\left|\begin{array}{r} 6x-3y=3 \\ -4x+2y=-2 \end{array}\right|$

3. Bestimme die Lösungsmenge. Du kannst das Ergebnis mit einer Probe überprüfen.

a) $\begin{vmatrix} 2x - 3y = -13 \\ 5x + 2y = -\ \ 4 \end{vmatrix}$ c) $\begin{vmatrix} x - 4y = 5 \\ -3x - 4y = 5 \end{vmatrix}$ e) $\begin{vmatrix} \frac{1}{2}x + \frac{1}{2}y = 0 \\ -x - \ \ y = 1 \end{vmatrix}$

b) $\begin{vmatrix} -2p + \ 7q = \ 5 \\ 8p - 14q = -4 \end{vmatrix}$ d) $\begin{vmatrix} 6x - 3y = -9 \\ 8x - \ \ y = \ \ 0 \end{vmatrix}$ f) $\begin{vmatrix} \frac{1}{2}x + \frac{5}{3}y = 11 \\ 5x - \frac{1}{2}y = \ \ 7 \end{vmatrix}$

4. Antonio hat Gleichungssysteme mit dem Additionsverfahren gelöst. Betrachtet seine Ansätze und überlegt gemeinsam, ob man noch geschickter vorgehen könnte.

$\begin{vmatrix} 2x - 5y = -4 \\ 3x + 9y = 27 \end{vmatrix} \begin{matrix} \cdot 9 \\ \cdot 5 \end{matrix}$ $\begin{vmatrix} 3x - 7y = -27 \\ 6x + 12y = 24 \end{vmatrix} \cdot(-2)$ $\begin{vmatrix} -6x + 11y = 12 \\ 9x - 13y = -18 \end{vmatrix} \begin{matrix} \cdot 9 \\ \cdot 6 \end{matrix}$

$\begin{vmatrix} 18x - 45y = -36 \\ 15x + 45y = 135 \end{vmatrix}$ $\begin{vmatrix} -6x + 14y = 54 \\ 6x + 12y = 24 \end{vmatrix}$ $\begin{vmatrix} -54x + 99y = 108 \\ 54x - 78y = 108 \end{vmatrix}$

5. Benutze das Additionsverfahren. Multipliziere so, dass keine Brüche auftreten.

a) $\begin{vmatrix} 2x + 3y = \ \ 9 \\ \frac{1}{3}x - \frac{1}{5}y = 12 \end{vmatrix}$ e) $\begin{vmatrix} 2\frac{1}{4}x + 2\frac{1}{5}y = 29 \\ 1\frac{1}{2}x + 1\frac{2}{5}y = 19 \end{vmatrix}$

b) $\begin{vmatrix} \frac{8}{11}x + \frac{3}{4}y = 14 \\ \frac{6}{11}x - \frac{1}{2}y = \ \ 2 \end{vmatrix}$ f) $\begin{vmatrix} \frac{2}{3}w + \frac{1}{6}z = \frac{5}{8} \\ 5w + \ \ z = 3 \end{vmatrix}$

c) $\begin{vmatrix} \frac{3}{2}u - 2v = 9 \\ \frac{2}{5}u + \frac{1}{3}v = 5 \end{vmatrix}$ g) $\begin{vmatrix} \frac{2}{3}p - \frac{5}{7}q = \frac{2}{3} \\ p + \ \ q = 10\frac{2}{3} \end{vmatrix}$

d) $\begin{vmatrix} \frac{3}{2}x + \frac{6}{7}y = 108 \\ \frac{1}{5}x - \frac{1}{8}y = \ \ 1 \end{vmatrix}$ h) $\begin{vmatrix} \frac{7x + 4y}{5} = \frac{5x + 1}{2} \\ \frac{5x + 1}{3} = \frac{3y + 10}{8} \end{vmatrix}$

$\begin{vmatrix} \frac{1}{4}x + \frac{1}{3}y = 3 \\ \frac{1}{8}x - \frac{1}{6}y = \frac{1}{2} \end{vmatrix}$

Multipliziere die 1. Gleichung mit dem Hauptnenner 12 und die 2. Gleichung mit dem Hauptnenner 24.

$\begin{vmatrix} 3x + 4y = 36 \\ 3x - 4y = 12 \end{vmatrix}$

⋮

$L = \{(8|3)\}$

6. Beim Additionsverfahren kann man oft die Zwischenschritte im Kopf ausrechnen. Dadurch spart man Zeit und Schreibarbeit.

$\begin{vmatrix} 2x + y = 4 \\ x - 2y = -3 \end{vmatrix} \begin{matrix} \cdot 2 \\ \ \end{matrix} \Big\} \oplus \quad \cdot(-2) \Big\} \oplus$

$\begin{vmatrix} 5x = 5 \\ 5y = 10 \end{vmatrix}$

$\begin{vmatrix} x = 1 \\ y = 2 \end{vmatrix}$

$\begin{vmatrix} 2x + 3y = 9 \\ -3x + 2y = -7 \end{vmatrix} \begin{matrix} \cdot 2 \\ \cdot(-3) \end{matrix} \Big\} \oplus \begin{matrix} \cdot 3 \\ \cdot 2 \end{matrix} \Big\} \oplus$

$\begin{vmatrix} 13x = 39 \\ 13y = 13 \end{vmatrix}$

$\begin{vmatrix} x = 3 \\ y = 1 \end{vmatrix}$

Löse entsprechend.

a) $\begin{vmatrix} 2x + 3y = 39 \\ 3x + 2y = 41 \end{vmatrix}$ b) $\begin{vmatrix} 7x + 6y = 10 \\ 5x + 2y = \ \ 6 \end{vmatrix}$ c) $\begin{vmatrix} 2x - 4y = -64 \\ x + 3y = \ \ 73 \end{vmatrix}$ d) $\begin{vmatrix} 2{,}2x + 0{,}9y = 4{,}4 \\ 2{,}6x + 2{,}7y = 8{,}8 \end{vmatrix}$

6.6 Sonderfälle beim rechnerischen Lösen

Einstieg

Bildet acht ungefähr gleich große Teams in der Klasse. Jedes Team löst ein Gleichungssystem.

Team 1 und 5
$$\left| \begin{array}{r} x - 2y = -3 \\ -5x + 10y = 13 \end{array} \right|$$

Team 2 und 6
$$\left| \begin{array}{r} x = 1 - 2y \\ 3x + 6y = 3 \end{array} \right|$$

Team 3 und 7
$$\left| \begin{array}{r} -x - 8y = 6 \\ 1{,}5x + 12y = -9 \end{array} \right|$$

Team 4 und 8
$$\left| \begin{array}{r} 4x - 7y = -13 \\ 7y = 5 + 4x \end{array} \right|$$

Beschreibt, welche unerwartete Situation dabei auftritt. Welche Aussage könnt ihr über die Lösungsmenge machen? Gebt – falls möglich – ein Lösungspaar oder mehrere Lösungspaare an. Anschließend vergleichen die Teams mit demselben Gleichungssystem ihre Lösungen und bereiten eine Präsentation in der Klasse vor.

Aufgabe 1

a) Ermittle die Lösung des Gleichungssystems:

(1) $\left| \begin{array}{r} 6x + 4y = 4 \\ 9x + 6y = 5 \end{array} \right|$ (2) $\left| \begin{array}{r} 4x - 2y = 14 \\ 6x - 3y = 21 \end{array} \right|$

b) Überprüfe dein Ergebnis an den Geraden, die zu den Gleichungen gehören.

Lösung

a) Wir lösen beide Gleichungssysteme mit dem Einsetzungsverfahren.

(1)
$$\left| \begin{array}{r} 6x + 4y = 4 \\ 9x + 6y = 5 \end{array} \right| \begin{array}{l} |\cdot 3 \\ |\cdot(-2) \end{array}$$
$$\left| \begin{array}{r} 18x + 12y = 12 \\ -18x - 12y = -10 \end{array} \right| \oplus$$
$$\left| \begin{array}{r} 0 = 2 \\ 9x + 6y = 5 \end{array} \right|$$

Die erste Gleichung des letzten Systems ist eine falsche Aussage. Man kann also kein Zahlenpaar $(x\,|\,y)$ einsetzen, sodass die erste *und* die zweite Gleichung des Systems zu wahren Aussagen werden.
Folglich ist die Lösungsmenge leer:
$L = \{\ \}$

(2)
$$\left| \begin{array}{r} 4x - 2y = 14 \\ 6x - 3y = 21 \end{array} \right| \begin{array}{l} |\cdot 3 \\ |\cdot(-2) \end{array}$$
$$\left| \begin{array}{r} 12x - 6y = 42 \\ -12x + 6y = -42 \end{array} \right| \oplus$$
$$\left| \begin{array}{r} 0 = 0 \\ 6x - 3y = 21 \end{array} \right|$$

Die erste Gleichung des letzten Systems ist eine wahre Aussage. Bei der Einsetzung von jedem Zahlenpaar $(x\,|\,y)$, das die zweite Gleichung erfüllt, sind die erste *und* die zweite Gleichung des Systems wahre Aussagen.
Folglich enthält die Lösungsmenge unendlich viele Zahlenpaare:
$L = \{(x\,|\,y)\,|\,y = 2x - 7\}$ Obige Gleichung nach y aufgelöst

b) Zur Probe lösen wir beide Gleichungen des Gleichungssystems nach y auf.

(1) 1. Gleichung:
$$\begin{array}{rl} 9x + 6y = 5 & |-9x \\ 6y = -9x + 5 & |\cdot 6 \\ y = -1{,}5x + \frac{5}{6} & \end{array}$$

2. Gleichung:
$$\begin{array}{rl} 6x + 4y = 4 & |-6 \\ 4y = -6x + 4 & |:4 \\ y = -1{,}5x + 1 & \end{array}$$

Die Geraden zu diesen beiden Gleichungen sind parallel zueinander bei verschiedenen y-Achsenabschnitten. Sie haben keinen Punkt gemeinsam.

(2) 1. Gleichung:
$$\begin{array}{rl} 4x - 2y = 14 & |-4x \\ -2y = -4x + 14 & |:(-2) \\ y = 2x - 7 & \end{array}$$

2. Gleichung:
$$\begin{array}{rl} 6x - 3y = 21 & |-6x \\ -3y = -6x + 21 & |:(-3) \\ y = 2x = 7 & \end{array}$$

Die Geraden zu diesen beiden Gleichungen fallen zusammen. Sie haben also unendlich viele Punkte gemeinsam.

Information

Entsteht beim Umformen einer Gleichung eines linearen Gleichungssystems eine falsche Aussage wie z.B. $-8 = 4$, so gibt es kein Zahlenpaar, das diese Aussage und die zweite Gleichung zugleich erfüllt. Die Lösungsmenge dieses linearen Gleichungssystems ist also die leere Menge:
$L = \{\ \}$
Die Graphen der Gleichungen sind zueinander parallele Geraden ohne gemeinsamen Punkt.

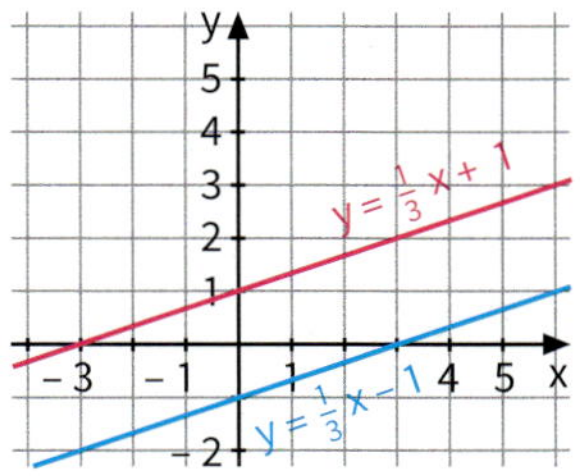

Entsteht beim Umformen einer Gleichung eines linearen Gleichungssystems eine wahre Aussage wie z.B. $12 = 12$, so erfüllen alle Zahlenpaare, die die zweite Gleichung erfüllen, auch das ganze Gleichungssystem. Seine Lösungsmenge enthält dann unendlich viele Elemente:
$L = \{(x\,|\,y)\,|\,y = mx + n\}$
Die Graphen der Gleichungen sind zusammenfallende Geraden.
Für das abgebildete Beispiel gilt:
$L = \{(x\,|\,y)\,|\,y = -x + 1\}$

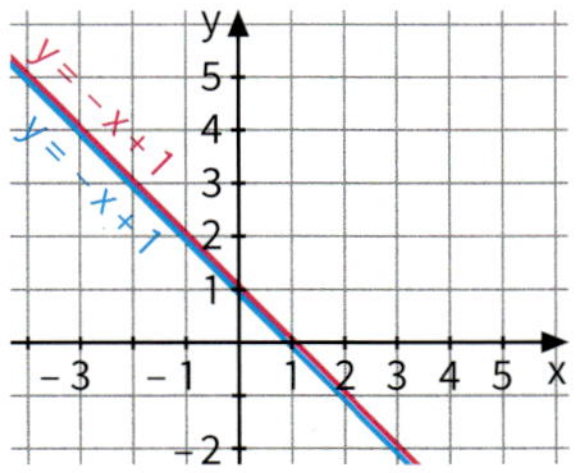

Übungsaufgaben

2. Bestimme die Lösungsmenge der Gleichungssysteme rechts.
Zeichne zur Probe auch die zugehörigen Geraden.

(1) $\left| \begin{array}{r} 2y - 3x = 4 \\ -6y + 9x = 15 \end{array} \right|$ (2) $\left| \begin{array}{r} 2x - 4y = 6 \\ -3x + 6y = -9 \end{array} \right|$

3. Gib bei unendlichen Lösungsmengen drei verschiedene Lösungen an.

(1) $\left| \begin{array}{r} 2x - 4y = -1 \\ -4x + 8y = 2 \end{array} \right|$ (3) $\left| \begin{array}{r} 4x - 6y = 5 \\ -3x + 4{,}5y = 2{,}5 \end{array} \right|$ (5) $\left| \begin{array}{r} \frac{1}{2}x - \frac{1}{3}y = 1 \\ 3x = 6 + 2y \end{array} \right|$

(2) $\left| \begin{array}{r} 2x + 3y = 7 \\ -6x - 9y = 20 \end{array} \right|$ (4) $\left| \begin{array}{r} 48x - 8y = 0 \\ 36x - 6y = 0 \end{array} \right|$ (6) $\left| \begin{array}{r} 3x + 6y = 9 \\ -5x - 10y = -15 \end{array} \right|$

4. Milan hat lineare Gleichungssysteme gelöst. Kontrolliere seine Aufgaben.

a) $\left| \begin{array}{r} 6x - 4y = -3 \\ -9x + 6y = 4{,}5 \end{array} \right| \begin{array}{l} \cdot 3 \\ \cdot 2 \end{array}$

$\left| \begin{array}{r} 0 = 0 \\ -9x + 6y = 4{,}5 \end{array} \right|$

$L = \{-9x + 6y = 4{,}5\}$

b) $\left| \begin{array}{r} 10x - 2y = 4 \\ 5x - y = -2 \end{array} \right| \begin{array}{l} \\ \cdot 2 \end{array}$

$\left| \begin{array}{l} 0 = 0 \\ y = 5x + 2 \end{array} \right|$

$L = \{(x\,|\,y)\,|\,5x + 2\}$

c) $\left| \begin{array}{l} u + 2y = 0 \\ u - 3y = 0 \end{array} \right|$

$u + 2y \neq u - 3y$, also
$L = \{\ \}$

5. Welche der Lösungsmengen L_a, L_b, L_c, L_d, L_e gehören zu den Gleichungssystemen (1) bis (5)?

(1) $\left| \begin{array}{l} 7 = 7 \\ y = 5 \end{array} \right|$

$L_c = \{(x\,|\,y)\,|\,y = 5\}$

$L_b = \{(x\,|\,y)\,|\,x = -3\}$

(5) $\left| \begin{array}{l} 5 = 5 \\ -7 = -7 \end{array} \right|$

$L_e = \{(x\,|\,y)\,|\,x, y \text{ beliebig}\}$

(4) $\left| \begin{array}{l} 6x + 2y = 0 \\ -2 = -2 \end{array} \right|$

(3) $\left| \begin{array}{l} x = -3 \\ 3 = 3 \end{array} \right|$

(2) $\left| \begin{array}{l} 2x - 0{,}4y = 3 \\ -3 = 3 \end{array} \right|$

$L_a = \{(x\,|\,y)\,|\,y = -3x\}$

$L_d = \{\ \}$

6.7 Vermischte Übungen

1. Bestimme die Lösungsmenge mit einem geeigneten Verfahren.
Gib nach möglichst wenigen Umformungsschritten an, ob das System eine, keine oder unendlich viele Lösungen hat.

a) $\left| \begin{array}{l} 2x - 3y = 15 \\ 3x - 2y = 15 \end{array} \right|$ e) $\left| \begin{array}{r} r = 2s - 6 \\ 3r + 6s = -2 \end{array} \right|$ i) $\left| \begin{array}{r} 2w + 7z = 7z \\ 2w = 3{,}5 \end{array} \right|$

b) $\left| \begin{array}{r} 2x + 3y = 5 \\ 2x = -3y + 6 \end{array} \right|$ f) $\left| \begin{array}{r} x = 3 - y \\ 3x + 2y = 5 \end{array} \right|$ j) $\left| \begin{array}{l} -x + 4y = 5 \\ 2x - 16y = 10 \end{array} \right|$

c) $\left| \begin{array}{r} u = 3 - 2v \\ 5u + 10v = 15 \end{array} \right|$ g) $\left| \begin{array}{l} 2y + 8x = 10 \\ 3y + 12x = 15 \end{array} \right|$ k) $\left| \begin{array}{r} \frac{y}{3} = \frac{5}{6} - \frac{x}{5} \\ \frac{x}{2} + \frac{y}{3} = 1 \end{array} \right|$

d) $\left| \begin{array}{l} y = -4x + 11 \\ y = 3x \end{array} \right|$ h) $\left| \begin{array}{l} 6x + 2y = -10 \\ 6x - 3y = 0 \end{array} \right|$ l) $\left| \begin{array}{l} 3x - 2y = 0 \\ 9x - 6y = 0 \end{array} \right|$

2. Julia hat lineare Gleichungssysteme gelöst. Kontrolliere ihre Aufgaben.

a) $\left| \begin{array}{r} 4x - 2y = 3 \\ y = 2x \end{array} \right|$
$\left| \begin{array}{r} 4x - 4y = 3 \\ y = 2x \end{array} \right|$
$L = \{ \}$

b) $\left| \begin{array}{r} 6x + y = 3x \\ y = -2x \end{array} \right|$
$\left| \begin{array}{r} 6x - 2x = 3x \\ y = -2x \end{array} \right|$
$L = \{ \}$

c) $\left| \begin{array}{r} x - 4y = 3 \\ x = 3 + 4y \end{array} \right|$
$\left| \begin{array}{r} 3 + 4y - 4y = 3 \\ x = 3 + 4y \end{array} \right|$
$L = \{(x|y) \mid x = 3 + 4y\}$

3. Ermittle die Lösungsmenge. Du kannst das Ergebnis mit einer Probe überprüfen.

a) $\left| \begin{array}{l} 3x + 5y = 38 \\ y = 6x + 1 \end{array} \right|$ d) $\left| \begin{array}{r} 5x - 10y = 20 \\ -3x + 6y = -10 \end{array} \right|$ g) $\left| \begin{array}{l} 2x + 3y = 1x \\ 3x + 4{,}5y = 1{,}5 \end{array} \right|$

b) $\left| \begin{array}{l} 2x + 5y = 14 \\ 2x - 6y = -30 \end{array} \right|$ e) $\left| \begin{array}{r} 3x - 5y = -14 \\ x + y = 6 \end{array} \right|$ h) $\left| \begin{array}{l} s = 3t - 2 \\ s = 8{,}5 - 4t \end{array} \right|$

c) $\left| \begin{array}{l} y = -4x + 23 \\ y = 3x - 12 \end{array} \right|$ f) $\left| \begin{array}{l} q = 2p - 0{,}75 \\ q = 7p - 3{,}25 \end{array} \right|$ i) $\left| \begin{array}{l} 2{,}5w - 3{,}5z = 31 \\ 1{,}5w + 4{,}5z = -21 \end{array} \right|$

4. Löse zeichnerisch mit dem GTR. Gib bei den unendlichen Lösungsmengen drei verschiedene Lösungspaare an.

a) $\left| \begin{array}{r} 2x + y = 0 \\ x - y = -6 \end{array} \right|$ b) $\left| \begin{array}{l} y = 0{,}125x + 2 \\ 2x - 16y + 8 = 0 \end{array} \right|$ c) $\left| \begin{array}{l} 13{,}8x = 4 + y \\ 27x - 2y = 59 \end{array} \right|$ d) $\left| \begin{array}{l} y = 0{,}036x \\ y + 0{,}03 = 0{,}01x \end{array} \right|$

5. Gib jeweils ein lineares Gleichungssystem mit der angegebenen Lösungsmenge an.

a) $L = \{(0|4{,}7)\}$ c) $L = \{ \}$ e) $L = \left\{(x|y) \,\middle|\, y = -\frac{1}{2}x + 3\right\}$

b) $L = \{(x|y) \mid y = 13{,}7\}$ d) $L = \{(x|y) \mid x = -2{,}8\}$ f) $L = \{(0|0)\}$

6. Eine alte chinesische Aufgabe: In einem Käfig befinden sich insgesamt 35 Hühner und Kaninchen. Zusammen haben sie 94 Beine. Wie viele Kaninchen, wie viele Hühner sind im Käfig?

Lösen linearer Gleichungssysteme mithilfe des GTR

Das Lösen linearer Gleichungssysteme wird bei nicht ganzzahligen Koeffizienten und Lösungen rechenaufwändig. Hierfür kann man hier bequem GTR- und CAS-Rechner einsetzen.
Am Beispiel des Gleichungssystems rechts zeigen wir zwei verschiedene Möglichkeiten, vorzugehen. Nicht alle Rechnertypen verfügen über beide Möglichkeiten. Probiere aus, wie du bei deinem Rechner vorgehen kannst.

$$\left| \begin{array}{l} 3x - 9y = 27 \\ 2x - y = 8 \end{array} \right|$$

Direkte Eingabe des Gleichungssystems

1. Wähle bei **Berechnen** im Menü **Algebra** das Untermenü **Gleichungssystem lösen** und dort den Befehl **System linearer Gleichungen lösen**. Du musst zunächst eingeben, aus wie vielen Gleichungen das Gleichungssystem besteht und welches die Variablen sind.

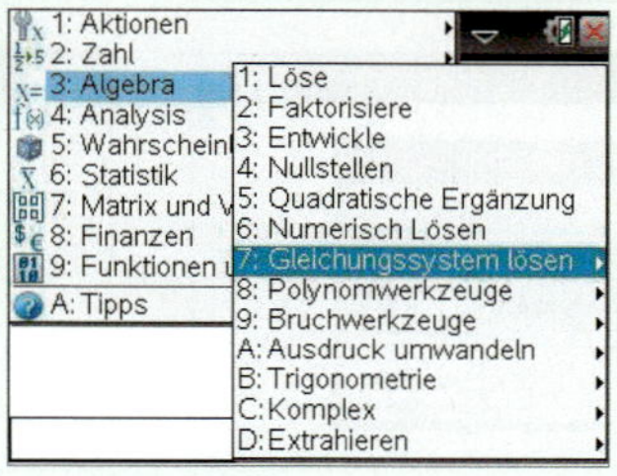

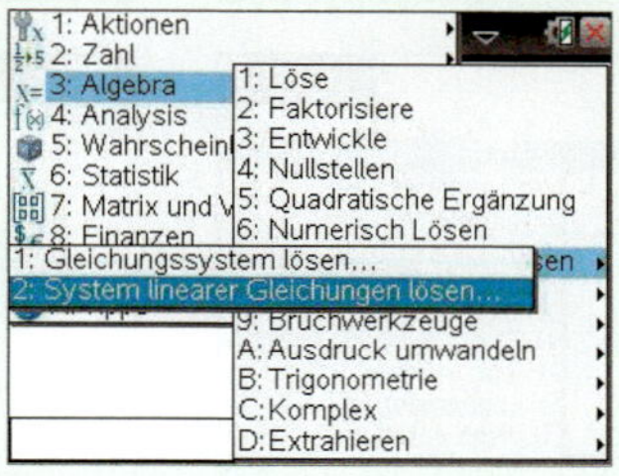

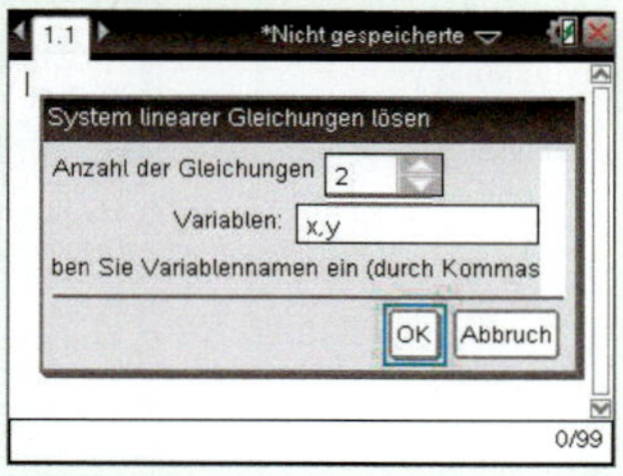

Dann kannst du die Gleichungen direkt in den angezeigten Befehl **linSolve (...)** eingeben. Du erhältst als Ausgabe die Lösung. Beachte dabei, dass es sich um ein Paar und keine Menge handelt.

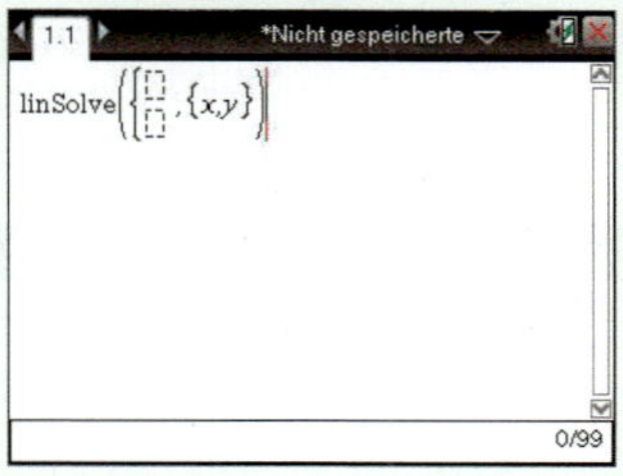

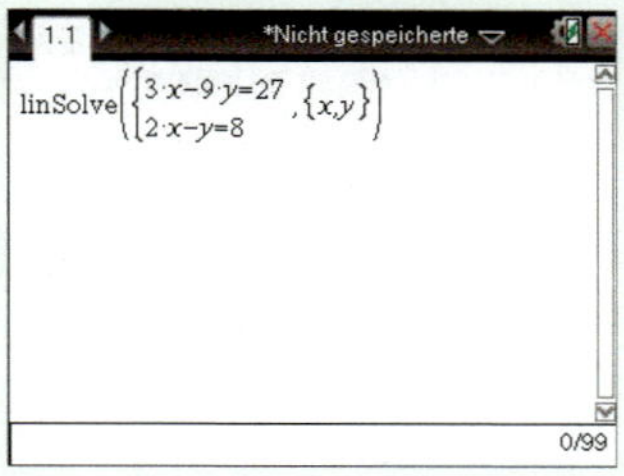

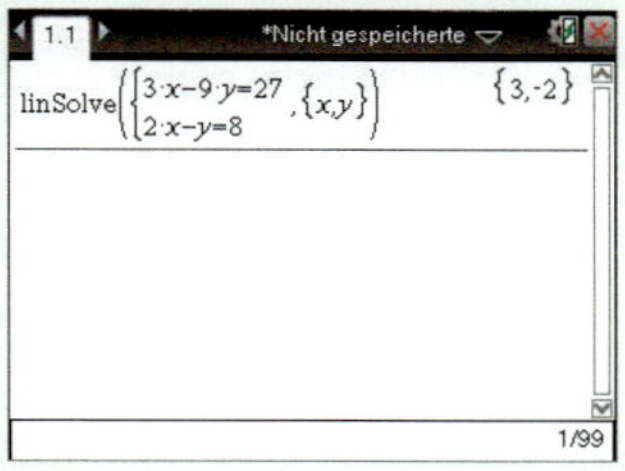

Eingabe der Koeffizienten des Gleichungssystems

2. Die Grundidee ist es, statt der kompletten Gleichungen nur die Koeffizienten zu notieren. Dies kann man auch beim Rechnen von Hand durchführen.
Unten siehst du dieses Vorgehen im Vergleich zur üblichen Schreibweise.

Ausführliche Schreibweise:

$$\left| \begin{array}{l} 3x - 9y = 27 \\ 2x - y = 8 \end{array} \right| \quad |\cdot(-9)$$

$$\left| \begin{array}{r} 3x - 9y = 27 \\ -18x + 9y = -72 \end{array} \right| \; \oplus$$

$$\left| \begin{array}{l} -15x = -45 \\ 2x - y = 8 \end{array} \right| \quad |:(-15)$$

$$\vdots$$

$$\left| \begin{array}{l} x = 3 \\ y = -2 \end{array} \right|$$

Verkürzte Schreibweise der Koeffizienten:

$$\left| \begin{array}{rrr} 3 & -9 & 27 \\ 2 & -1 & 8 \end{array} \right| \quad |\cdot(-9)$$

$$\left| \begin{array}{rrr} 3 & -9 & 27 \\ -18 & 9 & -72 \end{array} \right| \; \oplus$$

$$\left| \begin{array}{rrr} -15 & 0 & -45 \\ 2 & -1 & 8 \end{array} \right| \quad |:(-15)$$

$$\vdots$$

$$\left| \begin{array}{rrr} 1 & 0 & 3 \\ 0 & 1 & -2 \end{array} \right|$$

Du siehst, dass man mit der verkürzten Schreibweise in entsprechender Weise mit dem Additionsverfahren arbeiten kann wie mit dem ausführlich geschriebenen Gleichungssystem.
Die verkürzte Schreibweise bezeichnet man auch als *Koeffizientenmatrix* oder kurz nur *Matrix*.
Du kannst sie auf folgende Weise in den grafikfähigen Taschenrechner eingeben:
Wähle bei **Berechnen** aus dem Menü **Matrix und Vektor** den Punkt **Reduzierte Diagonalform**.
In diesen Befehl musst du eine Matrix eingeben, deren Anzahl von Zeilen und Spalten du zuvor festlegen musst. Aus der vom Rechner ermittelten Matrix kannst du dann die Lösung ablesen.

Matrix (lat.)
Plural Matrizen
rechteckiges Schema von Zahlen

rref (engl.)
Abkürzung für row reduced echelon form

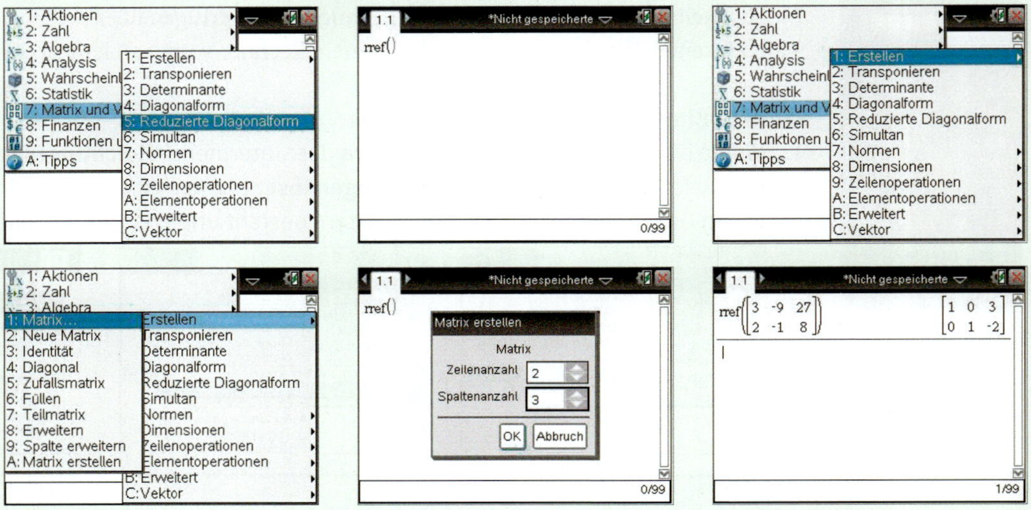

3. Löse folgende Gleichungssysteme entsprechend mit dem grafikfähigen Taschenrechner.

a) $\left|\begin{array}{l} 6x - 5y = 29 \\ 4x - 4y = 24 \end{array}\right|$ b) $\left|\begin{array}{l} 7x + 3y = -21 \\ 3x + 2y = 4 \end{array}\right|$ c) $\left|\begin{array}{l} \frac{2}{3}x + \frac{5}{6}y = \frac{2}{5} \\ -4x + \frac{4}{7}y = -2 \end{array}\right|$ d) $\left|\begin{array}{l} 3{,}7x + 4{,}1y = 20{,}8 \\ 0{,}25x - 7y = 6{,}9 \end{array}\right|$

4. Grafikfähige Taschenrechner können ein lineares Gleichungssystem auch dann lösen, wenn ein Sonderfall vorliegt. Rechts siehst du zwei Beispiele.

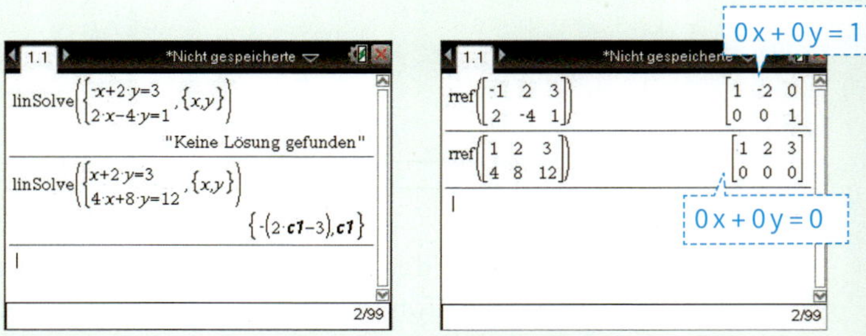

Notiere die zu den Koeffizientenmatrizen gehörenden Gleichungssysteme in ausführlicher Form und begründe, welcher Sonderfall vorliegt.
Kontrolliere deine Behauptung durch händische Berechnung.

5. a) Löse die Gleichungssysteme rechts mit und ohne Rechner.
Woran erkennst du, ob die Lösungsmenge leer ist oder unendlich viele Elemente hat?

(1) $\left|\begin{array}{l} x - 4y = 3 \\ -2x + 8y = -2 \end{array}\right|$ (2) $\left|\begin{array}{l} x - 4y = -6 \\ -2x + 8y = 12 \end{array}\right|$

b) Bestimme mit dem grafikfähigen Taschenrechner die Lösungsmenge:

(1) $\left|\begin{array}{l} 10x - 15y = 25 \\ -12x + 18y = -30 \end{array}\right|$ (2) $\left|\begin{array}{l} -0{,}7x + 2{,}3y = -4 \\ 0{,}84x - 2{,}76y = 3{,}9 \end{array}\right|$ (3) $\left|\begin{array}{l} 0{,}3r - 4{,}7s = 3{,}9 \\ 4{,}2r + 5{,}1s = -1{,}2 \end{array}\right|$

6.8 Modellieren mithilfe linearer Gleichungssysteme

Einstieg

Versucht, aus dem Angebot die Kosten für eine Anzeige im Format XL und die für eine Anzeige im Format L zu ermitteln.
Überlegt, welche Annahmen ihr dazu machen müsst.

Flusskirchener Tageblatt FT

An
Supermarkt Big & Cheap

Am Alten Eisenwerk 7
41394 Flusskirchen

Betr.: 12 tägige Anzeigenkampagne zur Eröffnung

Sehr geehrte Damen und Herren,

gerne unterbreiten wir Ihnen folgendes Angebot:
4 Anzeigen im Format XL
und 8 Anzeigen im Format L: zum Preis von 15 400 €

Alternativ bieten wir an:
2 Anzeigen im Format XL
und 10 Anzeigen im Format L: zum Preis von 14 000 €

Wir würden uns freuen, wenn Ihnen unser Angebot zusagt und verbleiben

mit freundlichem Gruß

A. Meister

Aufgabe 1

Algebraisches Lösungsverfahren

Jan möchte ein Kantenmodell eines Quaders mit quadratischer Grundfläche aus einem 120 cm langen Holzstab herstellen.
Die Kante der Grundfläche und die Höhe sollen zusammen 25 cm lang sein.
Bestimme die Abmessungen des Quaders.

Lösung

Wir gehen in folgenden Schritten vor:

Modellannahme

Beim Sägen eines Stabes in zwei Teile sind die beiden Teile zusammengelegt kürzer als der Stab vor dem Zuschneiden, und zwar um so viel wie das Sägeblatt breit ist.
Wir vernachlässigen diesen Materialverlust.
Wir berücksichtigen nicht, wie die Verbindung der einzelnen Holzstäbe an den Ecken erfolgt und welche Auswirkungen das auf die Kantenlängen hat. Wir modellieren die Kanten als Strecken.

Anfertigen einer Skizze und Festlegen der Variablen

Länge der Kante der quadratischen Grundfläche (in cm): x
Länge der Höhe (in cm): y

Aufstellen der Bedingungen

Aus dem Holzstab der Länge 120 cm müssen insgesamt 8 Kanten der Länge x cm und 4 Kanten der Länge y cm hergestellt werden.
Also muss gelten: $8x + 4y = 120$
Die quadratische Kante und die Höhe sollen zusammen 25 cm lang sein.
Also muss gelten: $x + y = 25$

Aufstellen und Lösen eines linearen Gleichungssystems

Aus den beiden Bedingungen, die zugleich erfüllt sein müssen, ergibt sich das nebenstehende lineare Gleichungssystem.
Zum Lösen kannst du z. B. das Einsetzungsverfahren anwenden.
Du erhältst schließlich das vereinfachte Gleichungssystem rechts.

$$\left| \begin{array}{l} 8x + 4y = 120 \\ x + y = 25 \end{array} \right|$$

$$\left| \begin{array}{l} x = 5 \\ y = 20 \end{array} \right|$$

Probe am Sachverhalt

Die Werte für x und y sind positiv, kommen also für Längen infrage. Der Gesamtmaterialbedarf ist dann $8 \cdot 5\,\text{cm} + 4 \cdot 20\,\text{cm} = 40\,\text{cm} + 80\,\text{cm} = 120\,\text{cm}$; der 120 cm lange Holzstab reicht.
Die Kante der quadratischen Grundfläche und die Höhe sind zusammen $5\,\text{cm} + 20\,\text{cm} = 25\,\text{cm}$ lang – wie gefordert.

Ergebnis

Der Quader hat als Grundfläche ein Quadrat der Seitenlänge 5 cm und eine Höhe von 20 cm.
Jan muss also 8 Kanthölzer der Länge 5 cm zuschneiden und 4 Kanthölzer der Länge 20 cm.

Aufgabe 2

Vergleich verschiedener Lösungswege

In Bielefeld startet ein Intercity-Express, der ohne Halt mit einer Geschwindigkeit von $110\,\frac{\text{km}}{\text{h}}$ über Minden nach Hannover fährt. Im 45 km von Bielefeld entfernten Minden fährt zur gleichen Zeit ein durchgehender Güterzug mit der Geschwindigkeit $50\,\frac{\text{km}}{\text{h}}$ nach Hannover ab.
Wann und in welcher Entfernung von Bielefeld holt der Intercity-Express den Güterzug ein?

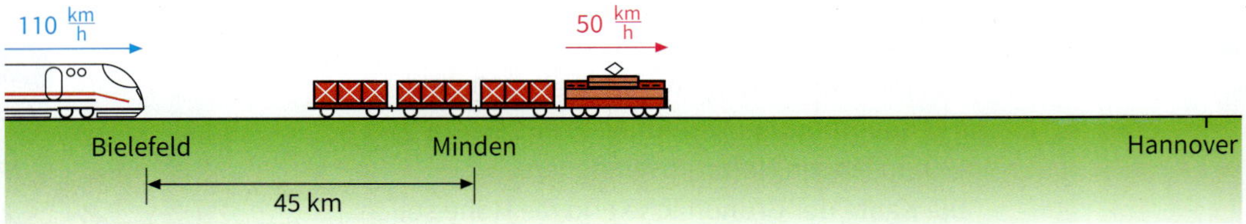

Lösung

Wir betrachten die Entfernung der Züge von Bielefeld. Gesucht ist der Zeitpunkt, an dem diese Entfernung für beide Züge übereinstimmt. Wir gehen aus von folgender Modellannahme: Beide Züge fahren die ganze Zeit mit gleichbleibender Geschwindigkeit.
Die Aufgabe können wir auf verschiedene Weise bestimmen:

(1) *Tabellarisches Lösen*

Wir berechnen die Entfernungen z. B. alle 10 Minuten und tragen diese in eine Tabelle ein.
Der ICE legt in 10 Minuten ein Strecke von $110\,\text{km} : 6 = 18\frac{1}{3}\,\text{km}$ zurück, der Güterzug nur eine Strecke von $50\,\text{km} : 6 = 8\frac{1}{3}\,\text{km}$.

Zeit (in min)	Entfernung des ICE (in km)	Entfernung des Güterzuges (in km)
0	0	45
10	$18\frac{1}{3}$	$53\frac{1}{3}$
20	$36\frac{2}{3}$	$61\frac{2}{3}$
30	55	70
40	$73\frac{1}{3}$	$78\frac{1}{3}$
50	$91\frac{2}{3}$	$86\frac{2}{3}$

Damit erhalten wir die Tabelle rechts, wobei vorausgesetzt wurde, dass beide Züge mit gleichbleibender Geschwindigkeit fahren.
Nach 40 Minuten ist der ICE noch näher an Bielefeld als der Güterzug, nach 50 Minuten ist es jedoch umgekehrt. Also muss zu einem Zeitpunkt zwischen 40 und 50 Minuten der ICE den Güterzug überholt haben. Diesen Zeitpunkt könnten wir noch genauer bestimmen, indem wir die Zeitpunkte, zu denen wir die Entfernungen berechnen, feiner einteilen als in 10-Minuten-Abständen, z. B. in 5-Minuten- oder sogar 1-Minuten-Abständen.

(2) *Grafisches Lösen*
Wir stellen die Entfernung der Züge von Bielefeld grafisch dar. Wenn wir davon ausgehen, dass die Züge mit gleich bleibender Geschwindigkeit fahren, sind die Graphen Geraden. Diese können wir jeweils mithilfe von zwei Punkten zeichnen: Der ICE hat zum Zeitpunkt 0 h eine Entfernung von 0 km von Bielefeld und zum Zeitpunkt 1 h eine Entfernung von 110 km. Diese beiden Punkte tragen wir ein und verbinden sie mit einer Geraden. Entsprechend verbinden wir für den Güterzug die Punkte zu (0 h | 45 km) und (1 h | 95 km). Aus dem Diagramm kann man ablesen, dass die beiden Züge nach ca. 0,7 h gleich weit von Bielefeld entfernt sind.

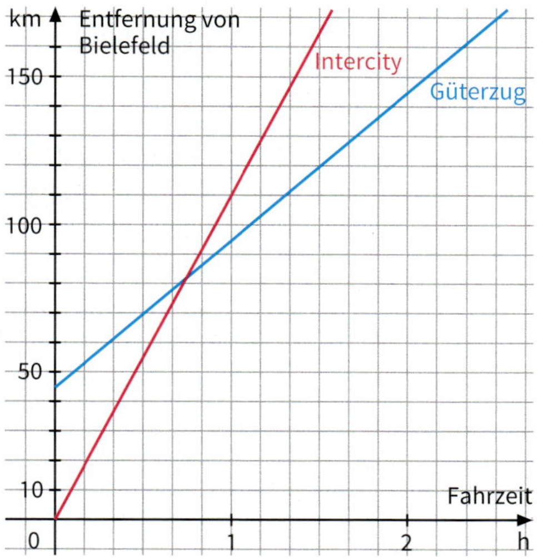

(3) *Algebraisches Lösen*
Wir gehen in den Schritten wie in Aufgabe 1 vor.

Festlegen der Bezeichnungen
Fahrzeit bis zum Treffpunkt der beiden Züge in Stunden: f
Entfernung des Treffpunktes von Bielefeld in Kilometern: e

Aufstellen der Bedingungen
Wir wissen: Die Geschwindigkeit v ist der Quotient aus der zurückgelegten Weglänge s und der dafür benötigten Zeit t, kurz $v = \frac{s}{t}$.
Diese Gleichung lässt sich umformen zu:
$s = v \cdot t$
Da der Intercity-Express f Stunden mit der Geschwindigkeit $110\,\frac{km}{h}$ gefahren ist, ist seine Entfernung von Bielefeld in km:
$e = 110 \cdot f$
Der Güterzug hat nur $50 \cdot f$ km zurückgelegt, hatte aber 45 km Vorsprung:
$e = 50 \cdot f + 45$
Einschränkende Bedingung: $e \geq 0$ und $f \geq 0$.

Aufstellen und Lösen des Gleichungssystems
$\left| \begin{array}{l} e = 110f \\ e = \quad 50f + 45 \end{array} \right|$ ergibt umgeformt: $\left| \begin{array}{l} e = 82{,}5 \\ f = 0{,}75 \end{array} \right|$
Die gefundene Lösung genügt der einschränkenden Bedingung.

Probe
In 0,75 Stunden legt der Intercity-Express $110\,\frac{km}{h} \cdot 0{,}75\,h = 82{,}5\,km$ zurück.
Der Güterzug befindet sich in einer Entfernung von $50\,\frac{km}{h} \cdot 0{,}75\,h + 45\,km = 82{,}5\,km$ von Bielefeld.

Ergebnis
Nach einer Dreiviertelstunde überholt der Intercity-Express den Güterzug in einer Entfernung von 82,5 km von Bielefeld.

Strategie (griech.) genau geplantes Vorgehen

Strategie beim Lösen einer Sachsituation mithilfe einer Gleichung

(1) Beschreibe den Sachverhalt zunächst vereinfacht. Fertige dazu auch eine Skizze, ein Diagramm oder eine Tabelle an, in die du die gegebenen Größen einträgst. Vereinbare Variablen (z. B. x und y oder s und t oder ...) für die gesuchten Größen und ergänze damit die Skizze bzw. Diagramm bzw. Tabelle.
(2) Stelle ein Gleichungssystem auf und bestimme seine Lösungsmenge.
(3) Kontrolliere, ob es noch eine einschränkende Bedingung für die Variable gibt. Suche dann die Lösungen heraus, die diese Bedingung erfüllen.
(4) Führe eine Probe an der Sachsituation bzw. dem Aufgabentext durch.
(5) Runde sinnvoll und formuliere einen Antwortsatz.

Übungsaufgaben

3. Aus einer 3 m langen Aluminiumwinkelleiste soll ein rechteckiger Rahmen angefertigt werden. Die längeren Seiten des Rahmens sollen (1) doppelt (2) dreimal (3) viermal so lang wie die kürzeren Seiten sein. Wie lang und wie breit wird der Rahmen?

4. Ein gleichschenkliges Dreieck hat den Umfang 40 cm.
a) Jeder Schenkel ist 5 cm länger als die Basis. Wie lang sind die Basis und die Schenkel?
b) Jeder Schenkel ist 5 cm kürzer als die Basis. Bestimme die Länge jeder Seite.

5. Von zwei Strecken ist die eine 24 cm kürzer als die andere, während sie zusammen 44 cm lang sind. Bestimme ein gleichschenkliges Dreieck, dessen Basis die kürzere Strecke und dessen einer Schenkel die längere Strecke ist.

6. Gibt es Rechtecke mit folgenden Eigenschaften?
a) Der Umfang ist um 10 cm länger als die kürzere und um 5 cm länger als die längere Seite.
b) Der Umfang beträgt 20 cm. Verkürzt man die längere Seite um 5 cm, so beträgt der Umfang nur noch 10 cm.

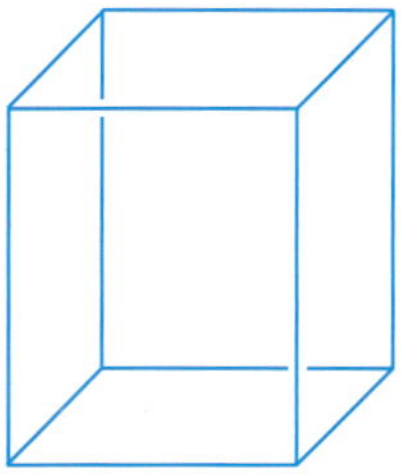

7. Zur Herstellung des Kantenmodells eines Quaders mit zwei einander gegenüberliegenden quadratischen Seitenflächen werden 88 cm Draht benötigt. Verdoppelt man die Seitenlänge der Quadrate und halbiert die übrigen Seitenlängen des Quaders, so werden 28 cm mehr Draht benötigt. Welche Kantenlängen haben die Quader?

8. Verlängert man bei einem rechtwinkligen Dreieck die dem rechten Winkel anliegenden Seiten um je 2 cm, vergrößert sich der Flächeninhalt um 14 cm². Verkürzt man sie dagegen um je 2 cm, so vermindert sich der Flächeninhalt um 10 cm².
Berechne die Länge der dem rechten Winkel anliegenden Seiten.

9. Herr Meyer kauft jeden Tag Brötchen. Gestern kaufte er 6 Weizenbrötchen und 2 Roggenbrötchen und zahlte dafür 3,60 €. Heute zahlt er für 4 Weizenbrötchen und 4 Roggenbrötchen zusammen 4,00 €. Wie teuer ist ein Weizenbrötchen, wie teuer ein Roggenbrötchen?

10. Herr Soetbeer hat 12 000 € und 8 000 € auf zwei verschiedenen Konten mit verschiedenen Zinssätzen. Er erhält dafür 535 € Jahreszinsen, die er sofort abhebt. Dabei vermindert er gleichzeitig das 12 000-€-Konto um 4 000 € und überträgt diese 4 000 € auf das 8 000-€-Konto. Jetzt erhält er 540 € Jahreszinsen. Welche Zinssätze waren gültig?

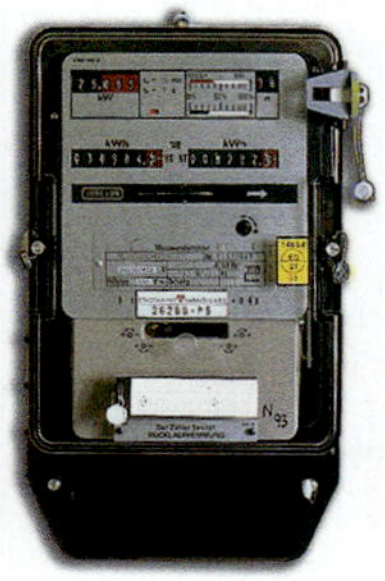

11. Frau Witt hatte im Juli für 426 kWh eine Stromrechnung von 146,08 €; im Mai 156,64 € für 458 kWh. Wie hoch sind Arbeitspreis (kWh-Preis) und Grundgebühr?

12. Anna fährt mit dem Fahrrad von Zehlendorf in Richtung Potsdam mit der Geschwindigkeit $14\,\frac{\text{km}}{\text{h}}$. Zur gleichen Zeit startet Felix in Potsdam in Richtung Zehlendorf mit der Geschwindigkeit $16\,\frac{\text{km}}{\text{h}}$. Zehlendorf und Potsdam sind etwa 12 km voneinander entfernt.
Wie lange dauert es, bis sich Anna und Felix treffen? Wie weit ist der Treffpunkt von Zehlendorf bzw. von Potsdam entfernt?

Seemeile (Abk. sm.)
Lägenmaß in der Seefahrt
1 sm = 1,852 km

Knoten (Abk. kn)
Maß für die Geschwindigkeit in der Seefahrt:
$1\,\text{kn} = 1\,\frac{\text{sm}}{\text{h}}$

13. Anderthalb Tage nach der Abfahrt eines Frachtschiffes mit der Geschwindigkeit 21 Knoten von New York nach Bremen folgt ein Schnelldampfer mit der Geschwindigkeit 28 Knoten. Wie lange dauert es, bis der zweite Dampfer den ersten eingeholt hat?
Wie weit ist der Treffpunkt noch von New York entfernt?

14. Die Bahnentfernung zwischen Berlin und Cottbus beträgt 130 km. Um 9.07 Uhr fährt in Berlin ein Sonderzug ab, der um 10.07 Uhr in Cottbus ankommt.
Schon um 8.57 Uhr ist in Berlin ein Güterzug mit der Geschwindigkeit $60\,\frac{\text{km}}{\text{h}}$ in Richtung Cottbus abgefahren.
Wann überholt der Sonderzug den Güterzug? Wie weit sind die beiden Züge dann noch von Cottbus entfernt?

15. Berlin und Gießen sind 500 km voneinander entfernt. Von Berlin fährt ein Auto in Richtung Gießen mit der Geschwindigkeit $80\,\frac{\text{km}}{\text{h}}$. Zur gleichen Zeit fährt von Gießen aus ein Auto dem ersten Auto entgegen. Beide Autos treffen sich nach 4 Stunden.
Mit welcher Geschwindigkeit ist das zweite Auto gefahren?
Wie weit ist der Treffpunkt von Berlin bzw. von Gießen entfernt?

16. Spandau und Potsdam sind 20 km voneinander entfernt. Von Spandau fährt Tim um 10.00 Uhr und mit der Geschwindigkeit $20\,\frac{\text{km}}{\text{h}}$ in Richtung Potsdam. Von Potsdam aus radelt Lotta in Richtung Spandau mit der Geschwindigkeit $18\,\frac{\text{km}}{\text{h}}$.
Beide treffen sich an einer Stelle, die 5 km von Spandau entfernt ist.
Wann ist Lotta in Potsdam abgefahren? Wie lange ist Lotta gefahren, wie lange Tim?

17. a) Bad Belzig, Brandenburg/Havel und Neustadt (Dosse) liegen an der Bundesstraße 102. Brandenburg/Havel ist 35 km von Bad Belzig und 65 km von Neustadt (Dosse) entfernt. Von Bad Belzig aus fährt um 8.00 Uhr ein Pkw mit $97\,\frac{\text{km}}{\text{h}}$ nach Neusteadt (Dosse). Um 8.10 Uhr fährt ein Lkw von Brandenburg/Havel mit der Geschwindigkeit $72\,\frac{\text{km}}{\text{h}}$ nach Neustadt (Dosse). Wann und wo überholt der Pkw den Lkw?

b) Der Pkw will den Lkw nach 60 km einholen. Wann muss er starten?

18. Michael fährt um 15.00 Uhr mit seinem Fahrrad von Neu Zittau über Köpenick in das 26 km entfernte Treptow, wo er um 17.00 Uhr ankommt.Dort ist um 15.20 Uhr Anne gestartet und um 16.00 Uhr im 8 km entfernten Köpenick angekommen.
Wann und wo haben sich beide getroffen?

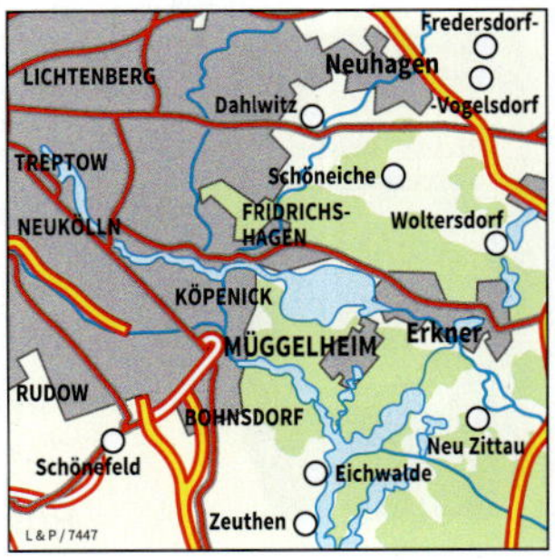

19. Fährt ein Schiff einen Fluss flussaufwärts, so ist seine Geschwindigkeit gegenüber dem Ufer die Differenz der Eigengeschwindigkeit des Schiffes in ruhendem Wasser und der Strömungsgeschwindigkeit des fließenden Wassers. Bei der Fahrt flussabwärts dagegen werden die beiden Geschwindigkeiten addiert. Die Motorschiffe einer Schweizerischen Schifffahrtsgesellschaft benötigen für die 10 km lange Strecke auf dem Hochrhein von Stein am Rhein nach Diessenhofen 35 Minuten und in umgekehrter Richtung 60 Minuten. Berechne die Eigengeschwindigkeit der Schiffe und die Strömungsgeschwindigkeit des Rheins.

20. In der Reisezeit wird der Verkehr auf den Autobahnen von Flugzeugen überwacht. Auf einer Autobahn hat sich eine Autoschlange gebildet. Das Flugzeug überfliegt die Schlange in $3\frac{1}{2}$ Minuten in Fahrtrichtung und entgegen der Fahrtrichtung in $2\frac{1}{2}$ Minuten. Die Geschwindigkeit des Flugzeuges beträgt $200\,\frac{\text{km}}{\text{h}}$.
Wie lang ist die Autoschlange? Welche Geschwindigkeit hat sie?

21. Bei einem Übungsflug benötigt ein Kleinflugzeug, um 360 km zurückzulegen, bei Gegenwind 1 Stunde 40 Minuten und auf dem Heimflug bei Rückenwind 1 Stunde 30 Minuten. Bestimme die Eigengeschwindigkeit des Kleinflugzeugs sowie die Windgeschwindigkeit.

Aufgaben aus alter Zeit

22. Viertausend Jahre alt ist folgende Aufgabe aus Babylon:

„Ein Viertel der Breite und Länge zusammen sind 7 Handbreiten. Länge und Breite zusammen sind 10 Handbreiten."
Berechne Länge und Breite.

23. Aus Adam Rieses Rechenbüchlein von 1524:

Pfennig (Geldeinheit) bis 2002 deutsche Währungseinheit (100 Pfennig = 1 Mark)

Einer spricht zu dem anderen: Gib mir 1 Pfennig, so habe ich so viel wie du.
Darauf spricht der andere zum ersten: Gib mir 1 Pfennig, so habe ich zweimal so viel als dir bleibt.
Ich möchte wissen, wie viel jeder gehabt hat.

Verschiedene Verfahren zum Lösen von Gleichungssystemen: Tabelle, Graph oder Gleichung?

Lungenfunktionstest

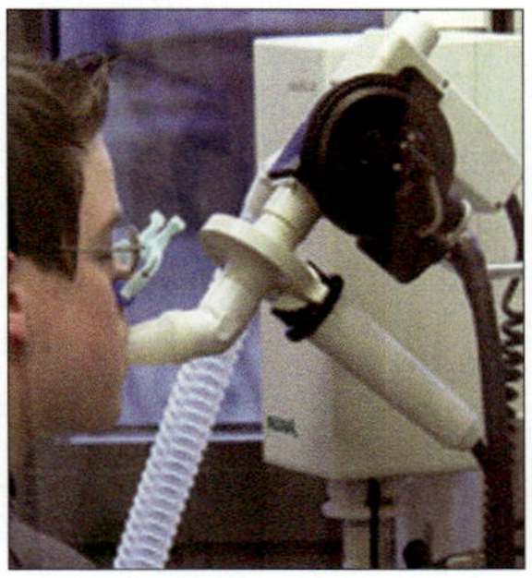

In Ruhe atmet man mit jedem Atemzug nur etwa 1,5 ℓ Luft ein, das maximale Atemvolumen; die sogenannte Vitalkapazität V (in ℓ) ist jedoch deutlich größer. Man misst es, in dem man so viel wie möglich einatmet und anschließend wieder ausatmet. Diese Größe liegt je nach Körpergröße h (in m), Alter a (in Jahren), Geschlecht und Konstitution etwa zwischen 2,5 ℓ und 7 ℓ. Normalwerte für Europäer können nach den folgenden Formeln ermittelt werden:

Frauen: $V = 5{,}2\,h - 0{,}018\,a - 4{,}36$

Männer: $V = 5{,}2\,h - 0{,}022\,a - 3{,}6$

Gibt es ein Alter, indem für eine 1,80 m große Frau und einen 1,69 m großen Mann die gleiche Vitalkapazität zu erwarten ist?

Unten siehst du verschiedene Möglichkeiten zum Lösen des Problems. Vergleiche diese und erörtere Vorteile und Nachteile. Ziehe dazu auch die sinnvolle Genauigkeit des Ergebnisses in Betracht.

grafisch:

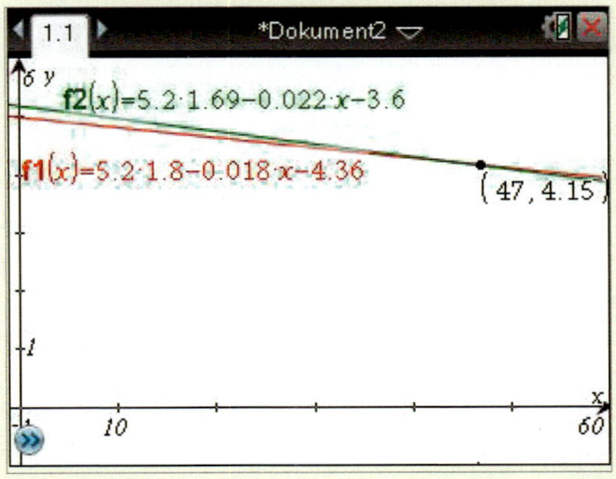

tabellarisch:

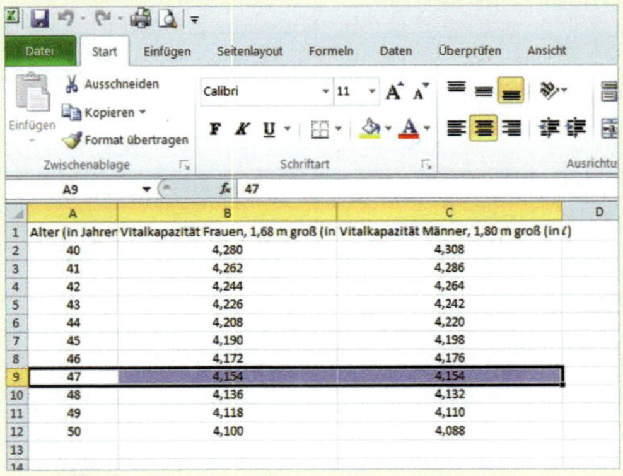

	A	B	C	D
1	Alter (in Jahren	Vitalkapazität Frauen, 1,68 m groß (in	Vitalkapazität Männer, 1,80 m groß (in ℓ)	
2	40	4,280	4,308	
3	41	4,262	4,286	
4	42	4,244	4,264	
5	43	4,226	4,242	
6	44	4,208	4,220	
7	45	4,190	4,198	
8	46	4,172	4,176	
9	47	4,154	4,154	
10	48	4,136	4,132	
11	49	4,118	4,110	
12	50	4,100	4,088	
13				
14				

algebraisch:

$$\left| \begin{array}{l} V = 5{,}2 \cdot 1{,}80 - 0{,}018 \cdot a - 4{,}36 \\ V = 5{,}2 \cdot 1{,}69 - 0{,}022 \cdot a - 3{,}6 \end{array} \right|$$

$$\left| \begin{array}{l} V = 9{,}36 - 4{,}36 - 0{,}018 \cdot a \\ V = 8{,}788 - 3{,}6 - 0{,}022 \cdot a \end{array} \right|$$

$$\left| \begin{array}{l} V = 5 - 0{,}018 \cdot a \\ V = 5{,}188 - 0{,}022 \cdot a \end{array} \right|$$

$$\left| \begin{array}{l} 5 - 0{,}018 \cdot a = 5{,}188 - 0{,}022 - a \\ V = 5 - 0{,}018 \cdot a \end{array} \right|$$

$$\left| \begin{array}{l} 0{,}004 \cdot a = 0{,}188 \\ V = 5 - 0{,}018 \cdot a \end{array} \right|$$

$$\left| \begin{array}{l} a = 47 \\ V = 5 - 0{,}018 \cdot 47 = 4{,}154 \end{array} \right|$$

Im Alter von 47 Jahren haben beide eine Vitalkapazität von 4,154 Liter.

Gleichungen und Gleichungssysteme kann man grafisch, tabellarisch und durch Umformen algebraisch lösen. Folgende Fragen helfen dir, dich für eines der drei Verfahren zu entscheiden.
(1) Kannst du die Gleichung algebraisch lösen oder bist du auf eines der beiden anderen Verfahren angewiesen?
(2) Ist ein genaues Ergebnis wichtig oder genügt ein Näherungswert?
(3) Welches der Verfahren ist am wenigsten aufwändig?
(4) Willst du den Lösungsweg präsentieren? Welches Verfahren ist dafür am besten geeignet?

- Seht euch die folgenden Aufgabenstellungen genau an und beantwortet die oben genannten Fragen für jede der Aufgaben.
- Entscheidet euch dann jeweils für ein Verfahren und begründet eure Entscheidung.
- Löst die Aufgaben nach dem von euch gewählten Verfahren.

1. In dem ägyptischen Mathematikbuch Papyrus Rhind aus der Zeit um 1700 v. Chr. befindet sich eine Aufgabe in der bis ins Mittelalter gebräuchlichen Kurzfassung:

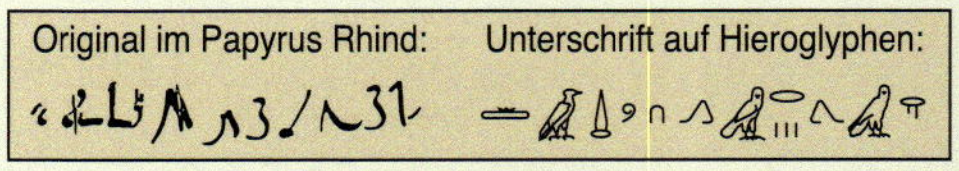

$\frac{2}{3}$ hinzu, $\frac{1}{3}$ weg, 10 ist der Rest.

a) Der Ansatz lautet $\left(x + \frac{2}{3}x\right) - \frac{1}{3}\left(x + \frac{2}{3}x\right) = 10$.
Schreibe hierzu einen ausführlichen Text und löse die Aufgabe.

b) In der Kurzfassung könnte „$\frac{1}{3}$ weg" auch noch anders aufgefasst werden.
Gib an, wie. Erstelle und löse dann die entsprechende Gleichung.

2. Zwei Kajakfahrer planen, einen Fluss zur gleichen Zeit in entgegengesetzter Richtung zu befahren und gemeinsam eine Pause einzulegen, wenn sie sich begegnen. Nun überlegen sie, wann und wo dies voraussichtlich sein wird. Dazu tragen sie die folgenden Informationen zusammen:
Die Einstiegsstellen liegen 25 km voneinander entfernt; die Strömungsgeschwindigkeit des Flusses beträgt im Mittel $3\,\frac{\text{km}}{\text{h}}$. Der Paddler, der gegen die Strömung fahren möchte, weiß, dass er auf stehenden Gewässern eine Durchschnittsgeschwindigkeit von $8{,}5\,\frac{\text{km}}{\text{h}}$ erreicht. Der zweite Paddler ist die Strecke bereits vorher flussabwärts gefahren und hat dabei in 5-km-Abständen die Zeit notiert (siehe Tabelle).

Gefahrene Strecke	Zeit
5 km	30 min
10 km	1 h 10 min
15 km	2 h
20 km	2 h 50 min
25 km	3 h 30 min

3. Das Wachstum verschiedener Pflanzenarten wurde untersucht, indem täglich die Höhe jeder Pflanze gemessen wurde.
Die Messwerte für Weizen sind in der Tabelle aufgeführt.
Für die Feuerbohne ergab sich ein annähernd lineares Wachstum von etwa 6 mm pro Tag. Die beiden Pflanzenarten zeigen demnach ein deutlich unterschiedliches Wachstumsverhalten. Nun soll ermittelt werden, nach welcher Zeit beide Pflanzen die gleiche Wuchshöhe erreicht haben.

Tag	Höhe der Pflanze (in cm)	Tag	Höhe der Pflanze (in cm)
0	0,0	9	10,6
1	0,5	10	11,7
2	0,9	11	15,7
3	1,5	12	16,7
4	1,7	13	19,9
5	2,4	14	20,3
6	4,6	15	20,4
7	5,2	16	20,4
8	8,8		

6.9 Systeme von mehr als zwei linearen Gleichungen mit mehr als zwei Variablen

Einstieg

Löst die nebenstehende Aufgabe aus dem 1857 erschienenen Buch „Die Wunder der Rechenkunst“ von Johannes Christoph Schäfer.

Die sonderbare Antwort
Ein bejahrter Mann wurde gefragt:
Wie alt er, sein Sohn und Enkel seien? Er antwortete: „Ich und mein Sohn sind zusammen 109 Jahre, mein Sohn und mein Enkel zusammen 56 Jahre und ich und mein Enkel zusammen 85 Jahre.“

Einführung

Betrachte das Angebot rechts.
Wie teuer ist ein Radiergummi, ein Bleistift, ein Buntstift aus dem Sortiment?
Zur Beantwortung dieser Frage führen wir Variablen ein:
Preis eines Radiergummis (in €): x
Preis eines Bleistiftes (in €): y
Preis eines Buntstiftes (in €): z

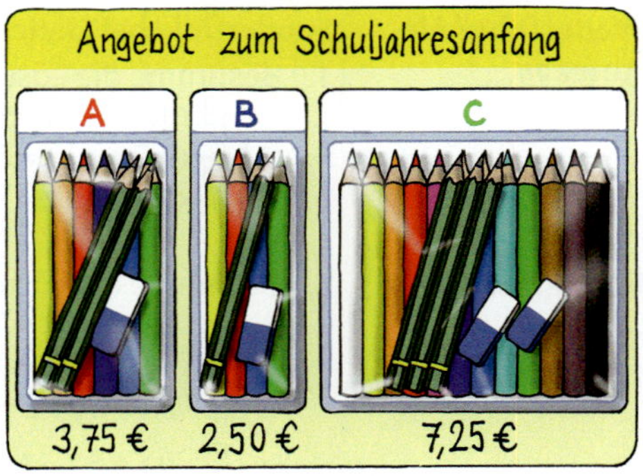

Damit ergibt sich dann folgendes Gleichungssystem:

$$\left|\begin{array}{rcl} x + 2y + 6z &=& 3{,}75 \\ x + y + 4z &=& 2{,}50 \\ 2x + 3y + 12z &=& 7{,}25 \end{array}\right|$$

(1. Gleichung minus 2. Gleichung; 1. Gleichung $\cdot(-2)$ plus 3. Gleichung)

$$\left|\begin{array}{rcl} x + 2y + 6z &=& 3{,}75 \\ y + 2z &=& 1{,}25 \\ y + 4z &=& 2{,}25 \end{array}\right|$$

(2. Gleichung minus 3. Gleichung)

Dreiecksgestalt

$$\left|\begin{array}{rcl} x + 2y + 6z &=& 3{,}75 \\ y + 2z &=& 1{,}25 \\ 2z &=& 1{,}00 \end{array}\right|$$

Wert für z berechnen

$$\left|\begin{array}{rcl} x + 2y + 6z &=& 3{,}75 \\ y + 2z &=& 1{,}25 \\ z &=& 0{,}50 \end{array}\right|$$

Wert für z einsetzen und vereinfachen

$$\left|\begin{array}{rcl} x + 2y &=& 0{,}75 \\ y &=& 0{,}25 \\ z &=& 0{,}5 \end{array}\right|$$

Wert für y einsetzen und vereinfachen

$$\left|\begin{array}{rcl} x &=& 0{,}25 \\ y &=& 0{,}25 \\ z &=& 0{,}5 \end{array}\right|$$

Probe:
Angebot A kostet: $1 \cdot 0{,}25\,€ + 2 \cdot 0{,}25\,€ + 6 \cdot 0{,}50\,€ = 3{,}75\,€$ wahr
Angebot B kostet: $1 \cdot 0{,}25\,€ + 1 \cdot 0{,}25\,€ + 4 \cdot 0{,}50\,€ = 2{,}50\,€$ wahr
Angebot C kostet: $2 \cdot 0{,}25\,€ + 3 \cdot 0{,}25\,€ + 12 \cdot 0{,}50\,€ = 7{,}25\,€$ wahr

Ergebnis: Ein Radiergummi kostet 0,25 €, ein Bleistift 0,25 €, ein Buntstift 0,50 €.

Information

Ein System von mehr als zwei linearen Gleichungen mit mehr als zwei Variablen sollte man so umformen, dass es *Dreiecksgestalt* aufweist (3. Gleichungssystem der Einführung). Dann enthält die letzte Gleichung nur eine Variable und jede vorherige höchstens eine mehr als die folgende. So kann aus der ersten Gleichung die erste Variable berechnet werden. Diese wird dann in die zweite Gleichung eingesetzt, sodass auch die zweite Variable berechnet werden kann, usw.

Dieser Lösungsweg geht auf den deutschen Mathematiker Carl Friedrich Gauß zurück. Er wird Gauß-Algorithmus genannt.
Gauß wurde 1777 in Braunschweig geboren und lehrte von 1807 bis zu seinem Tode 1855 an der Universität Göttingen.
Da sich der Gauß-Algorithmus ganz eindeutig und einfach beschreiben lässt, verwendet man ihn auch bei Berechnungen mit Computern.

Weiterführende Aufgabe

Sonderfälle bei Gleichungssystemen mit 3 Variablen

1. Bestimme die Lösungsmenge der folgenden Gleichungssysteme.

(1) $\left| \begin{array}{l} 3x + y + 2z = 0 \\ -x + 3y + z = 5 \\ x + y + z = 2 \end{array} \right|$ (2) $\left| \begin{array}{l} -7x + 4y + 3z = 10 \\ -4x + 3y + 2z = 7 \\ -x + 2y + z = 4 \end{array} \right|$

Übungsaufgaben

2. Bestimme die Lösungsmenge.

a) $\left| \begin{array}{r} 3x - 2y + 5z = 13 \\ -x + 3y + 4z = -1 \\ 5x + 6y - z = 3 \end{array} \right|$ c) $\left| \begin{array}{r} 4x + 9y + 5z = 13 \\ -5x + 6y + 3z = 17 \\ 6x + 3y - 10z = 23 \end{array} \right|$ e) $\left| \begin{array}{r} 4x + 5y + 6z = 32 \\ 2x - 3y + 5z = 11 \\ 4x + y - 6z = -12 \end{array} \right|$

b) $\left| \begin{array}{r} 6x + 4y - z = 0 \\ -7x - 8y - 3z = 5 \\ 4x - 2y + z = 22 \end{array} \right|$ d) $\left| \begin{array}{r} 4x - 3y + 2z = 16 \\ 8x - 6y + 5z = 37 \\ 2x + 5y - 8z = -24 \end{array} \right|$ f) $\left| \begin{array}{r} -3x + 4y - z = -4 \\ 6x + 5z = 2 \\ 4y - 3z = 6 \end{array} \right|$

3. a) $\left| \begin{array}{l} x + y = 1 \\ x + z = 6 \\ z - y = 5 \end{array} \right|$ b) $\left| \begin{array}{r} x + y - 3z = 2 \\ 2x + 2y - 6z = 5 \\ 3x + 3y - 9z = 6 \end{array} \right|$ c) $\left| \begin{array}{r} x - 2y + 3z = 9 \\ 3x + 8y + 9z = 5 \\ 2x + 3y + 6z = 7 \end{array} \right|$ d) $\left| \begin{array}{r} 6x + 4y + 5z = 8 \\ 4x + 2y + 3z = 7 \\ 5x + 3y + 4z = 9 \end{array} \right|$

4. a) $\left| \begin{array}{r} u + x + y + z = 10 \\ -x + 2y = 3 \\ -2y + 3z = 5 \\ 4u - 3z = 7 \end{array} \right|$ b) $\left| \begin{array}{l} u + y = 5 \\ x - z = -3 \\ y + z = 4 \\ u + z = 7 \end{array} \right|$ c) $\left| \begin{array}{r} 3u + 4x - 5y + 6z = 39 \\ 6u + 5x - 6y + 5z = 43 \\ 9u - 4x + 2y + 3z = 6 \\ 2x - 3y + z = 13 \end{array} \right|$ d) $\left| \begin{array}{r} x + 4y = 5 \\ 2y - 3z = 2 \\ 6z + 5u = 8 \\ 3x + u = 11 \end{array} \right|$

5. Eine Kaffeerösterei stellt neue Kaffeemischungen zusammen und verwendet dazu drei Kaffeesorten. „Kaffeestunde" ist eine Mischung aus 65 kg Kenia-Kaffee und 35 kg Costa-Rica-Kaffee. 100 kg von dieser Mischung kosten 721,25 €. „Hanseat" ist eine Mischung aus 90 kg Mexiko-Kaffee und 10 kg Kenia-Kaffee. 100 kg von dieser Mischung kosten 569 €. „Indio" ist eine Mexiko-Costa-Rica-Kenia-Mischung (20 kg, 25 kg und 55 kg). 100 kg von dieser Mischung kosten 675,75 €.
Was kosten 100 kg Kenia-Kaffee, 100 kg Mexiko-Kaffee und 100 kg Costa-Rica-Kaffee?

6. Die menschliche Nahrung besteht im Wesentlichen aus Kohlenhydraten, Fett und Eiweiß. 1 g Eiweiß liefert dem Körper 17 Kilojoule Energie, 1 g Kohlenhydrate ebenfalls 17 Kilojoule, 1 g Fett liefert 39 Kilojoule. Bei leichter Arbeit benötigt ein Erwachsener täglich etwa 9 200 Kilojoule. Die tägliche Eiweißmenge soll $\frac{1}{10}$ der täglich umgesetzten Energie liefern. Die Menge des Fettes soll $\frac{1}{5}$ der Menge der Kohlenhydrate betragen.
Welche Mengen an Eiweiß, Fett und Kohlenhydraten sollte ein Erwachsener täglich zu sich nehmen?

7. Eine Weinhandlung bietet drei Geschenksortimente mit drei Weinsorten an.
Wie teuer ist eine Flasche jeder der drei Sorten?

8. Eine Mutter ist zweimal so alt wie ihre beiden Töchter zusammen. Die ältere Tochter ist zweimal so alt wie die jüngere. Nach 9 Jahren beträgt das Alter der Mutter das Dreifache des Alters der jüngsten Tochter.

9. Vater, Mutter, Sophie und Jan sind heute zusammen 96 Jahre alt. Jan und Vater sind heute zusammen genauso alt wie Mutter und Sophie. Dagegen waren Vater und Sophie schon vor drei Jahren zusammen ebenso alt wie heute Mutter und Jan. Vor zwei Jahren waren Vater und Mutter zusammen dreimal so alt wie heute Sophie und Jan.
Wie alt sind die vier heute?

Quersumme: Summe der Ziffern
Beispiel: 427 hat die Quersumme $4 + 2 + 7 = 13$

10. Eine dreiziffrige Zahl hat die Quersumme 15. Das Doppelte der mittleren Ziffer ist dreimal so groß wie die Summe der beiden anderen Ziffern. Streicht man die erste Ziffer, so entsteht eine Zahl, die fünfmal so groß ist wie die Zahl, die durch Streichen der letzten Ziffer entsteht. Welche Zahl ist es?

11. Aus dem Buch „Die Wunder der Rechenkunst" von Johann Christoph Schäfer (1857):

Die verschiedene Anzahl Schafe
Ein Landwirth sagt im Gasthof der drei Schellen:
Ich habe 100 Stück Schafe in 5 Ställen, sie sind in jedem anders jährig, sind gross und stark und auch gut härig. Im ersten und zweiten Stalle sind 50 und 2; im zweiten und dritten stehen 40 und 3; im dritten und vierten stehen 30 und 4; im vierten und fünften nur 30. – Sagt mir, meine Freunde, nun aber gefälligst einmal, wie viel in jedem Stalle wohl sind an der Zahl?

12. Ein Müsli-Hersteller hat bisher eine Mischung verkauft, die aus 40 % Weizen- und Roggenflocken, 35 % Cornflakes, 15 % Rosinen und Trockenobst sowie 10 % Nüssen und Mandeln besteht. Da der Verkauf zurückgegangen ist, hat er umfangreiche Verbrauchertests durchgeführt und sich entschlossen, die Mischungsverhältnisse zu ändern: Die Anteile sollen in Zukunft 50 %, 20 %, 24 %, 6 % betragen.
Von der alten Mischung sind noch 1 000 kg vorhanden. Diese sollen durch Hinzufügen geeigneter Mengen zur neuen Geschmacksrichtung abgeändert werden.
Bestimme die Mindestmengen, die hinzugefügt werden müssen.

6.10 Aufgaben zur Vertiefung

1. Stelle in einer gegliederten Zusammenfassung die verschiedenen Lösungsmethoden für lineare Gleichungssysteme zusammen.
Erläutere, in welchen Fällen du dich für welches Lösungsverfahren entscheidest.
Vergiss nicht, auf die unterschiedlichen Arten von Lösungsmengen hinzuweisen.

2. Frau Ude hat ein Haus gekauft und dafür eine Hypothek aufgenommen. Am Ende des ersten Jahres zahlt sie 5 000 € des Darlehens zurück sowie 4 800 € Zinsen. Am Ende des zweiten Jahres zahlt sie nur noch 4 600 € Zinsen.
Berechne den anfangs geliehenen Geldbetrag und den Zinssatz.

3. Warum ist das Gleichungssystem rechts kein *lineares* Gleichungssystem?
Trotzdem kannst du das Gleichungssystem lösen.
Beschreibe, wie du vorgehst.

$$\left| \begin{array}{r} xy = 3 + 2x \\ 2xy - 8 = 3x \end{array} \right|$$

4. **a)** $\left| \begin{array}{r} 2 + y + (2x - 1)^2 = 3y + (4x - 1)(x + 1) \\ 5x + (6y + 2)^2 = (9y + 1)(4y - 2) + 82 \end{array} \right|$ **b)** $\left| \begin{array}{l} y - (3x - 2)(3x + 2) = 3y - 9x(x - 1) \\ (5y + 1)^2 - (5y + 2)^2 = 45x - 23 \end{array} \right|$

5. Bernd und Anna wollen das Gleichungssystem $\left| \begin{array}{l} \frac{2}{7} = 3x + 4y \\ \frac{2}{7} = 2x + 2y \end{array} \right|$ lösen.

Bernd möchte das Gleichsetzungsverfahren anwenden, weil beide Gleichungen nach $\frac{2}{7}$ aufgelöst sind. Anna ist skeptisch: „Das bringt keinen Vorteil.“ Was meinst du dazu? Kann man das Gleichungssystem überhaupt nach Bernds Vorstellung lösen?

6. Simon behauptet: „Gleichsetzungsverfahren, Einsetzungsverfahren und Additionsverfahren - nun kennen wir schon drei verschiedene Lösungsverfahren!“
Anja entgegnet: „Eigentlich könnte man aber auch sagen, dass wir nur zwei verschiedene Verfahren kennen!“
Was meinst du dazu?

7. Gegeben ist das lineare Gleichungssystem $\left| \begin{array}{r} x - 5y = a \\ 3x + by = 57 \end{array} \right|$ mit den Lösungsvariablen x und y. Gesucht sind Zahlen a und b, sodass das System
a) die Lösung $(2 \mid 1)$ hat; **b)** keine Lösung hat; **c)** unendlich viele Lösungen hat.

8. Gegeben ist das lineare Gleichungssystem $\left| \begin{array}{l} y = mx + 3 \\ y = -2x + t \end{array} \right|$ mit den Lösungsvariablen x und y. Welche Bedingungen müssen die Zahlen m und t erfüllen, damit das System eine, keine, unendlich viele Lösungen hat? Begründe jeweils deine Antwort.

9. Ein Stromversorgungsunternehmen bietet nebenstehende Tarife an. Untersuche, bei welchem monatlichen Verbrauch Tarif A bzw. B bzw. C am günstigsten ist. Fertige eine Zeichnung an.

Tarif	All	Basic	Classic
Monatlicher Grundpreis	2,50 €	4,50 €	10,50 €
Arbeitspreis je kWh	0,10 €	0,09 €	0,07 €

E-TRON

L&P/7046

Das Wichtigste auf einen Blick

Gleichsetzungsverfahren

(1) Löse beide Gleichungen nach einer gemeinsamen Variable auf.
(2) Erzeuge durch Gleichsetzen eine Gleichung mit nur einer Variablen. Behalte die andere Gleichung bei.
(3) Berechne eine Koordinate des Lösungspaares.
(4) Setze diesen Wert in die andere Gleichung ein und berechne die andere Koordinate.
(5) Gib die Lösungsmenge an.

Beispiel:

$$\left|\begin{array}{l} y = 2x + 1 \\ y = -x + 4 \end{array}\right|$$

$$\left|\begin{array}{r} -x + 4 = 2x + 1 \\ y = -x + 4 \end{array}\right|$$

$$\left|\begin{array}{l} x = 1 \\ y = -x + 4 \end{array}\right|$$

$$\left|\begin{array}{l} x = 1 \\ y = -1 + 4 = 3 \end{array}\right|$$

$L = \{(1 \mid 3)\}$

Einsetzungsverfahren

(1) Löse eine der beiden Gleichungen nach einer Variablen auf.
(2) Setze den erhaltenen Term in die andere Gleichung ein und löse diese Gleichung.
(3) Setze die berechnete Koordinate in die andere Gleichung ein und berechne die andere Koordinate.
(4) Gib die Lösungsmenge an.

Beispiel:

$$\left|\begin{array}{r} 2y = 4x + 2 \\ y = -x + 4 \end{array}\right|$$

$$\left|\begin{array}{r} 2(-x + 4) = 4x + 2 \\ y = -x + 4 \end{array}\right|$$

$$\left|\begin{array}{l} x = 1 \\ y = -1 + 4 = 3 \end{array}\right|$$

$L = \{(1 \mid 3)\}$

Additionsverfahren

(1) Multipliziere (oder dividiere) eine oder beide Gleichungen mit von 0 verschiedenen Zahlen, sodass die Koeffizienten einer Variable Gegenzahlen sind.
(2) Addiere die beiden Gleichungen. Behalte eine der beiden Gleichungen bei.
(3) Berechne aus der Gleichung, die nur noch eine Variable enthält, eine Koordinate des Lösungspaares.
Setze sie anschließend in die andere Gleichung ein und berechne die zweite Koordinate.
(4) Gib die Lösungsmenge an.

Beispiel:

$$\left|\begin{array}{r} 2y = 4x + 2 \\ y = -x + 4 \end{array}\right| \;|\cdot(-2)$$

$$\left|\begin{array}{r} 2y = 4x + 2 \\ -2y = 2x - 8 \end{array}\right| \; \oplus$$

$$\left|\begin{array}{l} 0 = 6x - 6 \\ y = -x + 4 \end{array}\right|$$

$$\left|\begin{array}{l} x = 1 \\ y = -1 + 4 = 3 \end{array}\right|$$

$$\left|\begin{array}{l} x = 1 \\ y = 3 \end{array}\right|$$

$L = \{(1 \mid 3)\}$

Sonderfälle bei der Lösungsmenge

Erhält man beim Lösen eines linearen Gleichungssystems eine *falsche Aussage*, so kann man kein Zahlenpaar $(x \mid y)$ einsetzen, dass beide Gleichungen erfüllt.
Die Lösungsmenge ist leer: $L = \{\ \}$

Beispiele:

$$\left|\begin{array}{r} 2x + 2y = 3 \\ 0 = 7 \end{array}\right|$$

$L = \{\ \}$

Erhält man beim Lösen eines linearen Gleichungssystems eine *wahre Aussage*, so erfüllen unendlich viele Zahlenpaare $(x \mid y)$ das Gleichungssystem.
Die Lösungsmenge enthält also unendlich viele Elemente.

$$\left|\begin{array}{r} 2x + y = 3 \\ 0 = 0 \end{array}\right|$$

$L = \{(x \mid y) \mid y = -2x + 3\}$

erste Gleichung nach y umgeformt

Bist du fit?

1. Welche lineare Gleichung mit den Variablen x und y gehört zu dem Graphen?

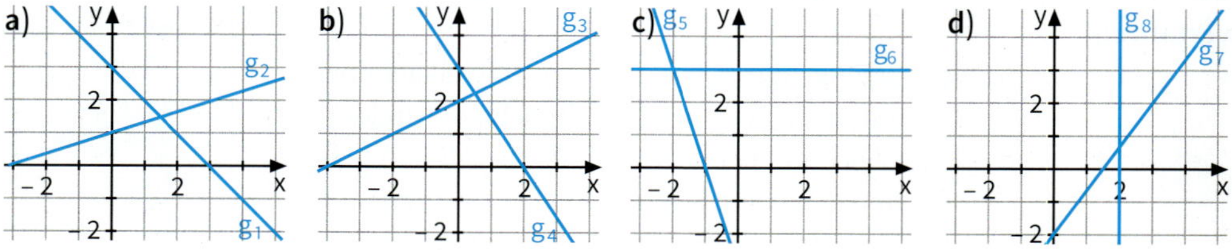

2. Welche der Punkte $P_1(1|-1)$, $P_2(9|-5)$, $P_3(-1|-3)$, $P_4(-0{,}2|-1)$, $P_5(9|8{,}2)$ gehören zu dem Graphen der linearen Gleichung?

a) $x + y = 4$ b) $2x + 3y = -1$ c) $5x - 4y - 7 = 0$ d) $y = -3$ e) $x = 9$

3. Löse a) und b) nach dem Gleichsetzungs-, c) und d) nach dem Einsetzungsverfahren.

a) $\left| \begin{array}{l} y = -x + 8 \\ y = x - 2 \end{array} \right|$ b) $\left| \begin{array}{l} \frac{1}{2}x = 3y + 7 \\ \frac{1}{2}x - 5y = 15 \end{array} \right|$ c) $\left| \begin{array}{l} 3x - 2y = 2 \\ 2y = 4x + 2 \end{array} \right|$ d) $\left| \begin{array}{l} 11y - 15x = 4 \\ x = 3y - 15 \end{array} \right|$

4. Löse nach dem Additionsverfahren.

a) $\left| \begin{array}{r} 2x - y = 2 \\ y - x = 14 \end{array} \right|$ b) $\left| \begin{array}{r} 5u + 9v - 42 = 0 \\ 10u + 3v - 39 = 0 \end{array} \right|$ c) $\left| \begin{array}{l} \frac{1}{2}x = \frac{1}{3}y + 1 \\ \frac{1}{4}x = \frac{4}{3}y - 10 \end{array} \right|$ d) $\left| \begin{array}{l} 3k - 6m = 15 \\ -\frac{1}{2}k + m = -\frac{5}{2} \end{array} \right|$

5. Löse nach einem möglichst günstigen Verfahren; kontrolliere mit einer Probe.

a) $\left| \begin{array}{l} 9x + 4y = 37 \\ y = 6x + 1 \end{array} \right|$ c) $\left| \begin{array}{l} x = 2y - 4 \\ 4x + 7y = -1 \end{array} \right|$ e) $\left| \begin{array}{l} 3r + 2s = 2 \\ 6r - 8s = -2 \end{array} \right|$ g) $\left| \begin{array}{l} 3x + 4{,}5y = 1{,}5 \\ -2{,}5x - 3y = -1 \end{array} \right|$

b) $\left| \begin{array}{l} 6x + 4y = 9 \\ 6x - 5y = -18 \end{array} \right|$ d) $\left| \begin{array}{l} 3x + 2y = 4 \\ 4x - 5y = -10 \end{array} \right|$ f) $\left| \begin{array}{l} 2x = 2y - 4 \\ 3x - 3y = -5 \end{array} \right|$ h) $\left| \begin{array}{l} y = 3x - 2 \\ 2y - 6x = -4 \end{array} \right|$

6. Auf einer Ferienreise suchte die Familie ein Hotel zur Übernachtung. Wie viele Einzelzimmer und wie viele Doppelzimmer hat das Hotel?

7. Der Umfang eines Rechtecks ist 28,8 cm lang. Der Flächeninhalt wird um 17,35 cm² kleiner, wenn die eine Seite um 4,5 cm verlängert und die andere um 3,5 cm verkürzt wird. Zeichne das Rechteck.

8. Ein Kajakfahrer trainiert an einem Flussabschnitt. Zu Beginn der Trainingseinheit fährt er eine bestimmte Strecke mit der Strömung flussabwärts. Der Fluss hat eine Strömungsgeschwindigkeit von $1{,}5\,\frac{\text{km}}{\text{h}}$. Am Ende der Strecke dreht er um und fährt gegen die Strömung zurück zum Ausgangspunkt. Er ist insgesamt 4 Stunden unterwegs. Der Kajakfahrer weiß, dass er auf einem See (also ohne Strömung) eine Durchschnittsgeschwindigkeit von $4{,}5\,\frac{\text{km}}{\text{h}}$ hat. Wie lange dauern Hin- und Rückfahrt einzeln? Wie lang ist die Strecke?

9. Löse das Gleichungssystem.

a) $\left| \begin{array}{r} x + y + z = -2 \\ -x + 2y + 2z = -7 \\ 2x + 3y + z = 1 \end{array} \right|$ b) $\left| \begin{array}{r} x + y - z = 8 \\ x - y + z = -4 \\ -x + y + z = 0 \end{array} \right|$ c) $\left| \begin{array}{r} x + 5y + 4z = -3 \\ -x + 5z = 6 \\ x + 3y + 4z = 3 \end{array} \right|$

7. Ähnlichkeit

Häufig werden Gegenstände verkleinert oder vergrößert dargestellt.
Die Form bleibt dabei unverändert.

→ Schätze, wie stark die Erde für den Globus verkleinert bzw. die Zelle für das Modell vergrößert wurde.

→ Recherchiere die Größe der Zelle und die Größe der Erde. Überprüfe mit diesen Werten deine Schätzung.

In diesem Kapitel ...
lernst du mehr über maßstäblich vergrößerte oder verkleinerte Figuren und Körper.

Lernfeld: Gleiche Form – andere Größe

In einer Ausstellung in Hamburg sind verschiedene Gegenden Deutschlands und der Welt im Maßstab 1 : 87 nachgebildet. Ein Bereich der Ausstellung zeigt den Hamburger Containerhafen mit zwei verschiedenen Containertypen, den 20-Fuß- und den 40-Fuß-Containern.

→ Ermittelt aus den Angaben in der Tabelle die Maße der Modellcontainer.

Typ	Außenmaße L/B/H	Innenmaße L/B/H	Volumen	Leergewicht	maximale Zuladung	maximales Gesamtgewicht
20 Fuß	6,058 m/ 2,438 m/ 2,591 m	5,910 m/ 2,438 m/ 2,385 m	33,0 m^3	2 250 kg	21 750 kg	2 400 kg
40 Fuß	12,192 m/ 2,438 m/ 2,591 m	12,040 m/ 2,438 m/ 2,385 m	67,0 m^3	3 780 kg	26 700 kg	30 480 kg

→ Recherchiert, warum ausgerechnet im Maßstab 1 : 87 gebaut wurde.

→ Den Hamburger Hafen laufen sehr große Containerschiffe an. Ein Beispiel für ein solches Schiff ist die CSCL Jupiter. Sie ist 365,5 m lang, 51,2 m breit, hat einen Tiefgang von 15,5 m und eine Ladekapazität von 14 074 TEU. Ein TEU (Twenty-foot Equivalent Unit) entspricht einem 20-Fuß-Container. Das Schiff hat also Platz für 14 074 solcher 20-Fuß-Container. Die CSCL Jupiter soll für die Ausstellung hergestellt werden. Wie groß muss das Schiff werden?

→ Hamburg nimmt in der Ausstellung eine Fläche von etwa 200 m^2 ein. Kann hier die gesamte Stadt dargestellt sein?

7.1 Ähnliche Vielecke

Einstieg

Statuen, Puppen und Gemälde von Menschen zeigen ein bestimmtes Schönheitsideal. Sind diese Darstellungen einem Menschen ähnlich? Vergleicht dazu die Längen von Körperteilen in der Abbildung mit den entsprechenden Längen an euren Mitschülerinnen und Mitschülern.

Aufgabe 1

Maßstäbliches Verkleinern und vergrößern

Jakob hat im Urlaub Fotos gemacht. Die Bilder sind in der Größe 1536 × 2048 aufgenommen. Sie lassen sich also zum Beispiel im Format 15,36 cm × 20,48 cm drucken.

a) Jakob möchte die Bilder kleiner ausdrucken. Sein Drucker bietet ihm hierfür verschiedene Größen an. Er überlegt nun, ob bei den Formaten 6 cm × 8 cm und 10 cm × 15 cm Teile des Bildes verloren gehen.

b) Im Fotogeschäft sieht er, dass Bilder im Format 20 cm × 25 cm gerade günstig angeboten werden. Jakob ist sich nicht sicher, ob dieses Format zu seinen Bildern passt.

Lösung

a) In beiden Fällen ist das Bild kleiner als 15,36 cm × 20,48 cm. Da die Bilder nicht verzerrt sein sollen, muss es sich um eine maßstabsgetreue Verkleinerung handeln.
Dazu muss sowohl die Länge der Seite $\overline{AB}$ als auch die Länge der Seite $\overline{BC}$ mit *demselben* Faktor k verkleinert werden.
Folglich muss gelten:
$\overline{A'B'} = k \cdot \overline{AB}$ *und* $\overline{B'C'} = k \cdot \overline{BC}$,
also: $k = \frac{\overline{A'B'}}{\overline{AB}}$ *und* $k = \frac{\overline{B'C'}}{\overline{BC}}$

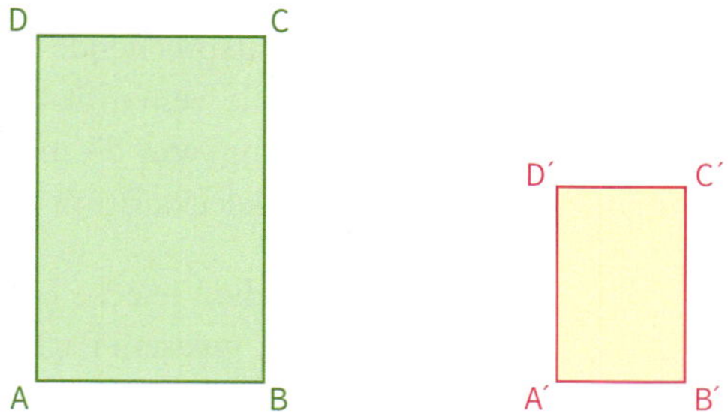

Um zu prüfen, ob sich das Bild der Größe 1536 × 2048 im Format 6 cm × 8 cm drucken lässt, berechnen wir die Verkleinerungsfaktoren der beiden Seiten:

Für das Format 6 cm × 8 cm ergeben sich die Verkleinerungsfaktoren:

$k_1 = \frac{6}{15{,}36} \approx 0{,}39,\ k_2 = \frac{8}{20{,}48} \approx 0{,}39$

Die Näherungswerte stimmen überein.

Rechnet man mit Brüchen, so erkennt man, dass dies sogar exakt gilt:

$k_1 = \frac{600}{1\,536} = \frac{100}{256} = \frac{25}{64},\ k_2 = \frac{800}{2\,048} = \frac{100}{256} = \frac{25}{64}$

Die beiden Werte stimmen überein, es gehen also keine Bildteile verloren.

Für das Format 10 cm x 15 cm ergeben sich die Verkleinerungsfaktoren:

$k_1 = \frac{10}{15{,}36} \approx 0{,}65,\ k_2 = \frac{15}{20{,}48} \approx 0{,}73$

Diese beiden Verkleinerungsfaktoren stimmen nicht überein.

Verkleinert man mit dem Faktor 0,73, so muss an der kürzeren Seite etwas vom Bild abgeschnitten werden.

b) Jakob muss prüfen, ob es sich um eine maßstabsgetreue Vergrößerung handelt. Dazu berechnet er jeweils für beide Seiten getrennt den Vergrößerungsfaktor:

$k_1 = \frac{20}{15{,}36} \approx 1{,}30,\ k_2 = \frac{25}{20{,}48} \approx 1{,}22$

Dieses Format passt nicht zu Jakobs Bildern. Es würden Teile der Bilder verloren gehen.

Information

Maßstäbliche Vergrößerungen und Verkleinerungen – Zueinander ähnliche Vielecke

Mit einem Fotokopiergerät kann man vergrößern, aber auch verkleinern. Das maßstäbliche Vergrößern bzw. Verkleinern (ohne Verzerren) bedeutet:

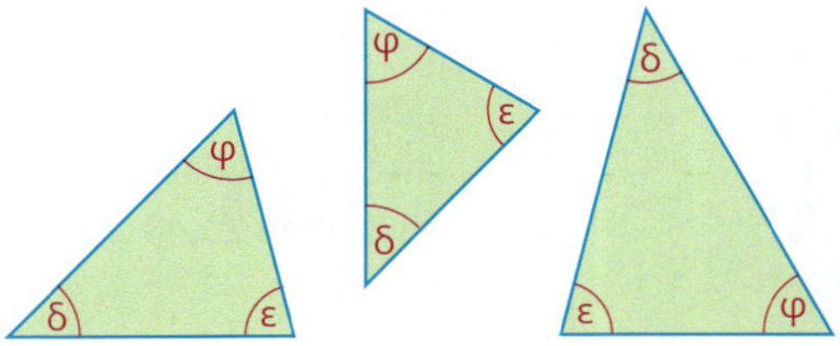

- Die Größen einander entsprechender Winkel bleiben erhalten.
- Die Längen aller Strecken werden mit *demselben* positiven Faktor multipliziert.

Beim maßstäblichen Vergrößern ist der Faktor k größer als 1, beim maßstäblichen Verkleinern liegt der Faktor zwischen 0 und 1.

Definition

Zwei Vielecke F und G heißen **ähnlich** zueinander, wenn sich ihre Eckpunkte so einander zuordnen lassen, dass gilt:

(1) Entsprechende Winkel sind gleich groß.

(2) Alle Seiten des Vielecks G sind k-mal so lang wie die entsprechenden Seiten des Vielecks F (mit *derselben* Zahl k).

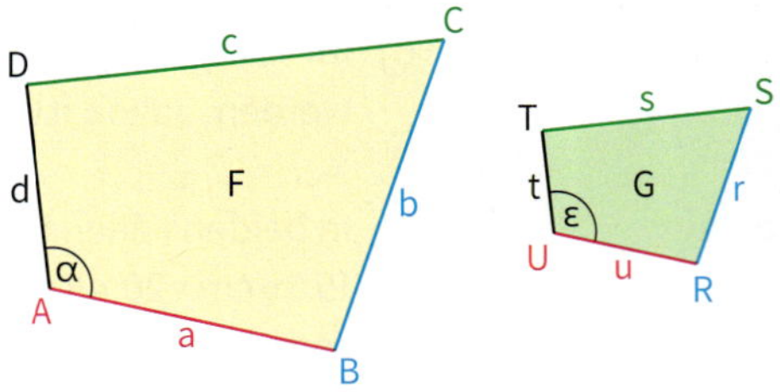

Beispiel: $k = \frac{1}{2};\ \alpha = \varepsilon;\ u = \frac{1}{2}a;\ \dots$

Sind die Vielecke F und G ähnlich zueinander, so schreibt man kurz:

F ~ G, gelesen: F ist ähnlich zu G.

Der Faktor k heißt **Ähnlichkeitsfaktor**.

Beachte: Zueinander kongruente Figuren können durch Achsenspiegelung enstehen, also einen verschiedenen Umlaufsinn haben. Auch bei der obigen Definition des Begriffs „ähnlich“ ist der Fall eingeschlossen, dass beide Figuren verschiedenen Umlaufsinn haben.

Weiterführende Aufgabe

Längenverhältnisse der Seiten eines Vielecks

2. In der Lösung der Aufgabe 1 wurden Verkleinerungsfaktoren für die einzelnen Seiten bestimmt und verglichen.
Löse diese Aufgabe auch auf andere Weise folgendermaßen:
Beim Bild im Format 10 cm × 15 cm ist die lange Seite offensichtlich 1,5-mal so lang wie die kurze.
Vergleiche diesen Wert mit dem entsprechenden bei den Bildern im Format 6 cm × 8 cm und 20 cm × 25 cm.

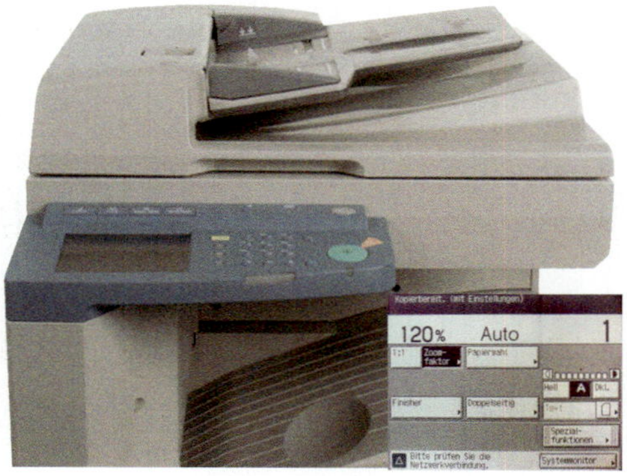

Information

(1) Längenverhältnis

Bei der Lösung der Aufgabe 1 und auch bei der Weiterführenden Aufgabe 2 haben wir Längen miteinander verglichen, indem wir Quotienten von Seitenlängen gebildet haben. Wir haben also das Verhältnis zweier Längen a und b gebildet. Ein solches Vorgehen kennst du auch schon für andere Größen.

Definition

Beim Vergleich zweier Längen a und b bezeichnet man den Bruch $\frac{a}{b}$ bzw. den Quotienten a : b auch als **Längenverhältnis** oder kurz als *Verhältnis*.

Den Bruch $\frac{a}{b}$ bzw. den Quotienten a : b liest man dann auch: *a zu b.*

Beispiel: Gegeben: $\overline{AB} = 0{,}9\,\text{cm}$ und $\overline{CD} = 1{,}5\,\text{cm}$.
Dann gilt:

$$\frac{\overline{AB}}{\overline{CD}} = \frac{0{,}9\,\text{cm}}{1{,}5\,\text{cm}} = \frac{9}{15} = \frac{3}{5} = 0{,}6 \quad \text{bzw.} \quad \overline{AB} : \overline{CD} = 0{,}9 : 1{,}5 = 9 : 15 = 3 : 5 = 0{,}6$$

Eine Gleichung wie $\overline{AB} : \overline{CD} = 3 : 5$ liest man auch: *$\overline{AB}$ verhält sich zu $\overline{CD}$ wie 3 zu 5.*
Eine solche Gleichung nennt man *Verhältnisgleichung* oder auch *Proportion*.

Beachte: Das Verhältnis zweier Längen ist eine Zahl.

Proportion (lat.) entsprechendes Verhältnis

(2) Längenverhältnis zweier Seiten derselben Figur

Die Lösung der Weiterführenden Aufgabe 2 führt auf folgenden Satz.

Satz

Zwei Vielecke F und G sind zueinander ähnlich, wenn
(1) das Längenverhältnis je zweier Seiten des Vielecks F und das Längenverhältnis der entsprechenden Seiten des Vielecks G übereinstimmen und
(2) entsprechende Winkel gleich groß sind,
sonst nicht.

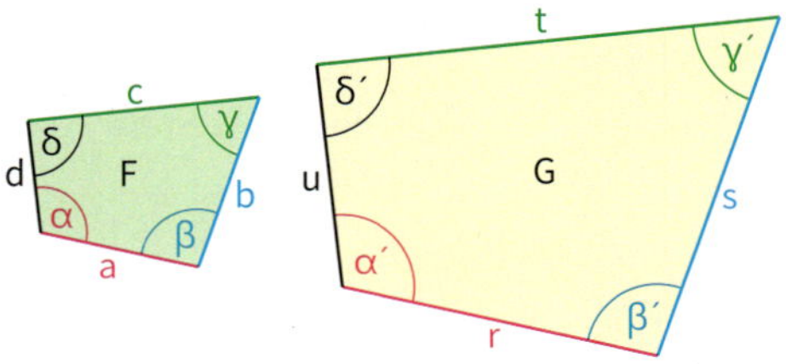

z. B.: $\frac{b}{a} = \frac{s}{r}$; $\frac{a}{c} = \frac{r}{t}$; $\frac{c}{b} = \frac{t}{s}$;
$\alpha = \alpha'$

Übungsaufgaben

3. **a)** Vergrößere die Figur maßstäblich mit dem Faktor 2.

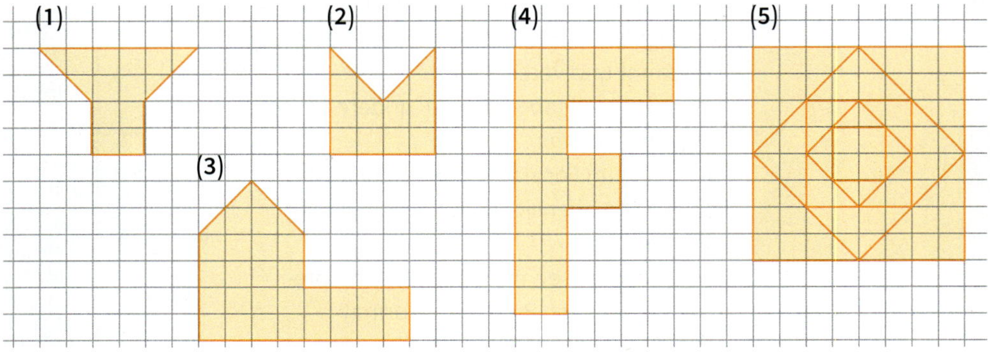

b) Wähle eine Figur aus Teilaufgabe a). Verkleinere sie maßstäblich mit dem Faktor $\frac{1}{2}$.

4. Auf dem Foto seht ihr eine Mutter mit ihrer Tochter. Man sagt: Beide sehen sich ähnlich. Vergleicht diesen Begriff „ähnlich" mit dem aus der Mathematik.

5. Prüfe, ob die beiden Vielecke ähnlich zueinander sind. Gib gegebenenfalls auch den Ähnlichkeitsfaktor an.

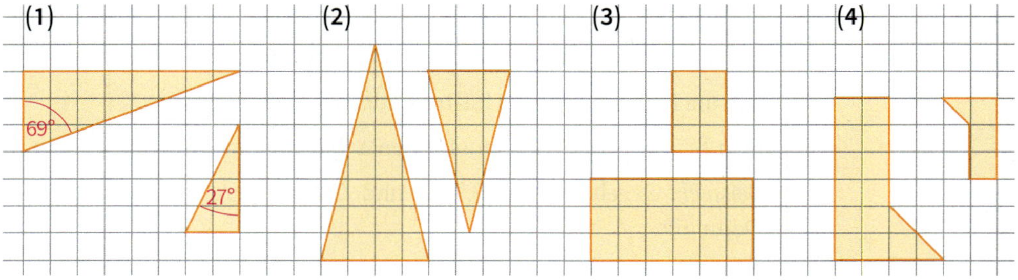

6. Ein Partner zeichnet mehrere Trapeze, der andere mehrere Rauten. Jeder kennzeichnet eine Figur als Ausgangsfigur und achtet darauf, dass von den übrigen Figuren einige zu dieser Ausgangsfigur ähnlich sind und andere nicht.
Tauscht eure Zeichnungen aus und findet alle Figuren, die nicht ähnlich zu der Ausgangsfigur sind. Begründet eure Entscheidung.

7. Suche aus den Figuren unten zwei zueinander ähnliche heraus.
Zeichne die beiden Figuren ins Heft und markiere jeweils einander entsprechende Punkte, entsprechende Winkel und Seiten in derselben Farbe.
Begründe dann die Ähnlichkeit. Bestimme auch den Ähnlichkeitsfaktor.
Suche weitere Paare von Figuren heraus und verfahre entsprechend.

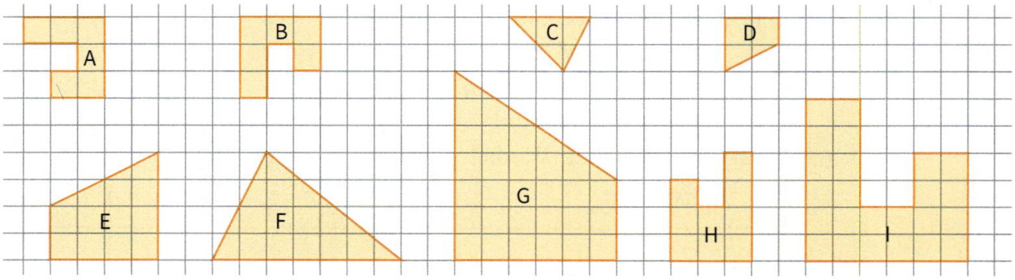

8. a) Entscheide, ob die Aussage wahr oder falsch ist.
(1) Alle Quadrate sind ähnlich zueinander.
(2) Alle Rechtecke sind ähnlich zueinander.
(3) Alle gleichseitigen Dreiecke sind ähnlich zueinander.
b) Formuliert weitere Aussagen und lasst sie vom Partner prüfen.

9. Begründe: Wenn zwei Vielecke kongruent zueinander sind, dann sind sie auch ähnlich zueinander. Gib auch den Ähnlichkeitsfaktor an.

10. Entnimm der Zeichnung das Längenverhältnis $\frac{\overline{PQ}}{\overline{UV}}$, ohne mit dem Lineal zu messen.

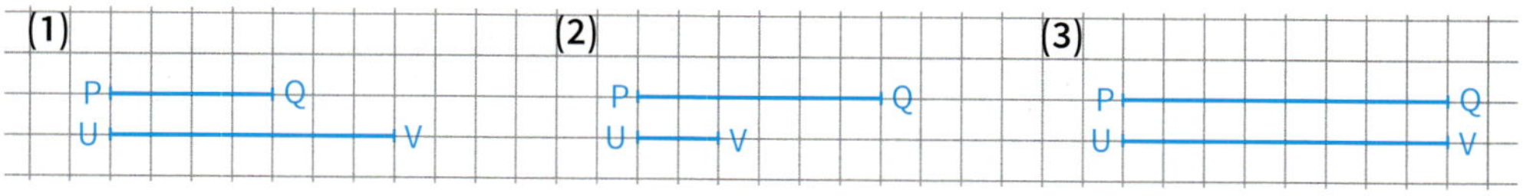

11. Jeder zeichnet zwei Strecken $\overline{AB}$ und $\overline{CD}$ mit dem angegebenen Längenverhältnis. Tauscht eure Zeichnungen aus und kontrolliert euch gegenseitig.
a) $\overline{AB}:\overline{CD} = 3:4$ b) $\overline{AB}:\overline{CD} = 5:2$ c) $\frac{\overline{AB}}{\overline{CD}} = \frac{3}{2}$ d) $\frac{\overline{AB}}{\overline{CD}} = 0{,}4$

12. a) Bestimme das Längenverhältnis der Strecke $\overline{AB}$ zur Strecke $\overline{CD}$.
(1) $\overline{AB} = \frac{5}{2} \cdot \overline{CD}$ (2) $2 \cdot \overline{CD} = 5 \cdot \overline{AB}$ (3) $\overline{AB} = \overline{CD}$ (4) $7 \cdot \overline{AB} = \overline{CD}$
b) Gegeben ist das Längenverhältnis zweier Strecken:
(1) $a:b = 2:3$; (2) $a:b = 1:\sqrt{2}$
Schreibe sowohl a als Vielfaches von b als auch b als Vielfaches von a.

13. Das Längenverhältnis $\overline{UV}:\overline{XY}$ zweier Strecken beträgt (1) $4:5$ (2) $1:\sqrt{3}$.
Berechne die fehlende Länge für: a) $\overline{UV} = 1{,}2\,\text{m}$ b) $\overline{XY} = 16\,\text{cm}$

14. Der Kölner Dom ist 157 m hoch, der Eiffelturm in Paris ist 320 m hoch.
Welchen Maßstab musst du wählen, damit du diese Gebäude in dein Heft (DIN A4) zeichnen kannst?

1 pm, gelesen 1 Pikometer, ist der billionste Teil eines Meters.

15. Ein Eisenatom hat einen Radius von 125 pm. Mit welchem Faktor muss es vergrößert werden, damit es so groß ist wie
(1) ein Stecknadelkopf mit r = 1 mm; (2) ein Ball mit r = 8 cm?

16. Beweise den Satz von Seite 237.

Das kann ich noch!

A) Zeichne den Graphen der Funktion. Bestimme ihre Nullstelle grafisch und rechnerisch.
1) $y = 3x + 1$ 2) $y = -2x + 4$ 3) $y = \frac{2}{3}x - 2$ 4) $y = -\frac{1}{4}x + 3$

B) Der Graph einer linearen Funktion verläuft durch die Punkte A(−1|3) und B(4|−2). Zeichne den Funktionsgraphen. Bestimme eine Gleichung für diese lineare Funktion. Berechne den y-Achsenabschnitt und die Nullstellen.

17.

Modelleisenbahnen

Die Maßstäbe der Modelleisenbahnen werden mit Buchstaben und Zahlen abgekürzt. Diese werden vom Verband der Modelleisenbahner und Eisenbahnfreunde Europas in der Normentabelle NEM (Normen Europäischer Modellbahnen) festgelegt.

Nenngröße	Maßstab	Spurweite
HO	1:87	16,5 mm
N	1:160	9,0 mm
Z	1:220	6,5 mm

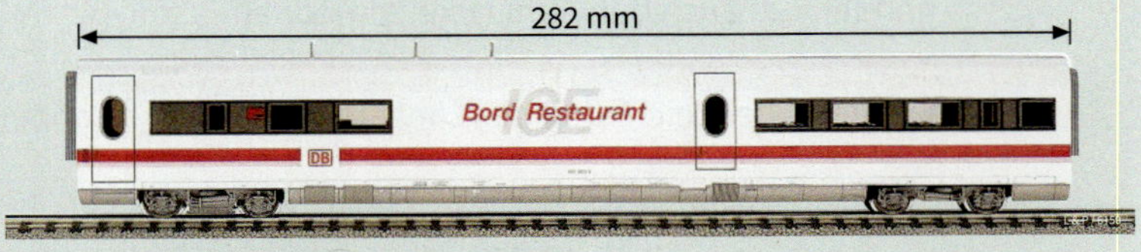

ICE-Bord-Restaurant-Wagen Spur HO

a) Wie lang ist der ICE-Bord-Restaurant-Wagen in der Wirklichkeit?
b) Berechne die Länge des ICE-Wagens für die Spur N [Spur Z].
c) Eine Tür des ICE-Wagens ist 1050 mm breit. Berechne das Maß für Spur N [H0; Z].
d) Das Modell des Endwagens eines ICE 3 hat in der Spur H0 die Länge 295 mm. Berechne die Länge eines entsprechenden Modells in der Spur N [Spur Z].

18. Die beiden Dreiecke sind zueinander ähnlich. Schreibe gleiche Längenverhältnisse auf.

a)

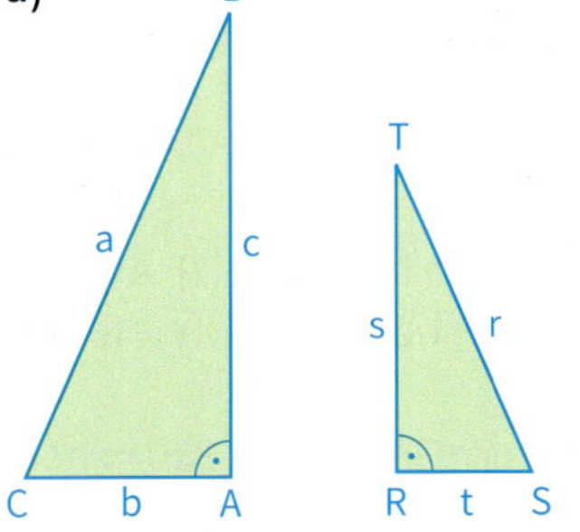

b)

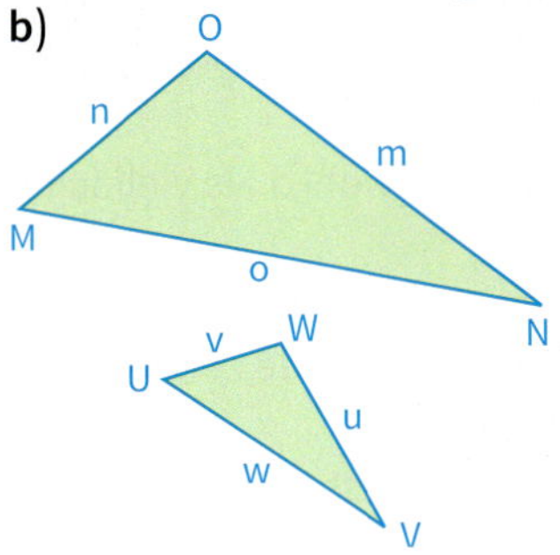

c)

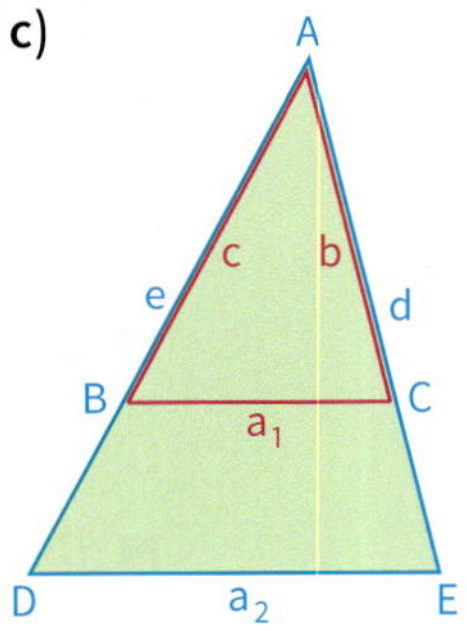

19. Berechne die fehlenden Seitenlängen der zueinander ähnlichen Dreiecke ABC und A′B′C′.

a)	b)	c)	d)
a = 3 cm	a = 4 cm	a = 5 cm	a = 60 mm
b = 4 cm	b = 6 cm	b = 7 cm	a′ = 45 mm
c = 6 cm	c = 8 cm	c = 9 cm	b′ = 90 mm
a′ = 9 cm	c′ = 2 cm	a′ = 7,5 cm	c′ = 90 mm

20. Kontrolliere Hannas Aufgabe zu zwei zueinander ähnlichen Dreiecken ABC und DEF.

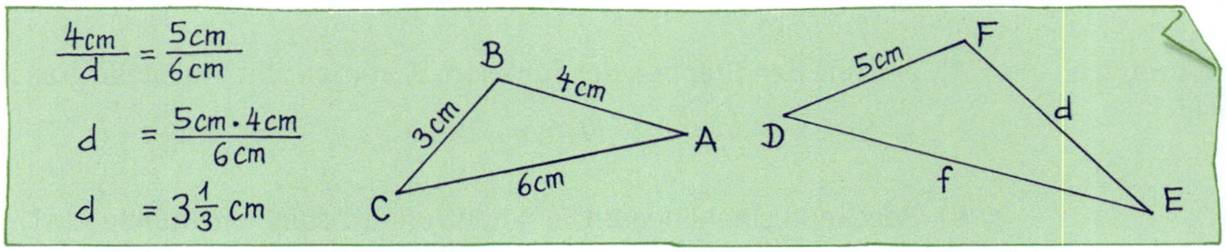

21. Gegeben ist ein Rechteck mit den Seitenlängen 4 cm und 6 cm. Zeichne ein dazu ähnliches Rechteck, dessen eine Seite **(1)** 9 cm; **(2)** 5 cm lang ist.

7.2 Flächeninhalt bei zueinander ähnlichen Vielecken

Ziel

Statistiker stellen Veränderungen oft als Vergrößerung oder Verkleinerung von Figuren dar. Du kennst bereits Gesetzmäßigkeiten der Seitenlängen zueinander ähnlicher Vielecke. Hier lernst du nun, in welchem Zusammenhang die Flächeninhalte zueinander ähnlicher Vielecke stehen.

Zum Erarbeiten

Die Stromerzeugung durch Fotovoltaikanlagen in Deutschland war 2016 fast viermal so hoch wie im Jahr 2013. Ein Grafiker hat diese Entwicklung durch nebenstehende Grafik veranschaulicht. Was meinst du dazu?

→ Das große Rechteck ist viermal so lang und viermal so breit wie das kleine Rechteck. Folglich passen 16 von den kleinen Rechtecken in das große Rechteck.
Die für das Jahr 2016 abgebildete Fotovoltaikanlage ist also nicht viermal, sondern 16-mal so groß wie die für das Jahr 2013. Somit vermittelt die Grafik einen übertriebenen Eindruck vom Anstieg der Fotovoltaikanlagen.

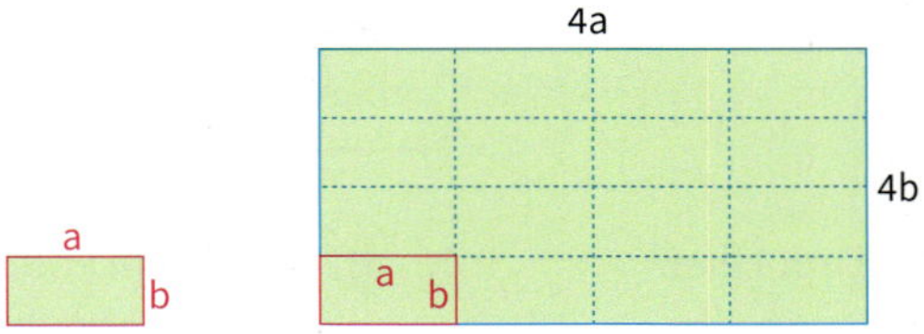

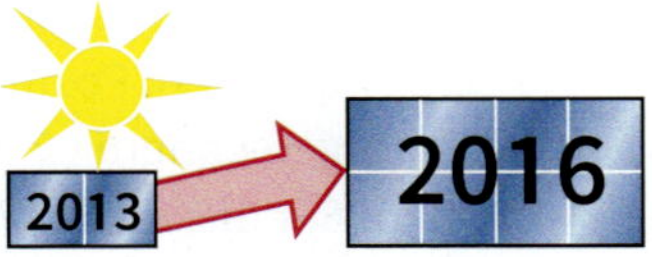

Zeichnet der Grafiker hingegen ein Rechteck mit doppelt so langen Seiten, so ist der Flächeninhalt des großen Rechtecks viermal so groß wie der des kleinen. Diese Darstellung vermittelt einen angemessenen Eindruck.

Der Grafiker möchte wissen, wie sich die Veränderung der Seitenlänge auf den Flächeninhalt auswirkt. Die Seitenlängen eines Rechteckes werden mit dem Faktor k vergrößert. Mit welchem Faktor verändert sich der Flächeninhalt?

→ Das Rechteck mit den Seitenlängen a und b hat den Flächeninhalt $A = a \cdot b$. Wird es mit dem Faktor k vergrößert, so hat das neue Rechteck die Seitenlängen $k \cdot a$ und $k \cdot b$. Dessen Flächeninhalt A^* ergibt sich daraus:
$A^* = (k \cdot a) \cdot (k \cdot b) = k^2 \cdot a \cdot b = k^2 \cdot A$
Der Flächeninhalt des Rechtecks wird also mit den Faktor k^2 vergrößert.
Entsprechendes gilt für die Verkleinerung mit dem Faktor k.

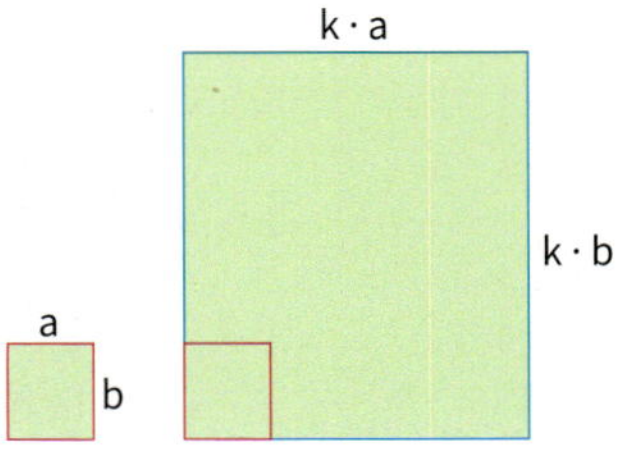

Der Grafiker möchte nun wissen, ob dieser Zusammenhang auch für andere Figuren gilt. Begründe, dass dieser Zusammenhang auch für rechtwinklige Dreiecke, beliebige Dreiecke und beliebige Vielecke gilt.

→ Jedes rechtwinklige Dreieck kann man zu einem doppelt so großen Rechteck ergänzen. Vergrößert man also die Seitenlängen eines rechtwinkligen Dreiecks mit den Faktor k, so vergrößert sich dessen Flächeninhalt ebenso wie der des Rechtecks um den Faktor k^2.

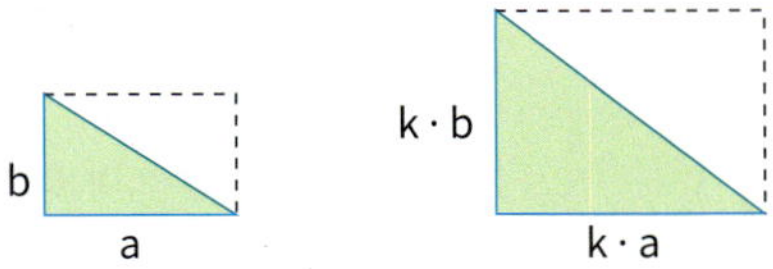

$A = \frac{1}{2} \cdot a \cdot b$

$A^* = \frac{1}{2} \cdot k \cdot a \cdot k \cdot b$
$= k^2 \cdot \frac{1}{2} \cdot a \cdot b = k^2 \cdot A$

Ein beliebiges Dreieck kann durch eine geeignete Höhe in zwei rechtwinklige Teildreiecke zerlegt werden. Somit führt auch bei beliebigen Dreiecken eine Ver-k-fachung der Seitenlängen zu einer Ver-k^2-fachung des Flächeninhalts.
Entsprechend gilt dieser Zusammenhang auch für allgemeine Vielecke, da sich jedes Vieleck aus Dreiecken zusammensetzen lässt.

Längenverhältnis: k
Flächenverhältnis: $\frac{A_W}{A_V} = k^2$

Satz
Ist das Vieleck W ähnlich zum Vieleck V und entsteht W aus V durch maßstäbliches Vergrößern bzw. Verkleinern mit dem Ähnlichkeitsfaktor k, so ist der Flächeninhalt des Vielecks W genau k^2-mal so groß wie der Flächeninhalt des Vielecks V: $\mathbf{A_W = k^2 \cdot A_V}$

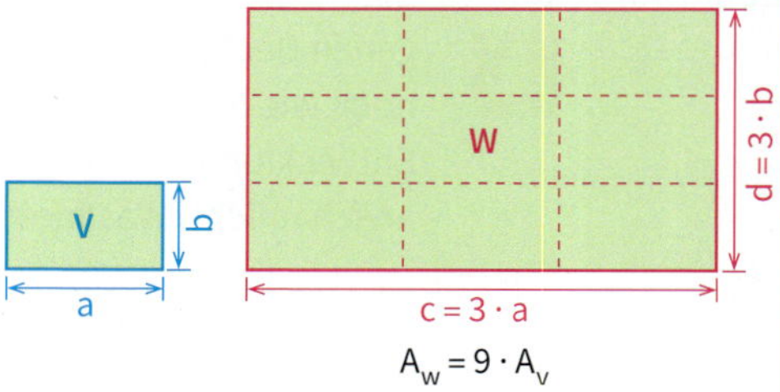

Zum Üben

1. a) Von einem Foto soll ein Poster hergestellt werden. Ein Fotolabor hat nebenstehendes Angebot. Ist der Preis für das größere Poster gegenüber dem kleineren Poster durch den erhöhten Materialverbrauch gerechtfertigt?

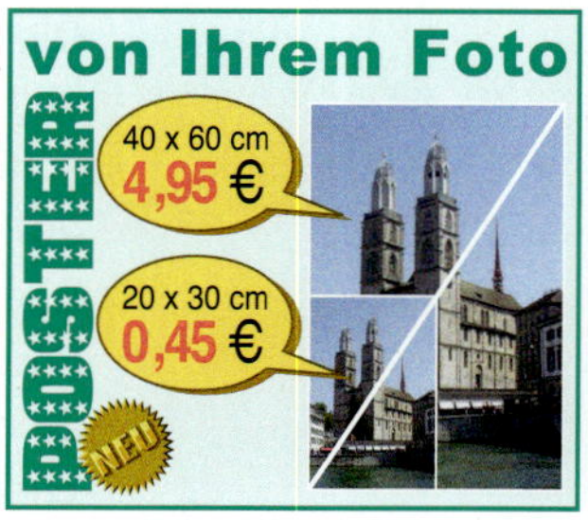

b) Für die beiden Poster soll ein Rahmen hergestellt werden. Vergleiche die Gesamtlänge der Leiste für das größere Poster mit der Länge der Leiste für das kleinere Poster.

c) Begründe: Sind zwei Rechtecke ähnlich zueinander mit dem Ähnlichkeitsfaktor k, so ist das Verhältnis der Umfänge beider Rechtecke ebenfalls k.

d) Verallgemeinere den Satz in Teilaufgabe c) auf Vielecke und begründe ihn.

2. Das Rechteck ABCD besitzt die Seitenlängen $a = 6{,}6\,\text{cm}$ und $b = 3{,}9\,\text{cm}$.
Das dazu ähnliche Rechteck A′B′C′D′ entsteht durch den Ähnlichkeitsfaktor

a) $k = 4$; b) $k = \frac{1}{2}$; c) $k = \frac{2}{3}$; d) $k = \frac{3}{2}$.

Berechne auf zwei verschiedenen Wegen den Flächeninhalt des Rechtecks A′B′C′D′.

3. Ein Viereck ABCD hat den Flächeninhalt $60\,\text{cm}^2$. Berechne den Flächeninhalt des dazu ähnlichen Vierecks A′B′C′D′ mit dem Ähnlichkeitsfaktor

a) $k = 3$; b) $k = \frac{4}{5}$; c) $k = \frac{9}{4}$; d) $k = 1\frac{1}{2}$

4. Ein Vieleck ABCD besitzt den Flächeninhalt $144\,\text{cm}^2$. Das dazu ähnliche Vieleck hat den angegebenen Flächeninhalt. Berechne den Ähnlichkeitsfaktor.

a) $81\,\text{cm}^2$ b) $64\,\text{cm}^2$ c) $36\,\text{cm}^2$ d) $576\,\text{cm}^2$

5. Die Flächeninhalte zweier zueinander ähnlicher Vielecke verhalten sich wie

a) 4 : 1; b) 16 : 9; c) 4 : 9; d) 9 : 25.

Berechne das Längenverhältnis der Seiten.

6. Alle Längen eines Vielecks werden a) um 20 % verlängert; b) um 30 % verkürzt.
Um wie viel Prozent vergrößert sich sein Flächeninhalt?

Volumen bei zueinander ähnlichen Quadern

Auch Körper kann man maßstäblich vergrößern und verkleinern. Wir wollen bei Quadern untersuchen, wie sich hierdurch Volumen und Oberflächeninhalt verändern.

1. a) Zeichne das Schrägbild eines Quaders mit den Kantenlängen 5 cm, 6 cm und 8 cm und bestimme sein Volumen.
b) Verdopple nun die Kantenlängen des Quaders. Zeichne das Schrägbild.
c) Halbiere die Kantenlängen des Quaders. Zeichne das Schrägbild.
d) Vergleiche das Volumen des Quaders, den du in Teilaufgabe a) dargestellt hast, mit dem Volumen in den Teilaufgaben b) und c).

2. Betrachte nochmals die Quader aus Aufgabe 1. Zeichne den Ausgangsquader achtmal in den vergrößerten Quader. Vergleiche mit deinen Ergebnissen aus Aufgabe 1.

3. Max: „Wenn ich die Kantenlängen verdreifache, dann verdreifacht sich auch das Volumen des Quaders“. Lena: „Das stimmt nicht! Das Volumen wird neunmal so groß.“
Nimm Stellung und begründe deine Antwort.

4. Begründe:

Wenn zwei Quader Q und Q′ ähnlich zueinander mit dem Ähnlichkeitsfaktor k sind, dann gilt:
Der Quader Q′ hat das k^3-fache Volumen des Quaders Q:
$\mathbf{V_{Q'} = k^3 \cdot V_Q}$

Längenverhältnis k
jedoch Volumenverhältnis k^3

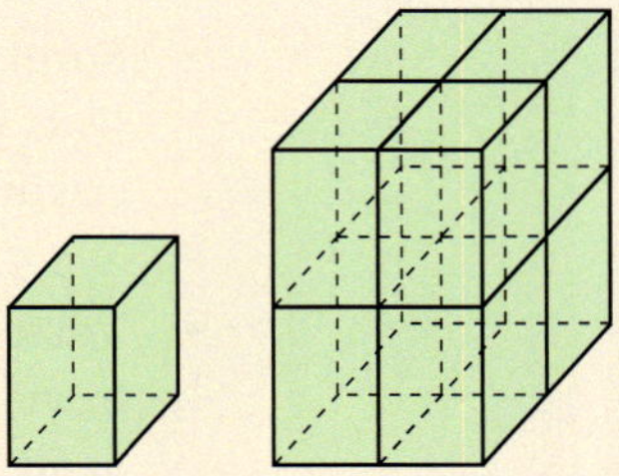

5. Wie verändert sich der Oberflächeninhalt des Quaders und die gesamte Kantenlänge aus Aufgabe 1 durch maßstäbliches Vergrößern und Verkleinern? Zeichne dazu Netze der Quader.

6. Eine Firma hat den Absatz eines Waschmittels in einem Jahr verdoppelt. Sie stellt dieses Wachstum im Werbeprospekt wie im Bild dar.

a) Wird der Absatzzuwachs durch die Größenverhältnisse im Bild richtig wiedergegeben?
Zeichne die Quader gegebenenfalls im richtigen Verhältnis.
b) Für ein anderes Waschmittel wurde eine Absatzsteigerung von 64 % erzielt. Erstelle eine Grafik, die die Steigerung richtig wiedergibt.
c) Sucht nach grafischen Darstellungen in Zeitungen oder Prospekten, in denen Größenverhältnisse durch zueinander ähnliche Körper dargestellt werden. Überprüft, ob die Größenverhältnisse „richtig“ sind.

Arbeit im Team organisieren

Was Gruppenarbeit ist, kennt ihr: Man arbeitet gemeinsam an einer Aufgabe und präsentiert das Ergebnis. Dabei kann es vorkommen, dass man in der vorgegebenen Zeit nicht fertig wird oder man sich in endlosen Diskussionen verzettelt. Vielleicht habt ihr es auch erlebt, dass jeder nur für sich arbeitet und sich kaum mit seinen Teammitgliedern austauscht.

Damit die Arbeit im Team effektiv ist, müssen gewisse Regeln eingehalten werden. Wohl die wichtigsten sind:

- **Jeder muss die Arbeitsaufträge verstanden haben.**
  Bevor ihr anfangt, die Aufgabenstellungen zu bearbeiten, beseitigt in der Gruppe eventuelle Unklarheiten. Fragt gegebenenfalls eure Lehrerin oder euren Lehrer.

- **Sorgt für eine gute Arbeitsatmosphäre.**
  Jeder darf ausreden. Jeder darf Fragen stellen. Jeder arbeitet mit. Sachliche Diskussionen sind erwünscht; vermeidet aber persönlichen Streit.

- **Verteilt die Aufgaben.**
  In vielen Fällen muss nicht jeder von euch die ganze Aufgabe bearbeiten. Effektiver ist es dann, wenn ihr euch die Arbeit aufteilt. Bei Dingen, die nur einmal für die Gruppe angefertigt werden müssen (z. B. ein Protokoll, eine Folie, ...), muss rechtzeitig geklärt werden, wer dafür zuständig ist.

- **Achtet auf die Zeit.**
  Euch steht nur eine beschränkte Arbeitszeit zur Verfügung. Habt also die Uhr im Blick und denkt frühzeitig daran, dass eure Ergebnisse noch schriftlich festgehalten werden müssen.

- **Jeder muss die Gruppenergebnisse präsentieren können.**
  Erklärt einander in der Gruppe, wie ihr die Aufgaben bearbeitet habt. Dann kann auch jeder die Gruppe bei der Vorstellung der Ergebnisse gut vertreten.

Ihr könnt nun die Regeln von Seite 244 gleich in die Tat umsetzen, und zwar an der folgenden kurzen Aufgabe.
Vielleicht reichen euch 30 Minuten für die Bearbeitung in der Gruppe, danach erfolgt die Präsentation der Ergebnisse. Wenn die beendet ist, versucht innerhalb der Gruppe eure Zusammenarbeit zu beurteilen.

Arbeitsaufträge

Papierformate sind genormt. Ihr kennt zum Beispiel die Formate DIN A4 (großes Schulheft) oder DIN A5 (kleines Schulheft).
Für DIN-A-Formate gelten folgende Bedingungen:

- Alle Rechtecke sind ähnlich zueinander.
- Man erhält das nächstkleinere DIN-A-Format, indem man ein Rechteck „zur Hälfte faltet“.
- Ein Rechteck des Formates A0 ist 1 m² groß.

a) Ermittelt die Maße der Formate DIN A0 bis DIN A6.

b) Begründet, dass bei diesen Maßen die drei genannten Bedingungen erfüllt sind.

Wie hat in eurer Gruppe die Zusammenarbeit geklappt? Besprecht dazu gemeinsam die folgenden Fragen:

- Habt ihr die Zeit im Blick gehabt?
- Hat sich jeder gleichermaßen an der Aufgabenbearbeitung beteiligt?
- Hätte jeder von euch die Präsentation erfolgreich übernehmen können?
- Wie war die Arbeitsatmosphäre?
- Die nächste Gruppenarbeitsphase kommt bestimmt: Auf welchen Aspekt wollt ihr beim nächsten Mal besonders achten?

Das könnt ihr zum Beispiel tun, indem ihr in eurer Gruppe jetzt den folgenden Arbeitsauftrag bearbeitet:

Arbeitsaufträge

Mit Fotokopierern kann man auch vergrößern und verkleinern.

a) Auf Fotokopierern sind zur Vergrößerung bzw. zu Verkleinerung von Bildvorlagen häufig die Faktoren 141 % und 71 % voreingestellt. Warum wohl?

b) Wie verändert sich ein Rechteck des Formats DIN A4, wenn es mit dem Faktor 200 % fotokopiert wird? Gehört die Kopie auch zu den DIN-A-Formaten?

c) Welcher Faktor ist zu wählen, wenn man von A3 auf A6 verkleinern möchte?

7.3 Ähnlichkeitsabbildungen – Zentrische Streckung

Einstieg

Das rechts abgebildete Ölgemälde des Künstlers Kurt Armbrust trägt den Titel „Zentrische Streckung". Es zeigt, wie aus einem Dreieck zwei dazu ähnliche erzeugt worden sind.
Erforscht anhand des Gemäldes, wie man zentrische Streckungen definieren müsste. Streckt selbst ein Dreieck ausgehend von einem Streckzentrum Z so, dass eines mit 1,3-mal so langen Seiten entsteht.

Aufgabe 1

Vergrößern mithilfe einer zentrischen Streckung
Mithilfe einer Spiegelung, einer Drehung oder einer Verschiebung können wir zu einer Figur eine dazu kongruente erzeugen.
Rechts siehst du, wie man mithilfe eines Gummibandes eine Figur maßstäblich vergrößern kann. Das Gummiband muss dabei stets straff gespannt sein und der Knoten K muss auf dem Umriss der Figur liegen, die vergrößert werden soll.

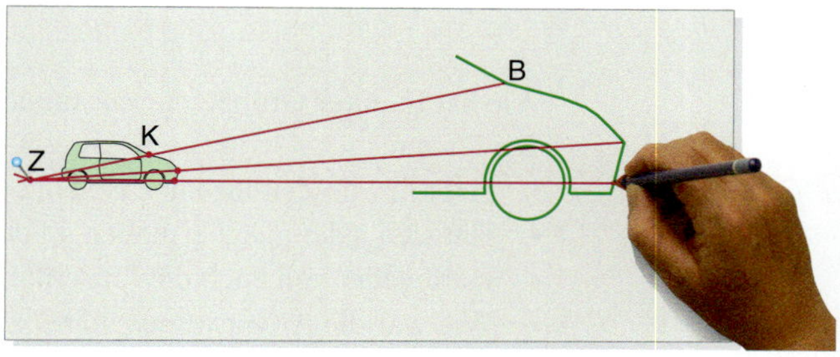

Entwickle daraus die Konstruktionsvorschrift zur Vergrößerung eines Dreiecks mit dem Ähnlichkeitsfaktor 4 ausgehend von einem Streckzentrum Z.

Lösung

Aus der Abbildung erkennst du:
(1) Die Nadel Z, der Knoten K und der Bleistift B liegen alle auf dem straff gespannten Gummiband.
(2) Das Längenverhältnis der Strecken $\overline{ZB}$ und $\overline{ZK}$ ist immer das gleiche, da sich das ganze Gummiband gleichmäßig dehnt.

Hier gilt zum Beispiel $\overline{ZB} : \overline{ZK} = 4$, da der Knoten auf einem Viertel der Strecke $\overline{ZB}$ liegt.
Diese Beschreibung lässt sich auch in eine geometrische Konstruktionsvorschrift übersetzen:

Konstruktionsbeschreibung:
(1) Zeichne den Strahl $\overrightarrow{ZA}$ und markiere auf diesem Strahl den Punkt A′ so, dass die Strecke $\overline{ZA'}$ genau 4-mal so lang ist wie die Strecke $\overline{ZA}$.
(2) Konstruiere entsprechend die Punkte B′ und C′.
(3) Verbinde die Punkte A′ und B′, B′ und C′ sowie A′ und C′. A′B′C′ ist das gesuchte Dreieck.

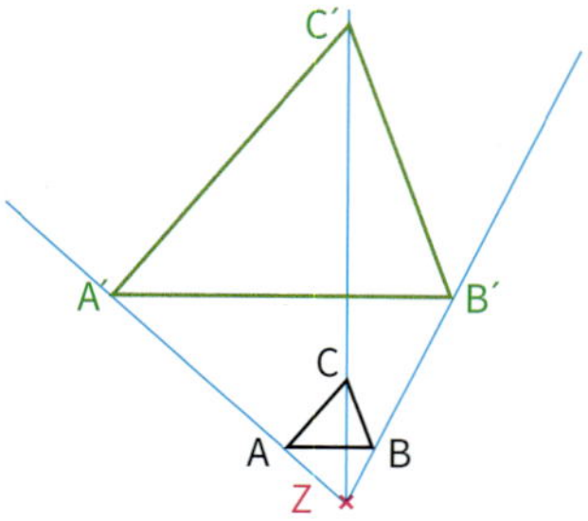

Information

Bei einer Spiegelung, einer Drehung oder einer Verschiebung entsteht aus einer Figur eine dazu kongruente Bildfigur. Aufgabe 1 zeigt eine Abbildung, mit der man zu einer Figur eine dazu ähnliche Bildfigur erhält.

Definition

Eine **zentrische Streckung** wird festgelegt durch das **Streckzentrum Z** und den positiven **Streckfaktor k**. Zu einem Punkt konstruierst du den Bildpunkt wie folgt:

(1) Wenn der Punkt P nicht mit dem Zentrum Z zusammenfällt, konstruierst du den Bildpunkt P′ wie folgt:
  (a) Zeichne den Strahl $\overrightarrow{ZP}$.
  (b) Zeichne den Punkt P′ auf dem Strahl $\overrightarrow{ZP}$ so, dass gilt: $\overline{ZP'} = k \cdot \overline{ZP}$

(2) Der Bildpunkt Z′ von Z fällt mit Z zusammen: Z′ = Z

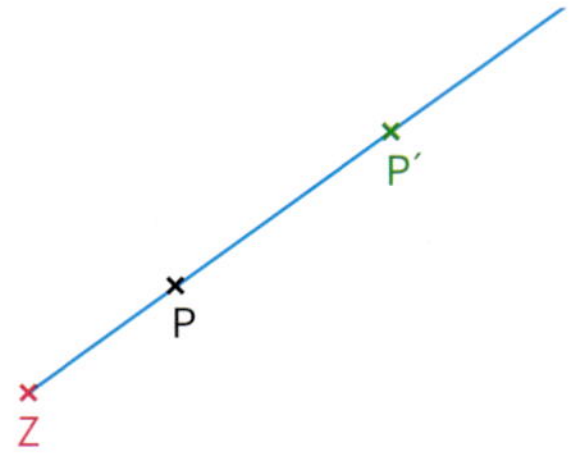

Weiterführende Aufgabe

Eigenschaften der zentrischen Streckung

2. Zeichne das Dreieck ABC mit A(2 | 0), B(4 | 0) und C(2 | 3). Strecke es mit dem Faktor 2,5 am Punkt Z(−1 | 0). Vergleiche das Dreieck und das Bilddreieck hinsichtlich der Lage und Länge der Seiten, der Größe der Winkel sowie des Flächeninhaltes.

Information

Satz

Für jede *zentrische Streckung* mit positivem Streckfaktor k gilt:

- Gerade und Bildgerade sind parallel zueinander.
- Eine Bildstrecke ist k-mal so lang wie die Originalstrecke.
- Winkel und Bildwinkel sind gleich groß.
- Vieleck und Bildvieleck sind ähnlich zueinander.
- Der Flächeninhalt eines Bildvielecks ist k^2-mal so groß wie der des Originalvielecks.

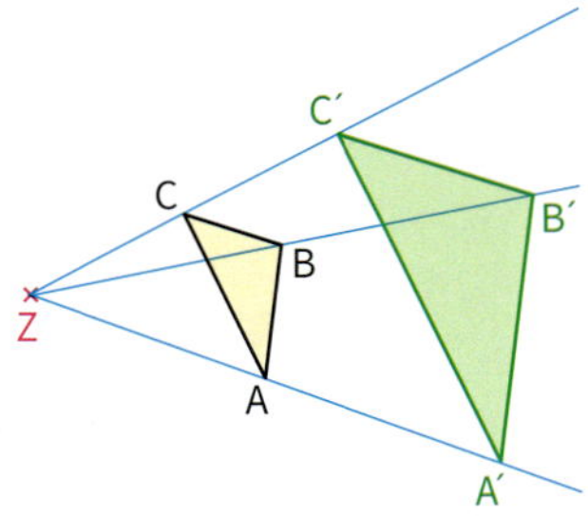

Weiterführende Aufgabe

Ähnlichkeitsabbildungen

3. Gegeben ist das Dreieck ABC, der Punkt Z sowie der Verschiebungspfeil $\overrightarrow{PQ}$.
Übertrage die Zeichnung in dein Heft.
Strecke das Dreieck ABC am Streckzentrum Z mit dem Streckfaktor k = 2.
Verschiebe es anschließend entlang des Verschiebungspfeils $\overrightarrow{PQ}$.
Vergleiche das Original- und das Bilddreieck. Was stellst du fest?

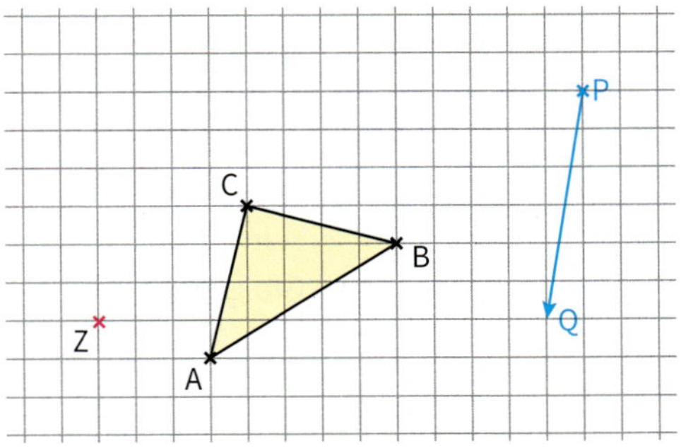

Information

Die Hintereinanderausführung einer Kongruenzabbildung (Spiegelung, Verschiebung oder Drehung) und einer zentrischen Streckung bezeichnet man als **Ähnlichkeitsabbildung**, da die Original- und Bildfigur zueinander ähnlich sind.

Übungsaufgaben

4. Gegeben sind das Viereck ABCD und der Punkt Z.

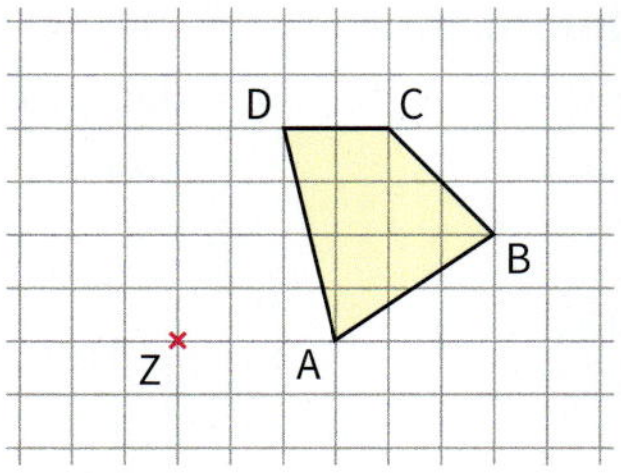

a) Konstruiere das Bild des Vierecks ABCD bei der zentrischen Streckung mit dem Streckzentrum Z und dem Streckfaktor $\frac{3}{2}$.

b) Wähle weitere Punkte innerhalb und außerhalb des Vierecks ABCD und konstruiere auch ihre Bildpunkte bei der zentrischen Streckung aus Teilaufgabe a).

c) Wähle als Zentrum Z einen Punkt
(1) innerhalb des Vierecks; (2) auf der Seite $\overline{AB}$; (3) einen Eckpunkt.
Strecke das Viereck ABCD an Z mit dem Streckfaktor 3.

5. Zeichne in einem Koordinatensystem mit der Einheit 1 cm das Viereck ABCD mit A(−2 | 0), B(4 | 0), C(4 | 2) und D(0 | 4). Ferner ist der Punkt Z(0 | −2) gegeben. Konstruiere dann das Bild von ABCD bei der zentrischen Streckung mit dem angegebenen Zentrum und k als Streckfaktor.

a) $k = 2$, Streckzentrum A b) $k = \frac{1}{2}$, Streckzentrum Z c) $k = 2{,}5$, Streckzentrum C

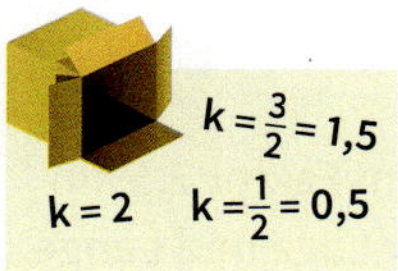

6. Der Punkt P′ ist das Bild des Punktes P bei der zentrischen Streckung mit Streckzentrum Z. Bestimme den Streckfaktor k.

a) P(4 | 6), P′(6 | 9), Z(0 | 0) b) P(1 | 3), P′(0 | 5), Z(2 | 1) c) P(−7 | 2), P′(−2 | −1), Z(3 | −4)

7. Untersuche, ob das Dreieck PQR das Bilddreieck des Dreiecks ABC bei einer zentrischen Streckung ist. Falls ja, gib Streckzentrum und Streckfaktor an.

a)	A(−6 | 0)	P(5 | −3)	b)	A(0 | 0)	P(2 | 1)	c)	A(−2 | −2)	P(−4 | 0)
	B(6 | 0)	Q(0 | 1)		B(8 | 0)	Q(4 | 5)		B(6 | 0)	Q(10 | 4)
	C(−2 | 8)	R(−2 | −3)		C(4 | 8)	R(6 | 1)		C(0 | 0)	R(0 | 4)

DGS

8. Zeichne mit einem dynamischen Geometrie-System ein Viereck und ein Streckzentrum Z.
Probiere, wie du mit deinem DGS eine zentrische Streckung durchführen kannst.
Verändere den Streckfaktor.
Wie verändert sich das Bildviereck und seine Lage?

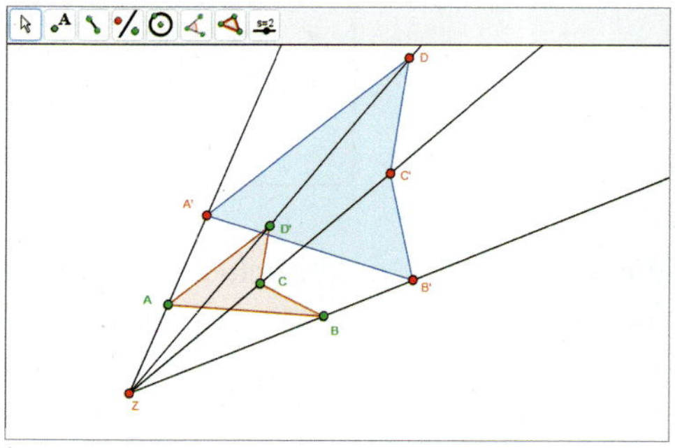

9. Entscheide, ob die grüne Figur das Bild der schwarzen Figur bei einer zentrischen Streckung sein kann.
Gib gegebenenfalls das Streckzentrum und den Streckfaktor an. Begründe deine Aussage.

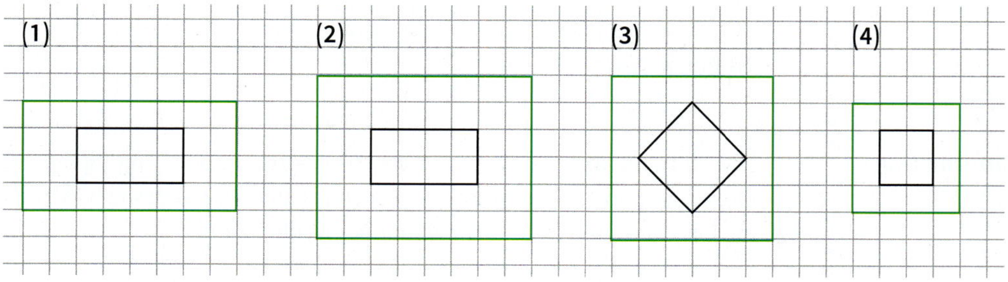

10. Entscheide, ob die grüne Figur die Bildfigur der schwarzen Figur bei einer zentrischen Streckung sein kann. Begründe.

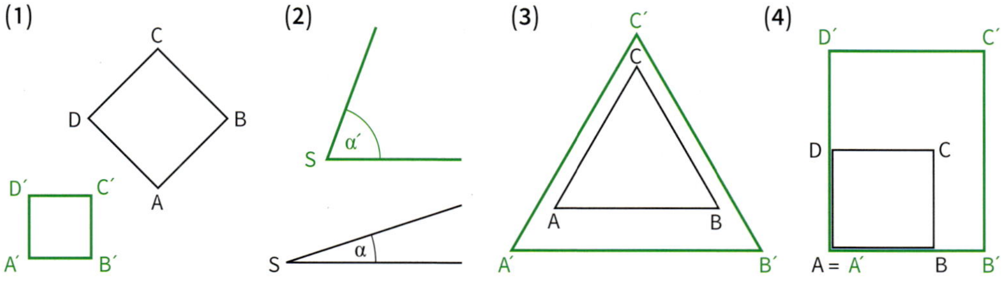

11. Durch die Punkte A (−5 | 0) und A´ (−8 | −9) sowie B (1 | 3) und B´ (4 | −3) im Koordinatensystem ist eine zentrische Streckung festgelegt. Konstruiere das Bild von C (−2 | 5).

13. Das Dreieck ABC wird durch eine zentrische Streckung mit dem Streckfaktor k auf das Dreieck A´B´C´ abgebildet.

a) Gibt es eine zentrische Streckung, die das Dreieck A´B´C´ auf das Dreieck ABC abbildet? Begründe.

b) Gibt es eine zentrische Streckung, die das Dreieck ABC auf sich abbildet? Begründe.

14. Bei jeder zentrischen Streckung wird das Streckzentrum auf sich selbst abgebildet; man nennt es daher auch *Fixpunkt*.
Untersuche, ob es Geraden gibt, die auf sich selbst abgebildet werden (*Fixgeraden*).

15. Stell dir ein Rechteck mit den Kantenlängen $a = 2\,cm$ und $b = 3\,cm$ vor.
Dieses Rechteck soll mit unterschiedlichen Streckfaktoren zentrisch gestreckt werden.

a) Erstelle eine Wertetabelle für die Länge der Bildseite a´ in Abhängigkeit von der Länge der Seite b bei unterschiedlichen Streckfaktoren. Zeichne den Funktionsgraphen.

b) Erstelle eine Wertetabelle für den Flächeninhalt des Bildrechtecks in Abhängigkeit von der Länge der Seite b. Zeichne den Funktionsgraphen.

c) Vergleiche die Graphen aus den Teilaufgaben a) und b).

16. Beschreibe, wie man das Dreieck A´B´C´ durch eine Ähnlichkeitsabbildung aus dem Dreieck ABC erzeugen kann.

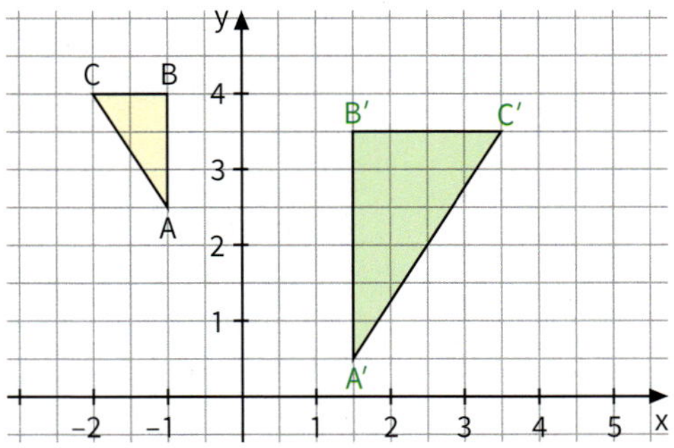

17. Gegeben ist das Viereck ABCD mit A (2 | 1), B (3 | 1), C (2 | 4) und D (1 | 3).
Strecke das Viereck ABCD am Streckzentrum Z (2 | 3) mit dem Streckfaktor $k = 2$.
Spiegele das entstandene Viereck dann an der Geraden durch die Punkte P (5 | 6) und Q (5 | 0). Gib die Koordinaten der Eckpunkte des Bildvierecks an. Vergleiche das Viereck ABCD mit dem zweiten Bildviereck.

18. Zeichne eine Ähnlichkeitsabbildung für ein Vieleck und beschreibe sie deinem Partner. Dein Partner zeichnet die beschriebene Ähnlichkeitsabbildung. Vergleicht eure Lösungen. Tauscht dann die Rollen.

7.4 Ähnlichkeit bei beliebigen Figuren

Einstieg

Zeichnet die beiden Viertelkreise ABC um B und A′B′C′ um B′ mit A (1 | 5), B (3 | 5), C (3 | 7), A′ (8 | 4), B′ (4 | 4), C′ (4 | 0). Findet Abbildungen, mit denen man den Viertelkreis ABC in zwei Schritten auf den Viertelkreis A′B′C′ abbilden kann.

Aufgabe 1

Zueinander ähnliche Figuren - Finden einer Abbildung

Vergleiche die beiden Figuren ABCDE und A*B*C*D*E*. Finde Abbildungen, mit denen man die Figur ABCDE in zwei Schritten auf die Figur A*B*C*D*E* abbilden kann.

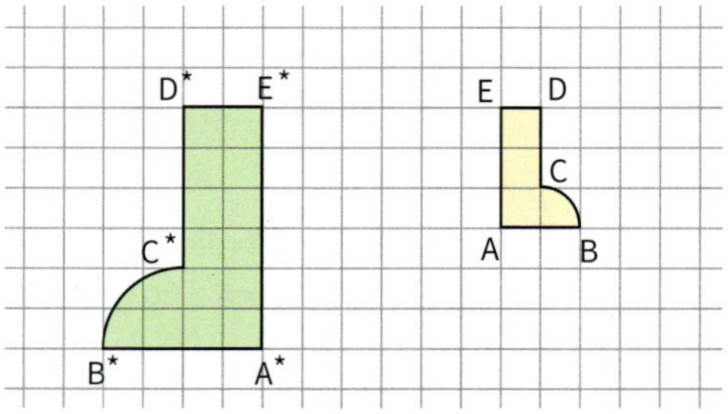

Lösung

Die Figur A*B*C*D*E* ist offensichtlich eine maßstäbliche Vergrößerung der Figur ABCDE, denn:

- Jede Seite der Figur A*B*C*D*E* ist doppelt so lang wie die entsprechende Seite der Figur ABCDE, z.B. $\overline{A^*B^*} = 2 \cdot \overline{AB}$.
  Der Radius des Viertelkreises in der Figur A*B*C*D*E* ist doppelt so groß wie der des Viertelkreises in ABCDE.
- Die Innenwinkel an den Eckpunkten A*, D*, E* sind genau so groß wie die entsprechenden an den Eckpunkten A, D, E.

Man kann daher ABCDE z.B. in folgenden zwei Schritten auf A*B*C*D*E* abbilden:

(1) Man streckt die Figur ABCDE mit dem Streckfaktor 2 am Streckzentrum E und erhält die Figur A′B′C′D′E′. Diese ist offensichtlich kongruent zur Figur A*B*C*D*E*.

(2) Spiegelt man nun die Figur A′B′C′D′E′ an der Spiegelachse a, so ergibt sich als Bild die Figur A*B*C*D*E*.

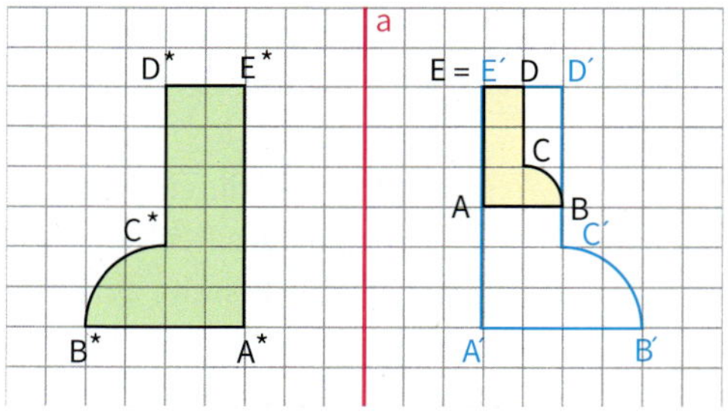

Information

Definition der Ähnlichkeit bei beliebigen Figuren

Den Begriff Ähnlichkeit haben wir bislang nur für Vielecke festgelegt, nicht aber für andere Figuren wie z.B. die Figur ABCDE in Aufgabe 1, die auch von einem Viertelkreisbogen begrenzt wird. Die Lösung der Aufgabe 1 zeigt, wie bei solchen Figuren der Begriff Ähnlichkeit definiert werden kann.

Definition

Eine Figur F heißt **ähnlich** zu einer Figur G, wenn man die Figur F mithilfe einer zentrischen Streckung so vergrößern oder verkleinern kann, dass die Bildfigur F′ zu der Figur G kongruent ist.

Wir schreiben F ~ G,
gelesen: *F ist ähnlich zu G.*

Der Streckfaktor k heißt *Ähnlichkeitsfaktor* oder auch *Maßstab.*

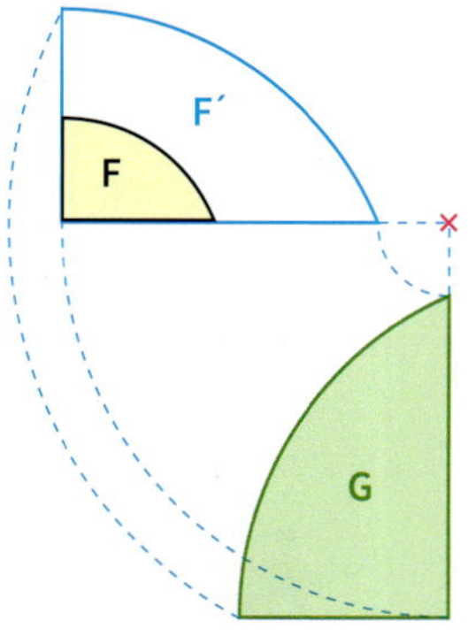

Wir wissen, dass bei jeder zentrischen Streckung das Bildvieleck zum Vieleck ähnlich ist (siehe Seite 247). Um nachzuweisen, dass die obige Definition der Ähnlichkeit die für Vielecke (siehe Seite 236) einschließt, müssten wir umgekehrt zeigen:
Sind zwei Vielecke F und G ähnlich zueinander, so kann man stets eine zentrische Streckung finden, sodass das Bild F′ von F kongruent zu G ist. Wir verzichten auf diesen Beweis.

Übungsaufgaben

2. Ob zwei Vielecke ähnlich zueinander sind, kannst du leicht prüfen.
Die weißen Rochen in der Grafik haben alle dieselbe Form, sind jedoch verschieden groß; sie sehen sich ähnlich.
Wie könnte man das hier prüfen?

3. Begründe, dass zwei Kreise immer ähnlich zueinander sind.

4. Zeichne die beiden Figuren in dein Heft ab und prüfe, ob sie ähnlich zueinander sind.

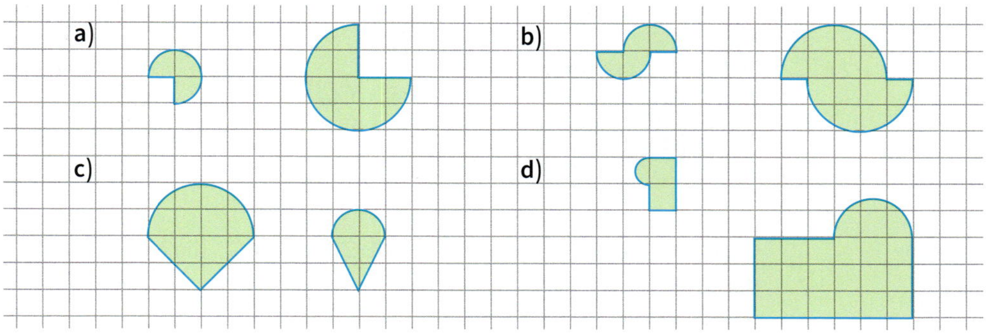

5. Der Nautilus gehört zu einer sehr alten Gruppe der Kopffüßler. Er besitzt eine spiralig eingerollte Schale, die aus vielen einzelnen Kammern besteht. Das Tier befindet sich in der letzten Kammer, die deutlich größer ist als die dahinter liegenden. Wenn ein Nautilus wächst, wird die Wohnkammer am Schalenrand vergrößert. Gleichzeitig rückt das Tier von der hinteren Wand der Wohnkammer ab und bildet dort eine neue Trennwand. Auf diese Art entstehen hinter dem Tier neue Gehäusekammern, die mit Gas gefüllt werden und dem Tier Auftrieb verleihen. Überlegt, ob die Gehäusekammern ähnlich zueinander sein können. Betrachtet dazu die beiden vereinfachten Darstellungen unten. Im Bild rechts wurden die Quadrate jeweils mit dem Faktor 0,62 verkleinert.

(1)
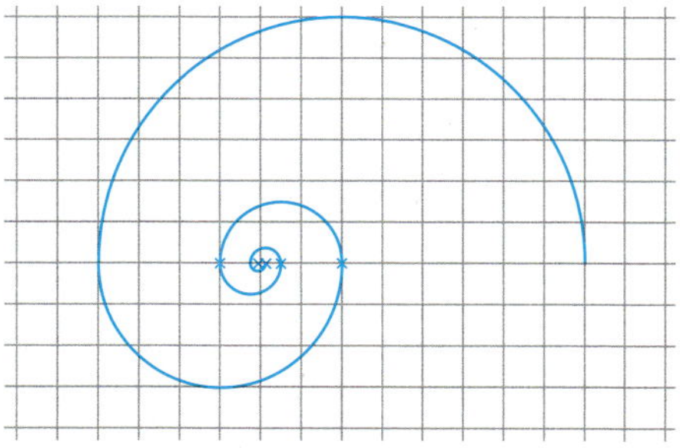

(2)
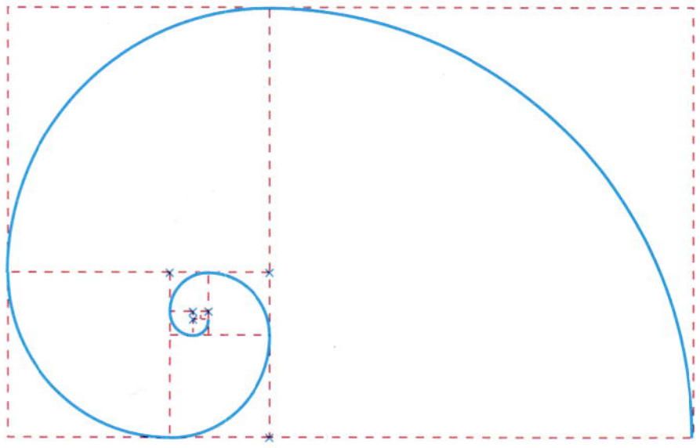

7.5 Ähnlichkeitssatz für Dreiecke

Will man die Ähnlichkeit zweier Dreiecke ABC und A′B′C′ mithilfe der Definition auf Seite 236 nachweisen, so muss man sechs Bedingungen nachprüfen.

(1) Entsprechende Winkel sind gleich groß: $\alpha = \alpha'$, $\beta = \beta'$, $\gamma = \gamma'$.

(2) Die Längenverhältnisse entsprechender Seiten sind gleich: $\frac{\overline{A'B'}}{\overline{AB}} = \frac{\overline{A'C'}}{\overline{AC}} = \frac{\overline{B'C'}}{\overline{BC}}$.

Wir wollen nun untersuchen, ob man wie bei der Kongruenz von Dreiecken mit weniger Bedingungen auskommt.

Einstieg

Beide Partner zeichnen Dreiecke zu den unten auf den Zetteln notierten Angaben. Kennzeichnet die gegebenen Stücke farbig und tragt die angegebenen Maße in die Dreiecke ein. Schneidet dann alle Dreiecke aus und vergleicht miteinander. Was fällt euch auf?

Partner A:

(1)	(2)	(3)	(4)
$\alpha = 40°$, $\beta = 60°$	$a = 7\,cm$, $\beta = 50°$	$a = 6\,cm$, $b = 4\,cm$	$\alpha = 20°$, $\beta = 90°$

Partner B:

(1)	(2)	(3)	(4)
$\alpha = 60°$, $\beta = 40°$	$a = 7\,cm$, $\gamma = 50°$	$b = 6\,cm$, $c = 4\,cm$	$\alpha = 70°$, $\beta = 20°$

Aufgabe 1

Gegeben sind die beiden Dreiecke ABC und A*B*C*, die in der Größe entsprechender Winkel übereinstimmen:
$\alpha = \alpha^*$, $\beta = \beta^*$ und $\gamma = \gamma^*$.
Beweise:
Dreieck ABC ist ähnlich zu Dreieck A*B*C*.

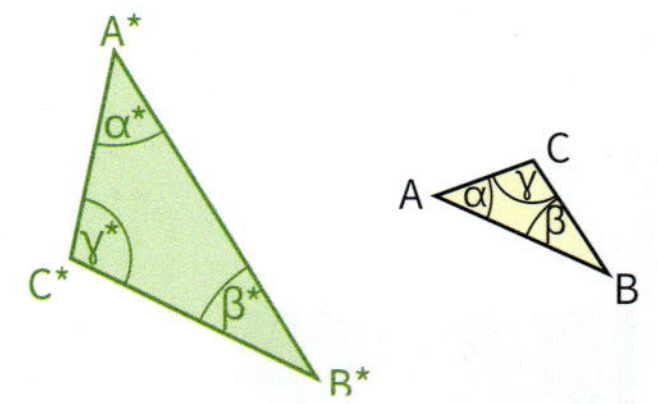

Lösung

Beweis-Idee: Wir bilden Dreieck ABC durch eine zentrische Streckung auf ein Dreieck A′B′C′ ab, das zu Dreieck A*B*C* kongruent ist.

Beweis: Wir bestimmen das Bilddreieck A′B′C′ von ABC bei einer zentrischen Streckung mit dem Streckzentrum Z und dem Streckfaktor $k = \frac{\overline{A^*B^*}}{\overline{AB}}$.

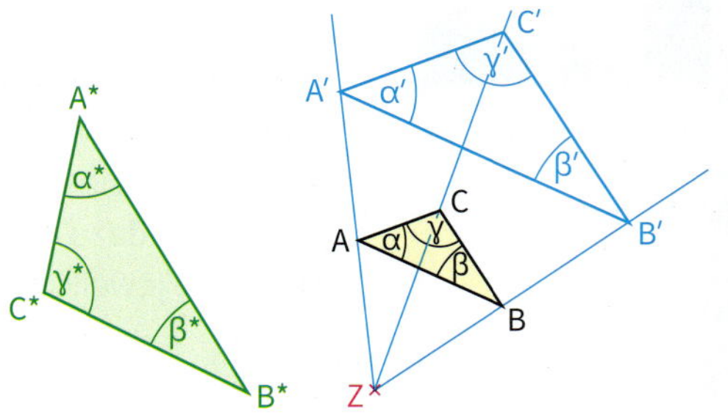

Der Vergleich von Dreieck A′B′C′ mit dem Dreieck A*B*C* zeigt:

(1) $\overline{A'B'} = \overline{A^*B^*}$ $\left(\text{wegen } \overline{A'B'} = k \cdot \overline{AB} = \frac{\overline{A^*B^*}}{\overline{AB}} \cdot \overline{AB} = \overline{A^*B^*}\right)$

(2) $\alpha' = \alpha^*$ (wegen $\alpha' = \alpha$ und $\alpha = \alpha^*$)

(3) $\beta' = \beta^*$ (wegen $\beta' = \beta$ und $\beta = \beta^*$)

$\gamma' = \gamma^*$ folgt aus dem Winkelsummensatz; die Voraussetzung $\gamma = \gamma^*$ wurde nicht benötigt.

Aus (1) bis (3) folgt nach dem Kongruenzsatz wsw, dass die beiden Dreiecke A′B′C′ und A*B*C* zueinander kongruent sind. Also gilt: Dreieck ABC ist ähnlich zu Dreieck A*B*C*.

Nach dem Winkelsummensatz stimmen dann auch die dritten Winkel in der Größe überein.

Ähnlichkeitssatz für Dreiecke

Wenn Dreiecke in der Größe von zwei Winkeln übereinstimmen, dann sind sie ähnlich zueinander.

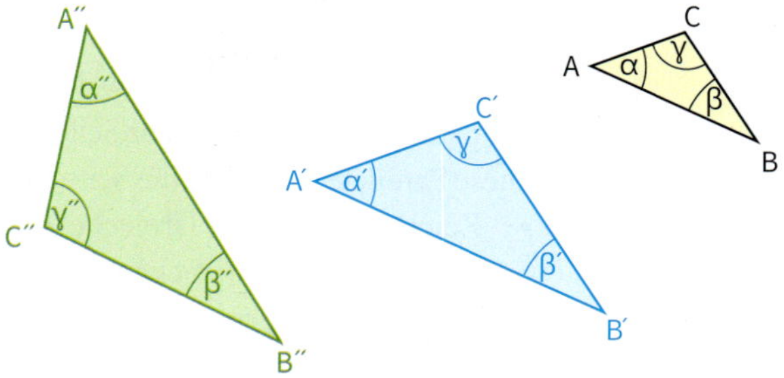

Übungsaufgaben

2. Gegeben sind zwei Dreiecke ABC und A′B′C′. Entscheide aufgrund der angegebenen Winkelgrößen, ob die Dreiecke zueinander ähnlich sind. Falls das zutrifft, stelle die Gleichungen für die Längenverhältnisse entsprechender Seiten auf.

a) $\alpha = 48°$; $\beta = 35°$; $\alpha' = 48°$; $\gamma' = 97°$
b) $\alpha = 37°$; $\beta = 110°$; $\alpha' = 110°$; $\beta' = 33°$
c) $\alpha = 65°$; $\gamma = 39°$; $\beta' = 41°$; $\gamma' = 74°$
d) $\alpha = 19°$; $\beta = 107°$; $\beta' = 54°$; $\gamma' = 107°$
e) $\alpha = 91°$; $\gamma = 44°$; $\alpha' = 91°$; $\beta' = 46°$
f) $\beta = 103°$; $\gamma = 29°$; $\alpha' = 29°$; $\gamma' = 48°$

3. Begründe, dass die beiden Dreiecke ähnlich zueinander sind.

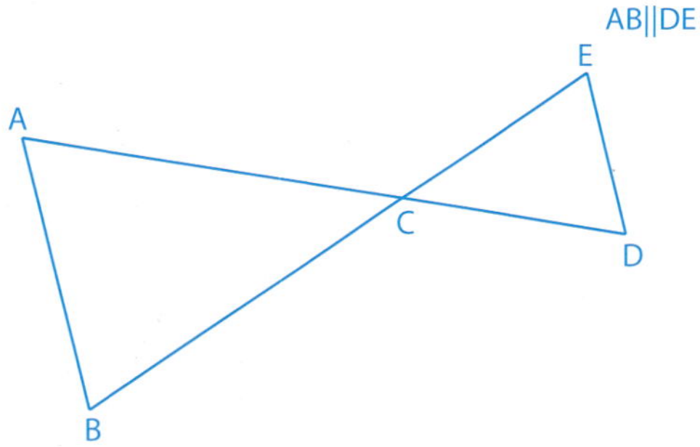

4. Gegeben ist ein Dreieck ABC mit $\alpha = 35°$, $\beta = 50°$ und $c = 4{,}8\,\text{cm}$.
Konstruiere ein dazu ähnliches Dreieck A′B′C′ mit **(1)** $c' = 3{,}6\,\text{cm}$; **(2)** $c' = 7{,}2\,\text{cm}$.
Bestimme auch den Maßstab.

5. Für das Dreieck ABC in der Figur rechts soll DF ∥ BC und DE ∥ AC sein.
Welche Dreiecke in der Figur sind ähnlich zueinander?
Begründe.

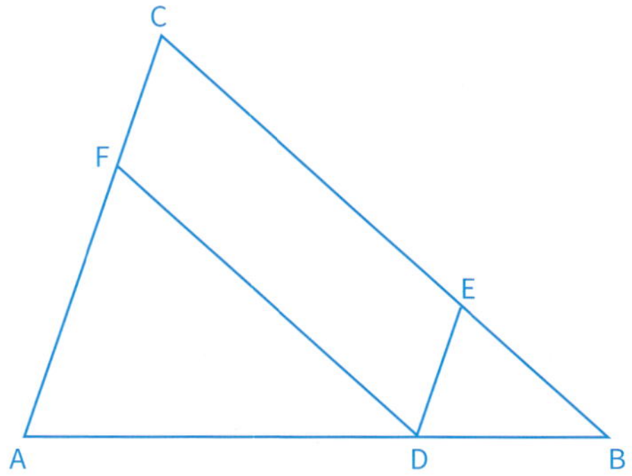

6. Max überlegt einen Ähnlichkeitssatz für Vierecke:
„Wenn Vierecke in der Größe von drei Winkeln übereinstimmen, dann sind sie ähnlich zueinander."
Prüfe, ob dieser Satz wahr ist.

7. Gib für die angegebenen besonderen Dreiecke einen Ähnlichkeitssatz an und begründe ihn.

a) gleichschenklige Dreiecke
b) rechtwinklige Dreiecke
c) gleichseitige Dreiecke
d) rechtwinklig-gleichschenklige Dreiecke

7.6 Beweisen mithilfe des Ähnlichkeitssatzes

Einstieg

In einem Dreieck ABC ist durch den Mittelpunkt M der Seite $\overline{AC}$ die Parallele zur Seite $\overline{AB}$ gezeichnet. Diese Parallele schneidet die Seite $\overline{BC}$ im Punkt N.

- Zeichnet mehrere Dreiecke und vergleicht die Längen der Strecken $\overline{MN}$ und $\overline{AB}$. Formuliert eine Vermutung.
- Die Schnipsel unten bilden in richtiger Reihenfolge einen Beweis für eure Vermutung.

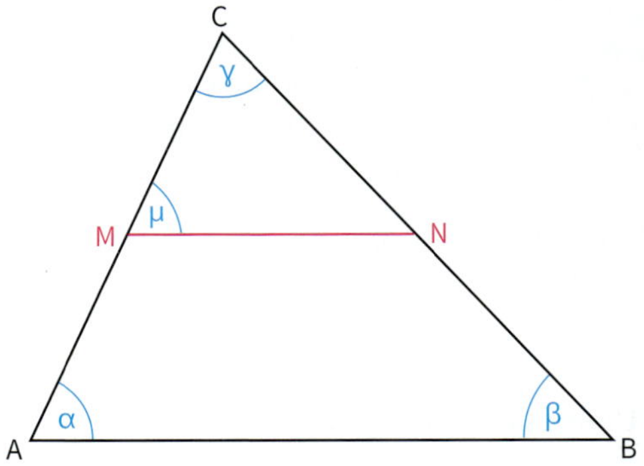

Notiere die Schnipsel in der richtigen Reihenfolge.
Zur Kontrolle: Die Buchstaben ergeben dann den Namen einer englischen Stadt.

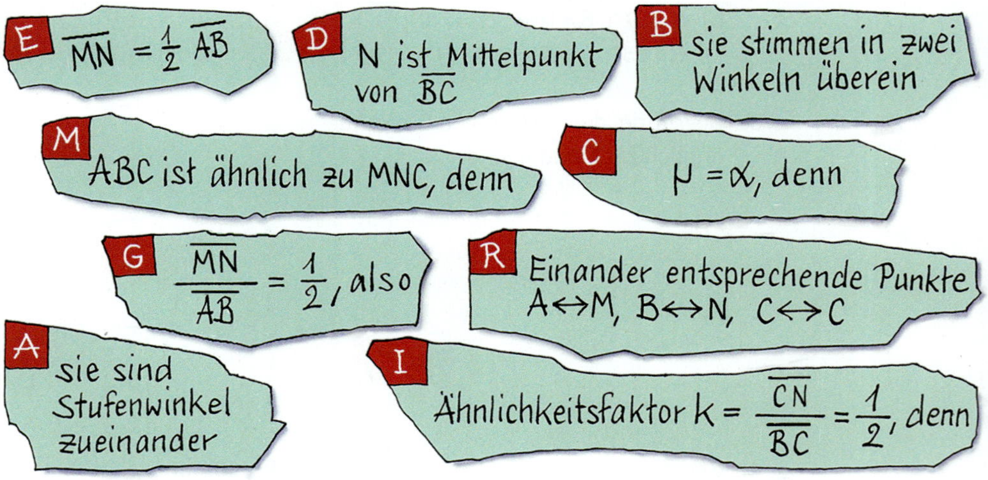

Aufgabe 1

a) Zeichne Trapeze ABCD, bei denen die Seite $\overline{CD}$ parallel zur Seite $\overline{AB}$ und halb so lang wie diese ist. Zeichne auch die Diagonalen ein. Miss dann die Abschnitte auf den Diagonalen. Formuliere eine Vermutung.

b) Beweise deine Vermutung mithilfe zueinander ähnlicher Dreiecke in der Figur.

Lösung

a) (1)

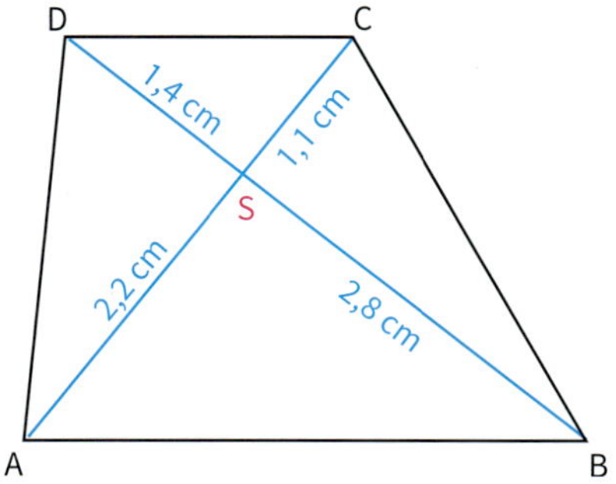

(2)

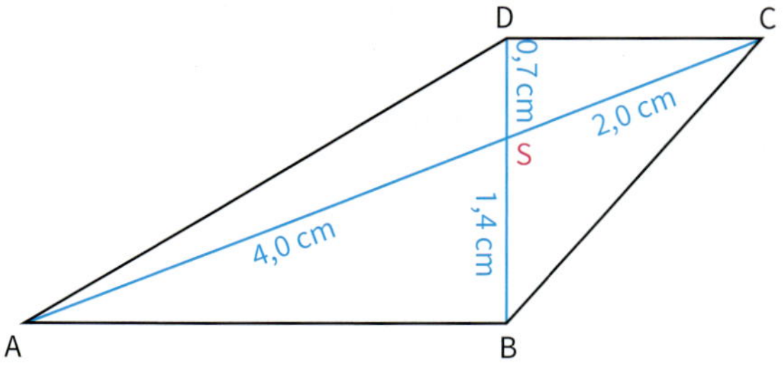

Vermutung: Der Diagonalenschnittpunkt teilt die Diagonalen im Verhältnis 2:1.

b) Die Diagonalenabschnitte sind Seiten der Dreiecke ABS und CDS.
Diese beiden Dreiecke sind nach dem Ähnlichkeits-satz für Dreiecke ähnlich zueinander, denn sie stimmen in zwei Winkeln überein:

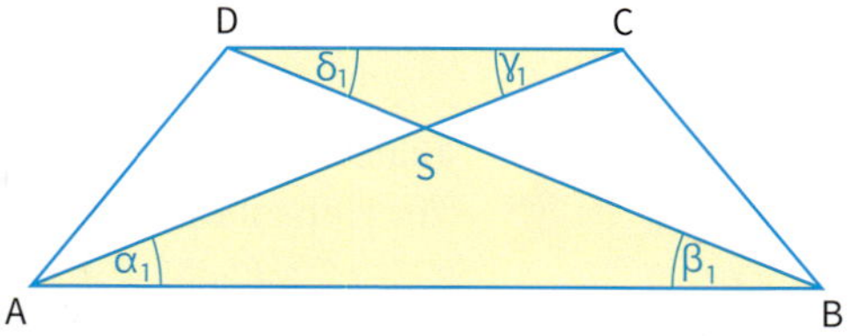

$\alpha_1 = \gamma_1$ (Wechselwinkel an den Parallelen AB und CD)
$\beta_1 = \delta_1$ (ebenfalls als Wechselwinkel)
Wir können die Eckpunkte der beiden Dreiecke einander zuordnen. Der Ähnlichkeitsfaktor der beiden Dreiecke lässt sich aus den Seiten $\overline{AB}$ und $\overline{CD}$ berechnen:

ABS ~ CDS
A ↔ C
B ↔ D
S ↔ S

$\frac{\overline{CD}}{\overline{AB}} = \frac{1}{2}$, da $\overline{CD}$ halb so lang wie $\overline{AB}$ ist.
Damit sind alle Seiten des Dreiecks CDS halb so lang wie die entsprechenden Seiten des Dreiecks ABC, also z. B. $\overline{SC} = \frac{1}{2}\overline{AS}$ sowie $\overline{SD} = \frac{1}{2}\overline{SB}$.
Folglich teilt S die Diagonalen $\overline{AC}$ und $\overline{BD}$ im Verhältnis 2 : 1.

Information

Strategie beim Beweisen mithilfe des Ähnlichkeitssatzes für Dreiecke
Zum Beweis einer Aussage über Längen von Strecken suche zunächst zueinander ähnliche Dreiecke in der Figur, in der diese Strecken vorkommen. Gegebenenfalls muss dazu die Figur durch Hilfslinien zerlegt oder ergänzt werden.
Die Ähnlichkeit der Dreiecke wird dann mithilfe der Winkel bewiesen. Anschließend werden einander entsprechende Eckpunkte der Dreiecke zugeordnet und der Ähnlichkeitsfaktor ermittelt.

Übungsaufgaben

2. Beweise die Ähnlichkeit der Dreiecke SAB und SCD rechts. Mache Aussagen über die Längenverhältnisse entsprechender Seiten.

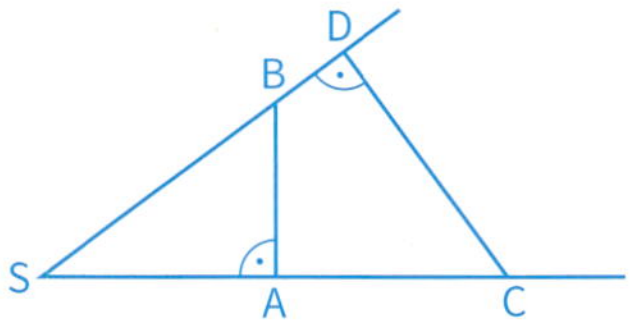

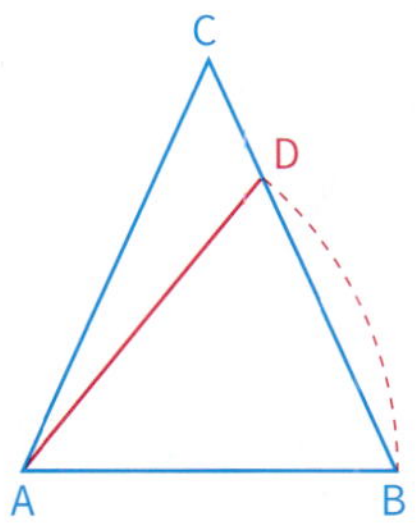

3. Das Dreieck ABC im Bild links soll gleichschenklig mit der Basis $\overline{AB}$ sein.
Der Punkt D ist der Schnittpunkt des Kreises um A mit dem Radius $\overline{AB}$.
Welche Dreiecke in der Figur links sind ähnlich zueinander? Beweise deine Behauptung.

4. Zeichne ein Trapez ABCD, bei dem die Seite $\overline{CD}$ parallel zur Seite $\overline{AB}$ ist und nur ein Viertel so lang wie diese.
Formuliere eine Behauptung über den Diagonalenschnittpunkt und beweise diese.

5. Gegeben ist ein Dreieck ABC.
Zeichne zur Seite $\overline{AB}$ eine Parallele, die die beiden anderen Seiten in E bzw. F schneidet.
a) Welche Dreiecke sind ähnlich zueinander? Beweise.
b) Die Parallele EF zerlegt das Dreieck ABC in das Dreieck EFC und das Trapez ABFE.
In welchem Verhältnis muss EF die Strecke $\overline{AC}$ teilen, damit der Flächeninhalt von Dreieck EFC sich zu dem Flächeninhalt von Viereck ABFE wie 4 : 9 verhält?

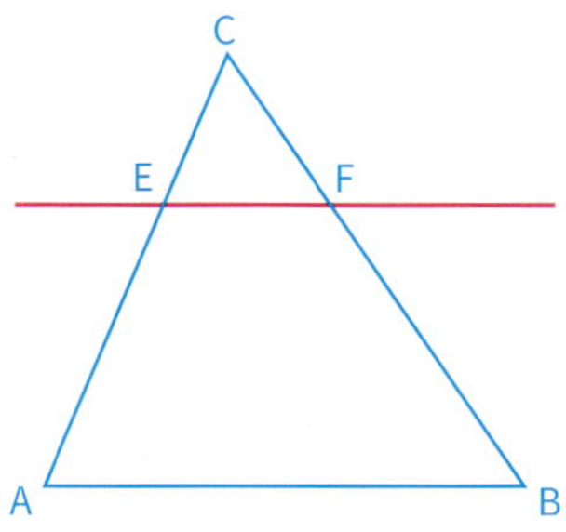

7.7 Berechnen von Streckenlängen

Einstieg

Bildet Vierergruppen, in denen jeweils zwei Schülerinnen und Schüler zusammen ein Verfahren zur Höhenbestimmung von Bäumen bearbeiten.

Verfahren 1:

Tim steht unter einer freistehenden, hohen Tanne, deren Schatten 12,50 m lang ist. Tim weiß, er ist 1,55 m groß. Ferner hat er ausgemessen, dass bei diesem Sonnenstand sein Schatten 2,50 m lang ist.

Verfahren 2:

Anne will die Höhe einer Buche bestimmen. Sie stellt wie im Bild einen 1,80 m hohen Stab so auf, dass sich die Schatten der Spitzen vom Stab und Baum decken. Der Baum wirft einen 9,60 m, der Stab einen 2,45 m langen Schatten.

a) Bestimmt die Höhe des Baumes zunächst zeichnerisch, dann rechnerisch.
b) Stellt das von euch bearbeitete Verfahren und eure Messergebnisse in der Vierergruppe vor. Vergleicht anschließend die beiden Verfahren.
c) Versucht mit dem von euch bearbeiteten Verfahren, die Höhe von Bäumen, Fahnenmasten oder Gebäuden in der Umgebung zu bestimmen.

Aufgabe 1

Längenberechnung bei ineinander liegenden ähnlichen Dreiecken

Zwischen zwei Balken auf einem Dachboden soll ein Ablagebrett an der Stelle A_1 im Abstand von 1,50 m von der Spitze S waagerecht angebracht werden. Es steht aber keine Wasserwaage zur Verfügung.
Löse rechnerisch:
a) An welcher Stelle des rechten Balkens muss das Brett befestigt werden?
b) Wie lang muss das Brett sein?

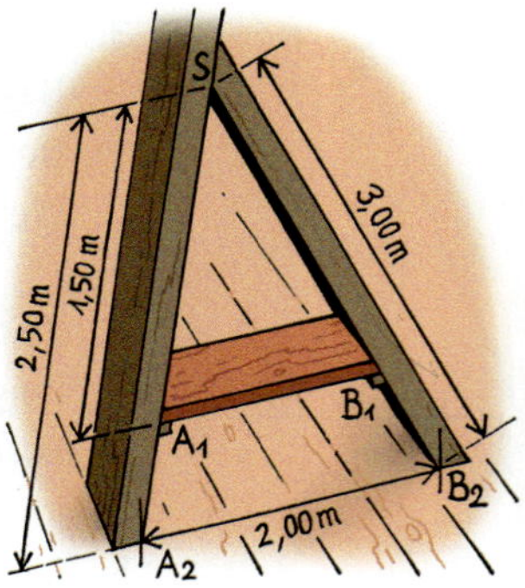

Lösung

Wir betrachten die beiden Dreiecke A_1B_1S und A_2B_2S. Ihre Seiten $\overline{A_1B_1}$ und $\overline{A_2B_2}$ sind parallel zueinander. Aufgrund des Stufenwinkelsatzes sind die Winkel bei A_1 und A_2 gleich groß und entsprechend die bei B_1 und B_2. Die beiden Dreiecke stimmen also in der Größe zweier Winkel überein. Nach dem Ähnlichkeitssatz für Dreiecke sind sie also ähnlich zueinander. Somit stimmen die Längenverhältnisse einander entsprechender Seiten der beiden Dreiecke überein.

a) Wegen der Ähnlichkeit der beiden Dreiecke gilt:
$\frac{\overline{SA_1}}{\overline{SA_2}} = \frac{\overline{SB_1}}{\overline{SB_2}}$, also $\overline{SB_1} = \frac{\overline{SA_1} \cdot \overline{SB_2}}{\overline{SA_2}}$

Eingesetzt: $\overline{SB_1} = \frac{1{,}50\,m \cdot 3{,}00\,m}{2{,}50\,m} = 1{,}80\,m$

Ergebnis: Der Auflagenpunkt auf dem rechten Balken ist 1,80 m von S entfernt.

b) Wegen der Ähnlichkeit der beiden Dreiecke gilt auch:
$\frac{\overline{SA_1}}{\overline{SA_2}} = \frac{\overline{A_1B_1}}{\overline{A_2B_2}}$, also $\overline{A_1B_1} = \frac{\overline{SA_1} \cdot \overline{A_2B_2}}{\overline{SA_2}}$

Eingesetzt: $\overline{A_1B_1} = \frac{1{,}50\,m \cdot 2{,}00\,m}{2{,}50\,m} = 1{,}20\,m$

Ergebnis: Das Brett muss 1,20 m lang sein.

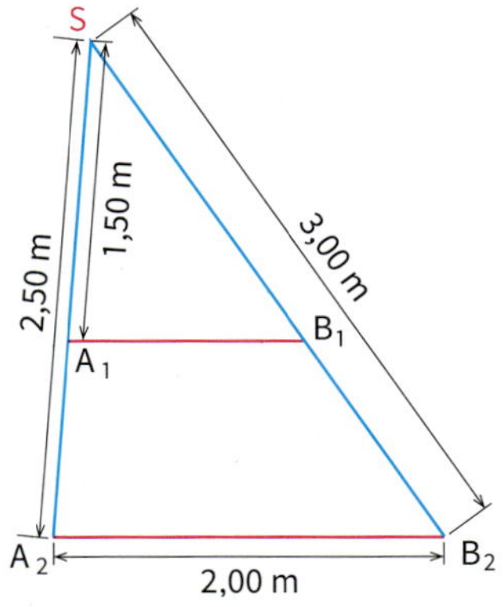

Information

Strategie zum Berechnen von Streckenlängen mithilfe von Ähnlichkeit

Wir verallgemeinern das Vorgehen von Aufgabe 1.

Berechnen von Streckenlängen mithilfe von Ähnlichkeit

(1) Suche zueinander ähnliche Dreiecke und achte dabei auf Stufen- und Wechselwinkel.
(2) Notiere gleich große Längenverhältnisse, die auch die gesuchte Streckenlänge enthalten.
(3) Löse die so entstandene Gleichung nach der gesuchten Streckenlänge auf.

Weiterführende Aufgabe

Längenberechnung bei gegenüberliegenden ähnlichen Dreiecken

2. a) Um die Breite x eines Flusses zu bestimmen, werden bei A, B, C, D und E Fluchtstäbe gesteckt und folgende Strecken gemessen: $\overline{BC} = 39$ m; $\overline{AB} = 56$ m; $\overline{CD} = 27$ m
Bestimme die Breite x.

b) Warum ist es günstig, die Fluchtstäbe so zu stecken, dass z. B. $\overline{BC} : \overline{CD} = 1:1$ oder $\overline{BC} : \overline{CD} = 1:2$ gilt?

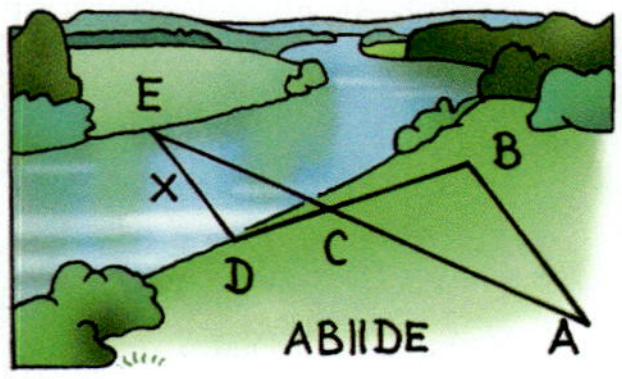

Information

Besondere Lage der zueinander ähnlichen Dreiecke

Bei Längenberechnungen in ebenen und räumlichen Figuren mithilfe der Ähnlichkeit findet man häufig folgende Grundfiguren oder man zeichnet sie ein:

Diese Grundfiguren werden häufig als Strahlensatzfiguren bezeichnet.

(a)

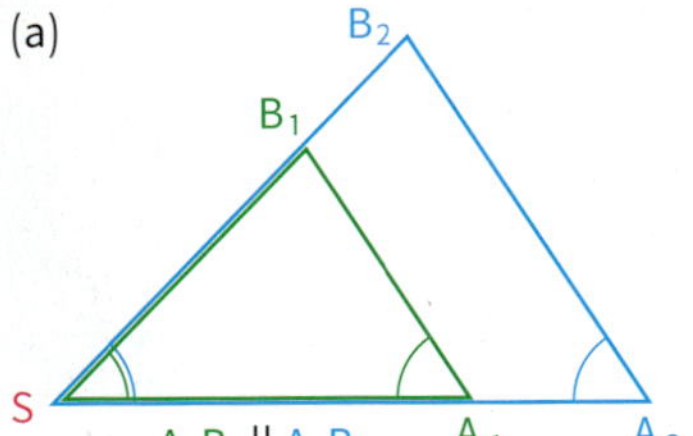

$A_1B_1 \parallel A_2B_2$

(b)

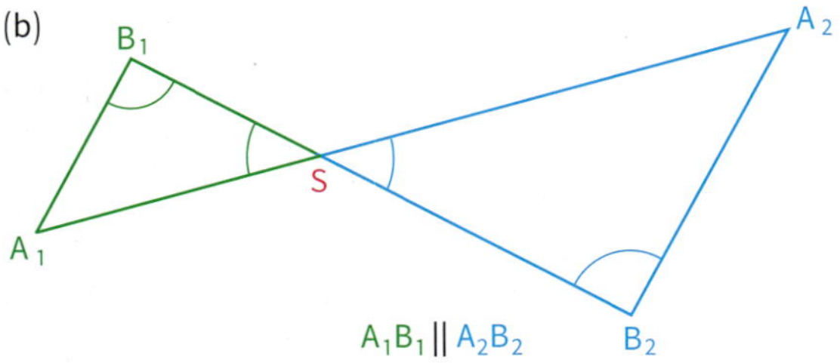

$A_1B_1 \parallel A_2B_2$

In beiden Figuren sind die Dreiecke SA_1B_1 und SA_2B_2 ähnlich zueinander, denn:

(a) In Figur (1) stimmen beide Dreiecke in dem Winkel bei S sowie wegen des Stufenwinkelsatzes ($A_1B_1 \parallel A_2B_2$) in den einander entsprechenden Winkeln bei A_1 und A_2 überein.

(b) In Figur (2) stimmen beide Dreiecke wegen des Scheitelwinkelsatzes in den Winkeln bei S und wegen des Wechselwinkelsatzes ($A_1B_1 \parallel A_2B_2$) in den Winkeln bei A_1 und A_2 überein.

Dreiecke, die wie in der Figur 1 oder Figur 2 liegen und zueinander parallele Seiten aufweisen, sind stets ähnlich zueinander.

Übungsaufgaben

3. An den Stellen A und B eines Sees befinden sich Anlegestellen für Tretboote.
Um die Entfernung von A und B zu bestimmen, wurden die Längen $\overline{PE} = 96\,m$, $\overline{EA} = 58\,m$ und $\overline{EF} = 66\,m$ gemessen.
Berechne die Entfernung der Anlegestellen A und B.

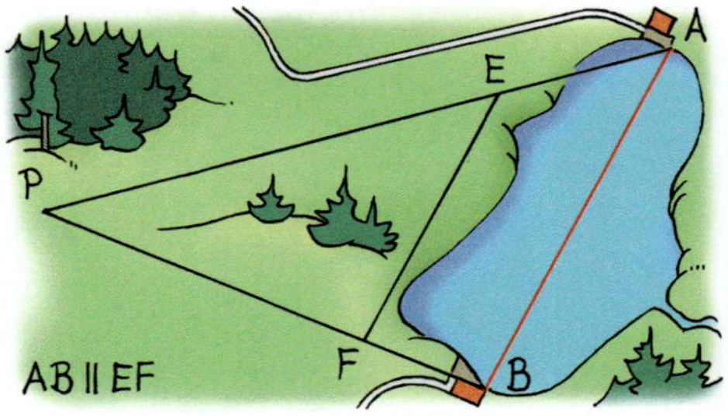

4. Rechts siehst du, wie mithilfe eines Stabes und eines Maßbandes die Höhe eines Turmes bestimmt wurde. Gemessen wurde $s = 2{,}2\,m$; $b = 3{,}7\,m$; $d = 28{,}0\,m$.
Erläutere das Vorgehen und berechne die Höhe h des Turmes.

5. Die Länge der Strecke $\overline{SA_1}$ kann wegen des Sees nicht direkt gemessen werden. Daher werden im Gelände messbare Strecken so festgelegt, dass $\overline{A_1B_1}$ parallel zu $\overline{A_2B_2}$ ist.
Berechne die Länge der Strecke $\overline{SA_1}$.
Was fällt auf?

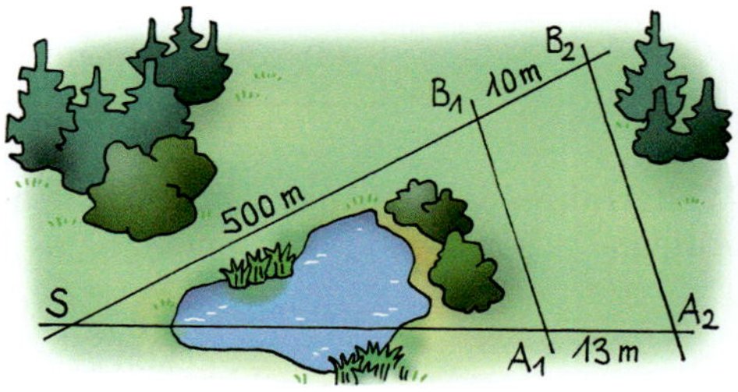

6. Jules Verne beschreibt im Roman „Die geheimnisvolle Insel", wie eine Gruppe, die auf eine Insel verschlagen wurde, die Höhe einer senkrechten Granitwand bestimmt.

Die geheimnisvolle Insel

Cyrus Smith hatte eine Stange von 4 m Länge vorbereitet, wobei er an seiner eigenen Körpergröße provisorisch Maß genommen hatte. Harbert machte währenddessen ein Senkblei zurecht, das heißt, er band einen Stein an eine Pflanzenfaserschnur. Die Stange rammte der Ingenieur 20 Schritte vom Ufer weg in den Sand und stellte sie mithilfe des Lots senkrecht zum Horizont. Dann legte er sich soweit von der Stange entfernt in den Sand, dass er die Stange sich mit dem Grat der Granitmauer decken sah, und trieb dort einen Pflock in den Boden …
Die Stange, die 1 m tief im Sand steckte, wurde wieder herausgezogen und mit ihr der Abstand von dem Pflock zu dem Loch, in den die Stange gesteckt war, und die Entfernung vom Pflock zur Wand gemessen. Vom Pflock zur Stange waren es 5 m, vom Pflock zur Granitwand 160 m.

7. Auf einer Insel in einem See steht ein Turm T. Es soll die Entfernung des Turmes von einem Punkt C des Ufers bestimmt werden.
Dazu werden die Längen $\overline{RS} = 36$ m, $\overline{RC} = 40$ m und $\overline{CD} = 24$ m gemessen.
Berechne die Entfernung von C und T.

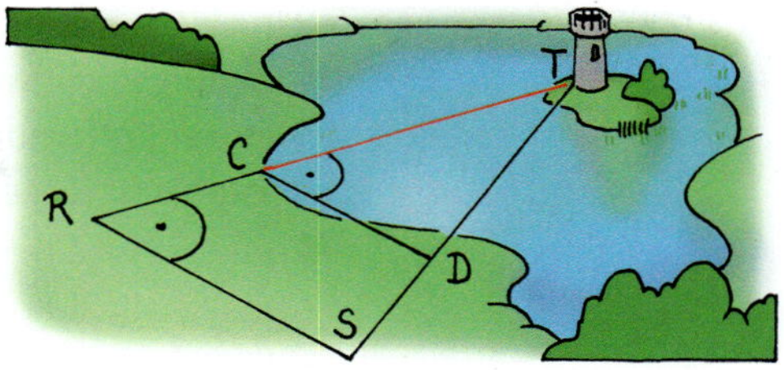

Theodolit
Winkelmessgerät

8. Eine Schülergruppe soll während eines Landschulheim-Aufenthaltes die Breite eines Flusses bestimmen. Sie haben weder ein Messband noch einen Theodoliten zur Verfügung. Die Schülerinnen und Schüler stellen bei den Punkten A, B, C und D Stäbe auf (siehe Zeichnung). Dazu peilen sie einen Baum am Flussufer an; ferner visieren sie einen sehr weit entfernten, markanten Punkt im Gelände an, um BC||AD zu erreichen. Die Entfernungen a, b und d ermitteln sie durch Abschreiten:
a = d = 20 Schritte; b = 28 Schritte.
Bestimme die Breite des Flusses in Metern. Äußere dich zur Genauigkeit.

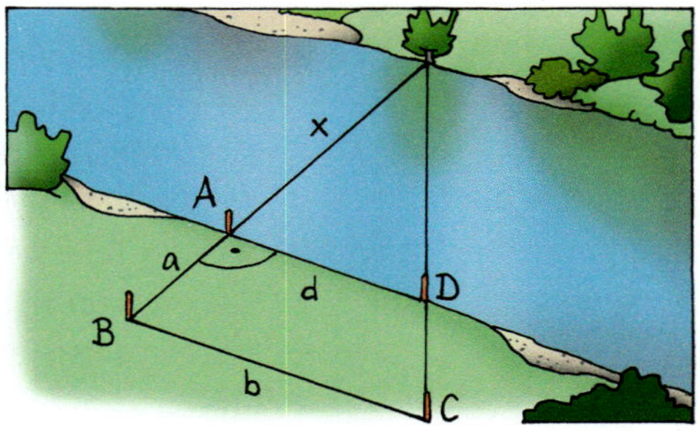

9. Eine einfache Lochkamera kann man sich aus einem Karton herstellen, bei dem auf der einen Seite in der Mitte ein kleines Loch gemacht wird und die gegenüberliegende Seite durch Pergamentpapier, dem „Schirm", ersetzt wird. Du kannst dann auf dem Pergamentpapier ein Bild von Gegenständen erzeugen.
Es sollen G und B die Gegenstands- bzw. Bildgröße sowie g und b die Gegenstands- bzw. Bildweite sein.

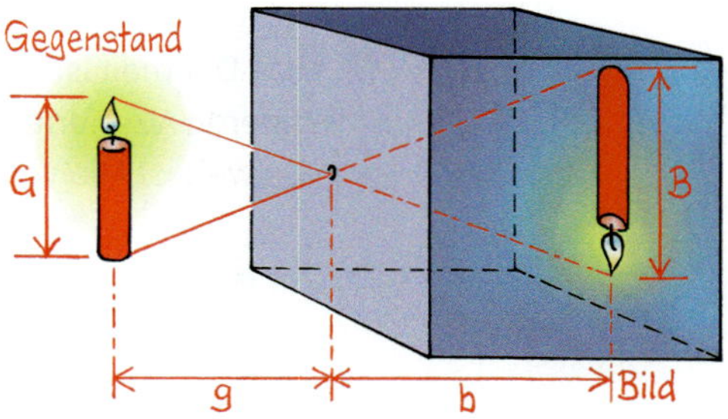

a) Stelle eine Verhältnisgleichung für die Größen g, b, G und B auf.
b) Ein Baum, der von der Lochkamera 30 m entfernt steht, wird 4 cm hoch auf dem Schirm der Kamera abgebildet. Die Kamera ist 12 cm tief. Wie hoch ist der Baum?
c) Ein genauso hoher Baum erscheint anderthalb mal so groß auf dem Schirm. Wie weit ist er entfernt?
d) Wie weit darf ein Gegenstand höchstens von der Kamera entfernt sein, damit sein Abbild noch vergrößert wird?

Das kann ich noch!

A) Bestimme die Lösungsmenge der Gleichung.

1) $(x-3)(x+2)=0$
2) $x(5-x)=0$
3) $x^2-4x=0$
4) $2x^2+7=0$
5) $2x^2=18x$
6) $x^2=-6x-9$

B) Ein Rechteck ist 1 m länger als breit. Verlängert man beide Seiten jeweils 2 m, so nimmt der Flächeninhalt des Rechtecks um 21 cm² zu. Berechne die Seitenlängen des neuen Rechtecks.

10. In einem Dachstuhl soll eine 80 cm hohe Stütze aufgestellt werden.
In welcher Entfernung vom Ende E des Dachstuhls ist diese Stütze einzufügen?

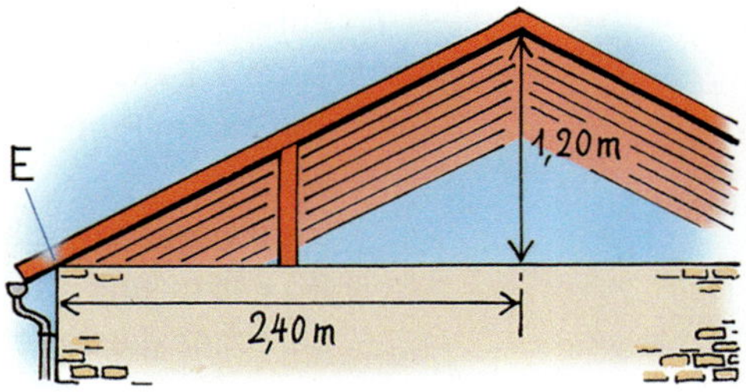

11. a) Haltet ein Auge geschlossen und messt, welche Strecke euer Daumen bei ausgestrecktem Arm auf einem Lineal an der Tafel verdeckt. Ändert den Abstand von der Tafel systematisch: 1,00 m, 2,00 m, 3,00 m, … und haltet eure Ergebnisse in einer Tabelle fest.

Abstand (in m)	Verdeckte Strecke (in cm)

b) Formuliert eine Vermutung, die sich aus den Messwerten ergibt.
c) Fertigt eine Skizze zu den Sachverhalten an und begründet damit die Vermutung.
d) Mithilfe der Gesetzmäßigkeit kann man Entfernungen bestimmten.
Erläutert das Prinzip.

12. Mias Daumen ist 2 cm breit. Schließt sie ein Auge und hält sie den Daumen 45 cm vom anderen Auge entfernt, so ist gerade ein 7,32 m breites Fußballtor verdeckt.
Wie weit ist Mia vom Tor entfernt? Zeichne auch.

Erdradius
6 370 km

13. Der Mond ist 60 Erdradien von der Erde entfernt. Hält man einen 7 mm dicken Bleistift im Abstand von etwa 78 cm vor das Auge, so ist der Mond gerade verdeckt.
Welchen Durchmesser hat der Mond etwa? Fertige eine Skizze an.

14. Strecke einen Arm aus und visiere den Daumen zunächst mit dem linken Auge, dann mit dem rechten Auge an.
Du bemerkst, dass der Daumen einen „Sprung" macht.
Diese Tatsache benutzt man, um Entfernungen in der Landschaft zu schätzen *(Daumensprungmethode)*.
Verwende in den folgenden Aufgaben als Armlänge $a = 64$ cm und als Pupillenabstand $p = 6$ cm.

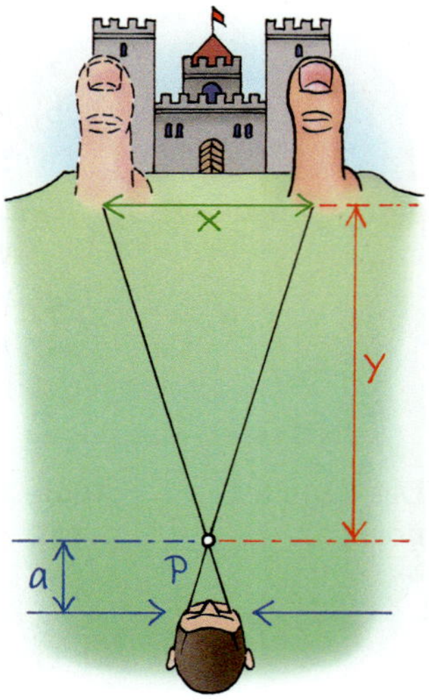

a) Ein Wanderer sieht ein altes Schloss. Er weiß, das Schloss ist 65 m breit. Der Daumen springt gerade von einer zur anderen Seite.
Wie weit ist er vom Schloss entfernt?
b) Eine Wanderin sieht in der Ferne zwei Burgen.
Sie ist von der einen Burg 15 km entfernt. Der Daumen springt gerade von der einen zur anderen Burg.
Wie weit liegen beide Burgen auseinander?

Mess- und Zeichengeräte selbst gebaut

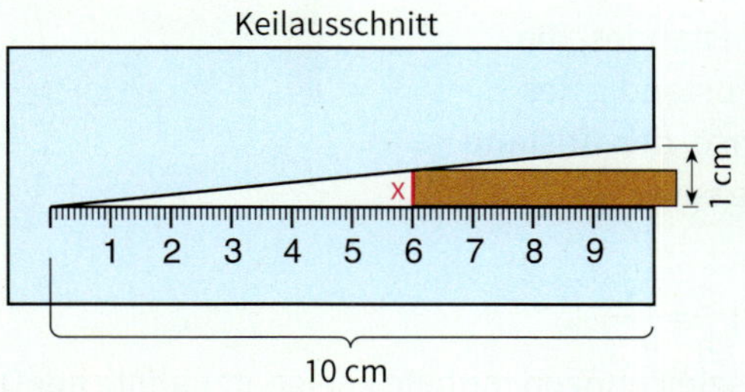

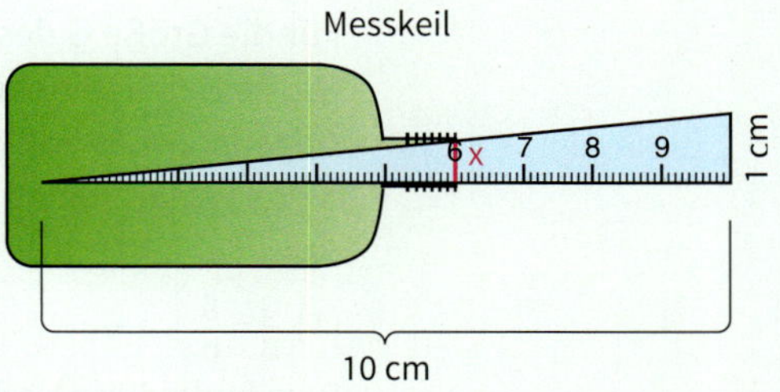

1. Die Abbildungen oben zeigen einen Keilausschnitt und einen Messkeil.

a) Überlegt euch, wozu man die beiden Messinstrumente einsetzen kann. Welche Vorteile bieten sie gegenüber einem gewöhnlichen Maßband?

b) Fertigt euch selbst einen Keilausschnitt und einen Messkeil an. Worauf müsst ihr bei der Materialauswahl achten, damit eure Messergebnisse möglichst genau werden?

c) Messt verschiedene Gegenstände und vergleicht eure Ergebnisse gegebenenfalls mit den Herstellerangaben.

d) Keilausschnitt und Messkeil in der Abbildung oben haben eine Länge von 10 cm und eine Breite von 1 cm. Welche Auswirkungen hat es, wenn man von diesen Maßen abweicht? Probiert es aus.

2. a) Erläutere die Arbeitsweise der Messzange. Wozu kann man sie verwenden?

b) Mit welchem Faktor vergrößert die abgebildete Zange die abgegriffenen Größen?

c) Baut selbst eine solche Messzange und führt Messungen mit ihr durch.

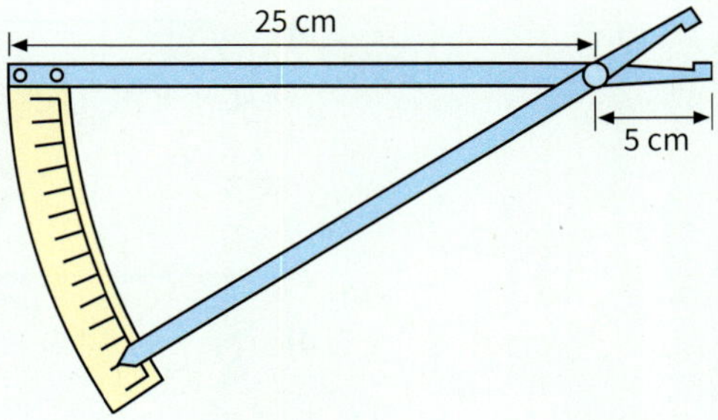

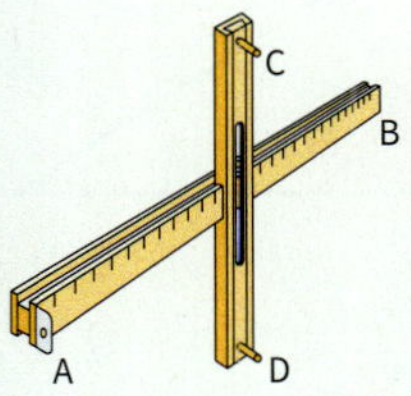

3. Ein Jakobsstab besteht aus zwei Latten, von denen die eine auf der anderen verschoben werden kann. Zum Bestimmen der Höhe eines Gebäudes verschiebt man den beweglichen vertikalen Querstab so weit, dass das Gebäude genau verdeckt wird. Baut ein solches Gerät. Erklärt, wie man damit messen kann und probiert es aus.

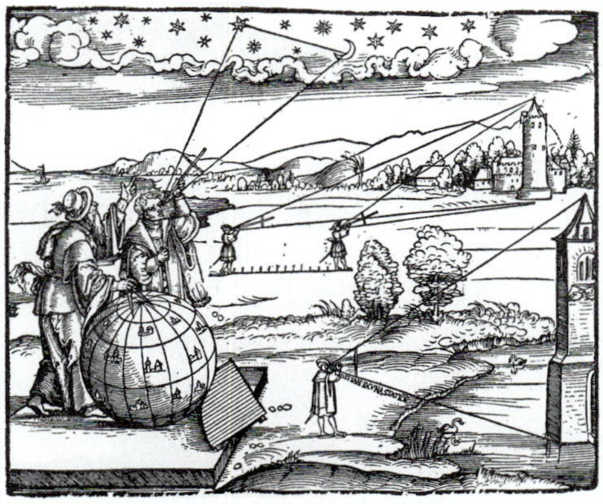

7.8 Aufgaben zur Vertiefung

1. Eine Sammellinse erzeugt von einem Gegenstand ein Bild.
Für die Größe G des Gegenstandes, die Größe B des Bildes, den Abstand g des Gegenstandes von der Linse, den Abstand b des Bildes von der Linse sowie die Brennweite f gilt:

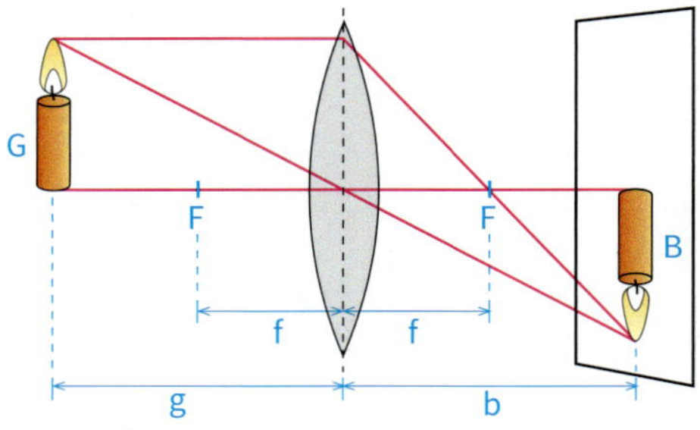

(1) $\frac{G}{B} = \frac{g}{b}$ (2) $\frac{G}{B} = \frac{f}{b-f}$

Begründe diese Verhältnisgleichungen mithilfe geeigneter ähnlicher Dreiecke.
Leite dann die Linsenformel $\frac{1}{g} + \frac{1}{b} = \frac{1}{f}$ her.

2. Berechne für das nebenstehende Parallelogramm die beiden Längenverhältnisse $\frac{x}{y}$ und $\frac{u}{v}$.
Hinweis: Ergänze die Figur im Heft so, dass zueinander ähnliche Dreiecke entstehen

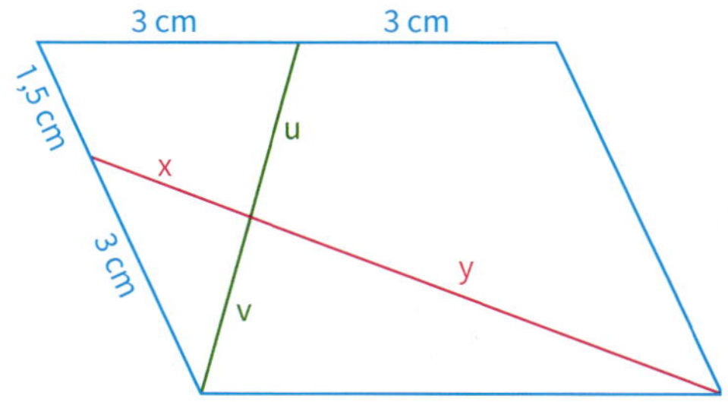

3. Schätze zunächst, welcher Anteil der Gesamtfläche rot gefärbt ist.
Berechne den Anteil dann und gib ihn in Prozent an.

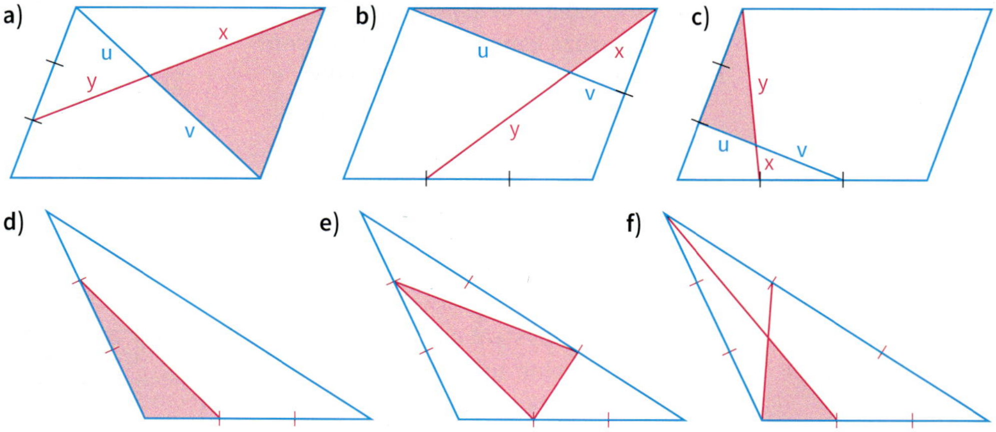

4. In dem gleichschenkligen Trapez rechts sind $a = 200\,\text{mm}$, $b = 120\,\text{mm}$ und $c = 56\,\text{mm}$ gegeben.
Wie groß ist der Anteil des rot gefärbten Dreiecks an der Gesamtfläche?

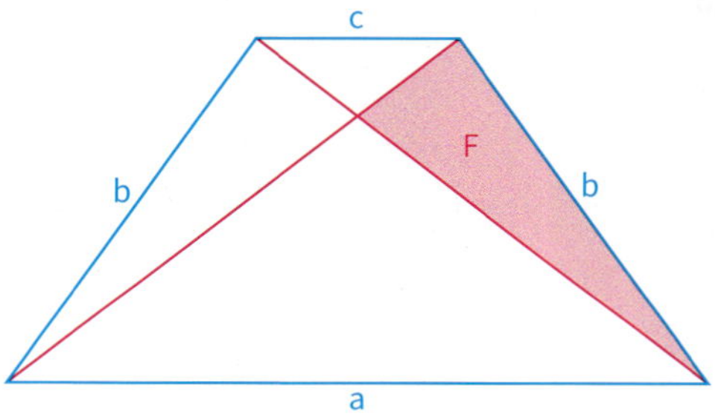

Das Wichtigste auf einen Blick

Ähnlichkeit von Vielecken

Zwei Vielecke F und G heißen **ähnlich** zueinander, wenn sich ihre Eckpunkte so einander zuordnen lassen, dass gilt:

(1) Entsprechende Winkel sind gleich groß.

(2) Alle Seiten des Vielecks G sind k-mal so lang wie die entsprechenden Seiten des Vielecks F (mit *demselben* Faktor k).

Sind die Vielecke F und G ähnlich zueinander, so schreibt man kurz:
F ~ G, gelesen: F ist ähnlich zu G.
Der Faktor k heißt **Ähnlichkeitsfaktor**.

Beispiel:

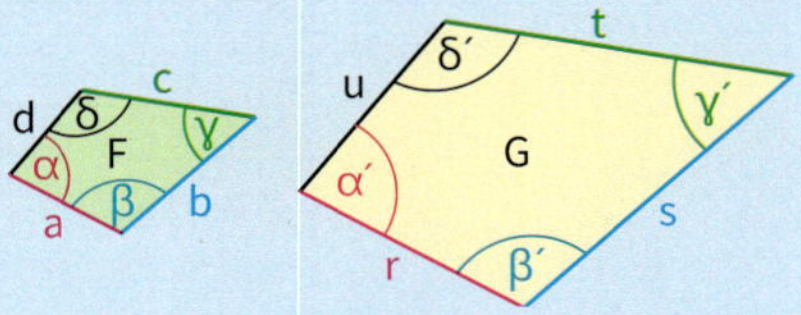

$\alpha = \alpha'$; $\beta = \beta'$; $\gamma = \gamma'$; $\delta = \delta'$;

$\frac{r}{a} = \frac{s}{b} = \frac{t}{c} = \frac{u}{d}$

Zentrische Streckung

Eine *zentrische Streckung* wird durch das *Streckzentrum Z* und den positiven *Streckfaktor k* festgelegt.

Für jede zentrische Streckung mit dem Streckfaktor k gilt:

- Gerade und Bildgerade sind zueinander parallel.
- Eine Bildstrecke ist k-mal so lang wie die Originalstrecke.
- Winkel und Bildwinkel sind gleich groß.
- Vieleck und Bildvieleck sind ähnlich zueinander.
- Der Flächeninhalt eines Bildvielecks ist k^2-mal so groß wie der des Originalvielecks.

Beispiel:
Streckfaktor k = 2

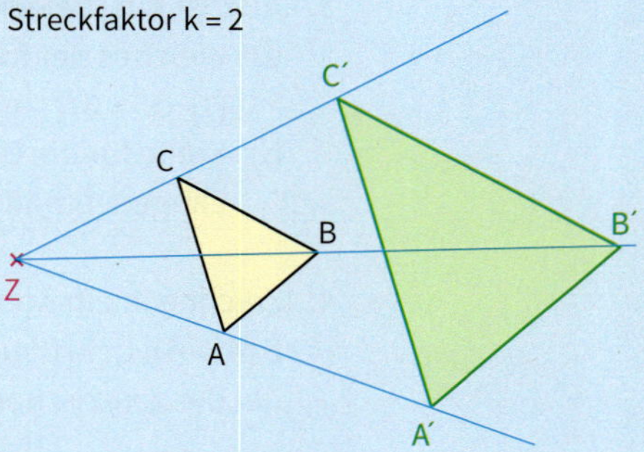

Ähnlichkeitssatz für Dreiecke

Wenn Dreiecke in der Größe von zwei Winkeln übereinstimmen, dann sind sie ähnlich zueinander.

Beispiel:

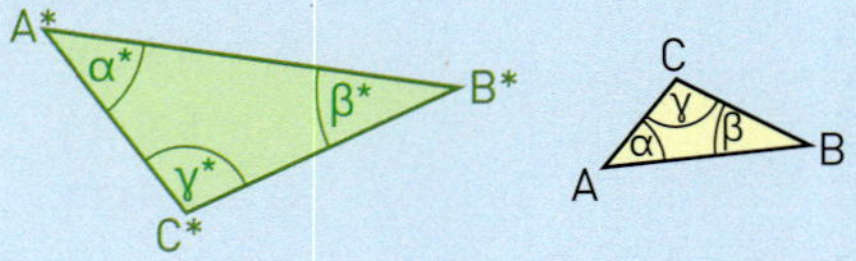

Längenberechnung mit Ähnlichkeit

Für zwei Geraden a und b mit dem gemeinsamen Punkt S, die von zwei zueinander parallelen Geraden g und h geschnitten werden, sind die Dreiecke SA_1B_1 und SA_2B_2 ähnlich zueinander. Mithilfe geeigneter Längenverhältnisse können gesuchte Streckenlängen berechnet werden.

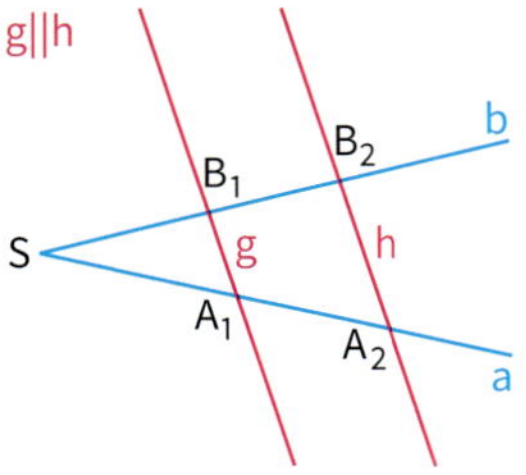

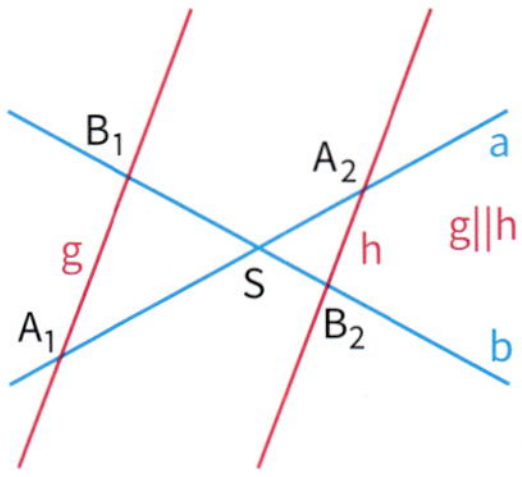

Beispiel: (Maße in cm)

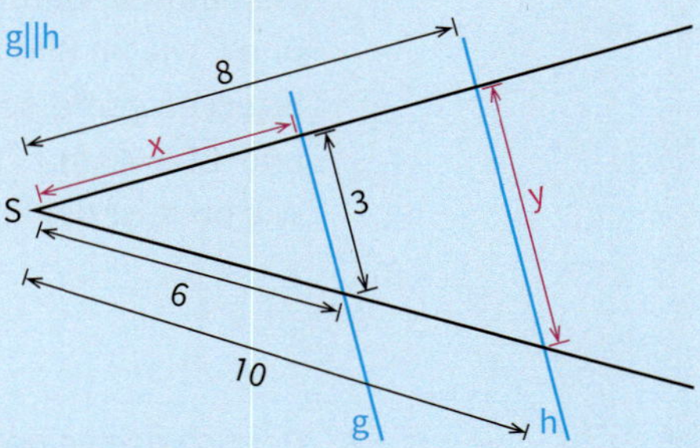

$\frac{x}{8} = \frac{6}{10}$

$x = \frac{6 \cdot 8}{10}$

$x = 4{,}8$

$\frac{y}{3} = \frac{10}{6}$

$y = \frac{10 \cdot 3}{6}$

$y = 5$

Bist du fit?

1. Welche der Figuren sind ähnlich zueinander? Gib auch den Ähnlichkeitsfaktor an.

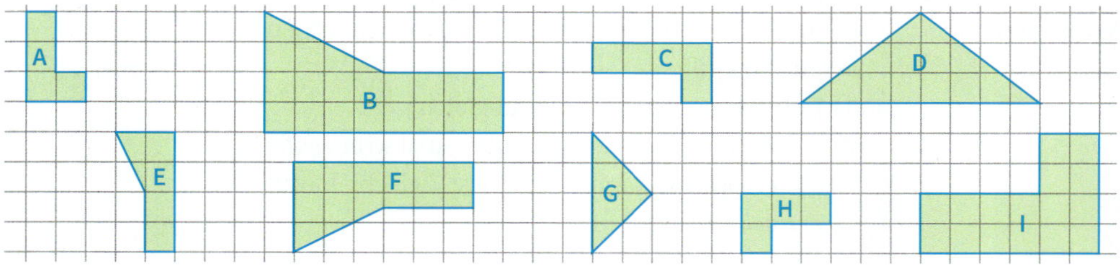

2. Von zwei zueinander ähnlichen Dreiecken ABC und A′B′C′ sind die Seitenlängen $c = 4$ und $c' = 6\,\text{cm}$ bekannt. Der Flächeninhalt von Dreieck A′B′C′ beträgt $36\,\text{cm}^2$.
Wie groß ist der Flächeninhalt des Dreiecks ABC?

3. ABC ist ein Dreieck mit $\alpha = 42°$ und $\gamma = 67°$.

a) Welches der folgenden Dreiecke A*B*C* ist zu diesem Dreieck ABC ähnlich?
(1) $\alpha^* = 67°$; $\gamma^* = 61°$ **(2)** $\gamma^* = 42°$; $\beta^* = 71°$ **(3)** $\alpha^* = 67°$; $\gamma^* = 73°$

b) Stelle für die Dreiecke A*B*C*, die zu ABC ähnlich sind, die Gleichungen für die Längenverhältnisse entsprechender Seiten auf.

4. Zeichne in ein Koordinatensystem mit der Einheit 1 cm ein Viereck ABCD mit $A(-2\,|\,-2)$, $B(4\,|\,-4)$, $C(7\,|\,0)$ und $D(2\,|\,6)$. Konstruiere dann das Bilddreieck A′B′C′D′ des Vierecks ABCD bei der zentrischen Streckung mit $Z(-2\,|\,2)$ als Streckzentrum und dem Streckfaktor $k = \frac{3}{2}$.

5. Von den sechs Längen a_1, a_2, b_1, b_2, c_1 und c_2 sind vier gegeben. Berechne die beiden nicht gegebenen Längen.

a)		**b)**		**c)**	
	$a_1 = 7{,}2\,\text{cm}$		$a_2 = 10{,}5\,\text{dm}$		$a_2 = 8{,}8\,\text{km}$
	$b_1 = 4{,}8\,\text{cm}$		$b_1 = 2{,}3\,\text{dm}$		$b_2 = 3{,}9\,\text{km}$
	$b_2 = 6{,}4\,\text{cm}$		$c_2 = 5{,}4\,\text{dm}$		$c_1 = 6{,}3\,\text{km}$
	$c_1 = 2{,}4\,\text{cm}$		$a_1 = 4{,}2\,\text{dm}$		$c_2 = 4{,}5\,\text{km}$

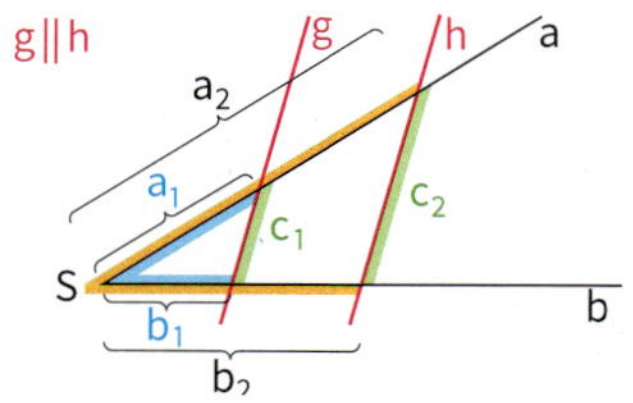

6. Um die Breite $\overline{DE}$ eines Flusses zu bestimmen, werden die Punkte A, B, C, D und E wie im Bild abgesteckt und folgende Strecken gemessen: $\overline{BC} = 48\,\text{m}$; $\overline{AB} = 84\,\text{m}$ und $\overline{CD} = 43\,\text{m}$.
Wie breit ist der Fluss?

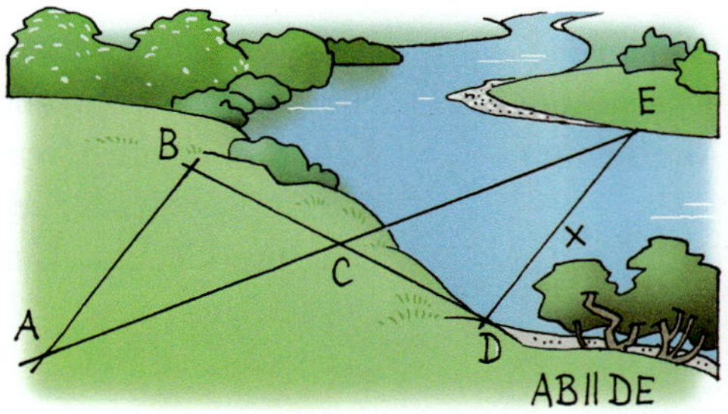

7. Der Schatten eines 1,30 m hohen senkrecht aufgestellten Stabes ist 1,56 m lang.
Ein Baum wirft zu derselben Zeit einen 12,75 m langen Schatten. Wie hoch ist der Baum?

8. Die Wand eines Dachzimmers ist 4 m breit. Sie ist auf einer Seite 1,40 m und auf der anderen 3,50 m hoch.
Kann man an die Wand einen Schrank stellen, der 2,25 m hoch und 2,40 m breit ist?

Lösungen zu Bist du fit?

Seite 70

1. a) Werte für 4; −5; −3,5; 0 Typ: Differenz

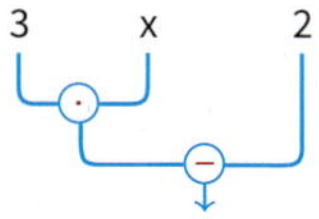

b) Werte für 2; 2; 0,75; $-\frac{2}{9}$ Typ: Produkt

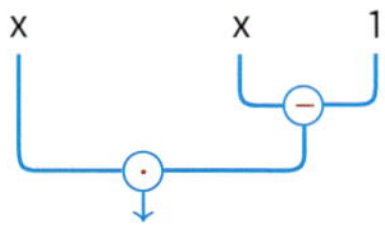

c) Werte für 3; 0; −0,125; $\frac{5}{9}$ Typ: Quotient

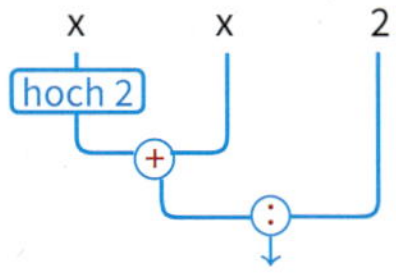

d) Werte für 64; 1; 0,5625; $3\frac{13}{81}$ Typ: Potenz

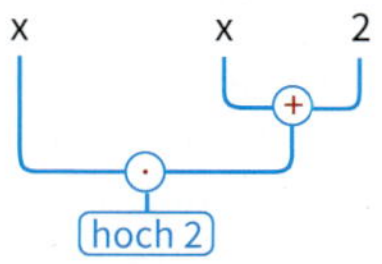

e) Werte für $1\frac{2}{3}$; $-1\frac{5}{6}$; −1,25; $\frac{1}{9}$ Typ: Summe

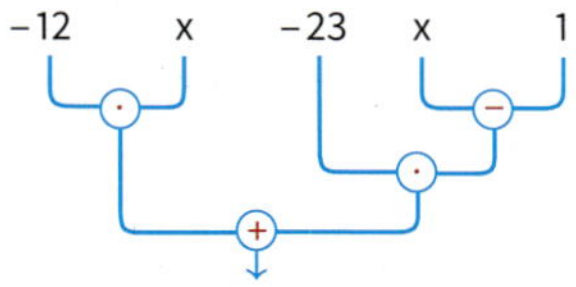

2. a) $4x - 4$
b) $21a - 5a^2$
c) $0{,}6y^2 + 1{,}2y$
d) $+\frac{1}{6}p^2 - p - 7$
e) $-x + 4y + 11$
f) $6b^2 - 10ab - 2a$
g) $8pq - 3p - q$
h) $4{,}5x - 1{,}4ax$
i) 0

3. a) $21ab + 3ac$
b) $72xy - 96xz$
c) $2x^3 + 2x$
d) $-2r^2 + rs$
e) $-x + 3$
f) $6a^2 - 5a$
g) $27a + 9ab + 2b + 6$
h) $14p + 7pq - q^2 - 2q$
i) $3u^2 - 14uv + 8v^2$
j) $4x^2 + 12x + 9$
k) $16a^2 - 16ab + 4b^2 + 166a$
l) $p^2 - 4q^2$

4. a) $24a - 129b$
b) $4r - 24rs - 4s$
c) $8u - uv - 1$
d) 0
e) $13ab - 16b^2$
f) $35x + 40xy - 60y - 3$

5. a) $L = \{0\}$
b) $L = \{-1\}$
c) $L = \{1\}$
d) $L = \{4\}$
e) $L = \{-4\}$
f) $L = \{4\}$
g) $L = \left\{-5\frac{3}{5}\right\}$
h) $L = \left\{-\frac{6}{11}\right\}$

6. a) *Beispiele:* $2 \cdot a \cdot b + 2 \cdot b \cdot c$ bzw. $2 \cdot b \cdot (2 \cdot a + c) - 2 \cdot a \cdot b$
b) $2 \cdot b \cdot (2 \cdot a + c) - 2 \cdot a \cdot b = 4 \cdot a \cdot b + 2 \cdot b \cdot c - 2 \cdot a \cdot b = 2 \cdot a \cdot b + 2 \cdot b \cdot c$
c) $a + c + a + b + a + b + c + b + a + b$ oder $4a + 4b + 2c$

7. a) $b(12a + 7c)$
b) $-4(x + y)$
c) $5x(8y - 5z)$
d) $-5x(x + 2y)$
e) $9(5 - 3ab + 4x^2)$
f) $12(-2a + 3b)$
g) $0{,}9u(2 - u)$
h) $\frac{1}{2}r(1 + r - 3s)$

8. a) $(4x + 5y)(4x - 5y)$
b) $(8x - 12y)^2 = 16(2x - 3y)^2$
c) $5(x + y)^2$

9. a) $L = \{-5; 3\}$
b) $L = \left\{-\frac{1}{2}; 0\right\}$
c) $L = \left\{-2\frac{1}{3}; 0\right\}$
d) $L = \{0; 4\}$

10. Länge der ursprünglichen Quadratseite (in cm): x
Länge der neuen Quadratseite (in cm): x − 1
Gleichung: $(x - 1)^2 = x^2 - 57$
$x^2 - 2x + 1 = x^2 - 57$
$x = 29$
Das ursprüngliche Grundstück ist $29\,m \cdot 29\,m = 841\,m^2$ groß, das neue Grundstück $28\,m \cdot 28\,m = 784\,m^2$.

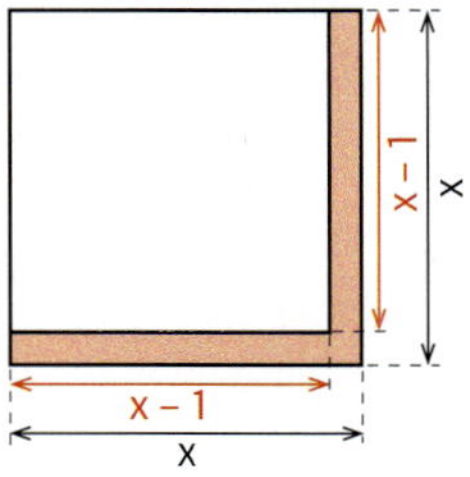

Seite 116

1. a) +20 cm; +20 cm; −10 cm; −24 cm; +20 cm; +28 cm; 0 cm; −14 cm
   b) +20 cm um 3.00 Uhr, 5.00 Uhr, 14.00 Uhr, 18.30 Uhr [0 cm um 1.00 Uhr, 7.00 Uhr, 13.00 Uhr, 20.00 Uhr; −20 cm um 9.00 Uhr, 11.30 Uhr, 21.30 Uhr, 23.30 Uhr]
   c) Jedem Zeitpunkt ist eindeutig ein Wasserstand zugeordnet; *Zeit* → *Wasserstand* ist eine Funktion. Zu bestimmten Wasserständen gibt es mehrere Zeitpunkte; *Wasserstand* → *Zeit* ist keine Funktion.

2. Gerade durch die Punkte:

a) P(0|0); Q(1|5)	d) P(0|0); Q(5|−4,5)	g) P(0|−2); Q(5|5)	j) P(0|2); Q(1|2)
b) P(0|0); Q(1|−4)	e) P(0|1); Q(1|0)	h) P(0|3); Q(1|0)	
c) P(0|0); Q(3|5)	f) P(0|2,5); Q(1|3,5)	i) P(0|2); Q(2|1)	

3. *Beispiele:* a) $y = x + 1{,}5$ b) $y = \frac{1}{2}x + 1{,}5$ c) $y = \frac{3}{4}x + 1$ d) $y = -x + 1{,}5$

4. Die Punktprobe ergibt, dass die Punkte P_1 und P_3 zum Graphen gehören.

5. a) $m = 3$; $n = -2$; $y = 3x - 2$ Man muss den Graphen also um 2 Einheiten nach oben verschieben.
   b) $m = 3$; $n = -1$; $y = 3x - 1$, Man muss den Graphen also um 1 Einheit nach oben verschieben.
   c) $m = \frac{1}{3}$; $y = \frac{1}{3}x + 2$, Man muss den Graphen also um 2 Einheiten nach unten verschieben.

6. a) Der rote Graph passt am besten zum Füllvorgang, da das Wasser im ersten Bereich zunächst schnell ansteigt, im zweiten Bereich dann langsamer. Die Steigung des Graphen muss als bei beim Übergang abschwächen.
   b) Da der blaue Graph gegensätzlich zum roten Graphen verläuft, könnte ein Auffangbecken mit dem Querschnitt wie rechts abgebildet zu seinem Verlauf gehören.

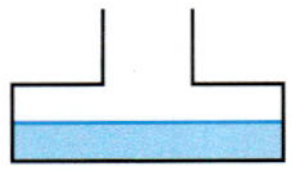

   Da der grüne Graph gleichmäßig ansteigt, könnte zu ihm ein Auffangbecken mit dem Querschnitt rechts gehören.

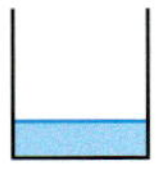

7. (1) $y = 3$ (2) $y = \frac{5}{2}x - 1$ (3) $y = -\frac{3}{4}x$ (4) $y = -\frac{4}{3}x - \frac{8}{3}$

8. a) $250\,m + 20 \cdot 5\,m = 350\,m$
   b) $y = -5x + 350$; An der Stelle $y = 0$ ist der Boden erreicht. Es ist also $0 = -5x + 350$. Das Absinken dauert dann also $70\,s = 1\,min\ 10\,s$.

9. a) $x = \frac{6}{5} = 1{,}2$ b) $x = -2{,}5$

10. Für $x = 20$ erhält man $y = 21 \cdot 20 - 30 = 390$.
    Der Punkt P liegt unterhalb der Geraden, da 380 kleiner ist als 390.

Seite 138

1. (1) P(0,01 cm Abweichung) = P(6,99 cm) + P(7,01 cm) = 0,2 + 0,23 = 0,43
   (2) P(mehr als 0,01 cm Abweichung) = P(6,97 cm) + P(7,03 cm) = 0,07
   (3) P(weniger als 0,03 cm Abweichung) = 1 − P(0,03 cm Abweichung)
   = 1 − P(6,97 cm) − P(7,03 cm) = 1 − 0,04 · 0,03 = 0,93

2. a) (1) $\frac{4}{6} = \frac{2}{3}$ (2) $\frac{3}{6} = \frac{1}{2}$ (3) $\frac{2}{6} = \frac{1}{3}$
   b) $\frac{1}{6}$
   c) $\frac{1}{6} \cdot 1800 \approx 300$. Man kann erwarten, dass man ungefähr 300-mal eine 6 würfelt.

3. a) $\frac{70}{100} = \frac{7}{10}$ b) $\frac{1}{100}$ c) $\frac{1}{100} + \frac{9}{100} + \frac{20}{100} = \frac{30}{100} = \frac{3}{10}$

Seite 163

1. a) 9 b) 0,5 c) $\frac{8}{11}$ d) 200 e) 2,5

2. a) 7 cm c) 2,7 dm e) $\sqrt{150\ ha} = \sqrt{1\,500\,000\ m^2} = 500\sqrt{6}\ m \approx 1\,225\ m$
   b) 13 cm d) $\sqrt{8}\ m = 2\sqrt{2}\ m \approx 2{,}83\ m$

3. a: Kantenlänge des Würfels (in m); A_O: Größe der Oberfläche (in m^2)
   $A_O = 6a^2 = 3$, mit $a > 0$, also $a = \sqrt{\frac{3}{6}} = \sqrt{\frac{1}{2}} = \frac{1}{2}\sqrt{2} \approx 0{,}71$
   Volumen (in m^3): $a^3 = \left(\frac{1}{2}\sqrt{2}\right)^3 = \frac{1}{8} \cdot 2 \cdot \sqrt{2} = \frac{1}{4}\sqrt{2} \approx 0{,}354$
   Der Würfel hat eine Kantenlänge von ungefähr 71 cm und ein Volumen von ungefähr 354 dm^3.

Seite 163

4. **a)** 3 **b)** 5 **c)** 2 **d)** 0,2

Seite 164

5. **a)** $c = \sqrt{a^2 - b^2} = 100\,\text{cm}$ **c)** $b = \sqrt{c^2 - a^2} = 39\,\text{cm}$

b) $b = \sqrt{c^2 + a^2} = 75\,\text{cm}$ **d)** $r = \sqrt{s^2 - t^2} = 28\,\text{cm}$

6. **a)** $h = \sqrt{s^2 - \left(\frac{g}{2}\right)^2} = \sqrt{(85\,\text{cm})^2 - \left(\frac{72\,\text{cm}}{2}\right)^2} = 77\,\text{cm};\; A = \frac{g \cdot h}{2} = 2\,772\,\text{cm}^2$

b) $h = \frac{a}{2}\sqrt{3} = 13\,\text{cm} \cdot \sqrt{3} \approx 22{,}5\,\text{cm};\quad A = \frac{a^2}{4} \cdot \sqrt{3} = 169 \cdot \sqrt{3}\,\text{cm}^2 \approx 292{,}72\,\text{cm}^2$

7. **a)** $d = \sqrt{(2\,\text{cm})^2 + (2\,\text{cm})^2} = 2 \cdot \sqrt{2}\,\text{cm} \approx 2{,}8\,\text{cm}$

$e = \sqrt{d^2 + (2\,\text{cm})^2} = 2\sqrt{3}\,\text{cm} \approx 3{,}5\,\text{cm}$

b) $d = \sqrt{(3\,\text{cm})^2 + (3\,\text{cm})^2} = 3\sqrt{2}\,\text{cm} \approx 4{,}2\,\text{cm}$

$e = \sqrt{d^2 + (2\,\text{cm})^2} = \sqrt{22}\,\text{cm} \approx 4{,}7\,\text{cm}$

c) $d = \sqrt{(3\,\text{cm})^2 + (2\,\text{cm})^2} = \sqrt{13}\,\text{cm} \approx 3{,}61\,\text{cm}$

$e = \sqrt{d^2 + (1\,\text{cm})^2} = \sqrt{14}\,\text{cm} \approx 3{,}74\,\text{cm}$

8. **a)** $s = \sqrt{(3{,}50\,\text{m})^2 + (3{,}50\,\text{m})^2} = 3{,}5 \cdot \sqrt{2}\,\text{m} \approx 4{,}95\,\text{m}$

b) $K = 2 \cdot s \cdot 60\,\text{m} \cdot 36\,\frac{€}{\text{m}^2} \cdot 1{,}19 \approx 25\,446\,€;$

Die Kosten belaufen sich auf etwa 25 400 €.

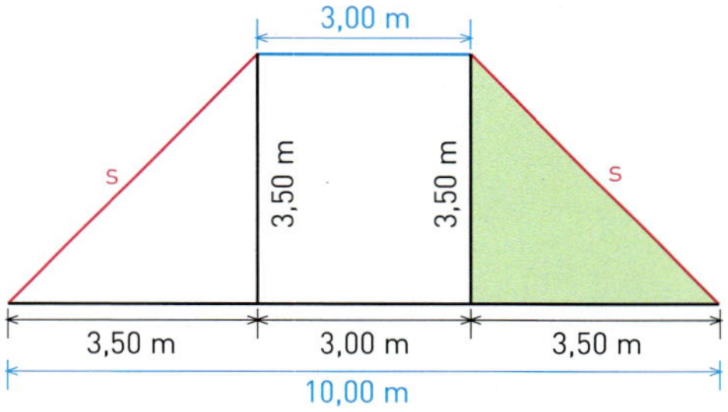

9. $l = 4 \cdot \sqrt{(60\,\text{m})^2 + \left(\frac{3}{4} \cdot 120\,\text{m}\right)^2}$

$= 4 \cdot \sqrt{(60\,\text{m})^2 + (90\,\text{m})^2}$

$= 4 \cdot 30 \cdot \sqrt{13}\,\text{m} \approx 432{,}67\,\text{m} \approx 433\,\text{m}$

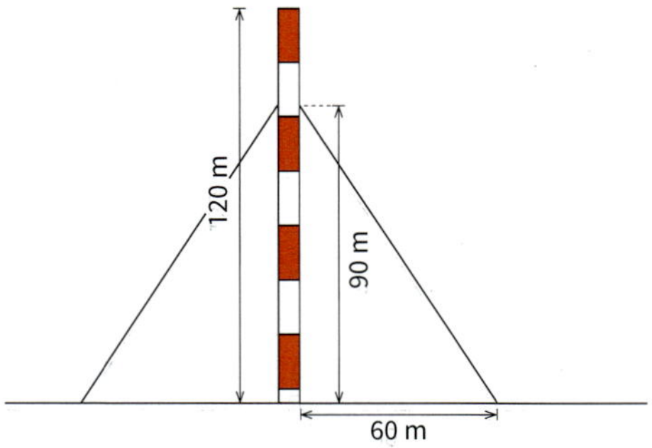

10. $(0{,}3\,\text{cm})^2 + (l - 0{,}12\,\text{cm})^2 = l^2$

$6\,\text{cm} \approx l$

Das Pendel ist etwa 6 cm lang.

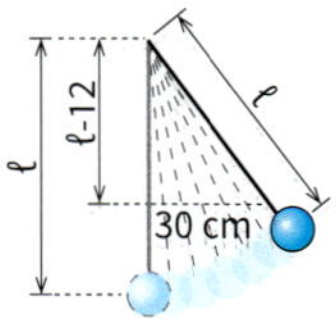

11. Im rechtwinkligen Dreieck ist die Hypotenuse die längste Seite. Wir prüfen:

$(39\,\text{cm})^2 + (52\,\text{cm})^2 \stackrel{?}{=} (65\,\text{cm})^2$

$4\,225\,\text{cm}^2 = 4\,225\,\text{cm}^2$

Das Dreieck mit den angegebenen Seitenlängen ist rechtwinklig.

Seite 193

1. $7{,}54 : (15\,\pi) \approx 0{,}16;$ also 16 Umdrehungen

Seite 194

2. Sprühregner: $A \approx 95{,}0\,\text{m}^2$

Kreisregner: (klein): $A \approx 227{,}0\,\text{m}^2$

Kreisregner (groß, Variabel): $A \approx 28{,}3\,\text{m}^2$ bis $490{,}9\,\text{m}^2$

Seite 194

3. $190 : \pi \approx 60{,}5$; ungefähr 60 cm

4. $A_{\text{Stoffrest}} = 2{,}24\,\text{m}^2$; Tischdecke mit $r = 70\,\text{cm}$; $A_{\text{Tischdecke}} \approx 1{,}54\,\text{m}^2$;
$1{,}54 : 2{,}24 \approx 0{,}6875$. Es ist etwa 31 % Verschnitt.

5. (1) $5{,}47\,\text{cm}^2$ (2) $5{,}86\,\text{cm}^2$ (3) $1{,}93\,\text{cm}^2$ (4) $1{,}93\,\text{cm}^2$

6. a) $A_O \approx 483{,}81\,\text{cm}^2$; $V \approx 615{,}752\,\text{cm}^3$
b) $A_O \approx 1960{,}35\,\text{dm}^2 \approx 19{,}60\,\text{m}^2$; $V \approx 6\,333{,}451\,\text{dm}^3 \approx 6{,}333\,\text{m}^3$
c) $A_O \approx 443{,}34\,\text{cm}^2 \approx 4{,}43\,\text{dm}^2$; $V \approx 689{,}642\,\text{cm}^3 \approx 0{,}69\,\text{dm}^3$

7. $A_O \approx 603{,}19\,\text{cm}^2$; $V \approx 1130{,}973\,\text{cm}^3$
a) $A_O = 603{,}19\,\text{cm}^2 = (2 \cdot 7^2 \cdot \pi + 2 \cdot \pi \cdot 7 \cdot h)\,\text{cm}^2$; $h \approx 6{,}7\,\text{cm}$
b) $V_{\text{Quader}} = 12\,\text{cm} \cdot 12\,\text{cm} \cdot 10\,\text{cm} = 1\,440\,\text{cm}^3$
$V_{\text{Zylinder}} : V_{\text{Quader}} \approx 0{,}785$
Ungefähr 78,5 % (knapp 80 %) der Schachtel sind ausgefüllt.

8. $V = 17{,}5\,\text{g} : 8{,}9\,\frac{\text{g}}{\text{cm}^3} \approx 1{,}966\,\text{cm}^3 = 1966\,\text{mm}^3$
Länge des Drahtes: $V : A_G = V : \left(\frac{\pi \cdot d^2}{4}\right) = \frac{4V}{\pi d^2} \approx 343\,\text{mm} = 34{,}3\,\text{cm}$

9. a) Zeichnung siehe rechts.
b) $A_O = 2 \cdot \pi \cdot 2^2 + 2 \cdot \pi \cdot 2 \cdot 8 \approx 125{,}66\,\text{cm}^2$
$V = \pi \cdot 2^2 \cdot 8 \approx 100{,}53\,\text{cm}^3$

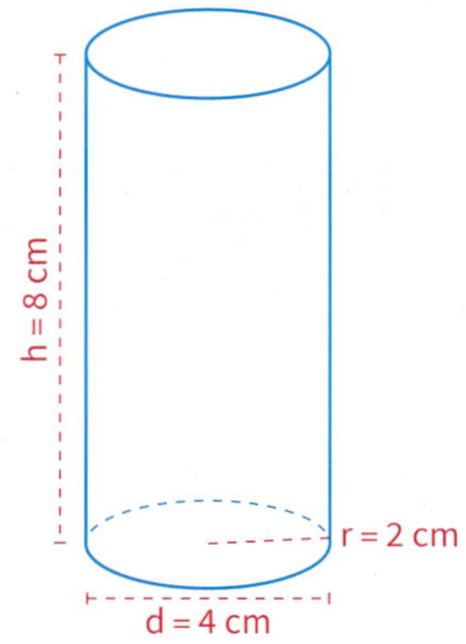

10. $V = \text{Quader minus Zylinder} = 432\,\text{cm}^3 - \pi \cdot 5^2 \cdot 2\,\text{cm}^3 \approx 274{,}92\,\text{cm}^3$
Masse: $2\,364{,}3\,\text{g} \approx 2{,}36\,\text{kg}$

11. $V = \pi \cdot 6^2 \cdot h - \pi \cdot 1{,}75^2 \cdot h = 32{,}9375 \cdot \pi \cdot h \approx 103{,}5 \cdot h$
Masse: $V \cdot 7{,}9 = 1250 \Rightarrow h = 1{,}529\,\text{cm}$

Seite 231

1. a) $g_1: y = -x + 3$; $g_2: y = \frac{1}{3}x + 1$
b) $g_3: y = \frac{1}{2}x + 2$; $g_4: y = -\frac{3}{2}x + 3$
c) $g_5: y = -3x - 3$; $g_6: y = 3$
d) $g_7: y = \frac{4}{3}x - 2$; $g_8: x = 2$

2. a) P_2 b) P_1 c) P_3 d) P_3 e) P_2 und P_5

3. a) $L = \{(5\,|\,3)\}$ b) $L = \{(-10\,|\,-4)\}$ c) $L = \{(-4\,|\,-7)\}$ d) $L = \{(4{,}5\,|\,6{,}5)\}$

4. a) $L = \{(16\,|\,30)\}$ b) $L = \{(3\,|\,3)\}$ c) $L = \{(8\,|\,9)\}$ d) $L = \left\{(k\,|\,m)\,\middle|\, m = \frac{1}{2}k - \frac{5}{2}\right\}$

5. a) $L = \{(1\,|\,7)\}$ b) $L = \left\{\left(-\frac{1}{2}\,\middle|\,3\right)\right\}$ c) $L = \{(-2\,|\,1)\}$ d) $L = \{(0\,|\,2)\}$
e) $L = \left\{\left(\frac{1}{3}\,\middle|\,\frac{1}{2}\right)\right\}$ f) $L = \{\ \}$ g) $L = \left\{\left(0\,\middle|\,\frac{1}{3}\right)\right\}$ h) $L = \{(x\,|\,y)\,|\,y = 3x - 2\}$

6. x: Anzahl der Einzelzimmer
y: Anzahl der Doppelzimmer

Gleichungssystem: $\left|\begin{aligned} x + y &= 78 \\ x + 2y &= 119 \end{aligned}\right|$

Lösungsmenge: $L = \{(37\,|\,41)\}$
Das Hotel hat 37 Einzelzimmer und 41 Doppelzimmer.

7. a: Länge der Seite, die verlängert wird (in cm) b: Länge der Seite, die verkürzt wird (in cm)

Gleichungssystem: $\left|\begin{aligned} 2a + 2b &= 28{,}8 \\ (a + 4{,}5) \cdot (b - 3{,}5) &= a \cdot b - 17{,}35 \end{aligned}\right|$

umgeformt: $\left|\begin{aligned} 2a + 2b &= 28{,}8 \\ -3{,}5a + 4{,}5b &= -1{,}6 \end{aligned}\right|$

Lösungsmenge: $L = \{(8{,}3\,|\,6{,}1)\}$

Das Rechteck hat die Seitenlängen 8,3 cm und 6,1 cm. Die Seite, die verlängert wird, ist 8,3 cm lang. Die Seite, die verkürzt wird, ist 6,1 cm lang.

Seite 232

8. Geschwindigkeit auf der Hinfahrt: $4{,}5\,\frac{km}{h} + 1{,}5\,\frac{km}{h} = 6\,\frac{km}{h}$

Geschwindigkeit auf der Rückfahrt: $4{,}5\,\frac{km}{h} - 1{,}5\,\frac{km}{h} = 3\,\frac{km}{h}$

t_1: Zeit für die Hinfahrt (in h)
t_2: Zeit für die Rückfahrt (in h)

Gleichungssystem: $\left|\begin{array}{l} t_1 + t_2 = 4 \\ 6t_1 = 3t_2 \end{array}\right|$, umgeformt: $\left|\begin{array}{l} t_1 + t_2 = 4 \\ 6t_1 - 3t_2 = 0 \end{array}\right|$

Lösungsmenge: $L = \{1\tfrac{1}{3}; 2\tfrac{2}{3}\}$

Die Hinfahrt dauert 1 h 20 min, die Rückfahrt 2 h 40 min.

Die Strecke ist $1\tfrac{1}{3}\,h \cdot 6\,\frac{km}{h} = 8\,km$ lang.

9. a) $L = \{(1|1|-4)\}$ b) $L = \{(2|4|-2)\}$ c) $L = \{(4|-3|2)\}$

Seite 264

1. A ähnlich H; $k = 1$ B ähnlich E; $k = \frac{1}{2}$ E ähnlich B; $k = 2$ F ähnlich B; $k = \frac{4}{3}$

H ähnlich A; $k = 1$ I ähnlich A; $k = \frac{1}{2}$ A ähnlich I; $k = 2$ B ähnlich F; $k = \frac{3}{4}$

E ähnlich F; $k = \frac{3}{2}$ F ähnlich E; $k = \frac{2}{3}$ H ähnlich I; $k = 2$ I ähnlich H; $k = \frac{1}{2}$

2. $k' = \frac{c}{c'} = \frac{4\,cm}{6\,cm} = \frac{2}{3}$; $A = (k')^2 \cdot A' = \frac{4}{9} \cdot 36\,cm^2 = 16\,cm^2$

3. a) Die Größe der Winkel bleibt erhalten. Nur das Dreieck in (2) ist ähnlich zum Dreieck ABC.
b) Für diese Dreiecke gilt: $\frac{a^*}{a} = \frac{b^*}{b} = \frac{c^*}{c}$

4.

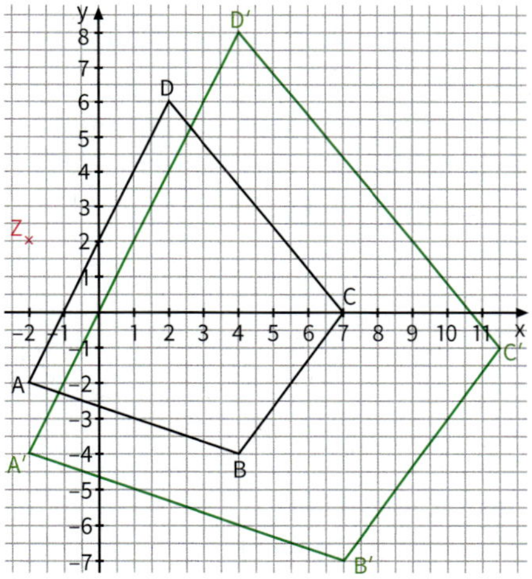

5. a) $a_2 = 9{,}6\,cm$; $c_2 = 3{,}2\,cm$ b) $b_2 = 5{,}75\,dm$; $c_1 = 2{,}16\,dm$ c) $a_1 = 12{,}32\,km$; $b_1 = 5{,}46\,km$

6. $x = \overline{DE} = \frac{\overline{CD}}{\overline{BC}} \cdot \overline{AB} = 75{,}25\,m$

Er ist also 75,25 m breit.

7. $h = \frac{12{,}75\,m}{1{,}56\,m} \cdot 1{,}30\,m = 10{,}625\,m \approx 10{,}63 \approx 11\,m$

8. Mit dem 1. Strahlensatz erhält man:

$\frac{x}{2{,}10\,m} = \frac{1{,}60\,m}{4{,}00\,m}$

$x = 0{,}84\,m$

$h = 1{,}40\,m + 0{,}84\,m = 2{,}24\,m$

Der Schrank dürfte nur 2,24 m hoch sein.

Er passt also nicht in das Zimmer.

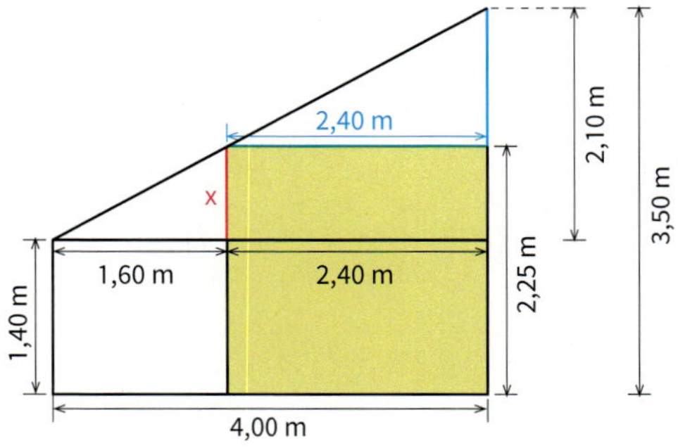

Verzeichnis mathematischer Symbole

$a = b$	a gleich b
$a \neq b$	a ungleich b
$a < b$	a kleiner b
$a > b$	a größer b
$a \approx b$	a ungefähr gleich b
$a + b$	a plus b; Summe aus a und b
$a - b$	a minus b; Differenz aus a und b
$a \cdot b$	a mal b; Produkt aus a und b
$a : b$	a durch b; Quotient aus a und b
$\vert a \vert$	Betrag von a
a^n	a hoch n; Potenz aus Basis a und Exponent n
p %	p Prozent
p ‰	p Promille
{1; 5; 8}	Menge mit den Elementen 1, 5, 8
{ }	leere Menge
$\mathbb{N}$ [$\mathbb{N}^*$]	Menge der natürlichen Zahlen [ohne null]
$\mathbb{Z}$	Menge der ganzen Zahlen
$\mathbb{Z}_+$ [$\mathbb{Z}_+^*$]	Menge der nicht negativen ganzen Zahlen [ohne null]
$\mathbb{Q}$	Menge der rationalen Zahlen
$\mathbb{Q}_+$ [$\mathbb{Q}_+^*$]	Menge der nicht negativen rationalen Zahlen [ohne null]
AB	Verbindungsgerade durch die Punkte A und B; Gerade durch A und B
$\overline{AB}$	Verbindungsstrecke der Punkte A und B; Strecke mit den Endpunkten A und B
	Länge der Strecke $\overline{AB}$
$g \parallel h$	g ist parallel zu h
$g \nparallel h$	g ist nicht parallel zu h
$g \perp h$	g ist senkrecht zu h
$g \not\perp h$	g ist nicht senkrecht zu h
ABC	Dreieck mit den Eckpunkten A, B und C
ABCD	Viereck mit den Eckpunkten A, B, C und D
$A(a \vert b)$	Punkt mit dem Rechtswert a und dem Hochwert b. a ist die 1. Koordinate, b die 2. Koordinate von A.
h_a [h_b; h_c]	Höhe eines Dreiecks zur Seite a [Seite b; Seite c]
w_α [w_β; w_γ]	Länge der Abschnitte der Winkelhalbierenden im Dreieck

Stichwortverzeichnis

A
ähnlich 236 f., 250, 263
Ähnlichkeitsfaktor 236, 250, 263
Ähnlichkeitssatz 253, 263
Achsenabschnitt 97, 115
Additionsverfahren 212, 231
Änderungsrate 92
algebraisch 76
äquivalent 11
Äquivalenzumformung 11
Ausklammern 49, 69

B
Betrag 9
binomische Formlen 55, 69

C
CAS 34

D
Definitionsbereich 75, 115
Differenzquotient 90

E
Einsetzungsverfahren 210, 231
Empirisches Gesetz der großen Zahlen 121
Ereignis 126 f.
Ergänzen 58
Ergebnismenge 121, 138

F
Faktorisieren 58
fallen 90, 115
Flächeninhalt 165
– seinheit 166
Flächenverhältnis 242
Formvariable 62
Funktion 75, 115
– , lineare 97, 115
– , proportionale 93
– sgleichung 76, 115
– swert 75, 115

G
Gegenereignis 127, 139
Gegenzahl 9
Geraden
– durch Punktwolken 109
– durch zwei Punkte 107, 115
– Lage von 98
Gleichsetzungsverfahren 208, 231
Gleichung
– mit zwei Variablen 198
– ssystem 204 f.
grafisch 76
Graph einer linearen Funktion 85, 97, 115, 199

K
Kehrwert 10
Klammern
– Auflösen von 41, 47, 49, 69
Koeffizient 28
Komplementärregel 127, 138
Kreis 170 f.
– ausschnitt 179
– bogen 178
– es, Umfang eines 170, 193
– zahl 170
Kubikwurzel 142, 163

L
Längenverhältnis 237, 242
Laplace
– Experiment 128, 138
– Regel 129, 138
lineare
– Funktion 97, 115
– Gleichung 198
lineares Gleichungssystem 204
– s, Lösen eines 204, 231
Lösung 10
– smenge 11, 215, 231
– svariable 62

M
Malpunkte
– Fortlassen von 18
Minusklammer 47, 69
Modellieren 188, 219

N
nichtnegativ 141, 163
Nullstelle 104, 115

P
Parameter 62
proportional 84
Punktprobe 77, 200

Q
quadratische Ergänzung 58
Quadratwurzel 141, 163
Quotientengleichheit 86

R
Radikand 141, 163
Radizieren 141
Rechenbaum 22

S
Stelle 75
steigen 90, 115
Steigung 90
– sdreieck 90
Streckfaktor 247, 263
Streckenlängen 257, 263
Streckung, zentrische 247, 263
Streckzentrum 247
Summenregel 126

T
tabellarisch 76
Tabellenkalkulation 24
Term 16 f., 69
– en, Addieren von 28, 69
– s, Aufstellen eines 16, 69
– en, Dividieren von 36, 69
– en, Multiplizieren von 36, 41, 69
– en, Subtrahieren von 28, 69
– umformung 27, 47, 69
– s, Wert eines 16
– en, Zusammenfassen von 28

V
Variable 16
Verhältnisgleichung 66
Volumen 165
– -einheit 166
Vorrangregeln 17

W
Wahrscheinlichkeit 122, 129, 138
Wertetabelle 76, 115
wertgleich 27, 69
Wortform 23
Wurzel, dritte 142
Wurzelzeichen 141, 163
Wurzelziehen 141

Z
Zahlenpaar, geordnetes 198
zentrische Streckung 247, 263
Zufallsexperiment 121, 138
zusammengesetzte Körper 191
Zylinder 181 f., 193
– s, Grundfläches eines 181, 193
– s, Höhe eines 181, 193
– s, Mantelfläche eines 181, 193
– s, Oberflächeninhalt eines 182, 193
– s, Schrägbild eines 183
– s, Volumen eines 185, 193

Bildquellenverzeichnis

Umschlag: Thinkstock, Sandyford/Dublin (Purestock); 3.1: Lösche, Matthias , Lauchhammer; 3.2: fotolia.com, New York (davis); 4 .1: Thinkstock, Sandyford/Dublin; 4 .2: Getty Images, München (Panoramic Images); 4.3: Panther Media GmbH (panthermedia.net), München (federicofoto); 4 .4: Thinkstock, Sandyford/Dublin (AnnaDudek); 5: Getty Images, München (Paul Hudson); 13 .1: Lösche, Matthias , Lauchhammer; 14.1: wikimedia commons (http://www.datamath.org / Joerg Woerner/CC-Lizenz 3.0 Unported (CC-BY-SA 3.0)); 16 .1: argum Fotojournalismus, München (Christian Lehsten); 18.1ff.: Getty Images, München (Dorling Kindersley); 21 .1: Premium Stock Photography GmbH, Düsseldorf (Falkenstein); 24 .1: Langner & Partner Werbeagentur GmbH, Hemmingen; 25 .1: Blickwinkel, Witten (McPhoto); 25 .2: wikipedia.commons (Matthias Apsel/ Lizenz: CC-BY-3.0); 25.3: wikipedia.commons (CrazyD/ CC-Lizenz (CC BY-SA 3.0)); 33 .1: Getty Images, München (The Bridgeman Art Library); 33 .2: akg-images GmbH, Berlin; 34.1: : wikimedia commons (http://www.datamath.org / Joerg Woerner/CC-Lizenz 3.0 Unported (CC-BY-SA 3.0)); 38 .1: Photocuisine.de, München (Nicoloso); 38 .2: transit - Fotografie und -Archiv, Leipzig (Hans-Joachim Kuertz); 63 .1: Fabian, Michael, Hannover; 67 .1: JOKER: Fotojournalismus, Bonn (Gudrun Petersen); 71 .1: fotolia.com, New York (davis); 71 .2: Langner & Partner Werbeagentur GmbH, Hemmingen; 72 .1-2: Fabian, Michael, Hannover; 75 .1: Imago, Berlin (Raimund Müller); 79 .1a-e: Fabian, Michael, Hannover; 80.1: iStock/ Oleg Smirnov; 81 .1: mit freundlicher Genehmigung von Texas Instruments Inc., Dallas; 83 .1: wikipedia.commons (gemeinfrei); 83 .2: Ladenthin, Werner, Berlin; 83 .3: OKAPIA KG - Michael Grzimek & Co., Frankfurt/M. (NAS/New York Public Library); 86 .1: wikimedia commons (http:// www.datamath.org / Joerg Woerner/CC-Lizenz 3.0 Unported (CC-BY-SA 3.0)); 89 .1-2: Tegen, Hans, Hambühren; 89 .3: Picture-Alliance GmbH, Frankfurt/M. (dpa/dpaweb); 89 .4: Getty Images, München (David Wall); 91 .1: Tegen, Hans, Hambühren; 95 .1: mauritius images GmbH, Mittenwald (imageBROKER/Stefan Huwiler); 95 .2: INTERFOTO, München (imagebroker/Joerg Reuther); 95 .3: fotolia.com, New York (beatuerk); 95 .4: Fabian, Michael, Hannover; 96 .1: Panther Media GmbH (panthermedia.net), München (Flavio Vieri); 99 .1: wikipedia.commons (CrazyD/ CC-Lizenz (CC BY-SA 3.0)); 99 .2: iStockphoto.com, Calgary (dejan750); 102 .1: Getty Images, München (Lynn Goldsmith); 103 .1: fotolia.com, New York (adimas); 105 .1: Panther Media GmbH (panthermedia.net), München (Beate Tuerk); 108 .1: fotolia.com, New York (Perytskyy); 109 .1: Keystone Pressedienst, Hamburg (tranquillium); 110 .1: Picture-Alliance GmbH, Frankfurt/M. (dpa/epa/Bernd Thissen); 113 .1: Langner & Partner Werbeagentur GmbH, Hemmingen; 113 .2: iStockphoto.com, Calgary (BasieB); 113 .3: Getty Images, München (Ivan Stevanovic); 114 .1: mauritius images GmbH, Mittenwald (Alamy); 116 .1: fotolia.com, New York (Kadmy); 117 .1: Thinkstock, Sandyford/Dublin; 118 .1: Getty Images, München (iStockvectors/Tom Nulens); 118 .2-3, 119 .1-.4: Fabian, Michael, Hannover; 121 .1: Picture-Alliance GmbH, Frankfurt/M. (dpa/ Oliver Dietze); 122 .1-.7: Fabian, Michael, Hannover; 123 .1: Imago, Berlin (Imagebroker); 123 .2-.5: Fabian, Michael, Hannover; 124 .1: Imago, Berlin (Rainer Unkel); 125 .1: Fabian, Michael, Hannover; 125 .2: Suhr, Friedrich , Lüneburg; 126 .1-.6: Fabian, Michael, Hannover; 128 .1-.2, 130.1-.3: Fabian, Michael, Hannover; 131 .1f: Getty Images, München (iStockvectors); 132 .1: Fabian, Michael, Hannover; 132 .2: iStockphoto.com, Calgary (Zmeel Photography); 134 .1-.2,136.1: Fabian, Michael, Hannover; 139.1: Getty Images, München (Panoramic Images); 139 .2: Warmuth, Torsten, Berlin; 143 .1: Fabian, Michael, Hannover; 146 .1: INTERFOTO, München (Photoaisa); 152 .1: alamy images, Abingdon/Oxfordshire (Robert Matton AB); 152 .2: Warmuth, Torsten, Berlin; 153 .1: Popko, Mathias, Meine; 154 .1: Visum Foto GmbH, Hannover (Dennis Williamson); 156 .1: fotolia.com, New York (Brandelet Didier); 157 .1: fotolia.com, New York (Ralf Gosch); 157 .2, 159.1, 160.1: Fabian, Michael, Hannover; 164 .1: Klaes, Holger, Wermelskirchen; 166 .1: BEON GmbH, Bad Lippspringe; 167.1: Panther Media GmbH (panthermedia.net), München (federicofoto); 168 .1: Ladenthin, Werner, Berlin; 168 .2: Visum Foto GmbH, Hannover (A. Vossberg); 168 .3-.4, 169.1: Fabian, Michael, Hannover; 169 .2: Langner & Partner Werbeagentur GmbH, Hemmingen; 170 .2: TopicMedia Service, Mehring-Öd (Silvestris); 170 .3: Getty Images, München (Imre Cikajlo); 170 .4: TopicMedia Service, Mehring-Öd (Michael Weber); 170 .5: TopicMedia Service, Mehring-Öd (Silvestris); 170 1.: Fabian, Michael, Hannover; 171 .1: Greenpeace Deutschland e.V., Hamburg (Ulrich Baatz); 171 .2: fotolia.com, New York (lofik); 171 .3: Getty Images, München (Jon Bower at Apexphotos); 173 .1: Warmuth, Torsten, Berlin; 173 .4: mauritius images GmbH, Mittenwald (ib/Thomas Jentzsch); 174 .1: Getty Images, München (Paul Moore); 175 .1: Warmuth, Torsten, Berlin; 176 .1: Lösche, Matthias , Lauchhammer; 177 .1: Fabian, Michael, Hannover; 180 .1: wikimedia commons (gemeinfrei); 181 .1: Warmuth, Torsten, Berlin; 183 .1: iStockphoto.com, Calgary (jfmdesign); 184 .1-.3: Fabian, Michael, Hannover; 186 .1: AC Pots ApS, Holbæk; 187 .1: Kiezbündnis Klausenerplatz e.V., Berlin-Charlottenburg/Wilmersdorf; 187 .2, 188.1: Fabian, Michael, Hannover; 188 .2: plainpicture, Hamburg (Schiesswohl); 189 .1: CHROMORANGE, Berlin (Joachim Opelka); 189 .2: alimdi.net, Deisenhofen (Westend61/Roman Maerzinger); 189 .3, 190.1: Fabian, Michael, Hannover; 192 .1: Picture-Alliance GmbH, Frankfurt/M. (Robert B. Fishman); 193 .1: Warmuth, Torsten, Berlin; 194 .1: Langner & Partner Werbeagentur GmbH, Hemmingen; 194 .2: fotolia.com, New York (gradt); 195.1: Thinkstock, Sandyford/Dublin (AnnaDudek); 196 .1: Visum Foto GmbH, Hannover (Dennis Williamson); 197 .1: Warmuth, Torsten, Berlin; 206 .1: Langner & Partner Werbeagentur GmbH, Hemmingen; 217.1: wikimedia commons (http://www.datamath.org / Joerg Woerner/CC-Lizenz 3.0 Unported (CC-BY-SA 3.0)); 223 .1: Fabian, Michael, Hannover; 223 .2: Langner & Partner Werbeagentur GmbH, Hemmingen; 223 .3: Picture-Alliance GmbH, Frankfurt/M.; 224 .1: Langner & Partner Werbeagentur GmbH, Hemmingen; 224 .2: Bodenseeschifffahrt. de, Burgberg; 224 .3: Langner & Partner Werbeagentur GmbH, Hemmingen; 225 .1: Langner & Partner Werbeagentur GmbH, Hemmingen; 226 .1: Fabian, Michael, Hannover; 228 .1: akg-images GmbH, Berlin; 228 .2: dieKLEINERT, München (Hans Steen); 233.1: Getty Images, München (Paul Hudson); 233 .2: Fabian, Michael, Hannover; 234 .1: Kluyver, Urs, Hamburg; 234 .2: Miniatur Wunderland Hamburg GmbH, Hamburg; 234 .3: Dietmar Hasenpusch Photo-Productions, Schenefeld; 235 .1: alamy images, Abingdon/Oxfordshire (Matthew Chattle); 235 .2: fotolia. com, New York (Stefan Balk); 235 .3: Getty Images, München (Hulton Archive); 235 .4: iStockphoto.com, Calgary (skodonnell); 235 .5: Picture-Alliance GmbH, Frankfurt/M. (akg-images); 235 .6: Langner & Partner Werbeagentur GmbH, Hemmingen; 237 .1: Fabian, Michael, Hannover; 238 .1: mauritius images GmbH, Mittenwald (SPL); 240 .1, 242.1: Langner & Partner Werbeagentur GmbH, Hemmingen; 244 .1: Jochen Tack Fotografie, Essen; 244 .2: F1online digitale Bildagentur GmbH, Frankfurt/M. (Maskot); 245 .1: Fabian, Michael, Hannover; 246 .1: www.lex-art.eu, Bad Schmiedeberg (Kurt Armbrust); 246 .2: Langner & Partner Werbeagentur GmbH, Hemmingen; 251 .1: The M.C. Escher Company B.V., Baarn (M.C. Escher's "Circle limit I" © 2016 The M.C. Escher Company-The Netherlands. All rights reserved. www.mcescher.com); 251 .2: wikimedia commons (Chris 73/CC-Lizenz cc-by-sa 3.0 Lizenz - commons.wikimedia.org / wiki / File: NautilusCutawayLogarithmicSpiral.jpg); 260 .1: Suhr, Friedrich , Lüneburg; 261 .1: Picture-Alliance GmbH, Frankfurt/M. (akg-images).

Es war uns leider nicht bei allen Abbildungen möglich, den Inhaber der Rechte ausfindig zu machen. Berechtigte Ansprüche werden selbstverständlich im Rahmen der üblichen Vereinbarungen abgegolten.